LES LÉGISTES.

LES

LÉGISTES

LEUR INFLUENCE
POLITIQUE ET RELIGIEUSE

PAR

J. B. V. COQUILLE

rédacteur de L'Univers et du Monde.

PARIS

DURAND, LIBRAIRE, | A. BRAY, LIBRAIRE,
RUE DES GRÈS SORBONNE, 7. | RUE DES SAINTS-PÈRES, 66.

1863

INTRODUCTION.

———

I

Les classes lettrées de notre temps aspirent à la liberté, et elles voient avec stupeur les moyens de l'absolutisme se développer par les révolutions mêmes qui avaient pour but de fonder ou d'étendre la liberté. Elles sont dupes d'un immense malentendu. L'histoire du droit dissipe les illusions et remet sous nos yeux les véritables données du problème. Qu'est-ce que l'absolutisme? d'où vient-il? quelle est sa loi? Ce n'est pas un accident. En étudiant l'ancienne société française, nous avons été frappés de la tendance absolutiste de nos légistes; la même tendance nous frappe dans les légistes des autres nations. Évidemment ces hommes si divers obéissaient à une doctrine commune. Cette doctrine, ils ne l'avaient pas inventée, car ils restauraient simplement les textes et les principes du droit romain. C'est donc sur le droit romain que s'est portée notre attention. Les Pandectes nous ont montré le droit

a

césarien dans sa nudité. Ce droit, universellement
admiré et universellement enseigné, ne reconnaît
pas le droit de propriété ; il réduit l'ordre social à un
vaste communisme où tout appartient à César, où
tous les intérêts et toutes les existences sont à la disposition de César, où César est à la fois le propriétaire, l'administrateur et le juge suprême. Était-ce
une aberration passagère ? Non ; toute une philosophie avait précédé ce communisme universel du
droit et en avait posé les assises dans l'intelligence
humaine. Le stoïcisme, par son dogme panthéistique
et communiste, image agrandie de la cité grecque,
préparait les esprits à la domination universelle d'un
seul ; philosophie de servitude et non de liberté,
comme on se plaît à le répéter depuis tant de siècles.
Remontant plus haut, nous avons, en effet, trouvé la
cité grecque fondée sur le communisme. Alors, nous
avons compris que la liberté antique n'était que l'indépendance de la cité, de la communauté politique ;
indépendance qui n'atteignait pas la personne, puisque le citoyen, esclave absolu de la cité, n'avait par
lui-même aucun droit de famille ni de propriété.
Rome, la mère du droit, a sucé dans son berceau toutes les maximes de la Grèce ; elle a précisé et développé la notion juridique de l'antiquité
païenne. C'est le sens de l'histoire romaine jusque
là incompréhensible pour nous. Nous avons lu
distinctement, à toutes les pages de cette histoire
de révolutions intestines, que le magistrat romain,
agent de la communauté, exerçait un pouvoir absolu, irresponsable et sans contrôle, chaque magistrat

n'étant limité dans son action que par d'autres magistrats également absolus, irresponsables et sans contrôle.

Tout magistrat exerçait l'*imperium*, l'autorité absolue. Le mot est romain et date de l'origine même de Rome. L'*imperium* ne durait qu'un an, mais il se renouvelait tous les ans. Tous les trois ans, en moyenne, cette anarchie engendrait l'*imperium* unique, la dictature générale qui faisait taire toutes les dictatures spéciales remplies par les consuls, les préteurs et les tribuns eux-mêmes, dont le véto avait un caractère absolu et dictatorial. Cette idée d'*empire*, d'autorité absolue, était empreinte au plus profond des âmes; elle ne souleva jamais aucune objection. Les hommes sages invoquaient un *empire* adouci par la bienveillance et la bonté, sans songer à réformer ou à réprimer l'*Empire*. Tous les Romains étaient légistes; il n'y avait pas de lois; le magistrat faisait lui-même le droit. C'est ce qu'on a appelé le droit prétorien, droit personnel, absolutiste, impérialiste, dont hériteront plus tard les empereurs en qui se résument et se perpétuent les dictatures antérieures. Tous les fragments de l'*imperium* se sont rejoints sous Auguste et ont donné leur nom à la nouvelle cité. Pour les Romains, le droit est toujours un acte de volonté. César, l'incarnation de l'*imperium*, devenait le législateur unique. Cette qualité était incontestée; aucun des nombreux jurisconsultes, dont les citations remplissent le Digeste, n'a émis le plus léger doute sur l'omnipotence césarienne: philosophes, historiens et poëtes acclamaient

César; l'humanité le divinisait après sa mort. Dans les textes du droit, l'épithète de *divus* est accolée au nom du César défunt, dont les lois ou rescrits sont rappelés. L'apothéose impériale est un fait juridique et non une fiction de poëtes ; elle éclate dans tous les monuments de la jurisprudence et de l'administration romaine.

Le droit embrassait l'administration tout entière, et tout Romain était jurisconsulte et soldat. Le système de la jurisprudence romaine s'est élaboré sous l'idée impériale. Les doctrines des jurisconsultes se sont adaptées à ce type unique. Dans l'ordre des droits et des devoirs, ils ont professé que tous les droits découlaient de César, et que la volonté de César suspendait tous les droits et affranchissait de tous les devoirs. Un droit ou un devoir subsistant par lui-même eût limité d'autant César. Tout disparut : la famille, qui avait été sous la République une association purement politique et étrangère aux liens du sang, continua d'être sous l'Empire une association réglée par César, représentant de la République. Ordonnée en vue du pouvoir césarien, elle perdait toute consistance. Il était de la politique césarienne que tous les intérêts fussent divisés, annulés les uns par les autres, afin que leur agglomération ne formât pas une digue contre le pouvoir absolu. C'est à quoi les légistes s'entendirent : ils reconnurent à César le droit de sanctionner les testaments et les donations ; l'autorité du père de famille s'effaça ; César devint le père de famille universel ; et, considérant tous les enfants comme siens, il favorisa l'égalité

absolue dans les partages de famille. Par une conséquence analogue, les corporations, les municipes
étaient condamnés en tant qu'autorités indépendantes. Les légistes subordonnaient à César la famille, la propriété, la religion.

La translation de l'Empire romain à Bysance ne
changea pas les doctrines du droit; les Pandectes
sont le code de l'absolutisme. Cette histoire du droit
ne souffre pas de solution de continuité. L'Empire
est la République transformée; le césarisme chrétien
(mots que Tertullien déclarait incompatibles) n'est
qu'une transformation du césarisme païen, et il
aboutit rapidement au schisme. Les qualifications
d'Empire grec et de Bas-Empire sont de convention.
Nous ne les rencontrons pas chez les historiens bysantins; la seule qualification qu'ils donnent à leur
empire et à leur nation, c'est celle de romain. *Roméi*
est le mot employé par tous les historiens pour désigner les Grecs; il est toujours question de Romains
et jamais de Grecs. Ce trait caractéristique est méconnu par tous les historiens modernes. Pourquoi
cela? Quand l'Empire romain s'abîma, en 1453, il
n'y avait plus de Romains depuis longtemps. A ne
considérer que la race, c'est très-vrai; mais il n'y
avait jamais eu beaucoup de Romains. Trois cent
mille Romains de race, c'est tout; et encore, y a-t-il
eu une race romaine? *Roma*, c'est la forteresse primitive, l'asile de Romulus, où se jettent les bannis
latins. Là, ils perdent leur nom, leur nationalité; ils
s'appellent les Forts (*Roma*, la force). Cette association de bandits cosmopolites a conquis le monde et

lui a imposé un nom qui n'est pas un nom de nationalité, mais un nom de conquête et de tyrannie. Le
monde romain est le monde de la force. Il est matériellement brisé au v° siècle par l'invasion des peuples pasteurs ; mais l'idée intellectuelle qui le constitue n'est pas emportée par le flot des invasions.
Dans la prévision de ce grand désastre, elle s'est ré-
fugiée à Bysance. Là, elle surnage onze siècles au
milieu de toutes les vicissitudes de la gloire et du
malheur. L'Empire grec est la portion restée debout
de l'Empire romain ; et comme l'Empire romain,
dans la pensée des jurisconsultes, est l'empire universel, l'Empire de Bysance est le seul empire de
droit. C'est donc avec raison que les historiens grecs,
jusqu'à Mahomet II, se servent de ces mots de Romains, d'Empire romain, d'administration romaine et
d'armées romaines. Rome est un système de gouvernement, et sont Romains tous ceux qui le suivent,
quelle que soit d'ailleurs leur nationalité particulière.

Les Turcs, dont le système gouvernemental ressemblait à celui des Césars, forcèrent le césarisme
savant et juridique à refluer sur l'Europe occiden-
tale. Mais le césarisme, avant d'exercer ses représailles contre l'Europe catholique et féodale, s'était
déjà assuré, par la conversion des pays slaves, une
annexe territoriale d'une prodigieuse étendue et
un avenir alors inconnu. Les Russes sont les fils du
césarisme. Pendant que le césarisme croissait en silence dans les solitudes du Nord, il travaillait violemment les États catholiques. A quelle autre cause at-

tribuer les bouleversements de l'Europe moderne?
Les légistes poussaient partout les princes au pouvoir
absolu : c'est le résultat de l'immense jacquerie qui
couvre l'Europe au xvie et au xviie siècle. Henri VIII
d'Angleterre n'est pas moins absolutiste que les rois
ses contemporains. Le droit romain règne alors en
Europe. La plupart des légistes ont abandonné les
langues nationales pour écrire en latin, car le latin
est la langue du droit civil. Droit civil, droit césarien,
sont synonymes. Comment aurait-on exprimé le droit
chrétien dans une langue païenne? Le droit païen
parlait sa langue. Le droit absolutiste du paganisme
se glisse et s'affermit dans toutes les monarchies catholiques, malgré les anciens anathèmes de l'Église.
Voilà donc l'absolutisme triomphant ! Les mœurs
chrétiennes ont résisté plus ou moins heureusement.
L'antagonisme de l'Église et du droit a pris toutes ses
proportions, comme au temps des empereurs romains. Jusqu'en 1789, les légistes français s'inspirent
du droit romain et fournissent à la royauté ses serviteurs les plus serviles. Nous touchons ici à une histoire
connue. Il est de notoriété que les légistes les plus
honnêtes ont défendu et propagé le principe de l'absolutisme royal. Ils n'ont jamais accordé un regret aux
États généraux ou provinciaux, ces anciennes formes
de la liberté française, dont les vestiges n'étaient pas
entièrement effacés. Ils ont faussé la tradition juridique pour écraser dans le présent les intérêts qui
s'appuyaient sur ces généreux souvenirs. Cette justice
indépendante rendue par le jury et les propriétaires
fonciers, ils ont prétendu qu'elle était un démembre-

ment de l'autorité royale, et qu'elle devait faire retour au roi, seul justicier de tout son royaume, à l'imitation de César. Ils se prononçaient contre les corporations et les communes en faveur des seigneurs. Après avoir sacrifié les seigneurs au roi, ils sacrifiaient les communes aux seigneurs. Dans leur bouche, le droit de propriété était une concession du roi aux seigneurs, ou des seigneurs aux communes. Aujourd'hui encore, c'est sur ces errements que les tribunaux français décident les questions qui se rattachent à l'ancien droit. Rien de plus contraire à la vérité historique. Dans les siècles chrétiens, c'est le droit de propriété qui était le droit commun. Les plus humbles familles, en vertu de la hiérarchie féodale, se trouvaient propriétaires incommutables. Ennemis de la féodalité, les légistes, à l'aide du droit romain, dénaturèrent les conditions de la propriété foncière et des obligations. Ils introduisirent dans le droit moderne tout le paganisme juridique; à la hiérarchie des fonctions, ils substituèrent le principe païen qui divise les hommes en libres et en esclaves; seulement, ils l'adoucirent dans cette formule : les nobles et les vilains. Ils réveillèrent tous les droits du fisc césarien, en décidant qu'à chaque mutation de propriété le roi devait prélever un impôt comme propriétaire suprême, à titre d'indemnité pour la concession qu'il faisait à l'héritier. A leur avis, jamais le roi n'avait cessé d'être propriétaire de tous les biens de son royaume, et c'est très-sincèrement qu'ils traitaient d'usurpation la propriété privée.

La seule limite que rencontra l'absolutisme fut la

religion. Nos légistes s'attaquèrent à la religion par des moyens détournés; ils mirent l'autorité de l'Église sous le pouvoir civil. Les autres pays de l'Europe étaient en proie aux mêmes tentatives, en vertu de cet adage, que la religion du pays est la religion du prince. Les jurisconsultes romains fournissaient des maximes d'État aux sociétés modernes. L'absolutisme est donc un système de gouvernement qui remonte par ses origines à l'antiquité païenne, et qui a trouvé dans la classe des légistes, depuis la loi des Douze-Tables jusqu'en 1789, ses hommes d'État et ses docteurs. Pour résumer d'un mot : la république, la communauté, l'État, le prince, sont tout et absorbent l'individu. Nous assistons à la renaissance politique du paganisme. Qu'est-ce que le saint-simonisme, aujourd'hui si puissant et victorieux dans toutes les branches de l'activité humaine, avec sa réhabilitation de la chair, sa tendance exclusivement matérielle, son cosmopolitisme et son omniarque, sinon une copie du césarisme romain? L'idéal des sociétés modernes, c'est la fusion de tous les peuples : les Césars l'ont réalisée. Ni le but, ni les moyens ne diffèrent. La négation du christianisme est hautement affichée dans les corps *savants* officiels. Le panthéisme envahit toutes les intelligences. L'idolâtrie est l'application de cette formule : tout est dieu. Nous sommes idolâtres, parce que nous adorons la matière, et que nos poëtes, artistes, historiens, publicistes et politiques ne rêvent que matière et intérêts matériels.

Pendant que l'idée païenne accomplit ses évolutions, les cris de liberté se font entendre ; les âmes essayent d'échapper au communisme qui les presse. La centralisation moderne se rapproche du communisme antique : par l'universalité de l'administration et par l'instruction publique, l'État marque à son effigie toutes les générations. Cependant on cherche la liberté dans les *idées modernes*, les *principes de 89* ; ce sont précisément ces idées modernes et ces principes de 89 qui sont incompatibles avec la liberté. Est-ce que le panthéisme, qui nie la distinction des substances, peut admettre la distinction des volontés? Les anciens entendaient par liberté l'esclavage. Le citoyen était l'esclave de la cité ; il lui appartenait corps et âme. La Convention, fidèle à son rôle, a appliqué cette doctrine dans toute sa rigueur.

La liberté individuelle a été fondée par le christianisme, qui a réformé et presque créé la conscience de l'homme, en lui traçant d'une façon indélébile la ligne de ses devoirs. Mais l'homme n'est pas seulement une âme, il est aussi un corps. Le droit de propriété constitue l'indépendance totale de l'homme. Or, c'est seulement dans les nations chrétiennes que s'est produit ou ranimé le droit de propriété; il est étranger aux compilations de Justinien. Vérité d'une portée incalculable, sur laquelle les historiens ont fermé les yeux. Avec la religion catholique et le droit de propriété, la personne humaine se dégagea du communisme social. C'est dans la cité chrétienne qu'est née la liberté, cette liberté qu'une éducation ridicule nous apprend à admirer au sein des cités communistes de l'antiquité. Les sociétés chrétiennes

ont été des sociétés d'hommes libres. Rien n'empêchait les hommes d'êtres libres. Ils avaient secoué le
joug du communisme, leur personnalité demeurait
entière; le nom même d'État était inconnu. *Proprietas*, en droit romain, est la chose individualisée,
soustraite au public. C'est la république qui est
propriétaire; l'appropriation qui vous échoit à titre
d'usufruit ou de possession n'est qu'une dérivation
d'un droit supérieur, auquel elle retournera dans des
circonstances données. Juridiquement et littéralement, république signifie servitude. Il y a eu des républiques chrétiennes; mais elles étaient fondées sur
de tout autres principes. Cela est si vrai, que lorsque
les républicains païens rencontrent une république
chrétienne, ils la tuent immédiatement. Venise et
Gênes ont été étranglées par des républicains de cette
trempe. Et le parti de la jeune Italie n'a jamais parlé
de rendre l'indépendance républicaine à Venise. Le
républicain Manin a jeté Venise aux pieds de Victor-
Emmanuel. Confusion d'idées véritablement humi-
liante, car elle dénote une profonde ignorance de
l'antiquité païenne et des siècles chrétiens.

La liberté n'a régné que par le christianisme. Nous
écartons les objections banales; nous savons dans
quel décri est tombé le régime féodal. Adressons-
nous aux textes originaux et non aux écrivains de
cinquième main, si nous voulons être renseignés.
Quoi de plus complexe que l'idée de la féodalité,
dans laquelle a été comprise une partie des développements du droit césarien? Nous surprendrons bien
des gens en leur disant que le monstre féodal n'a

existé que dans l'imagination des légistes et des libéraux. La féodalité n'est autre chose que le droit de
propriété. Cette vérité simple, claire, lumineuse,
obstruée par les passions et les préjugés, était étouffée
sous les in-folios des légistes. Étudiant l'Angleterre,
à mille reprises, Montesquieu tourna avec acharnement tout autour sans parvenir à l'effleurer : il
n'avait pas une notion précise du droit de propriété.
La société païenne repose sur la volonté de César
envisagée comme la source du droit et la mesure de
tous les intérêts. La *société* chrétienne repose sur le
droit de propriété. Ces deux clefs ouvrent toute l'histoire. La société est gouvernée par *César,* qui, par
ses agents, voit tout et fait tout ; ou elle se gouverne
elle-même en vertu d'un droit individuel qui groupe
chacun de ses membres suivant son intérêt propre.
Ce *self government* a été éminemment religieux : l'É-
glise l'a patroné, et il a vécu sous l'invocation des
saints dans ses diverses corporations. Les libertés
communales, les États provinciaux, les États généraux, constituaient l'administration d'une société
chrétienne. Liberté réelle, efficace, engendrée non
plus par l'État, mais par le sentiment de la personnalité, et qui couvrait de sa protection la famille devenue une corporation perpétuelle. Dans les campagnes, la famille forme une corporation agricole. Dans
les villes, les familles d'artisans, faibles par elles-
mêmes, s'unissent et forment la corporation industrielle. Toutes les corporations d'une ville s'unissent
et forment la corporation communale ou la municipalité. Les municipalités d'une province, unies aux

représentants de l'Église et aux représentants de la propriété foncière, forment les États provinciaux. Et si ce système n'avait pas été enrayé par Philippe le Bel et les légistes, les États généraux auraient continué d'une manière définitive et régulière.

Il ne s'agit pas de rétablir l'ancien régime : mais la liberté est une tradition nationale; étudions-la dans le passé, connaissons au juste ses tenants et aboutissants. Avec nos idées courantes et notre éducation, la *liberté* sonne faux. Qu'est-ce que c'est? et que veut-on? Il y en a même qui nous proposent l'alliance de l'Église et de la liberté. L'Église est un pouvoir officiel et reconnu; elle a ses représentants pour contracter en son nom. Qui représente la liberté? qui est chargé de stipuler au nom de la liberté? De quel droit les premiers venus, arborant un drapeau où est écrit *liberté*, se dressent-ils devant l'Église en puissance égale? D'autres se posent en représentants de la *science* et invitent modestement l'Église à s'allier à eux. D'où tiennent-ils leur mandat? S'ils le tiennent d'eux-mêmes, il n'y a plus qu'à rire de leurs prétentions. Le pouvoir spirituel fait alliance avec le pouvoir temporel, parce que les deux pouvoirs sont distincts. Mais l'Église représente la liberté et la science, aussi bien et mieux que qui que ce soit; dès lors, que signifie cette alliance entre l'Église et la liberté, entre l'Église et la science? Cette misérable tautologie trouble les cerveaux faibles. Si la liberté est le droit de n'être pas chrétien, comment l'Église s'alliera-t-elle avec sa négation? Le libéralisme qui est prôné en France et sur nos frontières

est un manichéisme à peine déguisé : il embrasse les
deux principes du bien et du mal, à qui il assure
théoriquement une libre carrière. Est-ce là un système sérieux ? Et l'a-t-on jamais vu fonctionner ? Le
bien et le mal désarmeront-ils pour vivre en paix ?
C'est méconnaître leur nature et leurs exigences que
de leur supposer cette indifférence. La lutte des deux
principes ne cesse pas.

Le libéralisme est né d'hier, sous la Restauration ;
il s'est montré l'ennemi du trône et de l'autel. Personne ne se méprenait sur son compte ; c'était sa politique visible, avouée, de renverser le trône et
l'autel. Et pourquoi ? parce qu'il était la liberté de
croire ce qu'on veut, en opposition à l'Église, qui,
affirmant la vérité, impose des lois à notre volonté et
à notre pensée. Il combattait le trône, parce le trône
s'appuyait ou semblait s'appuyer sur l'Église. Le système était lié dans son principe et ses conséquences.
Ce ne sont pas certainement les libéraux qui sont
devenus catholiques. Les catholiques ont ils aperçu
dans leur ennemi quelque vertu secrète qui les a séduits ? La confusion des idées et du langage est à son
comble, puisque des mots à acceptions contradictoires sont lancés chaque jour dans la circulation et
servent aux partis divers de moyens d'attaque et de
défense. L'Église a cependant pris soin de nous prémunir contre le danger de ces nouvelles formules.
Les encycliques de Grégoire XVI et de Pie IX ont été
de solennels avertissements. Des catholiques, ravis
par le son de quelques mots de fraîche date et entraînés vers les *idées nouvelles*, ont paru croire que le

Saint-Siége avait besoin de leurs lumières pour se conduire. Il n'y avait rien de nouveau sous le soleil au temps du roi Salomon. On peut dire aussi qu'il n'y a rien de nouveau depuis la venue de Notre-Seigneur. Interrogeons l'histoire dans sa manifestation la plus intime, le droit : elle servira de commentaire aux doctrines du Saint-Siége sur la *liberté moderne*.

II

Le volume que nous offrons au public roule sur la liberté et sur l'absolutisme, ces deux préoccupations du moment. Il se compose d'articles de l'*Univers* et du *Monde*. Nous l'intitulons *les Légistes*, parce que c'est l'étude du droit qui nous a conduit à la solution du problème de notre temps. Les légistes français nous attiraient par leurs qualités originales, un tour vif de pensée, un style souvent nerveux et pittoresque. Nous parlons, bien entendu, des vieux légistes, école pleine de séve et plus instructive, malgré le fatras où elle tombe quelquefois, que l'école majestueuse et fade du chancelier Daguesseau. Les questions contemporaines s'éclairent merveilleusement à ces lueurs de l'histoire. Ce sont des fouilles entreprises dans le passé pour y découvrir les racines du présent. Ces travaux ont été goûtés d'un grand nombre d'esprits sérieux.

Il faut que le lecteur fasse effort pour saisir l'ensemble de la doctrine dispersée dans ces nombreux fragments. Cette doctrine met en présence les droits

de Dieu et les droits de l'homme; elle venge l'Église
des injures et des accusations qui lui sont prodiguées. Qui a fondé la liberté dans le monde? et
qui y a semé ces germes de césarisme qui lèvent
sur tous les points de la chrétienté? L'histoire du
droit répond à ces questions. Cette histoire tient à
la politique par ses côtés les plus essentiels. Les
légistes ont été les conseillers des rois, les inspira-
teurs de la royauté moderne ; or, leur système politique a été l'absolutisme le plus franc. Les preuves
accumulées dans ce livre sont là pour l'attester : les
jurisconsultes romains sont les maîtres de l'absolutisme moderne. Le droit romain est la grande offi-
cine d'absolutisme; il a fourni à tous les despotes les
engins les plus meurtriers contre la liberté humaine.
Ses maximes ont passé dans nos institutions, dans
nos lois, dans nos usages, et nous ont façonnés par
la centralisation. C'est en vain que nous essayons de
lutter contre le torrent, en prenant notre point d'appui dans le torrent lui-même. Nous voulons être
libres, et nous ne savons pas ce que c'est que la
liberté.

Il y a trente ans, une école catholique s'est fondée
pour chercher la liberté dans l'Église et par l'Église.
Héritière de Joseph de Maistre, elle se déclare *catholique avant tout*. Ce qu'elle a fait depuis le premier
numéro de l'*Univers*, il ne nous appartient pas de le
dire : d'autres peut-être le diront. Des hommes très-
divers d'études et de tendances, sans se concerter, et
unis par le dogme catholique seul, ont poursuivi
l'erreur dans toutes les directions. Tout ce qui touche

au droit et à l'influence sociale des légistes est tombé dans notre lot et constitue notre part à ces luttes laborieuses. Dans cette œuvre de restauration juridique, nous avons reçu les encouragements d'amis chers à notre cœur, et dont le sens chrétien était pour nous la meilleure des garanties. Louis Veuillot suivait avec intérêt toutes ces discussions : grâces lui en soient rendues ! Quand il nous accueillit, il y a déjà près de vingt ans, nous étions loin de prévoir que nos faibles études de droit nous amèneraient un jour au seuil des plus hautes vérités historiques. La liberté chrétienne s'est montrée à nous tout entière ; *ubi autem spiritus Domini, ibi libertas.* Ce volume est la démonstration historique et politique de cette parole de saint Paul.

12 juillet 1863.

LES LÉGISTES.

ORIGINE DU DROIT.

I

*Le droit humain n'existe pas; il n'y a pas d'autre droit
que le droit divin.* Ces assertions de M. le marquis de Valde-
gamas, dans la lettre qu'il nous adressait récemment, ont reçu
un médiocre accueil au sein de l'école libérale. En Belgique,
en France, en Espagne et en Italie, plusieurs journaux s'en
sont scandalisés. Examinons ce qu'il en est. Le droit, dans
son acception politique, est la règle des rapports sociaux.
Tout se réduit à savoir si la société est une œuvre divine ou
humaine. Si l'homme l'a créée par un acte libre et réfléchi
de sa volonté, il lui a donné les principes en vertu desquels
elle vit et se développe. Ces principes, sortis de la discussion,
sont toujours discutables, et la société est sujette à de perpétuels remaniements. Il y a plus, la loi du changement lui est
inhérente. Tout contrat humain est résoluble, et le contrat
social comme un autre. De là est né le dogme de la perfecti-
bilité, mélange de panthéisme et de matérialisme. J.-J. Rousseau voyait la perfection dans la sauvagerie. Sa doctrine est
franche. Il déclare que la loi est un acte de volonté, non de
justice et de vérité. Ce droit d'institution humaine est donc
variable comme les caprices de la foule; il se déplace avec les
majorités; c'est le règne absolu de la force et de la ruse. La

théorie de Rousseau, dans sa crudité, n'a point fait de prosélytes. Même quand la violence s'impose, elle sent le besoin de se légitimer, de se justifier. Elle invoque des considérations d'intérêt public ou des droits plus ou moins équivoques. C'est un instinct général de l'humanité, que la force n'est pas le droit. Aucun publiciste, aucun jurisconsulte de quelque valeur n'a osé professer ouvertement le contraire. Le droit n'émane pas plus de notre intelligence que de notre volonté. Ce serait la même question sous un aspect différent. Comment, par un effort de notre esprit, inventerions-nous le droit? Une pareille idée est insoutenable, et il n'y a pas trace dans l'histoire qu'un peuple ait regardé le droit comme une conception de l'esprit humain. Les traditions païennes, écho affaibli de la tradition biblique, rapportent à l'intervention des puissances célestes l'origine des arts, du langage et de la civilisation.

L'homme n'invente pas, ne crée pas le droit; tout au plus peut-il le constater, le reconnaître, en saisir les rapports. Cicéron le définissait, *ratio profecta a natura rerum.* Montesquieu s'est approprié cette définition en la traduisant en français. Les écoles rationalistes l'ont adoptée. Il y a une trentaine d'années, les universités de l'Allemagne retentirent de disputes sur la nature du droit. M. de Savigny, qui s'inspirait, plus qu'il ne l'avouait, des arguments de M. de Maistre contre les constitutions, devint le chef de l'école historique. M. Thibaut, professeur de droit à Heidelberg, se présenta au nom de l'école philosophique. L'école historique disait: Le droit, c'est la coutume; il n'émane pas d'une volonté arbitraire, il découle de la nature intime d'un peuple, de l'ensemble de son histoire. Le peuple, par son développement graduel, forme son droit de la même façon qu'il forme ses mœurs et sa langue. Il ne le reçoit pas d'une volonté étrangère; son droit est une partie de lui-même; c'est le produit purement instinctif de son état social. Le droit ainsi envisagé n'est pas humain, la société dont il est l'expression n'étant pas d'institution humaine. En effet, si l'homme entre dans une société dont il n'a pas réglé les conditions, il s'ensuit que le droit a un caractère providentiel ou fatal. Telle est la théorie de l'école historique. L'école philosophique, moins remarquable sous le rapport de l'érudition et de l'esprit gouvernemental, a obtenu plus de faveur, car elle ouvre un champ sans limite à l'investigation ; elle rejette avec dédain l'histoire et la tradition, pour atteindre le droit dans les régions de l'absolu ; elle préfère à la coutume écrite ou non écrite les codes où sa pensée se formule avec une logique rigoureuse. Pour elle, la loi est une déclaration du droit ; le droit existe en lui-même, indépendamment des hommes qu'il régit. Le publiciste, le philosophe, le moraliste, a pour mission de le découvrir, de l'arracher aux ténèbres dont il est enveloppé. Dans la réalité, ce droit abstrait n'aboutit qu'à des systèmes contradictoires. La raison, le droit naturel, la conscience, la justice, la nature des choses, etc., sont des mots fort éloquents, mais impuissants à fonder une doctrine.

La raison, pour un philosophe, sera toujours ce qu'il croit ; le droit naturel sera ce qu'il a jugé bon et convenable à l'homme ou à la société. Sous la dénomination de conscience, il entend sa conscience particulière à lui ; la justice et la nature des choses se résumeront dans ses idées personnelles. Le genre humain n'a pas tenu de congrès pour déterminer la raison, la justice, etc. Il n'y a pas une raison universelle, apanage du genre humain et dont la raison de chaque individu serait une fraction. Au milieu de ces divergences, un point reste commun à toutes les écoles, c'est que le droit ne vient pas de l'homme. En d'autres termes, ils reconnaissent comme M. Donoso Cortès que le droit humain n'existe pas. Ces efforts témoignent de la nécessité où nous sommes de chercher la source du droit en dehors de nous-mêmes. Et, en effet, c'est une proposition contradictoire que d'affirmer que l'homme crée le droit. On n'est jamais son propre juge ni son propre législateur, car toute loi suppose une sanction, sans quoi elle ne serait qu'un avis ou un conseil. Et rien ne nous empêche de désobéir aux lois que nous nous serions données, ou aux jugements que nous aurions rendus contre nous-mêmes ; notre règle, notre loi n'est pas en nous, parce qu'elle n'y rencontre pas de sanction. Si le droit n'est pas en nous, il n'est pas davantage dans les abstractions des philosophes et des moralistes. Il n'y a de possible qu'une troisième hypothèse, le droit est en Dieu, il est divin.

Interrogeons plus spécialement Domat. Pour lui, « c'est Dieu même qui a établi le gouvernement, » et cette pensée n'est pas chez lui une phrase jetée au hasard ; c'est un système auquel il est fidèle. Il divise les lois en deux catégories : les lois immuables, divines, que nous ne pouvons altérer ni modifier, car elles viennent directement de Dieu, créateur et législateur des hommes, et les lois arbitraires ou humaines. Domat ne dit pas qu'il y a un droit humain, mais seulement qu'il y a des lois humaines. Il indique par des exemples ce qu'il entend par ces lois. Ainsi, un testament nécessitera cinq, six ou sept témoins ; la prescription s'acquerra par trente ou par quarante ans ; la majorité sera à vingt ou à vingt-cinq ans ; la légitime des enfants sera du tiers ou du quart. Ces détails juridiques sont arbitraires, ils ne touchent à aucune loi divine ou immuable. La pensée de Domat est bien claire ; elle ressort des exemples qu'il a cités. Domat appelle lois humaines ou arbitraires l'application des lois immuables, divines. Dieu est l'auteur du droit, il n'est pas l'auteur des codes, des lois proprement dites. L'homme conserve sa liberté d'action, il coopère à l'œuvre divine et, dans une certaine mesure, il a le pouvoir législatif. Mais les lois dues à son initiative ne constituent pas un droit à part et autonome ; elles sont un moyen, une procédure, destinés à réaliser, à mettre en pratique les principes et les vérités nécessaires, en les accommodant aux circonstances politiques ou sociales. Que le nombre des témoins requis pour la validité d'un testament soit de cinq ou de six, cela importe peu ; mais il importe que le droit de tester soit sanctionné par les lois ; de là toutes les précautions de la loi pour constater les actes de dernière volonté. Le droit de tester n'est pas une invention humaine ; il découle de l'autorité paternelle ; la sollicitude du père s'étend au delà de sa vie terrestre, et le respect de sa volonté est un hommage à son immortalité. Les formes de ce respect varient ; voilà tout. Nous sommes libres de déterminer la durée de la prescription ; mais la prescription en elle-même est un gage de sécurité pour les droits existants, elle ne crée pas un droit nouveau. La loi qui fixe la majorité déclare qu'à tel âge l'enfant, dans un pays donné, est capable des actes de la vie civile. Enfin, l'exemple relatif à la légitime des enfants n'est qu'une application du principe que les parents doivent pourvoir à l'entretien de leurs enfants. Ainsi Domat n'établit pas une dualité dans le droit, une rivalité entre l'homme et Dieu. Il voit en Dieu seul la source du droit; il n'attribue à l'homme que le rôle du juge qui exécute les lois et détermine le droit pour les cas particuliers dont il connaît.

M. Donoso Cortès n'a pas été plus loin que Domat. Il ne nie pas la validité et la bonté relative des lois humaines, il nie qu'elles aient dans l'homme leur raison d'être; et Domat, qui n'a jamais été taxé d'exagération, dit excellemment que « l'autorité universelle de toutes les lois consiste dans l'ordre divin, qui soumet l'homme à les observer. » Telles sont les lois politiques et de police. Il ne nous est pas permis de les enfreindre; Dieu nous ordonne d'obéir aux puissances. La doctrine du droit divin n'aboutit pas à la négation des droits politiques, elle les consacre en les couvrant d'une garantie religieuse. Il est vrai que les révolutions démoralisent les peuples et altèrent en eux la rectitude du jugement, en sorte que le plus difficile, dans les temps de troubles prolongés, n'est pas de suivre le bon chemin, mais de le voir. Il n'y a rien à conclure de ces faiblesses et de ces défaillances. Ce n'est pas le droit qui est obscurci, c'est l'homme qui n'en a plus la perception aussi vive.

En résumé, il n'y a de droit humain que par opposition au droit divin. La révolution française a seule essayé de cons-

tituer un droit humain. Comment a-t-elle procédé ? Elle a
expulsé Dieu de la société et elle a affirmé l'infaillibilité de la
raison humaine. Le droit alors était dans les caprices de la
violence ou dans les hasards des scrutins. Il n'y avait plus
rien d'immuable, de fixe, de décidé. L'homme affranchi du
frein religieux ne relevait que de lui-même, il avait dans sa
raison son juge et son législateur. L'idée de droit n'avait plus
de sens, ou, si l'on veut, il y avait un droit humain. Nos sociétés régulières ont des législateurs, mais ces législateurs ne
se prétendent pas infaillibles, ils ne se donnent pas pour des
dieux ! Ils admettent des droits supérieurs ou antérieurs. Ils
indiquent, d'une façon ou d'une autre, l'idéal qu'ils poursuivent. Ils se trompent plus ou moins ; leurs lumières ou
leurs préjugés les approchent du but ou les en écartent ; là
n'est pas la question. Toujours est-il qu'ils ne nous imposent
pas leur volonté parce que c'est leur volonté. Ils reconnaissent
un droit préexistant à leur action et dont ils s'inspirent pour
justifier leur conduite.

Cette discussion nous a amenés à préciser l'idée de droit.
Le droit diffère de la loi, qui n'en est que l'application souvent fautive et erronée. L'unanimité des moralistes, des publicistes, des jurisconsultes, nous atteste que le droit est indépendant de l'homme ; car l'homme est soumis au droit,
il est sujet du droit. La théologie catholique nous apprend
que le droit est en Dieu, qui est la justice elle-même, puisqu'il est souverainement et absolument juste. Le droit, c'est
la volonté divine dictant à l'homme la règle de ses sentiments
et de ses actions. Dans l'idée que s'en forment les philosophes,
il se confond avec la nature des choses ou la fatalité, expressions suffisantes pour indiquer où il n'est pas, inintelligibles
pour indiquer où il est. Le droit n'est pas dans ces fantômes
de notre imagination ; il vit dans un législateur capable d'en
assurer le respect, immuable et éternel comme le Dieu qui
l'a promulgué de toute éternité, *æterni parentis splendorem
æternum*. Le droit nous est ainsi révélé dans sa notion la plus
pure. Il n'y a pas d'autre droit que le droit divin, et la science,

interrogée dans ses sources les plus diverses, répond que le droit humain n'existe pas. M. Donoso Cortès n'a donc pas énoncé un paradoxe, mais un axiome.

4 mai 1852.

II

Nous avons soutenu qu'il n'y a pas de droit humain, que le droit est d'origine divine. Cette thèse n'a soulevé aucune objection sérieuse ; elle se complète par la théorie des devoirs. Si l'homme, à proprement parler, n'a pas de droits à exercer, il a des devoirs à remplir. La société repose sur l'immense hiérarchie des devoirs imposés à chacun de ses membres. Nous revenons sur cette question, parce qu'un de nos adversaires ne paraît pas l'avoir comprise. M. Donoso Cortès, dans une lettre adressée à l'*Univers*, a été amené à cette proposition, que le droit humain n'existe pas. Nous avons développé sa pensée, en montrant qu'elle était rigoureusement vraie, et conforme à toute la tradition et à tout l'enseignement scientifique. L'illustre publiciste ne livrait pas le monde à la tyrannie et au hasard. Notre droit est dans le devoir des autres à notre égard. Nous n'avons pas la prétention d'abolir le mot *droit;* nous ne supposons pas que l'humanité ait tort de l'employer. C'est une façon de s'exprimer, et elle ne contredit en rien notre doctrine. Une première réflexion nous frappe : la notion de droit présente un caractère personnel, protestant, révolutionnaire. Toutes les révolutions, toutes les révoltes invoquent le droit. Le droit envisagé à un point de vue abstrait est sinon douteux, au moins très-difficile à reconnaître. La notion du devoir n'implique pas ces difficultés. Elle ressort tout naturellement de la religion chrétienne. Dans l'esprit de l'Église, l'autorité constitue un devoir bien plus qu'un droit. Les conséquences qui en découlent sont graves et méritent d'être méditées. Le droit est, de sa nature, facultatif ; il n'oblige pas la conscience. Le devoir s'impose. On abdique un droit, on n'abdique pas un devoir. La société fondée sur le droit sera toujours chancelante ; car il y a dans le droit quelque chose d'incertain et qui dépend de notre volonté. Pousserons-nous notre droit jusqu'au bout ? A quelle limite nous arrêterons-nous ? Cela n'est pas indifférent dans la pratique. La conduite d'un gouvernement différera suivant qu'il se croira investi d'un droit personnel et tout à son avantage ou bien qu'il regardera sa charge comme un devoir dont il ne peut s'affranchir, comme une mission dont il ne lui est pas permis de décliner la responsabilité.

La loi divine promulguée sur le Sinaï ne crée aucun droit positif pour l'homme ; elle n'établit que des obligations, et elles suffisent à toute l'économie de la société. L'ordre religieux, l'autorité paternelle, le respect de la vie et de la propriété y apparaissent sous la forme de devoirs. Les relations sociales puisent dans le sentiment du devoir une force admirable. Vous ne parviendrez pas à expliquer la famille par l'idée de droit, qui emporte avec elle une sorte d'antagonisme. C'est un ensemble de devoirs qui s'harmonisent et concourent au même but. Le père a, non pas le droit, mais le devoir de commander ; il n'a pas le droit de se désister de cette direction qui lui est dévolue. Il élève ses enfants en vertu d'un devoir. C'est pour cela que la liberté d'enseignement est légitime. Les catholiques, en la demandant, ne demandaient que la liberté d'accomplir un de leurs devoirs les plus impérieux. Aussi n'ont-ils jamais pu, sur ce point, transiger avec leurs adversaires. Le droit ainsi transformé en devoir acquiert une sanction plus haute, car il est mis sous la garde de la conscience. Que de révolutions nous auraient été épargnées si les gouvernements eussent songé à leurs devoirs plus qu'à leurs droits. Louis XVI, sous la pression de l'émeute, a abandonné un à un tous les droits de sa couronne ; il croyait que ces attributions du pouvoir souverain dont il était revêtu lui appartenaient en propre et qu'il pouvait en disposer. S'il avait su que ces prérogatives royales n'existaient que dans l'in-

térêt de ses peuples, il ne les aurait pas sacrifiées. Il aurait cru
trahir un mandat sacré. Les fautes de Louis XIV ont leur origine dans un sentiment exagéré du droit. En s'appuyant sur
le principe exclusif du droit, la royauté française s'est soustraite à tout contrôle ; mais, en même temps, elle s'est privée d'une protection dont, aux jours de faiblesse, elle aurait
eu le plus grand besoin. Elle n'avait pas su se modérer dans
son accroissement, elle ne sut pas non plus s'arrêter dans la
voie des concessions.

La notion du devoir nous aidera à distinguer les libertés
vraies et les libertés factieuses ; et la sécurité et l'honneur des
peuples se trouveront plus solidement garantis par les devoirs
qui leur sont imposés dans notre système que par les droits dont
ils sont armés dans l'autre. Nous cherchons en vain le défaut ou
le danger de notre doctrine. S'il n'y avait de devoirs que pour
un côté de l'espèce humaine, on nous accuserait avec raison
d'incliner vers la tyrannie. Du moment que les devoirs sont
universels, l'équilibre, l'harmonie et la liberté se rétablissent
dans le monde. Car la plus haute expression de la liberté, et
en cela nous ne serons démentis par personne, est assurément la liberté de remplir son devoir. Nous serons toujours
forts en parlant de nos devoirs et de la nécessité morale où
nous sommes de les accomplir.

En examinant les choses de près, on voit que la notion du
droit conduirait vite à l'absolutisme. En effet, un homme qui
a la force en main pourrait abuser de son droit pour tout réduire en servitude. A Rome, la volonté du peuple créait le
droit ; l'empereur, succédant au peuple dans le pouvoir législatif, avait le droit absolu ; sa volonté faisait loi. C'était là le
principe de l'autorité des empereurs. La notion du devoir,
chez les peuples chrétiens, écarte la tyrannie. Le prince alors
n'est plus la loi elle-même, il en est simplement l'exécuteur.
Son rôle est de la respecter et de la faire respecter. Les nations où règnent de pareilles idées sont véritablement libres.
Nous ne savons pas ce qu'on entend par droit humain. Nous
étudions, nous connaissons, nous pratiquons le droit, nous

ne le créons pas. Il y a une école politique qui le fait découler de la volonté, c'est-à-dire de la force. C'est l'école de
Rousseau et des révolutionnaires.

Les exemples allégués pour prouver l'existence d'un droit
humain sont peu concluants. Nous hésitons même à les mentionner. L'un est la devise du Comité de la liberté religieuse :
Dieu et notre droit. Le Comité s'est-il trompé pendant vingt
ans? Non. Mais que réclamait-il? La liberté pour l'Église de
remplir le grand devoir de l'enseignement et de la propagande catholique. Nous avons des devoirs envers l'humanité,
et ces devoirs ne sont pas de notre invention. La théorie du
publiciste espagnol se justifie jusque dans le détail des applications. Le droit civil et politique paraît livré à l'arbitraire
du législateur. Allez au fond des choses, et vous vous aper-
cevrez que les lois civiles et les règlements politiques ne sont
que la mise à exécution de principes d'un ordre supérieur. La
variété des formes gouvernementales n'altère pas l'essence
du droit politique. L'obéissance est due partout aux pouvoirs
légitimes. En substituant la théorie des devoirs à la théorie
des droits, nous n'abaissons pas l'homme, nous le relevons ;
nous ne diminuons pas sa liberté, nous la rendons inviolable.

15 novembre 1852.

LE CHRISTIANISME

I

Il y a quelques années, la *philosophie du droit* occupait encore les esprits, et en Allemagne et en France, chaque auteur avait sa philosophie du droit, adaptée à une façon toute particulière d'envisager le développement de l'humanité. Notre jurisconsulte le plus renommé, M. Troplong, a eu le dessein d'écrire une *Histoire des progrès philosophiques du Droit*. Les préfaces de ses *Commentaires* sont des fragments de ce grand ouvrage. Mais sa pensée se révèle principalement dans son livre : *De l'influence du Christianisme sur le droit civil des Romains*. Ce tableau brillant des vicissitudes du droit romain depuis la loi des Douze-Tables jusqu'à Justinien, a suscité toute une série de travaux sur les progrès de la législation et en l'honneur de nos lois modernes, empreintes, dit-on, du plus pur esprit du christianisme. Dans ce système, le droit, expression de la conscience humaine, jette d'abord une faible lueur, et cette lueur s'agrandit indéfiniment sous la loi du progrès. Le christianisme lui-même nous est donné comme le plus grand progrès de l'humanité. Et le monde nous apparaît gouverné par une fatalité d'évolutions qui le conduisent vers un idéal qui recule sans cesse. C'est la doctrine panthéiste de la productivité du néant ou de l'identité de l'être et du néant. Le non-être se détermine et devient l'être, sui-

vant Hégel. Et par quel procédé? C'est ce qu'il ne dit pas. Il
se passe ainsi d'un Dieu créateur. D'où vient l'homme? De la
brute, du végétal, du minéral, répondent quelques-uns. D'autres ne lui attribueront, à son origine, qu'un minimum d'existence que le temps sera chargé d'accroître. Et alors la religion, les arts, les sciences seront un produit de l'homme travaillant sur lui-même, et accomplissant à travers les âges la
série des développements dont le germe est en lui. Cette création spontanée plaît à nos philosophes; elle leur donne une
haute idée de l'homme, de son autonomie. Il n'est donc soumis à aucune loi surhumaine, puisqu'il est sa propre règle.
Où est sa moralité et la liberté de ses actions? S'il suit son
instinct, s'il obéit uniquement aux conditions organiques de
sa nature, il ne réclame ni l'éloge ni le blâme; il appartient
à la catégorie des êtres privés de raison. La liberté suppose
une dualité, un agent qui mérite ou démérite, et une loi divine ou un législateur divin. Sans Dieu, la loi n'a aucun caractère obligatoire, puisque la faculté de la décréter implique
la faculté de l'abolir. Il faut à l'homme une loi qu'il n'ait
point faite, et à laquelle il conforme ses actions par un esprit
d'ordre et de justice. Sa liberté consiste à marcher dans le
sens de cette loi. Il est esclave du mal et du péché s'il s'en
écarte. Et cet effort qui le maintient dans la voie malgré les
incitations de la nature déchue, est la mesure même de sa
moralité.

Le droit n'est pas une création de l'humanité. Toutes les
traditions attestent son origine divine. Les peuples de l'antiquité reproduisent à leur manière le récit de la Genèse et nous
montrent des dieux apportant aux hommes le langage, les
arts, les sciences. L'âge d'or des poëtes est le souvenir à peine
obscurci du paradis terrestre. Ce n'est pas l'idée du progrès,
c'est l'idée de la décadence qui est universelle dans l'antiquité. Chez les orateurs et les historiens de la Grèce et de
Rome, il n'est question que des vertus des ancêtres. Pour
Cicéron, Caton est le type du grand citoyen, mais Caton se
plaignait déjà du déclin des anciennes mœurs. Remontant de

siècle en siècle, on arriverait à cette chute primitive dont toutes les autres ne sont que la conséquence.

Pascal compare l'humanité à un homme qui apprendrait toujours. Rien de moins exact. Les livres s'accumulent, et non la science. La science n'est pas fondée sur l'observation seule. Les principes qui constituent la vérité sont supérieurs à l'expérience, ils la précèdent et la façonnent en quelque sorte, puisqu'ils inspirent nos actions. La science n'est que la connaissance de la vérité. Et qui pourrait se flatter d'avoir augmenté la vérité parmi les hommes? Nous parlons des vérités religieuses, politiques, morales, philosophiques, les seules nécessaires à l'homme. Ce trésor, patrimoine commun de l'humanité, s'épuise ou se renouvelle, suivant que la foi des peuples s'affaiblit ou se fortifie. Le progrès dont nous nous berçons n'est que le fruit de notre imagination et de notre amour-propre.

Dans les arts, dans les lettres, quelle est notre supériorité actuelle? La politique a-t-elle trouvé le moyen de rendre les États plus solides? Nous avons inventé la loi du progrès pour nous débarrasser du respect envers la tradition des aïeux et afin que chaque génération soit autorisée à se croire plus sage que celles qui l'ont précédée. Ce paradoxe ne prévaudra pas contre le témoignage du genre humain. Les peuples ont une courte époque de puissance intellectuelle. L'esprit grec est dans toute sa force au temps de Périclès et de Thucydide; après Alexandre, il ne produit plus rien, et tombe de l'originalité dans la *stérile* abondance. Il ne revivra que par un nouveau sentiment; le christianisme lui infusera un nouveau sang dans les veines. Et puis, cette gloire, purement sacerdotale, s'éteindra. Julien nous offre un spécimen des progrès de l'esprit grec. Il est tout-puissant; le monde est à ses pieds. Il a pâli sur les livres et dans les études sérieuses, et a le goût et la passion de la polémique. On ne peut dire que ce fut un grand général; son expédition contre les Perses a montré son incapacité. Mais son courage est incontestable. Ce grand personnage écrit; et chaque ligne de sa plume nous révèle le rhéteur, l'incurable sophiste. Sa plaisanterie est lourde et grossière. Il se complaît dans les pièces d'apparat, dans les improvisations vides d'idées, espèces d'exercices oratoires. Ce qui nous frappe en lui, c'est le contraste de la débilité de l'esprit unie à la toute-puissance. Pas une pensée forte et simplement exprimée. L'originalité lui manque totalement. Est-ce une exception? Non. C'est l'esprit grec à l'enfance sénile. Julien a de l'érudition, de la science si l'on veut. Mais qu'est-ce que tout cela? La mémoire n'est pas le génie!

La France, l'Espagne, l'Angleterre, l'Italie, peuvent avouer qu'elles n'ont pas conservé cette force de conception qui a autrefois enfanté tant de chefs-d'œuvre, et qui a même jeté tant d'éclat dans l'ordre politique. Du reste, nous n'entendons pas substituer la fatalité de la décadence à la fatalité du progrès, nous constatons seulement que le progrès n'est pas une loi historique. Les idées sont-elles soumises au progrès? Les voit-on naître, grandir, se développer? Quel est le but de tant d'efforts pour encadrer le christianisme dans le progrès de l'esprit humain, sinon de lui ôter son caractère divin? Non, l'humanité n'élabore pas ses religions, elle les reçoit toutes faites, et les fausses ne sont qu'une défiguration de la vraie. Tous les peuples gardent la trace du récit mosaïque. La vérité religieuse part de là; les hommes, en se dispersant, en ont emporté les lambeaux.

Comment en serait-il autrement du droit? La notion du bien et du mal, du juste et de l'injuste, constitue notre entendement, et si Dieu ne l'eût donnée à nos premiers parents, il n'aurait créé que des brutes. Le droit, c'est la parole de Dieu, révélant aux hommes leurs devoirs envers les autres et dans la cité. Tous les législateurs antiques ont des rapports avec les dieux; c'est au nom du Ciel qu'ils parlent. Lycurgue et Numa sont à peine des personnages historiques. Leur légende n'est que la consécration populaire de cette vérité, que Dieu est le législateur des hommes. Les préceptes divins s'altèrent d'Adam à Noé; le déluge intervient. La tradition reprend à Noé et va encore s'altérant jusqu'à Moïse. Dieu proclame et écrit sa loi au milieu des foudres du Sinaï. Désormais, la loi traditionnelle ne se perdra plus ; le crime qui la violera ne pourra plus la nier. Voilà le droit dans sa manifestation la plus éclatante ; il a retenti fortement dans la conscience des hommes. Les guerres, les révolutions, en mêlant les peuples, le propageront par toute la terre. Elle cheminera, cette parole vivante, à travers les siècles, plus ou moins altérée, mais toujours reconnaissable. Elle ne recevra pas d'accroissement parmi les hommes, car elle est sortie du sein de Dieu, comme la sagesse antique de la tête de Jupiter. Le mythe traduit littéralement la vérité ; Jupiter n'est que Jéhovah (*Jovis*, *Jovi*, *Jove*). Et, à un autre point de vue, n'est-il pas le père du droit (*Jus*, *pater*)? Ces analogies nous montrent la tradition fidèle à elle-même. Le jurisconsulte romain, en définissant le droit la science des choses divines et humaines, était loin de saisir toute la profondeur de sa définition et de rattacher le droit à sa source réelle ; mais il sentait vaguement que le droit, fondement de la société et de l'homme lui-même, ne peut être une œuvre arbitraire et purement humaine.

Le caractère religieux du droit nous est attesté par la haute antiquité. A Rome, le culte national met son empreinte sur le droit et sur la procédure. Le dieu Terme jouait un rôle important, et c'était un sacrilége de déplacer la borne des héritages. Les premiers jurisconsultes romains sont des patriciens, pontifes et augures. Avant d'engager une action, il fallait savoir si le jour était propice, et l'augure seul pouvait le dire. Un certain Flavius dévoila les formules du droit, en publiant un petit manuel de procédure. Ce fut une espèce de révolution, et la plèbe y vit un commencement d'émancipation. Ce cachet hiératique disparut à mesure que les avocats de profession remplacèrent les chefs de famille, défenseurs naturels de leurs clients, sous le nom de patrons. Chez tous les peuples, le mariage est encore chose religieuse ; il ressort de la religion. Domat exclut le mariage de son traité des lois civiles, comme matière laissée à la théologie et à la ju-

ridiction ecclésiastique. La famille forme une société indépendante, relevant des lois primitives assignées par Dieu à sa créature. Le législateur n'intervient que pour régler les intérêts
matériels des époux. Sauf de rares et toutes modernes exceptions, le mariage est partout un acte de religion. C'est à ce
titre que toutes les législations le respectent et le consacrent.
Il n'y a pas d'exemple plus frappant de la puissance de l'élément
religieux dans le droit. Les publicistes des diverses nations
ont essayé d'y substituer des principes philosophiques. Plusieurs gouvernements aveuglés sur la portée de ces tentatives,
ont prêté les mains à cette complète sécularisation du droit.

L'histoire, étudiée dans ses causes intimes et profondes,
nous révèle l'influence du droit. La destinée de chaque peuple est écrite dans ses lois. Selon leur conformité à l'exemplaire divin, elles assurent aux peuples paix, honneur, durée.
Le droit ne progresse pas : immuable dans son essence, il subit, quant à son application, les mêmes vicissitudes que les
peuples. Il appartient, par ce côté, aux diverses nationalités
et revêt un caractère historique. Le droit alors tient à la vie
des peuples ; il la constitue sous l'aspect des relations de
famille et des obligations d'homme à homme. Séparé du peuple, en qui il s'est incarné, il n'est plus qu'une vaine conception souvent plus dangereuse qu'utile. Aussi n'est-il pas possible d'implanter dans un pays les lois d'un autre pays. L'é-
poque actuelle aime ces transfusions, image et conséquence
de ce panthéisme vers lequel gravitent les nations modernes,
sous l'influence de plus en plus active du libéralisme.

L'humanité n'élabore pas plus son droit que sa parole.
Que de discussions pour prouver que l'homme a inventé la
parole ! S'il l'avait inventée, il aurait inventé les idées qu'elle
exprime, la religion, le droit, la société, etc. Cette création
successive de l'homme par lui-même équivaut au Dieu de
Hégel se développant sans fin. C'est la même idée transportée
à l'ordre humain et dans le domaine des faits historiques.
Cette question des origines résout les plus redoutables problèmes ; elle nous conduit nécessairement au Dieu créateur

ou au panthéisme. Les débats de ces dernières années, éclairés par les bouleversements dont nous avons été témoins, ont
porté la masse des esprits honnêtes et consciencieux à considérer la société, la famille, la propriété, comme des faits divins, en dehors des délibérations de l'homme et au-dessus
du législateur. Le sophisme n'égarait plus les intelligences,
et chacun comprenait que la doctrine contraire entraînait
toute une série de révolutions. Car il ne manquait pas de docteurs prêts à changer les lois constitutives de la société, de la
famille et de la propriété. Qu'est-ce donc que le droit, sinon
l'ensemble des principes qui règlent la société, la famille, la
propriété? Comment l'homme perfectionnerait-il l'œuvre divine? La famille hébraïque a été corrigée par le christianisme;
qu'on nous dise si la famille chrétienne est plus florissante
que par le passé? Certaines gens s'imaginent que la religion
doit beaucoup à la philosophie; on a aussi prétendu que la
philosophie avait épuré le droit. En 1789, la philosophie s'est
ingérée dans les affaires d'État; elle est même devenue le gouvernement officiel de la France. Nous avons vu ce que l'ordre
social en pouvait attendre. L'étude de ce que les jurisconsultes
appellent l'influence de la philosophie sur le droit ne présente
aucune idée claire, précise. Qu'est-ce que la philosophie? Il
y a eu plusieurs sortes de philosophie. En quoi ont-elles modifié le droit?

Le droit philosophique n'est-il pas une chimère? où est-
il? qui l'a formulé? S'il n'est qu'une pure conception de
notre esprit, il n'a pas plus de valeur que tel ou tel système
de philosophie ou de politique. Il n'exprime que des idées
particulières et non une réalité historique et vivante. La philosophie a-t-elle donné à la société, à la famille, à la propriété une organisation plus parfaite? Elle n'affermit ni les
sociétés ni les familles, on ne le sait que trop; son rôle est de
discuter, d'ébranler par le doute, quand elle n'est pas unie
au dogme religieux. Livrée à elle-même, elle n'agit sur les
institutions sociales que comme dissolvant. Les peuples qui
ont vécu sous des lois fortes et durables l'ont subordonnée à

2

l'ordre social : c'est ainsi qu'au Moyen-Age la philosophie était la servante de la théologie. Les partisans du progrès n'aiment pas cette philosophie-là, démonstrative de la vérité ; ils n'aiment que cette philosophie inquisitive, toujours en quête de vérités nouvelles, et par cela même toujours en opposition avec les lois et les idées existantes. Pour eux, le droit n'est qu'une spéculation plus ou moins ingénieuse de l'esprit, ou le produit accumulé du travail des siècles, une série d'expériences s'ajoutant les unes aux autres. Pour nous, le droit, c'est la vérité sortie de la bouche même de Dieu ; c'est l'expression des rapports divinement établis parmi les hommes. Immuable au milieu des changements, il ne dépend pas des hommes dont il règle les actions. Il a Dieu pour père. La lumière est venue d'en haut sur l'humanité ; elle n'est pas montée d'en bas. L'histoire et la raison s'accordent sur cette vérité. Il n'y a pas d'autre philosophie du droit. La doctrine opposée livre l'homme à l'empirisme, à la force brutale ; elle supprime la fixité des principes dans la morale et abandonne le monde aux évolutions incessantes de la fatalité. La liberté de l'homme proteste ; elle a besoin d'un appui contre les passions qui l'oppriment et contre les événements qui l'entraînent. Cet appui, nous ne le trouvons pas en nous. La psychologie n'a tiré du moi ni une religion, ni un droit, ni une philosophie. Les peuples marchent à la lumière des dogmes ; la défaillance des dogmes amène le régime mobile des opinions et des systèmes. Mais, alors, il n'y a plus de science ; car la science c'est la vérité, et la vérité c'est Dieu.

17 novembre 1859.

II

L'esquisse tracée par M. Troplong, dans son livre *de l'Influence du Christianisme sur le droit civil des Romains*, repose sur un système bien simple : Rome, d'abord barbare, vit sous la loi barbare des Douze-Tables ; à côté de cette loi se forme le droit prétorien, tempérament d'équité, effaçant

peu à peu les inégalités, les subtilités du droit civil jusqu'aux
empereurs représentants de la plèbe et du droit, législateurs
suprêmes; enfin, Justinien, couronnant l'œuvre des siècles au
nom du christianisme, formule dans son Code et ses Pandectes l'égalité du droit, ce chef-d'œuvre de la science et de
la raison étouffé sous la barbarie du Moyen-Age, et reparaissant avec éclat à l'aurore du XIXe siècle dans notre code civil.
Toutes les parties de cette thèse sont dignes d'examen. La
barbarie, qui en est le point de départ historique, est à juste
titre contestée. Les monuments de Rome primitive ont été
détruits. Des fragments de la loi des Douze-Tables, quelques
textes recueillis çà et là nous permettent cependant de ressaisir la vérité. L'histoire romaine n'a été écrite que par des
Grecs ou par des Romains imbus de la civilisation grecque
et hors d'état de pénétrer dans la haute antiquité, privés
qu'ils étaient de la lumière qui leur en aurait éclairé les som-
mets. Une date assez récente est assignée à la fondation de
Rome; il est prouvé qu'à une époque rapprochée, elle se
trouva envahie par les idées grecques. Caton l'ancien est le
dernier qui cède au torrent. Les divinités grecques importées
à Rome devinrent l'aliment d'une poésie factice, puisqu'elles
concordaient avec cet athéisme pratique qui paraît la règle
du peuple romain dès le moment où il se montre sur la
scène de l'histoire. A l'origine, un dieu unique, une sorte
de théisme religieux, semblable à la religion des Gaulois et
des Germains, règne à Rome. La superstition et l'idolâtrie y
sont modernes.

Cette religion primitive était venue d'Orient. On sait quelle
était l'occupation des Vestales; Vesta est un mot grec qui signifie foyer; c'est Cicéron qui le dit. Ce culte du feu, perpétué
à Rome, vient de l'Asie; il était en usage chez les Mèdes et les
Assyriens, et il se continue jusqu'à nos jours parmi les Perses.
Troie, l'antique cité renversée par les Grecs, était sous la
suzeraineté des rois d'Assyrie. Virgile, si versé dans la connaissance des antiquités nationales et si Romain par le fond
de son cœur, n'a eu garde d'oublier ces lointaines traditions.

Hector annonce en songe à Énée la chute de Troie et l'invite
à fuir. (*En.* I. 2.)

> Sic ait et manibus vittas Vestamque potentem,
> Æternumque aditis effert penetralibus ignem.

Ovide, dans les *Fastes*, liv. 6, donne à plusieurs reprises
à Vesta l'épithète de Troyenne. La tradition d'Énée est ainsi
autorisée par le fait le plus irrécusable. Les familles patriarcales échappées à ces désastres se sont réfugiées en Italie ;
après bien des vicissitudes ignorées, elles s'unirent à d'autres
peuplades et jetèrent les fondements du peuple romain. Les
deux plus grands peuples de l'antiquité, les Romains et les
Hébreux, ont de frappantes analogies. Le père de famille, à
Rome, nous représente le patriarche hébreu. Il a, comme lui,
juridiction et droit de vie et mort sur les siens. Le Sénat se composait des chefs des grandes familles. La tradition nous l'apprend : *Patres majorum gentium.* Plus tard, il fallut y ajouter des familles moindres, *Patres minorum gentium.* Les dénominations subsistèrent, quand les différences qui les avaient
constituées eurent disparu, tant le Romain était attaché à la tradition ! Le conseil des Anciens des Hébreux est le type de tous
les sénats de l'antiquité. Ces Anciens, *senes, seniores,* ne sont
pas les plus vieux, ou ceux qui ont atteint l'age de quarante
ans, comme sous notre Directoire. Ce sont les chefs de famille.
Ces sénats n'existaient pas arbitrairement ; ils étaient en puissance longtemps avant d'être en acte. Ils étaient le prolongement politique de la famille. Dans toutes les républiques de la
Grèce, Sparte exceptée, ce sénat primitif a été renversé par la
démocratie, qui aimait à s'abriter sous le commandement
d'un seul et fondait la tyrannie, régime bien différent des
royautés aristocratiques.

Le nom de roi appartenait aux chefs héréditaires des peuples ; les ambitieux élevés par la faveur populaire prenaient
le nom de tyrans ; et ils ont exercé le pouvoir de façon que
le mot de tyrannie est devenue une injure.

Le *Livre des Juges*, qui nous raconte comment les Hébreux

se sont établis dans la Palestine, nous donne une idée de la manière dont s'est étendue la puissance romaine dans le centre de l'Italie. Les récits de Tite-Live ne sont que des amplifications. Un des épisodes les plus intéressants de ces temps héroïques est calqué sur la Bible. Nous voulons parler de l'enlèvement des Sabines. On connaît la guerre de onze tribus d'Israël contre la tribu de Benjamin pour un crime qui ressemble à l'enlèvement d'Hélène, occasion ou cause de la guerre de Troie. La tribu de Benjamin fut exterminée. Il ne restait plus ni femmes, ni enfants. Les vainqueurs s'affligèrent de leur victoire. Voici ce qu'ils imaginèrent pour ressusciter la tribu de Benjamin : Une solennité religieuse devait se célébrer à Silo ; ils dirent aux fils de Benjamin : Allez, suivez cet ordre que nous vous donnons, cachez-vous dans les vignes ; et, lorsque vous verrez les filles de Silo qui viendront danser, selon la coutume, sortez tout à coup des vignes, enlevez chacun une épouse, et gagnez la terre de Benjamin. Et lorsque leurs pères et leurs frères viendront se plaindre auprès de nous, nous leur dirons : Ayez pitié d'eux ; ils ne les ont pas ravies du droit de la guerre et de la victoire ; mais vous les avez refusées à leur prières et vous avez causé tout le mal. Les fils de Benjamin se conduisirent comme il leur avait été ordonné ; ils enlevèrent chacun une épouse parmi les filles qui vinrent danser, retournèrent dans leurs possessions, bâtirent des villes et s'y établirent. (Derniers versets du ch. xxi du *Livre des Juges*.) Sans révoquer en doute l'authenticité de la légende romaine, on peut signaler ces frappantes analogies. La condition des femmes, à Rome, se ressent du rapt des Sabines. La femme était *in manu viri*, c'est-à-dire en esclavage. Elle ne s'appartenait pas. Elle était juridiquement dans la famille l'égale de ses fils, et soumise, par la mort de son mari, à une tutelle perpétuelle comme sous la loi hindoue. Cette prostration absolue de la femme ne dérive-t-elle pas de l'enlèvement des Sabines? Quel peuple a traité ainsi les femmes? Et néanmoins elles furent plus honorées à Rome en ce temps de leur esclavage qu'elles ne le furent depuis leur affranchissement. C'était une suite de la pureté des mœurs primitives.

Chaque famille eut, à l'origine, une possession déterminée par un partage égal, et située dans la banlieue de Rome, territoire sacré, *ager romanus*. Le vrai propriétaire de ce domaine était la République, puisque chaque citoyen n'en pouvait posséder qu'une quantité limitée, et qu'il ne faisait de testament qu'avec l'assentiment du peuple entier. Les Hébreux n'étaient que les usufruitiers de la Terre-Sainte, Dieu s'en étant réservé la propriété. Une coutume commune aux deux peuples, c'est la tradition nécessaire pour la translation de la propriété. A Rome, une motte de terre, un fétu était livré à l'acheteur, par-devant le magistrat, en signe de dessaisissement de la chose. Il est dit au quatrième livre de *Ruth*, v. 2, que toute cession de droit en Israël n'était censée parfaite que si le cédant avait ôté sa chaussure pour la donner au cessionnaire. Booz devint ainsi acquéreur des biens qui revenaient à son parent, en présence de dix Anciens, témoins de l'acte. Des deux côtés, même symbolisme énergique. Il est impossible de ne pas reconnaître que le vieux droit sabin plonge ses racines à une antiquité plus reculée que la loi des Douze-Tables.

La procédure criminelle va nous édifier davantage. Chez les Hébreux, comme à Rome, c'est l'offensé qui poursuit l'offense. Le parent est le vengeur du sang, « *ultor est sanguinis.* » (*Josué*, ch. xx, v. 3.) Dans tout le Moyen-Age, il n'y a d'autre ministère public que l'individu lésé. Nous ne rechercherons pas d'autres analogies ; il y en a une plus générale, tirée du caractère même du peuple romain. Les Hébreux étaient le peuple saint, l'héritage du Seigneur ; leur loi les séparait entièrement des peuples profanes. Rome est la cité par excellence ; son peuple est le peuple-roi ; le maître des dieux a marqué ses destins :

His ego nec metas rerum nec tempora pono ;
Imperium sine fine dedi. . . . .

« Je ne leur ai mesuré ni l'étendue ni la durée ; je leur ai

donné un empire sans fin. » Ce sentiment n'a jamais cessé d'être
au fond de toutes les âmes romaines. Le peuple romain avait
conscience de sa mission politique, comme le peuple juif de sa
mission religieuse. Et quand les temps furent arrivés, la lumière, sortie d'Israël, entra dans le monde romain et en prit
possession. Mais Rome, la cité conquérante, est, à l'origine,
une cité étroite, jalouse, en dehors des autres peuples et en
hostilité contre eux par ses mœurs, ses institutions, son droit
incommunicable. Le Romain seul a la puissance paternelle ;
seul il contracte véritablement mariage, *justæ nuptiæ ;* seul
il possède *ex jure quiritium.* Il assujettit les contrats à des
formules strictes, et seul il peut valablement vendre ou acheter. Ce vieux droit mettait Rome à part ; il atteste qu'elle ne
connaissait d'autre droit que la force et la ruse.

Cette mauvaise foi aurait été célèbre si elle n'eût pas triomphé. Rome ne se croyait pas de mauvaise foi, et il lui semblait
que toute résistance envers elle était injuste, puisqu'elle entravait la mission qu'elle avait reçue de gouverner le monde.
Le Romain, vrai Juif, était attaché à la lettre ; il ne la violait
qu'avec des précautions infinies, et toujours en protestant de
son respect. Pas une ligne de la loi des Douze-Tables n'avait
force de loi au temps de Cicéron, et cependant tous les enfants
l'apprenaient par cœur. C'était comme un chant d'un autre
âge, *carmen,* selon le mot de Cicéron. La parole joue un grand
rôle à Rome. Pour nous autres modernes, la parole n'est que
l'expression présumée de la pensée ; c'est l'intention seule qui
nous préoccupe. Y a-t-il dans la parole quelque chose de mystérieux, de sacré ? Les hommes l'ont cru. Ils avaient entendu
la voix de Jéhovah. Isaac donne par erreur sa bénédiction à
Jacob. Devant tous nos tribunaux, cette bénédiction eût été
nulle. Isaac refuse de revenir sur sa parole ; la formule sa-
cramentelle aura malgré lui son effet. Les Juifs ne prononçaient jamais le nom de Jéhovah, et il n'est pas dans l'historien Josèphe. D'antiques traditions supposent que Rome avait
un autre nom secret qu'il n'était pas permis de prononcer.
Quelques faits ont été mal expliqués : les historiens rapportent

les fréquentes séditions qui ont eu lieu à Rome pour l'abolition des dettes ; il y en eut aussi à Athènes. Faut-il en conclure que la perpétuité des dettes était d'origine récente, et que le peuple, non encore habitué à la dureté, à l'avarice patricienne, invoquait le souvenir d'un autre droit plein de mansuétude ? Le jubilé de la septième année éteignait les dettes chez les Juifs. Les débiteurs pouvaient donc croire qu'ils avaient droit à la miséricorde. Ils étaient asservis par l'avarice patricienne. Cette cupidité n'était pas simplement un vice, mais un moyen de gouvernement. Le patriciat pratiquait la loi de Moïse : « Prêtez à usure aux étrangers afin de les dominer. » Par les dettes il disposait du vote de la plèbe ; il la lâchait ou la retenait à son gré. L'usure consolidait son pouvoir ; elle s'exerçait en grand et sur tous par un système combiné dans toutes ses parties. C'était une affaire de classe à classe et non d'homme à homme ; car elle excitait des séditions et aboutissait à des changements dans l'État. Les tribuns sont nés de ces séditions. L'usure, les lois agraires, c'est la question économique elle-même. Elle était posée à Rome de façon à ce que la plèbe, toujours affamée, fût toujours disponible pour la conquête du monde. Quand elle eut conquis le monde, elle exigea du pain et des spectacles, et ce fut l'office de ses tribuns transformés en empereurs de lui en fournir.

Les traditions orientales persistent à Rome sous la couche légère de la mythologie grecque ; l'hellénisme n'atteint la vie romaine qu'à la surface. Plutarque assure que Numa interdit aux Romains de représenter les dieux sous des figures d'hommes ou d'animaux. (Numa, *nomos*, loi.) Moïse interdit aussi à son peuple les statues, la peinture, etc. Les arts sont inconnus des Romains et des Juifs. Les Grecs sont les artistes de l'antiquité. Le Romain est étranger aux arts et même aux lettres ; ce n'est que par imitation qu'il s'est porté aux lettres : il n'y a déployé aucune originalité. S'il a dans sa poésie quelques accents inimitables, ce sont ceux qui expriment la hauteur de l'âme romaine et sa foi invincible dans ses destinées. C'est par là que Virgile est grand. Mais le génie de Rome, il

faut le saisir à son origine. L'avenir d'un peuple repose sur
son berceau, puisqu'il est le développement des qualités
bonnes ou mauvaises de la race primitive. Il en résulte que
Rome ne fut pas barbare à ses débuts, qu'elle participait aux
traditions de l'humanité et en conservait de nobles débris.
Il est incontestable qu'elle a été, par les familles patriarcales
dont elle descend, en contact avec la race enseignante de l'ancien monde, avec le peuple de Dieu. Tant d'étranges coïnci-
dences ne se présenteraient pas à l'esprit, s'il en était autre-
mént. Rome est un lieu d'asile ; elle reçoit dans son sein des
bannis, des meurtriers, populations énergiques, capables de
tous les crimes et de toutes les vertus. Parmi les quarante-
huit villes affectées à la tribu de Lévi, six étaient des asiles :
les bannis, les meurtriers innocents y trouvaient la sûreté, y
échappaient à la vengeance. L'asile romain embrassera le
monde ; il sera le refuge forcé de toutes les nations.

Le droit se résume en deux mots : la famille, la propriété.
Les autres prescriptions législatives se bornent aux matières
d'administration et de réglementation ; elles ne touchent pas
au fond même du droit, à ce qui est la vie des sociétés. La
famille, constituée à Rome sur des bases inébranlables, a,
malgré les vicissitudes de tant de siècles, gardé ce caractère puissant dont les derniers vestiges ont été effacés par
Justinien. La loi des Douze-Tables signale une décadence
dans les institutions ; c'est un arrangement conclu entre la
plèbe et le patriciat. Elle est écrite : innovation immense.
Elle termine la lutte en déposant dans les institutions les germes d'une lutte nouvelle et qui n'aura plus de trève. Chaque
lettre de la loi sera une arme contre le patriciat et enfantera
une légion de jurisconsultes. Désormais le droit ne sera plus
la coutume interprétée par les sages, par les anciens. Les ruses
de la chicane, les subtilités de la logique en feront une science
spéciale, une véritable arène judiciaire ; car les procès avaient
d'abord toutes les apparences d'une guerre symbolique. La
loi des Douze-Tables n'est cependant pas une création arbitraire ; tout en consacrant une transaction rendue nécessaire

entre le patriciat et la plèbe, elle maintient d'anciennes coutumes et leur prête le secours d'une rédaction plus impé-
rieuse. Elle opère une révolution ; le droit brise son enveloppe religieuse et se sécularise. Il descend des hauteurs où
la conscience publique le plaçait et se soumet aux controverses de la foule. Néanmoins, et telle qu'elle nous apparaît
par ses fragments, la loi des Douze-Tables offre-t-elle une
notion inférieure du droit ? Les deux premières Tables
ont trait à la procédure. La troisième concerne le prêt ; elle
établit la contrainte par corps et l'esclavage contre le débiteur insolvable. Le corps d'un créancier a-t-il jamais été
coupé en morceaux en vertu d'une de ses dispositions ? Aucun
historien, aucune tradition ne rapporte rien de semblable.
Qu'est-ce qu'une loi qui n'aurait jamais été appliquée ? Il
est probable que ce texte, s'il est exact, est là comme une
menace. Qu'auraient gagné les créanciers à se partager le
corps de leurs débiteurs insolvables ? Nous n'avons qu'un
fragment de la Table quatrième, qui reconnaît au père le
droit de tuer et de vendre son fils.

Le système de l'hérédité est exposé dans la cinquième. Il
consiste à donner toute l'autorité au père de famille, et à conserver les biens dans la famille suivant le degré de l'agnation
ou de la parenté civile. Car la loi des Douze-Tables compte pour
rien la parenté naturelle, la cognation ; l'enfant n'hérite que s'il
est en puissance. La sixième, sur le droit de propriété et la possession, établit que l'usucapion est de deux ans pour un fonds
de terre, d'un an pour un objet mobilier, et que la femme
est usucapée par son mari au bout d'un an. Un an de mariage
la fait tomber *in manu viri*. Mais elle peut interrompre la
prescription par une absence de trois jours. La septième contient quelques utiles règlements. La huitième est relative aux
délits et à la pénalité. La neuvième mentionne l'établissement
du jury pour tous les procès et la nécessité d'assembler le peuple par centuries pour décider de la vie ou de la liberté d'un citoyen romain. La dixième roule sur les funérailles. La onzième
interdit les mariages entre les patriciens et les plébéiens. Enfin,

la douzième insiste sur le vol, sur le possesseur de mauvaise foi.
Le tout se réduit à une trentaine de fragments authentiques,
le reste est interprété des écrivains de l'antiquité. Cette loi des
Douze-Tables nous est parvenue tellement mutilée, qu'il est
impossible de juger par elle la société romaine. Elle reflète
l'état d'une société violente, oppressive ; mais cette société, au
lieu de s'améliorer, ira en se démoralisant. Nous verrons le
droit et la société se modifier de concert, et nous examine-
rons à quel genre de progrès appartiennent les évolutions du
droit romain depuis la loi des Douze-Tables jusqu'à Justinien.

27 novembre 1859.

III

En réduisant le droit à sa plus simple, à sa véritable expression, nous arrivons à cette conclusion que le droit est la
constitution de la famille. Les autres lois dérivent de cette
constitution, ou sont accessoires ou secondaires. La famille
romaine de la loi des Douze-Tables est établie sur le patron
de la famille hébraïque ; elle lui est même supérieure en un
point, par la monogamie. Les historiens, les publicistes,
M. Troplong surtout, aiment à nous dérouler le tableau de
la législation arrachant peu à peu la femme à la servitude
de la loi des Douze-Tables pour lui assurer une liberté complète sous les empereurs. C'est ce qu'ils appellent le progrès
du droit. Cette même période était envisagée par les Romains
comme une période de décadence ; ils se plaçaient au point de
vue des mœurs et de la famille, ne comprenant pas que la dissolution de la cité et de la famille pût être un progrès social.
La littérature latine, qui reflète si vivement les souvenirs de
l'ancien droit, atteste la déchéance des femmes dans les derniers temps de la république, au lieu de les louer de leur
émancipation. Elles n'avaient aucun droit sous la loi des
Douze-Tables, ni la puissance paternelle, ni le droit de transmettre d'héritage à leurs enfants. Leur droit d'hériter était

encore plus restreint que dans la loi juive, où elles succédaient à défaut d'enfants mâles. Elles n'avaient point de
recours contre l'autorité maritale. Et cependant la *mater
familias* reste entourée d'hommages et de respects. Les
femmes ont-elles besoin d'être protégées par les lois? Et
contre qui seraient-elles protégées, sinon contre les hommes,
supposés leurs antagonistes? Leur liberté et leur dignité ne
dépendent-elles pas des mœurs? Partout où les mœurs sont
fortes et pures, elles jouissent d'une considération qui les
met au-dessus de toutes les lois, et leur assurent dans la
famille un bonheur et une autorité que les législateurs sont
impuissants à leur donner. Les droits de la femme rom-
pent l'unité du mariage, amènent la division des patrimoines et préparent la dissolution de la famille. C'est aussi ce
qui arrive à Rome. Le droit prétorien prit les femmes sous sa
protection; elles abandonnèrent le mariage solennel, pour se
contenter du mariage inférieur, qui leur laissait la liberté. A
la fin de la république, le mariage même avait disparu; les
unions étaient annuelles, comme les consuls. Des fictions
légales leur permettaient d'hériter et de choisir elles-mêmes
leurs tuteurs, c'est-à-dire de ne plus en avoir. En compensation de tous ces droits, elles étaient tombées dans le plus
profond mépris. Il n'y avait plus ni mariages, ni enfants.
Auguste offrait des primes à qui se marierait, et nul n'en
profitait. Les célibataires étaient poursuivis, traqués par la
législation; ils étaient frappés d'impôts spéciaux, perdaient
le droit de recueillir des legs, etc. Mais ils restaient célibataires.

Cette dissolution de la famille est l'œuvre du droit prétorien. La rédaction de la loi des Douze-Tables a suscité la race
des jurisconsultes; ils ont détruit les mœurs publiques. Les
mœurs reposent sur la coutume et ne sont que la coutume
(*mos*); ils ont pour agent la famille. Les enfants, si aucune
influence étrangère ne s'y oppose, continuent la personne de
leurs parents; ils la continuent physiquement et moralement.
Il n'y a pas de solution de continuité dans les générations; la

tradition passe insensiblement et invariablement de l'âme des pères dans l'âme des enfants ; les enfants naissent, vivent et croissent dans cette tradition, qui devient leur sang et leur vie. La coutume se modifie avec le temps ; elle ne réclame pas, pour être interprétée, la science des jurisconsultes ; le témoignage des anciens lui suffit. Une fois écrite, la coutume n'est plus en rapport avec le mouvement de la société et les intérêts nouveaux. L'écriture lui communique l'immobilité, et la société marche. Qui rapprochera ces deux faits contradictoires ? qui rétablira l'équilibre sans cesse rompu ? Le Préteur rendait la justice à Rome, il déterminait, sur chaque affaire, le droit que les jurés devaient appliquer aux questions de fait qui leur étaient posées. Sans heurter de front la loi des Douze-Tables, il créa des subtilités, des fictions, pour en éluder les dispositions. En sorte qu'à côté du droit strict, du droit civil (particulier à la cité romaine), se développa un autre droit, général, humanitaire, philosophique, qui est devenu le droit des empereurs romains, et plus tard le droit byzantin. Il semble que deux forces se disputent les sociétés : l'une de concentration et de conservation, représentée par certaines idées de famille et de propriété ; l'autre de dissolution et d'égalité, représentée par des idées philosophiques, universelles, abstraites. Les jurisconsultes jouent à Rome le rôle qu'ils ont joué en France et qu'ils jouent partout. Ils sont des démolisseurs. Ennemis des influences traditionnelles et de la famille, parce qu'ils jugent les choses en vertu de la raison pure, ils sont enclins à ne reconnaître d'autre autorité que celle des *capacités*. Ils sont les maîtres de tout, puisque tout ressort du droit. Par la confusion et la mobilité des intérêts, leur intervention s'étend et se multiplie. De là cette lutte acharnée contre l'aristocratie, la famille, la propriété, forces conservatrices des États. Cette lutte a rempli le monde, elle est loin d'être finie. C'est à Rome, à la loi des Douze-Tables, qu'elle prend naissance. La guerre des légistes contre le droit nous apparaîtra dans sa persistance et dans sa logique. Les jurisconsultes romains ne seraient vaincus par aucune comparaison. Ils ont porté dans leur œuvre de destruction toute la hauteur du génie romain ; ils ont brisé le moule de la cité romaine, mais lentement et avec respect. Ils y ont mis dix siècles, des Décemvirs à Justinien.

Le système successoral de la loi des Douze-Tables se rapporte à la puissance paternelle, qui est le fondement unique de la famille romaine. Le fils émancipé ou donné en adoption, les petits-fils par les filles, n'étant plus sous la puissance paternelle, n'ont plus droit à l'héritage. Ils sont hors de la famille. Par contre, l'enfant reçu en adoption est en puissance, et il a part à l'héritage. La nature n'est comptée pour rien ; le lien civil est tout. La femme a dans la maison le rang de fille, et c'est en cette qualité qu'elle hérite. Mais elle ne transmet rien à ses enfants ; juridiquement ses enfants ne sont pas à elle ; elle n'est que leur sœur. A sa mort, les biens reviennent à la parenté civile, c'est-à-dire à ses frères agnats. Par l'interdiction des mariages entre patriciens et plébéiens, les fortunes tendaient à s'accroître dans la même classe. Tout était combiné pour maintenir les fortunes dans les familles et les femmes dans la dépendance. La famille était une unité morale et matérielle, soumise à la loi de la hiérarchie et d'un gouvernement absolu. L'enfant qui l'avait quittée par émancipation ou par adoption, était un étranger pour elle ; il avait acquis des droits dans une autre famille. Son travail n'ayant plus profité à sa famille d'origine, de quel droit en aurait-il partagé les bénéfices ? Il en est de même des petits-enfants par les filles. Ils n'ont jamais été dans la famille. Par le mariage, les femmes sortent de leur famille ; elles contribuent à en fonder une autre et elles appartiennent à la famille de leurs maris. Chez les Romains, la famille formait une société complète. Les familles ne se pénétraient pas et ne s'enchevêtraient pas. On n'appartenait pas à plusieurs familles, chacune ayant son domaine, son gouvernement, son culte séparé. Le faisceau de ces grandes familles se perpétuait par la religion, la politique, le droit. Leur influence héréditaire s'étendait sur une nombreuse clientèle. Mais tout ce qui portait le nom primitif de la famille, tous les descendants par mâles de l'auteur commun, sont unis par le lien de la gentilité, à quelque degré de parenté qu'ils soient. D'après la loi des Douze-Tables, la dévolution des biens allait aux héritiers directs, aux agnats, aux gentils ou membres de la *gens*. L'hérédité, à ses divers degrés, suit le lien politique avec une rigueur inflexible.

Le droit prétorien s'attaque à cette puissante organisation. Son premier soin, quand les plébéiens ont conquis le *connubium* avec les patriciens, est d'affaiblir le lien civil de la famille, en le remplaçant peu à peu par un lien naturel. Il place au rang des gentils les parents par mâles qui ont cessé d'être agnats et les parents par les femmes. Il admet à concourir avec les héritiers directs les enfants émancipés. Enfin, à défaut d'agnats, il appelle à la succession le conjoint survivant. Mais, à Dieu ne plaise qu'il leur donne l'*hérédité!* Ils ne sont pas *héritiers*, aux termes de la loi des Douze-Tables. Le préteur leur donne donc, non l'*hereditas*, mais la *bonorum possessio*, qui renferme les mêmes avantages. Malheur à eux s'ils s'avisent de demander l'hérédité, ils seront impitoyablement déboutés; ils ne réussiront qu'en demandant la possession de biens. Les empereurs étendent les droits des femmes et leur attribuent la succession de leurs fils, à défaut de père et de frères consanguins. Enfin, par sa *Novelle* 118, en 544, Justinien efface les différences de lignes et les distinctions fondées sur la puissance paternelle. Il opère la dévolution des biens suivant la cognation, la parenté naturelle. C'est le triomphe de l'égalité et l'abolition de la famille romaine. Telle est en raccourci l'histoire du droit prétorien, de l'équité prétorienne. Cette équité, *æquitas*, n'est que l'égalité. Le préteur, l'homme du droit, est l'homme de l'égalité. Égalité dans l'État, égalité dans la famille, égalité entre Rome et l'Italie, égalité de tous les hommes sous le sceptre impérial : égalité des meubles et des immeubles; égalité des biens, quelle que soit leur provenance ou leur situation. Par conséquent abolition graduelle de toutes ces lois par lesquelles Rome jalouse gardait sa nationalité et s'isolait du monde. Elle conquiert le monde, et à mesure qu'elle le conquiert, son Préteur la dépouille d'elle-même, de son propre droit, de son originalité. Il la fait entrer dans la communauté des peuples vaincus, lui préparant un droit universel, philosophique, un droit au sein duquel il n'y aurait plus ni vainqueur ni vaincu, ni Romain ni barbare, mais une seule humanité sous une seule loi et sous une seule main.

Par le droit prétorien, tous les contrats particuliers aux Romains sont convertis en contrats du droit des gens, communs à toutes les nations. L'hypothèque, ce chancre de la propriété, est une création prétorienne. Dans les premiers temps, le créancier n'avait qu'une action directe sur la personne de son débiteur ; aussi la caution était fréquente ; c'était la seule garantie qu'un débiteur pût offrir. Ces obligations personnelles liaient les citoyens entre eux ; elles avaient un caractère moral que l'hypothèque ne saurait avoir. Quand la parole et la fidélité à la parole eurent perdu leur prestige, il fallut en venir à la garantie matérielle. L'hypothèque, à Rome, portait sur les biens meubles et immeubles, sur les créances, etc.; mais elle était occulte. On n'avait pas encore inventé le crédit public et l'art de s'enrichir en faisant des dettes. Cette substitution d'un droit philosophique au droit civil de Rome est acceptée par Cicéron. Et lui-même, au livre premier des *Lois*, oppose au droit civil un droit universel, pris dans la nature de l'homme. Le droit, dit-il, n'est que la droite raison. Reste à savoir ce que c'est que la nature de l'homme et ce que c'est que la droite raison. Qui représentera la nature et la raison ? Cette définition de Cicéron a été donnée à la philosophie éclectique. C'est inviter chaque individu à se faire juge de l'ordre social. Aussi le droit prétorien n'était-il qu'une négation ; il marchait à la fusion des races, des nationalités. Rome était noyée dans sa victoire. Mais par son droit universel et savant, elle étouffait les anciennes coutumes et les nationalités. A la chute de l'empire, les nations roma-nisées se sont trouvées sans force contre les invasions. Le droit romain avait énervé le monde; il avait réduit en poussière les peuples, les corporations, les familles; il avait effacé le droit de propriété. L'idéal de l'égalité était atteint dans les hommes et dans les choses. Dès Auguste, l'épuisement était déjà complet; aussi l'empire parut-il un repos et un refuge. L'anarchie nécessitait ce suprême remède. Les peuples furent reconnaissants; et la plus grande image du pouvoir restée parmi les hommes est encore celle des empereurs romains.

L'empereur succède au peuple romain. Il en est la personnification. Il confond et perpétue en lui les pouvoirs annuels des magistratures républicaines. En qualité de préteur, il est le droit incarné. Comme les premiers rois de Rome, il est juge. C'est sa grande fonction. Il siége sur son tribunal, il évoque les causes; il répond à ceux qui le consultent sur des questions particulières, et ses réponses ont force de loi. Les souverains modernes croient s'élever bien haut par des travaux d'utilité publique et par des règlements d'administration. Les empereurs romains dédaignaient cette sorte de gloire. Ils étaient législateurs et juges. Sous leur impulsion le droit prétorien se perfectionne : les grands jurisconsultes sont les hommes d'État de l'Empire. Papinien, Ulpien, Paul, préfets du prétoire, sont de vrais Grands vizirs. Les gouverneurs de provinces sont des jurisconsultes. Rendre la justice, développer les principes d'autorité que leur a légués le droit prétorien, voilà leur rôle. Ils le remplissent avec éclat. Leurs écrits portent la vive empreinte du génie romain. Il est facile de suivre les étapes du droit prétorien à partir de la loi des Douze-Tables. Il ne se repose pas un instant, il n'est pas au bout de sa course sous les empereurs; mais la plus grande partie de sa tâche est accomplie. Le travail des siècles païens se concentre dans les empereurs romains, source de tout droit, de toute autorité, sacrés pendant leur vie, dieux après leur mort.

Cette divinité des empereurs romains est un fait étrange dans l'histoire de l'humanité. On ne le comprendrait pas si l'on n'y voyait qu'un excès de l'adulation et de la crédulité

publique : il a des racines profondes. L'histoire romaine aboutit logiquement aux empereurs. Ils sont le couronnement de
l'édifice. Ils n'usurpent sur personne ; ils viennent quand la
famille romaine est dissoute par le droit prétorien. Qui soutiendra la cité romaine privée de l'esprit de famille, qui en
était le ciment ? L'empereur est le magistrat universel : sa dictature remplace les dictatures temporaires qui ont, presque
sans interruption, veillé sur la république ; elle reprend la
tradition royale, sous les auspices de laquelle est née et a grandi
Rome. Sans effort, naturellement, Auguste se trouva assumer
en lui toute la majesté du peuple romain. Ce ne sont pas deux
ou trois flatteurs qui auraient fait illusion à l'humanité. A une
époque d'incrédulité, il arriva que des traditions païennes et
des souvenirs antérieurs à l'invasion de l'hellénisme se ras-
semblèrent sur la tête des empereurs romains. Rome n'était
pas seulement une ville, une cité ; c'était une divinité. Sa divinité, morcelée entre les familles patriciennes, éclatait peu au
dehors ; réunie sur un seul homme, elle éclata tout à coup.
Le culte des dieux mânes à Rome est célèbre. Les historiens
mentionnent souvent les sacrifices privés, le culte particulier
à telle ou telle famille. Les mânes sont les âmes des ancêtres ;
elles étaient, dans chaque famille, l'objet d'un culte ; ce culte
était le côté religieux de la famille romaine ; il maintenait son
incorruptibilité, son unité. Le mélange des familles était donc
un sacrilége ; quitter sa famille, c'était abandonner les dieux
de ses pères. Une vive lumière jaillit sur le droit. Le mariage
solennel et religieux s'explique. La femme, en franchissant le
seuil de son mari, embrassait un nouvel autel, se plaçait sous
l'invocation d'autres dieux. Ces mânes domestiques, la religion du foyer, c'étaient les âmes des ancêtres de son mari.
Distincte de son mari, ayant sa personnalité à part, comment
la femme les aurait-elle honorées ? En devenant la fille de
son mari (*loco filiæ*), elle se trouvait dans la descendance des
ancêtres, et, comme fille, elle les invoquait et participait aux
sacrifices domestiques. C'est ainsi, selon les jurisconsultes,
que la femme entrait dans la communication des choses di-

vines et humaines de son mari. Quelques fragments du vieux
droit conservés dans le second livre des *Lois*, de Cicéron, ne
laissent aucun doute à cet égard : *Sacra privata perpetua
manento. Deorum manium jura sancta sunto. Hos leto da-
tos dives habento.* Perpétuité des sacrifices dans la famille,
culte de l'âme des ancêtres, divinité des ancêtres, tout est là.
On mesure maintenant la puissance de la famille romaine, qui,
sans autre appui qu'elle-même, a résisté pendant cinq siècles
aux assauts du droit prétorien. Pour les modernes, la famille
ne présente que des questions de partage et de liquidation.
Pour un Romain, la famille était le ciel et la terre, toute la
religion et toute la politique. Le chrétien ne s'étonne plus de
la grandeur de Rome ; il en touche du doigt les causes. Honore ton père et ta mère, avait dit la loi divine. Cette loi, les
Romains l'ont plus que suivie, ils l'ont exagérée ; ce caractère
indomptable, cette inflexibilité dans la bonne comme dans la
mauvaise fortune, ce patriotisme farouche dont rien n'arrêtait les déterminations, sont les fruits de cette éducation de
famille. L'âme des ancêtres vivait dans l'âme des fils ; et les
desseins mystérieux qui, dans les plans de la Providence, pla-
naient sur le berceau de Rome, se transmettaient intacts de
génération en génération. Ce n'est pas par le raisonnement,
c'est en suivant les maximes des ancêtres que Rome s'est élevée. Les ancêtres étaient des dieux ; comment n'auraient-ils
pas été obéis ?

Le culte des ancêtres est encore aujourd'hui pratiqué par les
Chinois ; c'est leur seule religion. La promesse divine ne leur
a pas fait défaut ; ils ont vécu plus longtemps qu'aucun autre
peuple, ils se sont multipliés sur la terre de façon à effrayer
l'imagination des statisticiens. Ainsi, à une date lointaine,
qui échappe à nos calculs, une étroite parenté a uni les quelques familles, les quelques tribus qui ont fondé, les unes plus
tôt, les autres plus tard, ces grands empires de l'Asie centrale si brillants dans leur courte carrière, et cet empire de
la Chine et cet empire de Rome. La religion, même dévoyée,
accomplit des prodiges ; elle empêche la corruption des em-

pires et en prolonge indéfiniment la durée. L'empereur de la
Chine est le père de ses peuples ; la paternité étant le sentiment dominant des Chinois, il en est le représentant, il résume en lui tout le respect dû aux ancêtres. Il passera dieu à
sa mort. Telle fut la condition des empereurs romains. Comme
souverains pontifes, tribuns, augures, ils étaient sacrés. Ils
étaient pendant leur vie les *sacrés* empereurs. La mort les
divinisait ; ils passaient au rang des dieux mânes. Les jurisconsultes ne manquent pas alors d'accoler à leurs noms l'épithète de *divus*. Rien n'était plus conforme à toute la tradition
romaine ; c'était une application solennelle du culte des
ancêtres, culte toujours en vigueur dans les familles privées.
Chaque Romain étant dieu après sa mort, et en cette qualité
l'objet d'un culte familial, il était naturel que l'empereur, le
chef de toute la famille romaine, et par conséquent du
monde, reçût, après sa mort, les honneurs divins. Les chrétiens, qui refusaient de sacrifier aux empereurs, étaient donc
les ennemis des dieux et de l'empire ; c'est au nom de la religion et du droit qu'ils furent persécutés. Papinien, Ulpien,
Paul, ces grands jurisconsultes, ont été d'ardents persécuteurs.
D'autres jurisconsultes, leurs héritiers, continueront leur
œuvre ; quand le christianisme aura pris possession du monde,
ils se dresseront contre lui ; ils affaibliront, ils entraveront
son action par tous les moyens de la ruse et de la mauvaise
foi. Ils pousseront les princes chrétiens dans les théories du
droit romain ; ils les sacreront pontifes et législateurs au nom
de la science universelle du droit. Et quand ils auront triomphé, les persécutions reprendront contre l'Église ; Henri VIII
égalera Dioclétien, et le seizième siècle n'aura rien à envier au
siècle des grands jurisconsultes romains.

3 décembre 1859.

III

Le XVIᵉ siècle, le siècle des jurisconsultes modernes, a été
un siècle de persécution ; c'est alors que se sont établies les

doctrines qui devaient appliquer à la politique et au droit, tant public que privé, la renaissance païenne. Avant d'arriver à cette explosion, le droit païen avait lentement cheminé, presque étouffé d'abord sous la civilisation chrétienne, reprenant peu à peu ses forces, s'adjoignant à toutes les passions, à toutes les cupidités des princes, se grossissant de tout ce que perdait l'influence de l'Église. Il concourt au triomphe de la Réforme et fonde en Europe les gouvernements absolus.

Au moyen âge, dans son pamphlet *De Monarchia*, Dante met la théorie des jurisconsultes romains au service des empereurs d'Allemagne. Les jurisconsultes italiens tranchent la querelle des Guelfes et des Gibelins par l'axiome fameux : *Italia non habet regem nisi Cæsarem*. Le dernier rêve de Lamennais ne fut-il pas d'assujettir la terre à un seul homme, omniarque, roi, pontife et dieu? Tertullien, qui était lui-même un jurisconsulte avant sa conversion, doutait que les empereurs pussent être chrétiens. L'incompatibilité entre l'Empire romain et le christianisme semble démontrée. Et cependant c'est le droit prétorien', devenu la législation de Justinien, qui est aujourd'hui invoquée comme la raison écrite, comme une œuvre éminemment chrétienne, née du souffle de l'Évangile. Si nous en croyons M. Troplong et son livre *de l'Influence du Christianisme sur le Droit civil des Romains*, le système d'égalité, arrivé à sa perfection dans le droit byzantin, aurait été inspiré par le christianisme. Les jurisconsultes romains étaient-ils chrétiens à leur insu? Justinien, qui se jetait avec tant d'ardeur dans toutes les controverses théologiques, est un chrétien; il invoque sans cesse la Très-Sainte-Trinité. Il légifère sur les matières ecclésiastiques. Cette manie législative, qui lui sera commune avec ses successeurs, recélait tous les germes du schisme. L'Église n'aime pas les souverains qui la protègent malgré elle et autrement qu'elle ne veut être protégée. On sent que les empereurs de Bysance sont du sang des empereurs romains et de la race du préteur. Ils sont chrétiens, mais à la condition de

diriger, de gouverner l'Église, de vider les questions ecclésiastiques comme les questions civiles. En Justinien, l'omnipotence romaine perce sous le voile du chrétien. Chez ses successeurs moins orthodoxes, elle brouillera et entraînera tout.

Cet esprit d'omnipotence et d'orgueil infini persistera sous
toutes les humiliations de la fortune. L'Église tendra vainement la main à l'Empire grec pour le sauver, il aimera mieux
tomber schismatique, que se relever catholique. La Papauté
conserve la distinction des pouvoirs, et Bysance la repousse
de toutes ses forces et de toute sa folie. Le droit romain, inauguré par le préteur 450 ans avant l'ère chrétienne, expirait
sous le sabre de Mahomet II, en 1453. Mais avant de mourir,
il a projeté ses rejetons dans tous les pays d'ancienne obédience romaine. Tout petit prince à qui était échu un lam-
beau de l'empire s'est haussé en empereur romain, appuyé
sur les fidèles légistes. Quiconque vise au despotisme a les
yeux sur le droit bysantin, ce vaste engin de pulvérisation sociale. Le droit de propriété était illusoire dans l'Empire grec ;
la famille y était affaiblie dans son principe, et l'égalité de
tous ses membres la livrait à toutes les entreprises du despotisme. Pourquoi les biens de la famille ne seraient-ils pas
également divisibles entre les enfants ? Le christianisme, qui
est une religion d'amour, souffrirait-il l'inégalité entre les enfants d'un même père et d'une même mère ? C'est l'argument employé par M. Troplong, et, après lui, mille fois
répété. L'égalité du partage n'est pas dans la Bible ; aucun
Pape, aucun concile ne l'a recommandée. Nous ne disons pas
qu'elle est contraire au christianisme, mais seulement que le
christianisme ne la revendique pas, et qu'il n'est pas permis
de la lui imputer. On se lamente sur la condition de la femme
romaine, et quand elle a rompu ses entraves, on s'écrie : La
femme est libre, voilà l'ouvrage du christianisme ! Relisons
le chapitre V de l'Épître de saint Paul aux Éphésiens, et nous
serons convaincus que cette égalité juridique de l'homme
et de la femme n'est nullement dans l'esprit du christianisme. Quant à l'égalité des enfants entre eux, au point de

vue du partage des biens, elle est loin de ressortir du dogme catholique. L'enseignement de l'Église accepte l'inégalité des conditions comme un fait utile, nécessaire, providentiel, pour le fondement de l'ordre social et pour l'épreuve du chrétien ; et puis, quelle grossière interprétation des sentiments les plus nobles de la nature ! Oui, le père doit aimer également ses enfants ; quel rapport cet amour a-t-il avec la distribution de la fortune paternelle ? Dans l'établissement de ses enfants, un père n'a-t-il à consulter que la cupidité de chacun d'eux ? N'y a-t-il pas des questions de convenance, de morale, de capacité, dont le père est le seul juge, et qui le détermineront à faire de ses biens un emploi inégal ? Et les enfants, ne verront-ils qu'un caissier dans leur père et une aubaine dans sa succession ? Il y a d'autres sentiments. Pendant des siècles on a suivi d'autres lois que celles de la démocratie des partages, et les enfants se sont inclinés avec respect devant la volonté des pères.

Les législateurs humains détestent l'autorité paternelle, parce qu'ils ne l'ont pas créée ; ce fait divin contrecarre leurs utopies, restreint leurs prétentions. Le chrétien la vénère, et le chrétien homme d'État l'admire comme la plus belle des institutions, comme le plus solide appui des empires. La majesté de l'Empire romain n'a eu d'égale que la majesté de la famille romaine. Le législateur à courte vue ne songe qu'à prémunir les enfants contre le despotisme des pères, niant et calomniant l'amour paternel pour asseoir les bases de sa misérable tyrannie. Si le raisonnement de nos adversaires était juste, il devrait conclure à l'égalité absolue de tous les hommes. C'est la seule conclusion légitime que renferment les prémisses. Et s'ils n'osent aller jusque-là, c'est que leur principe ne leur paraît pas très-sérieux. Une cause produit ses effets, si elle n'est pas gênée par quelque cause étrangère. Le christianisme a régné dans beaucoup de pays et pendant des siècles ; pourquoi n'a-t-il pas réalisé cette égalité qu'on dit être de son essence ? En 1789, en 1802, des législateurs proclamèrent cette égalité au nom de la Révolution française et de la philosophie moderne. C'est longtemps après eux que leurs disciples les soupçonnèrent d'avoir réalisé la morale de l'Évangile. C'est un jeu de l'imagination ou de l'hypocrisie ; car aujourd'hui, bon nombre de nos socialistes jurent par l'Évangile , par la morale du Christ, etc. Leur erreur est de confondre l'ordre temporel et l'ordre spirituel ; c'est le tort des écrivains qui ne craignent pas d'accommoder le christianisme à leurs propres idées, lui imposant la responsabilité de ce qu'ils estiment, eux, être juste et vrai. « Le christianisme , dit M. Troplong, fait de tous les hommes une famille ; de là l'égalité et la transmission des biens suivant la marche des affections. » Est-il possible d'assembler plus de nuages ? Le christianisme fait de tous les hommes une famille spirituelle. Conclure de cette égalité des hommes devant Dieu à une égalité devant les hommes, c'est raisonner à la façon des socialistes. M. Troplong s'arrête à moitié chemin et passe du spirituel au temporel, en se circonscrivant dans le cercle de la famille. La marche des affections ! Qu'entendrons-nous par là ? Si cette idée est exacte, à quoi bon l'égalité forcée des partages ? Laissez le père de famille à l'impulsion de son cœur. Ne soumettez pas les affections à un règlement général.

Il s'agit d'égalité, et non d'affections présumées, puisque l'affection aboutirait aussi bien à l'inégalité qu'à l'égalité. L'affection n'est pas une loi physique qui fonctionne avec la régularité du pendule. Le monde se précipite dans l'égalité. L'évolution du droit accomplie par Justinien a repris son cours au commencement de ce siècle. « La loi de succession de Justinien, dit M. Troplong, est une œuvre chrétienne éclose à une époque où le christianisme était tout ; par là, Justinien est puissamment entré dans l'avenir, et à l'heure qu'il est, les temps modernes lui apppartiennent encore. » Le christianisme n'était pas tout au temps de Justinien , puisque le divorce était dans les lois. L'Empire bysantin serait ainsi l'idéal de la monarchie chrétienne ! Le Digeste ne contient que des fragments de jurisconsultes païens. On ne cite pas de chrétiens jurisconsultes, tant la science du droit semblait chose païenne ; la race des jurisconsultes s'éteint à mesure que le monde se christianise. Justinien n'a rencontré que des compilateurs. Quand l'homme aurait été chrétien, l'empereur ne l'aurait pas été. Est-ce qu'un prince chrétien se serait jamais officiellement déclaré au-dessus des lois? *Princeps legibus solutus est.* (Dig., l. I.) La législation justinienne respire le double sentiment de l'omnipotence du prince et de la nullité des autres hommes. Elle est la négation du droit, puisqu'elle le place dans la volonté du prince; et elle est la mère du despotisme savant et corrompu, car elle ôte aux hommes la responsabilité, en ne leur laissant que le mérite et la nécessité de l'obéissance.

Justinien, comme ses prédécesseurs et ses successeurs, est un système tout entier. Il en avait conscience. «Les choses divines sont parfaites en elles-mêmes, dit-il dans la seconde préface du Digeste, mais il est dans la nature du droit de se développer sans cesse; rien en lui qui puisse être stable à toujours : la nature, en effet, se hâte de produire des formes nouvelles; nous pensons qu'il surgira, dans l'avenir, bien des causes qui ne sont pas comprises dans les prévisions de nos lois : s'il en est ainsi, qu'on implore le secours du prince; Dieu a superposé la dignité impériale aux choses humaines, afin qu'elle puisse corriger et décider chaque nouvelle difficulté. » La préoccupation de l'empereur est de déterminer à l'avance toutes les actions humaines, afin que rien n'échappe à son contrôle et à sa direction. Il se flatte que la providence impériale suffira à tout ; mais il n'en est pas bien sûr. Il recommande à ses peuples d'adorer, d'observer ses lois, sans les comparer aux lois anciennes. Le législateur français du dix-neuvième siècle hérite de sa haine contre les commentateurs. Il voulait interdire tout commentaire sur ses lois, sentant d'instinct que la discussion est mortelle aux choses qui ont été établies par la discussion. Justinien tremblait pour la fragilité de son œuvre : «Nous défendons expressément aux jurisconsultes de notre temps, et à ceux qui viendront par la suite, d'écrire aucun commentaire sur nos lois; nous permettons seulement de les traduire en grec. » La compilation justinienne ne tranchait pas tous les procès. Voici ce qu'en pensait un jurisconsulte du seizième siècle : «C'est merveille qu'aux pays où les livres de Justinien ont le plus de cours et d'autorité, là voit-on les plaids et procès peupler et provigner à foison ; il semble que Justinien, par ses livres, engendre des plaideurs et chicaneurs, ainsi que jadis Cadmus engendrait des combattants par les dents du serpent qu'il semait; et ne peut-on nier que l'expérience ne s'en voie tant en France qu'en Italie? Mais au contraire en quelques lieux d'Allemagne, et principalement en Suisse, où ces livres sont en peu de prix et estime, l'on ne voit la centième partie des procès ni la millième des plaidailleurs et gratteurs de parchemin qui sont par deçà. » (François Hotman, dans son *Anti-Tribonien*.)

Nous n'insistons pas sur le rôle de la législation justinienne au moyen âge, et sur la part qu'elle eut à la grande révolution du seizième siècle. Les observations d'Hotman sont toujours vraies. Est-ce que les procès ont diminué en France depuis soixante-dix ans? Comptez le nombre des juges, avocats, procureurs, notaires, huissiers, hommes d'affaires, avant et après 1789. L'isolement des individus, le morcellement des intérêts, imposent à l'État le devoir d'un conciliateur universel. Toutes les dissensions, toutes les difficultés comparaissent à sa barre. Quand l'autorité paternelle subsistait dans son intégrité, elle pacifiait et réglait, dans une haute mesure de justice et d'amour, les intérêts qui lui étaient confiés, et déchargeait l'État de sa plus lourde part de responsabilité. De même, chaque corporation avait juridiction sur ses membres. Quelques crimes, quelques faits rares ressortissaient de la justice publique. Les tribunaux de famille écartaient le scandale, épargnaient les amours-propres. La solennité des audiences éclaire aujourd'hui toutes les turpitudes et livre en pâture l'intérieur des familles. La curiosité s'y repaît de scandale. La désagrégation et la mobilisation des intérêts suscitent des querelles et des difficultés de toute sorte. La société nour-

rit un nouvel élément de désordre, car la question économique, autrefois secondaire, prend d'énormes proportions et
aspire à tout remplacer. Chacun, ayant sa part distincte, tend
à l'augmenter par tous les moyens ; il est en guerre contre
tous. Le frère a dans son frère un copartageant. A la mort de
son chef, la famille se disperse : l'appareil justicier ne fonctionne que pour organiser cette dispersion. Y a-t-il dans le
Digeste une trace de perpétuité, la trace d'un droit autonome ?
Le Bas-Empire a ployé sous le faix de ses lois, bien plus que
sous les armes de l'étranger ; l'épuisement intérieur a été le
meilleur auxiliaire de l'ennemi. Comment la richesse publique se serait-elle développée ou même maintenue, quand tout
était luxe ou dépense ? Par les partages incessants, la fortune
des particuliers se dissipait aussitôt qu'amassée. Les capitaux
n'arrivaient jamais à se constituer et à durer. L'agriculture
se mourait ; inutile aux Romains vivant des dépouilles du
monde, elle était nécessaire à l'Empire grec, qui avait bien
de la peine à se garder ; mais quelles traditions agricoles !
L'agriculture repose sur l'esprit de famille, sur l'autorité paternelle, sur la perpétuité des héritages, sur l'indépendance
politique du propriétaire. Or, le Bas-Empire était encombré
de fonctionnaires. A vrai dire, il n'avait pas de propriétaires.
Cette classe de citoyens, inconnue d'ailleurs à la Rome impériale et à la Rome républicaine, était incompatible avec le
droit byzantin.

L'accumulation des lois exige un personnel judiciaire nombreux. L'empire grec eut donc beaucoup de magistrats, d'administrateurs, d'employés. Une vaste hiérarchie de fonctions
et d'honneurs enveloppait toute la société en remontant jusqu'à l'empereur, seul être doué de volonté et d'intelligence.
Tout le monde à peu près était dans l'une ou l'autre de ces
catégories : *illustres*, *spectabiles*, *clarissimi*. Les gens de
lettres pullulaient. Il n'y avait plus d'artistes, mais les ma-
çons abondaient, et l'art du bâtiment absorbait les ressources
de l'État. Le peuple était passionné pour les jeux du Cirque ;
c'eût été une fête perpétuelle sans les révolutions du dedans

et les dangers du dehors. Ni les empereurs païens, ni les empereurs de Bysance n'ont pu rendre la couronne hérédi- taire. Ils ont eu beau associer, de leur vivant, leurs fils à l'Empire, la mort de chacun d'eux rouvrait la carrière aux prétendants. Le génie et l'habileté y ont échoué. Ni les lu- mières, ni le courage, ni l'amour du bien public ne man- quaient à ces chefs de peuples. Ils ont succombé à une situa- tion plus forte qu'eux. Comment l'hérédité serait-elle entrée dans l'ordre politique, quand elle était bannie de l'ordre civil? Comment la grande famille, la famille publique, acquerrait- elle l'hérédité, quand les familles privées l'ont perdue? L'au- torité paternelle, ne se trouvant plus à la base de la pyramide sociale, ne pouvait donner ni force ni appui à l'autorité pater- nelle, que les empereurs essayaient d'introduire dans leurs familles. L'hérédité découle de l'autorité paternelle; la con- tinuation de la famille n'est que la continuation de la même autorité paternelle. La loi salique n'est une loi si conserva- trice que parce qu'elle est fondée sur la nature de l'ordre so- cial; mais elle ne doit pas être un privilége pour le souverain; elle est le droit commun de toutes les familles. A la mort du père, sous la loi byzantine, l'héritage de chaque famille était divisé; et, par la même raison, à la mort de l'empereur, l'État était en proie aux prétendants. Les révolutions de palais répondaient aux procès et liquidations auxquels étaient en proie l'héritage des particuliers à chaque mutation. La fa- mille impériale ne parvint donc jamais à se constituer. L'insta- bilité des fortunes privées rejaillissait sur l'État, bouleversé par les changements de règne. Cette dissolution générale, qui avait paru la plus sûre garantie du pouvoir absolu, devenait l'embarras et le danger des empereurs. Sur ce terrain mobile et fuyant, aucune famille impériale ne put jeter ses racines. L'ordre politique, enté sur l'ordre civil, en reflétait les vicis- situdes; par une punition providentielle, le droit prétorien se retournait contre lui-même, et le système de l'égalité était convaincu d'impuissance.

La politique chrétienne est le seul préservatif des princes

contre l'enivrement du pouvoir. Souvent ils s'irritent des obstacles salutaires qu'elle leur présente. L'art de gouverner les États serait le dernier des arts, s'il se réduisait pour les princes à faire tout ce qu'ils veulent ; les enfants rêvent cela avant l'âge de raison. L'Église est le refuge des nations ; par ses dogmes et par sa morale, elle les délivre de la toute-puissance humaine. Elle assure aux individus la possession d'eux-mêmes, en mettant dans leur cœur et dans leur esprit une loi toute divine, barrière infranchissable à la tyrannie et au sophisme. Par elle, l'homme s'appartient, ne relevant que de Dieu, son créateur et son père. Sujétion apparente, qui est sa liberté réelle, puisqu'elle le place dans les conditions de son être et le conduit à sa fin, qui est Dieu. Que le socialisme de Justinien soit jugé par ses fruits : il a enfanté le Bas-Empire. Et le Bas-Empire, qu'est-ce que c'est ? C'est la sophistique des Grecs associée au pouvoir impérial ; c'est le socialisme autrefois morcelé de la Grèce se concentrant sous l'autorité d'un seul homme. A Bysance, la forme chrétienne masque l'ancien paganisme. En vain de nobles génies ont prêché aux Grecs le christianisme dans toute sa pureté ; les Grecs ont porté dans leur nouvelle foi cet esprit de contention, de subtilité, de sophisme, de division, qui est le fond essentiel de leur race. Justinien n'a pas reçu la foi d'un cœur simple, comme Clovis ; il a laissé le recueil de ses lois, arsenal inépuisable de luttes et de disputes. Le chef franc a légué à ses successeurs la monarchie chrétienne, la monarchie française, mieux coordonnée que le Digeste, plus glorieuse et plus durable que le Bas-Empire. S'il y a un droit chrétien, il est né dans les sociétés chrétiennes ; il a été élaboré par des siècles d'éducation chrétienne, puisqu'il n'est et ne peut être que l'expression des mœurs chrétiennes. C'est là qu'il faut le chercher, et non dans l'édit du Préteur et dans les compilations de Justinien.

15 décembre 1859.

HISTOIRE ROMAINE.

I

L'idée de confronter avec les lieux et les monuments les récits des historiens de l'antiquité, est heureuse ; M. Ampère l'a tenté dans son *Histoire romaine à Rome*, et l'on peut dire que son travail, s'il ne résout pas toutes les difficultés historiques, en résout au moins quelques-unes des plus importantes. Il a rendu vivants les souvenirs qui nous arrivaient un peu confus et effacés par la rhétorique des écrivains tant classiques que modernes. On lira avec intérêt ces deux volumes, qui suivent les cinq premiers siècles de Rome sur le théâtre où s'est accompli chaque événement. A tout prendre, l'ouvrage est original, malgré ses lacunes. Pour pénétrer dans la haute antiquité, l'érudition et l'archéologie ne suffisent pas. Les hypothèses ne comblent qu'imparfaitement les vides de l'histoire. Il arrive un moment où, en remontant le cours des âges, toute lumière cesse. C'est le milieu de l'histoire qui est plein d'obscurité. Heureusement, nous en connaissons les deux bouts, et une observation sagace nous aide à franchir l'intervalle. La science des origines est dans la Bible. Les érudits modernes ont horreur du livre sacré, qui est le seul document authentique. Pourquoi M. Ampère n'a-t-il pas invoqué la tradition biblique pour éclairer les migrations de peuples qui ont formé le noyau primitif de Rome ? Qu'est-ce que

les Pélasges, qu'il place aux commencements? d'où viennent-
ils? Les Grecs étaient excusables de forger des hypothèses :
ils ignoraient les origines ; le livre qui les raconte n'était pas
sous leurs yeux.

Les cinq premiers siècles de Rome sont couverts d'un voile
épais, déchiré en maints endroits par la critique. Les travaux
de l'Allemagne, de la France, de l'Italie, sont loin de lever tous
les doutes. Tout est contradictoire. Nous en sommes à nous
demander s'il y eut jamais un gouvernement à Rome. Question bien étrange ! Le fait fondamental de l'histoire romaine
a été décrit par M. Ampère avec avec une abondance de
preuves et de déductions qui ne laisse rien à désirer. C'est là
un véritable service rendu à la science. L'antagonisme profond, radical des races à Rome, avait été signalé ; il fallait
en préciser les conditions et le développement. Rien de plus
simple : Rome est formée par deux nations : les Sabins et les
Latins. Dérangeant un peu la tradition, M. Ampère compte
huit rois et huit collines. Cinq de ces collines sont primitivement occupées par les Sabins, nation puissante, aristocratique, vivant dans le régime féodal des clans. Voilà les *majores
gentes*. Si M. Ampère se fût livré à l'étude du droit romain,
il aurait pénétré plus avant dans son sujet. Il y a en effet deux
droits à Rome : le droit latin, plébéien, démocratique, absolutiste, impérial, qui a fini par tout emporter, et un droit
féodal, quiritaire ou sabin, dont les derniers vestiges ne disparurent que sous Justinien. La féodalité a régné à Rome ;
c'est ce que les anciens légistes ne pouvaient comprendre. Les
jurisconsultes romains eux-mêmes, n'ayant pas l'idée du système féodal, ont été exposés à méconnaître le sens et la nature des institutions primitives qu'ils rappelaient. Ils ont été
pris dans leurs propres ruses, ce dont ils ne s'inquiétaient pas
beaucoup, car ils visaient à la domination et non à la science.
Les monuments du droit sont si nombreux, qu'il est aisé de
reconstruire les péripéties de la lutte juridique qui aboutira à
l'empire, après avoir ensanglanté Rome pendant sept cents
ans. Les clans sabins étaient assis sur cinq collines ; les clients

étaient les hommes du clan ; ils portaient le nom du chef du clan ; ils lui étaient attachés par le lien de la fidélité. De son côté, le seigneur suzerain était tenu à protéger son client, son homme ; il l'assistait dans toutes les circonstances, il le défendait en justice. Toute cette organisation se retrouve dans les *Assises de Jérusalem ;* il n'y a rien de changé. Qu'était-ce que l'adrogation ? Les jurisconsultes romains en font une espèce d'adoption, et rien n'indique qu'ils en aient vu toute la portée. Ils ne comprennent qu'une chose, c'est que celui qui s'est donné ou a été donné en adoption a perdu tout pouvoir sur lui-même, qu'il est réduit en esclavage. Le père de famille, cet homme libre qui se donne en adrogation avec toute sa maison, représente exactement les hommes du moyen âge, qui entraient par le contrat de recommandation dans la vassalité d'un chef puissant.

Le droit romain, hâtons-nous de le dire, n'a jamais été féodal ; il n'est pas sorti du droit des Sabins (*ex jure Quiritium*). A côté de la nation sabine, religieuse, pastorale, guerrière, obéissant aux coutumes sacrées, naît un peuple d'un genre nouveau, un peuple qui n'est pas un peuple, un amas d'hommes recrutés de toutes parts pour le pillage. Romulus (qu'il ait existé ou non) est le père de Rome, c'est un chef de brigands ; puisque les Romains l'avouent, il n'y a aucune raison de ne pas les croire ; ils étaient assez chatouilleux sur l'honneur national pour effacer ces origines s'ils l'avaient pu. Romulus s'installe sur le Palatin, il y fonde un asile, un lieu de refuge pour les bandits et les bannis ; il établit une forteresse, Roma. C'est le nom qui prédominera quand l'influence plébéienne aura tout envahi. Romulus est un chef de brigands : notez ce fait ; il est la clef de l'histoire. Aucun peuple n'a été fondé de cette façon : les Juifs, les Francs, les Normands, quand ils fondaient des nations, étaient déjà constitués en corps de peuple ; ils avaient des lois de famille, d'ordre, de hiérarchie sociale. Romulus est un chef de brigands ; donc sa troupe n'a pas de femmes : il n'est pas naturel qu'une femme épouse un homme d'une profession aussi irrégulière que celle de voleur de grand chemin. L'enlèvement des Sabines supplée au contrat de mariage et au rite religieux. Le lien d'une association semblable, c'est la discipline. Il n'y en avait pas d'autre. On ne peut exiger que des bandits, accourus de tous les coins du Latium pour échapper aux lois, aient été des gens religieux. Ils n'avaient pas plus de religion que de famille. Nous laissons à penser si, sur le droit de propriété, ils avaient des opinions très-orthodoxes. Leur épée était leur droit. Il est difficile de dire en quels rapports ils étaient avec les rois sabins; ils reconnaissaient évidemment leur suprématie. C'était un lien de vasselage qui n'allait pas très-loin et qui ne les empêchait pas de vivre à leur guise, protégés par leur nombre, leur audace, leur forteresse. Néanmoins les causes de conflit étaient fréquentes. Les Sabins avaient la richesse, l'économie; ils prêtaient à usure, et les plébéiens étaient souvent obligés d'emprunter. Le pillage n'enrichit pas. Les querelles des deux ordres ont là leurs racines.

Avant de conquérir le monde, les plébéiens durent conquérir le droit. D'abord les patriciens seuls, les pères de famille, les chefs de clan, forment la cité, et ils sont représentés par le sénat; ils élisent les rois à vie et participent au gouvernement. Les plébéiens sont en dehors, excommuniés. A mesure cependant qu'ils ont grandi par la translation des populations vaincues à Rome, ils ont élevé leurs prétentions. Ils ont voulu une position de droit; ils y arriveront par nombre d'émeutes. La loi des Douze-Tables les reconnaît, elle les admet à un droit inférieur; mais que de distance encore entre le plébéien et le patricien! Le mariage est prohibé entre les deux ordres. Au patricien seul, à la race sabine, les titres solennels et la puissance paternelle, fondée sur le mariage religieux. La loi des Douze-Tables consacre le mariage plébéien, qui ressemble fort à un mariage libre, et qui n'engendre ni puissance paternelle, ni autorité du mari sur la femme. La femme est usucapée par son mari au bout d'un an, si elle n'interrompt pas la prescription par une absence de trois nuits (*trinoctium usurpatio*). L'égalité de partage

entre les enfants est un des caractères démocratiques de la loi
des Douze-Tables ; et, d'un autre côté, le principe aristocratique
est visible dans le pouvoir absolu de tester que conserve le
père de famille. Né dans une caverne de voleurs, le droit plébéien, démocratique, qui devait être le droit romain, est
étranger à tout principe religieux, à toute sanction religieuse.
Cette empreinte d'athéisme ne s'effacera jamais et le consti-
tuera en état perpétuel d'hostilité contre la religion et les
influences religieuses. Le droit romain, depuis le xive siècle,
bat en brèche les États chrétiens, rompt l'union du trône et
de l'autel. Ennemi de la religion, il l'est aussi du droit de
propriété. Et, quand on songe à son origine, il n'y a pas lieu
de s'en étonner. C'est par le droit romain que les lois sur la
noblesse, sur les substitutions et les corporations, ont été ré-
duites en poussière dans toute l'Europe chrétienne, et que la
liberté de tester a été retirée au père de famille. Qu'est devenu le mariage ? Un contrat qui se fait et se défait au gré
des parties. A la fin de la république, il n'y avait même plus
de mariages. Le *concubinatus* est le mariage libre des plébéiens, ce que nous appelons le concubinage ; mais à Rome
c'était un état accepté par les mœurs et par les lois.

Nous nous expliquons maintenant à merveille pourquoi le
droit romain est si dédaigneux de l'agriculture, du commerce
et de l'industrie. Franchement, si les compagnons de Romulus se fussent adonnés à de tels arts, auraient-ils fondé la
grandeur romaine ? Romulus est le fils de la louve, *lupa*, la
prostituée. Les mariages libres, et quelquefois forcés, comme
nous le voyons par l'enlèvement des Sabines, sont le fondement des institutions de la famille. Les moyens d'acquérir la
propriété sont analogues. Ce n'est pas le travail qui procurera
la subsistance du prolétaire, c'est l'épée. Ce ne sont pas là de
bons bourgeois qui ne demandent qu'à vivre en paix ; cette
race, dure, violente, n'a d'aptitude que pour la guerre, la sédition, la domination. Elle se disperse sur le globe par es-
saims de colonies militaires ; le trop plein du plébéianisme s'é-
coule par les conquêtes ; et la cause déterminante des conquêtes,

c'est la nécessité de nourrir et d'occuper une telle population. Le succès des conquêtes est cependant dû en grande partie à la sagesse du sénat et de l'aristocratie sabine. La classe plébéienne avait en soi une grande force; elle s'était recrutée parmi les aristocraties des peuplades latines, qui, transportées à Rome, s'étaient nécessairement confondues avec elle. Néanmoins, livrée à elle-même, la démocratie se serait divisée. La Providence lui ménagea un garde-fou dans l'aristocratie sabine; quand ce garde-fou disparut, la démocratie disparut et s'abîma dans le gouffre impérial. Rome fut promptement une très-grande ville, fort supérieure à toutes les villes voisines : les familles sabines, avec leurs clientèles, résistaient à l'ascendant croissant des Latins; elles ne cédaient qu'à leur corps défendant, mais enfin elles cédaient. La digue qu'elles opposaient au torrent du plébéianisme n'avait d'autre effet que de lui donner plus de force quand il l'avait franchie. Les deux ordres étaient toujours en guerre, mais sans avoir le dessein de s'exterminer mutuellement : des familles patriciennes étaient favorables aux plébéiens; et les familles importantes du plébéianisme, à qui d'ailleurs tous les honneurs étaient ouverts, respectaient l'aristocratie, et faisaient souvent cause commune avec elle. On comprenait généralement que l'intérêt public reposait sur les deux ordres, unis ou désunis. Par le fait, au bout de sept siècles, le sang des familles patriciennes se trouva épuisé.

Les plébéiens sont les vrais Romains; leurs sentiments, leurs actions, leurs idées constituent l'unité et la signification de l'histoire romaine. Les institutions étrusques et sabines ont déteint sur eux sans les entamer. Il y a, en réalité, deux nations distinctes, séparées, ayant chacune son droit. Or, c'est le plébéianisme qui a dicté le droit romain. C'est la race des bannis, des voleurs, des brigands, qui a organisé le droit romain, ce droit que des milliers de commentateurs, dans les États plus ou moins chrétiens de l'Europe, nous présentent depuis dix siècles comme la raison écrite et le chef-d'œuvre de l'humanité. Le droit est semblable au peuple qui le produit. Que pouvait-on attendre d'un peuple qui a vécu de pillage pendant sept cents ans ? et quel pillage ! la conquête du monde ! Quand le peuple s'est démis entre les mains des Césars, il s'est réservé le droit d'être nourri par l'État : *Panem et circenses*. Il ne lui restait plus que cela de sa turbulente royauté. La férocité romaine n'a jamais été surpassée ; elle va bien au delà de l'imagination. Les peuples désignés sous le nom de Barbares étaient d'une remarquable douceur : Baisse la tête, doux Sicambre, disait saint Remy à son néophyte. Les pénalités barbares sont presque toutes des compositions en argent. Les Barbares apportèrent en Europe les mœurs patriarcales, les mœurs de ces premiers Sabins, contre lesquels avait lutté le droit romain primitif. Ce même droit romain, vieilli et perfectionné, rencontrera le même adversaire établi dans toute l'Europe chrétienne, et finira par le détrôner ; nous recueillerons en échange les révolutions modernes, qui ne sont que les révolutions anciennes rajeunies. La férocité des mœurs publiques s'est grandement accrue ; les régimes de terreur, les massacres de prisonniers, les confiscations et déportations en masse excitent à peine l'horreur. On se dit : C'est le triomphe de l'idée. Les Romains étaient encore mieux trempés que nous contre tout sentiment d'humanité. Les jeux de gladiateurs sont une institution décisive. Il est possible que quelque bandit, dans un moment de délire, se soit amusé de la torture et de la mort. Mais qu'une institution régulière ait fait de la torture et de la mort un plaisir public, et que ce plaisir ait duré mille ans chez un peuple, c'est là un fait supérieur à la perversité humaine.

Une race de bandits transforma en droits ses instincts violents et dépravés. Le Romain dompta en lui tous les sentiments humains ; par l'institution des gladiateurs, il maintenait et exaltait dans toutes les classes de la population l'instinct de férocité, le mépris de la vie ; il éteignait toute pitié dans les âmes. Aucun peuple n'a été élevé à pareille école. Les Romains n'avaient pas d'écoles publiques ; l'État ne se chargeait pas d'enseigner les belles-lettres. La seule école constante, populaire, c'étaient les combats de gladiateurs. Il semble qu'ici nous soyons dans le monde infernal. Les femmes se réjouissaient à ces jeux, les enfants suçaient le sang. Rome renversa d'un souffle les molles cités de la Grèce et de l'Asie; elle mit plus de formalité à vaincre les autres peuples ; mais tout succomba. Les mœurs du peuple romain sont celles d'un peuple de brigands. Nous voulons dire que ce peuple, seul entre tous les peuples, a conçu les choses humaines au point de vue du pillage et de l'extermination; qu'il a systématisé en lois, formulé en institutions, réduit à l'état de science politique, les sentiments, les intérêts, les passions qui agitaient l'âme des compagnons de Romulus dans l'asile de Rome. Les bannis se sont vengés sur la société, en lui imposant comme règle les crimes mêmes au nom desquels elle les avait bannis. Tu ne tueras pas, avait dit le vieux droit. L'assassinat en masse deviendra une jouissance publique, répond le droit nouveau; et, en effet, l'esclave est une chose. N'avons-nous pas le droit de jouir et de disposer de notre chose? (*Jus utendi et abutendi*.) Tu ne voleras pas, disait encore le vieux droit. Le droit nouveau, inauguré par les partageux de Romulus, déclare qu'il ne sait pas même ce que c'est que le droit de propriété. Il a bien entendu parler de la propriété sabine (*Dominium quiritarium*), cela n'entre pas dans la tête du Romain ; la propriété, pour lui, se transforme en possession, en jouissance toujours révocable. L'idée primitive de proie et de butin est là. Il faut à chaque instant partager les dépouilles. Le droit romain exècre la propriété, et même la durée; il ne souffre pas l'indivision. Partageons ! partageons ! c'est le cri de toutes les familles vivant sous le droit romain. Ce cri retentit de Romulus à Justinien. Romulus pratiquait d'avance les Pandectes.

La race sabine avait des principes de religion, de gouvernement, de hiérarchie sociale; c'est d'elle que découle tout ce que Rome a eu de liberté et de sagesse. En somme, il n'y avait aucun gouvernement régulier; tout était remis à l'instinct du moment. Il n'est bruit que de dictatures : c'est le seul moyen d'en finir avec les factions et les difficultés. Toutes les lois se taisaient devant le dictateur, investi du droit de vie et de mort sur les citoyens. La fréquence de ce remède suprême indique assez que l'anarchie était incurable. Les institutions et les lois n'existaient que de nom. La loi des Douze-Tables, cette charte de conciliation entre les patriciens et les plébéiens, n'apaise rien. Les querelles recommencent. C'est qu'il y avait en lutte non-seulement deux systèmes, mais deux races. Il est difficile de comprendre comment les plébiscites ou lois rendues dans les assemblées plébéiennes pouvaient obliger les patriciens. Pourtant, rien n'est plus certain ; c'est en cela que consistaient l'autonomie, l'indépendance des plébéiens. Dans la pratique, ces dissentiments se vidaient par des émeutes et par des coups d'État. Chaque tribun avait le *veto* absolu, comme dans l'ancienne république de Pologne. A Rome, dans les circonstances graves, on tuait le tribun pour avoir l'unanimité. Consuls, tribuns, dictateurs, exercent une autorité absolue, sauf la responsabilité, quand ils sont sortis de charge. Mais en matière politique les jugements sont des représailles, et à Rome la justice n'était qu'une arme de parti. Ce pouvoir absolu de magistratures annuelles ne s'explique que par l'absence totale d'intérêts stables et réguliers ; la machine sociale n'allait pas toute seule. Le pêle-mêle des individus et des ambitions avait besoin d'un frein direct, personnel ; la discipline de l'Asile s'était continuée parmi les héritiers et successeurs des premiers Romains. Les empereurs ont résumé en eux toutes ces magistratures absolues en y ajoutant la perpétuité. Quand l'anarchie plébéienne se fut étendue sur le monde par la conquête, il devint nécessaire de développer et de concentrer le pouvoir absolu, seul équilibre de l'anarchie. L'Empire est le couronnement régulier de l'Asile ; César est le continuateur de Romulus. Il est à remarquer que toutes les grandes familles étaient sabines ; la famille des Jules était latine.

Les choses romaines étaient réglées non par un droit fixe, mais par la volonté de personnes déterminées. Ni lois, ni cou-

tumes assurées : l'explication du droit est arbitraire ; elle
varie, change au gré des circonstances. Les lois ne manquaient pas : elles n'étaient jamais exécutées. Aussi le droit
romain n'est pas un ensemble de lois; le Digeste, auquel Justinien a prétendu donner force de loi, est une compilation de décisions rendues par des jurisconsultes et des magistrats sur des
cas particuliers : c'est un recueil de jurisprudence. L'institution des *Prudents* est fort singulière : Auguste déléguait un
certain nombre de jurisconsultes dont les décisions devaient
avoir force de loi devant les tribunaux ; leur consultation était
la loi du juge. Justinien maintint le caractère législatif aux
écrits de cinq jurisconsultes plus estimés que les autres. Les
causes privées étaient soumises à l'arbitraire et à l'absolutisme ;
c'était là une conséquence nécessaire de l'anarchie générale
qui dominait la politique et descendait jusque dans les actes
de la vie privée. Sous l'Empire, l'appel fut introduit. L'Empereur était le juge universel ; matériellement, il ne pouvait
tout juger ; il déléguait son pouvoir, et les causes lui revenaient en appel. A Bysance, le juge (*Judex*), l'antique juré,
celui qui à Rome décidait le fait, n'est plus qu'un fonctionnaire public. Notre organisation judiciaire a été calquée sur
ces principes ; elle s'est développée, à partir du XIVe siècle,
dans le sens de l'absolutisme royal. L'application du droit
romain entraînait naturellement l'assimilation de la monarchie française à l'empire de Bysance. Les yeux sur le patron
du Digeste, nos légistes ne songeaient qu'à remplacer nos
coutumes par une codification générale. Dumoulin la réclamait avant Lamoignon et Daguesseau. Tribonien était l'idéal
de ces légistes ; nous ne résistons pas au plaisir d'emprunter
son portrait à un Grec du Bas-Empire.

« Ce Tribonien était un païen et un impie, très-éloigné de
« la foi des chrétiens. Ce fut aussi un adulateur et un impos-
« teur ; il prétendait que Justinien ne devait pas mourir, qu'il
« serait transporté tout vivant au ciel, et il faisait tous ses
« efforts pour le lui persuader. Il avait été questeur de Justi-
« nien. C'était, du reste, un esprit puissant ; il avait atteint le

« sommet de l'érudition, supérieur en cela à tous ses con-
« temporains. Mais c'était un homme d'une avarice ardente
« et insatiable, uniquement asservi au gain, et auprès de lui
« la justice était vénale. Trafiquant de la législation, il re-
« tranchait ou ajoutait aux lois à prix d'argent, suivant la
« position et l'intérêt des parties. Après avoir passé de longues
« années dans les honneurs, il mourut de maladie, sans avoir
« éprouvé de personne aucun dommage. Il était, en effet, d'une
« urbanité, d'une grâce, d'une douceur parfaite; et l'éclat
« de sa science faisait oublier son avarice. » (Extrait du
Lexique de Suidas, au mot *Tribonien*.)

L'absence de droit caractérise le droit romain; nous le
voyons tout transformer en question de volonté, ce qui est
tout trancher par la force. Où est le progrès de la jurisprudence depuis Romulus? La force brutale a beau se discipli-
ner, elle ne perd pas sa nature. Les Césars de Bysance, dans
leurs palais d'or, la représentent avec autant de perfection que
le pâtre Romulus dans sa cabane de chaume. Seulement, le
brigandage primitif est devenu un principe de droit, le fondement de la civilisation. Ce principe, à l'aide duquel les
Romains ont exterminé le monde, s'est aminci, déguisé dans
les mains cauteleuses des légistes et s'est glissé dans les États
chrétiens. Avec quelle unanimité tous ces légistes, cet effronté
Dumoulin en tête, ne nous déclarent-ils pas que Rome n'a
jamais appartenu au Pape, qu'elle est au peuple romain, et
par suite à l'Empereur, représentant du peuple romain? La
tyrannie entée sur le principe de la souveraineté du peuple
est vieille de quelques milliers d'années. Les révolutionnaires
de nos jours ont tort de se croire originaux; ils n'ont que le
plat mérite de l'imitation.

Cet arbitraire du droit romain n'a jamais été nié; les jurisconsultes s'en font gloire; c'est par là, disent-ils, que le droit
est progressif, qu'il s'assimile aux intérêts nouveaux, etc. Ils
appellent le préteur « la voix vivante du droit civil. » C'est
aussi la qualification que s'attribue Justinien. Elle est échue
aux rois de France. Le préteur faisait littéralement la loi et

l'appliquait aux parties à mesure qu'elles se présentaient devant lui. Quand la multitude des affaires lui imposa l'obligation de déléguer des juges du fait, il consigna dans une proclamation, en entrant en charge, les principes qu'il entendait suivre pour la décision des affaires. C'est ce qu'on appelait l'édit *perpétuel*. Cela signifie, non pas que la durée de l'édit fût indéfinie, mais qu'il était valable pendant l'espace ininterrompu d'une année. Le préteur, au lieu d'édicter une loi pour chaque cause, déclarait un même principe applicable pendant un an à toutes les causes de même nature qui seraient déférées à son tribunal. Nos Parlements se sont attribué une espèce de pouvoir législatif analogue à celui des préteurs, par les arrêts de règlement. La vénalité des offices reposait sur l'idée que la juridiction est un droit personnel, un bénéfice de la magistrature. Le Roi pouvant déléguer la juridiction, il était tout simple qu'il pût la déléguer à certaines conditions. Les juges, à tous les degrés, étaient censés les commissaires du Roi. Le Conseil d'État, qui n'était que le consistoire des empereurs de Bysance, révisait, au gré du prince, les arrêts des Parlements. La juridiction étant un privilége de la personne, on conçoit que la personne en ait tiré le plus de profit pour elle, qu'elle l'ait affermée, vendue. Cette vénalité fut d'ailleurs un bien, elle mit de la fixité dans la justice et de l'indépendance dans la magistrature. Du principe que le Roi était législateur et juge universel, découlait la conséquence qu'il était l'unique propriétaire de son royaume. Les légistes ne reculèrent pas. Ils légitimèrent les confiscations, prohibèrent la propriété ecclésiastique et la propriété collective. Ils abolirent le droit de propriété, chose concevable chez un peuple voleur et conquérant de profession comme était le peuple romain. Mais au xvii° siècle, nous étions encore une nation chrétienne. Le *Journal d'Économie politique* de Rœderer nous fournit un document curieux. L'Institut, dans sa séance publique du 4 janvier 1797, discuta la question de déclarer l'État héritier dans toutes les successions. A Rome, les testaments qui ne renfermaient pas de legs pour l'Empereur étaient annulés par l'Empereur ; c'est l'État qui est, dans certaines contrées, le testateur universel. Rœderer analyse ainsi la séance de l'Institut dans son *Journal d'Économie politique* du 9 janvier 1797.

« Le citoyen Duvillard a communiqué à sa classe (logique)
« la solution d'un problème arithmétique politique sur la
« conversion de l'impôt territorial en un droit sur les héri-
« tages. Il détermine, d'après l'âge des propriétaires : 1° quel
« doit être le rapport exact de ce droit avec la valeur de l'hé-
« ritage, pour qu'il soit l'équivalent de l'impôt actuel, en
« comptant l'intérêt à 3 %; 2° quel serait, dans ce cas, le
« produit annuel de l'impôt territorial. » (*OEuvres de Rœderer*, t. V, p. 348.)

Ce projet sera repris quelque jour ; il sonne agréablement aux oreilles du socialisme. C'est par l'application des maximes du droit romain que la propriété a perdu son assiette et sa consistance. Le socialisme juridique des Romains a passé dans nos mœurs politiques. L'ancienne monarchie a péri, tuée par les légistes, qui se sont levés en masse pour la condam-nation de Louis XVI. Le droit romain n'envisage pas la pro-priété sous un rapport de perpétuité et d'épargne ; la propriété n'est pour lui qu'une jouissance ; il la divise, la mobilise, la livre à une circulation sans fin. Elle est un butin, sur lequel tous ont d'égales prétentions. Dès lors, toute la sollicitude du législateur tend à la faire passer avec le plus de rapidité pos-sible dans le plus grand nombre de mains.

L'origine impure du droit romain est surtout visible dans la constitution de la famille. Dans les derniers temps de la République, il n'est presque plus question du mariage reli-gieux ; l'antique mariage patricien n'est plus qu'un souve-nir ; et il n'y a place que pour le mariage plébéien, mariage purement civil et sans formalité, qui se fait et se défait par le seul consentement des parties. Le christianisme a rétabli le mariage religieux : armés du droit romain, les légistes ont partout contesté les principes du droit chrétien, et introduit le pouvoir des princes sur le mariage ; ils ont exigé le divorce pour correctif du mariage. C'est là le but qu'ils poursuivent; ils ne se lasseront que lorsqu'ils l'auront atteint. L'Empire romain et les États-Unis nous offrent le spectacle du mariage libre. Le droit romain est ennemi de la famille; c'est une vieille haine qu'il conserve en souvenir des familles sabines et patriciennes qui lui ont si longtemps résisté. L'Empire romain s'est élevé sur les débris de l'antique autorité paternelle. Devant la barrière de la famille avait jusque-là expiré la puissance publique; les plus hautes magistratures ne soustrayaient pas un fils à l'autorité de son père. L'annulation du droit de tester éteignit cette autorité autrefois vénérée, et à laquelle les jurisconsultes ne liaient les mains qu'avec le plus grand respect. Restait seul debout l'*imperium*, l'Empire. C'était le nom de toutes les magistratures républicaines. Le magistrat exerçait l'*imperium*, ou le pouvoir absolu. Les dictateurs, les consuls, les proconsuls et les présidents dans les provinces étaient absolus. L'Empereur joignit à l'*imperium* l'inviolabilité du tribunat, et devint sacré en qualité de tribun. Il n'y avait pas d'autre religion effective que celle-là. Néanmoins, l'empreinte religieuse des Sabins et des Étrusques subsistait comme un monument de la tradition à côté de l'athéisme du droit. Il y eut jusqu'à la fin un *pontifex maximus;* et, sous sa direction, un prêtre, du nom de *rex*, présidait aux sacrifices. Les rois sabins et étrusques qui avaient régné à Rome étaient prêtres. L'idée du prêtre-roi ne fut pas expulsée avec la royauté. L'aristocratie sabine, qui fit la révolution, avait au suprême degré le sens conservateur. Elle consacra en quelque sorte l'union idéale du trône et de l'autel, en laissant à un pontife ce nom de *rex* qu'avaient porté les précédents pontifes. Symbole mystérieux de cette réalité qui devait éclater à Rome en la personne des papes, prêtres-rois du monde catholique.

Mais, dans l'ancienne Rome, c'était le roi qui était prêtre; et, dans la nouvelle, c'est le prêtre qui est roi. La politique des légistes fut constamment dirigée contre l'influence religieuse et les traditions nationales. C'est par le droit romain que le rationalisme a pénétré toutes les législations modernes.

La France, plus profondément envahie que le reste de l'Europe, tombe dans un abîme de lois et de procédures. Le droit romain s'introduisit partout d'une façon subreptice, frauduleuse, transportant dans l'ordre moral et intellectuel les moyens qui avaient servi aux plébéiens pour conquérir le monde.

En général, l'identité de l'Empire et de la République n'est pas saisie par les historiens ; ils s'attachent aux différences accessoires. L'étude seule du droit romain peut combler la lacune qui, sur ce point, existe dans la plupart des esprits. Malheureusement, une telle étude est longue, abstruse, subtile : elle répugne à toutes les habitudes littéraires. Là cependant est le sens de l'histoire ; c'est la constitution de la famille et de la propriété qui inspire les tendances et la politique d'un peuple. Et cette constitution se cache dans les profondeurs du droit. Romulus et ses compagnons, qui n'avaient plus ni lois, ni famille, ni religion, ni patrie, nous apprennent que nous ne sommes pas en présence d'une société régulière, et que le droit d'une troupe de brigands ne peut avoir aucun caractère social. Ce droit sera nécessairement destructif, antisocial et conquérant. Il a détruit la cité romaine, il a nivelé tous les peuples sous le pouvoir absolu d'un seul homme. Il a poursuivi son œuvre dans les temps modernes, brisant par ses théories savantes, accessibles aux seuls légistes, l'essor naïf du vieux droit chrétien ; étouffant les libertés publiques, sous prétexte qu'elles empiétaient sur la prérogative inaltérable de César, transmise entière et indivise aux rois ses successeurs. Il est le père incontestable du despotisme et des révolutions. En scrutant les principes et l'histoire du droit romain, M. Ampère, nous n'en doutons pas, modifierait et agrandirait son point de vue. Il prendrait la mesure exacte de cette Rome qui a concentré en elle tout le mouvement de l'humanité, et qu'il envisage seulement en archéologue et en libéral du XIXe siècle.

13 juin 1862.

I

La *Revue contemporaine* a publié un *Chapitre de l'histoire de Rome*, dû à la plume de M. le président Troplong. Le but de l'auteur, si nous ne nous trompons, a été de glorifier l'ancienne Rome, et d'établir cette thèse que Rome a fait de l'Italie un seul peuple dont elle a été la capitale. C'est l'histoire invoquée en faveur de la politique contemporaine. La littérature latine n'offre rien qui appuie la prétention de la nouvelle thèse. Il est de notoriété publique que Rome était une cité souveraine et non une capitale de peuple. Dans un sens très-juste aussi, elle était la capitale du monde. Ce qui était tout simple, puisqu'elle avait conquis le monde. Le principe de sa souveraineté se modifie dans l'application, sans changer de nature, quand il passe dans la personne des empereurs. Qui ne sait que les Gaulois, du temps de César déjà, formaient une bonne partie du sénat? M. Troplong nous dit : «Rome représentait une *idée nouvelle : l'unité de l'Italie ;* rien de ce qui avait créé l'antique civilisation ne put tenir contre cette idée, conçue par un peuple dominateur et *inspiré par les dieux ;* ni les vertus civiques, ni le zèle religieux, ni l'amour de la patrie ne furent en état de faire triompher le morcellement des nationalités contre la constitution d'une nationalité commune dont Rome fut l'âme, le bras et le *flambeau.*» Cette phrase majestueuse renferme plusieurs inexactitudes, outre un anachronisme de deux mille ans. Les Romains, tous les témoignages sont là, conçurent l'idée de conquérir le monde et non de former une nation italienne. De fait, ils avaient conquis l'Afrique, l'Asie, l'Espagne, le midi de la Gaule, toute la Grèce; et tout le nord de l'Italie, occupé par les Gaulois, n'était pas encore soumis; c'est César qui acheva la conquête. Mais alors les Gaulois remplirent les armées romaines et jouèrent un grand rôle dans l'Empire, rôle supérieur à celui de toute autre nation. Ni l'Espagne, ni l'Italie ne fournissaient autant de soldats. Les empereurs furent bientôt forcés de résider hors de Rome, de parcourir leur vaste empire, afin de porter la main à chaque craquement ; car cette immense machine ne subsistait que d'artifices. Quelques empereurs même, et les plus importants, ont mené une vie nomade et toute guerrière. En tout cela, nous ne voyons pas de trace d'un gouvernement italien. Tout le midi de l'Italie est grec ; le centre est dévasté tout autour de Rome ; le nord est gaulois. Rome étouffa toutes les nationalités, les nationalités italiennes aussi bien que les autres ; elle créait une administration unique pour le monde entier. Mais cette administration n'avait rien de national. Les Romains se figuraient l'espèce humaine comme une seule nation régie par l'unité de pouvoir.

A la chute de l'Empire en Occident, les nationalités se reforment. Il est alors question d'un royaume d'Italie, mais c'est dans les protocoles seulement ; le titre seul est recueilli par l'histoire ; on ne connaît aucun royaume italien, bien loin qu'il y en ait eu un quand Rome écrasait l'Italie. M. Troplong lui-même semble reconnaître son anachronisme ; et il détruit par cette réflexion l'effet de sa proposition première : « Rome montre qu'elle ne le cédait à personne pour la crainte des dieux et le sentiment du droit..... Elle ne détruisit que pour édifier, elle versa, il faut l'avouer, beaucoup de sang, mais de ce sang elle fit surgir plus qu'une nation, elle fit surgir une civilisation qui a réglé le monde et qui contribue encore aujourd'hui à l'éclairer. » Rome n'a pas créé une nationalité, elle a créé une civilisation : ce qui est fort différent. Reste à apprécier cette civilisation. Quelle est-elle ? Est-ce une civilisation religieuse ? M. Troplong fait un mérite aux Romains d'avoir craint les dieux ! Polythéisme, panthéisme, athéisme, vont ensemble, et ne sont que la même idée envisagée à un point de vue poétique, philosophique ou pratique. Toute la littérature païenne, tant grecque que latine, est athée. Les deux plus grands historiens de l'antiquité, deux honnêtes gens, Thucydide et Tacite, professent l'athéisme.

Platon et Virgile y rentrent par le système de la métempsy-
cose, qui n'est qu'un athéisme déguisé. Depuis l'Empire, la
principale pièce du culte était l'Empereur ; on adorait l'Empereur mort ; c'était le culte des mânes, de l'âme des ancêtres, culte encore debout en Chine, et il est hors de doute
que l'athéisme est la seule religion officielle de la Chine, la
religion des classes éclairées. Les Romains ont rencontré sur
leur passage trois religions : le judaïsme, ils ont dispersé,
anéanti la nationalité juive ; le druidisme, ils l'ont exterminé,
en noyant dans son sang la nationalité gauloise ; le christianisme, ils n'ont pu tuer que onze millions de chrétiens, conscription annuelle de quarante mille martyrs pendant trois
siècles. Voilà le bilan religieux des Romains ! La civilisation
consiste-t-elle dans les arts et la littérature ? Tous les artistes
de l'antiquité sont Grecs ; la littérature latine n'est qu'une
imitation de la Grèce. Notez, d'ailleurs, que les Latins auraient
pu faire des livres sans conquérir le monde. Les Romains ont
brûlé toutes les bibliothèques des peuples vaincus ; ils n'ont
conservé aucun livre de Carthage, de l'Égypte, de l'Étrurie,
de la Phénicie, de la Perse, etc. Ils ont systématiquement
effacé tout ce qui était national et religieux. La domination
romaine a duré cinq cents ans dans la Gaule, l'Espagne, la
Grande-Bretagne ; qu'on nous dise par quels efforts de culture religieuse, morale, intellectuelle ou politique, ces provinces se sont distinguées. Ont-elles même marqué par l'agriculture, l'industrie ou le commerce ? Rien, rien, l'histoire
n'a rien de grand ni d'utile à enregistrer.

Il faut cependant trouver cette civilisation dont les Romains
nous ont dotés. M. Troplong a la discrétion d'en taire le nom.
Est-ce par modestie ? Les Romains nous ont légué leur droit
et l'exemple de l'administration impériale. Le droit romain
a été le code de l'absolutisme dans toute l'Europe. Q'on nous
parle maintenant de la *sagesse des institutions*, *des mœurs
simples et frugales de Rome*, de son *amour de la justice et
des lois*, des *vertus* de son sénat ! C'est le langage de la poésie. L'histoire parle autrement. M. Troplong lui-même nous

l'apprend : « Rome avait la ressource de la dictature, dont elle usait avec *adresse...* Je compte environ 54 dictatures depuis 314 jusqu'à 477. » Le calcul nous donne une dictature tous les trois ans. La dictature rompait toutes les magistratures, ajournait tous les droits, toutes les garanties, ne laissant subsister, au nom du salut public, que l'autorité absolue d'un seul. Rome est un vaisseau dont l'équipage est sans cesse en révolte : la dictature est son salut. La dictature n'existe nulle part à l'état d'institution ; elle s'établit par force majeure dans les révolutions soudaines, et puis elle disparaît. A Rome, elle est l'institution fondamentale, preuve qu'il n'y a aucune institution sérieuse à Rome, et qu'en définitive la force est la seule institution qui y domine. Tous les trois ans l'empire des lois subissait une éclipse, éclipse de six mois, toujours précédée d'agitations et toujours suivie de réactions. Rome vivait sous une dictature intermittente, en attendant la dictature perpétuelle de ses empereurs. Et M. Troplong, un citoyen paisible, un grave magistrat, appelle la dictature *un instrument précieux !* Il est vrai qu'elle était nécessaire contre les écarts de la liberté tribunitienne. C'est M. Troplong qui le constate. Le tribun était un dictateur à sa façon, puisque son *veto* arrêtait tout. Le sénat et le peuple avaient chacun leur pouvoir absolu ; le peuple l'exerçait quotidiennement par ses tribuns, qui, à chaque instant, entravaient l'exécution des lois ; le sénat leur répondait tous les trois ans par la dictature. M. Troplong n'aurait-il pu remarquer que le tribunat et la dictature, deux institutions analogues et opposées, étaient la négation même de l'ordre social, et la proclamation éclatante qu'aucun droit n'était assuré à Rome ? Les seules institutions vivaces étaient celles qui maintenaient la force dans son exercice le plus violent. Si les Romains eussent été les citoyens religieux, amis des lois, pleins de frugalité, que nous dépeint M. Troplong, il est à croire qu'ils auraient moins fait parler d'eux. Leur supériorité était dans leurs mœurs exclusivement féroces et guerrières, dans leur esprit aiguisé à toutes les ruses que peut suggérer une vie aventureuse, et dont les équivoques, les restrictions et les fictions du droit portent l'empreinte, depuis la loi des Douze-Tables jusqu'à Justinien. Cette absence totale de franchise et de loyauté dans les rapports juridiques formait le fond même du droit et de la procédure.

Au xvie siècle, le paganisme ressuscita, et tous les lettrés tombèrent dans l'apologie exclusive de l'antiquité classique et du droit romain. Ressembler aux anciens, c'était la civilisation et le progrès ! Le droit des gens et le droit civil abjuraient l'esprit chrétien, tout en professant un certain respect théorique pour les dogmes chrétiens. On ne disait pas : Revenons au paganisme ; c'eût été trop fort. On disait doucement : Revenons à la nature, effaçons la rouille de la barbarie, tendons la main par-dessus le moyen âge aux grands hommes de la Grèce et de Rome : ils sont nos maîtres dans les arts, dans les lettres, dans le droit, dans la politique. Ils ont exprimé la pure nature ; avec eux, nous ne nous égarerons jamais : soyons chrétiens, sans doute ; mais qu'ont de commun le spirituel et le temporel ? Restons chrétiens pour gagner le ciel, redevenons païens pour jouir de la terre ; concilions la religion avec la nature et avec la liberté. Tels étaient les discours du temps ; nous les entendons encore aujourd'hui : séparation de l'Église et de la société civile, scission entre le spirituel et le temporel, entre l'ordre de la grâce et l'ordre de la nature. Il importe de signaler une erreur dont les suites sont presque infinies, c'est que l'antiquité gréco-romaine ait été dans la nature, c'est que le paganisme et la société universelle qu'il a réalisée aient été un développement spontané de la nature humaine. Le surnaturel sauve le naturel ; le christianisme a restauré l'ordre naturel, le droit naturel, qui avaient reçu dans la cité païenne une irrémédiable atteinte.

Si nous cherchons les lois naturelles de l'ordre social, c'est à l'histoire qu'il faut nous adresser et non aux systèmes des philosophes et des légistes. Sous le nom de droit des gens, de droit naturel, s'est développée, à partir de la Réforme, toute une science fondée sur le raisonnement de

l'homme et sur la spéculation pure. Chaque publiciste qua-
lifiait de droit et de nature tout ce qui convenait à ses propres opinions. Ces systèmes, enseignés dans les écoles et dans
les livres, discréditaient les coutumes nationales, en mettant
au-dessus des lois positives un certain droit général, universel, expression de la raison et de la philosophie. C'est
ainsi que les jurisconsultes romains avaient compris le droit.
Aussi le droit naturel, la raison écrite, ne furent-ils autre
chose que le droit romain lui-même. d'Aguesseau, Domat,
Pothier, n'admirent si exclusivement le droit romain que
parce qu'il est à leurs yeux un système de législation parfait.
Leur idéal était le césarisme chrétien, autant que ces deux
mots peuvent s'accoupler. Païens par l'esprit, chrétiens par
le cœur, ces légistes, imbus des maximes courantes et do-
minés par les tendances de leur époque, aspiraient à la civilisation byzantine, telle qu'elle se révèle dans le Code théodosien et les Pandectes. La science, dégagée du joug de la vérité,
revenait par un long détour au paganisme. Les légistes du
XVIIᵉ siècle, si éclairés sur les détails techniques du droit, si
habiles à les interpréter des textes, manquaient de vues
d'ensemble, et se perdaient dans la conciliation impossible de
tous les éléments que leur livrait l'histoire. Leur regard embrassait un étroit horizon ; s'ils eussent percé l'avenir et entrevu le cycle des révolutions modernes, ils auraient reculé
devant leur œuvre ; car ils étaient sincèrement chrétiens. Ils
l'étaient même plus que les légistes de Bysance. Ce n'est pas
un des spectacles les moins étonnants de l'histoire, que l'Empire romain, envahi, subjugué par le christianisme, se soit
rendu à son vainqueur, sous des restrictions qui annulaient sa
défaite et créaient à l'Église un nouveau genre d'antagonisme,
l'antagonisme de la ruse, de l'équivoque, de la perfidie. A la
persécution du glaive succédait la persécution du sophisme.

L'Empire romain, impuissant à se soutenir à Rome en face
de la Papauté, reprend possession de lui-même à Constantinople. Les armes sont différentes, l'identité de principes est
la même. Les nouveaux Césars sont toujours grands pontifes,

ils ont assez de christianisme pour maintenir un culte public, une apparence grandiose de religion ; ils n'en ont pas assez pour que la religion soit efficace et libre. C'était un christianisme mort : le césarisme s'est glissé sous cette forme dans le monde moderne, d'abord timide, gagnant du terrain à chaque révolution, affectant bientôt toute l'insolence de la force et du succès. Mais le fond du césarisme affublé ou non de la peau de la brebis, c'est le mépris du droit, l'exaltation de l'absolutisme et la haine de toute indépendance chrétienne. Si nous le suivons dans ses évolutions chez les différents peuples de l'Europe, nous le reconnaîtrons à ce caractère. L'esprit humain a été fasciné par l'antiquité païenne : il est redevenu païen ; voilà pourquoi il faut étudier cette civilisation romaine sur laquelle le progrès moderne prend à tâche de se modeler, et qu'il parviendra à égaler en réduisant, par la voie d'une centralisation successive, toutes les sociétés à ces deux termes extrêmes : l'humanité et César. Les jugements sur la civilisation païenne seront renversés. Des documents inconnus à nos devanciers nous inondent de leur triste lumière et nous permettent de voir mieux et plus avant dans le fatras de l'histoire. Au reste, qu'on ne s'attende pas à quelque nouveauté de notre part, on serait bien trompé. Depuis les Pères des premiers siècles, la civilisation romaine n'était aperçue qu'à travers le voile de la monarchie byzantine et les fictions des poëtes, des historiens, et des légistes du paganisme. Quand cette civilisation était en acte et non en souvenir, elle a été jugée par les juges qui ont été les incorruptibles témoins de la vérité. Écoutez ce jugement qui date du IIIe siècle :

« Les Romains, dites-vous, se sont acquis moins de gloire encore par leur valeur que par leur religion et leur piété ! Ah ! certes, ils nous ont laissé de grandes marques de leur probité et de leur justice dès la naissance de leur empire ! N'est-ce pas le crime qui les a assemblés, qui les a rendus terribles aux peuples circonvoisins, qui leur a servi de rempart pour établir leur domination ? car c'était d'abord un asile de voleurs, de traîtres, d'assassins et de sacriléges ; et afin que celui

qui était le plus grand fût aussi le plus criminel, il tua son
frère : voilà les premiers auspices de cette sainte ville. Aussitôt, contre le droit des gens, ils ravissent des filles déjà pro-
mises, des fiancées, quelques-unes même déjà mariées, ils les
déshonorent. Ensuite, ils font la guerre à leurs pères, à ceux
dont ils avaient épousé les filles, et répandent le sang de leurs
alliés. Quelle impiété ! quelle audace ! Enfin, chasser ses voisins, piller leurs temples et leurs autels, détruire leurs villes,
les emmener captifs, s'agrandir par les rapines et par la ruine
des hommes, c'est la doctrine de Romulus et de ses successeurs ; si bien que tout ce qu'ils tiennent, tout ce qu'ils ado-
rent, tout ce qu'ils possèdent n'est que brigandage : leurs
temples ne sont bâtis que des dépouilles des peuples, du sac
des villes, des débris des autels, du pillage des dieux, du
meurtre des prêtres. Quelle impiété et quelle profanation de
s'agenouiller devant des dieux qu'ils traînent captifs en triomphe ! Adorer ce qu'on a pris, n'est-ce pas consacrer son lar-
cin ? Autant de victoires, autant de crimes ; autant de trophées,
autant de sacriléges ! Et ce n'est pas par leur religion, mais
par leur impiété, qu'ils sont montés à ce haut faîte de grandeur ; ce n'est pas pour avoir été pieux, mais pour avoir été
méchants impunément. » (*Minutius Felix—Octavius*, § 24.)

Nous n'avons pas besoin de rappeler le sentiment de saint
Augustin dans la *Cité de Dieu*. Ce témoignage des contemporains a bien autrement de poids que tout ce qui a été dit sur
le même sujet par des écrivains étrangers à cette antique civilisation qu'ils essayaient d'apprécier. Les livres saints rendent
témoignage. Daniel a décrit à l'avance les quatre grandes monarchies ; les Assyriens, les Perses, les Grecs passent devant
lui ; voici le signalement de Rome :

Bestia quarta regnum quartum erit in terra, quod majus
erit omnibus regnis, et devorabit universam terram, et con-
culcabit et comminuet eam. (Daniel. Ch. 7. § 23.)

Le pamphlet césarien de Dante, *De Monarchia*, nous
apprend que le peuple romain a été le plus pieux, le plus
juste de tous les peuples ; et que c'est pour cela qu'il a

été le peuple saint, le peuple juridique, le peuple-roi. Le poëte chantait dans sa prose passionnée la tradition des légistes ; il élevait le césarisme à la dignité de dogme social. Par une étrange hardiesse, il transportait au peuple romain cette mission de peuple de Dieu qui avait été décernée aux Hébreux. Avec quelle joie insensée il se plonge dans cette idolâtrie ! Le prophète illumine toute l'histoire. Oui, c'est à la lettre que Rome a dévoré, foulé, brisé toute la terre. Elle a ravi aux hommes tous les biens de cité, de famille, de propriété, de religion ; non, comme tant de conquérants, par hasard et dans un moment de fureur, mais de dessein prémédité, par une suite ininterrompue de pillages et de conquêtes pendant douze cents ans. Ses institutions portaient la marque de son origine. Et son droit n'était que la légalisation de ses crimes. Dieu envoie le déluge pour punir les hommes qui avaient corrompu leur voie. Les hommes miraculeusement sauvés reviennent à leurs penchants déréglés. Dieu se choisit un peuple pour y garder sa vérité. Il laisse le Démon se choisir un autre peuple qui sera l'ennemi de la vérité, l'exterminateur des saints, le propagateur du panthéisme et de l'idolâtrie, c'est le peuple romain, rassemblé dans l'asile de Romulus, et qui fut aussi fidèle à sa mission que le peuple juif l'a été à la sienne.

Rome a imposé au monde le système antisocial du communisme. Dans la pensée de ses jurisconsultes, le monde est une proie que le prince a mission de dévorer. Tout ce que peut imaginer le génie de la ruse et de l'extorsion, le fisc romain l'a réalisé. Cette façon de juger les choses a son fondement dans la nature déchue. Il est certain que le vol constitue à lui seul une grande partie de l'histoire et de la vie humaine. Sur quoi sont fondées la presque unanimité des contestations devant les tribunaux, sinon sur l'idée de s'approprier le bien d'autrui ? Toutes les révolutions des cités antiques ont pour but de dépouiller les riches au profit des pauvres. Au fond, et même dans le christianisme, ces luttes serviles continuent. L'intérêt spoliateur se cache sous toutes les hérésies qui précèdent la grande catastrophe du seizième siècle. Pourquoi la Réforme ? Parce que les princes et les seigneurs voulurent s'emparer des biens de l'Église catholique et des propriétaires catholiques. Ils appliquaient la politique césarienne. Et c'est alors que les professeurs de droit naturel se mirent à pulluler et à répandre, à l'aide du droit romain, les principes du communisme. La Révolution française s'accomplit sous ces auspices et présenta l'idéal de société que les peuples européens sont en train de réaliser.

Il est bien étrange qu'il faille tant de guerres, tant de violences, pour ramener les hommes à la loi naturelle. Le droit romain, ce droit de l'égalité absolue, ne s'établit qu'au milieu des ruines, ne dure que par la perpétuité des bouleversements. En vérité, rien n'est moins naturel. Et si, comme cela n'est pas douteux, l'ordre social est naturel, il s'ensuit qu'il n'est pas cet ordre factice qui ne subsiste que par la force incessamment renouvelée. Les anciens ne croyaient pas que l'ordre social fût naturel ; ils nous montrent les hommes s'associant par un contrat. Le contrat social est le principe de tous les fauteurs du droit naturel dans les deux derniers siècles. La cité était soumise à une réglementation minutieuse, et les légistes sont parvenus à faire de la société française une cité. Pour trouver la nature, il faut donc la chercher en dehors des lois et des systèmes fabriqués de main d'homme. *Ab Jove principium !* Commençons à Jéhovah ; prenons l'homme dans la vie patriarcale. Tout procède alors du droit de nature, du droit de naissance (*natura, nasci*). Les relations sont établies par la naissance, par les conditions dans lesquelles chacun naît, et par la coutume, qui n'est que le prolongement des traditions paternelles, des idées et des sentiments transmis avec le sang. On est frappé de l'identité de la coutume chez tous les peuples ; sous toutes les diversités qu'amènent la politique et les événements, on sent que la même nature se révèle. Il suffit que l'homme soit laissé à lui-même pour qu'il aboutisse partout à des institutions analogues. La France comptait deux cent quarante coutumes qui se rappro-

chaient par le fond. La variété était à la surface ; les mêmes
principes régnaient dans toutes, parce qu'elles étaient inspirées par le même esprit chrétien.

Les trois faits constitutifs de l'ordre social éclatent le jour
même de la création de l'homme ; le premier couple est
immédiatement uni à Dieu par le lien surnaturel de la religion. Adam est marié de la main de son Créateur, qui
lui dit : La terre est ton domaine. La trilogie sociale, religion, famille, propriété, est, au début de la société, supérieure aux sociétaires, indépendante de leur volonté, car
elle émane de la puissance créatrice. Cet ordre divin a
été détruit par le républicanisme païen, qui suppose la société formée par une association volontaire et réfléchie.
L'ordre naturel a été établi de Dieu dès le commencement ;
il s'est trouvé vivant par la naissance du premier homme et
de la première femme. Il s'est perpétué dans les générations
suivantes par le seul fait de la naissance. Ces traditions primitives se sont plus ou moins altérées. Le Décalogue les rappelle avec une précision qui embrasse tout. Dans l'état social,
et en remontant à ses lointaines origines, le fait dominant est
la paternité. Adam est le roi de la race humaine ; il transmet
sa royauté à son fils aîné, et les choses vont ainsi jusqu'au déluge et après le déluge. Lors de la dispersion des peuples
apparaissent les premières royautés ; ce sont des royautés paternelles. Le roi est un chef de famille ; il exerce la paternité
transmise par héritage. Les rois de l'*Iliade* et de l'*Odyssée*
sont des patriarches, comme les patriarches de la Bible sont
des rois. C'est cette royauté paternelle qui a été remplacée
par le système républicain dans toutes les villes de la Grèce.
C'est contre elle que s'élevait la tyrannie, c'est-à-dire le pouvoir exercé au nom du peuple, tyrannie qui, le plus souvent,
se tournait contre le peuple lui-même. Jusqu'à ces derniers
temps, il a paru que la royauté était une paternité ; qu'elle
était l'autorité paternelle transmise de mâle en mâle dans la
famille primitive devenue un grand peuple en se multipliant.
Aujourd'hui, l'idée qui s'est insinuée dans toutes les têtes,

c'est que la royauté est une délégation du peuple, idée empruntée au républicanisme gréco-romain.

La royauté paternelle que les sophistes se sont efforcés de flétrir sous le nom de gouvernement absolu, était le moins absolu de tous les gouvernements. Elle avait ce double caractère d'être vénérée et limitée, vénérée parce qu'elle était divine et naturelle; limitée, parce que la vénération dont elle était l'objet lui rendait la coaction inutile. Un père est physiquement plus faible que ses fils; son autorité n'en souffre pas : mais elle est limitée par l'affection et par la raison. Appliquée à la grande famille, l'autorité paternelle ne change pas de nature. Voici ce qui s'est passé, et ce qui se passe encore dans toutes les tribus où le régime patriarcal s'est conservé. Le chef, le roi de la tribu est entouré d'un conseil formé par les chefs des principales familles : c'est le conseil de la nation. Tous les sénats antiques étaient, à l'origine, ce conseil national. C'étaient les pères des principales familles qui s'adjoignaient au père de la grande famille pour le soutenir dans ses justes entreprises et, au besoin, pour défendre contre lui les droits et les intérêts de la nation. *Natio, natura, nasci ;* une nation est, à la lettre, une famille, une famille naturelle. Tous les droits des pères de famille sont analogues, quoique d'inégale étendue. C'est en qualité de père de famille que le roi est roi, que le sénateur est sénateur ; le simple particulier, le plus humble ouvrier est aussi père de famille. Telle est l'unité et la hiérarchie sociale. Que reste-t-il au roi, quand toute la force s'est ainsi retirée dans la famille ? Il lui reste une force de conservation sociale, de grandeur morale ; matériellement, il est sans moyen d'action, s'il voulait agir contre l'ordre social, contre ce que nos pères appelaient les *lois, franchises et libertés de la nation,* qui, dans la plus rigoureuse acception du mot, étaient de droit naturel. Toute l'administration du pays, financière, agricole, commerciale, provinciale, judiciaire, militaire, est, à tous les degrés de la hiérarchie, et dans la mesure, grande ou petite, des intérêts divers, aux mains de tous les chefs de famille. Le roi n'a que sa part, qui ne saurait prévaloir contre la part des autres.

A ces autorités naturelles, déléguées par la naissance, les révolutions ont substitué des autorités électives, nées du moment, du caprice, autorités brusques et violentes, qui, étant presque toujours annuelles, s'empressaient « de dévorer ce règne d'un moment. » C'est l'histoire des institutions républicaines à Rome. Si l'homme n'a qu'une heure pour jouir de sa souveraineté, il en abuse, il s'enivre de son élévation inespérée. S'il est né dans cette souveraineté, il en use par habitude, modérément, sans faire sentir le joug. Le pouvoir délégué remplace le prestige par la force matérielle. Il se réfugie dans la force, ne pouvant prétendre à la vénération et au respect. L'absolutisme est fils de la souveraineté du peuple. On nous dit : Voyez l'Autriche ! voyez la Russie ! ce sont des royautés paternelles ; ne sont-ce pas aussi des gouvernements absolus ? Ce serait là une observation bien superficielle. Pour le peuple russe, le czar est *le père.* L'empereur d'Autriche était, lui aussi, simple et débonnaire avec son peuple. Et rien ne démontre mieux que ces anciennes royautés étaient des paternités, dont les peuples non corrompus par le pouvoir, non gagnés par les sophistes, gardaient le souvenir. En Allemagne, les sectateurs du droit romain et les humanistes ont poussé les royautés patriarcales dans l'abîme de la centralisation et du césarisme ; ils les ont dénaturées. Si, sur cet absolutisme d'invention moderne, surnage quelque tradition patriarcale, ne confondez pas ces deux choses si essentiellement distinctes et ennemies. Les politiques de l'Autriche ont marché à l'aveugle dans les voies de Joseph II. Que reste-t-il à cet empire, secoué au dedans et au dehors par tant de tempêtes ? Il lui reste cette paternité de la maison de Hapsbourg, l'empereur François-Joseph, *spes ultima Teucrum !* En Russie, le droit a été perverti par le byzantinisme. La royauté patriarcale des czars s'est transformée en royauté de droit romain, et là, comme ailleurs, ce n'est pas la paternité qui produit le despotisme ; c'est, au contraire, le despotisme qui étouffe la paternité, et substitue à tous les droits naturels et traditionnels l'arbitraire d'un seul.

La royauté patriarcale respecte la religion ; le czar a confisqué la religion. La royauté patriarcale s'appuie sur les chefs de famille ; le czar ne sait pas ce qu'est un chef de famille : tous ses employés, hauts et bas, portent uniforme et relèvent de sa volonté, qui les élève ou les abaisse, comme des personnages de théâtre. Enfin, la royauté patriarcale repose sur la propriété, sur l'indépendance du droit de propriété. Et le droit czarien ou césarien fait de la propriété un attribut du prince. La propriété donne un corps aux familles; c'est par elle que la famille se développe dans l'indépendance. Ce n'est pas sans raison que toute la tradition reconnaît les analogies de la souveraineté et de la propriété. Le roi est le grand propriétaire, celui qui, dans toute l'étendue de sa royauté ou propriété, est tellement indépendant qu'il ne craint aucune agression. Les grands de l'État sont d'autres grands propriétaires. C'est l'ordre naturel, puisque la propriété assure seule l'indépendance. En Angleterre, la propriété et la souveraineté sont unies ; les assemblées législatives ne sont composées que de propriétaires, et c'est la propriété foncière qui engendre le droit électoral. Les justices y sont encore seigneuriales, attachées au droit de propriété. Il en était ainsi en France, mais les légistes eurent assez de crédit pour introduire la maxime « fief (propriété) et justice n'ont rien de commun. » Ils bâtirent sur ce fondement la justice royale, impériale, formulée par le droit romain et bysantin. Dans l'ancien régime, il y avait une tendance à tout convertir en droit de propriété, à mettre, autant que possible, sur tous les droits et sur tous les intérêts, ce cachet de perpétuité et d'indépendance qui appartient à la propriété foncière. Le triomphe complet du droit romain chez nous, a été contrarié par la vénalité des offices, qui a été une végétation nationale et spontanée, une protestation contre la crudité absolutiste du droit romain, une revanche de la loyauté française contre la duplicité bysantine. Il est évident que si tous les fonctionnaires avaient été destituables au gré du prince et de ses ministres, la France eût été gouvernée par des valets. Le droit de rendre la justice était une propriété, réminiscence de l'époque où le propriétaire avait le devoir de participer à la reddition de la justice. Les grades de l'armée étaient vénaux (et ils le sont encore en Angleterre), pour empêcher le prince de s'emparer de l'armée par la collation arbitraire des grades; réminiscence du devoir qui incombait à l'ancien propriétaire de servir à la guerre et dans les cours de justice. Louis XIV a vendu les charges d'administration municipale, seul moyen de remplacer par l'inamovibilité une indépendance que la liberté des suffrages n'était plus appelée à consacrer.

Cette idée d'une royauté patrimoniale choque l'esprit rationaliste de notre époque; cependant, l'instinct de tous les gouvernements nouveaux est de s'abriter derrière une autorité plus haute que celle de la raison. Tout prince veut régner *par la grâce de Dieu.* C'est l'instinct conservateur qui parle malgré la logique des révolutions. Le prince n'est pas un fonctionnaire. Les philosophes du xviiiᵉ siècle, qui ont repris la thèse des légistes, ne se sont pas aperçus qu'un peuple ne pouvait pas passer un contrat avec son gouvernement; et leurs disciples, plus tard, ont inventé les gouvernements constitutionnels, sans se douter que ce qu'ils regardaient comme le chef-d'œuvre de la raison pratique n'était qu'une mystification. Qu'est-ce qu'un peuple sans gouvernement et sans un certain ordre social? La constitution d'un peuple est toujours coutumière, et plus elle est coutumière, plus elle est naturelle. Quand les lois, au lieu de s'attacher aux choses de police et de sécurité publique, prétendent régler la religion, la famille et la propriété, elles les ébranlent. Ces trois choses fleurissent surtout en l'absence des lois, parce qu'elles vivent d'elles-mêmes et se défendent toutes seules. La nature, qui agit par le temps, les fortifie et les enracine. La coutume est une plante qui croît lentement, disait lord Chatam.

Les modernes ont fait de la politique à la façon des an-

ciens; ils ont mis au compte de l'État toutes les affaires des
citoyens; système bien autrement étrange quand il y a dix
millions de citoyens que quand il y en avait vingt mille. Les
constitutions modernes posent en principe que l'État est tout
et l'accablent de toutes les attributions sociales. Politique,
administration, propriété, justice, tout tombe à la charge de
l'État. Les lois privées elles-mêmes, que nous appelons lois
civiles, sont du domaine du législateur. Tacite avait déjà remarqué *quam grave et intolerandum sit cuncta regendi
onus.* Ce régime compliqué n'est pas celui de la nature.
L'homme, étant un être libre, doit se gouverner lui-même.
Il est investi, suivant l'expression d'un ancien jurisconsulte
français, du pouvoir d'*établir loi sur soi-même* (et non sur
autrui). De cette autonomie sort le droit de défense personnelle, qui n'a, d'ailleurs, été nié par aucune législation et
qui engendre tout un système de pénalité et de répression.
Le jugement par les pairs n'est que l'application de ce principe. La violation du droit dans la personne d'un seul a son
contre-coup dans la conscience de tous; et par l'union de
tous, les faibles sont protégés contre l'injustice des forts. Aucune convention sociale n'a délégué le droit de punir; aucun
homme ne s'est dépouillé par contrat de tous ses droits au
profit de l'État, sous prétexte de recevoir en échange une sécurité douteuse. Les pays où l'État est centralisé ne sont pas
moins exposés aux révolutions que les autres.

De ce principe des légistes, que la société forme une république, une communauté, il résulte que c'est à cette communauté à payer tous ses frais d'entretien. Donc, extension
indéfinie de l'impôt. La royauté patrimoniale ne réclamait
pas d'impôt. Le prince n'était qu'un propriétaire plus puissant qu'un autre, et en cette qualité il vivait de ses revenus.
Si, dans un intérêt quelconque, il avait besoin de subsides,
il était obligé de les demander. C'est sur le droit de les refuser que les contribuables fondaient les libertés publiques; ils
n'octroyaient l'argent que moyennant concessions, reconnaissance de droits, etc. L'impôt était forcément modéré;

c'était l'argent des contribuables, non celui du prince. Dans le système de communauté, le prince est un fonctionnaire, un représentant du peuple : il est le peuple lui-même, et tout ce qui est du peuple est à lui. Ce sont là les idées que les légistes mettaient dans la tête de Louis XIV. Quand un prince français montait sur le trône, son patrimoine particulier se confondait avec le domaine de l'État. C'est que l'État lui-même devenait la propriété du prince (en théorie du moins). *L'État, c'est moi :* autrefois ce mot d'État était inconnu ; il a servi à masquer le mot de république, qui, en français, aurait effarouché les esprits. Si le prince est l'État, c'est à lui de déterminer la quote-part de l'impôt, et il est tout simple qu'ayant sans cesse à accomplir des entreprises qui transmettent son nom à la postérité, il dépense beaucoup et épuise ses ressources. A qui fait-il tort ? N'est-il pas maître chez lui ? C'est ainsi que la royauté française a dévié de son institution, sous l'influence combinée des légistes et des financiers. Et elle a péri parce qu'elle résumait en elle la contradiction flagrante du christianisme et du paganisme ; trop chrétienne pour tomber dans le paganisme que rétablirent les légistes de l'Assemblée constituante, trop païenne pour se redresser avec vigueur contre les faux principes. La révolution trancha cette crise, à propos des finances. Il est singulier que le mauvais état des finances, permanent en France depuis tant de siècles, date de Philippe le Bel, notre premier roi byzantin. C'est alors que la royauté voulut mettre des impôts sur les peuples et s'arroger des droits qui, en définitive, la perdirent. La séve du corps social, entretenue par la loi divine et par les lois naturelles, se tarit, non pas en un jour ni en un siècle, mais progressivement jusqu'en 1789, sous l'action du droit païen, qui amena à sa suite ce cortége d'exactions dont l'empire romain de Bysance avait été si prodigue.

30 juin 1862.

LE STOICISME ET LE DROIT ROMAIN.

Les racines des révolutions plongent dans les profondeurs du droit civil. Pourquoi entendons-nous toutes les sectes socialistes demander que tous les peuples ne soient qu'un seul peuple et que toutes les lois nationales se fondent dans une seule loi cosmopolite ? Parce que l'idée du communisme universel plane sur les conceptions juridiques, et que les révolutions, depuis trois siècles, l'ont suffisamment dégagée pour qu'elle éclaire toute la politique contemporaine, et paraisse aussi menaçante qu'elle semblait inoffensive autrefois. Obéissant à cette tradition fatale, ceux mêmes qui sont étrangers à l'étude et à l'histoire du droit réclament à grands cris l'extension indéfinie de notre droit civil. La France n'a qu'une seule pensée depuis 1789 : propager son droit par la ruse ou par la force. La Révolution l'avait compris ; et toutes ses guerres n'avaient qu'un but, convertir tous les peuples à son droit de cité, à l'égalité démocratique qu'elle avait proclamée pour le genre humain tout entier. C'est pour appeler les Italiens à l'égalité que le général Bonaparte envahit l'Italie par les ordres du Directoire. La cour de Rome opposa une résistance invincible. Les actes diplomatiques échangés entre Pie VII et le gouvernement impérial dans les années qui ont précédé 1809 roulent sur cette grande question d'égalité civile que nous avons vu

inopinément soulever par la célèbre lettre à M. Edgard Ney
en 1848. Quarante ans auparavant et dans les mêmes circonstances, Pie VII était en butte aux mêmes obsessions. Dans une
circulaire qu'il adressait à tous les Cardinaux à la date
du 5 février 1808, il disait : « ..... 2° On veut que le Code
soit publié et mis dorénavant en activité dans nos États ; mais
ce Code étant contraire à notre autorité souveraine, opposé
aux saints Canons et aux saints Conciles, nous avons manifesté
notre refus. — 3° On entend que tous les cultes soient libres
et publiquement exercés ; mais nous avons rejeté cet article
comme contraire aux Canons et aux Conciles, à la religion
catholique, à la tranquillité de la vie et au bonheur de l'État,
par les funestes conséquences qui en dériveraient. » Pie VII,
de retour dans ses États en 1814, s'empressa d'y abolir le
Code civil. L'incompatibilité de notre droit avec l'autorité
pontificale est assurément démontrée. Une sage politique le
reconnaîtra-t-elle ? Cette douloureuse expérience a déjà été
tentée sur le Saint-Siége. Alors aussi le gouvernement français voulait forcer Pie VII à entrer dans une confédération
italienne ; Pie VII s'y refusa. Puis, le gouvernement français
exigea son accession à une ligue offensive et défensive, qui ne
différait pas de la fédération et anéantissait l'indépendance du
Saint-Siége. Pie VII résista ; et en 1809 un coup d'État abolit
le pouvoir temporel. Et les catholiques furent loin d'obtenir
« l'Église libre dans un État libre, » quoique dans le programme précédemment offert à l'acceptation du Saint-Père
figurât en toutes lettres la liberté des cultes.

Pie IX a sondé l'abîme. Dès le premier jour il a vu que la
souveraineté pontificale et l'indépendance de l'Église catholique étaient en jeu. Les concessions qu'on exigeait de lui se
résument en une seule : l'abdication. Où est la conciliation ?
et quelle conciliation est possible, quand on demande tout à
Pie IX et qu'on ne lui offre rien en échange ? On lui offre une
pension alimentaire ! Et c'est sans rire qu'on nous assure que
les princes catholiques se feront un devoir de la payer exactement ! Notre siècle philanthropique ne déteste rien tant que

l'indigence ; et il estimera avoir rendu à l'Église un grand
service en inscrivant au bureau de bienfaisance le Pape et les
Cardinaux.

Des intérêts fondés sur le même principe peuvent être con-
ciliés, mais non des intérêts qui appartiennent à des principes
opposés. Des princes catholiques ont fait la guerre au Souverain-Pontife : ce n'était pas pour détruire l'Église. Le Pape
pardonnait ces violences et ces iniquités. Aujourd'hui, une
guerre de principes est déclarée au Pape et à l'Église. Ou
plutôt, ce n'est pas une guerre, car aucune des lois de la
guerre n'y est observée. C'est une persécution que subit
l'Église, au nom de la souveraineté du peuple et de l'égalité
civile ; l'argumentation des Césars est reprise au xixe siècle.
Les politiques ne veulent plus que le Pape ait autorité,
qu'il soit juge ici-bas. Ils veulent se réserver à eux-mêmes
le droit de juger, supprimant le for intérieur ou la conscience, ne gardant que le for extérieur ou l'ordre légal. C'est
là un grand débat. Les légistes de tous les temps ont essayé de ramener l'homme aux purs actes de légalité. Il y a
cependant autre chose que les lois humaines : il y a les lois
divines, dont l'Église est l'interprète et dont la conscience des
chrétiens est le sanctuaire inviolable. Le légiste s'efforce de
pénétrer dans la conscience pour y étouffer son rival, le juge
divin. Le dualisme de la vie humaine est là, l'âme et le corps,
le pouvoir spirituel et le pouvoir temporel. Que de ruses savantes et de cavillations pour annuler la conscience au profit
de la loi ! Les législateurs s'y brisent. L'antagonisme du droit
divin et du droit humain crée l'antagonisme de l'Église et des
légistes. La conciliation, tant souhaitée aujourd'hui, a été
réalisée par le droit chrétien, par les coutumes des nations
chrétiennes. Il faut choisir entre la souveraineté de Dieu et la
domination de l'homme. Et dans quelles doctrines se person-
nifie la distinction de ces deux souverainetés ? Dans la doctrine
catholique et dans le droit romain. Le Digeste a été la Bible
du rationalisme politique et social ; c'est dans l'arsenal de ses
lois qu'ont été puisées les armes qui ont dénaturé et renversé,

à la longue, les sociétés chrétiennes. Le communisme, la souveraineté du peuple, le socialisme, dont les anciens légistes étaient loin de prévoir la haute fortune, sont sortis des écoles et des livres de droit; et après avoir passé par les livres des philosophes, des publicistes, des romanciers et des poëtes, ils sont entrés en possession des esprits et ils aspirent au gouvernement. Et pourtant, depuis 1789, le rôle des légistes est modeste : la Révolution n'a plus besoin d'eux. Ils sont annulés dans le grand mouvement qui amène le règne théorique de la foule, et par suite le césarisme. Le tiers état a péri dans sa victoire de 89. Les légistes n'ont plus de rôle à remplir dans une société où le droit de la force sera seul en vigueur, où la loi exprimera non le droit immuable, mais une volonté changeante et capricieuse.

Le communisme légal sort des entrailles du droit civil : car ce droit, pris à sa source, n'est que le droit romain, droit éminemment communiste et césarien. L'ordre juridique était en harmonie parfaite avec l'ordre religieux. On peut dire, cependant, que ce n'est pas la religion qui inspirait directement les jurisconsultes : entre la religion et le droit, il y eut la philosophie. Cette philosophie nous fera comprendre le droit et éclairera quelques points de l'histoire. Le stoïcisme a été la philosophie de l'Empire romain, et plus spécialement la philosophie des jurisconsultes. Il a couru sur le stoïcisme des bruits favorables, accueillis par la longue suite des écrivains superficiels. Il faut en rabattre beaucoup et pénétrer à fond cette doctrine. Le stoïcisme a produit ces deux vertus païennes : la résignation à la tyrannie et le suicide; vertus très-agréables aux empereurs. Il partait du panthéisme, et, comme toute philosophie, il aboutissait à une pratique sociale analogue à son principe. Cette indifférence morale, ce mépris des hommes, découlaient de son principe : les stoïciens niaient la vertu, par conséquent la distinction du bien et du mal. Ils professaient que la vertu réside uniquement dans la raison et que les actions sont indifférentes. On s'étonne que le peuple et les gens éclairés aient supporté si longtemps l'Empire :

le peuple y était mieux traité que sous la république; les gens éclairés s'en accommodaient par fatalisme, phénomène qui s'est renouvelé plus tard sous les empereurs turcs, si semblables par plusieurs côtés aux empereurs romains. On comprend Tacite : *Bonos imperatores voto expetere, quales-cunque tolerare!* Les bons empereurs étaient ceux qui n'é-taient pas complétement fous et qui laissaient respirer les peuples. Marc-Aurèle, un des *bons* de Tacite, fut un acharné persécuteur des chrétiens. C'était un stoïcien; le monde était gouverné par un philosophe de profession, un croyant à la raison universelle. Il n'avait qu'à conformer sa philosophie à sa position, et ce n'était pas difficile. Dans ses écrits éclate cette pensée de l'unité du monde, de la connexion étroite de toutes ses parties et de la communauté universelle. Les géo-graphes donnent une fausse idée de l'empire romain en lui assignant des limites : l'empire romain n'était pas un État plus ou moins grand, une nationalité plus ou moins étendue, il embrassait l'espèce humaine par une conception *a priori;* il était la politique absolue, sans acception de races ou de pays. Il exprimait une idée rationnelle : *His ego nec metas rerum nec tempora pono*, avait dit l'oracle.

La souveraineté de la raison, ce dogme des stoïciens, nous mène au césarisme comme elle y a mené les anciens. Qui est juge de la raison? C'est toujours un homme qui la promul-gue, et la raison dans cet homme est égale à la force qu'il emploie pour la faire prévaloir. Une fois lancé dans la doc-trine de la raison, c'est un instinct pour l'homme de cher-cher un organe à la raison universelle, dont les raisons parti-culières ne sont que des fragments, et de lui attribuer une force universelle, afin que la raison domine sans obstacle dans le monde. Là est l'explication de tous les bouleverse-ments locaux qui, tant dans l'antiquité que dans les temps modernes, conduisent les peuples de la démocratie au despotisme. Comment la raison, par elle-même, gou-vernerait-elle les hommes? Les hommes ne sont pas dans l'état naturel, ils n'y ont jamais été. La raison est en chacun de nous brisée par la chute originelle ; et ne le fût-elle pas, qu'elle ne donnerait à un homme aucun droit sur d'autres hommes. La raison ne conçoit pas une société rationnelle, elle conçoit l'ordre social comme un fait divin et primitif, antérieur à l'homme lui-même. Les philosophes grecs, engagés dans un panthéisme sans issue, essayaient mille hypothèses pour se rendre compte de la façon dont l'homme aurait organisé les sociétés. Pour eux, il n'y avait d'autre Dieu que l'homme, puisque c'était en l'homme seul que se manifestait la pensée. Le stoïcisme, dans sa préoccupation unique de la pensée, nous offre un avant-goût du cartésianisme, qui a relevé cette idée du moi, de la raison, et l'a léguée à Spinoza. Le stoïcisme est la philosophie officielle du paganisme ; il divinise l'homme en proclamant le dogme de la souveraineté de la raison, que nous avons vu, de nos jours, remis en honneur. Mais les anciens ne sont pas restés dans les nuages de la spéculation. Adeptes de la raison, et n'ayant qu'elle pour guide, depuis qu'ils avaient rejeté les hautes traditions morales, les Grecs et les Romains appliquaient la raison aux choses publiques. Chez eux, la philosophie est une politique ; les cités grecques sont l'idéal de la république de Platon. Le panthéiste Platon, quand il raisonne sur la politique, tombe dans le communisme, non par aucune erreur et par aucune déviation de sa logique, mais parce qu'il a sous les yeux le communisme en acte dans toutes les républiques grecques, et que le panthéisme est la théorie dont le communisme est l'application. Le platonisme, en se transformant, est devenu la philosophie même du paganisme et de l'empire romain. La théorie des idées si poétiquement exposée par Platon s'est traduite dans la souveraineté de la raison. La philosophie de Platon, le plus illustre représentant du panthéisme, règne autant que le culte de la nature ; elle disparaît du v° au vi° siècle, avec l'empire, sous le flot des invasions.

Une nouvelle religion, une nouvelle politique, une nouvelle philosophie, remplissent la scène du monde. Aristote, le

rival de Platon, le philosophe qui a affirmé la distinction de
Dieu et du monde et qui avait constaté les lois de la logique,
est appelé à la plus haute destinée. Sa philosophie, longtemps éclipsée, a trouvé son heure avec le dogme nouveau :
la théologie catholique le prend pour serviteur et ami. Tant
que la force de la foi se soutiendra, Aristote s'appellera dans
les écoles catholiques *le Philosophe*. Il entrera pour sa bonne
part dans la philosophie chrétienne. Admirable disposition
de l'esprit chrétien qui rattachait à la science chrétienne les
vérités rationnelles de l'antiquité, et consacrait la commune
origine de la raison et de la foi ! Après dix siècles de som-
meil, le platonisme, par la Renaissance, a fait irruption dans
le monde ; il s'est éteint avec le paganisme ancien, il se ranimait avec le paganisme moderne. Lié au culte de la nature,
il reparaissait quand ce culte revenait à la mode. Et en même
temps, Aristote succombait sous les quolibets, et la philosophie chrétienne, honnie sous le nom de scolastique, était
frappée à mort. Alors s'accomplit cette révolution que l'empereur panthéiste Julien avait tentée au ive siècle ; les peuples chrétiens retournent au paganisme dans les arts, dans
les lettres, dans la philosophie, dans le droit et dans la politique.

La renaissance simultanée du droit romain et du platonisme ne doit plus nous surprendre. Seulement les deux doctrines avaient encore du chemin à faire pour atteindre leur
complet épanouissement dans la société moderne. Signalons
quelque analogie entre le stoïcisme et la réforme, car la
réforme est aussi un fruit de la Renaissance, et elle en
porte la marque. Nous avons vu le stoïcisme réduire la vie
pratique à l'indifférence du bien et du mal, et à la résignation
morne de l'islamisme, pour la concentrer tout entière dans
l'ordre spéculatif, dans la pensée. Pour le stoïcien, être vertueux, c'était penser juste. La réforme s'appropria cette doctrine dans la fameuse formule : la foi sans les œuvres ; ce
que Luther traduisait : *crede firmiter et pecca fortiter*. Le
système de l'égalité des fautes chez le stoïcien, et l'indiffé-

rence des actions chez le luthérien, supposent que l'homme
est né pur esprit, ou qu'il n'a pas une existence personnelle.
Et en effet le stoïcien a un profond mépris pour les choses
extérieures, vaines apparences, et il se réfugie dans son *moi*.
Le réformé absorbe l'homme en Dieu et supprime la liberté.
C'est écrit, dit le musulman. A quoi bon se gêner? vivons en
épicuriens! C'est la conclusion du stoïcisme, de la réforme et
de l'islamisme. Le système monstrueux de l'égalité des fautes
conduisait à nier la vertu, qui n'a de réalité que par la distinction du bien et du mal. Le stoïcien Brutus, aux champs
de Philippes, exhalait ce blasphème avec son dernier soupir:
Vertu, tu n'es qu'un nom! Il parlait en philosophe exact.
M. Ravaisson (*Métaphysique d'Aristote*, t. II, p. 185) caractérise ainsi le stoïcisme:

« Les stoïciens proclament que c'est la nature de l'homme
« d'être ami de l'homme, de l'aimer non par intérêt, mais
« de cœur. Tous les êtres raisonnables sont faits les uns pour
« les autres, et ce qu'il y a de principal dans l'homme, est
« ce qu'il y a de propre à la communauté. Loin de se croire
« né pour lui seul, c'est son devoir et sa nature de considérer
« comme utile à lui-même tout ce qui l'est aux autres, de se
« trouver obligé quand il oblige, de ne rien faire qui ne con-
« tribue de près ou de loin au bien commun. Enfin, tous les
« hommes étant avec les dieux comme les membres d'un
« même corps, animé d'une même âme, ils ne doivent, sui-
« vant Zénon, former tous ensemble qu'une seule répu-
« blique régie par une seule loi, la loi de la justice et de l'a-
« mitié. Cette république universelle des dieux et des hom-
« mes est le but même pour lequel tous les hommes sont
« faits, et par conséquent c'est leur nature, c'est leur office
« propre et singulier de préférer en toute chose à leur in-
« térêt personnel l'utilité commune. »

On ne niera pas la compétence de M. Ravaisson en ces
sortes de matières; il n'est d'ailleurs contredit par aucun des
historiens de la philosophie, et dans le passage que nous avons
cité, il se borne à analyser les textes. Nous ne défigurons pas

une doctrine adverse, afin d'en tirer profit pour la nôtre. Ce portrait des stoïciens est d'une main bienveillante. Il nous révèle cependant tout le fond de la pensée stoïcienne. Le fait fondamental, auquel tout se rapporte, c'est la communauté, c'est-à-dire l'humanité. L'individu n'est qu'un membre de ce grand Tout ; il ne vit pas par lui-même ni pour lui-même. Exagération d'un sentiment vrai ; car l'homme a des devoirs envers ses semblables ; mais ces devoirs ont pour limites les devoirs de l'homme envers Dieu et envers lui-même. Dans la doctrine chrétienne, la société n'est pas le but de l'homme ; ce n'est pas l'homme qui est né pour la société ; la société est créée pour l'homme : elle est la condition et le moyen de son développement, l'occasion de ses épreuves, de ses mérites et de ses démérites. C'est dire que le christianisme respecte autant la personnalité humaine que le paganisme la respectait peu. Dans les principes de l'antiquité, l'homme n'était qu'un rouage de la machine sociale. C'est ce qui est prouvé par toutes les législations de la Grèce. Le stoïcisme brisait les cadres de la cité grecque si restreinte ; il les élargissait indéfiniment, et de façon à y comprendre tous les peuples. Rome a réalisé la république universelle de Zénon. Le stoïcisme tend à la constitution de l'État : les hommes ne sont que les matériaux subordonnés au plan de l'édifice ; aussi leur recommande-t-il l'abnégation absolue. L'État absorbe tout, religion, morale, politique. C'est en ce sens qu'il faut entendre le sacrifice que le citoyen doit faire de son intérêt personnel à la patrie. Les sociétés chrétiennes n'ont pas écarté la maxime du bien public, mais il est à remarquer qu'elles l'ont rarement invoquée ; elles se dirigeaient surtout par des motifs surnaturels, la gloire de Dieu, la défense de l'Église, le maintien de la justice. La loi hébraïque leur donnait l'exemple d'une société où les questions d'utilité ne sont pas même posées et où tout est dominé par la question religieuse et morale.

Qu'est-ce que l'utile ? où est-il ? A mesure que le monde moderne se détache du christianisme, il revient à la maxime :

Salus populi suprema lex. On dit : l'utilité commune, le bien public, et tout droit est obligé de céder. L'expropriation pour cause d'utilité publique est tout à fait dans le goût antique. Quel rapport y a-t-il entre le droit et l'utilité ? Les stoïciens ne séparaient pas ces deux mots, qui se rejoignent aujourd'hui pour signifier que l'utilité engendre le droit. Si le besoin que l'État a d'une chose lui donne le droit de me la prendre, je suis autorisé à conclure que l'utile est la mesure du droit ; et comme dans la question de l'utile nous sommes juges en notre propre cause, il s'ensuit qu'il n'y a d'autre droit que la force. Et l'État a tous les droits en qualité du plus fort. De cette doctrine est née l'idylle du despote bienfaisant, caressée par tous les philosophes et tous les littérateurs du xviiiᵉ siècle, idylle qui est devenue la Révolution française. Les rois, à qui on reconnaissait solennellement tous les pouvoirs et tous les droits, étaient invités à rendre leurs peuples heureux à la manière païenne, en détruisant la religion, les lois, la noblesse, etc., en établissant l'égalité. Les législations de Lycurgue et de Numa trottaient dans toutes les têtes. Nous en sommes là : l'État a repris ses fonctions de maître d'école après dix-huit cents ans d'interruption ; il hésite à reprendre celles de *Pontifex maximus*, que nos démocrates sont prêts à lui décerner. La législation est façonnée d'ancienne date, et ce ne sont pas les précédents qui manqueront.

10 décembre 1861.

L'EMPIRE ROMAIN.

I

Notre époque a besoin d'une histoire de l'Empire romain ; la disparition progressive des institutions chrétiennes nous rapproche des temps où régnait l'idolâtrie. Mille analogies sautent aux yeux. L'historien n'est pas tenu de s'y arrêter ; il retrace les événements avec une scrupuleuse fidélité ; c'est au lecteur à tirer la conclusion. M. Laurentie nous offre une histoire de l'Empire romain puisée aux sources, écrite avec une chaleureuse indignation, empreinte d'un haut esprit de moralité chrétienne. Le lecteur y trouvera une vive peinture de la société païenne, et des renseignements du plus grand intérêt. Ainsi, l'école philosophique était tentée de nier les persécutions contre les chrétiens, sous le prétexte qu'elles étaient absurdes, invraisemblables ; elle souriait au chiffre de onze millions de martyrs. M. Laurentie nous montre que les spectacles de gladiateurs coûtaient annuellement 30,000 hommes aux peuples asservis. Une moyenne de 40,000 martyrs par an était donc la chose la plus simple, la plus naturelle, la moins capable d'exciter un cri d'horreur ou d'étonnement. Et comme il y a eu trois cents ans de persécutions, le chiffre de onze ou douze millions n'a plus rien d'exagéré.

Quelle est cette étrange civilisation, qui, descendue au

dernier degré de la corruption, se fait un tel jeu de la vie humaine? C'est la civilisation la plus élégante, la plus raffinée, la plus philosophique que le monde ait vue. Jamais la lumière et la toute-puissance de la raison pure n'avaient eu une si libre et si vaste carrière. Essayons de pénétrer ce mystère, non plus à l'aide de l'histoire racontée par les anciens, mais en remontant aux principes mêmes des choses.

Qu'est-ce que l'Empire romain? Ce n'est pas un peuple particulier, c'est une administration et un gouvernement de droit destiné à tous les peuples. Ainsi l'ont entendu tous les légistes; et ils se sont efforcés de ramener tous les pays où ils ont dominé aux formes et aux institutions de la Rome impériale. L'Empire romain est une doctrine, c'est le gouvernement rationnel des sociétés. Cette application du rationalisme se résolvant en un panthéisme théorique et pratique, n'est pas née tout d'un coup : elle a été précédée d'une révolution philosophique et religieuse venue de la Grèce, et qui, au commencement du vi⁰ siècle de l'ère romaine, avait triomphé de toutes les résistances et éteint l'opposition du vieux droit et des vieilles coutumes. Caton, le dernier récalcitrant, cède comme les autres; il apprend le grec à quatre-vingts ans. Tant que Rome reste une union de familles patriarcales, vivant du butin et renfermées dans un droit jaloux, elle se concentre en elle-même, elle développe l'énergie intime de ses passions par une lutte incessante avec les peuplades circonvoisines, et par les dissensions intérieures qui ne cessent de l'agiter. Sa religion, dont les rites gardent l'empreinte orientale, est un théisme analogue à celui des peuples pasteurs, gaulois ou germains. Son droit est indigène, exclusif. Le droit hébraïque ne sépare pas plus profondément le peuple de Dieu des autres peuples. Le mariage, la propriété, la procédure, les contrats, enveloppés de symboles redoutables, restreignent au peuple romain les droits civils et de famille; en dehors de l'enceinte sacrée les actes de la vie juridique prennent un caractère inférieur, banal, sans garantie. Vico suppose que le mariage n'existait pas pour les plébéiens. Le mariage solennel, *justæ nuptiæ*, produisait tous les effets de la puissance paternelle.

A côté des races patriciennes ou patriarcales grandissent cependant les familles plébéiennes, appelées à Rome par le commerce, par la nécessité, par les vicissitudes de la guerre ; elles veulent aussi que leurs mariages soient reconnus, elles insistent par des insurrections, et finissent par conquérir leur droit. L'action en justice n'est d'abord permise qu'au patricien ; lui seul est possesseur des formules inviolables sans lesquelles toute revendication en justice est nulle ou vaine. Il faudra que le préteur tourne la difficulté et remplace, à l'usage des plébéiens, les actions strictes de la loi par des actions de bonne foi et de droit des gens. C'est par ces mille secousses que le nationalisme primitif se transforme peu à peu en cosmopolitisme.

Cette révolution s'accomplit sous l'influence de la Grèce. Rome, à ses origines, ne diffère pas essentiellement des cités grecques ; elle a, comme elles, son âge héroïque, personnifié dans la royauté aristocratique. Toutes les cités de la Grèce s'entre-déchirent et tombent rapidement dans la démocratie. La démocratie conduit à la tyrannie, c'est-à-dire au gouvernement d'un seul homme élu par le peuple ou représentant des intérêts populaires. Les anciens n'ont jamais attaché d'autre sens au mot tyrannie. De la confusion générale sort l'idée de la nationalité hellénique. Philippe de Macédoine s'en fait l'organe, et Alexandre achève l'unité. L'adversaire impuissant et quelquefois ridicule de cette révolution fut Démosthènes, le plus illustre des démagogues d'Athènes. Ce qui avait rendu nécessaires Philippe et Alexandre, c'était la chute des aristocraties. Et qui avait, plus que Démosthènes et les orateurs ses contemporains, flatté et enorgueilli le peuple? Inconséquence d'esprits bornés et généreux ! Ils voyaient le gouffre où disparaissait la cité, et ils oubliaient qu'ils l'avaient creusé. L'évolution des cités engendre la nationalité , et l'idée de nationalité hellénique, s'étendant avec les merveilleux succès d'Alexandre,

exprime bientôt l'idée d'un gouvernement universel. Si j'étais
à votre place, je m'arrêterais, disait Parménion à Alexandre.
—Et moi aussi je m'arrêterais, si j'étais Parménion, lui répondait Alexandre. C'était le dialogue du droit ancien et du
droit nouveau.

La race hellénique n'avait pas la force de parcourir la carrière que lui ouvrait l'épée d'Alexandre. Douée de tous les
dons de l'imagination, elle semblait dénuée des grandes puissances du caractère. La littérature, la philosophie et les arts
furent son domaine ; la politique, le droit et la guerre furent
le partage de Rome. Ici se montrent le dessein de la Providence et l'unité du monde païen. La Grèce élabore le panthéisme ; la divinisation de la matière éclate dans ses arts et
dans sa littérature. Et après Alexandre, le stoïcisme, qui est
la philosophie du panthéisme, devient la philosophie dominante. Alexandre se faisait traiter de dieu, non par une
aberration particulière d'esprit, mais par un progrès des idées
nouvelles. La philosophie de Platon, se dégageant de ce
qu'elle avait de traditionnel, aboutissait au stoïcisme. Pourquoi Alexandre, représentant de la race humaine élevée à la
dignité de race divine ne se serait-il pas logiquement cru un
dieu ? Ce grain de folie passa dans la tête des empereurs romains, qui, à leur mort, montaient au rang des dieux, et à
qui tous les monuments de la politique et du droit consacrent
l'épithète de divins.

L'esprit étroit et obstiné du Romain était étranger aux
lettres, aux arts et à la philosophie. De lui-même il n'aurait
pu concevoir la pensée d'un gouvernement rationnel appliqué
à l'espèce humaine. Mais cette pensée une fois entrée dans
son esprit, il avait pour la réaliser ce caractère âpre, astu-
cieux, implacable, qui ne se laissait pas plus enfler par la
bonne fortune qu'abattre par la mauvaise. La philosophie
grecque envahit Rome ; elle y asservit facilement les intelligences incultes. Quelques siècles suffirent à cette révolution,
rendue d'abord facile par d'étroites affinités de langue, de
race, de mœurs. La religion fut changée ; la mythologie

grecque s'installa à Rome ; le culte de la nature y remplaça
le vieux dogme de l'unité de Dieu. L'idée de Dieu évincée,
restait à effacer l'idée de nationalité. Ce fut l'office du droit.
Tout ce qui est national est attaqué, ruiné, isolé. Cette histoire du droit est encore mal connue. Les écrits des jurisconsultes ont péri ; et les historiens, venus très-tard, ont écarté
les questions d'origine. Tite-Live reproduit dédaigneusement
les antiques légendes. Il ne lui eût pas été permis de les discuter. Le Sénat aurait fait étrangler l'historien qui aurait
émis des doutes sur l'existence de Romulus. Pour tous les
Romains, Rome était une divinité ; la vérité historique se
confondait avec la religion et la politique. C'est très-incidem-
ment que les historiens disent la vérité ; leur but unique est
de glorifier Rome ; Tite-Live chante sa grandeur, dont il est
ébloui, et la plupart des historiens copient les fables érigées
en l'honneur de Rome par l'adulation des Grecs. Les commencements de la Ville-Éternelle commandaient la vénération
et non la critique.

Cette sainte obscurité convenait à une politique panthéiste ;
déchirer les voiles, c'était attenter à la divinité de la patrie.
La légende de Rome est saisissante. Ce sont les fils de la Louve
qui se répandent sur le monde, brisant les religions et les
nationalités, et réalisant l'empire universel de Satan, le père
du panthéisme, celui qui a dit à nos premiers parents : *Eritis
sicut dii*. C'est à l'aide du droit qu'ils accomplissent cette
œuvre infernale ; et le dualisme juridique de la cité romaine
est admirablement représenté par les deux frères Romus ou
Romulus et Rémus. Rome est fondée sur le fratricide, image
du premier fratricide qui a fondé la cité des hommes par la
main de Caïn. Le crime, partout stérile, devient fécond à
Rome, et enfante la société qui sera par excellence la cité du
mal. Le fratricide qui inaugure la cité se perpétuera dans les
dissensions et dans les guerres civiles, pendant toute la durée
de la République et de l'Empire. La famille, cette institution
pleine de toutes les joies de la terre et de toutes les bénédictions du ciel, prend naissance à Rome par le rapt des Sabines.

Le crime se transformera en doctrine de droit, et tous les mariages solennels simuleront un enlèvement, afin qu'il soit bien constaté que la force seule est le droit. Et toute revendication en justice simulera un combat pour le partage des dépouilles. Le nom même de Rome est mystérieux. D'antiques traditions lui attribuent un nom secret, qu'il était interdit de prononcer, comme aux Hébreux le nom de Jehovah. On a conjecturé que ce nom était le nom latin *Valentia*, correspondant au grec *Romè*, qui signifie la force; ce n'est nullement invraisemblable : dans cette étrange histoire, l'invraisemblable seul semble approcher de la vérité. L'instinct primitif a appelé la cité la ville de la force, de la puissance, de la domination. C'est l'idée fondamentale : elle est gravée dans la conscience; quand le peuple romain entre dans le panthéisme, et qu'il aspire au gouvernement universel, il dépose avec respect son nom national, comme il a déposé ses autres traditions, et en prend un autre qui est le même; car il n'est pas donné aux hommes de changer les noms. Et le nom grec de la force se substitue au nom national, parce que Rome cesse d'être une nation pour devenir la capitale et la reine des nations, et que la langue grecque est la langue universelle. Rome, avant de conquérir le monde, est conquise par la philosophie grecque; l'idée grecque, parvenue dans le stoïcisme à son entier épanouissement, devient la forme substantielle de Rome et de l'Empire romain. Tout l'empire est stoïcien; de là une ressemblance frappante avec l'empire turc : même fatalisme, même facilité à mourir volontairement ou par ordre supérieur; même absence d'initiative dans les individus; même débordement de corruption. L'islamisme est plus une secte philosophique qu'une religion; il ne contient aucun dogme, et se borne à prêcher l'obéissance passive au Sultan, représentant de Dieu et maître absolu du monde, au même titre que les Césars. Les Césars, aussi lettrés que les Sultans l'étaient peu, n'ont jamais rien exigé au delà de l'obéissance passive. Le stoïcisme et l'islamisme remplissent également cette unique prescription de la loi.

Mais les Césars sont infiniment plus que les Sultans ; car si les Sultans représentent cette espèce de théisme qui est la religion de Mahomet, les Césars représentent la raison humaine. Le stoïcisme déifie la raison ; il a été copié par l'éclectisme moderne, qui, lui aussi, a tout rapporté à la raison et a fait dériver de la raison toutes choses. Dans les deux systèmes, les gouvernements sont les organes de la raison et doivent amener les hommes à un état social rationnel, fondé sur la raison pure, entièrement dégagé des données de l'expérience et de la tradition. Les stoïciens avaient imaginé le gouvernement universel des hommes réunis en communauté ; ce fut l'idéal réalisé par l'Empire romain. Le droit socialiste, communiste, égalitaire, impérial de Rome, n'est que le panthéisme stoïcien envisagé par son côté politique.

Les lointaines origines du socialisme juridique sont dans la cité païenne. La raison des philosophes a amplifié et étendu outre mesure un fait historique et primitif. Les républiques grecques sont des communautés ; chaque citoyen est souverain : *respublica* signifie communauté. Ceci explique pourquoi les républicains modernes sont toujours entraînés au panthéisme. L'idée du communisme appartient à la cité païenne, et tout le développement scientifique qu'elle a reçu jusqu'à nos jours se rattache à la conception de la cité antique perpétuée dans les monuments de la philosophie et du droit. Les turbulences, les iniquités, les luttes des cités grecques, prennent leur source dans le droit communiste. Sparte n'a jamais abdiqué le communisme ; le communisme originaire d'Athènes est visible dans chaque plaidoyer de Démosthènes ; la propriété individuelle, toujours révocable, n'avait aucune assiette fixe ; la permanence des confiscations égalisait les fortunes. Qu'on veuille bien remarquer que la confiscation, cette faculté pour l'État de reprendre la propriété, descend en droite ligne du communisme. La propriété est alors considérée comme une simple possession, et elle fait retour au domaine éminent de l'État, quand l'État, distributeur des terres, le juge à propos. Si l'histoire de toutes

les cités grecques nous était connue aussi bien que celle de
Sparte et d'Athènes, nous les verrions toutes assujetties à la
loi des confiscations. La richesse publique, commune, étant
bornée, et en tout cas inférieure aux appétits de la masse,
c'est à qui s'attribuera la meilleure part; en d'autres termes,
c'est à qui s'emparera des fonctions qui donnent accès au
maniement de la fortune publique. De là les brigues, les coa-
litions, les séditions, de là aussi ces victoires de parti qui dé-
pouillent le parti contraire et l'expulsent totalement de la cité.
Les vaincus allaient chercher fortune ailleurs; et de ces émi-
grations forcées surgirent des colonies établies sur le même
principe que la mère patrie.

Nous pourrions multiplier les preuves. L'idée communiste
remplit toutes les têtes grecques; les philosophes, les politiques ne s'occupent que d'une chose, organiser l'État, tout
régler *a priori*. Le spectacle de ces communautés grecques,
qui n'avaient brillé que par leurs fureurs intestines et leur
effroyable corruption, n'avait pas dessillé les yeux de la raison
pure. Aucune cité n'échappe à la promiscuité des mœurs : si
la communauté des femmes n'est pas érigée en institution
positive à Athènes, on sent qu'elle ne déplaît pas à la loi
athénienne; et la condition des femmes à Athènes n'est guère
plus relevée qu'à Sparte. La désagrégation de ces petites
communautés ne produisit pas une réaction d'ordre et de
conservation sociale. La philosophie ne s'arrête pas dans la
voie de l'absurde, *vires acquirit eundo*. Il était impossible de
reconstruire la cité, la république de Platon. La philosophie,
marchant rapidement à la suite des conquêtes d'Alexandre,
brisa les limites de la cité platonicienne pour les reculer indéfiniment; ce fut l'œuvre du stoïcisme. A la petite cité succéda
la grande cité; à la cité renfermée dans un étroit espace, succédait la cité qui n'avait pas de bornes, et qui embrassait dans
son sein l'humanité tout entière. Cité universelle, véritablement adéquate à la raison humaine, qui en avait posé les
fondements. Cependant, imitateur dans ses plus graves folies,
l'homme n'inventait rien, il développait un germe préexis-

tant ; c'est par le procédé de la multiplication qu'il arrivait à concevoir un nouvel idéal des choses et des hommes.

Mais par cela même, la conception stoïcienne, déjà entrée dans les esprits, ne rencontrait plus d'obstacles. Et les peuples, accoutumés à l'idée de la communauté, étaient préparés à l'expérience de la grande communauté rêvée par les philosophes. Rome, qui devait être l'instrument de cette révolution, n'était pas étrangère au communisme. Cicéron nous dit que Romulus a divisé l'*ager romanus* par portions égales entre les citoyens ; peut-être est-ce une tradition venue après coup pour légitimer les nouvelles tendances du peuple romain. La République était tout, et son salut était la suprême loi. Le testament du père de famille était fait publiquement, *calatis comitiis*. Le peuple intervenait dans le choix de l'héritier, parce qu'il avait sur les biens un droit primordial. Armé de ce redoutable principe du communisme, le droit romain s'élance à la conquête du monde. Imbu de l'idée stoïcienne, il en réalise l'application. Pour atteindre la cité universelle, il fallait partir du point initial d'une cité quelconque ; et la Providence avait désigné Rome. Quand la cité romaine eut englouti toutes les nations, il se produisit un phénomène analogue à celui qui avait marqué la fin des cités grecques. Les cités ruinées se réfugièrent sous l'épée des rois de Macédoine, devenus les représentants de la nationalité hellénique. La destruction des nationalités rangea tous les peuples sous un seul maître, sous un seul représentant, qui fut un Romain, l'empereur romain. L'Empire romain est l'expression juridique du communisme universel. Il réalise une conception philosophique. Tout ce qui est religion, mœurs, traditions, est abattu par lui ; il plane dans l'idée pure. Il est pour l'espèce humaine un empire de droit et de raison. C'est à ce point de vue que l'envisagent les jurisconsultes romains, dignes fils du stoïcisme. Et dans tout le cours des âges, les légistes, pleins de mépris pour les institutions féodales, coutumières, chrétiennes, aspireront au retour du régime impérial et au règne de l'égalité prétorienne (*æquitas*).

Le droit romain est communiste ; il ne reconnaît ni le droit de propriété, ni la perpétuité des familles, ni le droit d'association, ni la corporation. Le *Corpus juris*, qui partage l'empire du monde avec la Bible, nous présente la collection des statuts, lois et règlements d'une société communiste, qui a pour gérant irresponsable et absolu l'empereur. Quand Louis XIV dit : l'État, c'est moi ! il répète une formule justinienne ; le mot est chez tous les légistes. On s'en est étonné au XVIIᵉ siècle. Saint-Simon, dans ses *Mémoires*, exhale son indignation contre les légistes qui affirmèrent à Louis XIV que tous les biens de ses sujets lui appartenaient. Il n'avait qu'à ouvrir les livres du droit romain, il aurait saisi à leur source les monstrueuses doctrines des légistes. Le surintendant Fouquet fut jugé par des commissaires ; les chrétiens du temps, Mme de Sévigné, entre autres, ne comprenaient rien à cette façon de rendre la justice. On leur répondait par une loi de l'empereur Zénon, qui attribuait aux empereurs le jugement des infidélités commises par l'intendant général de leur palais. Les jugements par commissaires ont fleuri depuis Philippe le Bel. Ils reposent sur ce principe que l'empereur n'est pas seulement législateur souverain, mais encore souverain juge, et que de lui émane toute justice. Si les mœurs n'avaient pas corrigé de telles doctrines, la société française se serait abîmée cinq cents ans plus tôt. La Révolution française, qui a renouvelé les fureurs grecques et romaines, a été conduite par des légistes ; elle a restauré le droit païen et communiste avec un éclat qui est loin d'être effacé. Alors le communisme du droit passe violemment dans les institutions. Qui est propriétaire de tous les biens immeubles ? La nation. Qui a droit absolu de vie et de mort ? La nation. Est-ce le propriétaire qui aura le droit de tester ? Non, la loi testera pour lui. C'est le communisme qui inspire les discours et les actes de la Constituante, de la Convention, du club des Jacobins, de la Commune de Paris. Et ce communisme a sa mesure et sa règle dans les antécédents du droit. Nous ne parlons pas des ressemblances accessoires, confiscations,

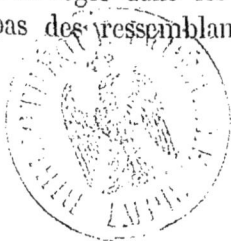

7

proscriptions, régicides. Louis XVI a été immolé comme *tyran*, et Brutus a joué un grand rôle dans cet assassinat.

C'est au nom de la raison que la Révolution s'est effectuée; elle se proclame le système du gouvernement rationnel et de l'égalité absolue; elle rejette toute barrière nationale, et appelle tous les peuples à la participation du même droit égalitaire et communiste. La plus haute civilisation aboutit sans transition à 93. L'Empire romain fut un 93 en permanence. Il a duré trois cents ans, tandis que notre révolution n'en a pas duré vingt-cinq. Cela tient à ce qu'il nous était fort supérieur par le déploiement des arts, de la richesse, de la puissance et de la corruption; cela tient surtout à ce qu'il était gouverné par la philosophie en personne, sous la toge des empereurs. Frédéric II, pour châtier une province, ne voulait qu'y envoyer un administrateur philosophe. Quand Dieu voulut châtier la France, il lui envoya des philosophes pour ministres; auparavant, il avait offert en exemple aux hommes le gouvernement philosophique de l'Empire romain. Est-ce pour mêler les peuples et les préparer à la diffusion de son Évangile que Dieu les a broyés et agglomérés sous la main de Rome? Quand Notre-Seigneur est venu, tous les peuples étaient en communication par les idées, le commerce et les voyages. Un panthéisme savant défendait les philosophes contre l'Église; mais dans les masses populaires il se réduisait à un culte enfantin, à un fétichisme grossier qui n'aurait su résister à la prédication apostolique. C'est l'opinion de Bossuet, que l'unité de l'Empire offrait des facilités à la mission des apôtres. L'étude de l'histoire et du droit nous inclinerait à une opinion contraire. Nous nous demandons si Dieu n'a pas voulu l'Empire romain pour rendre humainement impossible l'établissement de son Église, afin que la foi nouvelle, en butte, à son berceau, à toutes les fureurs de l'enfer, grandît dans le monde, contre toute vraisemblance, miracle vivant d'une sagesse qui se jouait des hommes et qui triomphait par la mort et les supplices. Humainement, le christianisme devait périr ; ce qui est arrivé en Angleterre, en Suède, en Danemark, en Norwége, en Allemagne, serait arrivé il y a dix-huit cents ans, si Dieu n'eût confondu l'Empire romain par le plus éclatant de tous les miracles : onze millions de martyrs ! Et cette persécution de trois cents ans était dirigée non par des gens aveugles ou violents, mais par des philosophes beaux esprits, par des jurisconsultes polis et raffinés. Avant que le corps fût réduit par d'inexprimables tortures, rien ne manquait pour séduire l'esprit.

Ce n'est pas le fanatisme religieux, c'est la philosophie qui a persécuté les chrétiens. Disciples du stoïcisme, les jurisconsultes ont été les organisateurs de l'Empire ; ils portaient le poids des affaires. L'élaboration du droit fut leur œuvre. Ce droit philosophique, rationnel, saisit par la majesté de son langage, et souvent par la sagacité de ses déductions. Déterminer la valeur juridique de tous les actes humains, en suivre les conséquences dans leurs ramifications infinies au milieu du conflit des intérêts, n'était pas une tâche facile. La jurisprudence parvint à formuler ce droit par ses décisions sur les cas particuliers. Ce n'est pas le lieu d'étudier cette *raison écrite*, ce rationalisme juridique. Il nous suffit de constater que les jurisconsultes romains ont toujours à la bouche ce mot fatidique : la raison. C'est le dogme stoïcien ; conformez-vous à la raison. Mais qu'est-ce que la raison ? et qui en sera l'organe ? Les sages, les savants, les hommes éclairés, disaient nos doctrinaires. Très-bien, si tous les hommes s'entendent ; et s'ils ne s'entendent pas ? Et encore faut-il que leur mérite soit reconnu de la foule ; sans cela, adieu le règne de la raison, et la foule ignorante usurpe l'empire. Dans ce système, les ignorants doivent avoir plus de sagesse que les savants, car il y a plus de sagesse à sentir son insuffisance et à se soumettre à l'autorité, qu'il y en a généralement à se croire capable et supérieur. Le système péchait par la base ; il ne se soutint qu'en donnant la force pour support à la raison ; c'est ce que les jurisconsultes romains, plus versés dans les grandes affaires que nos politiques modernes, avaient

parfaitement compris. La raison seule est impuissante.
Combien Platon a-t-il eu de disciples ? Par les empereurs, le
monde entier fut stoïcien. La question est simplifiée chez les
jurisconsultes romains, qui posent en principe que la loi et la
justice sont des décisions de l'autorité. Il ne s'agissait plus
que de trouver un pouvoir assez fort pour servir d'organe à
la loi universelle, à la justice universelle : et que pouvait-on
imaginer de mieux en ce genre que les empereurs, souverains absolus du monde, juges suprêmes, législateurs infaillibles ?

Sur les traces des jurisconsultes romains, les légistes modernes ont échafaudé des systèmes de droit des gens et de
droit naturel. Ces espèces de sciences se sont surtout développées dans les pays protestants. Ce qu'elles ont de faux et
de vide saute aux yeux ; elles sont fondées sur le *Contrat
social* et découlent du communisme. Ce qui pouvait être
erreur chez les anciens est mensonge chez les modernes. La
religion catholique et l'histoire nous apprennent qu'il n'y
eut jamais ni contrat social ni communauté primitive. L'hypothèse antique a persisté par l'enseignement non inter-
rompu du droit. Quand les anciens, oublieux des traditions
dont ils possédaient cependant de magnifiques débris, se
mettent à raisonner, ils se figurent que les hommes, d'abord
sauvages, se sont, par intérêt autant que par raison, réunis
pour vivre en société ; d'où un contrat de société fixé par la
volonté des parties. Dans combien de livres, même rédigés
par des théologiens, ne rencontrons-nous pas la même hypothèse ! Rousseau a mis en français les théories des légistes et
les a rendues accessibles au vulgaire. Si l'homme a créé la
société, il peut la défaire, la modifier, car l'ouvrier est nécessairement supérieur à son ouvrage. L'homme est donc armé
d'un pouvoir absolu ; le souverain, unique ou multiple, est
investi d'un pouvoir sans bornes. Aucun droit n'est censé
indépendant. Si le droit est créé par l'homme, il ne subsiste
pas par lui-même ; il est l'esclave de l'homme et non son
maître. La doctrine du pouvoir absolu, du despotisme sans

frein se dégage de l'amas des textes et des interprétations, elle luit de toute sa lumière. « La société est mère et non fille de l'homme, » nous dit un éminent écrivain [1]. De cette vérité si heureusement exprimée, jaillit le droit social tout entier, le droit historique et coutumier, qui, depuis la haute antiquité jusqu'à nous, vit en guerre plus ou moins ouverte avec le droit païen, rationnel, qui attribue à l'homme la fondation de l'ordre social.

Le moyen âge a été l'apogée du droit historique. L'Empire romain a été le règne du droit rationnel, de la raison pure : il embrassait juridiquement toute la terre ; tout ce qui était humain, raisonnable, tombait sous son obéissance. Quel peuple pouvait se déclarer étranger à la raison? César est le représentant de l'humanité. Dante, qui avait pénétré dans les arcanes du droit, explique la nécessité de l'Empire romain pour la condamnation de Notre-Seigneur Jésus-Christ (*De Monarchia*). Le Sauveur s'offrait en holocauste pour l'humanité ; il fallait que l'humanité trempât ses mains dans le sang du Juste par un jugement authentique; la Victime expiatoire devait être immolée au nom de l'humanité pour que son sang rejaillît sur l'humanité. Les victimes expiatoires de l'ancienne loi étaient locales et ne profitaient qu'au peuple de Dieu ; la grande Victime, dont elles étaient la figure, venait expier les crimes de la race humaine et non-seulement les crimes d'Israël. Le peuple juif ne pouvait pas stipuler pour le monde, car il ne représentait que lui-même ; il n'existait même plus à l'état indépendant ; tous les peuples avaient abdiqué ; toutes les nationalités s'étaient fondues sous la domination romaine. Il n'y avait plus de peuple romain, il n'y avait qu'un empereur, le représentant de la race humaine, l'homme en qui se résumaient tous les droits et tous les pouvoirs de l'humanité. C'est lui qui stipulera pour l'humanité. Il a mission : sa mission lui vient de Satan, qui a dès l'origine pouvoir sur la race humaine. Est-il téméraire de voir

[1] De Saint-Bonnet, *de l'Infaillibilité*.

dans l'Empire romain l'empire même de Satan, à qui Dieu a permis de rassembler toutes ses forces pour un combat décisif? Satan a été vaincu par sa victoire. Le représentant de César, Pilate, le jurisconsulte impassible, s'est senti troublé, cette fois, en prononçant la sentence. Le sang des martyrs, en imitation, coulera à flots et submergera l'Empire.

L'imagination se plaît à associer trois noms, Alexandre, César, Napoléon. Il y en a de meilleurs, il n'y en a pas de plus grands; tout dépend de la perspective. Ils se rapprochent par une affinité très-intime, et que l'instinct de la poésie a devinée. Ils ne nous apparaissent pas seulement comme des hommes d'une époque et d'un pays; ils n'ont rien de local, d'accidentel; leur nom répond à des inspirations, à des sentiments universels : ce sont des héros de l'humanité. Les services qu'ils ont rendus, le génie qu'ils ont déployé, et qui dépasse si fort la mesure même héroïque, ne les élèverait pas si haut, s'ils étaient demeurés hommes de leur nation. Se figure-t-on Alexandre gouvernant en paix la Macédoine, César démissionnaire, et Napoléon roi de France? Ces trois hommes, obéissant aux mêmes instincts, réalisant la même pensée, ont voulu l'empire du monde par les mêmes moyens et au nom des mêmes principes. Leur histoire est empreinte d'un caractère d'identité qui les réunit dans une gloire commune.

L'Empire romain est l'expression d'une doctrine : nous avons essayé de le démontrer. Cette doctrine, c'est la philosophie, le panthéisme, et en droit le rationalisme. L'homme, réduit à ses seules forces (et elles sont immenses pour le mal), a construit de ses mains cet empire qui effraye l'imagination, auquel nul ne sera jamais comparable, à moins que ce ne soit l'empire même de l'Antechrist. Il n'a pas entièrement disparu, puisque son droit a surnagé au milieu de toutes les vicissitudes de l'histoire. Ce droit est le père de tous les despotismes modernes; c'est une école de servilisme dont les enseignements ne cessent de retentir depuis dix-huit siècles.

La raison s'est précipitée par son orgueil dans cet abîme de
l'Empire romain. L'histoire de l'Empire romain est de nos
jours aussi instructive que celle de la Révolution française.
Les empereurs n'étaient pas naturellement plus mauvais que
les autres hommes. Ils représentaient une idée, la plus folle
des idées. Ils se croyaient Dieu, sur la foi des philosophes qui
avaient attesté la divinité de la raison humaine. C'est la morale à tirer de cette sanglante histoire. Les empereurs n'é-
taient pas plus fous que Robespierre ou Saint-Just. Ils tuaient
qui les gênait; ils tuaient aussi pour le plaisir de tuer. Quel
scrupule les aurait arrêtés? Est-ce que la raison se maîtrise
par ses propres forces? Le *culte de la Raison* n'est pas si loin
de nous! Les empereurs romains en ont été les grands prêtres pendant trois cents ans!

16 décembre 1861.

II

Plus on étudie l'histoire, plus on est étonné de la place
immense qu'y tient l'Empire romain; c'est là qu'il faut chercher la source des événements et l'origine des doctrines qui
se disputent le monde. L'Empire romain n'est jamais mort;
le droit qu'il a fondé et dont il a été l'expression définitive
s'est perpétué dans les sociétés modernes, où il aspire à reprendre une suprématie absolue. Bossuet a porté ce jugement : « Si les lois romaines ont paru si saintes, que leur
majesté subsiste encore malgré la ruine de l'Empire, c'est
que le bon sens, qui est le maître de la vie humaine, y règne
partout, et qu'on ne voit nulle part une plus belle application de l'équité naturelle. » O puissance de la rhétorique! Si
les lois romaines ont paru si saintes, ce n'est pas aux Souverains-Pontifes, qui ont combattu leur influence et ont protégé dans tous leurs actes temporels les coutumes, franchises
et libertés locales que ces lois venaient détruire. Cette sainteté des lois païennes est au moins singulière dans la bouche

d'un évêque. L'Europe chrétienne, qui a résisté au droit romain pendant mille ans, a donc manqué de bon sens! Bossuet, sans doute, ne parlait du droit romain que par ouï-dire; son exemple montre quel était l'engouement de son temps. La monarchie de Louis XIV, dont Bossuet était le plus fervent admirateur, se modelait en effet sur le code théodosien. Cependant l'histoire, avec ses enseignements, était là. Elle était là, mais fardée. On voyait l'antiquité à travers les poëtes. L'histoire de l'Empire romain par M. Laurentie nous peint au vif et dans un tableau saisissant cette civilisation qui a eu pour filles toutes les révolutions modernes. Le spectacle de la toute-puissance et de la folie humaines y éclate dans sa réalité la plus effrayante. Ce sont des faits; l'historien les met sous nos yeux. Tout est dans un mot, le césarisme.

Comment le monde en est-il arrivé à ce degré d'abaissement et de servitude? Tous les Romains étaient égaux devant César, comme les Russes le sont devant le Czar. Pouvoir infini du maître, annihilation infinie des sujets, tels sont les deux termes que la Révolution concilie par la doctrine de la souveraineté du peuple. La liberté républicaine de l'ancienne Rome est une illusion des écrivains modernes. Les plébéiens voulaient l'égalité du droit et non la liberté. La loi des Douze-Tables consacre en partie cette égalité; plus tard, leurs réclamations et les émeutes qu'ils suscitent, partent du même principe et aboutissent à cette égalité parfaite des citoyens, qui est couronnée par l'établissement impérial. Rien qui ressemble aux idées de *self government* dans ce développement des passions et des intérêts populaires aux prises avec une aristocratie qui se défendait pied à pied. L'égalité devant la loi, le droit aux places, voilà le plébéianisme. Les républiques grecques présentent la même lutte. Elle est inhérente à l'état républicain dans l'antiquité. *Res publica, res communis, communauté, communisme*. Le communisme n'est que l'égalité absolue sous une règle commune. Toute cité tendait à la réaliser, parce que c'était le principe sur lequel elle était fondée. Qui s'y opposait? Les anciennes familles, en

possession de la richesse, de l'influence et des traditions.
Aussi une guerre acharnée entre les différentes classes désola
les cités grecques et la cité romaine. Le citoyen était astreint
à une vie aussi dure, aussi réglementée que celle du moine
dans son couvent. Il ne s'appartenait pas ; il appartenait à
l'État. Il n'était rien par lui-même, et n'avait par lui-même
aucun droit. Tombé entre les mains de l'ennemi, le citoyen
romain perdait son droit de cité et ses biens ; il était considéré comme mort. S'il revenait, les fictions légales rani-
maient son droit d'une manière plus ou moins ingénieuse,
mais qui attestaient que sa personnalité était toute d'emprunt, et que, séparé de la cité, il n'était plus qu'une
branche coupée de l'arbre et morte. Le citoyen primitif de
Rome a-t-il le droit de tester ? Non ; il faut que l'héritier
qu'il délègue soit accepté par la communauté. Est-il propriétaire ? Non ; le sol est à la communauté, qui ne livre aux
citoyens que des possessions toujours révocables. A-t-il au
moins une fonction stable dans l'État, une fonction qui lui
assure l'indépendance ? Non ; toutes les fonctions sont gratuites et annuelles. Le sénat lui-même n'est ni perpétuel ni
héréditaire ; c'est un va-et-vient des citoyens qui y sont appelés ou en sont chassés par le caprice des partis victorieux.

Ces procédés ne sont pas ceux de la liberté, qui vit surtout
de garanties personnelles et de stabilité sociale. L'hérédité
des fortunes et la perpétuité des fonctions sont au contraire
de l'essence du régime féodal, et fleurissent encore aujour-
d'hui en Angleterre. La féodalité repose sur la liberté.
L'homme éclairé ne peut que tristement sourire à la vue de
ces énergumènes d'égalité qui acclament la liberté. La liberté engendre toutes les inégalités individuelles et sociales,
parce qu'elle est l'expression de l'inégalité des mérites. Si
deux hommes sont libres, il n'y a aucune nécessité pour
qu'ils pensent et agissent de même. Un homme devient riche
et un autre reste pauvre : tel est l'effet de la liberté. Les
lois républicaines ramènent l'égalité par les impôts, les confiscations et les partages forcés. Si les hommes sont libres,

les plus honorables, les plus riches se trouveront à la tête de la cité et s'y maintiendront par une coutume naturelle. Mais la loi d'égalité appelle la foule ignorante au gouvernement et annule l'influence aristocratique, qui est un produit de la liberté.

Le type de l'égalité moderne est en Russie. Un Russe, de quelque classe ou rang qu'il soit, n'est rien; général, un signe du czar le fait simple soldat et le relève général; seigneur terrien, un caprice l'envoie en Sibérie et confisque ses biens : accusé, il est jugé par une commission, sans défense, sans publicité, par une procédure occulte. Le czar est souverain pontife, souverain législateur et souverain juge, comme César. Caracalla a déclaré tous les sujets de l'Empire citoyens romains; Alexandre II émancipe les serfs et les soustrait aux seigneurs. Qui en deviendra plus directement le patron? Le czar émancipateur. L'égalité juridique sera absolue. L'empire russe marche à ses conquêtes poussé par le communisme slave. L'Europe ne s'en aperçoit pas. Niera-t-on l'identité du communisme et de l'égalité? Qu'on nous dise s'il y a un régime où l'égalité soit plus complète que dans le communisme? Il est donc certain que tout principe d'égalité tend au communisme; s'il n'y arrive pas, il y tend sans cesse; et cette tendance constitue un désordre permanent, parce qu'elle est en hostilité systématique avec l'ordre établi. L'égalité n'est possible que sous l'absolutisme d'un seul, absolutisme qui n'est pas la paix. L'anarchie des cités grecques est restée célèbre. Celle de l'Empire romain ne l'est pas moins. Considérez la paix de la Chine et de la Russie. Considérez la paix que la Révolution donne à l'Europe méridionale. Il est dans la nature que, le communisme étant impossible, tout régime qui y conduit ne soit qu'un régime d'agitations sans fin.

L'Angleterre s'est tenue en garde contre le communisme du droit. Les légistes lui ont fait peur de tout temps. Dès 1372, sous Édouard III, un bill du Parlement interdisait les fonctions législatives aux avocats pratiquants. Les légistes posaient en principe la souveraineté du peuple et la délégation de l'autorité souveraine par le peuple. Si le peuple est souverain, il peut tout. Alors, aucun droit individuel ne subsiste. Le pouvoir émané du peuple ne connaît plus de limites. S'il s'en crée par bonté d'âme ou par simplicité, ce seront des limites imaginaires, de ces promesses qu'on se fait à soi-même et qu'on tient si l'on veut.

Si, au contraire, le peuple n'est pas souverain, les individus sont souverains, et de leur initiative naturelle découlera l'ordre social. Le droit ne sera plus variable ; au lieu d'être établi par ordonnance, il résultera de la coutume. La liberté a pour corollaire le droit coutumier. Si l'homme est libre, s'il a en lui-même le principe de son action et de ses déterminations, il n'a pas besoin qu'une volonté étrangère lui désigne la façon de vendre, d'acheter, de tester, etc. S'il s'associe à ses semblables, c'est en vertu d'un droit, et il peut assurer l'immutabilité à l'association qu'il forme. Son droit ne lui est pas octroyé. Dans les pays de droit romain, le droit n'est qu'une délégation, une permission du souverain. Dans les pays de droit coutumier, le droit est inhérent à la personne et au sol ; la société y est fondée sur la hiérarchie des droits, et non sur la confusion de tous les droits sur la tête d'un seul. La féodalité et le césarisme sont les deux pôles opposés de l'ordre social : les peuples oscillent entre ces deux extrêmes. Pour nous, Français du xixe siècle, toutes ces idées sont contenues dans ces deux mots : Liberté, égalité ! Ils sont dans toutes les bouches ; mais qu'ils sont peu compris !

Le plus illustre publiciste de l'antiquité, Aristote, a signalé les points de contact de la démagogie et de la tyrannie. « Dans une démocratie absolue et dans la tyrannie, vous retrouvez mêmes mœurs, même despotisme à l'égard de la classe distinguée, même arbitraire dans les décrets du peuple et dans les ordonnances du tyran. » (*Politique*, l. vii.) La conversion de la démocratie en tyrannie est un fait naturel, nécessaire. Les anciens l'ont reconnu ; ils n'ont pas commis la faute de confondre la liberté et la démocratie. Les

modernes ne manquent jamais de tomber dans cette faute ;
ils abusent des anciens par ignorance. La liberté, dans l'antiquité païenne, représente autre chose que le *self government*. Appliquée à l'individu, elle signifie seulement que
l'individu n'est pas esclave. C'est la distinction juridique des
hommes en libres et en esclaves. Beaucoup de nos hommes
politiques, et il y en a un grand nombre de ce genre parmi
les catholiques, ne savent pas, lorsqu'ils se proclament fièrement et sentencieusement « hommes libres, » qu'ils invitent simplement le public à ne pas les confondre avec les
noirs de l'Amérique du Sud. Politiquement, la liberté antique n'a rien d'individuel ; elle regarde uniquement l'État ;
la liberté est l'autonomie, l'indépendance de l'État, de la
communauté souveraine. Le citoyen n'a aucune liberté vis-à-
vis de l'État ; il est esclave de l'État ; il est subordonné dans
tous ses intérêts et dans toutes ses actions à l'utilité commune, c'est-à-dire à l'utilité de la communauté. La communauté même ne subsiste qu'à cette condition ; de là cet
axiome : *Salus populi suprema lex*. Axiome qui est d'une
rigoureuse exactitude, puisqu'à l'État seul appartient le droit,
et que les citoyens ne sont que des instruments dans la main
de l'État. La société chrétienne repousse cet axiome du droit
païen, et c'est depuis la Renaissance qu'il est rentré dans la
politique. Il n'est que le principe communiste en action. Les
anciens démagogues, en parlant de liberté, ne songeaient
guère au *self government*. Salluste nous peint Catilina appelant ses amis à la liberté. Ce n'est pas la liberté qui manquait
aux amis de Catilina. Et Salluste a soin de nous dire que cette
liberté consistait à ne pas payer ses dettes et à s'emparer des
richesses usurpées par les patriciens. Le mot couvrait la
guerre des pauvres contre les riches et signifiait égalité.

Les peuples modernes ne donnent pas un autre sens à la
liberté. Certes, Arnaud de Brescia, Rienzi, Dante, en patro-
nant si chaudement le césarisme, n'avaient pas pour but d'é-
tablir le *self government*. Dans leur pensée toute païenne, la
liberté n'était que l'absolutisme de l'État, du peuple, et fina-

lement de l'Empereur, représentant l'État et le peuple. Les Jacobins français n'étaient pas des hypocrites ; c'est très-sincèrement qu'ils invoquaient la liberté, cette liberté de la Grèce et de Rome venue jusqu'à eux, à travers les livres des légistes par une tradition ininterrompue. Le sentiment chrétien s'est révolté, l'honnêteté vulgaire a rougi. Païenne dans son essence, la Révolution parlait le langage païen, que tous les lettrés comprenaient, que le peuple ne comprenait pas. Pour les Jacobins, d'accord en cela avec toute l'antiquité classique, la liberté n'était que l'indépendance de l'État. Sans être forts logiciens, il ne leur était pas difficile de conclure que plus l'État serait puissant, plus il serait libre. De là à constituer l'État maître absolu des hommes et des choses, il n'y avait qu'un pas. Ce pas a été franchi. La France a été érigée en cité renfermant huit millions de citoyens, à l'imitation de Sparte, qui en avait neuf mille, d'Athènes qui en avait vingt mille, de Rome qui en avait trois cent mille. Ce chef-d'œuvre de la folie pratique était conforme à la raison des sages, des légistes, des financiers, des politiques, des littérateurs, des philosophes ! Le mouvement rétrograde imprimé· à l'esprit humain par la Renaissance, nous replonge dans le paganisme. Faut-il s'étonner que les mêmes causes produisent les mêmes effets ?

Voici la triste vérité : c'est que la liberté est un cri de guerre, le cri des pauvres contre les riches, des démagogues contre l'ordre établi. En France, la Révolution a confisqué les biens de la noblesse et du clergé, et les a donnés en pâture à ses adeptes. Et les libéraux d'aujourd'hui, que veulent-ils ? L'égalité. Les journaux qui représentent la masse du parti libéral balbutient le mot de liberté, en affirmant hautement celui d'égalité. La liberté pour eux est l'égalité. L'Italie est en proie à la liberté. Quelle est cette liberté ? L'égalité sous Victor-Emmanuel. Tous les droits et libertés, tant individuels que collectifs, sont anéantis. L'État seul sera tout-puissant. La liberté est logiquement synonyme d'absolutisme.

Le *self government*, le libre gouvernement de soi-même,

est né directement du christianisme. Le christianisme a appris aux hommes que toute leur destinée ne s'accomplit pas ici-bas; qu'attachés à l'ordre temporel des sociétés par certains côtés de leurs intérêts et de leur conscience, ils tiennent, par la meilleure et la plus haute partie d'eux-mêmes, à un ordre éternel et divin, but et espérance suprême de la vie. La distinction du temporel et du spirituel brise immédiatement le cadre de la cité antique et rend l'homme à lui-même, en l'arrachant à l'étreinte de l'État; elle lui restitue sa personnalité. Du principe que l'homme s'appartient, parce qu'il appartient à Dieu, sortent une foule de conséquences, par lesquelles l'homme marquera son autonomie morale et se développera en présence de l'État et sans se confondre avec lui. Ce n'est plus désormais l'homme qui est né pour l'État, c'est l'État qui est créé pour l'homme. Il s'ensuit que l'État n'a que des attributions restreintes et limitées, qu'il ne peut arguer de son salut pour mettre tous les droits sous ses pieds, qu'enfin il est obligé de respecter les actes des particuliers, en tant qu'ils ne nuisent pas à la sécurité publique. Sur ce fondement que la conscience n'est pas dans le domaine de l'État, se sont édifiés et l'autorité paternelle, et le droit de propriété, et le droit de corporation, et le droit de voter les impôts. Tous les droits qui assurent la dignité de l'homme et la grandeur morale des sociétés viennent du christianisme; ils ont eu pour défenseurs infatigables les pontifes romains.

Aujourd'hui, l'Église est livrée en dérision aux peuples, parce qu'elle n'entend pas la liberté à la façon des démocrates de l'antiquité et des temps modernes. Et ce qui est étrange, c'est que bon nombre de chrétiens invoquent en sa faveur les circonstances atténuantes, et insinuent que le christianisme doit s'unir à la *liberté*. Est-ce à la liberté de le nier, ou à la liberté de le pratiquer? Il serait aussi raisonnable de préconiser l'alliance de la géométrie et de la liberté. Si les auteurs de ces formules commodes cherchaient à se comprendre, ils s'apercevraient bien vite qu'ils ne se comprennent pas du tout, ou qu'ils demandent, sans le vouloir, l'al-

liance du christianisme et du paganisme. L'antiquité grecque
ne nous a pas légué la liberté. Et c'est vainement qu'on essaie
de lui en reporter l'honneur. Les poëtes grecs ont chanté le
triomphe de leur pays sur les Perses dans les guerres médiques ; ils étaient dans leur rôle, et nul ne songe à les blâmer.
La liberté de l'homme, le droit personnel de se gouverner,
n'étaient en cause ni à Marathon, ni à Salamine, ni à Platée.
Les Grecs victorieux tenaient les quatre cinquièmes de leur
population dans la plus dure servitude. Les Perses respectaient davantage les peuples vaincus; l'Asie ignorait l'esclavage gréco-romain. Le serviteur hébreu était libre ; et aucun
document ne nous montre la réduction de l'homme à l'état
de chose, dans les grandes monarchies de l'Égypte, de la
Chaldée, de la Perse. Le souffle théocratique y soutient le
droit de la nature humaine. Les littérateurs effarés se disent :
Que serait devenue l'humanité si Xerxès eût vaincu? L'humanité ne s'en serait pas plus mal portée ; elle aurait eu de
moins une grande école d'immoralité. Car c'est par l'enseignement de la Grèce que la corruption s'est glissée dans les
sociétés chrétiennes. La Grèce avait déjà corrompu Rome. La
corruption est sœur du despotisme. Les Grecs se sont emparés de l'Asie sous Alexandre. Ils ont renversé d'anciens empires. Qu'ont-ils mis à la place? Des gouvernements de hasard, pleins d'intrigues, d'ambitions, de guerres civiles, sans
ombre de liberté individuelle ou locale. Chaque général avait
le pouvoir absolu, comme autrefois chaque cité. Ce ne sont
pas les rois perses qui ont exercé la plus grande persécution
contre le peuple de Dieu, ce sont les rois grecs. L'athéisme
est le plus intolérant de tous les systèmes ; le monde l'a vu
par les Grecs, par les empereurs romains, par la révolution
française : il le voit en ce moment par la révolution italienne.

A Rome, la notion de liberté est complétement absente.
L'histoire ne nous en offre pas de trace. Les magistratures
romaines sont annuelles et absolues. Elles sont l'exercice de
l'*imperium*, qui, en s'incarnant, deviendra l'*imperator*, le
souverain absolu. Le temps de la magistrature fini, la res-

ponsabilité commence. Consuls, préteurs, questeurs, censeurs, tribuns, ne se limitent entre eux que par des entreprises violentes, des émeutes. De là une guerre intérieure perpétuelle, une lutte de classes qui se termine par l'extinction du patriciat. M. Rossi avouait que plusieurs institutions romaines lui paraissaient incompréhensibles et contradictoires. Il ne faut pas attribuer à la législation romaine une fixité qu'elle n'eut jamais. Telle loi ne fut jamais exécutée; telle autre n'a duré qu'un instant : œuvre éphémère de parti, elles n'étaient trop souvent que des actes de vengeance. Les sénatus-consultes avaient force de loi et obligeaient tout le peuple. De leur côté, les assemblées plébéiennes rendaient des plébiscites qui avaient également force de loi. Comment la loi votée par un ordre de citoyens est-elle applicable à l'ordre qui n'y a pas participé? En Angleterre, la loi se forme du concours des deux Chambres et de la Couronne. A Rome, rien de semblable; c'est une prodigieuse anarchie, où chacun impose sa volonté aux autres. Le censeur épure le sénat; le tribun met son *veto ;* le préteur est le juge suprême. Ces hauts représentants du peuple romain ne sont soumis à aucune règle. Leur volonté est leur seule loi. A chaque crise, tous les deux ou trois ans, on élit un dictateur. Cette dictature est l'absorption en une seule de toutes les dictatures particulières. Chaque magistrat est, dans son cercle d'action, un dictateur. L'idée de la dictature est inhérente au génie romain; c'est elle qui trouble et maintient la république. N'oublions pas qu'au point de vue juridique, Rome est une communauté, que ses fonctionnaires seuls ont des droits et que le citoyen, en tant qu'individu, est sans droit contre la cité.

La force était le droit, et les institutions n'étaient que les jeux de la force. Fondée par une troupe de bandits, Rome perpétue les principes qui lui ont donné naissance. C'est par là qu'elle a prévalu sur les autres peuples, plus honnêtes et plus scrupuleux. Cette vie de brigandage inspirait aux hommes le mépris de la vie et de la mort, elle développait

la subtilité de l'esprit et la férocité des caractères. La dictature est à tous les degrés ; le citoyen, si nul devant l'État, se
dédommage rentré chez lui. Là, il est à son tour dictateur ;
sa famille est sa chose, sa propriété, de la même manière
qu'il est, lui, la chose, la propriété de l'État. Voilà l'esclavage domestique déduit de l'esclavage politique. Le père de
famille a le droit de mort sur sa femme et ses enfants.
Il n'y a pas de distinction entre le fils de famille et l'esclave ; l'esclave est de la famille au même titre que le fils.
Leurs droits sont égaux devant la puissance dominicale ou
paternelle. Remarquez ceci : ce n'est pas le mariage qui
fonde la famille romaine : au lieu de créer des droits pour
la femme et pour les enfants, le mariage solennel, légitime, traditionnel, constitue esclaves la femme et les enfants. Les droits de famille ne reposent pas sur le sang ; ils
reposent sur la puissance dictatoriale du père de famille. La
paternité et la filiation naturelles disparaissent, pour ne laisser en présence qu'un père fictif et des enfants fictifs. Il fallait, en effet, une loi pour remplacer la nature : ce fut la loi
de l'adoption. Les grandes familles se recrutaient par l'adoption. On conçoit cependant, la nature persistant malgré la
loi, qu'une certaine tendresse animait le père pour sa femme
et ses enfants, et pouvait, après tout, leur assurer, dans la
plupart des cas, la dignité et le bonheur. Mais l'étranger
acheté pour le service des champs ou de la maison, l'étranger
prisonnier et tombé dans le butin, quel devait être son sort ?
Pour lui, la dictature du père de famille était sans frein ;
adoucie d'abord par le besoin qu'on avait de l'esclave, elle fut
capricieuse et sans pitié quand le citoyen fut enrichi par la
conquête du monde, et que, par la multitude des esclaves, la
vie des hommes fut comptée pour rien.

Cette plaie de l'esclavage ne date pas de l'Empire. Elle
était béante sous la République, et en parfait accord avec les
mœurs et les institutions. Les cités grecques appliquaient les
mêmes principes. Il est humiliant pour l'intelligence moderne d'avoir cru aux sentiments libéraux des Grecs et des

Romains. Ce sont ces peuples qui ont organisé la notion de la dictature et de l'esclavage, et l'ont léguée aux générations dans les monuments d'une littérature exquise. Scrutez tous les incidents de la vie publique et privée dans l'antiquité classique, vous reconnaissez l'instinct dictatorial, le droit de chacun d'agir sur tous. Dans la société chrétienne, vous distinguez le droit de chacun d'agir sur soi, ce qui est le propre du *self government*. Dictature, *self government*, ces deux mots résument l'histoire.

Le droit de justice est le vrai signe du *self government*. Nous naissons juges et justiciables. Chacun apporte dans la société le devoir de coopérer à la reddition de la justice. Ce jugement par les pairs, ce jury national a été en vigueur chez les Hébreux et dans toute l'Europe chrétienne ; il est resté en Angleterre. Il y a à Rome des traces du jury pour les affaires civiles. Le tribunal des *centumvirs* était une liste de jurés. Mais de bonne heure l'élément dictatorial s'empare de la justice. Les consuls et les préteurs à Rome, les proconsuls et les présidents dans les provinces, ont la juridiction en toute propriété. Ils jugent seuls, sauf l'appel à César. S'ils ont des assesseurs, des conseillers, ceux-ci ne sortent pas de leur rôle consultatif. Le prince, héritier de la souveraineté du peuple, a toute la juridiction ; il la délègue, elle revient à lui par la voie de l'appel. Notre-Seigneur n'a pas appelé de la sentence de Ponce-Pilate. Paul, au contraire, refusait même d'être jugé par Festus et en appelait à César. Cette justice par commissaires s'est malheureusement introduite en France avec le droit romain. Elle y fut atténuée par l'hérédité des charges, qui rendit le magistrat indépendant du pouvoir en le soustrayant à toute crainte de révocation et à toute espérance d'avancement.

L'Empire romain porta à sa perfection la justice dictatoriale. Les meurtres innombrables dont il fourmille avaient un fondement juridique. Les empereurs faisaient tuer qui bon leur semblait. Ils en avaient le droit. Juges suprêmes, ayant droit de vie et de mort, ils condamnaient qui leur déplaisait, et comme il n'y avait pas d'appel de l'Empereur à lui-même, l'exécution suivait immédiatement le jugement, qui, en vertu de l'autorité dictatoriale, avait pu être prononcé en l'absence de l'accusé. Par contre, le meurtre de César n'était pas censé un crime; il était censé la revendication de la souveraineté populaire, et le seul moyen régulier d'en finir avec l'oppression. C'est sous l'Empire romain et dans le droit romain qu'éclate l'absence de toute liberté. Bysance, l'institutrice des nations modernes, est la mère de tous les despotismes. L'histoire éclaire le droit. Quelle vive lumière l'histoire de l'Empire romain ne jette-t-elle pas sur le droit! et comme le droit explique cette histoire! C'est offrir aux peuples la leçon qu'ils sont le plus dignes de recevoir, celle de l'expérience des siècles et de leur propre expérience. Ils sont troublés, remués de fond en comble par le mot de liberté, le sphinx de la démocratie moderne, mot redoutable, aliment des passions, arme des charlatans et des ambitieux. Le devoir des honnêtes gens est d'arracher ce masque et de donner le signalement des visages qui le portent. Nous avons pénétré dans la cité antique; nous y avons reconnu l'image de cette liberté révolutionnaire; nous l'avons suivie, à sa lueur sinistre, à travers les âges. Cette liberté embrase l'Europe. Nous disons aux hommes de bonne foi : Fuyez toute équivoque : la *liberté* est un mensonge. Il n'y a que deux libertés, la liberté païenne et la liberté chrétienne : en conscience, vous devez choisir. S'ils hésitent, nous les renvoyons à l'histoire de l'Empire romain par M. Laurentie; ils y apprendront ce que c'était que la liberté antique et seront peut-être mieux en mesure de juger la liberté moderne.

24 août 1862.

III

Quel est le caractère de l'ancien régime en France? Est-ce le régime féodal ou le système bysantin qui a dominé chez nous depuis le xive siècle? La féodalité et la civilisation ro-

maine sont deux choses différentes ; mais cette distinction,
admise en principe par les historiens, n'a jamais été précisée
dans le détail des institutions et des événements. Les historiens, les orateurs, les publicistes, sont, en général, étrangers
à l'étude du droit. Or, le droit est le fond des relations sociales. Comment, en dehors du droit, connaître la République
romaine et l'Empire romain, qui ont été l'application d'un
système juridique ? On répète sans cesse que les Romains ont
civilisé le monde ; et qu'étaient les Romains ? Des barbares
dénués de toute culture intellectuelle, doués de la discipline
militaire, et à cause de cela, supérieurs à tous les peuples
qu'ils attaquaient. Leurs conquêtes ont été aussi stériles que
celles de l'islamisme ; ils n'ont pu développer pour leur
compte qu'une littérature d'emprunt, fleur tardive et pâle.
Ils sont, pendant plusieurs siècles, maîtres de l'Espagne et
des Gaules ; sauf le matérialisme des plaisirs qu'ils importent
partout où ils mettent le pied, ils ne suscitent rien de noble
ni de grand ; ils épuisent les peuples par les guerres et les
exactions. En Grèce, en Orient, ils ne remplacent pas la
civilisation hellénique. La République s'allie à tous les partis
populaires, et quand, par eux, elle a abattu les traditions de
noblesse et de royauté, elle s'empare des sociétés démocrati-
sées et les déclare provinces romaines. C'est au nom de la
liberté qu'elle opère ces évolutions politiques ; par où l'on
voit que ce n'est pas d'aujourd'hui que la démocratie sert de
masque au despotisme : *Quanto majore libertatis imagine tegebantur, tantum eruptura ad infensius servitium*
(Tacite).

L'Empire, c'est la République élevée à son *maximum* de
concentration et de simplicité selon la doctrine des jurisconsultes romains ; le césarisme est le couronnement des républiques antiques ; mais il n'est pas expliqué. On a des
détails sur les empereurs bons ou mauvais : c'est à cela que
se borne la science de l'homme du monde ; les livres sont
confus ou muets. Le césarisme est cependant un système, le
plus étrange, le plus puissant qui ait pesé sur la terre. Un pro-

fesseur de l'École de droit de Dijon vient de rendre à la science le plus signalé des services, en déterminant, d'après les textes du droit, les conditions et le caractère du *droit public et administratif romain* au iv° siècle de l'ère chrétienne. L'auteur avoue qu'il a longtemps fait fausse route dans ses études, en cherchant les origines de notre droit administratif dans la société antérieure à 89 et dans ce qu'on est convenu d'appeler la féodalité. Frappé des analogies qu'offrent les révolutions modernes avec les révolutions antiques, il a voulu saisir à son point de départ et dans sa forme originale cette civilisation romaine toujours vivante dans notre pays. Donnons-nous avec lui le spectacle de l'Empire romain. L'Empereur est le représentant du peuple ; il est électif. Le Sénat homologue le vœu populaire, à l'avénement de chaque empereur, par une *lex regia* ou *lex imperii*. Tout le pouvoir du peuple passe au nouvel empereur. Il a l'*imperium* complet, l'autorité absolue que se partageaient les magistratures républicaines. Il cumule les trois pouvoirs législatif, exécutif et judiciaire. Une décision du jury d'Anvers fut cassée par ordre de Napoléon. Voici ce que nous lisons dans le seizième volume de l'*Histoire du Consulat et de l'Empire*, par M. Thiers, page 199 : « Le rapport du conseiller d'État chargé de présenter ce sénatus-consulte contenait cette phrase, qui exprime toute l'opinion de Napoléon en matière de souveraineté, et qui évidemment n'eût jamais été admise, même avant 1789, dans des termes aussi absolus : « Notre civilisation ordinaire n'offre aucun moyen d'anéantir « une pareille décision; il faut donc que la main du souverain « intervienne. Le souverain est la loi suprême et toujours « vivante ; c'est le propre de la souveraineté de renfermer « en soi tous les pouvoirs nécessaires pour assurer le bien, « pour prévenir ou réparer le mal. » Ceci se passait en 1813. Le souverain est la loi suprême et toujours vivante! Ce sont les paroles mêmes de Justinien; les légistes du Conseil d'État n'en pouvaient trouver d'autres, en effet, pour l'acte qu'ils étaient chargés de légitimer. Sous l'ancien régime, le conseil

du Roi évoquait les causes particulières, malgré les arrêts des
parlements, et les jugeait en vertu des principes du droit
romain, qui font de l'Empereur le juge universel de ses sujets. D'ailleurs, l'appel portait sans cesse les causes au pied du
trône : *Ad Cæsarem appello*. Qu'étaient les parlements? Les
conseillers judiciaires de la Couronne; ils rendaient la justice
au nom du prince, comme les gouverneurs ou *judices* des
provinces romaines la rendaient au nom de César. D'où la
conséquence que le Roi restait juge en dernier ressort. Cet
absolutisme royal fut mitigé et presque effacé en pratique
par la vénalité des charges, fait tout féodal et non romain,
émané du droit de propriété.

A partir du xıvᵉ siècle, la royauté française s'inspire
exclusivement du Code théodosien qui a régi les Gaules et
qui y a laissé des traces profondes. Louis XIV a été élevé dans
la pensée que tous les biens de ses sujets lui appartenaient.
La Sorbonne, consultée sur un impôt, répondit que les biens
des sujets étaient ceux du Roi : c'était là une des libertés de
l'Église gallicane. Dans un mémoire anonyme, publié à
Amsterdam en 1689, et qui fait partie d'un recueil intitulé
les Soupirs de la France esclave, il est dit que sous le ministère de Colbert on délibéra si le Roi ne se mettrait pas en
possession de toutes les terres et s'il ne les réunirait pas
toutes au domaine royal pour les affermer à qui il jugerait
à propos. L'opinion des gens de robe, des administrateurs, des financiers, était favorable, et ce n'est pas parmi
eux que le Roi eût rencontré des obstacles. Les textes du droit
romain nous donnent la raison de ces aberrations, car, pendant que les peuples restaient chrétiens de cœur, le droit
public se paganisait de plus en plus. Le droit romain, étant
accepté comme raison écrite, amenait toutes ces conséquences. Or, il ne reconnaît pas le droit de propriété. Dans
l'immense collection des textes législatifs qui le constituent,
il n'y a rien pour le droit de propriété. La terre appartient à
l'État; elle est laissée aux particuliers à titre de possession
toujours révocable. Il n'y a rien qui exprime, en droit romain,

l'idée de propriété telle que nous la concevons, parce que le droit romain est communiste. Les *possessores*, dont il est fait si souvent mention, sont des espèces d'usufruitiers. Nos pères, *barbares*, qui ont créé le droit de propriété, ont aussi créé le mot de propriété. *Proprietas*, chez les jurisconsultes romains, s'entend uniquement de la possession particulière, par opposition à la possession publique, commune.

Il y a dans nos lois une théorie étrange, qui a donné lieu à une foule de commentaires : c'est la théorie de la possession. Les légistes déclarent que la possession n'a rien de commun avec la propriété. Qu'est-ce donc que la possession? Comment ce fait, supposé étranger au droit, a-t-il un caractère juridique? La possession est la détention de la chose, avec la pensée de se l'approprier, et peu importe que cette détention soit juste ou injuste. C'est donc le vol érigé en principe. Les légistes modernes ont cherché à imiter autant que possible le droit romain, et comme il est question de possession et non de propriété dans le droit romain, ils ont avili, effacé, dénaturé le droit de propriété, afin de le transformer en une sorte de possession. Notre théorie de la possession s'inspire des doctrines du droit romain. Le droit de propriété est d'origine féodale, il est la féodalité même. A un point de vue plus général, il est chrétien, parce qu'il a été pratiqué par l'Église, malgré le droit romain et les empereurs païens. En affirmant son droit de vivre contrairement aux lois humaines, l'Église affirmait son droit de propriété. Le citoyen romain ne s'appartenait pas ; il était la propriété de l'État. C'est dans la volonté seule de l'État qu'il puisait son droit de vivre, et par conséquent c'est de la munificence ou de la permission de l'État qu'il recevait ses moyens d'existence. L'Église, elle, ne relevait que de Dieu et d'elle-même; son autonomie engendrait son droit de propriété; souveraine dans l'ordre spirituel, elle attirait à elle par accession la souveraineté temporelle nécessaire à la manifestation et à l'indépendance de sa vie spirituelle; elle formait une association non reconnue et proscrite. En déclarant tous les habitants de l'empire citoyens romains, Caracalla serrait et développait le lien du communisme universel. L'Église, par son indépendance, brisait ce cercle infernal ; de là cette guerre d'extermination des empereurs contre le christianisme. La Rome chrétienne a combattu pour le droit de propriété. Innocent XI, Pie VI, Pie VII, Pie IX, ont soutenu la même cause contre les prétentions de l'Empire romain, redevenues des arguments dans la bouche de Louis XIV et de la Révolution française. Nous avons vu, au commencement de ce siècle, la restauration de l'empire d'Occident. Et nous savons que Napoléon visait plus haut ; car, dans sa pensée, l'empire d'Orient devait lui être subordonné. C'était l'empire universel se substituant à la république universelle que la Révolution française s'était donné la mission d'établir.

Ces événements prodigieux ont étourdi le monde ; ils découlent logiquement du principe juridique posé dans le droit romain. Et le droit romain ayant peu à peu ressaisi en France tout son empire, c'était en France qu'il devait prendre son point d'appui pour s'élancer de nouveau à la conquête du monde.

Ce vaste communisme de l'Empire romain est rendu visible par l'ouvrage de M. Serrigny. L'immense société dont il décrit tous les rouages administratifs présente le phénomène le plus étonnant de l'histoire ; elle est nominalement chrétienne, mais le fond politique du paganisme persiste et entrave le développement chrétien. Toute l'histoire aboutit à ce point culminant. L'Empire romain est le fils de la République romaine, en qui se résume tout le passé païen, et le père de toutes les monarchies césariennes qui ont surgi de toutes parts des débris de l'ordre féodal. La Gaule a vécu cinq cents ans sous le droit césarien. Pour les historiens et les publicistes, ce droit est la civilisation même. Civilisation est le mot latin *civilis*, *civis*. La cité est la base de ce que nous appelons civilisation ; et la cité est fondée sur le communisme. Dans tout le cours du moyen âge, le droit romain prend le nom de droit civil, *jus civile*, droit communiste, ennemi de la propriété, et d'où sort le communisme royal ou impérial qui remplit l'histoire moderne depuis le XIII⁰ siècle.

Le droit bysantin est la dernière forme du droit romain ; il a servi de modèle aux rois *chrétiens*, et a plus particulièrement régné en France, où il a été frauduleusement introduit par l'accord des rois et des légistes, et où il a grandi par la ruine des institutions nationales. Le Roi, à l'imitation des Césars, se proclamait justicier universel. « Toute justice émane du Roi. » C'est là un axiome du droit romain. Le droit féodal a un autre principe : toute justice émane de la Coutume, et la Coutume est territoriale. Ce qui n'empêche pas nombre d'écrivains de confondre sans cesse le droit romain et la féodalité. Tout est droit romain en France depuis le XVIᵉ siècle ; il n'y a plus alors que des vestiges, des dénominations de féodalité. Notre organisation judiciaire était le calque de l'organisation bysantine. Les parlements rendaient la justice au nom du Roi ; ils avaient des fonctions administratives et judiciaires. Le ministère public, qui naît au XIVᵉ siècle, nous vient en ligne directe de l'avocat du fisc. Le fisc romain avait près des différents magistrats faisant office de tribunaux, c'est-à-dire près du préfet du prétoire et des gouverneurs de province, un avocat chargé de défendre ses intérêts. A défaut d'autres accusateurs, cet avocat poursuivait les crimes et délits. Jusqu'en ces derniers temps, le ministre public en Savoie a porté le nom d'*avocat du fisc*. Sous la République, les accusations étaient populaires ; chacun, à ses périls et risques, exerçait les fonctions du ministère public. Sous l'Empire, l'Empereur se chargea des poursuites que les citoyens n'étaient plus en mesure d'exercer. Cette évolution s'opéra sous Adrien. L'État était donc accusateur et juge. C'est du XIVᵉ siècle que date l'ordre des avocats. La procédure devient occulte, écrite, de publique et d'orale qu'elle était sous le régime du jugement par les pairs.

Ce ne fut plus la conscience, mais la science du juge qui décida. Le juré tranche immédiatement la question ; il n'y a pas d'appel de la conscience à la conscience. La science, au contraire, comporte les degrés de la hiérarchie. César était l'infaillibilité en personne, et il attirait tout à lui par la voie de l'appel. Les affaires lui arrivaient avec les remarques et observations des magistrats inférieurs, et il jugeait sur plus ample informé. Sous l'influence des idées romaines, la preuve avait pris un caractère exclusivement scientifique dans notre ancienne législation. On distinguait les preuves péremptoires, nécessaires, vraisemblables, faibles; les présomptions se classaient en légères, graves, véhémentes. Il y avait des demi-preuves, des tiers de preuve et des quarts de preuve. Le juge n'avait qu'à additionner; sa conscience n'était pour rien dans le résultat. La valeur légale de chaque indice était déterminée à l'avance. Duaren définit la preuve : *Probare est rei controversæ judici fidem facere per testes vel per instrumenta.* Et, dit-il, *ex hac definitione colligitur judicem sequi non debere quod sibi verum rectumque videtur, sed quod probatum est legitimis modis, testibus nimirum aut instrumentis.* (*Commentaire sur le Digeste. T. de Probationibus.*) Informations, récolements, confrontations, interrogatoires, tout était écrit, car c'est sur ces pièces authentiques et de rigueur que le juge formait sa conviction légale. Tout l'ensemble de la procédure byzantine, y compris la torture, avait passé dans nos lois et dans nos mœurs judiciaires avec les principes du droit romain.

Certains actes ont été amèrement reprochés à Louis XIV, et cependent ils étaient dans la logique des principes. Louis XIV a révolté la conscience de ses peuples par la légitimation de ses bâtards. La légitimation par lettres du prince était fréquente en droit romain. La volonté de César était la souveraine loi, elle changeait le mal en bien et le bien en mal : elle pouvait tout. En droit chrétien, c'est le mariage et non la volonté du prince qui fait la légitimité des enfants. La société française suivait un double courant tracé par la tradition chrétienne et par la tradition juridique; les institutions nationales étaient faussées. La noblesse avait cessé de représenter la propriété foncière; elle avait échangé la réalité du

pouvoir contre les honneurs et les décorations, et si elle n'a-
vait pas conservé le dévouement militaire et le sentiment de
la fidélité chrétienne, elle aurait ressemblé à la noblesse bysantine. La noblesse russe de nos jours est l'exacte copie de
la noblesse byzantine.

La royauté agissait surtout par son Conseil d'État, image
du *sacrum consistorium* des empereurs. Les empereurs
avaient des chambellans (*præpositus sacri cubiculi*), des
pages, des comtes de la garde-robe (*comes sacræ vestis*), des
secrétaires de la chambre (*chartularii cubiculi*), un ministre de la police, etc. Il y avait des *referendarii* qui rece-
vaient les placets et les rapports adressés au prince par les
juges et expédiaient les réponses. Il y a bien d'autres analogies consignées dans l'ouvrage de M. Serrigny. Les racines
de notre organisation administrative sont dans le Code théodosien; et quand nos hommes d'État, sous l'empire d'une
même situation et de mêmes préoccupations, croient inventer quelque chose, ils nous apprennent seulement qu'il
n'y a rien de nouveau sous le soleil. Mais quelle lumière ne
jette pas sur les institutions modernes l'étude du droit romain du IVᵉ au VIᵉ siècle ! Chez les Romains, le juge délégué
de l'Empereur était toujours unique; il avait des assesseurs
ou conseillers ayant voix consultative. Les mœurs chrétiennes corrigèrent cet absolutisme judiciaire en transformant
les conseillers en juges, et leurs fonctions en propriétés privées. Par cette combinaison étrangère au droit romain, la
justice en France fut intègre et indépendante.

De l'omnipotence impériale découlait le principe que l'Empereur détermine seul la quotité de l'impôt; cela est fondé
sur la négation du droit de propriété. Puisque les terres
étaient concédées à titre de bienfait, n'était-il pas naturel que
le prince restreignît par l'impôt son bienfait? Cet arbitraire
n'a jamais soulevé de réclamations parmi les légistes. Cette
maxime du « serf taillable et corvéable à merci » descend du
droit romain; elle n'est qu'une application partielle de ce
principe que les sujets de l'Empire sont taillables et corvéa-

bles à la volonté de l'Empereur. Cette maxime a été imputée
à la féodalité ! Une autre conséquence, c'est que le Roi créait
des priviléges, dispensait des lois qui il lui plaisait. Les
exemptions d'impôts n'ont pas d'autre origine. Elles ne se
conçoivent que par l'idée d'une royauté maîtresse de tout le
sol, et mesurant ses dons suivant sa volonté. Les priviléges
remontent au droit césarien. L'arbitraire joue un grand rôle
dans le droit romain ; tout y est arbitraire, non que tout y
soit réglé par le caprice, mais parce que l'*arbitrium*, le dis-
cernement du juge, y est prépondérant et y supplée la loi
elle-même. La féodalité repose sur un tout autre principe,
elle répugne à l'arbitraire ou au changement, car elle a pour
base la Coutume, dont le caractère est de se perpétuer. Pasquier, dans ses *Recherches sur la France*, constate qu'il n'y
avait pas de serfs taillables et corvéables à la volonté du
seigneur, et que ces expressions « serfs taillables et corvéables à volonté, » signifient que les redevances ne sont pas
nécessairement fixes, et qu'elles peuvent être modifiées du
consentement des taillables et corvéables. Le principe féodal,
mêlé au droit césarien, en adoucissait la rigueur et mitigeait
la tendance des légistes à courber les Français sous l'absolutisme royal. Qui inventait ces grotesques et insolentes appella-
tions de taillables, de corvéables, de vilains, de serfs, sinon
ces légistes qui, l'œil fixé sur l'idéal des jurisconsultes romains, rêvaient une société toute païenne, formée de libres et
d'esclaves, et asservie à l'omnipotence d'un seul ?

25 janvier 1863.

IV

Nous n'avons pas épuisé la carrière que nous ouvre l'ouvrage de M. Serrigny sur le *Droit public et administratif
romain*. Les analogies et les comparaisons se pressent en
foule ; il faut y revenir. Qu'il soit acquis à la science historique que le régime qui a précédé 89 a été un régime de
droit romain et non de droit féodal, et toute l'histoire est à

recommencer. Ce n'est plus aux souvenirs à moitié mytholo-
giques de la féodalité qu'on rattachera le régime qui a pris
fin en 1789 ; on le rattachera aux textes précis du Code théodosien, à la civilisation byzantine. Ce mouvement byzantin
s'accélérait à mesure qu'il s'éloignait de son origine ; il devint
irrésistible, emporta toutes les digues, déjoua la prudence du
monarque qui essayait de le diriger et aboutit à la Révolution française. Les restes de l'ancienne société chrétienne disparurent. Le génie de l'homme construisit une société toute
rationnelle, toute philosophique, destinée à envahir le monde
par la persuasion, sinon par l'épée. Il est certain que Napoléon, héritier de la Révolution française, voulait régénérer
l'Europe, lui donner une nouvelle vie, de nouveaux principes de gouvernement. Son Code civil devait achever l'œuvre
de l'épée, comme le droit romain achevait l'œuvre des légions. L'épée démocratique de Napoléon abattait les trônes et
les aristocraties pour leur substituer la souveraineté du peuple.
C'est le sens de toutes ses proclamations et de toute sa politique. L'Europe n'était pas mûre pour un si prodigieux changement, la France elle-même n'acceptait son rôle que contrainte, car les peuples conquérants sont nécessairement
esclaves. C'est la discipline de fer des anciens Romains qui a
décuplé leurs forces et les a rendus si supérieurs aux autres
hommes. Si Napoléon n'avait pas eu sous la main un peuple
trempé par quinze ans de proscriptions et de guerres sociales,
il ne lui aurait pas imprimé cet élan qui ne s'est arrêté que
devant l'impossible. Le dogme césarien unissant toutes les
volontés dans la volonté d'un seul, et faisant d'un homme la
loi et la religion vivante de tout un peuple, est seul capable
d'un tel effort. De là cet éclat des empires césarien ou napo-
léonien. Mais ils ne supportent pas les revers, et ne subsistent
qu'à la condition d'être universels; ils ne souffrent ni obstacle,
ni contradiction; il leur faut vaincre sans cesse. Le prestige
détruit, tout croule.

Réduit à l'Orient, l'Empire romain n'est plus que l'ombre
de lui-même, mais il a conservé son *decorum* et ses préten-

tions : l'emphase des mots comble le vide des choses. La société byzantine est une société militaire et littéraire ; ses Césars
sont souvent des orateurs et des historiens ; ce sont surtout de
grands faiseurs de lois. Choisis au nom du peuple, dans des
révolutions de palais, ils ont l'audace des parvenus. Leur
action est essentiellement bornée aux expéditions guerrières
et à l'art de multiplier les impôts. Quant à l'agriculture, à
l'industrie et au commerce, il n'en était pas question. La
civilisation païenne, dont le droit romain est l'expression, est
éminemment destructive ; elle mit, comme notre Révolution
française, hommes et choses en réquisition perpétuelle. Les
laboureurs, les artisans et les commerçants étaient enlevés
pour la guerre ; et d'ailleurs, au milieu de l'instabilité des intérêts et du remaniement des fortunes, ils n'avaient aucune
chance de prospérer. La production était tarie dans sa source.
La guerre et l'impôt poussés à l'excès exténuent l'humanité.
La population et la richesse diminuent du même coup. Les
Romains se sont trouvés en petit nombre et pauvres devant
les Turcs de 1453, et ils ont glorieusement succombé. La
gloire est le mot du paganisme ; tout le communisme gréco-
romain était organisé pour la gloire de quelques-uns. C'est
par l'idée de la gloire que Napoléon enflammait ses soldats et
remuait ses fonctionnaires civils. Nous ne croyons pas que
dans le cours des siècles chrétiens on ait parlé aux hommes
de gloire. Défendre la religion, protéger le droit, était le seul
but offert au dévouement. L'espoir de la célébrité ne touchait
pas les cœurs ; chacun songeait à accomplir son devoir sans
s'inquiéter de ce qu'en penserait la postérité, parce que la
distinction du bien et du mal était fortement empreinte dans
les âmes. Dans une civilisation païenne, livrée à d'incessantes
vicissitudes, ces notions fondamentales sont confondues, et le
sentiment qui surnage et qui peut seul saisir les imaginations, est le sentiment de la gloire, passion profonde qui
est rarement d'accord avec la moralité du but.

L'Empire romain a laissé des monuments immenses, qui
accablent notre imagination. Cette gloire de l'architecture

était payée de l'esclavage de tout un peuple. En imitant l'ancienne Égypte, il l'a dépassée. La population des artisans était parquée dans sa condition sans pouvoir en sortir. Elle rentrait dans le service public et devait à l'État toutes les corvées et prestations qu'il réclamait. C'est par ces corvées qu'étaient construites et entretenues ces routes romaines qui reliaient le monde à la centralisation impériale. La « gent corvéable » nous vient de là : on n'a qu'à ouvrir le Code théodosien, on y verra en acte tout le régime qu'on s'obstine à qualifier de régime féodal. A Constantinople, à Rome et à Alexandrie, des corporations de boulangers et de bouchers faisaient au peuple des distributions gratuites de pain et de viande, ce qui attirait dans ces capitales la population des provinces, encore alléchée par les spectacles. L'État payait au peuple le spectacle, et ce spectacle était une frénésie, quoique les courses de chevaux eussent succédé aux combats de gladiateurs. L'histoire donne ici une leçon aux peuples modernes qui agrandissent et embellissent leurs capitales : les campagnes se ruinent et se dépeuplent pour soutenir ces centres brillants de civilisation, et les nations ne jettent jamais plus d'éclat que lorsqu'elles courent à l'abîme. Le luxe de Paris n'est sans doute pas comparable à celui de Bysance sous les Césars. Qui oserait dire qu'il n'est pas déjà menaçant? Pour soutenir ce luxe, la fiscalité avait mille moyens ingénieux. La torture était employée contre les contribuables récalcitrants. Sans compter les impôts directs et indirects, le sel, les mines, les douanes, les octrois et les patentes, les portes, les fenêtres, les colonnes, les tuiles étaient spécialement imposés; l'impôt sur les successions était de cinq pour cent. La volonté de l'Empereur déterminait la quotité de ces impôts : *Quidquid principi placuit legis habet vigorem*, principe du droit romain traduit par nos légistes : *Si veut le Roi, si veut la loi.*

Quel était le régime municipal? On a dit que les libertés des villes au moyen âge remontaient aux municipes romains. M. Serrigny nous apprend, pièces en main, ce qu'il en est. M. Guizot, M. Augustin Thierry et d'autres historiens conviennent qu'à la chute de l'Empire le régime municipal était une sanglante mystification. Les membres de la curie répondaient de l'impôt ; ils étaient solidaires les uns des autres, et payaient pour les pauvres. C'était du communisme. La curie ne se recrutait pas par l'élection, mais par la naissance, par l'agrégation volontaire et par l'adjonction forcée que faisaient les décurions des gens riches qui pouvaient partager leurs charges et garantir la levée des impôts. Les décurions étaient à vie ; il leur était interdit de renoncer à leur qualité. De là une situation tellement misérable, qu'ils s'enfuyaient chez les Barbares, en abandonnant tout. Des lois attribuaient à la curie l'héritage des décurions. La curie élisait des consuls ou duumvirs, mais sauf l'approbation impériale. Léon le Philosophe abolit ces nominations par les curies : « Nous abrogeons ces nominations par notre décret, comme obstruant inutilement le sol légal. » C'était franc. Ce régime municipal n'était qu'une machine fiscale ; il fonctionnait dans des conditions de servilisme et de communisme qui ne permettent pas de lui attribuer la paternité des libertés municipales dans le monde moderne. Ce communiste impérialiste tenait à la personne de l'Empereur. L'unité impériale brisée, le droit change de caractère. Les historiens du droit, entre autres M. de Savigny, n'ont pas compris cette transformation ; ils croient suivre le droit romain à la piste, et ils n'en aperçoivent que le fantôme. Ce qui constituait le droit, c'était la volonté impériale ; comment aurait-il subsisté, cette volonté absente ? Il restait des formes de procédure, sans autre valeur que celle qu'y attachait la volonté des parties. Le droit tombait dans le domaine de la Coutume.

Les *Barbares* prononcent la parole d'affranchissement en invitant chaque peuple à vivre selon sa loi particulière. Quelle était cette loi ? Évidemment la Coutume, puisqu'il n'y avait aucune autorité capable d'imposer une loi au peuple. La population gallo-romaine n'avait plus au-dessus d'elle une hiérarchie de juges absolus remontant en dernier ressort à l'Empereur. Le droit, quels qu'en fussent les textes, était la volonté impériale. De communiste, césarien qu'il était, le droit devient personnel, territorial. Sous la similitude des mots se cachent des différences radicales. Le *self government* prend la place de l'autorité impériale. Un souffle nouveau anime les institutions. Les corporations d'artisans, un des principaux pivots de l'administration romaine, et qui étaient au service forcé des villes et de l'État, reprennent l'empire d'elles-mêmes. Tout un ordre nouveau jaillira de ces débris. La liberté des corporations chrétiennes reposait sur le droit de s'administrer elles-mêmes, tandis que les corporations païennes étaient fondées sur l'esclavage : aussi les enfants étaient forcés d'embrasser la condition de leur père. Beaucoup de fermes étaient cultivées par des esclaves attachés au sol ; de là toutes les lois romaines sur les *serfs* fugitifs, sur le partage des enfants, sur la défense faite aux serfs de se marier ailleurs que dans la ferme, etc. Toutes ces dispositions mentionnées dans le Code théodosien sont antérieures à l'établissement des *Barbares*. L'immobilisation des personnes et des intérêts a été signalée par M. Guizot comme le caractère propre de la féodalité ; et il n'est plus permis de douter que cette immobilisation fut le système même de l'Empire romain. L'immobilisation atteignait toutes les classes, même les classes élevées, elles-mêmes esclaves de leurs fonctions. Le fils suivait la condition du père, pour remplir le service du père et se dévouer corps et biens à l'État, ce qui était le principe des anciennes cités. Ce même principe, développé sans mesure par la conquête, asservissait à l'Empire toute l'espèce humaine ; il réalisait la servitude universelle, et, sur une plus vaste étendue, un régime de castes analogue à celui qu'avait pratiqué l'Égypte. La population de l'Empire se divisait ainsi : 1° sénateurs de Rome et de Constantinople ; 2° les *honorati*, figurant en tête de l'*Album* des curies ; 3° les décurions ; 4° les *posessores* ; 5° les artisans ; 6° les colons ; 7° les esclaves. Ces personnes, immobilisées par la loi dans leur condition, n'en sortent qu'avec une extrême difficulté. De nombreux textes de loi attestent la sollicitude de l'Empereur à maintenir le cadre social. Il n'est pas question de propriétaires; le nom et la chose n'étaient pas inventés. Dans certaines circonstances, les *possessores* étaient adjoints à la curie en qualité de plus imposés; ils ne pouvaient quitter leurs terres, car à chaque instant ils pouvaient être enrôlés dans le décurionat. Pas d'ombre de droit d'association, nécessité de l'autorisation préalable et dissolution à la volonté du prince. Un des griefs contre les chrétiens, c'est qu'ils formaient une association prohibée, crime de lèse-majesté et digne de mort.

Par quelle bizarrerie a-t-on mis sur le dos de la féodalité toutes les iniquités de l'Empire romain, toutes les monstruosités de la civilisation païenne? Un peu d'illusion, un peu d'ignorance, ne suffisent pas pour expliquer une telle erreur; il y faut ajouter beaucoup de mauvaise foi. La science moderne a été élaborée, aux xvᵉ et xviᵉ siècles, par une secte de légistes et d'humanistes qui, tout en étant païenne au fond, voulait garder une apparence chrétienne. Le public ne pénétrait pas dans le secret de cette science frauduleuse. Ainsi le droit devint une science occulte, un grimoire ouvert aux seuls initiés, une franc-maçonnerie organisée. Les légistes du xviiᵉ siècle, effrayés, reculèrent, mais l'élan était donné; et quoique sincèrement chrétiens, Domat, D'Aguesseau et Pothier étaient complétement aveuglés par la lumière du droit romain. D'Aguesseau avait commencé notre Code civil. La Constituante et la Convention l'ont continué, et le Consulat l'a achevé. Dans la célèbre bulle de 1809, Pie VII le déclarait « un Code non-seulement contraire aux saints canons, mais encore incompatible avec les préceptes évangéliques. » Le législateur de 1804 avait été trop loin; mais les mêmes causes ramènent les mêmes effets, et Pie IX soutient le même combat. Ce qu'il importe d'établir, c'est que l'ancien régime marchait dans le sens de la Révolution; et si la Révolution ne s'est pas accomplie paisiblement, c'est que la France renfermait des éléments d'ordre chrétien qui ont résisté par conscience, comme sous les empereurs. N'est-ce pas assez pour montrer la filiation des doctrines? L'Europe moderne est sur la pente du césarisme; depuis que Napoléon n'est plus là pour la pousser, elle y va toute seule. Les princes n'y sont pour rien : la littérature, les arts, la science, l'industrie, les finances, et, par-dessus tout, l'idée rationaliste du progrès aplanissent toutes les voies devant la domination unique. L'obstacle qu'elle rencontre n'a pas changé, c'est le christianisme. Le *non possumus* de l'Église est né en même temps que le césarisme, et sous la variété des luttes sanglantes et des discussions, il se reproduit toujours le même. L'Église apporte avec elle la liberté de l'âme et le droit de propriété, l'indépendance complète dans l'ordre. Son influence sociale ne fléchit pas sans qu'il soit porté atteinte à ces biens. Jetez un regard autour de vous; suivez de l'œil sur la carte du monde les progrès de la liberté...

La liberté est chrétienne. L'Europe échappe au christianisme, et il n'est pas besoin d'oracle pour lui dire le sort qui lui est réservé : il est écrit dans les textes les plus authentiques de l'histoire. La Russie a pour mère Bysance, et elle a profité de l'enseignement maternel. Les éléments chrétiens ont été peu à peu réduits, comprimés, subalternisés par le droit césarien ou czarien. Le Czar est le chef de la religion; son pouvoir est sans bornes; son administration et sa justice arbitraires rappellent l'administration et la justice bysantines. La noblesse russe, qui n'a jamais eu le caractère féodal, est une image de la noblesse bysantine, une vaine décoration de théâtre. L'armée russe est recrutée comme les armées romaines. Les *possessores* devaient fournir des hommes au *prorata* de leurs possessions; ces hommes étaient marqués et ils étaient soldats pour la vie : le remplacement et l'exonération existaient. Le prix de l'exonération était fixé par le prince, selon les circonstances. La caisse de dotation de l'armée (*ærarium militare*) remonte à Auguste. Il est vrai cependant que l'empire russe est loin d'offrir le spectacle d'arbitraire de l'Empire romain. Les habitants fournissaient à l'armée des vivres et des habillements à titre d'impôts et de réquisitions, et sans indemnité: C'était l'application du principe communiste qui enserrait la société dans son immense réseau et trouvait sa consécration dans le droit. Tout dépendait strictement de principes enchaînés par une rigoureuse logique et universellement acceptés. La folie régnait; le monde ne s'en apercevait pas, et il aurait été son train, jusqu'à ce que l'Empire se fût éteint, faute d'habitants, si le christianisme, aidé des *Barbares*, n'eût renouvelé le sang des peuples par une nouvelle doctrine. N'y a-t-il ici que le spectacle de la folie? La philosophie stoïcienne préparait les esprits au césarisme en leur inculquant le principe spéculatif du panthéisme et la doctrine du communisme universel, qui en est la conséquence pratique; le tout couronné par cette résignation fataliste rendue célèbre par tant de suicides stoïciens. Le stoïcien se tuait au premier revers; il se tuait sur un ordre de l'Empereur; il se tuait dans la crainte que l'Empereur n'ordonnât sa mort pour confisquer ses biens et empêcher ses enfants de lui succéder; car les biens du condamné appartenaient à l'Empereur. Le fisc s'alimentait principalement de confiscations: il tuait pour confisquer, en quoi il a été imité par la Révolution française. Après cela, on ne s'étonnera plus que les empereurs aient professé la philosophie stoïcienne. Tel fut l'idéal réalisé par la raison humaine, par les sages de la terre. Un nombre incommensurable d'esprits éclairés, courageux, en possession de la civilisation la plus puissante qui fut jamais, ont abouti à cet anéantissement. Ils y ont abouti volontairement, par un choix réfléchi. César ne régnait pas par la force matérielle, Auguste vivait en simple particulier. C'était bien la raison humaine qui s'exaltait et s'enivrait à la pensée que le César, quel qu'il fût, était la vie de l'humanité, et qui, en dehors de César, n'imaginait que le chaos. Dans ce temps-là, au moindre mécontentement, on tuait César et on le remplaçait par un autre César. Et le premier venu, à peine proclamé dans une émeute de caserne, recevait les adorations de ses sujets et posait en maître du monde. Jamais un doute n'est entré dans l'esprit de personne sur la légitimité de ce pouvoir. Le peuple souve-

rain faisait et défaisait ainsi ses dictateurs : c'est à cela que se
bornait l'équilibre des pouvoirs.

La personnalité n'existe pas chez les anciens ; la conscience
est un vain mot pour eux. La cité n'est que le communisme
de l'État. A mesure que la cité s'étend, le communisme pèse
d'un poids de plus en plus lourd sur l'âme humaine. Quand
la cité embrassa le monde, l'obéissance et la subordination
des âmes furent infinies. Sparte et Athènes étaient communistes ; mais en deux enjambées, un Spartiate et un Athénien
étaient dehors : ils reprenaient possession d'eux-mêmes dans
le reste de la Grèce, en Afrique, en Asie, partout où ils allaient. Leur chaîne était intermittente ; mais sous les Romains,
il était impossible de fuir l'Empire. Et pourquoi chercher à
fuir ? N'était-ce pas faiblesse et inconséquence ? Les stoïciens,
ces successeurs d'Aristote et de Platon, avaient rêvé la cité
universelle ; fallait-il la rejeter quand elle se présentait « dans
« toute la majesté de la paix romaine? » Il n'y avait plus qu'à
vivre dans la grande cité, puisque toute issue était fermée.
Le citoyen athénien ou spartiate appartenait à Athènes ou à
Sparte ; il était esclave de son petit État. Tous les hommes
déclarés citoyens romains, en vertu de la même doctrine,
appartenaient à l'État. Et quel était l'État alors? César. Le
syllogisme conduisait la raison à l'abdication totale d'elle-
même, parce que le principe païen et communiste de l'État
éteignait dans l'homme la personnalité et la conscience. Le
rationalisme de nos jours marche sur les traces de l'antiquité ;
il écarte de la société les influences chrétiennes qui l'ont conservée et assainie, il substitue à la conscience maîtresse d'elle-
même par la foi religieuse, le dogme de l'État maître de nos
actions extérieures. Pour retomber dans le communisme du
droit romain, il ne manque que des événements et de la logique. Notre siècle est fécond en événements, et sans nous
vanter, nous ne manquons pas de logique.

La religion chrétienne, en rendant à l'homme la personnalité et la conscience, a ouvert une ère nouvelle. La matière
première lui était fournie par l'Empire romain ; la forme fût

chrétienne, germanique. Cette contre-partie de l'histoire n'a
pas été approfondie par M. Serrigny; il ne l'a abordée que
d'une façon très-vague dans un *Mémoire* ajouté à son traité
de *droit public et administratif romain*. C'est de la religion
que découle la civilisation d'un peuple. Et nous devons
comprendre comment le paganisme ayant produit le communisme du droit romain et le césarisme, l'Église chrétienne produisait, par opposition, une société fondée sur la
distinction des pouvoirs et sur la personnalité des droits. On
ne dira pas que les tribus germaniques eussent une tendance
au césarisme. Le livre immortel de Tacite nous montre les
Germains vivant de la vie patriarcale, dans laquelle se com-
binent le sentiment de la hiérarchie et le sentiment de la
personnalité, sentiments étrangers aux Romains, qui ne concevaient que l'égalité dans la servitude. L'étude des institutions créées, inspirées, modifiées par l'esprit chrétien, éclai-
rerait toute la face de l'histoire. L'identité des mots égare
aisément un esprit prévenu ou inattentif. Tout, au moyen âge,
était communauté ; communautés rurales, communautés d'artisans ; la famille elle-même était une communauté qui se
perpétuait ; mais, qu'on le remarque bien, ce n'est plus là le
communisme de l'État, c'est la communauté volontaire émanée du droit naturel d'association et fondée sur la personnalité. On admet généralement que le christianisme a dégagé la
personnalité de la femme et de l'enfant ; c'est la personnalité
de l'homme qu'il a affirmée.

Le jugement par les pairs, cette coutume de l'Europe
chrétienne, consacrait publiquement la liberté ou la personnalité de l'homme. Les légistes, d'accord avec la royauté, ont
étouffé cette vaste institution, qui englobait l'ordre social
tout entier ; et, grâce au système de falsification qui a présidé
à la rédaction des *Coutumes*, il est difficile de ressaisir les
vestiges de ces antiques libertés ; les parlements ont lacéré
les registres où elles étaient constatées. La Flandre, le Hai-
naut, le Cambrésis, ont gardé leur *self government* jusqu'en
1789, et nous voyons dans les *Coutumes*, que les *serfs*, qualifiés

par les légistes de taillables et corvéables au gré du seigneur, jouissaient, malgré le droit césarien et conformément au droit chrétien, des libertés politiques les plus étendues. La logique du bien est aussi scrupuleuse que celle du mal. Le jugement par les pairs devait exister pour la plus basse classe, pour les paysans. Il est prouvé que dans les provinces du nord de la France, les « hommes cottiers » rendaient la justice, formaient le jury, sur la convocation des mayeurs, baillis, prévôts. Il en dut être ainsi partout. Dès le milieu du XIIᵉ siècle, Frédéric II, par ses Constitutions, supprima le jugement des pairs. Le parti césarien essayait dès lors de ramener les hommes sous le joug. Le courant chrétien et le courant césarien se mêlent dans le passé et le marquent d'une différente empreinte : Suger dit qu'en 1105 les habitants de Saint-Sever, dans le Berri, envoyèrent des députés au roi de France, Louis le Gros, pour se plaindre à lui de leur seigneur Humbaud, et demander qu'il fût tenu de leur rendre la justice, ou qu'il perdît son fief, en vertu de la loi Salique, pour déni ou défaut de justice..... *Aut ad exsequendam justitiam cogere aut jure pro injuria castrum lege Salica amittere* (*Préface des Hist. de Franc.*, tom. XIV). Ce texte est remarquable : le seigneur, à raison de son fief, était tenu du service militaire et du service de justice : forfaire à un de ces devoirs, c'était abdiquer. Le fief est appelé *castrum*, ce qui indique l'origine toute militaire du fief. La loi Salique n'était que la Coutume franque sur l'hérédité et la tenure des fiefs. La justice était territoriale; et elle l'est encore aujourd'hui en Angleterre, où les propriétaires ont la charge d'administrer le pays et de rendre la justice. C'est ce qui se pratiquait dans l'Europe féodale. Les hommes du fief jugeaient sur la réquisition du seigneur. C'est là le jury dans toute sa simplicité. La justice n'émane plus de l'Empereur, mais du justiciable lui-même devenu un être moral, libre, personnel, relevant de Dieu et de sa conscience, capable de se gouverner. L'indépendance de l'homme était entière. Du principe que l'homme était propriétaire et répondait de ses actions devant Dieu, sortait cette conséquence, que le Roi ne pouvait exiger rien d'injuste de ses peuples, notamment, qu'il ne pouvait percevoir d'impôts sans leur consentement. Les assemblées générales, ou parlements, sont nés de cette nécessité. La royauté était limitée par les autres forces sociales, la religion et la propriété : elle participait du double caractère de la religion et de la propriété, religieuse dans son origine, parce qu'elle venait de Dieu, et transmissible par la loi des fiefs ou de la propriété foncière.

Comme les Romains n'avaient pas de mots pour exprimer la propriété, nous n'en avons pas, nous, pour exprimer cet état d'hommes qui, ne recevant la loi de personne, développent spontanément leur droit sous la dictée de leur conscience et n'obéissent qu'à la Coutume établie par eux-mêmes. Les idées modernes heurtent violemment ces traditions de notre patrie; elles sont toutes d'essence césarienne, car elles ne tendent à se réaliser que par l'action de l'État républicain ou socialiste. Tout sectaire demande la dictature préalable pour rendre les hommes heureux et assurer la liberté définitive. Cette dictature socialiste réclamée par les libéraux et les démocrates, elle est maintenant sous nos yeux. Les folies de la Révolution française ne sont-elles qu'un accident? On ne prétendra pas, du moins, que l'Empire romain, qui a duré quinze cents ans, soit un pur accident. On ne prétextera plus d'ignorance, puisque le livre de M. Serrigny est là, livre précieux, accessible à tous, traduisant et commentant les textes, livre d'école et d'une évidence absolue. C'est le témoignage de la science officielle. Qui sommes-nous? D'où venons-nous? Où allons-nous? Sommes-nous des chrétiens? Retournons-nous à la civilisation du monde gréco-romain? Quand on aura lu le savant ouvrage de M. Serrigny, on sera plus en mesure de se prononcer sur de pareilles questions.

30 janvier 1863.

LA RÉVOLUTION FRANÇAISE

ET LE DROIT ROMAIN.

I

Les événements contemporains jettent une lueur sur le passé et expliquent l'histoire. Nous voyons s'effacer les nuances d'intérêts et d'opinions, et toutes les controverses de ce temps se réduire à ces deux termes, le bien et le mal. La grande lutte de l'erreur et de la vérité remplit la vie des nations et des individus ; mais comme il est facile maintenant d'en déduire la formule historique ! Saint Augustin a décrit le parallélisme des deux cités. Elles naissent avec Caïn, le fondateur des villes, et Abel, le pasteur. A la ville, à la cité, à la république se rattachent la corruption, l'esclavage, le règne de la force. A la vie pastorale et agricole se rapportent tous les vrais biens de l'humanité, la paix et l'accroissement des familles, la richesse abondante et saine, l'immutabilité des traditions et des coutumes, l'influence des dogmes religieux. Rome, la cité par excellence, concentre en elle tous les orgueils de la terre ; et elle domine par la force de ses armes et de ses lois. Ce que ses armes ont abattu, ses lois l'empêchent de se relever. Tout soldat romain est doublé d'un légiste. La ruse, la subtilité, la mauvaise foi, caractérisent les conquêtes de Rome. Partout où elle pose la main, elle détruit la force vitale, pour ne laisser subsister qu'un mécanisme d'État et de cité. Elle se raidit contre deux peuples, les Juifs et les Gaulois, les seuls peuples religieux qu'elle rencontre sur sa route. Elle étouffe dans le sang, autant qu'elle le peut, le judaïsme, le druidisme et le christianisme. Ce qui n'empêche pas Voltaire de vanter sa tolérance.

Rome étendit aux nations son droit de cité, son droit communiste d'égalité civile. On sait que toutes les républiques anciennes étaient fondées sur le communisme. Le droit romain a les trois caractères du droit révolutionnaire des modernes : il nie le droit de propriété avec une audace dont n'approche aucune législation ; il annule, par des fictions, le droit de tester ; enfin, il anéantit l'influence religieuse en la transportant à l'État. Ce vaste socialisme, ce cosmopolitisme absolu rêvé aujourd'hui, a été réalisé. Les jurisconsultes romains ont été les agents moraux de cette révolution ; ils en ont été les défenseurs assidus ; et leur autorité, à travers les siècles, a protégé et soutenu le césarisme. Les écrivains modernes se sont imaginé d'admirer le stoïcisme, comme un effort suprême de la nature humaine insurgée contre l'oppression. Cependant le stoïcisme n'est qu'un système de panthéisme ou d'athéisme très-conforme aux idées romaines et à la politique des empereurs : c'est la philosophie de l'idolâtrie. Les empereurs et les jurisconsultes qui ont le plus persécuté l'Église appartenaient à la secte stoïcienne. Non-seulement il faut rabattre des qualités que le stoïcisme aurait imprimées aux âmes, mais il faut affirmer qu'il est la cause de la dégradation des âmes et l'excuse de la nécessité de l'Empire. Supprimant la liberté morale, il supprimait par voie de conséquence la liberté politique ; et en rangeant les hommes sous la loi de la fatalité, il appelait et légitimait le césarisme, le régime humain qui approche le plus du *fatum* divin proclamé par les oracles de l'antiquité païenne. Le musulman ressemble au stoïcien par l'apathie et la résignation inerte. Par quoi se distingue le stoïcien ? Par sa facilité à se donner la mort. C'est cette *vertu* qui a été louée par les poëtes et les historiens. Les jurisconsultes sont aux genoux de l'Empereur, le dieu vivant ; ils ont pour idéal le pouvoir absolu. Fait inexplicable, s'ils ne puisaient pas cette conviction dans leur philosophie. L'idolâtrie aboutissait au *fatum*, l'anarchie des divinités à une divinité sourde, muette, inexorable. Le panthéisme, en politique, n'affirme l'anarchie que pour la soumettre au despotisme : applications variées du principe qui résout la multiplicité des phénomènes dans l'unité de substance.

Les jurisconsultes ne pouvaient comprendre la liberté politique, parce qu'ils niaient la moralité de nos actions. Le dogme stoïcien de l'égalité des fautes est une façon d'effacer la distance entre le bien et le mal. Les fouriéristes et les saint-simoniens, qui sont les panthéistes politiques de notre époque, ont voulu supprimer la pénalité, les criminels n'étant à leurs yeux que des égarés, des malades. Platon a eu la même pensée. Le despotisme est la contre-partie de ces principes : il arrive à son heure, et dans la mesure où il est rendu nécessaire par le relâchement de la moralité humaine.

Peut-être, maintenant, saisit-on le caractère de cette religion césarienne qui joue un si grand rôle dans l'histoire et qui a été jusqu'ici si peu et si mal appréciée ? On comprend aussi pourquoi l'on ne trouve pas dans les jurisconsultes romains l'ombre de droits ou de garanties politiques. Ils ne reconnaissent pas le droit ; car le droit suppose des distinctions, des réalités subsistantes par elles-mêmes, toutes choses qui s'évanouissent dans l'unité de substance du panthéisme. L'Empereur est le droit : les légistes de tous les temps et de tous les pays n'ont jamais connu et pratiqué d'autre maxime. Du v° au xiv° siècle, la coutume chrétienne règne en Europe ; alors renaît le césarisme. Réfugié à Bysance, il y florissait au milieu des révolutions de palais et sans abandonner aucune de ses prétentions. C'est de là qu'il redescend sur l'Europe et reprend peu à peu possession de ses anciens domaines, grâce à la connivence des princes. Nous ne raconterons pas par quelles fraudes il s'est insinué dans les États chrétiens. Constatons seulement, en nous attachant à la France, que dès Philippe le Bel, nous sommes en plein césarisme ou bysantinisme. Des mots nouveaux, étrangers à la société chrétienne, frappent nos oreilles : « la justice émane du Roi ; si veut le Roi, si veut la loi ; car tel est notre plaisir, etc. » Tous nos légistes sont pleins de ces maximes, et le principal effort de leur science est de les faire entrer dans nos mœurs et dans nos institutions. Aucun peuple n'a cette célèbre collection des *ordonnances des rois de France*. Les lois se rendaient autrefois en assemblées générales. Les Capitulaires de Charlemagne et de Charles le Chauve ne sont que des bills de Parlement. Par ignorance ou par bassesse, la plupart des historiens les attribuent à l'initiative personnelle du souverain, comme les ordonnances de Louis XIV. Philippe le Bel commence à user largement du droit que lui octroient les légistes ; il fait des lois au même titre et d'après le même principe que les empereurs romains. Il se pose en législateur et en juge. Partout ailleurs qu'en France, les coutumes chrétiennes persistent plus ou moins. C'est en France que le système bysantin va se développer. Les ordonnances de nos rois sont le pendant des constitutions impériales.

La royauté chrétienne finit à Philippe le Bel ; alors commence ce qu'on peut appeler la royauté bysantine. Les assemblées nationales ne sont plus en vigueur, quoiqu'il en reste un débris qui, sous le nom d'états généraux et d'assemblées de notables, durera jusqu'en 1789. L'indivisibilité des fiefs est attaquée dans tous les parlements. Une noblesse nominale s'établit comme à Bysance, où les hommes étaient déclarés *nobles, illustres, très-illustres*, par acte authentique. Les fonctions des fiefs cessent et les titres pullulent, vaine image de ce qui n'est plus. Enfin le système des ordonnances bat en brèche les coutumes nationales, et y substitue peu à peu le droit rationnel, universel, des jurisconsultes romains. L'œuvre était presque accomplie avant la Révolution. Et les légistes du Consulat n'ont eu qu'à découper avec des ciseaux les traités de Pothier et de Domat pour en extraire le Code civil ; dignes imitateurs de Tribonien, qui usa du même procédé envers les jurisconsultes du IIe et du IIIe siècle. La France fut plus particulièrement travaillée par le romanisme ; la propriété foncière, perdant graduellement son influence, laissait le champ libre aux entreprises des légistes. Le droit civil ou romain est étranger à la propriété foncière ; il en ignore les conditions de prospérité et de durée ; l'agriculture n'existe pas pour lui. Né au sein de la ville et pour les citadins, il n'a qu'un but, l'égalité entre les citoyens et la prédominance de la cité, de l'État. Il est essentiel que l'État soit tout, car autrement l'égalité serait rompue. En outre, des citadins ou citoyens ne sont pas agriculteurs ; leur occupation, c'est le *Forum*, les assemblées du peuple, les tribunaux, les cabales et les factions. Ainsi vivaient les républiques classiques ; ces gouvernements éminemment improductifs avaient besoin de dominer au loin, de rançonner les vaincus, d'organiser autour d'eux un pillage régulier.

Ne nous étonnons pas que le droit romain soit si pauvre de dispositions sur l'agriculture. La féodalité, au contraire, déplaçait le pouvoir ; elle l'établissait à la campagne, sur la terre. Son affaire d'État ne consistait ni en émeutes ni en discussions, mais en travaux agricoles. Le droit féodal a créé l'inviolabilité du patrimoine et la perpétuité des familles rurales. Au communisme de la cité il oppose la distinction des biens et des personnes. Il transforme la commune elle-même par les corporations d'arts et métiers. Le socialisme d'aujourd'hui n'est qu'un réchauffé de Sparte et de Rome ; seulement, il faut savoir qu'il est loin d'être une utopie. Sans doute, les rois et les légistes, qui affaiblissaient le droit de propriété, ne voyaient pas toutes ces conséquences. Ils ont cru que le droit romain se plierait à leur volonté : des princes imprudents ont aussi déchaîné la Révolution en lui ordonnant vainement de s'arrêter. La puissance de nos rois s'est donc greffée sur le droit civil, tandis qu'en Angleterre un autre phénomène s'est produit, Là, c'est la propriété foncière qui a étouffé le droit civil, et la féodalité y a triomphé d'une façon si éclatante, qu'elle est plus forte que jamais. L'histoire de France et d'Angleterre, depuis six siècles, s'explique par cette double observation. Au xvie siècle, la politique des jurisconsultes romains s'est complétement naturalisée en France ; elle grandira jusqu'en 1789, et, victorieuse de tout élément national, elle fera irruption en Europe. La République française a converti le monde à ses doctrines par les moyens alternatifs ou simultanés de violence et de ruse, dont la République romaine avait donné l'exemple en amenant de force tous les peuples à son droit de cité. Les poëtes latins ont vanté *la majesté de la paix romaine*. Plus tard, c'est au nom de l'égalité, de l'indépendance, de la civilisation, qu'on a poussé les peuples à renverser leurs gouvernements pour entrer dans le cadre d'activité de la Révolution.

La France est submergée dans le romanisme : un jurisconsulte anglais, Arthur Duke, le constate dans son livre : *De Usu et Authoritate Juris civilis romani in dominiis principum christianorum*. Si le droit romain se perdait, dit-il, on le retrouverait tout entier en France : *Jurisprudentia romana, si apud alias gentes extincta esset, apud solos Gallos reperiri posset*. Et en effet, la doctrine des légistes entoure le roi de France de toutes les prérogatives des empereurs romains. La renaissance littéraire du paganisme avait été précédée par une renaissance juridique du césarisme, la première étant à la seconde ce que la fleur est à la racine. Les yeux du vulgaire se sont portés sur la fleur, qui était brillante. Les révolutions, en bouleversant le sol plus avant, ont montré toute la force et toute la profondeur des racines. Si la littérature française du xviie siècle s'inspira souvent du paganisme, c'est que la société politique et civile en gardait des traces. Comment s'y méprendre ? Le roi, comme le préteur et les empereurs, assume la mission de perfectionner le droit : la logique conclut que le droit est arbitraire et variable. C'est ce qu'indiquait la formule royale, empruntée au Digeste : *Car tel est notre plaisir*.

Cependant, par une faveur de la Providence, c'est en France que le césarisme a fait le moins de ravages ; il a attaqué la constitution politique en respectant la constitution religieuse. Les réformateurs du xvi⁰ siècle, qui invoquaient le droit romain pour réunir les deux pouvoirs sur la tête des rois, triomphent en Angleterre, en Allemagne, dans le nord de l'Europe. Sur ce point, le peuple français a été indomptable, et il n'est pas inutile de remarquer avec quelle constance d'opinion et quelle fermeté de caractère il a repoussé les avances de la Réforme. La cour et les grands inclinaient à l'hérésie ; la bourgeoisie, les corporations, prirent en main la cause sociale, trahie par les gouvernements, et sauvèrent la foi de Clovis et de saint Louis. En Angleterre, les catholiques ne surent rien organiser ; ils subirent le martyre ; la Réforme, appuyée sur le glaive, vainquit toute résistance et noya le catholicisme dans le sang. Ceci répond à une calomnie. On nous accuse d'être versatiles, et nous n'avons jamais changé. On nous accuse d'être incapables de nous gouverner, et dans la circonstance la plus solennelle de l'histoire, nous avons, par l'initiative individuelle, créé le plus grand mouvement national, la ligue catholique du xvi⁰ siècle. Il n'y a chez nous que les gouvernements qui changent ; à cela près, tout reste en place. Et si l'on veut bien y regarder de près, on s'apercevra que tous les gouvernements sont des formes variées d'un même principe, l'expression d'une même société ; nos lois civiles sont celles de la Révolution, et si elles ont été modifiées, c'est dans un sens révolutionnaire.

Pourquoi le cataclysme de 1789 ? C'est que la France chrétienne, par la meilleure part de ses traditions et de ses intérêts, résistait au romanisme. La corruption de la France administrative et gouvernementale n'avait pas gagné les familles du peuple et de la bourgeoisie. L'ensemble de la société, quoique gâté, était hostile au résultat final, le césarisme. Nos rois, malgré l'enivrement de la puissance, auraient, par principe d'honneur et par esprit chrétien, refusé de suivre la Révolution jusqu'au bout. L'égalité démocratique nous a été imposée par des assemblées de légistes, après de sanglantes proscriptions. A Rome aussi, l'Empire a succédé aux proscriptions ; il s'est installé paisiblement, comme un fait naturel. Chez nous, il dure depuis soixante ans ; ce sont les Codes de l'Empire qui nous régissent. Un royaliste affirmait, sous la Restauration, que Louis XVIII avait usurpé le trône. Ce qui était un peu vrai, car le Roi, demeuré fidèle aux principes de 89, s'asseyait sur le trône de Napoléon et non sur celui de Louis XV.

L'identité de la Révolution française et du paganisme romain est démontrée. Nous lisons dans la célèbre Encyclique du 8 décembre 1849 : « La Révolution est inspirée par Satan lui-même ; son but est de détruire de fond en comble l'édifice du christianisme et de reconstituer sur ses ruines l'ordre social du paganisme. » Ce témoignage de Pie IX, parlant du haut de la chaire de vérité, corrobore et affermit nos assertions. Ceux que nos preuves historiques n'auraient pas touchés, céderont peut-être à la plus haute des autorités, quand son langage rappelle d'ailleurs celui de Pie VI, l'immortel adversaire de la Révolution.

Nous avons observé le principe juridique de la Révolution dans toutes les phases de son développement, depuis la loi des Douze-Tables jusqu'à la Déclaration des Droits de l'Homme. Le fond des choses est conforme aux apparences ; la Révolution ne portait pas un costume d'emprunt ; elle était dans la vérité de son rôle en employant les dénominations de législateurs, de tribuns, de consuls, d'empereurs, etc. Ses fêtes patriotiques et ses institutions étaient calquées sur l'antique. Toute forme intellectuelle tend à se réaliser. Le byzantinisme s'acheminait en France à son complet épanouissement, mais on peut dire qu'il ne l'aurait jamais atteint sans la Révolution française. Les princes de la maison de Valois ne sont-ils pas de Bysance par les mœurs et le bel esprit ? Le chancelier l'Hospital, ce légiste cauteleux, grand admirateur d'Auguste et de Justinien, n'a rien de français. Il pense et il écrit avec les idées et les mots de l'antiquité.

L'absence d'une noblesse constituée ou de propriétaires indépendants laissait toute l'influence aux gens de plume et d'écritoire. « Ce sont eux, dit le marquis de Mirabeau, qui ont changé la constitution subalterne de l'État et ont établi un préjugé contre l'antique constitution de la monarchie ; et cette opinion, de malice chez eux, l'est devenue d'ignorance dans tout le reste de la nation et même parmi ceux qui y ont le plus perdu. » Le Gouvernement s'est emparé de tout ce qui échappait à la nation ; il a concentré en lui toute la société. Toutes les têtes étaient montées au diapason antique par l'instruction générale donnée à la jeunesse. « Aux états d'Orléans, sous François II et Charles IX, il fut question de faire passer en loi dans le royaume l'admission des substitutions graduelles et perpétuelles, comme en Italie ; et par une de ces contrariétés qui constatent la bizarrerie de la nature humaine, il arriva que, le tiers état y ayant consenti, ce fut la noblesse qui s'y opposa. » (*Ami des Hommes.*) Ce renseignement historique est précieux ; il confirme cette observation, que les révolutions viennent d'en haut et non d'en bas. Le mauvais exemple et les mauvaises doctrines descendent des classes supérieures sur les peuples. Le peuple ne s'égare que parce qu'il suit des guides égarés. La noblesse française, au XVIᵉ siècle, avait méconnu la loi de son institution ; de toutes ses obligations, elle ne remplissait que le devoir des armes. Elle avait répudié la charge gratuite de justice et d'administration qui lui était imposée par la condition même des fiefs. Et elle ne sentait pas que dès lors elle diminuait ses titres à la possession territoriale, en même temps qu'elle se diminuait comme corps d'État. Ainsi, les rois ont gâté la noblesse, qui a gâté la bourgeoisie, laquelle a gâté le peuple. Qui a résisté aux réformes en 1789 ? Le peuple. Et aujourd'hui nous voyons des peuples, naguère paisibles et heureux, jetés en révolution par la tourbe conjurée des scribes, des tribuns, des autorités officielles et non officielles de tout ordre et de tout rang.

La Révolution française joue dans le monde moderne le

rôle de la République romaine dans le monde ancien ; elle dissout les nationalités en les rangeant sous le niveau de l'égalité absolue et sous le joug de l'unité universelle. Napoléon veut conquérir l'Europe pour la soumettre à l'égalité. C'est la mission qu'il s'arroge, et il y croit comme à la fatalité. La Révolution, domptée et musclée par lui, n'en a été que plus habile et plus puissante. L'Empire romain opéra la fusion et la confusion des peuples plus rapidement que la République n'aurait pu le faire. M. Thiers nous montre Napoléon revenu de l'île d'Elbe constitutionnel et disciple de Benjamin Constant. C'est fâcheux pour le héros ! Nous en avons meilleure opinion que M. Thiers ; et nous admettons difficilement la sincérité de cette conversion *in extremis*. La Révolution a laissé des germes sur tous les points qu'elle a occupés ; ces germes ont levé. L'impulsion, cette fois, part de l'Italie, terre restée la conquête de la Révolution depuis 1796, et où les principes du droit romain avaient profondément pénétré, par l'enseignement des légistes et par les luttes intestines des cités italiennes au moyen âge. Au premier abord, on comprit que le Piémont ne s'arrêterait pas, qu'il ne pourrait pas s'arrêter. Déjà l'Allemagne est directement menacée.

Quelques libéraux effarés nous crient : La domination des empereurs romains est désormais impossible. Ils ne regardent qu'à l'extérieur, et en effet, il n'y a pas encore de dictateur universel. Mais les principes qui ont produit cette dictature sont-ils vivants et tout-puissants ? Telle est la vraie question, la seule qui vaille d'être discutée. Qu'est-ce que ce droit nouveau dont l'apparition trouble si fort l'Europe ? Ce droit, c'est la souveraineté du peuple. Il n'est pas si jeune qu'il en a l'air. Le peuple souverain, c'est le peuple de Sparte, d'Athènes, de Rome. Le seul peuple souverain qui ait été conquérant, c'est le peuple romain ; et à mesure qu'il a poussé ses conquêtes, il lui a fallu déchoir du maniement de ses affaires trop compliquées, trop étendues pour lui. Ces conquêtes ont nécessité et entretenu la dictature. Quand la souveraineté collective s'exerce dans l'enceinte d'une ville, elle se suffit à elle-même, elle agit sans intermédiaire ; ses intérêts sont sous son œil et sous sa main. Au delà d'un faible rayon, elle est incapable. Elle ne voit plus, elle ne sait plus, elle ne peut plus. Les armées obéissent à leurs généraux et se moquent des bourgeois. Les généraux du peuple romain eurent bien vite tout l'ascendant ; la souveraineté passa de fait dans le mandataire, sans cesser de résider théoriquement dans le peuple. Il est à remarquer que la souveraineté du peuple est l'argument de la dictature. Quelle folie que la toute-puissance humaine érigée en principe d'ordre et de salut ! Jamais pareille idée n'est venue aux rois chrétiens. Eux, du moins, reconnaissaient Dieu pour maître. La dictature, tel est le dernier mot de la souveraineté du peuple ! Et si le cosmopolitisme des idées et des intérêts s'étend sur tout le globe, n'est-il pas évident que le besoin de la dictature croîtra en raison même de l'étendue et de la multiplicité des affaires du peuple souverain, et que l'intensité de cette dictature se proportionnera à la masse des hommes et des intérêts qu'elle sera appelée à régler et à contenir ? La rapidité des communications, le perfectionnement des moyens coercitifs, l'unité de pensée réalisée par les journaux, le triomphe des doctrines panthéistes dans les sciences et dans les lettres, l'absence du frein religieux, annoncent que les passions des hommes s'accommoderaient de la dictature comme d'un refuge et d'un asile tranquille. C'est l'excuse donnée par Tacite : Le monde était fatigué de discordes, il se reposa dans la dictature impériale.

Les prévisions logiques se réalisent plus ou moins. *Cor hominis disponit viam suam : sed Domini est dirigere gressus ejus.* (*Prov.*, ch. XVI, v. 9.) Ce que Fénelon a si bien traduit : L'homme s'agite, Dieu le mène. La fatalité ne gouverne pas le monde. Mais qui ne serait frappé de ce mouvement accéléré de destruction auquel l'Europe est en proie ? Hier, c'était l'Italie ; demain, ce sera l'Allemagne. Tous les peuples et toutes les contrées tressaillent sous la même commotion électrique. L'ange exterminateur, dans son vol autour du globe, semble avoir oublié l'Angleterre. Est-ce pour fondre tout d'un coup sur elle, quand l'heure sera venue? Cette grande nation abaissait sur nous un regard dédaigneux. Le coton lui manque; les serfs de ses machines chôment; l'angoisse commence à la saisir. Jouffroy a écrit un article célèbre : *Comment les dogmes finissent.* S'il eût vécu, il eût pu voir comment les sociétés finissent, et apprendre pourquoi elles finissent. Un Spartiate essaie en vain de faire tenir debout un cadavre : Il y avait quelque chose là-dedans, dit-il. Il y avait aussi quelque chose dans ces sociétés, le christianisme; il en était la vie; c'est cette vie qui s'est retirée. Les sociétés retombent à l'état où il les a trouvées. Quand le vrai Dieu entra dans les sociétés, les païens entendirent ce cri : Les dieux s'en vont ! Aujourd'hui, Dieu s'en va des sociétés modernes, et les chrétiens peuvent s'écrier : Les dieux reviennent ! Ils remplacent Celui qui les a remplacés il y a quinze siècles.

Dirons-nous que le xixe siècle est idolâtre? Pourquoi pas? Nous sommes habitués à voir dans l'idolâtrie la religion enfantine des premiers hommes. C'est une grave erreur. L'homme a débuté par la vérité. Toutes les religions et traditions antiques en rendent témoignage. Rome, à son origine, avait ce culte patriarcal, ce théisme religieux qui fut aussi la religion des Germains, des Gaulois, des peuples pasteurs en général. Ces traditions primitives n'ont jamais entièrement péri chez elle. C'est le rationalisme, le philosophisme, le *progrès des lumières*, qui amena le panthéisme ou l'idolâtrie. Il en est ainsi dans notre Europe moderne. Le panthéisme y règne en maître. Les sociétés se sécularisent; elles renient le Dieu personnel; elles tombent nécessairement dans le culte du dieu Tout. L'antiquité nous présente ce culte sous sa forme poétique, parce qu'il était populaire. Chez nous, au contraire, ce culte, n'étant professé que par les beaux-esprits, se présente sous sa forme scientifique. Qu'il descende dans les masses, et les *Métamorphoses* d'Ovide succéderont aux théories de Hégel et de M. Proudhon. Les panthéistes de nos jours sont tout aussi idolâtres que les Égyptiens qui adoraient les oignons. Les Grecs, si spirituels et si corrompus, étaient

idolâtres, et les peuples qu'ils traitaient de barbares ne
l'étaient pas. Les théophilanthropes français ont rétabli le culte
idolâtrique, il y a à peine soixante ans, en haine de la *superstition*. Les carottes, les navets, les choux, etc., figuraient à la
place des Saints dans le calendrier. On n'entendait alors parler que de la nature, du culte de la nature, de la religion de la
nature, etc. Les mêmes causes ne produiraient-elles plus les
mêmes effets? L'expérience nous apprend que le panthéisme
est le fruit d'une raison cultivée jusqu'au raffinement, con-
fiante en elle-même, et qui cherche un système pour légitimer tous les instincts et toutes les passions. L'idolâtrie ne
fleurit qu'aux époques de corruption. Qui ne se rappelle avec
quelle insistance les saint-simoniens, ces idolâtres contemporains, ont prêché la réhabilitation de la chair?

Les plans industriels et commerciaux des saint-simoniens
ont été réalisés; et leur rêve de cosmopolitisme gouvernemental se hâte vers son accomplissement par le libre échange.
Combien encore d'étapes à franchir? Vous ne pensez pas au
christianisme, nous objecte-t-on; rien de ce qui était possible
autrefois n'est possible maintenant. Le monde non officiel était
chrétien sous les empereurs romains. Les princes modernes
sont chértiens; ne peuvent-ils devenir païens? Que de princes
ont apostasié au xvi° siècle! La grande barrière, c'est la Papauté politiquement constituée, et cette barrière vole en
éclats. Devant quel obstacle reculera le césarisme? L'expropriation de l'Église touche à sa fin. Cette sanglante procédure
suit son cours depuis trois siècles. Les biens ecclésiastiques,
cette prolongation du pouvoir temporel de la Papauté, sont
d'abord confisqués dans tous les États protestants; puis, les
princes catholiques, alléchés, se laissent forcer la main. De
confiscations en confiscations on arrive à confisquer la souveraineté pontificale. Notre-Seigneur n'aura plus un coin de
terre indépendant pour y reposer sa tête. Où sont donc ces
grandes différences entre l'ère moderne et l'ère des Césars?
Ne sont-elles pas rapprochées par les plus saisissantes, les
plus douloureuses analogies? La question religieuse remue

les consciences avec une force telle, que les hommes semblent se partager en catholiques et non catholiques pour un suprême combat.

L'issue prochaine nous est inconnue. Mais nous croyons que les princes, s'ils le veulent, sauveront les restes de la société chrétienne. De leur union dépend la paix sociale. Dans ces épreuves, les catholiques ne seront pas vaincus. Ils ne seraient vaincus que s'ils se trompaient ou s'ils étaient trompés. La grande consolation de ce temps, c'est que l'erreur est impossible à la bonne foi éclairée, à la conscience sincère. Les immortelles encycliques et les allocutions répétées de Pie IX ont retenti dans tous les cœurs chrétiens : elles illuminent les intelligences. Nous marchons à la lueur de ces divins enseignements, plus assurés en notre route que les Hébreux, qui n'avaient qu'une lumière mêlée d'ombre pour les diriger dans le désert.

16 octobre 1861.

II

Il est toujours nécessaire d'écrire l'histoire de la Révolution française, car les événements agrandissent chaque jour le point de vue sous lequel elle peut être considérée. La *Nouvelle histoire de la révolution de 1789* de M. Francis Nettement marque un progrès : elle signale fortement le caractère antichrétien de la révolution. Cette révolution s'étend sur le monde entier, et partout où elle met le pied, elle dissout les mœurs, les institutions, et fait prédominer l'esprit rationnel de la philosophie du xviiie siècle. C'est ce qu'a parfaitement démontré M. Nettement.

Entrons plus avant, et par le côté économique, dans cette grande question. Les idées gouvernent le monde; mais elles exigent un milieu favorable, un point d'appui. Tout ce qu'ont dit les philosophes du xviiie siècle avait été dit avant eux ; tous leurs arguments étaient connus des théologiens du

XIII° siècle. Quelle différence, cependant, dans l'application !
La matière première des révolutions, c'est un public bien
disposé; non pas un public révolutionnaire (le public ne l'est
jamais), mais un public déjà ébranlé dans ses convictions sociales par suite de l'affaiblissement moral et religieux des
classes supérieures. Si à cela se joint un certain malaise, et
si les conditions de la vie matérielle deviennent pénibles, la
révolution est au bout. Les peuples sont travaillés par plusieurs sortes d'ennemis : les philosophes s'attaquent à leur
intelligence, et les financiers ou économistes à leur fortune.
La dépravation et la misère! sources de tous les troubles civils et politiques.

Le christianisme éteint la misère par la modération des
désirs, par la répression du luxe, par la direction éminemment productive qu'il imprime au capital. Ce qu'il y a de
certain, c'est que les peuples livrés à leurs passions tombent
dans la misère. Circonscrits dans l'ordre matériel, ils ne suivent plus que l'instinct; et l'instinct le plus puissant, c'est la
faim. Quel est parmi les hommes le rôle politique de la faim?
L'histoire particulière de toutes les républiques grecques
n'est que l'histoire de la faim cherchant à s'assouvir; c'est la
guerre des pauvres contre les riches. Les écrivains de l'antiquité le constatent. Ce n'est jamais pour une doctrine ou
pour une forme de gouvernement qu'une classe de la société
s'insurge; c'est pour prendre aux riches. La République romaine a conquis le monde pour nourrir le peuple romain.
Avec Alexandre, la Grèce a décidément changé sa pauvreté
contre la richesse asiatique. Le défaut de subsistance poussa
les peuples nomades sur l'Empire romain. A peine installés,
ils deviennent chrétiens, prospères, riches. Les guerres sociales disparaissent; elles reparaissent avec la Renaissance et
la Réforme. Qu'est-ce que la Réforme? Une grande guerre
sociale, une spoliation générale de l'Église catholique. Pourquoi l'Angleterre est-elle protestante? Parce que sa noblesse a mis la main sur les biens de l'Église et les a gardée.
La Réforme a opéré la même substitution de propriétaires en

Suède, en Norwége, en Danemark, en Prusse, en Suisse. La France et l'Allemagne catholique ont été remuées par les mêmes convoitises ; elles sont sorties victorieuses de ces luttes sanglantes, mais non sans y laisser la meilleure partie d'elles-mêmes, cette constitution catholique qui assurait leurs droits et leurs libertés.

La Révolution française n'est-elle qu'une utopie ? Elle a marché à son but avec rapidité et infaillibilité. Ceux qui l'ont accomplie niaient tous les droits, et notamment le droit de propriété. On les accuse d'erreur ; ils ne se sont pas trompés. De quoi se composait l'Assemblée constituante ? De nobles ruinés, de légistes besogneux. Sur quoi a vécu la Révolution ? Sur les biens d'église et de noblesse. Napoléon disait, à son retour de l'île d'Elbe : Soutenez-moi, je garantis la possession des biens nationaux. Cette garantie est la seule préoccupation du Sénat et du Corps-Législatif après Waterloo. Louis XVIII la signe et accepte Fouché pour ministre. Et sous la Restauration, les doctrinaires n'ont qu'un mot à la bouche, les intérêts nouveaux ! Toute la révolution est là. Il est facile de remarquer combien le sentiment révolutionnaire s'est affaibli en France ; il ne se soutient plus que par les écrivains qui l'enflamment pour le porter au dehors, car, au dedans, il n'a plus rien à dévorer. La prescription a couru sur ces intérêts nouveaux. La loi des partages les a remaniés à l'infini. Ainsi, et en un certain sens, elle tue la révolution dont elle est le principe. Supposez que les familles révolutionnaires aient conservé leurs biens, elles constitueraient maintenant une caste puissante, reliée par l'identité de l'origine et des intérêts.

La loi de la confiscation s'est aussi largement appliquée dans les temps modernes que dans l'antiquité païenne ; elle est l'âme des révolutions, et les révolutions sont d'autant plus profondes que les confiscations sont plus intégrales. La confiscation des biens du clergé a été le premier acte de la révolution italienne. C'est la question financière qui a déterminé en France l'explosion de 1789. La propriété foncière était alors minée ; la noblesse avait perdu son indépendance dans les charges de cour et par la pratique du droit bysantin, qui morcelait les héritages. La classe pauvre s'empara des affaires et mit tout au pillage. Organes du droit bysantin, ennemis des coutumes nationales, les parlements avaient préparé cet état de choses de concert avec la royauté. La bourgeoisie avait accaparé les fonctions, la richesse et l'influence ; les parlements n'étaient-ils pas la tête de la bourgeoisie? et ils touchaient à l'administration autant qu'à la justice. Cependant, la bourgeoisie voulut être tout, et immédiatement elle ne fut plus rien. Les états généraux n'étaient pas encore assemblés que déjà les émeutes s'organisaient sur toute la face de la France ; amenée à Paris, la Constituante ne fut plus que le jouet des clubs. Dès le premier jour, la populace régna et gouverna. La plupart des historiens ont méconnu ce fait, qui éclate dans tous les documents contemporains. Ils ont essayé de scinder la révolution en deux périodes : la première, où la révolution, enfant docile, donnait les plus belles espérances ; la seconde, où, tout à coup dévoyée, elle se jeta dans les folies qui l'ont déshonorée.

Le nouvel historien n'est pas dupe de ces explications embarrassées ; il proclame hautement l'unité de la Révolution française, et nous montre dans 93 la logique de 89. Non, la plus grosse part de la responsabilité n'incombe pas aux ouvriers de la dernière heure, aux masses ignorantes qui apportaient la force de leurs bras, mais non la pensée de l'exécution. Pour atteindre les vrais coupables, il faut remonter à cette Assemblée constituante où siégeaient Mirabeau, Sieyès, Talleyrand, les organisateurs de la Révolution ; il faut remonter à Turgot et aux premiers actes de Louis XVI. Est-ce que l'Assemblée constituante n'a pas dressé le patron du droit moderne? Est-ce qu'elle n'a pas découpé nos circonscriptions administratives? Tout cela est resté : les titulaires du gouvernement ont changé; le gouvernement n'a pas changé, l'ordre civil et administratif n'a pas varié. Com-

ment cette révolution, qui n'a pas rencontré d'obstacles, ou
qui s'est servie des obstacles mêmes, aurait-elle produit des
effets contraires à son essence ou à ses principes? La confiscation générale des propriétés est posée en dogme social dès
le début par Mirabeau. Plus tard, on a été obligé d'égorger
les propriétaires pour jouir tranquillement des propriétés. Ce
n'était sans doute pas pour leur plaisir que des hommes
d'ailleurs polis, faiseurs de madrigaux, tuaient leurs concitoyens sans défense. Robespierre et Marat ne sont que les
agents exécutifs de Mirabeau et de Sieyès. Avant que la Convention songeât à étouffer le catholicisme dans le sang de la
Vendée, la Constituante avait proscrit la catholicisme par la
Constitution civile du clergé. S'il y avait une excuse, elle serait plutôt pour les furieux qui ont trempé leurs mains dans
le sang que pour les sophistes qui ont justifié tous les crimes.
On a, nous le savons, invoqué la bonne foi! Les révolutionnaires d'avant 89 n'étaient pas de ces gens simples et candides
qui s'abusent facilement et à qui leurs vertus sont des piéges.
L'histoire les connaît, leur légende n'est pas entourée d'une
auréole. Des légistes retors, des philosophes athées, des jansénistes, des nobles ruinés, des publicistes aux gages des ministres, ajoutez-y quelques imbéciles qui aspiraient à rendre
l'humanité heureuse : voilà le personnel. Tous ces éléments,
fondus, disciplinés par l'organisation occulte de la maçonnerie, se sont retrouvés au grand jour de la Constituante, assemblée toute maçonnique.

L'étude des sociétés secrètes est indispensable à quiconque
veut comprendre la marche de la Révolution française. Les
sociétés secrètes sont essentielles à la Révolution. La maçonnerie, le club des jacobins, le carbonarisme, sont une seule
et même association. Où voit-on une révolution qui n'ait été
précédée d'une conspiration? Les historiens, trop souvent,
n'étudient que les faits extérieurs. L'arbre des révolutions s'é-
panouit en plein soleil; mais ses racines descendent profondément dans le sol. La Révolution est parfaitement organisée
depuis un siècle et demi : et plût à Dieu que les gouvernements

fussent aussi solidement organisés ! Elle a ses cadres, ses chefs, ses mots d'ordre, ses principes ; elle pénètre dans le monde officiel qu'elle paralyse. Elle agite l'opinion par mille artifices : journaux, brochures, sociétés de bienfaisance, congrès scientifiques, comices agricoles, tout lui est bon pour passionner les esprits. Et notez que les gouvernements se prêtent à ces exhibitions, y cherchent même un sujet de gloire. Cette vaste organisation pèse de tout son poids sur le point isolé où se prépare un mouvement révolutionnaire. Les souverains sont donc faibles contre elle : attaqués séparément, ils sont infailliblement vaincus. Il y a des bruits et des silences étranges : toute la presse européenne pousse les Piémontais sur Rome avec un vacarme effroyable ; et puis, tout d'un coup on n'entend plus rien : le roi Othon s'esquive de la Grèce, la presse européenne déclare que ce n'est rien et qu'il n'y a eu ni conspiration ni désordre. A quoi bon dès lors s'occuper d'un événement si simple ? Laissons les Grecs poursuivre leur grande idée et rêver Constantinople !

Les gouvernements n'ont plus de défenseurs ; ils tiennent à n'en pas avoir, uniquement appuyés sur leur armée et leurs fonctionnaires. Les nouveaux principes de droit ôtent tout prestige à l'autorité, en la réduisant au rôle de la force matérielle. Cette force croirait s'affaiblir en se justifiant. La révolution, elle, raisonne ; elle prodigue son apologie dans tous les livres et dans toutes les académies ; elle a pris l'opinion à sa solde. Sur cent volumes, il y en a quatre-vingt-dix-huit qui attaquent l'ordre établi. Les souverains se sont affranchis de l'Église catholique ; ils ont rejeté la tutelle morale du Souverain-Pontife, à l'instigation des légistes et des financiers. On leur a dit qu'ils étaient des empereurs romains au petit pied. Et pourtant l'histoire leur apprenait que les empereurs romains ne mouraient guère dans leur lit, et qu'en exerçant un absolutisme incontesté, ils étaient régulièrement assassinés par les prétoriens, au nom même de la souveraineté du peuple. Les rois sont exposés à se tromper et à être trompés ; qui leur donnera des conseils désintéressés

et efficaces? Un collègue est un concurrent, peut-être un ennemi ; le fonctionnaire désire garder sa place. La religion
s'offrait comme un guide incorruptible ; elle a été écartée. Il
est passé en principe que la religion n'importe plus au bonheur des peuples ni à l'ordre des sociétés, et que le crédit,
l'industrie et le commerce sont les seuls biens. Qui a prévu
les révolutions modernes? La Papauté ; c'est elle qui a averti
les souverains ; elle a dénoncé les doctrines qui devaient renverser l'ordre social et effacer les derniers vestiges de la souveraineté. Pie IX n'est pas plus écouté que Pie VI.

C'est qu'en effet l'Église est l'adversaire naturel de la révolution. Soit que la révolution s'enveloppe dans le déisme
maçonnique de Robespierre et arbore l'*Être Suprême* sur
son drapeau , soit qu'elle s'enfonce dans le panthéisme de
Mazzini , elle n'a qu'un but, se substituer à l'Église. Elle se
soucie autant de l'Être Suprême que du dieu Pan ; mais elle
a besoin de quelques formules religieuses. Elle aime les fêtes
du paganisme ; elle les rétablit quand elle peut. Après la
constitution civile du clergé, le culte de la Raison ! En Italie,
elle veut passer par le schisme avant d'arriver au paganisme ;
c'est la loi des transitions ; elle sent que ses actes sont réprouvés par la morale chrétienne , et qu'à moins d'oblitérer
cette morale, elle ne parviendra jamais à se légitimer dans
l'esprit des masses. La trahison lui a livré le royaume de Naples; l'apostasie tente de lui livrer Rome et la Papauté. Les
souverains n'ont eu jusqu'ici qu'une force toute morale :
protégés par la foi des peuples, ils étaient inébranlables. Cette
force tombée , que leur reste-t-il? Des fonctionnaires, une
armée? Lisez la chute de Charles X, de Louis-Philippe, de
François II , du roi Othon, etc. L'aveuglement est de ne pas
voir des conséquences si visibles.

Pourquoi la Révolution n'est-elle pas un gouvernement?
Pourquoi ne supporte-t-elle même pas le régime républicain qui semble sa forme naturelle? Il y a eu un grand nombre de républiques animées de l'esprit chrétien. Toute l'Europe chrétienne en a été couverte. La plupart des villes ,

autrefois, s'administraient et se gouvernaient. Les républiques italiennes du moyen âge se rapprochent plus de nos anciennes municipalités chrétiennes que des républiques de l'antiquité. L'État païen découlait du panthéisme, père de la souveraineté du peuple, laquelle, en pratique, se résolvait dans le communisme. *Res publica*, chose publique, communauté : le mot *État*, qui est d'origine moderne, est plus restreint. Tous les traités *de la République* écrits par les anciens sont des traités *de la communauté*. Platon est communiste, parce que toute la Grèce était communiste, que les cités n'étaient fondées que sur le principe communiste. Le communisme s'étendra de la cité au monde ; c'est en cela que Rome complétera la Grèce ; César n'est que le tyran grec, le chef populaire de la cité démesurément amplifié. L'idéal des stoïciens s'est trouvé réalisé ; le monde est devenu une seule cité, une seule communauté. Le communisme du droit romain s'explique à merveille quand on se rend compte de ces antécédents.

C'est à l'aide du droit romain que les légistes ont battu en brèche les monarchies chrétiennes et les ont précipitées dans le césarisme. C'est surtout en France que s'est mani'estée la prédominance des légistes et du droit romain. Aussi a révolution universelle a commencé par la France. Nous avons vu que les légistes ont fait la Révolution en appliquant les doctrines du *Contrat social* de J.-J Rousseau. Mais Rousseau avait traduit et mis à la portée de tous les idées qui couraient dans tous les livres de droit depuis la Renaissance ; on a cru trop légèrement qu'il avait donné des formules nouvelles. Les légistes n'étaient pas gens à se laisser prendre au style de Rousseau, qui, d'ailleurs, dans le *Contrat social*, est sec et syllogistique. Toute la doctrine juridique reposait sur l'idée de la communauté et du *Contrat social*. Imbus de la philosophie de leur siècle, les légistes entraient en plein paganisme. L'Assemblée constituante, rejetant les vestiges du municipalisme chrétien, abondait dans le sens des républiques grecques. La république française a donc été éminemment païenne : de là son caractère communiste qu'on

s'efforcerait vainement d'atténuer, ces proscriptions et ces
confiscations renouvelées des Grecs et des Romains. De là
aussi cette instabilité perpétuelle qui ne permet à aucune
forme politique de se tenir debout. Car à peine la classe victorieuse s'est-elle installée, qu'elle se sent poussée dehors
par une classe inférieure ou déshéritée. Au milieu de nos
sociétés modernes, où tant d'institutions portent encore l'empreinte du christianisme, la Révolution ne triomphe un jour
que pour succomber le lendemain. Le communisme se heurte
partout au droit de propriété. Malgré l'incurie et l'ignorance
des propriétaires, malgré les lois de presque tous les pays, le
droit de propriété garde un prestige ; il se défend par instinct. Il rallie des sentiments d'ordre et de conservation sociale. Cette masse d'intérêts brise ou amortit le choc révolutionnaire. La lutte est bien dessinée. La Révolution ne veut ni
de la religion ni du droit de propriété. Et le malheur des
propriétaires, c'est qu'ils ont secondé la Révolution contre
l'autorité royale, qui est la forme la plus élevée du droit de
propriété et la sauvegarde de toutes les propriétés privées.
C'est par là qu'ils autorisent les agressions de l'ennemi et se
mettent dans l'impossibilité de les repousser. Le droit de
propriété et la Révolution sont en rapport constant et inverse
de hausse et de baisse, phénomène dont il est facile de suivre
les variations dans les différents pays de l'Europe.

Ce qui frappe dans la Révolution française, c'est son caractère abstrait, rationnel. Le nouvel historien a eu raison d'in-
sister sur ce point. Mais ce rationalisme est-il né spontanément, ou n'a-t-il d'autre origine que la philosophie du
xviiiᵉ siècle ? Les anciens n'imaginaient qu'une société rationnelle ; ils ne concevaient les hommes qu'organisés en
communauté par un législateur tout-puissant. Les mœurs et
la nature humaine, franchissant sans cesse ce cercle d'institutions impossibles, créaient un état permanent de trouble et
de sédition. Tous les publicistes, sans exception, attribuaient
les malheurs de leur temps à l'abandon des anciens principes ; ils invoquaient un retour aux institutions primitives, à

cette communauté fantastique dont l'image ne les quittait pas. Ils ne savaient pas que cette communauté n'était qu'une œuvre de violence, contraire à la nature, à l'esprit de famille ; car eux-mêmes ne croyaient pas à la famille, à ses droits et à ses devoirs. La cité était la famille. A Rome, la famille n'existait pas ; le mot même de famille désignait dans la langue du droit la propriété du maître. Fénelon, qui connaissait bien les Grecs, a fidèlement reproduit, dans sa république de Salente, les traits de la cité grecque. Et un critique moderne, M. Nisard, a écrit que Fénelon avait du penchant pour le communisme !

L'Église catholique a détruit le communisme en fondant la famille ; et par là même elle a fondé le droit de propriété. Ce n'est pas le lieu de retracer l'histoire du droit de propriété. L'Empire romain n'a été que l'extension universelle de la cité grecque ; le droit romain a été la législation du communisme, c'est-à-dire que, dans la mesure du possible, il a atteint ce résultat d'une exténuation de tous les droits individuels en présence de César, représentant unique de l'humanité, de la justice, de la vérité. Ce prodige s'est accompli par l'effort de l'esprit romain. Tous les Grecs professaient la philosophie ; c'était pour eux la science sociale par excellence ; il y avait, selon Varron, trente-sept mille systèmes sur le souverain bien ! Les Romains, eux, ne se mirent pas en quête du souverain bien ; ils se tournèrent à gouverner, à administrer les hommes, en élaborant l'idée de justice comprise dans la philosophie grecque. Ils furent les légistes de la philosophie et cherchèrent la justice absolue. Le stoïcisme était la philosophie régnante depuis les conquêtes d'Alexandre. Les historiens modernes se sont souvent mépris sur le stoïcisme. La vérité est que le stoïcisme était une philosophie panthéistique qui admettait l'égalité des vices, l'égalité des vertus, le suicide, la communauté des femmes, etc. Les jurisconsultes romains sont étrangers à ces folies qui rendaient le droit impossible en effaçant la distinction du bien et du mal : et ils ont constitué la science du droit en fixant par

l'analyse le caractère propre de chacune de nos actions ; ils
en ont précisé les conséquences juridiques avec une rigueur
toute mathématique. Ce qu'ils ont pris au stoïcisme, c'est sa
logique sèche et subtile, son amour des étymologies risquées.
Ils lui ont surtout pris l'orgueil. Car, pour les stoïciens,
l'homme est Dieu, son âme n'étant qu'une parcelle détachée
de l'âme du monde. Ils en concluaient, comme les doctrinaires de nos jours, que c'était à la raison seule à gouverner
les hommes.

Hostiles aux traditions nationales, les jurisconsultes romains passent au crible de la raison absolue les données de
l'expérience et les faits de la vie pratique. C'est ainsi qu'ils
sont parvenus à créer la science abstraite du droit. Le droit
romain est un droit rationnel, universel, déterminé par les
seules déductions de l'esprit ; étranger aux conditions de
temps et de lieu, il est applicable partout, et il a été plus ou
moins appliqué partout. Il présente cet étrange phénomène,
qu'il n'émane pas d'une autorité publique, d'un législateur
officiel et patenté ; sa tendance est au contraire de se débarrasser de l'officiel pour ne garder que l'absolu. Le plus célèbre des légistes modernes, Cujas, ne prisait, comme théorie d'art, que le droit des jurisconsultes du iii⁰ siècle. Il y
avait des législateurs officiels à Rome ; il y en avait même
beaucoup, le Sénat, le peuple, le préteur. Mais la source
principale du droit était l'interprétation et la jurisprudence,
œuvre particulière et philosophique. Tous les citoyens étaient
législateurs. De là l'autorité des *Prudentes*. Et suivant que
l'opinion accueillait leurs décisions et leurs consultations sur
des cas spéciaux, elles avaient force de loi ; les juges étaient
obligés d'y conformer leurs sentences. Le droit devenait une
science au même titre que la philosophie ; le juge adoptait
l'opinion la plus conforme à la raison. Ainsi le libre mouvement de l'esprit développait le droit, en le rapprochant de
plus en plus de l'idéal et de l'absolu.

Le droit romain ainsi transformé en absolu, en raison
écrite, servait de point d'attaque contre toutes les institutions

nationales : par une voie insensible il conduit les peuples au gouvernement absolu, universel, au césarisme. Les légistes dominaient à l'Assemblée constituante. Imbus de cette idée qui était celle du stoïcisme et de la philosophie du XVIIIᵉ siècle, que la raison est tout, ils soumirent tout l'ordre social à une réforme rationnelle. Ils étaient préparés à cette tâche par les études de toute leur vie ; la souveraineté du peuple et le contrat social leur étaient légués par la tradition juridique. Ils appliquèrent immédiatement ces principes. Le droit romain leur apprenait que la religion n'est qu'une affaire d'État, ils décrétèrent la constitution civile du clergé. Le droit romain attribuait au peuple romain d'abord, au prince ensuite, la propriété du sol, et ne laissait aux particuliers que des possessions révocables. Les légistes de 89 proclamèrent l'État propriétaire du sol français, et s'adjugèrent le droit de confisquer toutes les propriétés privées. Enfin le droit païen décidait que tout citoyen appartient à l'État, ce qui est vrai dans le système du communisme et de la souveraineté du peuple. De là ce droit indéfini de réquisition en hommes que la Révolution a poussé jusqu'à la fureur. Le droit romain avait supprimé le mariage en réduisant l'union de l'homme et de la femme à une association purement fortuite. Le législateur de 89 établit le divorce. Le socialisme et le césarisme modernes sont sortis du droit romain, et ils ont eu pour agents et organisateurs ces mêmes légistes que l'ancienne royauté nourrissait si précieusement. Qu'on n'oublie pas que c'est au nom de la Raison que se sont accomplis tous les actes de la Révolution, et que c'est cette même Raison qui avait engendré le stoïcisme et l'Empire romain. Le rationalisme n'est pas une utopie ; il a régné, il a produit une civilisation analogue à son principe. Et comment s'étonner qu'en reparaissant, il se montre tel qu'il était? L'esprit humain ni l'essence des choses n'ont changé. Le *Culte de la Raison*, c'est le stoïcisme, c'est l'homme divinisé ! On crie de toutes parts : L'homme est libre, il est Dieu ; sa raison est la souveraine loi !

Au milieu de ces commotions de l'ère nouvelle, on entend
retentir le mot de liberté ; mais les partisans de la liberté y
apportent eux-mêmes le correctif de la centralisation, ce qui
est d'un goût tout antique et déconcerte beaucoup d'honnêtes gens peu instruits. C'est qu'en effet la liberté païenne
n'est que l'indépendance de l'État, la toute-puissance de
l'État, l'absolutisme de l'État. La centralisation réduit un
pays à n'être qu'une cité. Nous nous sommes tous appelés
citoyens, fiers d'une qualification qui nous rendait esclaves
de l'État. Bossuet, jetant un coup d'œil rapide sur les révolutions de son temps, constate que la liberté mène au despotisme ; pour saisir sa pensée, il faut rétablir l'ordre déductif
des idées, et comprendre qu'il avait mille raisons historiques et philosophiques de signaler le despotisme comme la
conséquence de la liberté moderne. Cette liberté moderne n'a
rien de commun avec la liberté qu'on désigne quelquefois
sous le nom de *self government*, et qui était l'ancien régime
de l'Europe chrétienne. L'antiquité n'admettait que le droit
de l'État, le droit social, le socialisme. Le catholicisme, sans
détruire les gouvernements, a individualisé le droit dans les
individus et dans les familles. Il a relevé l'homme d'un
double esclavage, de l'esclavage des particuliers et de l'esclavage de l'État ; il a affranchi l'esclave et le citoyen. Ce qui
est à craindre aujourd'hui, c'est l'esclavage de l'État ou la
centralisation.

M. Thiers, dans le dernier volume de sa vaste compilation
historique, remarque qu'avant 89 les localités s'administraient, et que le soin des affaires générales était abandonné
au roi. Il trouve mauvais que chaque localité pût vivre en dehors des autres et sans avoir d'influence sur l'État ; il pense
que toutes les localités devaient se pénétrer l'une l'autre et
ressentir une vie commune ; que, de plus, l'action du roi
était indispensable partout. Par contre, il estime que les localités ont le droit de participer au gouvernement général du
pays. N'en déplaise au fécond écrivain, c'est là une conception bien faible : c'est la théorie de la royauté de 1830. Si la

liberté individuelle est quelque chose, la liberté communale et la liberté provinciale sont des nécessités. L'intervention du gouvernement central tue la vie locale, parce que le gouvernement agit avec une force immense et que la localité ne résiste qu'avec une force infiniment petite. La centralisation qu'acclame M. Thiers est incompatible avec les institutions communales et provinciales ; elle n'exhausse l'État outre mesure que pour le rendre plus fragile. Elle amène son intervention dans les villes et villages, où il n'a que faire, puisqu'il ne s'y traite que des affaires locales, étrangères au gouvernement. Et M. Thiers soumet la royauté à la direction de ces mêmes localités qui éliront des députés. Quoi! des hommes qui n'ont jamais dépassé l'horizon de la vie privée seront investis du mandat général de gouverner la France! Il y a là une contradiction dans les termes. C'est dire que la France n'est qu'une localité, une ville ou un village quelconque.

Un grand pays a des traditions, des intérêts, des droits et des devoirs dont l'appréciation exige une étude constante et une grande indépendance d'esprit. Il faut s'élever au-dessus de la vie privée, vivre d'une vie plus générale, pour en avoir l'intuition. C'est seulement dans certaines conditions de fortune et de position sociale que réside cette aptitude au gouvernement, parce qu'elle est surtout un fruit de l'éducation. Le problème était autrefois résolu par la participation des grands au gouvernement. C'est encore ce qui se pratique en Angleterre. En France même, on s'efforce toujours de conserver un contre-poids à la Chambre des députés. Preuve évidente qu'à côté des intérêts populaires, individuels, on suppose un intérêt général qui doit être représenté par d'autres influences que des influences de clocher. Il est aussi absurde de faire gouverner l'État par des villageois, que de mettre le Souverain à la tête de nos trente-six mille communes. Une vérité certaine, c'est qu'il y a des affaires locales et des affaires générales; M. Thiers les confond dans ce système de centralisation qui est le régime moderne. Nos pères les avaient distinguées; et en cela, ils se sont montrés plus favorables à la liberté que leurs successeurs.

Les agitations révolutionnaires cachent un fond de communisme. Aussi la Révolution n'est-elle jamais un gouvernement régulier, elle n'est qu'une forme destructive; elle est la Révolution : son nom lui demeure et la qualifie. Soit qu'elle affecte la centralisation comme en Italie, soit qu'elle affecte l'insurrection comme en Grèce, elle ne change pas, elle se plie et se déroule suivant les accidents du terrain. Nul doute qu'elle ne tende au repos d'une centralisation universelle. Chimère assurément! L'Europe en est là. En France, de bons esprits s'effraient; mais on sourit quand on entend réclamer, pour échapper à la centralisation, les institutions mêmes qui nous y ont précipités, l'agitation de la presse, les assemblées délibérantes, etc. Les institutions communales et provinciales ne sont pas encore ébauchées; elles seules peuvent opérer une diversion utile. Il est d'une sage politique de s'y rattacher : c'est dans cet esprit qu'est conçu l'ouvrage de M. Francis Nettement. En posant l'identité de la Révolution et de la centralisation absolue, il indique le remède. Mais sera-t-il écouté? Et n'a-t-on pas dit cent fois que les leçons de l'expérience étaient non avenues pour les générations nouvelles?

25 novembre 1862.

III

L'enseignement du droit romain a préparé la Réforme; c'est une vérité historique désormais hors de toute contestation. La rupture religieuse accomplie, les pays protestants gardèrent, en général, leurs coutumes privées; la classe aristocratique, qui conduisait le mouvement, ne voulait pas une destruction totale. Elle n'empruntait au droit romain que le point de vue politique de la confusion des pouvoirs. Dans certains pays catholiques, au contraire, le droit chrétien disparut sans que le catholicisme cessât d'être la religion de l'État. Les légistes ne paraissent d'aucune religion. Ils ne professent que le culte du droit romain. L'Angleterre qui, seule, a rejeté léur influence, n'attribue ses libertés politiques qu'au soin jaloux qu'elle a eu de se garantir de tout empiétement du droit romain. Ne nous étonnons pas que notre révolution se soit affublée de noms romains ; ce n'était pas, à proprement parler, une imitation factice ; c'était la réalisation d'idées et de sentiments inculqués depuis de longs siècles à la classe lettrée. La poésie ne chantait que l'antiquité. Mais la littérature ne formait qu'une couche superficielle ; au delà et plus avant gisait l'ordre juridique, auquel se rattachaient tous les intérêts. Ce sont des légistes et non des littérateurs qui peuplèrent l'Assemblée constituante ; tous ennemis de la France, puisqu'ils détestaient ses coutumes, et avaient passé leur vie à faire prédominer le droit romain. Maîtres de la France, ils établirent immédiatement l'absolutisme de l'État, attribuant à l'État le règlement des choses religieuses et un droit de propriété universel. En droit romain, l'Empereur était seul propriétaire, les sujets n'ayant qu'une possession temporaire. La confiscation des biens était conforme aux principes du droit romain. La nation rentrait dans son bien, disaient les légistes. Merlin de Douai, le célèbre légiste, rédigea toutes les lois agraires qu'on voulut. Il n'est pas inutile de remarquer que les lois agraires, chez les Romains, n'étaient qu'un remaniement de possessions : elles ne portaient pas atteinte à un droit de propriété qui n'existait pas. Ainsi, en France, la Constituante et la Convention disposaient du sol français comme d'une propriété de l'État, et ne laissaient aux particuliers qu'un droit de propriété tellement restreint et fugitif, qu'il était purement nominal. Certes, la cupidité explique beaucoup de choses ; mais ici, elle a trouvé, pour se légitimer, un système, une série de précédents nés de la pratique des *lois civiles*. Le tout s'est rapidement coordonné sous le feu des événements ; et les nouvelles lois agraires ont eu pour défenseurs les légistes, qui forment chez nous la classe la plus influente de la population.

Le socialisme nous vient en ligne directe de Rome. La théorie de l'empereur romain a été esquissée par tous les légistes; aucun n'hésite à l'accepter; leur intelligence cosmopolite est fermée à tout ce qui est national : elle vit dans l'unique pensée d'un droit universel appliqué au monde. Balde déclarait hérétique celui qui dirait « que l'Empereur n'est pas le seigneur et le monarque de l'univers entier. » L'Empereur est le grand jurisconsulte, c'est le successeur des jurisconsultes romains, la loi incarnée; de sa bouche descendent les oracles du droit universel. La cité romaine s'étant étendue au monde, son droit est devenu le droit universel, et le nom même de lois *civiles*, de droit *civil*, est resté attaché au droit romain, au *jus civile* des jurisconsultes romains. Plus tard, les légistes ont transformé le droit civil en droit naturel et en raison écrite, afin de lui assurer une apparence de fondement. Schulting, un jurisconsulte hollandais du xviie siècle, prétend « que les règles du juste sont dans le droit romain que le très-saint empereur Justinien a rassemblé et colligé, qui, après six siècles d'ignorance et de barbarie, a été ramené dans les écoles et les tribunaux de l'Occident par le saxon Lothaire, et qui aujourd'hui, l'Empire romain étant éteint et enseveli depuis longtemps, est tellement loué et appliqué chez les peuples les plus puissants de l'univers chrétien, à cause de l'équité et de la justice dont il brille, qu'il semble n'avoir pas été destiné à l'usage d'un seul peuple, mais avoir été introduit par la nature elle-même, pour l'utilité commune de toutes les nations. » C'était diviniser le droit romain. Gérard Noodt, autre légiste hollandais, appelle les jurisconsultes romains « des hommes divins. » Ces hommes divins sont du iiie siècle de l'ère chrétienne, qui est le siècle des jurisconsultes et des persécuteurs de l'Église, le siècle de l'absolutisme théorique et pratique le plus complet. Le pouvoir impérial s'était développé depuis Auguste; le poids s'en augmentait chaque jour par la multiplicité des affaires, par l'habitude que prenaient les hommes de s'adresser à l'Empereur comme à leur seule providence visible. C'est peu connaître l'histoire et le cœur humain, que de reprocher à Auguste son usurpation. Le pouvoir est venu à lui, et le Sénat et le peuple l'accablaient de prérogatives. Tous les écrivains constatent que c'est du consentement le plus unanime qu'il a régné et gouverné pendant quarante ans. Régné n'est pas le mot : il a gouverné, administré en qualité de mandataire, de procureur du peuple romain ; qualité qui suppose le consentement du mandant. Tous les pouvoirs tyranniques étaient concentrés sur la tête de l'Empereur, seule chance pour les hommes de goûter un peu de paix dans la servitude. Auguste, d'ailleurs, était la simplicité même, vivant en simple particulier, sans cour, sans gardes, sans bureaux, sans appointements. L'idée abstraite du droit faisait toute sa majesté et imposait le silence.

On se demande pourquoi les empereurs n'ont pu créer l'hérédité ; ils ne le pouvaient ni ne le voulaient. C'eût été contraire à leur titre. Mandataires du peuple, ils rendaient, à leur mort, au peuple le dépôt qu'ils en avaient reçu. Chaque nouvel empereur obtenait du Sénat, de gré ou de force, la confirmation de son élection ; car à chaque décès impérial, le mandat retournait au Sénat, dépositaire perpétuel des droits du peuple romain. Otez le Sénat, il n'y a plus d'empereurs romains possibles. Il aurait fallu recourir au suffrage populaire. Caligula, par un remords de conscience, songea à rendre au peuple le droit de suffrage. C'était un droit populaire et non royal qu'exerçaient les empereurs ; ils n'avaient rien à transmettre ; la mort terminait leur mandat. Leur pouvoir était réglé par les principes du droit civil. L'Empereur était, comme tout mandataire, destituable et responsable. Mais quel tribunal pour le juger ? Les jurisconsultes se taisaient. Ce point était inabordable à la doctrine. En fait, le premier venu le tuait au nom du peuple ; et avec la ratification du Sénat le meurtre était censé légitime. La plupart des empereurs sont assassinés. Voyez la suite des idées : les consuls avaient pendant un an le pouvoir absolu ; ils rendaient leurs comptes à l'expiration de l'année. Consul perpétuel, l'Empereur n'aurait jamais de comptes à rendre, s'il n'était pas permis de le tuer, l'assassinat étant la seule manière de juger et de condamner un homme investi d'un pouvoir sans bornes et sans contrôle. Le droit du peuple reparaissait dans l'assassinat, révocation du mandat impérial. On assassinait les empereurs, l'Empire n'en allait pas plus mal ; chaque empereur administrait d'après les mêmes principes ; rien n'était changé aux allures de la République, dont le nom était précieusement conservé. La régularité de ces assassinats les fait ressembler à une procédure régulière. Aussi les Romains ne s'en étonnaient pas. C'était la rançon de l'Empire.

La conscience d'un Romain n'était nullement timorée ; il ne s'écartait jamais du droit ; il n'aurait pas consenti à violer le droit. Mais il était lui-même le créateur du droit ; et l'on pense bien qu'il s'arrangeait de façon à n'en être pas gêné. Ses actions sont toutes logiques. Il s'amuse aux combats de gladiateurs, aux jeux du Cirque ; et cependant quoi de plus brillant, de plus raffiné que la civilisation romaine? Tant de civilisation et tant de cruauté! Interrogez le droit : ces prisonniers qui vont s'entr'égorger pour le plaisir du peuple, qui sont-ils? Des esclaves. Et, en droit, l'esclave est une chose : il est en dehors de l'humanité ; le droit ne le regarde pas. L'esclave est une *chose*, à la lettre et sans métaphore. On est donc dispensé de toute justice à son égard, comme on est dispensé de toute justice à l'égard d'un meuble. Et cette théorie, dans la pratique, était parfaitement saisie par le peuple romain. Par le même principe, l'esclave était soumis à la torture ; c'était la règle, la torture précédait l'aveu : il ne demandait pas mieux que de dire la vérité, la torture d'abord. Le prendre à son affirmation, c'eût été reconnaître sa raison, son intelligence, sa liberté morale. Il fallait que la vérité parût arrachée par la force. Les légistes ont fait cadeau de cette torture romaine à l'Europe chrétienne! Tous leurs traités de droit commentent les textes relatifs à la condition des esclaves romains. Est-ce que la théorie romaine de l'esclavage n'était pas froidement exposée dans toutes les écoles, où il était admis que le droit romain est la raison écrite? Il est certain que l'institution de la torture commence à se répandre au XIVᵉ siècle; Philippe le Bel, le roi des légistes, s'en sert contre les Templiers; et ce sont ses légistes qui en dirigent l'emploi. Le droit civil portait ses fruits. Cette même législation, appliquée contre les chrétiens par les empereurs, a été, dans tous les tribunaux de l'Europe, appliquée aux chrétiens par des chrétiens! On a lu les Actes des Martyrs. Le chrétien paraît devant un légiste, qui lui demande un désaveu; sur le refus du chrétien, la torture est ordonnée. C'est la jurisprudence constante, uniforme; le chrétien est traité en esclave. Les légistes, autant qu'il était en eux, ont rétabli l'esclavage parmi nous. Et comment les chrétiens, qui avaient subi trois siècles de tortures, auraient-ils placé la torture parmi les moyens ordinaires de procédure? C'est le progrès de la renaissance païenne, c'est l'admiration du droit romain, qui font cette violence aux mœurs chrétiennes. Alors, on appelait cela le progrès! Il y avait des retardataires, des hommes du passé qui luttaient contre le torrent; mais leur voix se perdait dans le bruit des écoles, dans le tumulte des passions. Poëtes, orateurs, philosophes, légistes, gens de cour et gens d'esprit voulaient du nouveau.

Le jurisconsulte napolitain Gravina nous introduira plus à fond dans la pensée des légistes. Nous verrons mieux, avec lui, que le droit romain est adéquat à l'Empire romain et que les légistes qui l'ont prôné, commenté, ont prêté les mains à la restauration de l'Empire romain ou, au moins, des principes qui le constituaient : mépris profond du droit, théorie de la force brutale déguisée sous l'élégance des mots. L'opuscule de Gravina : *de Imperio romano*, se rapproche de celui de Dante : *de Monarchia*. Gravina déclare d'abord que c'est à la raison à gouverner les hommes. Il ajoute : Or, les Romains ont été les plus raisonnables, les plus vertueux des hommes; donc... c'est une répétition de l'argument de Dante. Gravina rentre dans le sérieux, en rappelant la parole d'un

ancien : « C'est une loi de la nature que les forts comman-
dent aux faibles. » A la bonne heure! « Nous pensons donc,
continue-t-il, que l'autorité de l'Empire romain sur les nations fut légitime, à cause des éminentes vertus du peuple
victorieux, de l'autorité de ses lois, de la cité romaine qu'il
communiqua aux nations, en sorte qu'elles abdiquèrent à
jamais toute liberté entre ses mains (*ut in imperio romano
suam singuli libertatem in perpetuum deposuerint*). » C'est
un peu fort. Quoi! aucun individu n'a pu, depuis ce temps-là,
recouvrer sa liberté? Personne ne pourra plus renoncer au
bénéfice de l'édit de Caracalla qui étendait à tous les hommes
le titre de citoyen romain! « L'Empire romain ayant été établi
pour l'avantage de tous, il n'a jamais été permis de le renverser, de le transformer en un autre gouvernement : ni le
temps ni la raison ne peuvent rien contre la justice et contre
la liberté commune des hommes, fondées par l'alliance de
toutes les nations dans les liens de l'Empire romain ; et s'il a
été détruit, transformé, il importe aux hommes de le rétablir. » Heureusement, toutes ces folies s'écrivaient en latin ;
le vulgaire n'y participait pas. La Révolution française aurait
éclaté six siècles plus tôt si le *secret de l'Empire* lui eût été
révélé. Si les peuples avaient su que tous les gouvernements
étaient illégitimes, ils se seraient insurgés ou contre les gouvernements ou contre les savants. Cette franc-maçonnerie
juridique tenait ses assises au-dessus de lui et en dehors de
lui ; elle comptait sur les princes et non sur les peuples pour
l'exécution de ses desseins. Les princes, de leur côté, ou ad-
héraient à ces doctrines, ou les croyaient innocentes. Ces
légistes, si hardis en latin, n'étaient-ils pas les courtisans
les plus souples; ne défendaient-ils pas l'Église quand ils en
étaient requis, et que cette défense agréait aux princes? N'ap-
partenaient-ils pas, le plus souvent, à l'ordre ecclésiastique?
Ces rêves étaient-ils dangereux?

Ces rêves se sont réalisés, comme les rêves de la franc-maçonnerie. L'égalité des hommes est clairement affirmée par
Gravina ; ce qu'il nomme la *liberté commune*, c'est l'égalité.

Elle n'existe, à ses yeux, que si tous les hommes, tous les peuples, sans distinction aucune, y ont part. Le couronnement de cette liberté, c'est l'Empereur, maître absolu de la terre, à qui tous droits sont conférés en qualité : 1° de général ; 2° de tribun ; 3° de censeur ; 4° de proconsul ; 5° de père de la patrie ayant sur tous ses sujets l'autorité paternelle des temps primitifs ; 6° de sénateur, afin qu'il résume en soi tous les droits du Sénat. Gravina est assez prudent pour laisser dans l'ombre les attributions de souverain pontife. En son chapitre xv, Gravina donne la raison de la juridiction de l'Empereur sur toutes les causes privées. Elle est curieuse et dénote l'esprit juridique des Romains. « On pouvait craindre que les forces et le courage des sénateurs, effrayés par la puissance militaire dans la main d'un seul, ne fussent affaiblis par l'érection de l'Empire ; il n'en fut rien ; les droits du Sénat, au lieu de tomber, grandirent. Les empereurs, en effet, jugèrent plus facile de gagner, par la crainte ou par la faveur, l'esprit d'un petit nombre de nobles, que l'esprit d'une multitude innombrable et inconnue : par leur puissance, par leur habileté, ils eurent soin que les comices fussent transférés du peuple au Sénat. Et avec les élections passèrent dans le Sénat tous les droits du peuple, et par conséquent la création des magistrats, les jugements capitaux, le pouvoir de faire des lois et le droit de paix et de guerre : la République avait émigré du Champ-de-Mars dans la curie. » Quelles magnifiques prérogatives ! N'oublions pas que César avait la bonne fortune d'être sénateur.

Un des principaux caractères de l'Empereur, c'est l'universalité de sa compétence judiciaire. Toutes les causes ressortent de son tribunal, directement ou en appel. Dans les graves occasions, le citoyen romain avait l'appel au peuple assemblé dans ses comices. Le Sénat, s'étant substitué au peuple, recevait donc, en droit, les appels. Et l'Empereur, substitué au Sénat en qualité de sénateur, devenait le juge suprême de tous les appels. C'est probablement à cette lointaine origine que remonte cette juridiction d'appel que se sont attribuée les princes depuis le XIIIᵉ siècle. Ce sont les légistes qui ont poussé à cette extension de la prérogative royale. L'appel modifiait profondément le droit féodal; c'était un pas décisif pour jeter la royauté chrétienne dans le byzantinisme. Les juges d'appel étaient précisément ces légistes qui, armés du droit romain, évoquaient les causes de la féodalité qu'ils devaient, après une campagne de cinq siècles, entièrement absorber. La société chrétienne ne connaissait que le jugement par les pairs; c'était là le droit commun de toute la chrétienté. Sous prétexte de cas royaux, les légistes accaparèrent les causes les plus importantes, et popularisèrent la maxime : Toute justice émane du Roi.

Mais notre royauté reste, malgré tout, mélangée d'éléments chrétiens; et nos légistes, forcés de s'accommoder aux temps, restèrent en deçà de l'idéal romain. Il n'en fut pas ainsi en Italie. La constitution chrétienne des républiques italiennes donnait moins de prise à l'action des légistes. Pour conquérir la domination, il leur fallait créer un parti italien; ce fut le parti gibelin. Dans tous les États de l'Italie se forma une vaste association, qui, rejetant les traditions chrétiennes et historiques, s'inspirait uniquement des principes du droit romain et avait pour devise : *Non habemus regem, nisi Cæsarem*. Ce parti cosmopolite, insaisissable, pesait tantôt ici, tantôt là, appelant sans cesse l'étranger, poussant à la désorganisation des États chrétiens. Alors, comme aujourd'hui, le Pape défendait la liberté de l'Italie, et les italianissimes d'aujourd'hui sont la continuation des anciens gibelins. Mêmes procédés, mêmes doctrines. Ces petits tyrans du moyen âge italien qui étaient appelés du dehors pour gouverner une cité temporairement et d'une manière absolue, offraient, dans un cadre restreint, un diminutif de l'autorité impériale. L'absolutisme triomphait partout avec le gibelinisme. C'est en vertu de la théorie du droit romain que s'accomplissaient ces milliers de révolutions microscopiques, préludes d'une révolution plus générale, devenue facile après la chute de toutes les constitutions historiques de la Péninsule. Rienzi, restaurant le

Sénat romain et la République, obéissait aux mêmes tendances. Il tentait la résurrection non d'un gouvernement particulier pour le peuple de Rome ou même pour l'Italie, mais d'un gouvernement universel, de l'Empire romain. Les légistes italiens, si nombreux, si influents, si imbus des principes du droit romain, soutenaient que Rome était restée la tête et le siége de l'Empire, le Sénat dépositaire des droits du peuple romain, c'est-à-dire du monde entier à qui a été conféré le droit de cité romaine, ne l'ayant jamais quittée. Gravina nous explique *(de Imperio romano)* que Constantin n'a pu transférer à Bysance le siége de l'Empire; il y a seulement transféré le siége de l'Empereur, qui résidait où il était le plus opportun pour la défense de l'Empire. C'est ainsi que Dioclétien avait partagé l'Empire en quatre administrations; l'administration seule était partagée et non l'Empire. L'Empire ressemblait à un pupille qui aurait eu quatre tuteurs. Peut-être même les partages si fréquents du royaume franc sous les Mérovingiens n'étaient-ils que fictifs, à l'imitation de ce qui s'était pratiqué dans l'Empire romain. Une certaine solidarité entre les rois francs indiquait qu'ils se considéraient comme les représentants d'un même principe et d'un même État.

Les droits de l'Empire étant liés au Sénat romain, Rienzi relevait l'Empire en relevant une ombre de Sénat. Nous autres, Français, nous nous sentons offensés par ces puérilités de logique; mais ceux qui ont médité le droit romain, comprennent qu'elles ont été l'âme de la société romaine : elles sont entrées dans ses lois, dans ses mœurs, dans ses institutions, elles ont passé dans le sang d'une longue génération de légistes, et, après tout, elles servaient de support à une immense ambition. Les légistes italiens visaient à l'omnipotence des jurisconsultes romains; l'empire électif leur ouvrait une vaste perspective. Chaque mutation d'empereur était une occasion de fortune ou de grandeur. L'hérédité était incompatible avec l'Empire; un mandat ne se transmet pas. Privés de cet élément de force et de durée qu'apporte l'hérédité dans le gouvernement, les Romains étaient réduits à se mettre périodiquement en servitude, ne se réservant qu'un éclair de liberté à chaque mort d'empereur. Ennemis de la famille et de l'hérédité, les légistes embrassaient avec ardeur un tel système. Le dernier mot du système, c'est la dictature. C'est là une idée profondément enracinée dans le peuple romain ; depuis l'expulsion de ses rois, il vit dans une dictature perpétuelle ; son seul soin est d'abord de limiter à une année les fonctions du dictateur. L'Empereur est un dictateur viager. Et Gravina (ch. 19) convient qu'il a toujours été permis de le dépouiller de l'empire ou de la vie quand il ne remplissait pas son mandat. Nous comprenons la doctrine du tyrannicide et du régicide. Tout mandataire est responsable. Les légistes de l'Assemblée Constituante déclarèrent Louis XVI mandataire du peuple, se préparant ainsi à lui demander des comptes au 21 janvier 1793. L'Église catholique déclare les rois inviolables ; ils sont les oints du Seigneur. Le tyrannicide est une idée juridique, non théologique, fondée sur la doctrine du mandat. Il est aisé de constater que plusieurs théologiens, en ce point, ont cédé à l'influence du droit romain. Ceux qui admettaient avec les légistes une prétendue communauté déférant à un homme le pouvoir souverain, étaient amenés logiquement de l'idée primitive du mandat à une responsabilité et à une reddition de comptes du mandataire. Mais la doctrine des théologiens n'était pas dangereuse, car ils mettaient tant de conditions à la légitimité de l'action populaire contre le tyran, qu'ils en rendaient l'exercice impossible.

Les légistes interprétaient à rebours les actes les plus éclatants de la société chrétienne ; du couronnement des empereurs à Rome par le Souverain-Pontife, ils concluaient que l'empire restait à Rome. Les États chrétiens installés sur les ruines du monde romain ne sont à leurs yeux que des fragments de l'unité impériale ; les rois chrétiens sont des tuteurs qui détiennent injustement les biens de leur pupille, le peuple romain. Contre eux, la force est de droit et toutes les révolutions sont légitimes. La dictature partout et toujours, et, s'il se peut, une dictature universelle : voilà le socialisme romain et le socialisme moderne. Dictature d'un seul ou de plusieurs, telle est la révolution française. Garibaldi est dictateur en Sicile. Toutes les sociétés secrètes sont sous le régime de la dictature : des chefs inconnus transmettent des ordres mystérieux qui ont l'assassinat pour sanction. Un mouvement dictatorial court sous la vieille Europe et menace tous les trônes. Si la dictature italienne s'organise, ce sera en vertu du principe socialiste, sans hérédité, avec l'anarchie pour correctif. Ce sera l'Empire romain, avec ses empereurs d'un jour. La part du droit romain et des légistes dans ces bouleversements sociaux est grande ; nous ne croyons pas qu'elle soit désormais contestée. A la lueur de l'histoire, nous voyons plus clair dans les événements contemporains. Le bien et le mal s'expliquent par les doctrines qui les produisent. Le principe de la souveraineté du peuple se résout dans la dictature ; et ce principe de la souveraineté du peuple descend de l'hypothèse d'une communauté primitive, d'un état de nature imaginé par les philosophes et par les légistes. C'est au nom de l'égalité primordiale que les hommes sont enchaînés. Qu'on se reporte à tous les discours prononcés dans les sociétés secrètes et dans nos assemblées révolutionnaires. Les dictateurs n'ont que l'égalité à la bouche ; c'est l'unique fondement de leur pouvoir et la légitimation de toutes leurs volontés. Aussi les peuples ne réclament-ils jamais l'égalité ; elle leur est imposée d'en haut. Notre révolution française consacre cette triste vérité. De 1774 à 1789, Louis XVI, dans ses projets de réforme, rencontra la résistance la plus obstinée du clergé, de la noblesse, du peuple, des parlements, des corporations. Et de 1789 à 1799, ce n'est que par des coups d'État que la Révolution a pu se maintenir. Enveloppé dans le réseau des sociétés secrètes et dans les liens d'une administration qui surveille chaque mouvement individuel, chaque pensée intime, un peuple est bientôt dompté, musclé.

Comment tairions-nous ces vérités aux peuples italiens subjugués par la violence et par la fraude? S'ils ont gardé avec passion les souvenirs de la civilisation païenne, c'est à la civilisation chrétienne qu'ils ont dû leur gloire et leur liberté. L'Italie s'est éteinte sous le génie romain; elle n'a pas donné signe de vie sous les empereurs. Elle subissait la servitude commune, sans autre privilége que d'être quotidiennement rançonnée par les armées et par les prétendants. L'appui le plus solide de l'Empire était dans les Gaulois, race de soldats et d'avocats. Les légions faisaient les empereurs, et les Gaulois composaient les légions. Il n'y avait alors ni Italie ni peuple italien. Le Piémont et la Lombardie formaient la Gaule cisalpine. Que l'Italie cite, pendant cinq cents ans de la domination romaine, une gloire, une liberté! D'Auguste à Augustule, elle va s'épuisant, s'effaçant. Chacune de ses cités est sans nom, sans histoire. Cicéron était citoyen et même dictateur d'Arpinum. Qui est-ce qui connaît Arpinum? Ces cités sortent de l'obscurité avec le christianisme; elles prennent avec lui une vie propre, indépendante, non plus empruntée et précaire comme celle qu'elles tenaient de Rome. Des pêcheurs chrétiens se réfugient dans les lagunes de l'Adriatique et fondent la république de Venise. Ils ne comptaient parmi eux ni savants, ni légistes, ni philosophes. Quel municipe italien a jamais égalé en splendeur Gênes, Pise, Florence, Sienne, etc.? Cette efflorescence de civilisation chrétienne est tombée sous le machiavélisme des légistes et l'intervention de l'étranger. Amoindrie dans les gouvernements modernes, la liberté italienne n'a pas péri; elle conservait ses espérances et de beaux restes de civilisation chrétienne. Le socialisme disperse ces ruines, obstacles à sa dictature; il mêle tous les peuples italiens pour les asservir.

Mais l'Église est là; et comme sous les empereurs païens et sous la Révolution française, la dictature socialiste se brise contre son : *Non possumus*. Le socialisme italien, qui s'est résumé dans la secte du carbonarisme, a juré la destruction de l'Église; s'il tourne les yeux sur Rome, c'est dans la même pensée qu'Annibal. Il faut que César règne à Rome, afin que le Pape n'y règne pas. L'identité de but et de moyens est visible ; et Mazzini et ses adeptes ont derrière eux tout une longue suite d'ancêtres. Mazzini est un avocat génois. Dans tous les mouvements révolutionnaires, l'adhésion des écoles de droit se fait rarement attendre. Les écoles de droit ont été en Italie des foyers d'agitation, par la même raison qu'elles étaient autrefois des foyers de résistance intellectuelle aux principes chrétiens. Elles ont passé de la théorie à l'action. Nul n'ignore que c'est dans les écoles de droit que s'alimentent en Allemagne les sociétés secrètes ; ces nombreuses écoles et ce luxe d'enseignement juridique ont servi de voile à des doctrines subversives et ont offert à toute la jeunesse des centres d'affiliation. Ce sont des professeurs de droit d'Ingolstadt, Weisshaupt et quelques autres, qui ont organisé l'illuminisme sur la fin du dernier siècle, et préparé, par leur savante organisation, un cadre et des chefs pour toutes les insurrections futures. L'illuminisme et le carbonarisme professent la haine de l'Église catholique, haine absolue, infinie. Elle se déguise, si elle se déguise, sous un panthéisme grossier, tel que celui dont s'autorisaient les empereurs romains. Le carbonarisme y joint un certain jargon catholique pour donner le change aux imaginations italiennes. La Révolution ne reconnaît qu'un pouvoir, le sien. Avec les légistes, les jansénistes, les anglicans, les gallicans, elle subordonne le spirituel au temporel. Elle ne persécute pas l'Église par un malentendu ou par une nécessité de circonstance. En religion, la Révolution c'est le paganisme ; les fêtes de la Raison et des théophilanthropes l'ont bien prouvé. En ce moment les Italiens ont un saint d'un nouveau genre, c'est le Statut ; et malheur aux évêques et archevêques qui refusent d'en célébrer la fête. Jadis, les chrétiens devaient adorer les empereurs ; maintenant ils doivent adorer l'État. (Statut, *Status*.)

Pourquoi la Révolution sévit-elle plus spécialement dans les pays catholiques ? Parce qu'elle possède aux trois quarts les pays protestants, et que son but étant essentiellement anticatholique, ne peut être atteint que dans les pays catholiques. Tous les dieux lui sont bons, sauf le Dieu des chrétiens. Jésus-Christ était aussi le seul Dieu haï des jurisconsultes romains. C'est une remarque de Bynkershoek, jurisconsulte hollandais, qui se moque des gens qui veulent faire une part à l'Église, et qui, selon son expression, partagent l'empire entre Jupiter et César (*inter Jovem et Cæsarem*). Que Jupiter se contente du droit de cité et soit soumis aux lois. L'Être suprême décrété sur la motion de Robespierre ressemble fort à ce Jupiter. A Rome, l'introduction d'un dieu nouveau dans le Panthéon était l'objet d'un vote du Sénat. Tertullien raconte que Tibère eut l'idée de proposer au Sénat l'élection de Notre-Seigneur Jésus-Christ. Soit instinct, soit autrement, l'idée de Tibère n'eut pas de suite. Certes, ce n'était pas par piété que le Sénat accaparait tous les dieux, c'était afin de les ranger sous la juridiction de la République. Ovide dit élégamment (*de Arte Amand.*, l. i, *in fine*) :

> *Expedit esse deos, et ut expedit, esse putemus.*

> (Les dieux sont utiles, croyons donc à leur existence.)

Voltaire a traduit assez platement :

> Si Dieu n'existait pas, il faudrait l'inventer.

Ces dieux de fabrique humaine convenaient aux Romains, qui ont adoré tous les dieux, excepté le vrai Dieu. *Romanos coluisse omnes deos præter unum, id est, verum.* Pensée de saint Augustin admirablement traduite par Bossuet. Les révolutionnaires de nos jours, héritiers des haines païennes, ne veulent pas du vrai Dieu; et leur triomphe est pour l'Église le signal de la persécution.

19 juin 1860.

IV

La publication du *Manuel de Droit ecclésiastique* de M. Dupin a été saluée par toute la presse libérale. Examinant une à une toutes les pièces de cet arsenal des légistes, nous admirions la persistance des haines, des rancunes, des préjugés. S'il y a des envahissements dans le monde, il est de toute évidence qu'ils sont des forts contre les faibles, de la puissance matérielle contre la puissance spirituelle. Ce qui en nous est opprimé, c'est l'âme, et son plus héroïque effort, c'est d'arriver à conquérir sa liberté, en devenant à peu près l'égale du corps. Nous devons considérer comme une véritable mystification tout ce qui nous est raconté des envahissements de l'Église romaine au moyen âge. Grégoire VII est mort en exil. Et de nos jours ce n'est pas l'esprit qui empiète sur le corps. C'est le corps qui, en tout temps et partout, a plus ou moins empiété sur l'esprit. Et cet empiétement atteint son idéal et sa forme régulatrice dans la confusion du temporel et du spirituel. Qu'on veuille bien se rappeler que l'Église catholique seule affirme le dogme de la distinction des pouvoirs. Le principe de la confusion des pouvoirs est le grand adversaire de l'Église. C'est par lui que tant de branches ont été coupées du tronc catholique et que la séve catholique a été contrariée, affaiblie dans les contrées restées fidèles à l'Église. A ce principe de la confusion des pouvoirs se rattache une secte nombreuse, puissante, et tout un ensemble de doctrines parfaitement liées qui a traversé les âges depuis la loi des Douze-Tables jusqu'à nous. C'est sous la conduite des jurisconsultes que s'est opérée cette longue évolution historique. Insistons sur ce point. Nous avons expliqué la haine des jurisconsultes romains contre le christianisme naissant. Ce n'était pas la lutte d'une religion contre une autre religion, puisque tous les jurisconsultes professaient l'athéisme ou le panthéisme, en leur qualité d'épicuriens ou de stoïciens. C'est qu'ils étaient menacés de perdre leur autorité temporelle et spirituelle. A Rome, tout se réglait d'abord par la coutume, coutume à laquelle la loi des Douze-Tables porte les premiers coups. Le droit prétorien la défigure, l'altère, la transforme, sans la nier officiellement, mais au contraire en lui prodiguant toutes sortes de respects. Il invente mille ruses, mille subtilités pour lui faire dire le contraire de ce qu'elle dit. L'autorité paternelle, le droit de tester, le droit de propriété sont ainsi soustraits à l'influence de l'ancien droit coutumier, tel qu'il est conservé dans la loi des Douze-Tables. Ainsi les origines de notre droit moderne sont infectées de dol et de fraude. C'est par des fictions et des mensonges que le préteur accorde au plaideur favorisé ce que lui refuse le droit strict. Plus tard nous verrons les légistes glisser leurs doctrines par tous les moyens de l'astuce et de la mauvaise foi, au xiie et au xiiie siècle. Et, depuis lors, Dieu sait s'ils ont brillé par la candeur !

A Rome, les lois n'étaient que des mesures d'administration ou de sûreté publique. Pour l'immense quantité des décisions relatives aux intérêts privés, il fallait s'en rapporter à l'interprétation. Le préteur, dont la charge était annuelle, annonçait, à son entrée en fonctions, par quels principes il se dirigerait : c'est ce qu'on appelait l'*édit perpétuel*, ordonnance générale qui avait cours pendant l'espace d'une année. On pense bien que chaque préteur n'ajoutait que peu à l'édit de son prédécesseur. La coutume étant rejetée comme source du droit, il fallait cependant une autorité capable d'alimenter le mouvement juridique. Cette autorité fut prise par les jurisconsultes; ils se constituèrent législateurs permanents, non à un moment donné et par délibération, mais naturellement et par la force des choses, comme défenseurs de l'intérêt plébéien, qui marchait de victoire en victoire contre le vieux droit patricien. C'est surtout à partir des Gracques que le mouvement s'accéléra. Il obéissait aux jurisconsultes, vrais directeurs de conscience de la cité. Pour décider le droit sur un fait particulier, le préteur consultait les jurisconsultes.

Devant les tribunaux, leur avis faisait loi ; quand ils étaient d'accord, il fallait juger dans leur sens; en cas de dissentiment, les plus éminents l'emportaient. Sous les empereurs, certains jurisconsultes, Papinien, Paul, Ulpien, Gaius, Modestin, avaient été érigés en législateurs. Leurs écrits étaient la loi civile; il n'était pas permis de s'en écarter. Et s'ils ne s'accordaient pas, Papinien obtenait la préférence.

Certes, dans aucun pays les avocats n'ont joui d'une pareille autorité morale. Sous la République, les jurisconsultes étaient désignés sous le nom de *prudents, prudentes*. Ils étaient les représentants de la sagesse romaine, les casuites en titre de la cité, les théologiens officiels; car le droit embrassait les choses divines et humaines. Le triomphe du christianisme ne change pas l'esprit de la jurisprudence. Les légistes reprennent immédiatement contre l'Église ce travail souterrain par lequel ils ont sapé la loi des Douze-Tables. Nous les verrons, à travers toutes les protestations de respect et de dévouement, essayer d'annuler l'influence catholique en s'assurant la facile complicité des princes. Tribonien avait la réputation d'un homme très-savant et très-menteur. Le mensonge était la base de tout le droit romain sous la République. Toute la procédure formait un vaste système de ruses destinées à éluder la loi. L'esprit romain, et plus particulièrement l'esprit des légistes, en reçut une indélébile empreinte. Justinien répand dans ses lois des effusions religieuses au moins fort inutiles, et au fond il garde toute la prétention des empereurs païens, ses prédécesseurs. Il se considère comme investi du soin des choses divines et humaines. De là une tendance perpétuelle à l'empiétement, et dans cette misérable société du Bas-Empire, l'Église ne fut jamais libre un instant. Le schisme de Photius était un résultat trop prévu. Malheureusement l'esprit byzantin pénétra tous les États de la chrétienté dans la seconde moitié du XII⁰ siècle. Alors commence une grande révolution dont il serait facile de suivre les vicissitudes, et qui partout poussa les rois à s'emparer de l'autorité de l'Église, en substituant le droit romain aux coutumes nationales. Jamais aucun acte de l'autorité publique n'a déclaré le droit romain loi de l'État, et, partout, le droit romain s'est trouvé loi de l'État. Il serait curieux d'examiner la série d'habiletés et de duplicités qui ont amené les États chrétiens à se renier eux-mêmes et à courber la tête sous le vieux droit païen. Un jurisconsulte italien de la fin du xviie siècle, Gravina, décrit ainsi le mouvement qui accueille la publication des Pandectes à la fin du xiie siècle :

« Les oracles des lois romaines se réveillent après un long
« silence; l'Italie, qui avait perdu le souvenir d'elle-même,
« se regarda en quelque sorte, et dans ses lois reconnut l'an-
« tique majesté de son empire; elle reprit par elles, sur le
« monde qui lui était autrefois soumis, sinon son empire, du
« moins l'autorité de son nom : après avoir perdu la force de
« la domination, elle régna sur la postérité par sa seule rai-
« son. Tous les peuples, en effet, ont abaissé leurs faisceaux
« devant nos lois; ceux qui se sont séparés de l'empire des
« Romains obéissent à jamais à leur sagesse. » (*Originum
juris.*)

C'est un jurisconsulte napolitain qui parle ainsi. Pour lui, la Rome impériale est l'idéal même du monde; c'est la thèse de Dante, de Pétrarque, de cette nuée de légistes qui se sont abattus sur l'Italie depuis Irnérius. Là est la cause des déchirements qui ont désolé l'Italie et qui se renouvellent de nos jours. Cette lutte du socialisme romain ou byzantin contre le droit chrétien a alimenté toutes les factions et jeté l'Italie dans une sanglante instabilité. L'Église ne se méprit pas sur le danger qu'elle courait. Pendant que la restauration des études de droit excitait l'enthousiasme de tout le parti impérial et que l'école de Bologne, fondée par les empereurs, voyait accourir la foule des étudiants, saint Bernard écrivait au pape Eugène : *Quotidie perstrepunt in tuo palatio leges, sed Justiniani, non Domini. Rectius etiam? istud tu videris. Nam lex Domini immaculata, convertens animas, eæ autem non tam leges sunt quam lites et cavillationes.* Ce qu'on entend alors par *lois,* par *lois civiles,* c'est toujours le droit byzantin, en opposition aux coutumes nationales. Plus d'un siècle après saint Bernard, Roger Bacon tiendra le même langage. Il se sert du même mot *cavillationes*. C'est par l'équivoque et par la ruse que les lois romaines se glissaient auprès des trônes. Un édit de Lothaire avait ordonné que le droit romain fût enseigné dans les écoles et appliqué dans les tribunaux. Les légistes italiens se pressèrent à l'appel de l'Empereur. « Après « un long exil, dit Gravina, le droit universel des Romains « était enfin de retour dans sa patrie; le zèle des Italiens « s'enflamma aussitôt pour l'interpréter et pour l'appliquer. « C'est pour cela qu'on invoquait l'autorité publique des em- « pereurs, afin qu'elle supprimât les lois des Lombards, « qu'elle effaçât les traces d'une longue servitude, et rendît « à l'Italie, par l'usage du droit romain, son antique ma- « jesté. » (*Or, jur.*, ch. 142.) Ces Italiens ont une façon toute particulière de comprendre la liberté. Est-ce qu'en principe le droit romain appartenait plus à l'Italie qu'aux autres nations? L'Italie n'a eu que le privilége d'être réduite la première sous le joug du socialisme romain; et c'est ce que ses légistes appellent liberté dès le XIIe siècle; et, au contraire, ils qualifient d'esclavage leurs lois nationales. La liberté, pour eux, c'est la servitude universelle sous César. A défaut du César romain ou byzantin, ils se réclamaient des Césars allemands.

Malgré les efforts des légistes, l'Empire romain ne fut pas rétabli. Mais n'est-il pas étrange que cette hallucination de l'Empire romain n'ait jamais quitté les cervelles des légistes, et que dans tous les pays de l'Europe, et jusqu'à la Révolution française, l'Angleterre exceptée, toutes les législations aient eu pour objet de se rapprocher du droit byzantin, que tous les souverains aient eu en tête des velléités d'empereurs romains, qu'enfin tout une armée compacte d'hommes de loi divisés de langues, d'intérêts, de préjugés, unis en cela seul, aient constamment travaillé à détruire les lois de leur pays et à les remplacer par des lois étrangères? On commençait par se servir du droit romain comme de la raison écrite, sans qu'il eût aucun caractère législatif; puis, à la longue, il s'implantait comme la coutume même des tribunaux. Cette contagion des idées fausses avait gagné même de bons esprits. Bossuet répète, après beaucoup d'autres, que le droit romain est la « raison écrite. » Un grand théologien qui avait plus spécialement étudié le droit, Suarez, dans son grand ouvrage, *de Legibus*, n'est pas exempt de ces préventions. Il écrivait, il est vrai, en pleine renaissance païenne. Mais l'exemple de tous les légistes qui, en France, en Hollande, en Allemagne, en Italie, etc., tombaient dans l'hérésie par suite de leurs principes juridiques, aurait dû lui inspirer quelques doutes. En réalité, Suarez n'est pas plus partisan de l'anarchie que du despotisme; et on abuse de ses expressions quand on lui attribue la doctrine de la souveraineté du peuple. Chez lui, les réminiscences du droit romain sont entourées de restrictions qu' en suppriment les conséquences dangereuses. Dans l'application, ses hypothèses juridiques sont corrigées par le principe chrétien.

Il admet que l'Empereur (au XVIᵉ siècle) a exactement les mêmes droits que les anciens empereurs romains! et il s'appuie de l'autorité de Justinien. Le prince est la loi vivante. *Illi Deus leges subjecit eumque legem animatam constituit.* (Justinien, *Authentica de Consulibus.*) Suarez cite lui-même ce texte. Telle est, en effet, la théorie des légistes. Mais jamais le Saint-Empire n'a représenté un pareil droit. Le Saint-Empire était constitué comme tous les États chrétiens, où la coutume tenait lieu de loi, et où toutes les mesures législatives étaient l'œuvre de la volonté nationale exprimée par les grands conseils publics, représentants de l'Église et de la société laïque. C'est le droit historique enfoui sous la couche du droit césarien et que l'Allemagne de nos jours tend à restituer. Comment expliquer l'anachronisme de Suarez, sinon par cet engouement qui jetait tous les esprits dans le faux? Il en sort, pour la doctrine de Suarez, de graves conséquences. Elle est liée dans toutes ses parties, et au premier abord on pourrait la supposer contradictoire. Nous venons de voir Suarez partisan du pouvoir absolu à sa plus haute puissance, du pouvoir césarien ; et on le sait très-grand partisan de la souveraineté du peuple. Il n'y a pas de contradiction ; Suarez applique la théorie des jurisconsultes romains. Quand il prétend que le Roi tire son pouvoir de la communauté qui le lui a transmis, il ne fait que rappeler la loi *regia*, hypothèse des publicistes impériaux. Auguste tenait son pouvoir du peuple ; il était empereur par la grâce du peuple, non par la grâce de Dieu. Les empereurs ont eu soin de ne jamais oublier cette origine, qui, incarnant en eux toutes les passions, tous les intérêts, tous les droits de la multitude, leur assurait une autorité sans limite et sans contrôle. Ils étaient les mandataires du peuple. Jamais les rois chrétiens n'ont exercé un pareil mandat. Il est de principe, dans la théologie catholique, que les rois sont établis de Dieu, qu'ils sont les mandataires de Dieu pour le bien. Les rois chrétiens ne sont pas les représentants du peuple, ce qui veut dire qu'ils ne représentent pas leurs peuples par voie de délégation. Suarez fausse la notion du droit chrétien en inventant une communauté primitive, d'où les pouvoirs sociaux, épars en chacun des individus, se seraient retirés de chacun d'eux pour se concentrer et se résumer dans la personne d'un seul. C'est ainsi que J. J. Rousseau a supposé un contrat social à l'origine des sociétés. A quelle époque la communauté de Suarez aurait-elle existé ? Adam est créé le maître du monde ; pendant sa vie, il en est le seul et incontestable propriétaire et roi ; à sa mort ou de son vivant, ses fils n'ont et ne peuvent avoir que l'autorité qu'il leur a déléguée. Cette autorité se perpétue par les chefs de famille. Même situation après le déluge. Mais Suarez avait besoin de sa communauté, d'une multitude d'hommes réduits à l'isolement, pour donner lieu à la transmission de tous les pouvoirs individuels ; il lui fallait à toute force un mandat : il cherchait des mandants ; et l'histoire ne les lui fournissant pas, il les prenait dans son imagination, ou plutôt il les empruntait à la doctrine des jurisconsultes, à cette loi *regia*, à laquelle tous les empereurs, et Justinien lui-même, font remonter leur pouvoir. Non qu'il y ait eu une loi *regia*. Le peuple romain n'a pas voté en bloc pour Auguste ; il lui a seulement passé un à un et d'année en année tous ses pouvoirs. La loi *regia* n'est qu'une fiction, comme il était dans l'habitude des jurisconsultes d'en construire pour asseoir leurs déductions juridiques. Le *Contrat social* de J. J. Rousseau et la communauté de Suarez sont des fictions de même nature.

La royauté chrétienne est la royauté barbare épurée, agrandie, transformée ; et cette royauté, c'est une dignité et non un mandat. L'empereur romain, c'est l'ancien tribun du du peuple : voilà le caractère dominant de l'Empire. L'Empereur est la souveraineté du peuple faite homme. Cette filiation des idées, le droit romain l'a maintenue jusqu'à la Révolution française ; en France, ce sont des avocats imbus du droit romain qui ont démoli la monarchie et ont remplacé ses lois et ses institutions séculaires par des lois et des institutions fondées sur le droit césarien. Du principe que le peuple est souverain et qu'il délègue ses pouvoirs, ils ont conclu que les assemblées qui le représentaient étaient armées d'un pouvoir absolu, que leur volonté était la vérité et le droit. Un ancien commentateur des Pandectes, Voët, nous le déclare : « Comme par la loi royale, le peuple a transmis au prince tout son empire et tout son pouvoir, il n'est pas étonnant que le prince ait pu ce que pouvait le peuple autrefois ; et comme le peuple pouvait créer, abroger les lois, en exempter qui il voulait, il n'est pas douteux que le même droit appartînt aux empereurs. » En plaçant le droit dans la volonté, on aboutit nécessairement à l'absolutisme d'un seul, puisque l'absolutisme de plusieurs tourne vite en anarchie et en impossibilité.

Les États chrétiens luttèrent contre l'invasion du droit romain ; ce n'est pas sans peine qu'il arriva à la domination. Suarez nous donne quelques renseignements. « Dans les États de l'Église, et pour les choses temporelles, le droit civil est conservé à défaut du droit canonique, non par sa propre force, mais par l'autorité des Pontifes. Il est là, ajoute-t-il, comme canonisé. » Démêlons la vérité : ce que les États de l'Église ont gardé, ce n'est ni le système de ruses imaginé par le droit romain, ni la législation de la propriété ou du mariage. Tout ce qui est fondamental est réglé par le droit canonique ou par la coutume chrétienne. La partie du Digeste qui est invoquée dans les tribunaux est celle qui concerne les contrats du droit des gens, la vente, le louage, le mandat, les obligations en général, etc. Elle renferme des principes de raisonnement qui sont vrais de tout temps et qui peuvent éclairer la pratique des affaires. Ces principes et leurs conséquences étaient exposés dans le langage le plus élégant qu'ait parlé la science du droit; on conçoit que les Romains aient tenu à ne pas se départir de textes précieux, que leur antiquité même recommandait à leur respect. Ces formes magistrales du droit leur vont mieux que nos lois modernes, numérotées comme des billets de loterie. Ils n'ont jamais à remanier le droit romain, puisqu'ils n'ont pas à lui demander de principes dirigeants, mais seulement des applications de détail subordonnées à d'autres principes. Cette partie du droit romain n'est pas pour cela canonisée; car elle offre encore bien des subtilités qui répugnent à la droiture chrétienne; néanmoins, et interprétée par des hommes de science et d'expérience comme il en abonde à Rome, elle est supérieure à la partie correspondante de nos lois. Les Romains ont l'original dont nous n'avons qu'une pâle copie. Les textes du Digeste, tout mutilés qu'ils sont, présentent un développement scientifique auquel ne sauraient prétendre les articles de loi que nous avons découpés dans Domat et dans Pothier, et qui, d'ailleurs, sont chaque jour exposés à un remaniement. Mais si nous remontons aux principes mêmes des lois, combien nous paraîtra supérieur le droit chrétien ! Combien nous admirerons ces vieilles coutumes, que les légistes qui les ont transcrites n'ont pas toujours comprises et qu'ils ont souvent travesties ! L'enchaînement logique manque, l'application en est abandonnée à la conscience publique. Les assises de l'édifice sont posées ; le principe de la conservation des familles est affirmé comme le dogme juridique par excellence ; tout se coordonne en vue de ce grand but. Les coutumes vivaient par l'esprit général de la société chrétienne qui en comblait les lacunes. Cet esprit public est la véritable constitution d'un peuple ; c'est aussi sa véritable législation. Quelle difficulté de fait ou de droit ne s'éclaircit devant un jury chrétien, pour qui tous les contrats sont des contrats de bonne foi ? Le droit romain avait, par extraordinaire, quelques contrats de bonne foi, *bonæ fidei*. Il n'avait pas trouvé le moyen de les impliquer dans ses fictions. Le jury, cette antique coutume des peuples chrétiens, dut succomber à l'épreuve du droit écrit. Tant que le droit a été une question de conscience, la conscience de chacun était apte à répondre jusqu'à ce que l'armée des légistes était sans emploi. Le droit des avenu question de science, nécessitait l'emploi d'hommes spéciaux ; et l'intérêt des légistes se joignit à leurs principes pour leur faire détester le droit historique. Sous prétexte de suppléer le droit national, ils mirent à sa place le droit romain. Suarez remarque qu'en Portugal, par une disposition particulière à ce pays, le droit romain était appliqué en l'absence du droit national. Les légistes s'introduisirent timidement, modestement ; ils arrivent comme pis aller. Patience ! et tout en rampant, ils monteront bien vite jusqu'au faîte. Est-ce que la coutume ne se suffit pas à elle-même ? Son élasticité même la dispose à toutes les modifications qui ne changent pas sa nature. Rien n'empêche la coutume de se modifier par l'usage, puisque c'est l'usage qui la constitue. Mais, pour les légistes, il s'agissait de développer la coutume dans un sens contraire à son esprit. Et le droit romain était éminemment propre à cette œuvre subversive.

Une observation de Suarez nous montre combien la France était encore chrétienne au XVIᵉ siècle. Le génie de la nation répugnait aux cavillations des légistes. Tandis que dans beaucoup d'autres États le droit civil ou romain était admis comme supplément et comme correctif des lois nationales, la France restait fidèle à ses coutumes. Nous citons le texte : *At vero in regno Galliæ aliter servatur, quia non solum jus proprium præfertur civili, sed absolute leges civiles non sunt in usu.* Ce n'est pas le peuple qui courait à une loi, à une domination étrangère, c'étaient les grands et la royauté qui poussaient à une révolution. Phénomène étrange, contre nature, que les temps modernes ont vu se renouveler dans les mêmes conditions. Au xvie siècle, les légistes avaient grandi, avaient étendu leur influence et accaparé la royauté, qui trouvait en eux un servilisme à toute épreuve. Tout était disposé, en haut, pour une révolution. Par principes autant que par ambition, les légistes précipitèrent le mouvement; ils s'y jetèrent même si avant, qu'ils allaient jusqu'au protestantisme déclaré. En France, du moins, ils furent obligés de reculer et de revenir à l'ancien esprit d'équivoque et de cavillation qui caractérisait leurs prédécesseurs depuis la loi des Douze-Tables. Ils prirent tous les subterfuges pour paraître catholiques sans l'être ; et il est vrai qu'en ce genre ils déployèrent un rare talent, et bien digne de leur renommée. La royauté, de son côté, ne fut pas fâchée de voir son droit divin mais très-limité, changé en une espèce de mandat populaire, sans restriction ni réserve. D'ailleurs, on cumulait les deux droits; les légistes conciliaient tout. Le Roi disait à l'Église : Je tiens mon pouvoir de Dieu, vous ne pouvez rien contre moi. Il disait à la noblesse : C'est la nation elle-même qui m'a remis tous ses droits; vous n'avez rien en propre, et mon bon plaisir est la loi. Le despotisme qui surgit partout au xvie siècle n'est que l'application des doctrines des légistes, un reflet de Rome païenne et du Bas-Empire. Cette révolution dans le droit servit de fondement politique à la Réforme. C'est par les princes que la Réforme devait s'introduire dans les États; il fallait donc que les princes eussent sur l'étendue de leur pouvoir d'autres idées que celles qu'ils puisaient dans leur foi religieuse ; il fallait qu'ils fussent pénétrés du sentiment que les choses divines et humaines étaient en leurs mains. Et les légistes, depuis quatre cents ans, murmuraient incessam-

ment cette parole à leur oreille. L'Espagne, un peuple
si catholique, essaya de résister. Suarez nous dit : *Hispanos
olim constituisse ut qui leges imperatorum allegaret, ca-
pite plecteretur*. Le péril était donc bien grand ! Les légistes
tournèrent la difficulté ; ils demandèrent d'enseigner le droit
romain dans les académies espagnoles, *propter eruditionem
et sapientiam*. Pouvait-on repousser un désir si modéré, si
désintéressé ? Et puis, comme les jurys nationaux tombaient
en désuétude par l'influence des nouvelles doctrines, et que
les rois nommaient eux-mêmes les juges, ces juges, naturellement choisis parmi les légistes, recouraient d'abord à la loi
romaine, en tant que raison écrite ; puis l'ancienne coutume
disparaissait sous les commentaires, et les légistes faisaient le
droit.

Suarez, un esprit si solide, si judicieux, se laissa entraîner
à ces nouveautés, qui déparent les choses excellentes de son
vaste travail sur les lois. Quelques théologiens se figurent
volontiers les rois investis du pouvoir législatif, et n'ayant
d'autre mission que de faire et de défaire les lois. Dieu, dont
ils sont l'image, ne gouverne-t-il pas les hommes par des lois
directement émanées de sa toute-puissance et de sa sagesse ?
L'Église règne en vertu de lois qu'elle ne change pas, et dont
elle poursuit seulement l'application. Les rois chrétiens non
plus n'avaient que la charge d'appliquer les lois et d'en procurer l'obéissance. C'est à partir du xive siècle que le système
des ordonnances nous envahit, et que le droit sans cesse remanié perd toute assiette fixe. Par les ordonnances, nos rois
imitaient les empereurs romains et entraient dans l'ordre d'i-
dées qui constituait la monarchie césarienne. Non pas qu'il y
ait lieu à aucune comparaison, et qu'il soit possible de nier
l'influence de l'esprit chrétien sur notre royauté jusqu'en
1789. Ce que nous signalons, c'est la déviation de la société
française, ramenée, après huit siècles de christianisme, sous
le joug romain, qu'elle avait glorieusement secoué de sa tête
au début de son histoire. Et ce sont les causes et la portée de
cette déviation que nous interrogeons. Certes, nous ne mé-

connaissons pas la grandeur de l'Empire romain ; ce vaste socialisme séduit encore les imaginations. Le droit romain, qui en est l'expression la plus éclatante, a contre-balancé l'esprit chrétien chez les peuples chrétiens ; il a continué la grande lutte du droit divin et du droit humain. La Rome païenne n'est plus ; mais c'est une question de savoir si elle a plus nui à la liberté en asservissant les hommes qu'en leur léguant la perversité de ses doctrines et de ses exemples.

12 juin 1860.

LES GRECS.

I

L'*Histoire des Législateurs et des Constitutions de la Grèce antique*, par M. Lerminier, ancien professeur au Collége de France, a une sorte d'actualité, bien qu'il traite d'un sujet en apparence loin de nous. La démocratie grecque, avec sa turbulence, ses excès et son infinie mobilité, nous offre une image de nous-mêmes en même temps qu'elle nous sert de leçon. Les peuples, il est vrai, n'écoutent pas volontiers de telles leçons. Ils n'obéissent guère qu'à la nécessité. Le spectacle du passé est sans profit pour le présent. On dirait que le présent est plus utile pour juger le passé que le passé n'est utile pour diriger le présent. Nous ne connaissons bien la vie politique que depuis que nous en avons traversé toutes les phases et subi toutes les vicissitudes. Avant l'expérience de ce siècle, on n'avait sur l'antiquité que des idées confuses et le plus souvent erronées. Élevés dans la calme et majestueuse unité de la civilisation française, nous ne comprenions ni les mœurs ni les agitations des anciennes républiques. Que de romans sur les vertus de Sparte et de Rome ! Montesquieu, malgré son érudition, a complétement donné dans ce travers. Ces rêves de liberté et d'égalité ont été un instant réalisés par la Révolution française. Cette lugubre tragédie nous en a plus appris sur les choses humaines qu'un siècle d'études. Il a fallu refaire l'histoire. Le *Voyage du jeune Anacharsis* nous a présenté une Grèce fardée et toute de convention ; M. Lerminier a voulu nous la montrer dans sa vie réelle. Quand on parle de la Grèce, la fiction ne vaut pas l'histoire. Quel tableau que celui de ses misères et de ses grandeurs ! L'esprit grec a eu dans le monde une influence décisive ; il a conquis l'Asie sous Alexandre ; il a assoupli et façonné le génie romain. La civilisation grecque a triomphé partout où elle s'est trouvée en contact avec une autre civilisation. Les idiomes barbares tombaient devant le latin ; mais le latin ne tenait pas devant le grec. La Grèce imposait sa langue à ses vainqueurs en Égypte et en Asie. Les Grecs brillaient par les dons heureux de l'imagination. Mais ce peuple éternellement enfant ne sut jamais se conduire. Tout Grec était artiste, comme tout Romain était légiste et soldat. Cette différence explique le sort des deux peuples. A la Grèce l'empire des idées et de l'opinion ; à Rome seule le génie de la conquête.

Au quatrième siècle, Constantin fut obligé de porter à Byzance le siége de l'empire, afin de retenir le monde grec que Rome n'avait jamais su s'assimiler, et qui échappait à l'autorité des empereurs. Cinquante ans avant Constantin, Dioclétien avait vu ce péril, et avait essayé de le conjurer en divisant l'administration de l'empire. Les Grecs du Bas-Empire ont conservé les défauts de leur race et son inaptitude politique. Ils ont secoué le joug musulman, et l'on se demande s'il serait possible de rétablir avec eux un empire d'Orient. Combien de fois la main de l'Occident ne s'est-elle pas tendue vers eux pendant tout le cours du moyen âge ! Ils l'ont obstinément repoussée, mettant de misérables arguties au-dessus d'une union qui les aurait infailliblement sauvés. L'histoire donne la clef de cette étrange destinée ; et, sans admettre un fatalisme absurde, il est permis de croire à ces influences primordiales qui suivent les races dans leur carrière. Les peuples, comme les individus, ont leur caractère qui persiste au milieu des événements et marque leur individualité à travers les âges.

Les républiques si célèbres de Sparte, d'Athènes, de Co-
rinthe, d'Argos, etc., n'avaient pas plus de dix à vingt mille
citoyens. Et cependant elles n'ont jamais pu s'entendre et
constituer un État ou une fédération. L'élément dorien et l'é-
lément ionien, comme des frères ennemis, s'y disputent la
prépondérance, jusqu'à ce que la Grèce affaiblie tombe sous
la domination étrangère. L'histoire de la Grèce est l'histoire
de cet antagonisme. Sparte représente l'élément stationnaire
et aristocratique, Athènes l'élément progressif et démocratique. La politique constante de Sparte était d'abattre partout
le gouvernement démocratique pour y substituer l'oligarchie;
Athènes, de son côté, ne manquait pas de renverser ces oli-
garchies, quand elle était victorieuse. A ces causes de guerre
générale se joignaient les dissensions intestines de chaque république. Il y avait dans toute démocratie le parti du peuple
et le parti des grands, et ces deux partis ne cessaient de se
combattre et de se proscrire. La cité, épuisée par ces luttes
quotidiennes, ne reprenait un peu de vigueur que sous le
pouvoir d'un seul. C'est ainsi qu'Athènes a joui d'un repos
glorieux sous la tyrannie de Pisistrate et de Périclès. La *Tyrannie* était une institution essentiellement démocratique. On
appelait *Tyran* le chef que se donnait le parti populaire contre
la faction aristocratique. Les pays aristocratiques, attachés
aux coutumes et aux traditions, avaient conservé la royauté.
Sparte avait des rois dont le pouvoir était plus nominal que
réel. Le *Roi* et le *Tyran* appartenaient à deux ordres d'idées
différents; le premier était un chef aristocratique et le second
un chef populaire. Cette distinction est établie par Aristote
lui-même dans son livre *de la Politique*.

Sous Philippe de Macédoine et sous Alexandre, la Grèce
devint un instant une nation. Athènes fit à Philippe et à
Alexandre une opposition qui ne se démentit pas. En vain
Alexandre vengeait la Grèce des insultes séculaires de l'Asie,
en vain il répandait sur toute l'Asie la civilisation grecque;
cette gloire et ces succès n'étaient pas goûtés des Athéniens.
A tout cela ils préféraient la guerre civile et les agitations de

l'agora. Et cependant ce sont ces troubles intérieurs qui avaient arrêté la marche triomphale d'Agésilas en Asie. A la mort d'Alexandre, la décadence de la Grèce est consommée. Athènes ne recouvra pas sa liberté politique. Elle passera désormais de main en main comme une proie qui appartient au premier occupant. La Grèce périt ainsi misérablement au milieu des discordes civiles.

M. Lerminier a parfaitement compris l'histoire et les institutions de la Grèce antique. Tout en admirant le beauté du génie grec et en applaudissant à ses immortelles créations dans la littérature et les beaux-arts, il s'est bien gardé de lui attribuer la même supériorité dans la politique et le gouvernement. Et c'est avec grande raison qu'il fait honte à nos législateurs modernes d'avoir pris des modèles chez les Grecs. M. Lerminier s'est corrigé de beaucoup d'erreurs et de beaucoup de prétentions. Le temps lui a apporté de l'expérience. Il en convient avec franchise. Il n'est plus aussi sûr des progrès de la raison et de l'infaillibilité de l'esprit humain. Néanmoins nous devons signaler dans l'*Histoire des Législateurs et des Constitutions de la Grèce antique* quelques passages où se révèlent de fâcheuses doctrines et où revivent des préjugés philosophiques qui ne cadrent pas avec l'esprit général du livre.

Suivant M. Lerminier, quand la société polythéiste fut arrivée à sa dissolution, « il se fit une coalition involontaire mais féconde du génie oriental transformé par des Juifs novateurs, de l'idéalisme grec, et du rationalisme romain : elle enfanta une religion nouvelle qui s'empara non-seulement des esprits inquiets et tourmentés de l'ancien univers, mais des âmes simples et rudes des Barbares victorieux. » Dans cette appréciation du christianisme, nous reconnaissons la doctrine du progrès continu que l'éclectisme avait mise en honneur. Il était impossible de nier l'existence du christianisme : les philosophes modernes l'ont transformé en un fait humain, né, comme tous les autres, des circonstances et des précédents et continuant à sa façon le développement de l'humanité. Cette thèse ne résiste pas à l'examen. La coalition involontaire du génie oriental avec le génie grec et le génie romain ne présente pas d'idée claire; d'ailleurs, elle suppose ce qui est en question. L'esprit grec s'est allié à l'orientalisme dans l'école d'Alexandrie. Il a produit le néo-platonisme et l'on sait que les philosophes les plus acharnés contre l'Église appartiennent au néo-platonisme. Comment le *rationalisme romain* aurait-il contribué à former une religion qu'il a persécutée avec fureur pendant trois siècles? M. Lerminier connaît la philosophie grecque. Quels points de contact a-t-elle avec le christianisme? Elle florissait dans le quatrième siècle avant Jésus-Christ; mais les successeurs de Platon et d'Aristote n'ont pas soutenu la gloire de leurs maîtres. Par quelle bizarrerie la plus sublime des doctrines aurait-elle surgi tout d'un coup de la décadence des écoles? Quelle est la vérité chrétienne qui ait été en germe dans la philosophie antique? On a voulu voir le mystère de la Sainte-Trinité dans Platon. Il suffit de lire Platon pour se convaincre qu'il n'en est rien. Le nombre *Trois* joue un grand rôle dans les anciennes cosmogonies. Les philosophes qui ont médité sur Dieu, trouvent aisément en lui, aussi bien que dans l'âme humaine, trois sortes de facultés. L'étude de Platon ne va pas au delà. Qu'y a-t-il de commun entre ces notions vulgaires, accessibles à toutes les intelligences, et le mystère d'un Dieu en trois personnes? La philosophie grecque n'offre pas de trace du dogme de la création, sans lequel l'idée de Dieu est entièrement défigurée, et sans lequel il est impossible d'échapper au panthéisme. L'égalité des hommes devant Dieu était-elle renfermée dans la philosophie? Cette égalité a pour base la fraternité de tous les hommes en Adam, notre premier père. Est-ce qu'aucun philosophe grec a jamais admis cette unité substantielle de l'espèce humaine? Ils croyaient tous à l'autochthonie, c'est-à-dire à la distinction originelle des races.

L'action des Hébreux en Asie est tout aussi mal appréciée par M. Lerminier. C'est de la Judée et du mosaïsme qu'est

sorti le christianisme. Or, les Juifs, qui ont été le moins no-
vateur de tous les peuples, n'ont pas « transformé le génie
oriental. » Ils ne se sont mêlés aux nations asiatiques qu'en
gardant leur foi religieuse, leurs mœurs et leurs coutumes.
Ils méprisaient trop les autres peuples pour leur faire des emprunts. Les Grecs et les Romains, à leur tour, méprisaient
souverainement les Juifs. Il faut donc ranger au nombre des
imaginations cette coalition philosophique dont serait issu le
christianisme. Rien d'humain n'a préparé la venue de Notre-
Seigneur. Les Juifs interprétaient à contre-sens les prédictions
qui l'annonçaient. Ils s'opposèrent à la révélation chrétienne.
En sorte que le christianisme s'est développé contrairement à
toutes les prévisions humaines. Il n'y a pas de fait mieux
attesté par l'histoire. Mais la philosophie ne s'inquiète pas des
faits. On attribue ce mot à un philosophe contemporain : Je
méprise cela comme un fait. L'établissement du christianisme est, nous en convenons, embarrassant pour un philosophe qui cherche partout un enchaînement purement humain de causes et d'effets.

Le livre de M. Lerminier nous déroule un tableau historique qui n'est pas sans analogie avec l'époque actuelle. Le
théâtre où s'agite l'Europe moderne est plus vaste que la
Grèce, mais les hommes n'y sont pas plus grands. Il y avait à
Athènes plus d'orateurs, de philosophes, de poëtes, de politiques, qu'il n'y en a maintenant en Angleterre, en France et
en Allemagne. Philippe de Macédoine, qui n'avait pour lui
que son épée et la discipline de sa phalange, en triompha
sans peine. Rome eut le même succès, par la seule raison
qu'elle avait l'unité du commandement. Et c'est par là qu'elle
a successivement abattu tous ses ennemis. C'est ainsi que la
divergence des intérêts et des sentiments annule les ressources
d'une civilisation avancée. Ne voyons-nous pas se produire
chaque jour des dissidences et des rivalités parmi des nations
qu'une même pensée devrait unir? Les moyens matériels
d'action ne leur manquent pas; mais comment des efforts
séparés et souvent contraires aboutiraient-ils à un résultat

commun? En philosophie et en politique, les Grecs nous ont
rendu un immense service. En philosophie, ils nous ont signalé, par leurs erreurs, les écueils où se brise la raison
humaine livrée à elle-même. Ils nous ont appris en politique,
par l'exemple de leurs désastres et de leur chute, à aimer
l'esprit d'ordre et de conservation qui fait véritablement les
grands peuples, tandis que le besoin du changement et le désir d'un progrès chimérique n'enfantent que l'anarchie et
hâtent la dissolution des sociétés.

5 août 1853.

II

La réouverture de la conférence des avocats de Paris nous
a valu un discours, d'ailleurs bien écrit, du bâtonnier,
M. Plocque. L'éloge de Démosthènes, qui en faisait le principal objet, nous suggère quelques réflexions. Voilà bien
longtemps que les écoles retentissent de la liberté grecque,
de Démosthènes et de Philippe. La question ne perd jamais
complétement de son actualité. Philippe est toujours aux
portes d'Athènes, et chacun veut défendre la liberté. Il est
facile à des imaginations jeunes, inexpérimentées, de transporter dans le présent ces illusions de l'antiquité. L'histoire
grecque bien étudiée nous inspirerait l'horreur de l'anarchie,
de l'esclavage, du communisme, dont les républiques qu'on
nous apprend à aimer étaient la proie. Ce que nous appelons
liberté n'existait que de nom et pour quelques citoyens seulement. Ce mot n'était pas synonyme de droit; il n'était que
le revers de cet autre mot : esclavage. La liberté, pour
Athènes, c'était la domination sur le reste de la Grèce. Toutes
ces républiques se jalousaient et se contrecarraient; et ce qui
éclate en chacune d'elles, c'est l'absence de patriotisme. Généraux et officiers passent d'un camp dans l'autre sans scrupule, véritables condottieri tantôt au service des Perses,
tantôt au service des Grecs. L'or de l'Asie entretient ces divi-

sions et paralyse toute tentative d'union. Thèbes demeura fidèle à l'alliance des Perses depuis la première invasion ; et quand Agésilas menaça sérieusement le trône du grand roi, il fut obligé, par une diversion d'Athènes et de Thèbes, de revenir précipitamment. Isocrate prononçait vainement dans les fêtes publiques des discours ingénieux pour inviter les Grecs à la concorde ; il les pressait vainement de s'unir dans une grande guerre contre l'Asie. Ce projet devait être repris par les rois de Macédoine. Philippe rencontra l'opposition d'Athènes. On connaît les événements. La bataille de Chéronée ne réduisit pas Athènes en servitude, comme on affecte de le répéter avec compassion. Philippe n'entra même pas dans Athènes ; il se contenta d'avoir détruit le prestige et les forces de son ennemi. Il ôtait à la Perse son meilleur auxiliaire. A ce point de vue, Athènes ne défend plus la liberté de la Grèce, qui n'est menacée par personne ; elle n'est plus entre Philippe et la Grèce, elle est entre Philippe et l'Asie. A Athènes, comme partout, il y avait quelques gens sages et une foule passionnée. Les premiers, Phocion en tête, conseillaient la prudence, la paix. Les orateurs, les chefs de l'opposition, les démagogues, flattaient le peuple, l'enivraient de son ancienne gloire et des plus belles espérances. Ils avaient la majorité. C'est une chose singulière que tous les hommes éminents d'Athènes aient été hostiles à la forme démocratique de son gouvernement. Platon, Aristophane, Thucydide, Xénophon, n'y voient qu'une semence de troubles et le germe de la ruine. Démosthènes fait exception. Il préféra l'or des Perses à celui des Macédoniens ; la chronique dit qu'Alexandre trouva ses reçus dans les archives persanes.

« La réputation de Démosthènes était parvenue jusqu'au grand roi. Il écrivit à ses satrapes de lui faire prêter de l'argent, de le traiter avec plus de déférence que tous les autres Hellènes, comme seul capable de retenir loin de l'Asie et d'arrêter, à la faveur des troubles de la Grèce, le conquérant macédonien. Tout cela fut découvert plus tard par Alexandre, qui trouva dans Sardes les lettres de Démosthènes où étaient énoncées les sommes reçues par l'orateur. » (Plutarque. *Vie de Démosthènes.*)

La vénalité des orateurs était chose vulgaire à Athènes; mais ce qui est à remarquer, c'est la pauvreté d'esprit politique de Démosthènes; il ne voit rien au delà de sa bourgade; il n'a qu'une crainte, c'est que la Grèce ne devienne trop puissante par l'union de ses cités. Ses discours ne révèlent aucune vue supérieure. Cette démocratie athénienne dont tous les esprits sensés présageaient la fin resta toujours son idéal ; elle fournissait à ses triomphes oratoires.

Les anciens cultivaient l'éloquence avec un art tout particulier. Outre l'art de parler en public, ils avaient l'art des discours rédigés après avoir été prononcés : ces discours écrits n'étaient pas la reproduction textuelle des discours parlés; ils en différaient souvent beaucoup, témoin quelques-uns des plus célèbres de Cicéron. La sténographie tue dans l'avenir la réputation des orateurs ; elle conserve les négligences, les répétitions, tous ces accessoires qui soutiennent la parole et qui ne supportent pas la lecture. Si M. Thiers eût été contemporain de Démosthènes, il aurait charmé les Athéniens pendant quatre heures toutes les fois qu'il aurait occupé la tribune. Et puis, il aurait résumé en trois pages chacun de ses discours, afin de les répandre dans la Grèce. Et c'est sous cette forme concise et savante qu'ils seraient arrivés à la postérité. C'est ainsi que travaillaient les orateurs grecs, jaloux de leur renommée encore plus que des intérêts de l'État. Il n'y avait pas, à vrai dire, de barreau ni d'avocats à Athènes; chacun se présentait pour son compte devant les tribunaux. Les citoyens qui ne s'étaient pas exercés à l'art de la parole, achetaient des discours des orateurs en renom et les récitaient pour accuser ou se défendre. Un grand nombre de plaidoyers de Démosthènes ont été composés dans ce but. On cite même une cause où il avait fait les deux plaidoyers, celui de l'attaque et celui de la défense. Mais ce cumul ne servit guère sa réputation. Un jeune homme qui se sentait né pour l'éloquence se lançait dans une accusation; et les petites querelles de particulier à particulier entretenaient les animosités et l'éloquence dans la république. Il n'est question que de citoyens bannis et rappelés. Un sujet fréquent des plaidoyers de Démosthènes, c'est un citoyen qui a reçu des coups de canne et demande une indemnité. Démosthènes n'a pas été exempt d'accidents de ce genre. Il avait été élu chorége ; il était chargé de diriger un chœur de musiciens pour les grandes fêtes de Bacchus ; les chefs de chœurs luttaient avec leurs troupes sur la scène, et le public décernait une couronne au vainqueur. Démosthènes donc s'avançait majestueusement sur la scène, lorsqu'un citoyen avec qui il était fort mal, un certain Midias, lui appliqua une paire de soufflets. De là, tumulte, scandale, action de Démosthènes en justice et un plaidoyer véhément. La cause ne fut pas plaidée ; Démosthènes se désista moyennant une indemnité. Eschine lui reproche cette bassesse dans son discours sur la Couronne, et l'accuse de tirer profit de sa tête comme d'une ferme. Telles étaient les mœurs du temps.

Le discours de la Couronne a popularisé les opinions de Démosthènes. Le fond en semble léger ; il s'agissait de savoir si Démosthènes devait recevoir une couronne. C'est huit ans après la bataille de Chéronée que le peuple était appelé à décerner cette couronne. Cet enfantillage passionnait la ville d'Athènes. C'était une cause d'apparat, il n'y avait plus rien à décider. Il n'y avait qu'un résultat possible : ou Démosthènes chasserait Eschine, ou Eschine chasserait Démosthènes. Démosthènes l'emporta. La démocratie athénienne crut venger Chréronée en couronnant l'auteur de ce désastre ; c'était un acte d'opposition à la politique d'Alexandre ; opposition inoffensive, qui charmait les Athéniens et leur faisait oublier leur impuissance. Ce petit peuple vivait au milieu des jeux et des divertissements, et la principale fonction de ses hommes d'État était de l'amuser. De là ce caractère peu sérieux qui l'a de tout temps distingué, et que l'antiquité a reconnu. Un historien anglais, M. Groote, a entrepris la réhabilitation d'Athènes et du principe démocratique dans la

Grèce. Le témoignage de l'antiquité lui est contraire. La raison moderne proteste contre cette politique turbulente des républiques anciennes, et notamment d'Athènes. C'est là qu'elle aime le moins à prendre ses leçons et ses exemples. L'expérience politique et sociale qui a été faite parmi nous des théories de la Grèce est loin de les recommander. Plus nous irons en avant, plus nous en sentirons le vide et la fausseté.

Nos sociétés sont infiniment plus parfaites que ces républiques si vantées. Nous devons contrôler et rectifier les données de la science païenne. Et comme c'est en politique que le prestige de l'antiquité a été le plus funeste, il importe d'établir l'incompatibilité absolue qui existe entre la *liberté* antique et les droits conquis par les nations chrétiennes. La liberté ne peut plus être la domination d'une classe sur une autre classe, et d'un peuple sur un autre peuple. Il faut donc étudier Démosthènes pour y admirer les merveilles de l'art et de la passion oratoire ; pour y puiser le secret d'une concision qui, jusqu'à présent, n'a pas été l'apanage du barreau. Que les avocats ne cherchent en lui ni des principes de politique, ni un modèle de patriotisme.

28 novembre 1858.

III

Que d'opinions de fantaisie ne se forme-t-on pas sur le compte des anciens! Le *Correspondant* nous reproche d'avoir calomnié Démosthènes, la Grèce et la liberté. Laissons de côté les amplifications des poëtes et des orateurs, auxquelles, en bonne conscience, nul n'est tenu de croire. Athènes est chère aux rédacteurs du *Correspondant;* c'est la patrie des arts, des lettres, des sciences, de la civilisation, et plusieurs de ces messieurs l'ont visitée. Le monde se serait bien passé des arts de la Grèce ; et quand les peuples chrétiens ont voulu bâtir, ils ont élevé des monuments qui effacent tous ceux de la Grèce. Est-ce à la philosophie grecque ou au christianisme que les Européens doivent ce qu'on appelle la civilisation ? C'est en Asie, en Égypte, que les Grecs se sont initiés aux sciences ; et par eux-mêmes, ils n'y ont rien ajouté. Ne peut-on pas admirer Athènes sans la proclamer l'institutrice du genre humain ? Convient-il de donner en exemple à une nation de trente-six millions d'âmes les institutions des petites cités turbulentes de la Grèce ? Est-il vrai qu'elles aient garanti aux hommes plus de liberté que nos sociétés chrétiennes ? Athènes commence à être connue au vi^e siècle ; elle est déjà en pleine dissolution. Solon, Dracon, Pisistrate, les troubles qui suivent l'expulsion des fils de Pisistrate, remplissent le vi^e siècle. Y a-t-il un moment pour l'exercice d'une liberté régulière ? Les historiens ne le disent pas. Le ve siècle appartient aux guerres médiques. Athènes défend son existence. Par suite de troubles intérieurs, ses principaux citoyens sont exilés. Périclès est à la tête du parti démocratique, et il gouverne avec autant d'autorité que Pisistrate. C'est sous sa tyrannie et sous celle de Pisistrate qu'Athènes a joui de quelque tranquillité. Mais il n'est pas encore question de liberté. La guerre du Péloponèse renverse la prépondérance éphémère d'Athènes ; les trente tyrans, les réactions achèvent le siècle. Socrate périt l'an 400. Le ive siècle est celui de Philippe. Et Démosthènes regrette la liberté des anciens temps ; mais les anciens temps, nous l'avons vu, ne différaient pas en corruption et en anarchie de l'époque de Démosthènes. Où donc fixer cet âge d'or de la liberté athénienne dont le souvenir est sans cesse dans la bouche des orateurs ? L'anarchie est favorable à l'éloquence. Dans le calme, l'autorité reste aux plus sages et aux traditions ; dans la tempête, elle est aux plus hardis. Venise a vécu quatorze cents ans et n'a pas eu un orateur. Athènes indépendante n'a guère duré qu'un siècle et demi, et elle comptait ses orateurs par centaines. La république romaine n'a été éloquente que dans les derniers jours de son agonie. Ce qui ne veut pas dire qu'elle eut été très-libre quand elle n'avait pas d'orateurs.

Comment les anciens auraient-ils pratiqué la liberté? Le communisme fait le fond de leurs institutions et de leurs utopies. Le *Correspondant* n'admet pas cela et nous assure que le socialisme découle de l'Évangile, par voie d'interprétation infidèle. L'erreur du *Correspondant* est incompréhensible; le *Moniteur* renferme tous les discours et tous les actes socialistes de 1789 à 1799. Il n'est jamais question de l'Évangile ou de la Bible, mais toujours de la Grèce et de Rome. L'idée que les biens appartiennent à la nation et que les citoyens appartiennent à l'État est une idée éminemment grecque et romaine. Sparte est communiste; il n'y a qu'une voix là-dessus, celle du *Correspondant* exceptée. Repas communs, femmes communes, enfants et citoyens propriété de l'État, égalité de fortune entre particuliers, telle est la constitution de Sparte. Le vol y était permis; ou plutôt il n'y avait pas soustraction de la chose d'autrui, tout étant à tous.

Athènes, nous dira-t-on, n'était pas communiste. Elle l'était; non autant que Sparte, mais assez pour que le communisme spartiate fût l'idéal politique de ses meilleurs citoyens. Platon n'est pas un utopiste et sa république n'est pas un rêve; elle se réalisait plus ou moins sous ses yeux dans les principales villes de la Grèce. Il soumet au contrôle de sa raison, il élève à la théorie pure les faits contemporains; il ne les invente pas. Aristote, né en Macédoine, d'un esprit plus observateur et plus général, n'attache pas aux faits la même importance. Il ose interroger la nature de l'homme; mais l'exposition des enfants, la limitation du nombre des citoyens, l'éducation des enfants par l'État, lui paraissent de l'essence de la république.

L'État ne sera pour lui qu'une espèce de communauté de 15,000 citoyens. Les citoyens pauvres d'Athènes ne vivent-ils pas aux dépens du trésor public? Ils ont gratis le spectacle, et ils sont payés pour assister aux jugements. Les confiscations, les amendes sont fréquentes, souvent arbitraires; c'est une des ressources de l'État. L'ostracisme est une institution communiste. De quel droit un citoyen aurait-il plus de génie,

plus d'influence qu'un autre? L'ostracisme rétablissait l'égalité ; tous les hommes éminents d'Athènes l'ont subi, quand
il ne leur est pas arrivé pis. La généralité d'un fait aussi
étrange, aussi contraire à toutes nos idées, ne s'explique pas
par une erreur et une injustice accidentelle. C'est un principe
reconnu qu'Athènes peut sans raison chasser de son sein qui
bon lui semble. L'ostracisme ne frappe pas le coupable,
mais l'homme entouré de la considération publique, et cela
toujours et sans exception. Il faut donc avouer que l'individu
n'avait pas de droits à Athènes. Les plaidoyers de Démosthènes sont pleins d'allusions à cette situation précaire des individus, à ces caprices de la multitude suspendus sur la tête
et la fortune de chacun, à ces mille circonstances qui imposaient au citoyen des charges équivalant à une confiscation.
Le socialisme ou communisme prend donc bien évidemment
son origine dans la Grèce. La Convention réclama un exemplaire des lois de Minos pour y calquer sa constitution ; et on
chercha vainement cet exemplaire à la Bibliothèque nationale! Les *institutions* de Saint-Just sont du pur communisme
imité de Sparte. Si nous résumons les doctrines révolutionnaires d'alors, nous les trouvons identiques aux maximes
générales de la Grèce païenne. Les citoyens, les enfants, le
territoire, appartiennent à l'État. Est-ce Danton ou Lycurgue
qui le dit?

Nous ne cherchons que la vérité sur la Grèce. Le *Correspondant* nous accuse d'avoir *outragé* Démosthènes. Il nous crie :
Vous niez son patriotisme ; lisez l'article *Démosthènes* dans
la *Biographie universelle.* Suivons ce conseil, et voyons ce
qu'en pense M. Villemain : « Il est vrai que Démosthènes reçut
des sommes considérables du grand Roi, mais alors il sacrifiait
une de ses haines à l'autre, persuadé que les anciens ennemis
de la Grèce étaient moins dangereux pour elle que Philippe. »
Si le plus célèbre patriote de la Grèce en est là, que faut-il
penser de la tonique morale de cette société si vantée? Il y a
eu çà et là des vertus privées ; c'est incontestable, et l'histoire en rend témoignage. Ce qui n'est pas moins certain, c'est

que la société grecque a été, de tout temps, livrée à la corruption la plus effrénée. Elle brille par les arts et par la littérature, non par la morale et par la politique. Qu'est-ce que la politique d'Athènes et de Sparte, sinon le triomphe de la violence, de la ruse, du mépris de l'humanité? Toujours en guerre; et le but de la guerre, c'est de réduire en esclavage des frères, des Grecs, des hommes parlant la même langue et jouissant des mêmes institutions.

La spoliation de tout un territoire était chose vulgaire dans l'antiquité; ces expropriations en masse étaient l'aliment de la guerre et l'indemnité du vainqueur; l'esclavage des vaincus couronnait le triomphe. Ce droit public s'appuyait sur la doctrine de l'État. L'État renversé, tous les droits qu'il soutenait étaient anéantis; il n'y avait plus ni famille, ni propriété, ni citoyens : tout cela formait l'État et devenait le lot de la victoire. Comment expliquer de telles barbaries chez un peuple humain, éclairé, civilisé, si l'on ne remonte pas à ce principe du communisme empreint dans toutes les législations de la Grèce? Tout existait par la communauté et pour la communauté; la communauté dissoute, tout retombait dans le néant. Et terres et hommes appartenaient au premier occupant. Les Romains ont procédé de la même façon; le peuple romain était propriétaire de tout l'empire; les individus n'avaient qu'un droit de possession; le droit de propriété n'était censé exister qu'au profit du citoyen romain et dans la banlieue de Rome, dans l'*ager romanus*, territoire sacré, berceau de Rome. Il est probable qu'à l'origine il y eut un partage égal, ce qui suppose que l'État seul était propriétaire; la loi limitait l'étendue de terre que le citoyen pouvait occuper. Remarquez que le testament primitif du citoyen exigeait le concours de la puissance publique, le peuple assemblé, pour avoir son effet. Ce n'était pas le citoyen qui disposait de sa fortune, c'était le peuple tout entier avec lui. Tant il est vrai que le citoyen se confondait avec l'État. Les citoyens romains ne jouissaient pas du droit de propriété; trois ou quatre arpents de l'*ager romanus* n'étaient qu'une propriété nominale et insignifiante; ils vivaient de la déprédation du monde; ils s'enrichissaient par les possessions qu'ils s'adjugeaient au mépris des lois. Le droit était leur complice, car tout citoyen était jurisconsulte; de là les subtilités, les fictions qui tiennent tant de place dans le droit romain. En quel autre pays a-t-on vu le droit se révolter contre lui-même? A Rome, il y a eu un droit contre le droit. Ces ruses de la procédure n'avaient qu'un objet, permettre aux grands personnages, aux citoyens puissants, de garder des terres appartenant à la communauté, au peuple romain.

La facilité et la fréquence des confiscations à Rome et dans la Grèce attestent la domination de l'idée communiste. De quel droit prendre le bien d'autrui? Quel est le droit de l'État, d'un tribunal, d'une assemblée quelconque sur la propriété d'autrui? Le peuple se considérait comme souverain juridique de tout; il ne voyait dans les riches que des fonctionnaires remplissant plus ou moins bien leur charge; et il les destituait par caprice ou suivant l'occasion. Tel est le sens de la confiscation dans l'antiquité. Si l'histoire de France contient un filon de socialisme depuis les temps les plus reculés, c'est un reste du droit romain soigneusement entretenu par nos légistes. Il était de règle, à Athènes, que les citoyens pauvres fussent nourris par l'État. Loin d'être, comme chez nous, un acte transitoire, c'était l'exercice d'un droit, et les pauvres n'en avaient aucune reconnaissance à l'État. Le premier soin des empereurs était de nourrir le peuple romain. Pour comprendre ce fait, qui n'étonnait pas les anciens, il faut se reporter aux idées romaines et au droit romain. Qui a conquis le monde? Le peuple romain. Qui était propriétaire du monde? Le peuple romain. Il recevait ses revenus de la main de César, son représentant, son intendant. Les factions qui ensanglantent Rome, et qui, depuis l'expulsion des rois jusqu'aux empereurs, n'ont ni cesse ni trève, ne sont que la lutte incessante de l'individualisme contre le communisme, des citoyens qui se mettent au-dessus des lois contre ceux qui veulent tout rabaisser au niveau des lois.

Fénelon a introduit dans son *Télémaque* l'image de sociétés communistes ; c'était une preuve de la connaissance parfaite qu'il avait du génie antique. Quelques critiques ont été assez simples pour lui reprocher d'être communiste ! Les idées communistes régnaient en Grèce ; l'institut de Pythagore est une dernière tentative de les appliquer. Elle n'a pas réussi ; parce que le communisme était déjà en décadence, si tant est qu'il ait pu vivre autrement que par des institutions violentes et contre nature.

L'histoire grecque est remplie de législateurs. Dans les sociétés chrétiennes, Dieu est le législateur et ses lois ne changent pas ; les législateurs humains ne s'attribuent qu'une part secondaire ; et le titre de législateur, qui rappelle la Grèce antique, n'a été pris que fort tard ; il n'a été à la mode que depuis 1789. Maintenant le mot loi s'applique à toutes les prescriptions de l'autorité publique ; autrefois, le domaine du législateur était circonscrit dans la mission de mettre en œuvre le droit ; et les assemblées et les rois rendaient des décrets, des ordonnances, des règlements. Au sein des cités grecques s'élevaient des législateurs, c'est-à-dire des hommes importants qui, au milieu des dissensions publiques et sociales, s'investissaient ou étaient investis du pouvoir absolu. Toutes leurs institutions sont marquées au coin du communisme. Ce qui constitue le socialisme, c'est la négation du mariage, de la famille, de la propriété. Dans quel État de la Grèce ces trois bases de l'ordre social n'ont-elles pas été entièrement subverties ? Sparte n'avait pas même l'ombre de la famille et de la propriété. Et, à Athènes, ces deux grands intérêts n'ont ni fixité ni garantie. A cet égard, la lecture des plaidoyers de Démosthènes fournira des renseignements irrécusables aux rédacteurs du *Correspondant*. La plupart des cités se composaient de trois ou quatre mille citoyens resserrés dans une ville unique, étrangers aux arts agricoles et industriels. L'opulence et l'éclat leur venaient du dehors, par la guerre. C'est avec la cité et par elle que le citoyen arrivait à la grandeur et à la fortune. L'égalité de richesse est l'idéal de ces républiques ; toutes les institutions tendent à la réaliser, comme tous les événements tendent à la détruire. C'est l'État qui forme le citoyen, il est préexistant ; cela ressort de toute la politique grecque, et Aristote lui-même le constate. Dans les théories modernes, ce sont les citoyens qui forment l'État ; aussi l'individu y a-t-il les droits les plus étendus, la personnalité la plus distincte. Chez les anciens, l'État est tout, parce que l'État est le principe générateur de tout l'ordre social. C'est du principe communiste que tous les droits découlent, et c'est par là que les individus sont reliés entre eux.

Que sera la liberté ? Le maintien de l'égalité. D'un côté, le temps créait sans cesse des influences, des germes d'aristocratie ; et de l'autre, le parti populaire s'efforçait sans cesse de les détruire. C'est l'histoire intérieure de toutes les cités grecques. En 89, les mots de liberté et d'égalité ont été accolés, parce qu'en effet ils exprimaient toute la révolution. Mais le sens du premier mot est donné par le second. Ce qu'on voulait, c'est la liberté antique. Aujourd'hui, l'égalité n'est qu'une absurdité ; les richesses, les fonctions, le talent établissent entre tous les hommes d'un même pays une distance énorme. Rien de semblable à Athènes. Vingt mille citoyens se surveillant, se contrôlant, assurés d'ailleurs de l'existence matérielle, arrivant tous aux fonctions publiques tour à tour, par la voie du sort ou par l'élection, participant aux mêmes jeux, aux mêmes spectacles, ayant reçu une éducation commune, étaient bien près d'être égaux, ou du moins ils réalisaient autant que possible la chimère de l'égalité. Rousseau a senti que cette liberté reposait sur l'esclavage, et il ne s'est pas gêné pour le dire. L'esclavage arrachait le citoyen aux métiers, aux œuvres serviles, et lui laissait tout le temps de vaquer aux affaires de la république, qui étaient les siennes propres. C'est pour cela que Platon et Aristote jettent les hauts cris contre Athènes ; elle a vingt mille citoyens, nombre prodigieux, effrayant ! Comment vingt mille hommes parviendront-ils à s'entendre et à respecter entre eux l'égalité ? Le bonheur de Sparte, la beauté de son gouvernement, vien-

14

nent de ce qu'elle a seulement dix mille citoyens. Toutes les vicissitudes et la faiblesse de la démocratie athénienne ont leur source dans l'impossibilité de faire vivre vingt mille citoyens sur le pied de l'égalité. Telle était la pensée des plus grands politiques de la Grèce. Pour eux, la liberté c'est l'égalité, et l'égalité c'est la part égale que chacun prend au gouvernement direct de la cité. Le système représentatif était inconnu ; les Grecs ne l'auraient pas compris ; il est fondé sur d'autres idées et d'autres sentiments.

Chez les nations chrétiennes, le pouvoir politique est moins un droit qu'un devoir ; c'est une charge exercée dans l'intérêt de tous et un fardeau destiné aux épaules capables de le porter. Toutes les institutions de l'Europe actuelle reposent sur ce principe. Si le pouvoir est un droit, il appartient à tous également ; et alors il faut que les douze millions de Français mâles soient mis en demeure d'être députés et abandonnent leurs travaux pour se livrer à l'étude exclusive de la politique. C'est impossible. Donc, la liberté antique est sans application en France. Cette liberté d'Athènes et de Rome est incompatible avec nos mœurs et nos institutions ; et elle ne prévaut jamais sans un grand péril et un grand déchirement de notre pays. Nos constitutions éphémères sont nées sous son invocation ; c'est en son nom qu'ont été renversés tous les gouvernements que depuis soixante ans nous avons tenté d'édifier au milieu de nos ruines. Pourquoi les libéraux arrivés aux affaires sont-ils incapables d'appliquer leurs théories, sinon parce que ces théories sont de simples machines de guerre ? Notre régime parlementaire, quand il fonctionne dans un intérêt d'ordre et de conservation, n'est plus du goût des libéraux, et pour l'abattre, ils en appellent à la calomnie, à la violence, à l'insurrection. En 1830, en 1848, et tout récemment en Belgique, le régime parlementaire a succombé sous les coups des libéraux. La France a eu deux ministres parlementaires, M. de Villèle et M. Guizot ; ils ont gouverné par la majorité et par la seule force de la discussion, et ils étaient dénoncés chaque jour par l'opposition comme les ennemis de la liberté. Leur chute a entraîné celle de la monarchie. Le *Correspondant*, qui semble embrasser maintenant les idées libérales, comprend-il que ces idées calquées sur la Grèce jurent avec le régime parlementaire régulièrement pratiqué? Si nous n'avions pas eu de libéraux, ce régime aurait duré; et les seuls hommes qui l'aient fait durer sont précisément ceux qui ont été accusés d'en être les adversaires. Ce malentendu tient évidemment à une façon différente de concevoir la liberté politique.

La liberté politique d'un pays ressort de ses mœurs et de ses traditions. Et les importations d'Athènes et de Rome ont été l'ouvrage, ou d'une ignorance bien intentionnée, ou d'une mauvaise foi insigne. Tout homme, doué de quelque bon sens et de quelque patriotisme, reculera toujours devant cette conclusion, que la France n'est entrée dans la liberté qu'en 1789. Jusque-là nous étions donc esclaves! C'est l'opinion des libéraux; ils estiment que les droits de l'homme ont été découverts par l'Assemblée constituante. Ce mépris jeté sur tout le passé catholique peut-il être accepté par des catholiques? N'est-ce pas leur devoir de lutter contre des préjugés qui sont une insulte pour eux? Ils ont sous la main les innombrables monuments de l'histoire; qu'ils sachent que toutes les libertés politiques sont nées dans les temps catholiques, qu'elles ont été vivifiées par l'esprit de l'Église. Toutes les institutions dont l'Angleterre est si fière et qu'elle a dénaturées, remontent aux siècles de foi; et la France, d'où elles ont été transportées en Angleterre, les possédait depuis longtemps. La France n'a pas besoin de mendier des institutions étrangères; elle est assez riche de son propre fonds pour trouver en elle-même, dans les souvenirs de son ancienne monarchie et dans les nécessités du présent, les conditions d'une liberté légitime.

Il plaît au *Correspandant* de taxer de paradoxes nos observations sur Démosthènes. Ce que nous avons demandé, c'est qu'on laissât Démosthènes à sa place, et qu'on ne nous proposât pas la liberté grecque en exemple. Au XVIIe siècle, où on lisait plus les orateurs grecs qu'aujourd'hui, il ne serait venu à la pensée de personne que la France de Louis XIV pût s'approprier la constitution athénienne, et que les idées politiques de Démosthènes fussent à notre usage. On cherchait dans les Grecs des modèles d'éloquence et non de génie politique. Il a fallu la Révolution française et le désordre qu'elle a amené dans les intelligences, pour que l'anarchie grecque décorée du nom de liberté fût érigée en principe. Quand on a derrière soi dix-huit siècles de christianisme et de liberté chrétienne, est-ce la peine de revenir à la politique païenne ? M. de Bonald a flétri cette politique ; mais il paraît que le *Correspondant* a déserté l'école de M. de Bonald pour celle de Foy et de Benjamin Constant.

5 janvier 1859.

LES LÉGISTES.

I

Nous avons suivi le droit civil dans son développement historique et décrit les différentes phases de la lutte qu'il a engagée contre l'ordre social. Il faut maintenant caractériser les moyens dont il s'est servi, et entrer plus avant dans la connaissance de cet esprit de chicane et de ruse qui le caractérise. Dans tous les pays, la classe populaire conserve une défiance instinctive contre les procureurs; les nôtres sont demeurés célèbres. Quelle est la raison de ce fait général? A peine le droit civil commence-t-il à renaître au xiiᵉ siècle, que saint Bernard jette le cri d'alarme et dénonce les *cavillations* des légistes. Le langage qu'il tenait au pape Eugène III s'est trouvé depuis dans la bouche de Napoléon, qui voulait couper la langue des avocats : *Præcide linguas vaniloquas et labia dolosa claude.* (*De Consideratione*, liv. Iᵉʳ, ch. x.) Plus tard, Roger Bacon s'effraye du danger que les légistes font courir à la chrétienté, et il emploie le même mot que saint Bernard, *cavillationes*. Évidemment, ce n'est pas tel ou tel procureur qui est désigné, c'est tout un système. C'est toute la science du droit civil qui est accusée dans ses procédés et dans ses moyens de propagation.

Rappelons quelques souvenirs déjà familiers à nos lecteurs. Le droit civil (le droit de la cité, le droit égalitaire)

naît à Rome, où il grandit à côté de la vieille coutume
représentée par la loi des Douze-Tables. Il ne choquera pas
les traditions de la patrie; il en gardera la lettre en la détournant de son application. Il imaginera tout un système de
fictions, à l'aide desquelles il réduit à néant la loi des Douze-
Tables, tout en professant pour elle un respect superstitieux.
Ce système de mensonges légaux persévéra cinq cents ans
dans toute sa plénitude, de la loi des Douze-Tables à l'établissement de l'Empire. Il était l'âme du droit. Les jurisconsultes posèrent d'abord ce principe, qu'il appartenait au préteur de corriger la loi en vue de l'équité; c'est ce qu'on
appelait l'équité du préteur, et ce qui était réellement l'égalité prétorienne, *æquitas* signifiant tout aussi bien égalité
qu'équité. Toutes les modifications prétoriennes étaient dans
le sens de l'égalité. D'après les principes de la coutume, le
préteur ne pouvait faire ni un héritier ni un propriétaire.
Seul, le père de famille, le propriétaire, avait pouvoir de
désigner son héritier par testament; le testament ne valait que
par l'institution d'héritier. C'est l'héritier qui continuait la
personne du défunt. Le droit de tester, sur lequel se fondait
la perpétuité des familles, fut attaqué et annulé par le préteur. Le préteur déclara que le père devait toujours instituer
ses enfants pour héritiers. Sans quoi, il donnait aux enfants
l'action *de inofficioso testamento*, supposant que le père de
famille, c'est-à-dire le propriétaire, n'avait pas rempli son
devoir. Le testament était donc annulé et le droit d'exhéré-
dation supprimé. Mais il y avait encore une formalité pour
atteindre l'héritage. Le préteur ne se serait pas permis d'appeler à l'*adition d'hérédité* celui qui n'était pas héritier, il
lui déférait par une fiction *la possession de biens*.

Justinien donna pour motif à l'égalité absolue de partage
l'égalité d'affection que les parents doivent avoir pour leurs
enfants. C'est aussi la pensée des rédacteurs du Code civil.
On peut assurer, en thèse générale, que les parents ont une
égale affection pour tous leurs enfants. Faut-il en conclure
que le droit de tester est absurde ou inutile? En déterminant

l'évolution des biens, le législateur s'empare de la propriété. Pourquoi tous les législateurs ont-ils exécré le droit de tester? C'est qu'ils ont toujours considéré le prince comme le propriétaire du sol; c'est la doctrine des jurisconsultes romains : Rome était propriétaire du monde ; elle en avait le *domaine éminent*, le *domaine direct;* les individus, eux, n'avaient que le *domaine utile*, le *domaine indirect*. Ces distinctions ont passé chez nos légistes français ; elles ont servi à attribuer au fisc des droits de succession. Il n'y a aucune raison aux droits d'amortissement. Pourquoi la mort d'un particulier serait-elle un bénéfice pour l'État? Pourquoi l'État prend-il sa part dans tous les héritages, à l'imitation des empereurs romains, qui annulaient les testaments où ils n'étaient pas institués héritiers ou légataires? L'État est héritier, héritier privilégié, non astreint aux charges de la succession. D'où lui vient cette étrange qualité? Nos anciens légistes nous le disent : le Roi, l'État, a le domaine éminent, la propriété : le particulier n'a qu'un domaine utile, une possession viagère ; à sa mort, la possession fait retour à l'État. Mais l'État est si bon prince ! Il rend la possession aux héritiers, moyennant toutefois un pot-de-vin, une part proportionnelle payée en argent. Notre droit était riche en dénominations de droits de succession ; le fisc y déployait toute la fertilité de son imagination. Aujourd'hui, il est tout simplement copropriétaire du sol par la perception de l'impôt foncier.

La pensée du législateur n'est pas équivoque. L'ancienne société comptait des propriétaires perpétuels, corporations, ordres religieux, églises, etc. Le fisc s'est dit : Voilà une mauvaise affaire pour moi. Il a consulté les légistes : Vous êtes bien bon, lui ont répondu les légistes; tout le sol est à vous, vous avez le droit de ne le céder qu'à condition, et dès lors vous pouvez en tirer le même avantage que des biens concédés à des particuliers. La conscience du fisc rassurée, il ne s'agissait plus que d'établir un règlement qui fît payer des droits de mutation aux biens qui ne changeaient pas de maîtres. Cette logique d'un nouveau genre a été couronnée d'un plein succès. Cependant, écoutez les avocats, il n'y a rien de si sacré que le droit de propriété. Dans l'antiquité païenne, l'État est propriétaire du sol ; à Sparte, c'est un principe rigoureux ; il ne l'est pas moins à Rome. Qui ne sait que l'*ager romanus* est le territoire sacré, le sol sur lequel est assise la cité romaine? Au delà sont les terres conquises ; la propriété n'en est accessible qu'au citoyen romain. Cicéron, dans sa *République*, atteste le partage légal : *Romulus viritim dividit civibus*. La propriété romaine représentait la fonction du citoyen romain ; le citoyen faisait son testament en public, *calatis comitiis*, sous l'œil du peuple. Ce testament était donc non une affaire privée, mais une affaire publique. D'abord, le citoyen romain est si puissant, il est tellement identifié à sa corporation, que sa volonté fait loi : ce sont les termes de la loi des Douze-Tables. Mais cette autorité du père de famille, c'est-à-dire du propriétaire, ira s'affaiblissant, et le préteur interviendra pour retenir dans les mains de l'État le droit de diriger les actes de dernière volonté, non plus dans le sens de la perpétuité des familles et du maintien des biens dans les familles, mais dans le sens tout opposé de l'égalité démocratique. La confiscation du droit de tester remonte à ces lointaines origines : par esprit de secte autant que par intérêt, les légistes l'ont partout favorisée; fidèles à l'omnipotence de l'État, ils se révoltent contre la puissance paternelle, qui est le seul obstacle sérieux, la seule limite efficace de l'absolutisme dans l'ordre politique.

Nos lois sur les testaments engendrent une foule de procès. C'est une considération qui n'est pas à négliger. On s'est aperçu, dès le xvie siècle, que le nombre des procès croissait en raison de l'influence du droit civil. Il est certain que l'autorité paternelle ne réglant plus les intérêts de famille, ces intérêts tombent sous l'appréciation de toutes les personnes qui ont droit à l'héritage, et qui toutes prétendent à la meilleure part. Qui pacifiera ces luttes intestines? Le tribunal. Les procès que prévenait l'autorité paternelle sont à la

charge des familles; et comme il y a des millions de familles,
il y a des milliers de tribunaux.

Nos légistes se sont appliqués à rendre la propriété aussi
instable et aussi divisée que possible; et comme les coutumes
nationales étaient animées d'un tout autre esprit, ils les ont
altérées, dénaturées par mille subterfuges d'interprétation.
La substitution du droit romain aux coutumes nationales en
qualité de droit commun, a été le triomphe du machiavélisme le plus raffiné. D'abord les légistes ont demandé à professer le droit romain à titre d'étude historique, et uniquement pour suppléer à la coutume; le droit romain, par des
transformations successives, s'est ensuite posé en raison écrite
et a complétement subalternisé la coutume. En France,
toutes nos coutumes, à partir du xvᵉ siècle, ont été rédigées
sous l'influence des légistes et de la royauté. La mauvaise
foi des rédacteurs est éclatante. Les lois féodales de la propriété et des successions sont bien connues; tous les monuments de l'histoire, dans toutes les contrées de l'Europe, en
rendent témoignage. La loi salique, qui nous a été transmise
défigurée par la rédaction latine, consistait certainement dans
l'indivisibilité du fief et dans le droit de substitution, loi
tellement fondamentale, qu'elle domine tous les événements
politiques. Les légistes avaient raison d'accepter le principe
féodal qui considérait la couronne comme un fief et appliquait à la famille royale la loi des familles privées. Mais, par
une inconséquence calculée, il refusèrent d'admettre au bénéfice de la loi salique les familles privées, sur lesquelles ils
firent peser l'esprit d'égalité du droit romain. La loi salique,
ou le droit de substitution, fut respectée dans la famille
royale; elle fut battue en brèche dans toutes les circonstances
de la vie privée et remplacée par les dispositions du droit
romain. Pour en arriver là, les légistes usèrent d'une transition habile. Ils attribuèrent à l'aîné, sous le nom de droit
d'aînesse, un avantage tout personnel et étranger au principe
de substitution; car ce droit, qui comprenait le manoir
principal et ce qu'on appelait le vol du chapon, c'est-à-dire

deux ou trois arpents de terre, n'empêchait pas le morcellement des héritages.

Ennemis du clergé et de la noblesse, les légistes ne l'étaient pas moins du peuple. En appliquant aux faits de la société chrétienne les dénominations païennes, ils ont faussé ces faits eux-mêmes, perverti les relations sociales et créé des antagonismes de classes qui, perfidement exploités, ont abouti à la grande catastrophe de 1789. C'est sous l'empire des idées byzantines que la noblesse est devenue une espèce de caste, que, systématiquement ruinée, elle a été jetée dans les emplois salariés, en un mot, qu'elle a été une noblesse de cour. Il n'a pas dépendu des légistes que l'esclavage ne fût rétabli en France, pour plus de conformité avec le droit romain. Les populations rurales, quoiqu'elles aient toujours joui des plus précieuses garanties, ont été juridiquement flétries par les dénominations de serfs, de vilains, de roturiers. Les légistes affectaient pour elles un profond mépris; il y avait même un droit pour les roturiers et un droit pour les nobles, comme si les questions de famille étaient différentes pour les uns et pour les autres. Le droit fomentait ainsi l'antagonisme des intérêts et la désunion des classes. C'est par les légistes que la mort civile a été réhabilitée; et elle était appliquée aux religieux! C'est par eux que la religion s'est vue peu à peu dépossédée du droit de propriété; ils entravent ses acquisitions par les ordonnances du chancelier Daguesseau, et ils confisquent tout en 1789. Depuis lors, ils n'ont cessé de fournir des armes au pouvoir et aux révolutions contre l'Église et la propriété ecclésiastique. Ils veulent que l'Église soit morte civilement.

Leur vœu le plus ardent eût été de glisser le protestantisme en France; ils l'embrassèrent au XVIe siècle, et l'esprit de schisme domina toujours dans les parlements; surtout dans le parlement de Paris, où ils avaient installé leur quartier général. Burnet, l'évêque protestant de Salisbury, raconte ainsi ses impressions dans un voyage qu'il fit en France peu après l'année 1682. « Les contestations avec la cour de Rome étaient alors à leur plus haut point de vivacité, et l'assemblée du clergé venait précédemment de prendre certaines décisions très-menaçantes pour l'autorité papale; beaucoup de gens croyaient donc à un schisme très-prochain, et Harlay dit très-publiquement que si la France était assez heureuse pour secouer le joug, je lui avais tracé un excellent modèle à suivre. » (*Mémoires de mon temps*, t. IV, p. 330.)

Le droit révolutionnaire est fondé sur les doctrines des légistes ; c'est à eux que nous devons, dans les temps modernes, la souveraineté du peuple. Rousseau l'a formulée par son *Contrat social;* elle respire dans tous les traités de droit antérieur. Si le prince n'a pas un pouvoir personnel, indépendant du peuple, on est en république. Le christianisme avait constitué le pouvoir des princes en leur apprenant qu'ils tenaient de Dieu leur autorité. Les légistes restèrent fidèles à l'idée du droit romain, que c'est le peuple qui est primitivement souverain, le prince n'étant souverain que par délégation et en qualité de représentant du peuple. C'est en supposant une prétendue communauté primitive qu'ils arrivaient à ces conséquences. Mais il est évident que par un retour de logique, le communisme primitif peut rejeter les princes, qui sont ses agents et ses mandataires, et reprendre son ancienne forme. Le droit naturel, tel que les légistes l'ont exposé dans ces deux derniers siècles, renverse tous les droits sociaux par la base, parce qu'il part du principe du communisme et n'admet les développements ultérieurs du droit qu'à titre de dérogation ou d'exception à l'ordre primitif. Faut-il attribuer à cette erreur fondamentale la haine qu'ils ont vouée au droit de propriété? La propriété est pour eux un fait étrange, inexplicable, contraire à l'ordre : et en effet, leurs idées de communisme y répugnent essentiellement. L'histoire du droit civil est la lutte des légistes contre la conscience chrétienne, lutte pleine d'embûches, où la bonne foi et la simplicité finissent par succomber devant la force hypocrite.

8 décembre 1861.

II

Au seizieme siècle les légistes français se précipitent en masse dans le mouvement révolutionnaire ; les plus célèbres apostasient publiquement. La Réforme est vaincue : ils se retranchent dans un calvinisme mitigé et embrassent le jansénisme avec un zèle outré. Plus tard, le gallicanisme n'a pas de champions en apparence plus sincères. Aujourd'hui ils professent la religion de Pithou avec une ferveur toute comique, car ils n'ont plus pour excuse la bonne foi, et ils savent que personne ne prend au sérieux ce culte de basoche qui ne ressemble à aucun des cultes autorisés en France. Ils ont donc raison de se bercer dans les souvenirs de l'ancienne considération qui les a entourés. Mais s'ils réunissent avec soin tout ce qui est à leur honneur, il serait juste aussi de constater, au point de vue historique, la légitimité des oppositions qu'ils ont rencontrées. Dès le treizième siècle, la voix illustre de Roger Bacon s'élevait contre eux et les signalait à l'indignation des peuples et des Souverains-Pontifes. Voici ce que nous lisons dans l'*Opus tertium*, résumé de ce qu'il y a de plus important dans l'*Opus majus*, et qui était destiné au pape Clément IV : *Utinam excludantur cavillationes et fraudes juristarum et terminentur causæ sine strepitu litis, sicut solebat esse ante quadraginta annos. O si videbo oculis meis hoc contingere! Nam si strepitus juris amoverentur et cavillationes et abusus juristarum, tum laïci et clerici haberent justitiam et pacem. Si etiam jus canonicum purgaretur a superfluitate juris civilis et regularetur per theologiam, tunc ecclesiæ regimen fieret gloriose et secundum propriam ejus dignitatem.* C'est M. Cousin qui a publié dans le *Journal des Savants* ces fragments d'un manuscrit retrouvé à la bibliothèque de Douai. Il paraît que c'est en France et non en Angleterre que vivait habituellement Roger Bacon ;

c'est à Paris qu'il composa la plupart de ses ouvrages et subit une détention de dix ans. Cela explique pourquoi il s'inquiète tant des progrès des légistes; il est dans le pays où leur influence se développe avec le plus d'éclat et d'où elle menace la république chrétienne, à la tête de laquelle était alors la France.

La société féodale s'alarmait des entreprises sans cesse renaissantes des légistes : elle demandait une répression qui n'a pu lui être accordée, car le mal avait déjà jeté, en France, de profondes racines. Les légistes corrompaient, à l'aide des subtilités du droit romain, le droit canonique et les coutumes; ils introduisaient dans l'interprétation du droit un système d'embûches qui répugnait à la loyauté féodale. La société politique était tout entière fondée sur la foi donnée et reçue. La coutume réglait les transactions et jugeait les différends. Les justiciables étaient leurs juges à eux-mêmes, étant tous au même titre les représentants de la coutume. Les légistes arrivaient tout chargés des livres du droit romain où ils prétendaient trouver la loi d'une société chrétienne. Par leurs flatteries et leur servilisme, ils entraînèrent les rois. On vit cette royauté française, fondée par le clergé, défendue par une noblesse dont le sang a coulé pour elle sans interruption pendant quatorze siècles, se confier avec une persévérance inouïe à ces légistes qui devaient la trahir au dernier jour. Il y aurait un grand intérêt à décrire cette vaste conspiration. Il est malheureusement certain que la révolution française a été longuement préméditée ; on n'a qu'à consulter les registres du Grand-Orient pour se convaincre que l'Assemblée constituante était la fleur des loges maçonniques.

Avant de descendre à ces excès d'humiliation, les rois ne connaissaient les légistes que par les avantages qu'ils en tiraient dans un but d'agrandissement personnel. S'ils avaient plus intimement confondu leur intérêt avec celui de l'État, ils n'auraient pas cédé aux ruses de ces étrangers; car on peut dire que ces légistes étaient des étrangers, puisqu'ils faisaient d'une loi étrangère la règle des rapports sociaux. Ils étouf-

faient sous le poids de leurs indigestes compilations les principes du droit et les inspirations de l'équité naturelle. Aussi
Roger Bacon était-il l'écho de la conscience publique, en sup-
pliant un pape qui avait été un grand jurisconsulte, d'arracher
la société chrétienne à ce qu'il appelle *cavillationes et fraudes juristarum.*

L'Angleterre a échappé au joug des légistes en repous-
sant l'influence du droit romain et en se rattachant exclusivement au droit féodal. La France, au contraire, s'est de
plus en plus inclinée sous l'ascendant des légistes. Dans ce
double fait éclate la différence fondamentale des révolutions
qui ont agité ces deux pays. L'Angleterre est restée féodale ;
la France est tombée en démocratie. Sans entamer un parallèle juridique qui nous mènerait trop loin, il est curieux de
ressaisir dans de lointaines origines le germe des grands événements qui diversifient l'histoire. En Angleterre, la classe
influente est, comme au moyen âge, celle des propriétaires.
En France, il y a trois cents ans que les propriétaires ont
perdu toute influence. En revanche, les hommes de loi
s'y sont multipliés ; ils absorbent toutes les forces vives de
la bourgeoisie. Le morcellement des héritages, les transactions infinies de la vie civile nécessitent leur présence au milieu de nous. Parmi eux se recrutent la plus grande partie de
nos fonctionnaires. Qui n'est pas avocat n'est bon à rien.
Notre justice *gratuite* nous coûte quelques centaines de millions.

Les légistes avaient fini par confisquer la royauté, sous
prétexte de la soustraire à l'obéissance due aux Souverains-
Pontifes ; le chancelier Maupeou la retira du greffe par un
coup d'État qui aurait relevé la royauté, si Louis XVI ne s'é-
tait hâté de reporter la couronne au greffe en rappelant les
parlements. Louis XVI ne pouvait qu'être égaré par ces ro-
bins entichés de leur importance et de leur popularité, mais
dénués de tout esprit politique. Et sous cette impuissance à
gouverner, que de courage et de désintéressement personnel !
Quelle magistrature fut plus illustre et mérita plus son illus-

tration? Mais elle était, ainsi que la royauté, dans une fausse position; et elle a plus nui à la France par ses faux principes qu'elle ne l'a servie par ses vertus.

7 janvier 1856.

III

Nous nous sommes occupés des travaux qui ont inauguré la rentrée des cours et tribunaux. A Paris, les discours prononcés pour l'ouverture de la conférence des avocats nous ont suggéré quelques réflexions. Nous avons essayé d'y saisir un reflet des opinions générales qui règnent au barreau. Il nous reste à parler de l'éloge de Billecocq, dû à la plume d'un jeune avocat, à qui le conseil de l'Ordre avait imposé cette tâche. Comme beaucoup d'avocats, Me Billecocq a été célèbre en son temps. Il appartient au barreau de faire l'éloge de ces illustres oubliés, ne fût-ce que pour perpétuer les traditions et rattacher les vieilles générations aux nouvelles. Billecocq était un avocat honnête, et qui paraît avoir été fidèle à ses principes politiques, mérite rare et toujours digne d'une mention honorable. Mais le panégyriste met en lumière, avec une certaine complaisance, le côté religieux de son héros. Son discours, applaudi par tous ses confrères, semble nous révéler une religiosité particulière à l'usage du barreau. Un avocat peut suivre la religion que bon lui semble. L'avant-dernier bâtonnier a laissé à chacun le droit d'adorer « sa divinité » à sa guise. Et cependant, dans maintes circonstances, on dirait qu'il y a une religion spéciale pour les avocats français. L'auteur de ce culte, d'ailleurs fort simple, est le nommé Pithou, avocat protestant, qui a rédigé sa religion en articles de code, sous le nom de lois, franchises et libertés de l'Église gallicane. Ces vieilleries n'ont pas totalement disparu en 1789, et un avocat relève encore la tête en disant : Je suis de la religion de Pithou. D'autres, moins aguerris contre le ridicule, se contentent d'invoquer « la religion de Bossuet. » C'est déjà une amélioration. Aujourd'hui que les discussions religieuses reprennent faveur, il est permis de faire remarquer au jeune barreau, tenté de se mettre sous la bannière de Bossuet, que Bossuet n'a inventé aucune religion. N'est-il pas plaisant qu'on lui emprunte uniquement ses erreurs pour les arborer comme un drapeau? La première ligne du Catéchisme est celle-ci : Je crois à l'Église catholique, apostolique, romaine; et non : Je crois à l'Église de Paul, ou de Jacques, ou de celui-ci, ou de celui-là.

Les légistes de l'ancienne monarchie, imbus d'idées protestantes et césariennes, étaient en lutte constante avec l'Église. Ils la combattaient depuis le XIIIᵉ siècle, et la Réforme les trouva tout disposés au schisme. Ils s'y précipitèrent avec ardeur, sans entraîner la nation après eux. Ils revinrent ostensiblement au catholicisme après les guerres de religion. Mais ils ne renoncèrent pas à leurs prétentions, et tout en affectant un zèle souvent hors de saison pour l'Église, ils surent maintenir les obstacles, les entraves dont elle se plaignit jusqu'en 1789. Ils abusaient du grand nom de Bossuet, en poussant beaucoup plus loin que lui les restrictions et amendements qu'il avait paru apporter à la doctrine générale de l'Église. D'abord Bossuet ne prétendait pas condamner les doctrines de l'Église romaine; il les tenait pour soutenables et très-probables en théologie; seulement il croyait que la doctrine contraire avait aussi ses chances de probabilité et qu'elle pouvait être professée en sûreté de conscience. Les parlements en concluaient que les droits du Saint-Siége étaient une atteinte aux priviléges de l'Église gallicane! Le privilége d'obéir au Roi au lieu d'obéir au Pape était une liberté assez bizarre et qui ressemble fort à celles dont les libéraux nous ont dotés malgré nous. Billecocq invoquait, en 1825, l'autorité de Bossuet, qu'il ne craignait pas d'accoler à celle des Pithou, des Talon, des Bignon, des Daguesseau. Bossuet eût répudié une pareille compagnie. Il regrettait cette malheureuse déclaration de 1682, quand il en voyait sortir des conséquences auxquelles il ne pouvait songer qu'avec horreur. Ses moindres paroles ont été recueillies et amplifiées par les légistes. Son sermon cauteleux sur l'unité de l'Église leur a fourni des armes ; et Billecocq aimait à invoquer ces libertés de l'Église gallicane appelées par Bossuet « les fortes maximes trouvées par nos pères dans la tradition de l'Église universelle. » L'avocat se laissait éblouir par l'orateur. Bossuet enveloppe quelquefois sa pensée dans de belles phrases : il est difficile de savoir ce qu'il a voulu dire. Qu'est-ce qu'une forte maxime ? Et en quoi la maxime qui soumet l'Église à l'État est-elle plus forte que celle qui justifierait son indépendance ? Pour un chrétien, pour un prêtre, pour un évêque, la force ne consiste pas à obéir au pouvoir temporel, mais à obéir à l'Église, malgré les hommes. Bossuet place ensuite dans la tradition de l'Église universelle les maximes qui établissent les franchises, priviléges et libertés de l'Église gallicane. Or, ces prétendues libertés n'ont jamais été connues qu'en France, et très-tard ; ce mot de gallicanisme indique une innovation, comme les mots anglicanisme, calvinisme, etc. Tout ce qui est universel ou catholique n'a pas un nom spécial de pays. Bossuet se débattait contre une situation périlleuse : il voulait éviter l'éclat et une rupture, et il se refusa toujours à laisser paraître sa défense du clergé gallican. Mais les légistes se jetaient aux extrémités de ces maximes et ne reculaient devant aucune conséquence pour aboutir à l'absolutisme royal.

Les prétentions de Louis XIV ne prenaient pas la Papauté au dépourvu ; elle était depuis longtemps en garde contre les légistes ; et il n'est pas inutile de remarquer que l'influence des légistes au milieu du xiiie siècle éveillait déjà sa sollicitude. Son regard d'aigle entrevoyait tout le dommage qui devait en résulter dans l'avenir pour la foi et pour l'unité chrétienne. On sait en quels termes éloquents Roger Bacon dénonçait le danger que les légistes faisaient courir à la société. Voici le témoignage d'un historien anglais du xiiie siècle et un acte d'une plus grande autorité :

15

« A la même époque (1254), le Pape (Innocent IV), pendant son séjour à Rome, considérant que les arts libéraux s'étaient presque entièrement changés en arts mécaniques par l'avidité du gain, et qu'on pouvait véritablement dire de la philosophie : « *Elle se prostitue comme une courtisane qui attend son salaire*, » s'aperçut aussi que presque tous les écoliers négligeaient les rudiments de la grammaire, les auteurs et les philosophes, dans leur empressement à apprendre les lois qui ne font point partie, comme on sait, des arts libéraux. En effet, les arts libéraux sont étudiés pour eux-mêmes, mais les lois pour acquérir des salaires. Bien plus, ainsi que personne ne l'ignore, des jeunes gens insuffisants en âge et en science montent aux chaires des maîtres, dès qu'ils savent bavarder dans de bruyantes réunions, sur un petit nombre de sophismes, s'enorgueillissent du titre de maîtres qu'ils ont usurpé, et, devenus plus vénérables, entreprennent de monter sans fondement à des degrés plus élevés, puis, disant adieu à l'école des lois et des décrets, parviennent aux dignités pontificales; tandis qu'il vaudrait mieux et serait plus utile qu'ils fussent d'abord formés par l'exercice des écoles et qu'ils arrivassent ainsi à des grades mérités que l'opinion commune leur adjugerait. C'est pour prévenir cette présomption que le Pape écrivit son Monitoire. (*Grande Chronique de Mathieu Paris, traduction de M. Huillard Bréholles.*)

« Innocent IV à tous les prélats institués pour examiner de haut et intérieurement, dans les royaumes de France, d'Angleterre, d'Écosse, de Galles, d'Espagne et de Hongrie. Nous considérons avec douleur comment la plantation des clercs, sainte et pieuse jadis, oubliant sa première honnêteté, est descendue du comble le plus élevé de la sainteté dans le plus profond gouffre de vices. En effet, des bruits détestables viennent assaillir et fatiguer nos oreilles; des rapports fréquents nous apprennent sans cesse que (pour garder présentement le silence sur la science divine) les études philosophiques sont abandonnées; que dis-je? rejetées bien loin;

que toute la multitude des clercs se presse en foule pour entendre les lois séculières, et que, ce qui mérite encore plus d'attirer la colère du jugement divin, aujourd'hui, dans la plupart des climats du monde, nul n'est élevé par les prélats aux dignités ecclésiastiques, aux honneurs ou aux prébendes, s'il n'est ou professeur ès science séculière ou avocat, tandis que de tels hommes devraient être plutôt repoussés par les prélats, à moins que d'autres choses ne plaidassent pour eux. Nous nous affligeons surtout de ce que les disciples de la philosophie, élevés avec tant de tendresse dans son sein, imbus de ses leçons avec tant de diligence, préparés et instruits d'une manière si excellente, soient forcés, par le manque de nourriture et de vêtements, de fuir la présence des hommes et de se cacher çà et là comme des oiseaux de nuit, pendant que les avocats ou plutôt ces diables, vêtus de pourpre, montés sur des chevaux richement caparaçonnés, réfléchissant l'éclat du soleil par la splendeur de l'or, par la blancheur de l'argent, par la magnificence des pierreries, par la richesse des étoffes de soie, se montrent non point les vicaires du Dieu crucifié, mais les héritiers de Lucifer, se donnent en spectacle partout où ils se présentent, provoquent et soulèvent contre eux l'indignation et la haine des laïques, haine qui s'étend même à l'Église de Dieu tout entière ; ce qui est encore plus déplorable. Aussi les laïques disent : Voici des hommes qui ne regardent pas le Seigneur comme leur soutien, mais qui se glorifient de la multitude de leurs richesses. Ce qui, du reste, est assez prouvé et démontré par l'orgueil de leurs âmes et l'impudence de leur conduite.

« Ainsi se trouve accompli ce que l'œil d'un païen avait entrevu comme un présage : « Toutes les choses de la nature sont sacrifiées à l'étude des lois. » Ce n'est pas ainsi que la foi doit être pratiquée. Quoi d'étonnant? Aujourd'hui Sara obéit et Agar commande. Les hommes libres sont opprimés et les esclaves possèdent l'empire. Voulant donc appliquer le remède nécessaire à la maladie d'une si grande insolence, afin qu'on s'applique avec plus de plénitude et de perfection à

l'étude de la théologie, qui montre le chemin direct du salut,
ou au moins aux sciences philosophiques, qui, bien qu'étrangères à la piété, enflamment cependant les esprits du désir de
savoir et bannissent la cupidité, laquelle, comme chacun sait,
est la racine de tous les maux et la servante des idoles; nous
statuons par la présente constitution irréfragable, qu'à l'avenir aucun professeur ès lois séculières ou aucun avocat, de
quelque privilége spécial, de quelque prééminence singulière
qu'il jouisse dans la faculté des lois, ne sera élevé aux dignités
ecclésiastiques, aux personnats, aux prébendes ou même à
de moindres bénéfices, s'il n'est du reste expérimenté dans
les autres disciplines libérales et s'il n'est recommandable de
vie et de mœurs, parce que, par l'admission de telles gens,
l'honnêteté de l'Église est avilie, la sainteté est exilée, et que
le faste et la cupidité règnent de telle façon que la mère
Église, couverte de plaies lamentables, ressent une douleur
profonde dans toutes les parties d'elle-même. S'il arrive que
quelques prélats, par une présomption condamnable, atten-
tent quelque chose contre ce statut salutaire, qu'ils sachent
que leur acte serait nul de plein droit, et qu'ils seraient privés dès lors du pouvoir de conférer. S'ils réitéraient la
présomption, qu'ils craignent un châtiment qui les ferait di-
vorcer avec leurs prélatures. En outre, que dans les royaumes
de France, d'Angleterre, d'Écosse, de Galles, d'Espagne
et de Hongrie, les causes des laïques ne soient pas décidées
par les lois impériales, mais par les coutumes des laïques.
Comme d'ailleurs les causes ecclésiastiques peuvent être ter-
minées d'après les constitutions des saints Pères, et que les
canons aussi bien que les coutumes tirent plus de confusion
que de soutien des lois séculières, nous statuons, sur l'avis et
la demande de nos Frères et d'autres hommes religieux, que
dans les susdits royaumes il n'y aura plus de leçons de lois
séculières, si toutefois cette défense émane de la volonté des
rois et des princes. Néanmoins la première partie du Statut
subsistera toujours et irrévocablement en ce qu'elle ordonne.
Donné à Rome. »

On jugera si beaucoup de traits de ce tableau sont encore applicables à notre temps. Qui n'admirerait cette sagesse de la Papauté justifiée par toute la suite des siècles? Il est certain que les légistes opéraient une scission dans l'ordre social, en cherchant à la science du droit d'autres principes que ceux que l'Église professait, en se reportant à l'antiquité païenne pour en tirer des exemples de justice et des règles de raisonnement. La Papauté invite les peuples à conserver les coutumes des ancêtres; elle se prononce en faveur du droit coutumier, et combat dans le droit romain l'élément révolutionnaire de la société féodale. S'est-elle trompée? Les légistes de Philippe le Bel, ceux de la Renaissance, ceux du XVIIe et du XVIIIe siècle sont là pour répondre. Il en coûte à un avocat d'entendre dire que Daguesseau n'a pas été un parfait modèle du chrétien. Daguesseau a son autorité comme jurisconsulte; en théologie il ne pèse pas le moindre curé de village. C'est que la vérité religieuse n'est pas livrée aux disputes des savants. Elle parle infailliblement et d'une façon intelligible pour tous. La constitution de l'Église est peu connue; l'instruction religieuse des hommes les plus distingués d'aujourd'hui se borne souvent aux éléments du catéchisme qu'ils ont appris dans leur enfance, et encore les ont-ils oubliés.

Billecocq appartenait à cette classe de légistes chrétiens; il était probablement sincère; et les précédents de l'ancienne société n'autorisaient que trop cette espèce de catholicisme officiel différant du catholicisme réel. Les survivants de cette société n'avaient pu être convertis par la Révolution; la Révolution, qui avait aboli leurs priviléges, n'avait pas aboli leurs préjugés. Le temps emporte les souvenirs et les dissidences. Le seul bien de la Révolution, involontaire assurément, a été d'affranchir l'Église des chaînes légales que les gouvernements avaient multipliées autour d'elle. Le droit public a changé. Les circonstances au milieu desquelles se sont produites les prétentions des légistes ont disparu. L'idéal des légistes, c'était une religion nationale liée à l'existence de la maison régnante. Et cependant nos rois ont lutté contre l'es-

prit schismatique des parlements ; un instinct royal les aver-
tissait du danger. Ne sont-ce pas des jansénistes qui ont fait
la constitution civile du clergé? Ces dissensions religieuses
sont éteintes. Le public ne comprend plus qu'il y ait plusieurs
manières d'être catholique, et surtout qu'on le soit sans le
Pape et malgré le Pape. Ce tour de force répugne à notre bon
sens. Et, à vrai dire, jamais les masses n'ont partagé, à cet
égard, les préventions des hautes classes, sans quoi la France
serait devenue protestante. C'est dans le peuple des villes et
dans les corporations d'ouvriers que la Ligue a rencontré ses
appuis les plus dévoués, et la Réforme ses plus énergiques
adversaires. La scission des avocats serait maintenant ridicule;
en se recommandant de Pithou, de Talon, de Bignon, ils ne
montrent pas une foi bien vive au progrès; à moins que ce
ne soit pour eux une façon de se séparer du vulgaire. Des
hommes comme eux ne croient sans doute à la parole divine
que sous bénéfice d'inventaire! Ils devraient se convaincre
qu'ils sont infaillibles en tout, excepté en matière religieuse ;
mais ils tiennent à la religion de leur ordre, et ils entendront
difficilement raison. Le temps les guérira. Le jeune barreau
se détachera de ces préjugés traditionnels pour participer à la
vie religieuse et morale de la société; là est son avenir et le
gage de son influence. Une seule cause assure à ses défenseurs
une gloire durable, c'est celle de la vérité qui ne change pas,
de l'Église catholique, toujours jeune au milieu de la caducité précoce des choses humaines.

21 décembre 1858.

IV

Nous avons reproduit quelques fragments des discours de
rentrée des Cours et Tribunaux : l'espace nous a manqué
pour en donner de plus longs extraits. Beaucoup nous ont
offert des études pleines d'intérêt sur différents points de
législation ou sur l'état actuel de la société française. Il reste

cependant bien des questions douteuses ; toutes les obscurités de l'histoire n'ont pas été dissipées. En général, on accepte les thèmes convenus ; et, en histoire, tout est sujet à révision. La caste des légistes était imbue de préjugés hostiles à l'Église, et, on peut le dire, hostiles à la France. Car ils s'inspiraient des principes du droit bysantin ; c'est au nom d'une législation étrangère qu'ils ont battu en brèche les coutumes de leur patrie. En apparence, le système des légistes était favorable à la royauté qu'il investissait d'une souveraineté absolue. Mais en sapant tous les intermédiaires entre le pouvoir et le peuple, il aboutissait au césarisme et le pouvoir retombait dans l'incurable instabilité des empires de Rome et de Bysance. Loyseau nous montre la royauté dépouillée de tous ses droits à l'avénement de la troisième race, et regagnant peu à peu ses prérogatives par la ruse et par la force. Mais comment croire qu'un ordre social qui a duré cinq siècles dans toute l'Europe, n'ait été qu'une longue usurpation ? Cette société obéissait à un droit public universellement reconnu, et aujourd'hui les premières notions du droit des gens paraissent singulièrement altérées. Par l'unité de la foi et des intérêts, elle vivait d'un même esprit et battait d'un seul cœur. Les ordres militaires, les ordres religieux formaient des institutions communes à toute la chrétienté, en même temps que les coutumes particulières constituaient la nationalité de chaque peuple. Au-dessus de la hiérarchie sociale s'élevait le Souverain-Pontife, pouvoir modérateur, l'autorité la moins dangereuse pour les libertés publiques, puisqu'elle ne s'exerce que par la persuasion. C'est cet édifice politique et religieux que regrettait Leibniz, affligé des dissensions de son temps et des guerres que se faisaient les princes chrétiens, véritables guerres civiles, qui donnaient du répit à l'islamisme et préparaient de futures révolutions en affaiblissant les États.

Il appartient aux jurisconsultes de rendre justice au régime féodal. Ce régime était essentiellement fondé sur le droit, sur la foi donnée et reçue, comme le mot l'indique. C'est un phénomène qui ne se renouvellera plus : les conséquences

logiques qui en découlaient sont souvent méconnues. De là
certaines accusations d'usurpation intentées aux Papes, et qui
disparaissent devant un examen sévère. Les historiens catholiques eux-mêmes ne sont pas exempts de prévention, faute
d'avoir approfondi le droit féodal. Dans les lettres mêmes où
Innocent III dépose un souverain, la distinction du spirituel
et du temporel est établie. La déposition n'avait donc pas lieu
en vertu d'un pouvoir temporel que le Pape se serait arrogé
sur les rois. Le droit explique ces événements, que les légistes
ont tant de peine à comprendre et contre lesquels ils aiment
à fulminer des anathèmes rétrospectifs. Les relations sociales
reposaient sur la foi ; elles étaient annulées par le manque de
foi. Si le supérieur faussait sa parole, l'inférieur était dégagé
de la sienne ; il y avait appel. Tous les fiefs relevaient du fief
dominant, qui était la Couronne. Le roi, dans sa Cour des
Pairs, était donc le juge définitif des infractions de l'ordre
féodal. Que devait-il arriver, si le roi lui-même était infidèle ?
Le droit de l'émeute n'était pas encore inventé ; l'idée de soumettre le supérieur au jugement de ses inférieurs eût semblé
un acte de démence. La justice résidait dans le jugement des
pairs. Or, les rois n'ont pas de pairs ici-bas, ou au moins de
pairs avec qui ils soient en société et qui puissent avoir juridiction sur eux. Leur pouvoir vient de Dieu ; ce pouvoir si
limité par les coutumes avait un caractère divin. Telle était la
royauté féodale, faible quant à ses attributions, divine quant
à son origine, et par cela même perpétuelle dans sa durée.
Les modernes ont oublié la valeur de ces expressions : le roi
tient sa couronne de Dieu. Elles signifiaient que Dieu livre la
couronne en fief aux rois et sous les obligations ordinaires du
pacte féodal. De là ce principe encore vivant en France au
XVIᵉ siècle, que dans les États catholiques, le roi hérétique en-
courait la déchéance. Henri IV le savait et l'avouait. Le Pape
intervenait par l'excommunication, fait purement religieux
qui constatait la rupture des engagements pris par le roi envers Dieu ; la déchéance s'ensuivait naturellement et juridiquement, comme pour tous les autres fiefs. Le Pape décidait

une question religieuse. Cette jurisprudence ne rencontrait aucune objection. L'Église sanctionnait tous les droits et tous les devoirs parce que la société était catholique ; elle était le refuge suprême des peuples et des rois. Jean sans Terre eut de sanglants démêlés avec ses barons ; les deux partis avaient séparément, et pour se protéger l'un contre l'autre, placé l'Angleterre sous la suzeraineté du Saint-Siége. Innocent III avait reçu l'hommage des deux côtés. Aussi n'a-t-il pas condamné les libertés réclamées par les barons et résumées dans la Grande-Charte ; il n'a condamné que la violence faite au roi. Il rappelait aux barons qu'en sa qualité de seigneur suzerain de l'Angleterre, il devait recevoir les plaintes des deux parties et arbitrer leur différend. L'excommunication supposait une infidélité à Dieu ou à l'Église. C'est donc à tort que la conduite du Saint-Siége a été arguée d'usurpation ; le Saint-Siége se renfermait dans les bornes strictes du droit.

La question du servage commence à être mieux traitée ; par l'analyse intime des intérêts domestiques, les jurisconsultes ont jeté une vive lumière sur le servage ; M. Troplong, notamment, l'a dégagé des aperçus vagues et incomplets des historiens, pour nous le montrer dans sa réalité et en action. Quelques discours de rentrée s'attachent à préciser cette institution, qui n'était qu'un système de colonage héréditaire. De ces exploitations rurales, de ces associations agricoles sont sortis nos villages. Les erreurs accumulées depuis des siècles ne sauraient prévaloir contre la vérité. En se reportant à nos vieilles coutumes, on apprend de quelles libertés nos pères ont joui. Il n'y a pas d'étude plus digne d'occuper les loisirs du jurisconsulte. Nos meilleurs titres de gloire sont enfouis dans la poudre des bibliothèques ; et la législation étudiée dans ses sources et dans ses monuments authentiques justifiera la civilisation chrétienne. On n'admirera plus le prétendu progrès de la Renaissance et de la Réforme. La décadence date de là ; nos mœurs, nos traditions s'altèrent ; le paganisme et la barbarie nous envahissent. L'institution de la torture ne se développe qu'après l'époque féodale ; réminiscence du droit romain, il était tout naturel qu'elle accompagnât le règne des juristes et des cicéroniens. La prépondérance du droit romain a amené les longues procédures. Il fallut une classe spéciale pour juger les procès, car ils se jugeaient d'après la science du droit et non plus d'après la conscience du juge. C'est ainsi que l'antique et universelle institution du jury a succombé devant les parlements. La cruauté des supplices, qui devait être l'apanage de siècles qu'on prétend éclairés, était inconnue à ces siècles qualifiés de barbares. La liberté sous caution, en usage en Angleterre et aux États-Unis, n'est qu'une modification du système des compositions admis chez les peuples qui se sont partagé l'empire romain. Au fond, c'est le même principe.

Un des meilleurs discours que nous ayons lu est celui de M. de Plasman, avocat général à la Cour de Lyon. Il a pour objet la comparaison des systèmes de procédure en France et en Angleterre. C'était, dans un cadre restreint, l'histoire de la civilisation elle-même. D'un côté, le jury; de l'autre, la justice royale. Ce développement simultané du romanisme et de la féodalité offre un grand spectacle et met sous le regard de l'observateur les causes qui ont influé sur la diversité des lois et des institutions. M. de Plasman dit que l'organisation judiciaire de l'Angleterre est éminemment aristocratique. C'est vrai, en ce sens qu'elle suppose une aristocratie, une hiérarchie sociale. Mais, dans son essence, le jury ou le jugement par les pairs s'applique à tous les intérêts, à toutes les classes de la société. L'indépendance du juge garantit son impartialité. En France, il est inamovible. En Angleterre, il a une fortune qui le met au-dessus de toutes les tentations. Dès le xvᵉ siècle, les deux nations marchaient à un but opposé; après avoir longtemps cheminé ensemble, elles ont, à un certain moment, légèrement bifurqué; et comme la distance entre deux lignes non parallèles s'agrandit indéfiniment à mesure que les lignes sont prolongées, la France et l'Angleterre, parties du même point, se trouvent, après quelques siècles, aux antipodes l'une de l'autre. Dès le xvᵉ siècle, le chancelier Fortescue signalait l'impossibilité où était la France de fournir autant d'hommes indépendants que l'Angleterre. M. de Plasman cite la traduction d'Houard dans ses *Anciennes lois des Français conservées dans les coutumes anglaises, ou additions aux remarques sur les coutumes anglaises recueillies par Littleton.* (Tome Ier.)

« Il y a en Angleterre tant de propriétaires de fonds de terre qui les font valoir par eux-mêmes, que le village le moins considérable peut fournir douze pères de famille jouissant de fonds suffisants pour former un jury. Il y en a qui ont plus de deux mille écus de revenu. Peut-on craindre que des personnes si opulentes sacrifient leur honneur et leur fortune pour perdre un innocent? En France, au contraire, les propriétaires de fonds situés à la campagne ne les habitent pas. La plupart fixent leur domicile dans les villes et confient l'exploitation de leurs terres à des colons peu jaloux de leur réputation, pauvres et mal éduqués, *quibus non est verecundia infamiœ nec timor jacturœ bonorum, ipsi etiam rusticitatis ruditate obcœcati.* Comment trouver dans de pareilles gens douze personnes à l'abri de toute séduction? »

Sous l'influence des légistes les lois protectrices des patrimoines cédaient à mille exceptions et tombaient en désuétude. La propriété est l'adversaire des légistes; partout où elle s'est fortifiée, les légistes ont été sans prise sur elle, et par suite sans considération, comme en Angleterre. Les pays où la propriété n'a pu résister à l'hypothèque et au morcellement, ont fourni aux légistes une vaste carrière de gain et d'honneurs. Ici nous touchons du doigt l'influence néfaste du droit byzantin ou romain sur la richesse publique. L'administration césarienne était conçue au point de vue de l'impôt, et les mutations et partages de propriétés sont pour le fisc une mine inépuisable. Le système féodal est tout agricole; c'est l'agriculture élevée à l'état de principe gouvernemental, « législation singulière, dit un discours de rentrée, où tout était subordonné à l'intérêt de l'exploitation rurale. » Le mépris de l'agriculture a été fatal à la France longtemps avant 1789;

l'abaissement des propriétaires fonciers permettait à la classe révolutionnaire des légistes d'entourer la royauté et de l'asservir tout en lui servant d'instrument.

Plusieurs magistrats insistent avec raison sur le respect des lois, et comparent à cet égard la disposition de l'esprit public en France et en Angleterre. Ce phénomène historique a ses racines dans le passé. Dans l'Europe chrétienne et féodale, la loi, c'était la coutume, autorité vivante, traditionnelle, dont le respect se confondait avec l'amour que nous portons à nos parents, car les vieillards, les pères, sont les organes de la coutume. Leur témoignage fait loi pour la constater et pour l'appliquer. Le respect des lois est le respect des aïeux. L'attachement des Anglais à leurs lois n'est que leur attachement à l'esprit de famille. La France a rompu avec ces traditions; l'élément coutumier est entièrement effacé de sa législation, qui reste impérative, autocratique. La loi est alors la volonté du législateur; et le législateur, à l'imitation des empereurs romains, promulgue les lois dans un langage clair, précis, méthodique, exprimant une justice abstraite. Les ordonnances de nos rois sont de beaux modèles, dignes d'être louées dans les académies; mais, quoique défectueuses, nos vieilles coutumes étaient dans le cœur du peuple; elles étaient *inscrites ès cœurs des Français*, ce qui est vrai à la lettre; car les lois écrites sur le papier ne sont écrites que là. Il s'agit moins de réformer les lois d'une société chrétienne que de les conserver. Le temps comble les lacunes, jette dans l'oubli ce qui doit périr et développe ce qui est destiné à vivre. Les mœurs et l'esprit public, qui ne sont jamais suppléés par la loi, suppléent à la loi. Lord John Russell a pu dire, dans son ouvrage sur la *Civilisation et le gouvernement anglais*, que l'excellence du gouvernement anglais consiste moins dans les lois que dans le caractère et le bon sens de la nation. Notre Bulletin des lois ne deviendra jamais un objet de vénération. Comment les Français s'attacheraient-ils de cœur à des lois qui se succèdent avec une telle rapidité qu'ils ont à peine le temps de les connaître?

L'étude de nos antiquités juridiques aurait pour résultat de dissiper les ténèbres amassées à plaisir par les historiens sur la civilisation française du moyen âge. Les discussions contemporaines en recevraient une vive lumière. Ce n'est pas que nous en attendions des vérités nouvelles. Les vérités sont anciennes ; elles ont été obscurcies par l'esprit révolutionnaire ; et c'est rendre service à son pays que de les dégager de la rouille qui les couvre. En apprenant à estimer nos aïeux, nous perdrons cette présomption qui nous a déjà tant coûté. Nous saurons que la liberté, après laquelle on court si vainement, est la fille des mœurs chrétiennes et qu'elle remplit de ses inspirations et de ses œuvres les siècles que nous traitons de barbares. Quand nous en serons convaincus, nous nous aviserons peut-être de redevenir chrétiens pour être libres. Dans une *Dissertation sur l'origine du gouvernement d'Angleterre*, imprimée à la Haye, en 1717, un réfugié français, Rapin de Thoyras, établit ainsi l'identité du gouvernement anglais et du système féodal :

« Le gouvernement anglais est d'une espèce particulière, qui n'a point aujourd'hui de semblable dans tout le reste du monde ; c'est pourtant le même qui fut établi dans tous les royaumes formés en Europe des débris de l'empire romain. La différence qui se trouve présentement entre l'Angleterre et les autres États à cet égard vient de ce que les Anglais ont conservé la forme de leur gouvernement depuis qu'ils se sont établis dans la Grande-Bretagne, tandis que dans les autres pays elle s'est perdue ou extrêmement altérée… Aussi, c'est à peu près la même forme de gouvernement que les Saxons avaient établie en Allemagne, les Francs dans les Gaules, les Wisigoths en Espagne, les Ostrogoths et les Lombards en Italie. »

L'auteur remarque que le Wittenagemot des royaumes anglo-saxons, les Champs de Mars ou de Mai, les États généraux, les Cortès, les Diètes, etc., n'étaient, sous des noms divers, qu'une même institution.

Nos légistes n'aiment pas la féodalité, et ils ne ménagent

pas leur admiration pour nos lois civiles. Nous devrions laisser aux étrangers le soin de nous admirer : en général, les discours de rentrée ne tarissent pas en éloges sur l'effet démocratique de nos lois, qu'ils regardent trop aisément comme la formule même du droit naturel et l'expression des sentiments les plus vrais de l'homme. Chaque peuple en dit autant de sa législation. Nous tenons pour une injustice l'inégalité de partage entre les enfants ; il en est autrement en Angleterre. Un historien anglais raconte ce qui s'est passé de mémorable dans la session du parlement irlandais en 1703 :

« L'affaire la plus importante de cette session fut un bill très-sévère pour prévenir l'accroissement du papisme. Il avait beaucoup de ressemblance avec celui qui avait été passé trois ans auparavant en Angleterre ; mais il contenait des clauses plus efficaces. Il y était ordonné entre autres que tous les biens des papistes seraient également partagés entre leurs enfants, malgré toutes les dispositions contraires qu'on aurait pu faire, à moins que ceux en faveur desquels elles auraient été faites ne se fussent mis en état en prêtant les serments et en communiquant avec l'Église d'Angleterre. » (Smolett., *Histoire d'Angleterre*, l. VIII, ch. 7.)

Le continuateur de Lingard manifeste la même opinion, tome XVIII de l'*Histoire d'Angleterre*.

(*Continuation de Lingard. Bill contre les Papistes.*)

« L'acte le plus important de cette session fut un bill contre les Papistes. Il fut ordonné que tous les biens des catholiques seraient partagés également entre tous les enfants, nonobstant toute disposition contraire, à moins que l'enfant ou la personne gratifiée ne voulût embrasser la religion anglicane. »

Ainsi l'égalité des partages était considérée comme un moyen de détruire les familles catholiques, de leur ôter toute influence. L'égalité des partages, cet idéal de notre bonheur politique, les Anglais la souhaitent à leurs ennemis dans un sentiment de haine et de vengeance. C'est qu'ils appuyaient la politique et la religion elle-même sur la perpétuité des familles. En France, l'individu seul est l'être légal ; tous les intérêts sont basés sur l'individualisme. Au lieu de nous enorgueillir, étudions davantage les législations étrangères ; croyons moins à notre infaillibilité, et un peu plus à la sagesse des autres. La perfection imaginaire que nous nous attribuons fait sourire les étrangers, sans que nous en soyons plus parfaits. Et puis, nous avons plus besoin de connaître nos défauts que nos qualités ; et la magistrature nous doit des *mercuriales* encore plus que des éloges.

21 novembre 1858.

LA COUTUME.

I

Au milieu de tous nos changements, le droit civil conserve une sorte de fixité. En lui se résument les intérêts les plus intimes, les plus vivaces du pays ; il embrasse la presque totalité de nos affaires et de nos préoccupations. Aussi pouvons-nous dire que les institutions civiles sont les véritables institutions politiques, parce qu'elles plongent leurs racines au cœur même de la nation. La France est façonnée à l'image du Code civil ; ses divers gouvernements, depuis soixante ans, n'ont guère été pour elle que des modifications insensibles. Le premier aspect de notre Code dénote un peuple qui a laissé prendre à l'élément judiciaire un développement excessif. Qui calculera le nombre des procès, liquidations, partages où l'intervention de l'homme de loi est nécessaire ? Les conventions matrimoniales sont une des principales sources de discussions dans les familles et devant les tribunaux. Le mariage est soumis chez nous au principe religieux de l'indissolubilité ; mais les conventions qui l'accompagnent relèvent de l'esprit de mobilité et de morcellement auquel la société moderne est en proie. La famille n'a plus de patrimoine ; le mari et la femme sont deux associés quant aux biens ; et l'association se dissout par la mort de l'un d'eux. C'est le régime de la communauté. Dans ce temps d'industrie et d'agiotage, la fortune des femmes et des enfants a été plus particulièrement compromise ; aussi le régime dotal qui la rend inaliénable a-t-il repris faveur. Il en est résulté que la dot est devenue le point capital du mariage. On entend dire quelquefois que les mariages reconstituent les patrimoines ; c'est une pure fable : ils augmentent la fortune d'un individu sans déterminer aucune réunion de parcelles.

En Angleterre, le système des dots est à peu près inconnu, car la propriété territoriale se transmet par la loi de primogéniture, et les capitaux mobiliers sont laissés aux mains capables de les faire valoir. En cela comme en tout le reste, la France et l'Angleterre diffèrent radicalement, la première, rattachée au principe du droit byzantin, la seconde, fidèle aux traditions germaniques. On est tout étonné de trouver dans l'opuscule de Tacite, *de Moribus Germanorum*, tous les traits de la constitution britannique. Et cela prouve que Tacite n'a pas décrit une civilisation imaginaire, puisqu'elle a été la nôtre pendant dix siècles, et qu'elle subsiste à côté de nous chez le peuple que nos libéraux s'efforcent en vain d'imiter. Tacite, en quelques pages admirables, a résumé toute une constitution, et la critique moderne n'a infirmé aucun de ses jugements. Ce qui le frappe surtout, c'est cette pureté de mœurs qui distinguait les peuples de la Germanie, et dont un Romain avait tant de peine à se rendre compte. La monogamie rend chastes les mariages germains, tandis qu'à Rome le mariage n'existe plus que de nom. Chez le Germain, la femme n'apporte rien à son mari que ses qualités et ses vertus ; son mari se charge de la doter ; telle est l'origine du douaire qui tient une si grande place dans nos anciennes coutumes. Des historiens prétendent qu'autrefois le mari achetait sa femme. N'est-ce pas aujourd'hui la femme qui achète son mari ? La chasteté des mariages amenait leur fécondité : *Sera juvenum venus eoque inexhausta pubertas.* C'est encore en Angleterre que fleurissent les familles nombreuses ; l'exubérance de cette population se déverse chaque année dans les colonies, et ces colonies elles-mêmes deviennent des empires. La race anglo-saxonne couvre le monde, et son prodigieux accroissement effraie l'imagination. C'est ainsi que les Germains se multipliaient : les victoires de Rome n'étaient qu'un répit; cent fois écrasés, ils reparaissaient plus forts; l'inépuisable fécondité des mariages réparait leurs désastres. Les familles romaines, au contraire, se recrutaient par l'adoption; le sang romain, appauvri par la débauche, eût été tari bien vite, s'il ne se fût mêlé au sang des vaincus et des affranchis, qui renouvelaient la plèbe romaine par leur admission successive dans la cité. C'est un procédé analogue à celui des Turcs qui formaient le corps des Janissaires d'enfants chrétiens enlevés dès le bas âge et élevés dans la haine du nom chrétien. Ainsi Rome se perpétuait par son esprit et par l'assimilation puissante qu'elle exerçait autour d'elle, plutôt que par la fécondité naturelle du sang romain.

Tacite énumère avec tristesse les entreprises des Germains et s'inquiète pour l'avenir : *Proximis temporibus triumphati magis quam victi sunt;* victoires stériles, puisque la défaite était si menaçante. Mais Tacite n'embrasse pas complétement le tableau de cette grande lutte; elle remonte bien au delà de Marius. Dès son origine, Rome est assaillie par les Gaulois. Pendant qu'elle se joue en conquérant l'Asie, l'Afrique, la Grèce, elle est à ses portes sur un qui-vive perpétuel; elle craint à chaque instant un *tumulte gaulois,* tant la terreur était restée dans les âmes depuis l'apparition de Brennus. Et les Gaulois et les Germains ne sont-ils pas frères de sang et de civilisation? La Gaule domptée et romanisée, l'action de l'Empire se porte sur le Rhin et sur le Danube. La fécondité de la barbarie lassera le génie romain. Tacite s'en épouvante, et il souhaite à l'Empire, pour dernier refuge, la discorde de ses ennemis. Une bataille sanglante entre Germains lui arrache ce cri d'un patriotisme désespéré : *Maneat, quæso, duretque gentibus, si non amor nostri, at certe odium sui; quando urgentibus imperii fatis, nihil jam prestare fortuna majus potest quam hostium discordiam!* Illusions! la stérélité devait succomber à la longue devant la fécondité. Rome avait une administration admirable, une comptabilité excellente, des employés par centaines de mille, des routes, des aqueducs, des arènes, des théâtres. L'invincible épée de ses légions la protégeait au dehors; la science de ses jurisconsultes l'illustrait au dedans. Et pourtant tout se mourait. La Germanie n'avait rien de tout cela, et un sophiste eût pu la trouver bien inférieure à cette Rome impériale; mais la Germanie pratiquait des vertus que le paganisme ne connaissait plus, s'il est vrai qu'il les eût jamais connues; elle était chaste dans ses mœurs, elle honorait le mariage et les saintes lois de la famille; et elle vivait, et elle grandissait; et de son sein fécond devait sortir le monde moderne.

L'accroissement de la population est un phénomène étrange pour les anciens. Tacite le remarque chez les Juifs : ils ne songent qu'à se multiplier; ils interdisent le meurtre des enfants ; ils croient les âmes immortelles : toutes choses qui offrent un contraste avec ce qu'on pensait et pratiquait à Rome. *Augendæ tamen multitudini consulitur. Nam et necare quemquam ex agnatis nefas, animasque prælio aut suppliciis peremptorum æternas putant. Hinc generandi amor et moriendi contemptus.*

Les Germains, pas plus que les Juifs, n'avaient la panacée des économistes; *numerum liberorum finire flagitium habetur.* Ils ne croyaient pas que le meilleur moyen d'assurer la prospérité publique fût de limiter le nombre des enfants dans les familles. Le paganisme agissait autrement; et le monde moderne est revenu, sous la conduite des économistes, aux enseignements de Platon et d'Aristote. Le malthusianisme est vieux : il renaît aux époques de corruption et de sensualisme. Si l'Angleterre suivait Malthus, elle verrait bien vite décroître avec sa population toute sa force industrielle et commerciale. Nos économistes, en prêchant l'extermination de la famille, ont eu plus de succès qu'ils n'espéraient. La France s'est tout à coup trouvée malthusienne. La statistique nous a étonnés par ses révélations. D'abord, c'est la progression de la population qui a été en diminuant; on a cherché à pallier ce fait ; les départements agricoles manquent maintenant de bras. Où s'arrêtera cette décroissance ? N'est-il pas curieux de constater, à seize siècles d'intervalle, le résultat des doctrines opposées sur la limitation de la population ? La France et l'Angleterre répètent l'Empire romain et la Germanie du temps de Tacite. Les mœurs patriarcales sont la source de cette inépuisable fécondité qui a vaincu Rome et ses légions. C'est ainsi que les Hébreux réparaient leurs pertes ; et l'histoire nous montre la république de Sparte abattue à jamais par la mort de dix-sept cents citoyens à la bataille de Leuctres !

Il y a de frappantes analogies entre les coutumes des Germains et les lois de Moïse. Elles ne se rapprochent pas seulement par l'institution du mariage. *Fenus agitare et in usuras extendere ignotum ;* ils ne savent ni faire valoir l'argent par des prêts, ni l'étendre par l'usure. Leur économie politique différait entièrement de celle des Romains. Comme les Juifs, ils plaçaient la richesse dans les troupeaux, *eæque solæ et gratissimæ opes sunt.* Les Romains et les Grecs étaient étrangers à l'agriculture ; ils habitaient exclusivement les villes, abandonnant la campagne aux esclaves et aux colons ; ils vivaient de déprédations. Les peuples de la Germanie, s'appuyant sur le christianisme, ont ranimé l'agriculture en Europe. Habitués à la vie pastorale, ils n'eurent qu'à la concilier avec les nécessités de la vie sédentaire. Ils habitaient la campagne, principe de perfectionnement pour l'agriculture ; *nullas Germanorum populis urbes habitari satis notum est, ne pati quidem inter se junctas sedes.* Ils ne souffrent pas de demeures contiguës. L'aristocratie anglaise réside sur ses terres ; et chaque Anglais a encore aujourd'hui sa maison. Le Français déserte la campagne, recherche les villes et loge dans les hôtels garnis. La disparition de l'esprit de famille anéantit la maison héréditaire. L'individu se réfugie dans une espèce de communisme, et s'abrite sous l'omnipotence du pouvoir ; la famille se concentre et s'appuie sur elle-même, elle se sent suffisamment protégée par l'amour de son chef.

Le goût des chevaux, des courses, des paris, des aventures,

était inné chez les Germains. Ces habitudes se sont conservées en Angleterre. Les physionomies mêmes n'ont pas varié ; *cærulei oculi*, *rutilæ comæ*, dit Tacite. Les yeux bleus et les cheveux rouges sont encore l'apanage de la race anglo-saxonne. Mais ce sont surtout les principes du gouvernement qu'il importe de comparer. Le roi, la noblesse, le peuple, forment la trilogie politique. *Reges ex nobilitate, duces ex virtute sumunt, nec regibus infinita aut libera potestas.* Les rois n'ont pas un pouvoir absolu ; ils ne sont pas même libres. Rien de plus parlementaire ; et, en effet, il n'y a que la discussion qui ait autorité ; rois, chefs, nobles, sont écoutés, *auctoritate suadendi magis quam jubendi potestate.* Le trait significatif des pays de *self government*, c'est le jury tel qu'il a existé autrefois, tel qu'il existe encore aujourd'hui en Angleterre et aux États-Unis. Le jury est l'expression de la justice privée ; toute offense à l'état social atteint chaque citoyen, et chacun a le droit de la réprimer. Cette justice est décrite par Tacite, qui nous montre les présidents d'assises désignés dans les assemblées de la nation. *Eliguntur in iisdem conciliis et principes qui jura per pagos vicosque reddant. Centeni singulis ex plebe comites, consilium simul et auctoritas, adsunt.* Chacun de ces grands juges a un circuit déterminé ; il prononce sa sentence, il applique la loi ; et le jury décide la question de fait. La justice s'est ainsi rendue en France jusqu'à Philippe le Bel. Alors a commencé l'intervention du pouvoir royal, qui nous a précipités dans la maxime justinienne, devenue la base de nos institutions judiciaires : *toute justice émane du roi.*

Cette liberté germaine n'était pas souillée par l'esclavage. « Le maître impose à l'esclave comme à un fermier une certaine redevance en blé, en bétail, en vêtements, et l'esclave n'obéit que jusque-là. » Cette situation le rapproche du serviteur de la famille hébraïque. Enfin Tacite remarque chez plusieurs de ces peuples l'institution du droit d'aînesse, si étranger au droit romain. Comment douter qu'ils n'aient conservé les traditions primitives de la vie pastorale ? Leur religion appartient à un théisme plus moral et plus sincère que l'idolâtrie gréco-romaine. Tacite le laisse conjecturer. Mais son mépris pour les idées religieuses ne lui permet pas d'approfondir ce sujet. C'est le seul côté par où il soit faible. Il se contente d'indiquer quelques analogies avec les divinités païennes, et il affuble de noms grecs de prétendues divinités germaines. Ce que nous savons de l'antique religion des Gaulois, des Germains, des premiers Romains, nous donne un sentiment pur et élevé de Dieu et semble, malgré quelques superstitions, un écho affaibli du monothéisme juif. L'introduction à Rome du polythéisme grec a renversé les vieilles mœurs, subverti la religion nationale et précipité la corruption générale. Le progrès des lumières qui révélait aux hommes tant de connaissances inutiles, obscurcissait en eux la notion de ces grandes vérités sur lesquelles repose l'ordre moral des sociétés. Les peuples de la Germanie se sont facilement convertis au christianisme, parce qu'ils étaient déjà religieux. L'incrédulité romaine n'a répondu à la foi nouvelle que par trois siècles de persécutions.

Ainsi, deux civilisations s'offrent à nous : l'une féconde sous les apparences de l'anarchie, l'autre stérile sous les apparences de l'ordre. La Germanie triomphe par le nombre sans cesse renaissant de ses enfants ; Rome succombe parce que la population de l'empire, mettant en pratique les doctrines de Malthus, suit une progression décroissante. Deux législateurs régissent la matière : Moïse et Malthus. Il faut nécessairement prendre l'un ou l'autre pour guide. Et selon ce choix, le mariage sera fécond ou stérile, et le corps social se fortifiera ou s'affaiblira avec le temps. Nous savons par Platon et Aristote que la limitation de la population était le principe même de toutes les constitutions politiques de la Grèce. L'empire byzantin a péri faute de population ; il était épuisé au moral et au physique longtemps avant sa chute.

La famille est fondée sur l'estime ou sur le mépris que la femme inspire au législateur. A Rome, la femme est *in manu mariti ;* l'ancien rite de la coemption nous la montre acquise,

achetée par le mari ; c'était une des formes du mariage solennel ; elle atteste la rudesse des mœurs et nous reporte à
l'enlèvement des Sabines ; elle justifie cette tradition populaire, que plusieurs modernes ont révoquée en doute, et suivant laquelle Rome est née d'une association de bandits qui
se sont procuré des épouses par le rapt. La femme, comme
le fils, est juridiquement esclave de son mari. Telle est la
materfamilias. Plus tard s'est établi le concubinat ; et la
femme (*matrona*) s'engageait dans une espèce de mariage
libre, qui ôtait à son mari toute autorité sur elle. Le symbolisme du droit est éloquent. Le mari acquérait l'autorité maritale par l'usucapion, c'est-à-dire par la prescription d'une
année, si la femme n'interrompait pas la prescription tous les
ans par une absence de trois jours de la maison conjugale.
La femme est assimilée à un meuble dont la possession se
prescrit par une année. Jamais la femme romaine ne s'est relevée de cette condition ; ce n'est pas l'abolition du mariage
lui-même qui pouvait la relever. La Germanie nous offre un
éclatant contraste, la femme libre et honorée, une autre conception du mariage, de la femme, de la famille, et une autre
civilisation. Tacite nous peint dans une phrase célèbre la vénération que les femmes inspiraient aux Germains. *Inesse
quinetiam sanctum aliquid et providum putant, nec aut
consilia earum adspernantur aut responsa negligunt.* Quelques publicistes ont taxé l'historien d'exagération. Un jurisconsulte illustre, M. Troplong, a été plus sévère. Il lui reproche de n'avoir pas saisi le sens des institutions germaines
et d'avoir enjolivé la barbarie par esprit d'opposition. Il nous
semble cependant que quinze siècles de civilisation fondés
sur les principes exposés par Tacite, sont un gage suffisant de
sa sincérité et de sa perspicacité.

Le commentaire de M. Troplong sur le *contrat de mariage*
est précédé d'une introduction philosophique et historique,
qui résume les progrès de la législation depuis l'antiquité jusqu'à nos jours. Nous ne voulons pas chicaner l'auteur sur ces
progrès ; nous nous attachons uniquement à son appréciation

de la Germanie. Il soutient que les Germains achetaient leurs femmes, et que Tacite s'est laissé tromper par de belles apparences. Il invoque la Bible en faveur de son système et prétend y trouver de nombreux exemples de l'achat des femmes par leurs maris. Mais les textes auxquels il renvoie sont loin de lui donner raison. Dans un seul, il est question de présents au père de la jeune fille; dans un autre, il est dit que le mari *dotera* sa femme. La haute antiquité contrarie la doctrine du progrès, car elle nous apparaît supérieure en moralité à l'époque plus particulièrement appelée époque historique. Comparez les Grecs des chants homériques et les Grecs de Périclès. D'un côté, vous avez une féodalité guerrière, des peuples pasteurs, peu ou point d'esclavage; nulle trace des mœurs infâmes de la Grèce civilisée. Le sujet de la guerre de Troie est tout chevaleresque : Andromaque, Pénélope, Nausicaa, sont des figures étrangères à la Grèce lettrée. Les Grecs classiques ont sur les femmes et sur le mariage les mêmes idées que les Turcs; leurs livres et leurs statues le prouvent surabondamment. La tonique morale avait prodigieusement baissé. Or, les Germains de Tacite sont, par leurs institutions, contemporains d'Homère, et peut-être conservaient-ils, depuis les temps homériques, ces mœurs simples et poétiques dont la description nous charme dans l'Iliade et l'Odyssée.

Toutes les analogies se réunissent contre cette assertion que la femme germaine aurait été esclave. M. Troplong cite le texte de Tacite sur la dot, et ajoute : « Ces paroles prouvent qu'il n'a pas une véritable intelligence de ce qu'il raconte. » L'accusation est grave, et nous transcrivons en entier le texte dont argumente M. Troplong : *Dotem non uxor marito sed uxori maritus offert. Intersunt parentes et propinqui ac munera probant : munera non ad delicias quæsita nec quibus nova nupta comatur, sed boves ac frœnatum equum cum framea gladioque. Atque invicem ipsa armorum aliquid viro adfert.* Nous ne découvrons dans ce passage ni vente ni achat. Enfin, le jurisconsulte du XIXᵉ siècle nous affirme-t-il qu'il s'agit d'un prix et non d'une dot, parce que la férocité germaine n'y voit que le prix d'un droit qu'on achète, nous ne sommes pas persuadés. Les Germains n'étaient nullement féroces ; les Romains, qui ont inventé le régime dotal, ont surpassé tous les peuples en cruauté. Quelle nation aurait pu avoir la pensée de ces combats de gladiateurs, l'amusement ordinaire du peuple-roi ? Le passage cité de Tacite signifie-t-il que les objets qu'il mentionne « sont payés aux parents pour acheter d'eux le *mundium*, ou la tutelle qu'ils ont sur leur fille ? » Tacite, poursuit notre jurisconsulte, ne se doute pas pourquoi les objets ne sont pas à l'usage d'une femme, parce qu'il ignore que ce sont des présents pour les parents de la femme, et formant le prix d'achat de l'épouse. Tacite a-t-il été le jouet d'une illusion ? Sa phrase est cependant très-claire. Après avoir dit que le mari dote sa femme, il montre les parents et les proches approuvant les *présents*, les choses composant la dot.

Il explique ensuite la nature de ces présents. Ce ne sont pas des objets de toilette ; il n'y a pas de cachemire ni de dentelles dans la corbeille de la jeune mariée. Il n'y a pas non plus des titres de rente en 3 0/0 et en 4 1/2, ni actions ou obligations de chemins de fer. La dot n'est pas une propriété foncière, parce que les Germains ne sont pas sédentaires, et que leur agriculture consiste essentiellement dans l'élève du bétail. Le mari constitue en dot à sa femme une partie de son troupeau, *boves*. Dot excellente, très-productive, et qui valait mieux qu'une somme d'argent, puisqu'une somme d'argent constituée à la femme en dot aurait dû être employée par le mari. Et quel placement plus avantageux pouvait-il choisir que l'opération agricole indiquée par Tacite ? Le cheval, la framée, le glaive, sont des cadeaux appropriés aux mœurs germaines, qui imposaient à la femme le courage et la hardiesse. Ces propositions se tiennent : l'hypothèse de M. Troplong rend inexplicable le texte qu'il invoque. Si les présents s'adressent aux parents de la femme, cette circonstance qu'ils ne sont pas destinés à la parure et au plaisir, *non ad delicias quæsita*, devient ridicule. Tacite se serait donc cru obligé de remarquer que le Germain qui livrait sa fille ne recevait pas en échange des objets de toilette féminine, *quibus nupta nova comatur*, des habits de mariée ! Tacite savait ce qu'il disait : il comprenait pourquoi la femme germaine recevait en dot des chevaux et des armes. Il signale par ces expressions la différence des coutumes entre Rome et la Germanie. Les Romaines de son temps ressemblaient aux Françaises du nôtre ; il leur oppose la femme germaine exercée au maniement des chevaux et des armes, et intimement associée aux travaux et aux dangers de son mari.

Ainsi tout s'enchaîne et s'éclaircit dans la pensée de Tacite. Et les mots de vente et d'achat, appliqués à la femme germaine, sont un anachronisme. Un historien anglais, très-honnête et très-impartial, le docteur Lingard, les emploie légèrement dans un passage où, du reste, ils reçoivent par la nature du récit, un démenti formel. Les *Antiquités de l'Église anglo-saxonne*, qui font suite à son *Histoire d'Angleterre*, renferment le détail des cérémonies et des coutumes relatives au mariage chez les Anglo-Saxons.

« Je ne crois pas qu'aucun écrivain ait dit si les parents accordaient quelque partie de leur propriété à leur fille pour son mariage ; mais on ne peut douter qu'à leur mort elle n'eût droit, comme les autres enfants, au partage de la succession : d'abord toute la charge pesait sur le mari, et dans le langage des lois anglo-saxonnes, il est dit que le mari achète sa femme et que les parents de celle-ci la lui vendent. Dans une entrevue avec sa future il convenait du présent qu'il avait l'intention de lui faire, en reconnaissance de ce qu'elle avait accueilli sa demande, assignait une somme suffisante pour le soutien des enfants, et déterminait la valeur de la dot en cas qu'elle lui survécût. Cette dot, ajoute la loi, s'ils ont des enfants, comprendra toute la propriété du mari ; et la moitié, s'ils n'en ont pas. L'achat matrimonial était alors conclu ; l'époux donnait des garanties pour l'exécution des différents articles, et la famille de l'épousée s'engageait à la lui livrer aussitôt qu'il voudrait la posséder. »

Nous ne connaissons pas la langue anglo-saxonne; elle est certainement mal interprétée. Nos coutumes franques, traduites par quelque clerc romain, sous le nom de *loi salique*, ont perdu de leur physionomie originale. Comment le traducteur aurait-il exactement rendu des idées qui n'avaient pas d'analogue dans le droit et la langue de Rome? Si ces langues *barbares*, dont Ausone vantait la douceur, n'ont pas laissé de monuments, les institutions se sont conservées et nous permettent d'apprécier les mœurs des peuples à travers le voile de traductions ou interprétations plus ou moins justes; et Lingard, tout en nous parlant de vente et d'achat, nous ramène à un régime dotal aussi circonstancié que celui de Tacite, et où le mari dote sa femme.

Le régime dotal, tel que le conçoivent les jurisconsultes anciens et modernes, s'est développé dans les derniers temps de la république romaine; et c'est sous Justinien qu'il a reçu son complément. Les citoyens romains ne voulaient plus se marier; ils fuyaient les charges du mariage; les unions étaient temporaires; le concubinage ou mariage sans formalité laissait les époux maîtres de leur personne et de leurs biens. Les patrimoines ne se confondaient pas, parce que le mariage n'était plus le lien de toute la vie, *vitam individuam continens*. Dans ce genre d'association, le système dotal était nécessaire; il fallait bien que la femme divorcée retrouvât les moyens d'existence qu'elle avait apportés en dot à son mari et sans lesquels il ne l'eût pas épousée. La corruption universelle, le mépris des lois de la famille ont engendré le régime dotal. Et le jurisconsulte Paul a dit avec raison : *Reipublicæ interest dotes mulierum salvas esse, propter quas nubere possint.* Les Romains avaient un vif attrait pour les dots. Cicéron est mal dans ses affaires; une magnifique dot le remettrait à flot. Vite, il répudie sa femme, convole en secondes noces. Ses lettres familières exposent naïvement ses perplexités: ce n'était pas un méchant homme; la dot seule l'a décidé. Paul recommande la conservation des dots parce que sans elles il n'y a plus de mariage; aveu significatif. C'est la dot qu'on épousait. La femme dotée n'était pas longtemps en quête d'un mari; à chaque divorce elle reprenait sa dot pour courir à une nouvelle union. Auguste avait en vain mis la vertu à l'ordre du jour et invité les citoyens au mariage. Personne ne répondit à son appel; la dot fut la prime d'encouragement au mariage. De là toute la sollicitude du législateur pour la dot. Ce n'est pas que la femme ait grandi en dignité; c'est qu'au contraire elle était de nulle valeur depuis sa complète émancipation; elle valait juste sa dot. Il est curieux de voir tous les empereurs romains et byzantins favoriser le mariage par des priviléges et des immunités de toute sorte, et le mariage devenir de plus en plus rare, et en tout cas aboutir à la stérilité. Les empereurs étaient vaincus; ils assistaient, impuissants, au dépeuplement de l'empire. Ces grands politiques ne se méprenaient pas sur la nature du mal qui travaillait la société. La dissolution de la famille annonçait la dissolution de l'empire, et ils s'efforçaient de restaurer le mariage, la famille, les antiques lois du foyer domestique. Ils ont échoué. Du moins on leur rendra cette justice qu'ils n'ont pas pris les signes de la décrépitude pour une éclatante manifestation du progrès.

Il n'était pas en leur pouvoir de changer la société romaine. Rome est constituée en opposition aux sentiments de famille; uniquement fondée sur la ruse et sur la violence, elle étouffe les affections naturelles. La famille y est étrangère au lien du sang. La qualité de fils ne confère aucun droit; il n'est héritier que s'il est en puissance du père au moment de la mort de ce dernier. Si le père l'émancipe ou le donne en adoption, il perd tous ses droits. La famille n'est qu'une agrégation civile formée de ceux que le père de famille prend en adoption. Le mot même de *paterfamilias* signifie propriétaire; on le traduit quelquefois d'une manière ridicule par père de famille. Le peuple romain se recrutait aussi par la communication du droit de cité. Il n'aurait jamais eu le temps de réparer les brèches de la guerre, s'il ne s'était pas maintenu en nombre par ce moyen factice, qui jetait dans la famille et dans la cité une population énergique. Mais le monde n'en pouvait plus, et l'empire se dépeuplait, et rien n'arrêtait cette décadence. Le fisc et l'usure s'étendaient comme une plaie incurable sur toutes les provinces. Les nations s'éteignaient sous une administration savante : une immense machine gouvernementale remplaçait la famille. A l'origine, la cité repose sur l'absolutisme du père de famille : plus tard, et quand la famille est totalement dissoute, elle se réfugie dans l'absolutisme impérial.

La liberté n'est pas un fruit de la civilisation romaine ; et quoique les hommes aient été aussi libres sous l'Empire que sous la République, l'organisation des villes et des provinces était purement matérielle ; le cadre social était tracé, la vie seule manquait. Les invasions germaniques ont comblé le vide. Les intérêts se sont groupés autour de la famille ; la famille, non plus factice et arbitraire, mais fondée sur le mariage chrétien, a créé les mœurs et inspiré les lois. L'Angleterre, qui a gardé cet esprit de famille, n'a presque pas besoin de gouvernement. Son agriculture, son industrie, son commerce, ont pour stimulant l'esprit de famille ; le développement de sa population propage au loin son influence par une émigration qui s'accroît de jour en jour. A côté d'elle, une nation plus ancienne, et longtemps supérieure aux autres nations, semble tourner dans un cercle d'agitations stériles. Le droit féodal est encore en présence du droit byzantin. Et si la France ne se ranimait sous la libre action du christianisme, le citoyen dévoué à son pays s'attristerait et s'inquiéterait. La diminution de la population, l'abandon des campagnes, attestent un malaise profond ; nous n'en cherchons pas les causes dans des circonstances accessoires, mais dans l'affaiblissement de l'esprit de famille et dans les lois qui le favorisent. Les faits contemporains se joignent au témoignage de l'histoire pour nous instruire. La famille française est-elle solidement assise sur la base de nos lois civiles ? L'instabilité des fortunes et le morcellement des héritages ne découlent-ils pas du principe même posé par le législateur ? C'est ainsi que le moraliste qui n'est pas ébloui par le fracas des batailles et des révolutions, aime à retrouver dans les lois qui régissent la famille et le mariage, l'explication de la durée des empires et le secret de leur destinée.

14 décembre 1858.

II

La ville de Toulouse s'est toujours distinguée dans les études juridiques; son école de droit, son barreau, jouissent d'une réputation méritée. Son *Académie de législation* suscite souvent de remarquables travaux. A ceux de MM. Benech, Théophile Huc, etc., se joint un mémoire sur *la Féodalité et le Droit civil français*, publié par M. G. d'Espinay. Ce mémoire, qui forme un volume, renferme les renseignements les plus exacts. Les documents abondent; il fallait en tirer la substance et rendre claires et saisissables les doctrines sur lesquelles ont porté et portent encore d'innombrables discussions. Il est facile, avec le livre de M. d'Espinay, de reconstituer tout le droit féodal. L'auteur, cependant, se méprend sur le caractère du droit romain et ne dégage pas assez le principe féodal. Mais il ressort des textes analysés et cités, que la féodalité reposait sur des principes de liberté qui ont été étouffés par l'enseignement et la pratique du droit romain. Au lieu de relever quelques dissidences, essayons d'exposer l'idée même de féodalité, telle qu'elle se montre à son origine et dans son histoire.

La grande lutte de l'histoire s'établit entre la *civilisation* (*civis, civitas*), le principe de l'État, et ce que les anciens et les modernes, depuis la Renaissance, ont appelé la *barbarie*, ou le principe d'individualité, plus particulièrement représenté par les races germaniques, tandis que l'idée de l'État a reçu son application absolue dans l'Empire romain. Nous connaissons l'Empire romain; nous avons à étudier la féodalité, qui en est la contradiction. Sur ce point, la masse des documents et des témoignages est irrécusable; mais ils n'ar-

rivent pas à la précision des faits et des principes, ils confondent souvent les deux ordres d'idées en attribuant à la
féodalité ce qui est du droit romain. L'individualisme germain s'oppose au communisme romain : suivons-le dans son
développement logique. La personnalité humaine servant de
base à l'ordre social, la première conséquence, c'est que la
famille est constituée d'une façon indépendante, car la famille est le centre de l'homme, sa protection et son asile.
Une autre conséquence non moins grave, c'est que l'individu,
la famille, ayant une existence propre et non empruntée,
sont propriétaires, administrent et règlent leurs affaires sans
intervention étrangère. La famille, la propriété, le gouvernement de soi, sont ainsi en exercice. Cette liberté de l'homme
conduit nécessairement à la distinction du spirituel et du
temporel. A Rome, le spirituel est uni et soumis au temporel ; on ne voit jamais, chez les anciens, que la religion
ait agi par elle-même ; elle n'est qu'une branche de la politique et de l'administration. Les Hébreux seuls ont un sacerdoce indépendant. On sait quelle était l'autorité des Druides ;
Tacite nous apprend que le prêtre germain n'était pas absorbé
dans le roi ou dans le chef militaire. Chaque tribu obéissait
au pouvoir patriarcal, au fils aîné de la famille primitive,
roi par naissance. A côté du roi est l'assemblée de la nation, car le roi est un père et non un maître ; le peuple qui
ne l'a pas investi de la direction spéciale des affaires reste
libre de discuter, de décider chaque affaire générale qui se
présente.

Telle est la théorie du droit germanique importé par la
conquête et par les invasions dans l'Empire romain. Les
historiens se seraient épargné bien des peines si, au lieu de
chercher dans l'innombrable variété des coutumes écrites
les lois féodales, ils les avaient cherchées à leur source, dans
la Germanie non conquise par les Romains. Les coutumes de
la Germanie ont été recueillies par Tacite. La féodalité n'en
est que le développement. Ce n'est pas Tacite qui est obscur,
ce sont les feudistes. Les écrivains sont presque toujours des

gallo romains, et, involontairement, ils atténuent ou méconnaissent des faits dont la signification leur échappe, ou ils s'efforcent de les ramener au sens absolutiste. Les Francs n'écrivaient pas beaucoup : heureusement Tacite a écrit pour eux. Les historiens nous représentent Clovis comme un roi absolu ; il était patrice romain, à moitié romanisé. Mais les coutumes nationales persistaient, malgré l'adulation des Gallo-Romains. Les Gaulois acclamaient Clovis en prince absolu, et les Francs gardaient leur liberté. Cette situation équivoque dura pendant plusieurs siècles ; elle fit les embarras de la dynastie mérovingienne ; les Gaulois ne se plièrent que tard à la liberté. Les légistes, les hommes de lettres, s'attachèrent à l'absolutisme romain. Il y a des événements qui ne sont pas bien expliqués. Pourquoi le partage de la France entre les fils de Clovis? Si la couronne est un fief, le fief était indivisible. Ou le partage était-il fictif? L'Empire romain formait une unité absolue : il était cependant administrativement divisé entre plusieurs empereurs, ces empereurs ayant le pouvoir indivis, suivant une théorie particulière au droit romain. L'impossibilité physique qu'il y eût un seul homme pour gouverner le monde, avait amené ce tempérament qui, par les rivalités d'influence, jetait l'Empire dans une conflagration perpétuelle. Il paraît que les rois francs étaient comme associés à la couronne ; les chroniqueurs laissent entendre que par l'acte qui partageait entre eux le royaume, il leur était recommandé de se soutenir mutuellement : c'était une imitation impériale. Le principe d'unité s'implantera en se soudant à la loi de l'hérédité, et alors la royauté prendra une assiette fixe et la nationalité française sa forme naturelle.

La royauté limitée est d'origine germanique. Tacite le dit, *Nec regibus infinita aut libera potestas*. Il atteste également la délibération commune, *de minoribus rebus principes consultant, de majoribus omnes*. Voilà en toutes lettres la Chambre des Lords et la Chambre des Communes. Ces Assemblées jugeaient les grands crimes. La pénalité était

simple et douce, loin de ce luxe d'atrocités dont s'entourait
la loi romaine. Point de torture, la potence ou la noyade
pour les grands crimes ; et pour les délits inférieurs une
amende ou une indemnité en chevaux ou en bétail. Les lois
barbares ont gardé la même douceur ; les lois des Francs,
des Bourguignons, des Visigoths, etc., tarifent de cette façon
bénigne tous les crimes et délits. Quand la torture et les
supplices raffinés ont envahi l'Europe, c'est à la suite du
droit romain. La justice romaine est une justice absolutiste,
rendue par l'Empereur ou par ses délégués. La justice germanique est rendue par les pairs. Un passage de Tacite a
probablement été mal traduit : *Eliguntur in iisdem conciliis et principes qui jura per pagos vicosque reddant :
centeni singulis ex plebe comites consilium simul et auctoritas adsunt.* (§ 12. *De Moribus Ger.*) L'assemblée choisit
des hommes importants, des chefs pour rendre la justice
dans les cantons et les bourgs. Ce sont les *missi dominici,*
les grands juges d'Angleterre. La fin de la phrase est difficile. Dureau de la Malle traduit : « On adjoint à chacun
d'eux cent assesseurs tirés du peuple pour former leur conseil et ajouter à leur autorité. »Burnouf traduit de même :
« Ils ont chacun cent assesseurs tirés du peuple et qui leur
servent de conseil et ajoutent à l'autorité de leurs jugements. »
Ils traduisent conformément à l'esprit romain ; mais Tacite
exprime une coutume germaine, et les traducteurs, très-peu
au courant du droit germain ou féodal, esquivent leur auteur, et se contentent de donner à sa phrase un sens littéraire. Ils introduisent les *assesseurs,* qui ne sont pas dans le
texte et qui, en effet, figurent en droit romain. Ces assesseurs
n'avaient que voix consultative ; ils servaient à la commodité
du juge, et n'avaient pas pour mission d'assurer l'indépendance de la justice. Comment ces assesseurs ajoutaient-ils à
l'autorité du juge ou de ses jugements? Les assesseurs ne
prononçaient pas dans la cause, c'était le juge seul. Il consultait en secret ses deux ou trois assesseurs, dont le rôle
passif et muet ne pouvait rien ajouter à sa décision. N'est-ce

pas entrer dans le sens même du sujet que d'admettre que dans chaque circonscription judiciaire cent chefs de famille étaient délégués pour concourir à l'administration de la justice? Les *Principes* étaient des membres de l'assemblée désignés pour présider les assises; les *comites ex plebe* étaient des hommes pris dans la vie privée, des compagnons, des pairs, des jurés. Tacite, qui n'est pas redondant en paroles, emploie deux expressions, *consilium* et *auctoritas.* N'y a-t-il pas là deux fonctions distinctes, une coopération de délibération et de jugement? Une action principale, autonome, un concours indépendant est exprimé par le mot *auctoritas.* Il faudrait donc traduire : « A chacun de ces envoyés sont adjoints cent hommes du peuple pour la délibération et le jugement. » La phrase aurait un sens, quoique Tacite ne se soit pas étendu sur la différence des fonctions qui appartenaient à l'envoyé supérieur et aux juges populaires. Les Germains s'expliquèrent plus tard, et l'on vit sous les noms de *Rachinbourgs*, de *Scabins*, se perpétuer ce jugement par les hommes libres, par les pairs.

Tout nous montre la famille germaine fortement organisée. Elle forme une unité morale puissante qui se retrouve dans la famille féodale avec tous les caractères signalés par Tacite. La solidarité entre les membres de la famille est entière; elle est telle que le chef de famille ne peut pas même en aliéner le patrimoine. De là cette habitude, dans les cas d'aliénation, de faire signer tous les membres de la famille, qui s'interdisaient ainsi de revendiquer par la suite le bien aliéné. La *vendetta* germaine avait passé en France : les guerres privées en étaient l'expression; c'était tout simplement le droit de vider sa querelle par les armes. Tous les membres de la famille sont investis du droit de demander justice pour leurs proches; il n'y a pas d'autre ministère public : chacun remplit le rôle de juge. La famille germaine se rapproche de la famille hébraïque. Mille analogies nous font voir que la tribu germanique ressemblait à la tribu hébraïque, sauf qu'elle n'était pas stable sur un territoire fixe. Quand la tribu s'installait, elle divisait le territoire en autant de lots que de familles. Cette division mathématique du sol fut opérée par Josué quand il prit possession de la terre promise ; il affecta un territoire à chaque tribu et un lot perpétuel à chaque famille. C'est à la loi mosaïque que la féodalité a emprunté le principe du maintien des biens dans les familles et la faculté de rachat quand des circonstances malheureuses avaient amené l'aliénation. L'idée d'immobiliser la famille sur le sol constitue tout le système féodal ; elle ne s'est appliquée en France que partiellement et successivement. L'exemple de Josué a été imité deux fois, d'une façon complète et absolue, par les Normands. Quand Rollon entra dans son fief de Normandie, il en divisa régulièrement tout le sol et le distribua à ses compagnons. C'est aussi en Normandie que l'esprit féodal s'est conservé le plus longtemps. Guillaume le Bâtard partagea l'Angleterre en 63,225 fiefs. Il n'y a pas d'autres exemples d'opérations de ce genre qui aient si bien réussi.

Le principe de la perpétuité de la famille conduisait au droit d'aînesse, l'aîné restant l'administrateur du patrimoine commun et indivis. C'est à cause de cela que la faculté d'aliéner est vue de si mauvais œil par la loi hébraïque et par la loi féodale ; le vendeur dépouille toute sa famille. Ce n'est pas dans son intérêt propre qu'il est le chef de la famille ; il se doit à la famille dont la garde lui est confiée. Les honneurs qui entouraient l'aîné dans l'ancienne loi ont passé dans toutes les coutumes féodales. Ce n'est qu'à la longue qu'ils ont fini par se perdre. Un certain prestige est cependant demeuré au nom d'aîné, comme un écho affaibli des antiques traditions du genre humain.

Le droit d'aînesse existait chez les Germains. Après avoir dit d'une manière vague que les Germains avaient leurs enfants pour héritiers et successeurs, Tacite, devenu plus précis, constate que l'aîné était le vrai héritier et successeur, le continuateur de la personne du père. Il indique que, dans une succession, les chevaux n'étaient pas recueillis, *comme le reste*, par l'aîné, mais qu'ils étaient laissés au plus vaillant ; c'était une exception autorisée par l'usage et d'ailleurs facile à comprendre, puisque les chevaux ne servaient qu'à la guerre : *Excipit filius non ut cœtera maximus natu sed prout ferox bello et melior.* La maison et le domaine étaient à l'aîné ; telle était la loi Salique ou loi des Francs-Saliens.

Tacite ne tarit pas en éloges sur la femme germaine ; il oppose la monogamie germaine à la polygamie romaine. Nous rencontrons ici une coutume qui a exercé une grande influence chez nous, et qui remonte jusqu'aux temps bibliques : c'est le douaire. Le texte de Tacite est célèbre : *Dotem non uxor marito sed uxori maritus offert.* A Rome, le mariage n'était qu'une association temporaire, un concubinage formé par la volonté des parties, et où il n'y avait plus ni autorité maritale ni puissance paternelle. La femme apportait de quoi subvenir aux charges du ménage ; c'était sa dot. A la dissolution du mariage, la femme reprenait sa dot. Les femmes étaient donc recherchées en raison de leurs dots, et l'on divorçait pour avoir une femme mieux dotée. Le mariage germain, imitation du mariage hébraïque, est fondé, non sur l'association ou la dualité des intérêts, mais sur l'unité. Chez les Hébreux, comme chez les Germains, la femme n'apporte en dot à son mari que ses qualités et ses vertus ; c'est le mari qui assigne un douaire à la femme, et lui assure des moyens d'existence pour le cas où le mariage sera dissous par la mort du mari ou même par le divorce. Le douaire, dans nos coutumes, avait cet excellent résultat qu'il ne brisait pas le patrimoine de la famille et ne séparait pas la femme de la famille de son mari. La femme, en effet, au lieu d'emporter en toute propriété des biens qu'elle aurait transmis à sa famille naturelle, jouissait pendant sa vie d'une partie des biens laissés par son mari ; et généralement le douaire était du tiers des biens. L'existence et la dignité de la femme étaient toujours assurées ; la loi moderne, au contraire, jalouse de disperser l'héritage, met la femme à la merci de ses enfants. N'est-il pas plus honorable que le mariage repose sur le lien unique de la vertu et de l'affection? La loi romaine est basée sur l'égalité de l'homme et de la femme, égalité qui tue la pudeur et réduit la femme à un état pire que l'esclavage, parce que ce n'est pas la même chose pour un homme d'avoir eu plusieurs femmes, ou pour une femme d'avoir eu plusieurs maris. L'homme, qui est un être politique, en est à peine diminué; la femme, qui est un être exclusivement moral, en est avilie à jamais. Le concubinage ou mariage romain (*concubinatus*), où la femme demeure l'égale de l'homme, est déshonorant pour la femme, tandis qu'elle est souverainement honorée par le sacrement de mariage et la perpétuité du lien conjugal. La supériorité de l'homme repose sur le fait le plus incontestable, la force matérielle. Le mariage répare cette infériorité naturelle de la femme, en investissant l'épouse d'une dignité perpétuelle. Aussi est-il indissoluble de sa nature; la femme qui entre dans la maison de son mari quitte sa famille de naissance pour une nouvelle famille.

Les dons du mari à la femme, les présents de noce étaient, ainsi que nous l'apprend Tacite, approuvés par les parents, et consistaient le plus souvent en bétail, comme sous la loi hébraïque. Comment était régie cette espèce de dot? qui en avait l'administration? Il semble que cette administration revenait aux parents de la femme; nous n'avons pas trouvé de renseignements sur le sort de cette dot. Seulement, dans un récit de voyage inséré dans la *Revue britannique* de février 1861, sous ce titre : *les Russes en Asie*, il se présente une circonstance que nous tenons à noter, parce qu'elle s'applique à des populations pastorales dont les mœurs ne peuvent pas différer beaucoup de celles des anciens Germains :

« Chez les Kirghis, la jeune fille n'a pas voix au chapitre « pour le choix de son époux. Le père estime sa fille un cer-« tain prix, et quiconque est capable de payer ce prix peut « devenir son gendre. Le kalym ou la dot consiste en un « certain nombre de chameaux, de bœufs, de moutons,

« qu'on envoie au beau-père et que celui-ci garde à sa fille
« pour le cas où le mari la rendrait à ses parents, ce qui
« arrive quelquefois. »

L'écrivain ne dit pas ce que devient la dot à la mort de la
femme; il y a lieu de penser qu'elle retourne au mari ou
aux enfants du mari.

D'où nous vient le régime de la communauté entre époux ?
Tous les auteurs le reportent au moyen âge, à la féodalité,
au système de nos coutumes, et le croient incompatible
avec les principes du droit romain. M. d'Espinay partage
cette opinion avec M. Troplong. Nous sommes, cependant, arrêtés par quelques difficultés. Le régime de la communauté est éminemment favorable au morcellement des
héritages, aux ventes, liquidations et partages forcés. C'est
une mine de procès et d'impôts ouverte au sein de chaque famille. A la mort du mari ou de la femme, la justice intervient pour tout examiner, tout scruter, établir un inventaire.
Il est rare qu'il n'y ait pas des enfants mineurs. La loi les
entoure d'un tel luxe de garanties qu'ils sont accablés par les
frais qu'elles exigent, et que le patrimoine qu'ils retirent du
partage en est notablement atteint. La communauté est fondée
sur ce principe que le mariage est un contrat de société, une
association de pertes et gains qui prend fin à la mort d'un
des époux : alors liquidation et partage entre l'époux survivant et les héritiers de l'autre époux. Ce régime est dans le
goût du droit romain : le régime dotal s'en rapproche. Dans
le régime dotal, la femme reprend son apport, tandis que
dans la communauté, il est augmenté ou diminué par les
chances de l'administration maritale. Les Romains ne pouvaient pratiquer le régime de la communauté, par une raison
toute simple; c'est que les mariages étaient de trop courte
durée. Il aurait fallu tous les ans liquider les fortunes. Ce
sont des législateurs très-hostiles à notre ancien droit coutumier et très-imbus de tous les principes du droit romain
qui ont fait de la communauté entre époux le droit commun
de la France. Elle serait peut-être mieux nommée : une

association de pertes et gains la vie durant des époux. La communauté opère une confusion de patrimoines ; cette confusion cesse à la dissolution du mariage, et l'actif et le passif de la communauté sont partagés en deux portions égales. Comment donc, aux époques où la femme n'apportait rien à son mari, cette confusion de patrimoines se serait-elle opérée ? A la mort de la femme, il n'y avait rien qui pût revenir à ses parents ; et n'eût-ce pas été une absurdité et une criante injustice que la famille originaire de la femme recueillît des biens enlevés à une autre famille ? Si le mari mourait, la femme restait avec son douaire, qui, consistant en un usufruit, ne démembrait pas le patrimoine et ne nécessitait pas de partage. Tout était communauté au moyen âge, remarque M. Troplong. Les communautés rurales couvraient la France. M. Dupin nous a donné le tableau sympathique de quelques débris de ces communautés rurales conservés dans le Morvan. C'étaient des communautés de famille ; aïeuls, père, mère, enfants, vivaient dans la même maison, sous la direction du chef de famille ; la communauté se perpétuait ; c'était là son caractère essentiel. Cette existence commune avait pour but l'existence commune elle-même, existence fondée sur les affections de famille et ennoblie par la religion, si favorable d'ailleurs aux faibles et si conservatrice des biens acquis. La communauté entre époux a pour but, sinon la mort d'un des époux, du moins un partage de bénéfices déterminé par cette mort. Par quel préjugé de légiste M. Troplong arrive-t il à confondre ces deux ordres de faits et d'idées ?

Tous les intérêts étaient dans les liens de l'association perpétuelle ; le commerce et l'industrie se soumettaient avec empressement à cette loi. Les Germains ne comprenaient que l'association ; nous avons vu la famille féodale, issue de la famille germaine, appliquer ce système à la famille et le continuer pendant des siècles. C'est en vertu de ce même principe que s'unirent les artisans et les ouvriers. Le jugement par les pairs et le gouvernement de soi sont synonymes.

Les corporations d'arts et métiers formaient des gouvernements autonomes, des républiques d'ouvriers et d'artisans pratiquant le principe de *self government* qui s'appliquait à tous les intérêts sociaux. Ces corporations ne descendaient pas du Code théodosien ; plus tard, quand les légistes et la royauté voulurent dénaturer ces généreuses institutions, ils invoquèrent la loi romaine ; ils prétendirent que le droit au travail était une concession du prince, et que les corporations ne subsistaient que par l'autorisation royale.

Cette histoire nous est moins connue que celle des Pharaons. Qu'étaient les communes, cette forme de l'association des villes ? remontent-elles aux municipes romains ? Mais les municipes romains n'étaient pas une corporation ; ils ne jouissaient d'aucune indépendance. Les Romains attachés par force aux fonctions curiales pour assurer le paiement de l'impôt, étaient les serfs de César qui les désignait, et ne représentaient leurs concitoyens ni par élection ni autrement. Par quel prodige cette machine fiscale, et qui n'avait jamais été, depuis sa naissance, qu'une machine fiscale, se serait-elle transformée, au bout de sept siècles, en une organisation vivante ? Nos historiens nous affirment que les communes sont le réveil du droit romain contre la féodalité. Nous osons croire que le mouvement communal, légitime dans son principe, est d'origine féodale ou germanique. Les villes voulaient s'administrer. Il était naturel que des hommes réunis en grand nombre, nés au milieu de traditions communes, ayant une force suffisante, eussent la volonté d'affirmer leurs droits et de constituer leur intérêt local d'une façon indépendante. La ville, le bourg, la commune, sont des espèces de familles agrandies, ou au moins des associations de familles ; étendre jusqu'à elles l'indépendance de la famille, c'était rester fidèle aux principes importés dans les Gaules par l'invasion germaine, et renforcer la féodalité par l'adjonction d'intérêts similaires et constitués sur les mêmes bases qu'elle. Malheureusement, quand ce mouvement communal éclata, la féodalité était déjà affaiblie en France : les rois de France cherchaient à s'appuyer sur les communes et à s'emparer de la direction d'un mouvement qui, en se généralisant, allait mettre dans leurs mains une force immense, vague, indéfinie, et par cela même révolutionnaire. Le régime municipal devait y périr; en se donnant pour protecteurs, les rois s'imposaient pour maîtres. Relevant du Roi, la commune n'eut plus aucune liberté de se gouverner, de se juger, de s'administrer; elle eut des fonctionnaires, non plus à son choix, mais au caprice royal. C'est du tiers état et de la bourgeoisie sortis des communes que vinrent tous les renforts à la royauté et au pouvoir absolu. C'est dans les rangs de cette bourgeoisie et des corps judiciaires que les maximes du droit romain s'infiltrèrent avec une rapidité inouïe, parce qu'elles flattaient ce sentiment d'égalité, cette passion de jalousie, qui s'effrayent moins du nivellement de l'absolutisme que de la liberté modérée qui laisse chacun à sa place.

Nous essayons de dégager les principes de *self government* qui ont pendant plusieurs siècles plus ou moins régi la France sous le nom de féodalité. Depuis que nous connaissons la part qui revient au droit romain dans l'histoire moderne, il nous est aisé de préciser la part qui est due à la féodalité ou au germanisme. La tyrannie et la servitude sont le legs de la civilisation romaine. La hiérarchie patriarcale de la tribu germaine ne comportait pas l'esclavage. Tacite nous apprend que *l'esclave* n'était qu'un fermier assujetti à une certaine redevance en blé, en bétail, en vêtements. Toute la tribu est libre; les familles sont enchaînées par un lien de subordination qui assure entre tous les membres de la tribu ou de l'association une réciprocité de services et de protection. Ce qui manquait à la tribu, c'était le sol fixe, elle le trouva dans les Gaules, et il en résulta un régime de propriété foncière et d'exploitation agricole accommodé à la vie de famille et à la hiérarchie sociale en vigueur chez les Germains. Le système s'est développé, il n'a pas changé. S'il n'a pas duré en France, cela tient à différentes causes. Il a commencé de bonne heure, sous Clovis; mais il a commencé

partiellement et s'est propagé par des alluvions successives
de peuples accourus dans les Gaules jusqu'au neuvième
siècle. Le nombre des envahisseurs était petit, comparé à la
nation envahie. Les Gaules étaient profondément impéria-
lisées : les esprits y étaient imbus du droit romain et bysantin ; ce n'est qu'à la longue qu'ils ont pu s'en détacher, par
une discontinuation plusieurs fois séculaire de l'administration romaine. Les Francs n'ont jamais partagé systématiquement la Gaule. Les seigneurs gallo-romains restèrent en
partie dans leurs terres. De là une diversité de coutumes qui,
malgré une unité évidente dans le fond, arrêtait le mouvement d'ensemble et offrait prise à une résurrection du droit
impérial. La féodalité ne s'implanta pas en France avec
l'unité et la simultanéité qu'elle eut en Angleterre, et qui
lui ont permis de grandir dans ce pays à ce point où nous la
voyons aujourd'hui, maîtresse de toutes les mers et du commerce du globe, capable de soutenir des luttes formidables,
profitant des révolutions démocratiques qui agitent l'Europe,
ayant dans les ennemis officiels de son principe les complices
de sa propre grandeur.

La féodalité, en France, a suivi une marche inverse. Mêlée
à un principe étranger, elle s'est éteinte politiquement au
xive siècle. Ici nous revenons à l'ouvrage de M. d'Espinay, et
nous nous demandons quelle a été l'influence de la féodalité
sur le droit civil des Français. Elle a été nulle, car le législateur de 1804 ne peut, à aucun titre, être soupçonné d'idée
féodale. Le droit antérieur à 89 n'est plus un droit féodal,
c'est un mélange de dénominations féodales et de doctrines de
droit romain plus ou moins bizarrement coordonnées. Mais
n'insistons pas sur ce sujet, qui n'occupe qu'une petite place
dans le travail de M. d'Espinay, la partie vraiment intéres-
sante et la plus considérable étant consacrée à l'analyse et à
l'exposition des principes de nos différentes coutumes féodales depuis l'invasion germanique jusqu'à la Révolution
française.

12 mars 1863.

III

Pour bien comprendre l'influence exercée par le droit romain, il faut se rendre compte de nos anciennes coutumes et de l'esprit qui les animait. Le droit romain est ennemi de l'Église, de la propriété, de la famille et des corporations. La coutume, au contraire, est amie de tout cela. Elle tend à l'ordre et à la perpétuité, comme le droit romain à l'anarchie et au changement. Jusqu'au XIIIᵉ siècle, toute l'Europe chrétienne obéissait à un droit uniforme qui n'avait été ni voté ni décrété, et qui exprimait exactement la conscience publique, puisqu'il en était le produit spontané et qu'il se révélait par la pratique journalière de la vie. C'est en ce sens seulement qu'il a été vrai de dire : le droit, c'est la vie. En ce sens, la codification est la mort du droit; la rédaction des coutumes au XVᵉ siècle a été la première tentative de législation générale; elle s'est poursuivie sans interruption jusqu'à la Révolution française. La diversité des coutumes n'est qu'apparente; elles se rapprochent par les principes fondamentaux, et de là découle tout ce qu'il y a de bon dans le Code civil. Les rédacteurs de nos codes n'ont pas été heureux dans leurs innovations. On s'étonne que la France eût tant de coutumes. Remarquons cependant que chaque Français n'obéissait qu'à sa coutume natale, et qu'il la connaissait beaucoup mieux qu'il ne pourrait aujourd'hui connaître l'ensemble de nos lois. Les savants seuls étaient tenus de tout connaître; mais personne n'est tenu d'être savant.

En parcourant le *Coutumier général*, on s'aperçoit bien vite que l'unité de législation régnait en France; mais l'esprit qui a présidé pendant un siècle à la rédaction des coutumes est l'esprit du droit romain. Ce sont les légistes qui modifient l'ancienne coutume, en étendant avec habileté les principes d'égalité proclamés par le droit romain. Sauf d'insignifiantes exceptions, toutes les coutumes admettent l'égalité des partages. Examinons comment s'y sont pris les légistes. Ils ont distingué les biens en nobles et en roturiers, et ont soumis, par le seul fait de cette distinction, les biens roturiers au partage. Cette distinction scindait le corps social, établissait deux intérêts opposés, niait la notion du droit. Le principe de la conservation des familles est précieux à tous les rangs de l'ordre social. Le refuge des petits, leur seule force n'est-elle pas dans l'union de la famille, dans la cohésion des intérêts moraux et matériels qui la constituent? Les communautés agricoles, dont tant de traces sont restées dans nos coutumes, subsistaient par le même principe que la famille noble; la ferme héréditaire se transmettait de père en fils. Mais avant cette distinction des terres, les légistes avaient inventé une distinction des personnes. La société romaine avait les hommes libres et les esclaves; les *adscriptitii glebæ* datent des empereurs. Ce qu'on a appelé le servage était établi partout quand les Francs sont entrés dans les Gaules. Ce mot même de servage (*servus*) servira de point de départ à toute une théorie frauduleuse pour ramener les hommes sous l'ancienne servitude. Ce colon flétri par les légistes sous le nom de *serf*, d'*esclave*, était, d'après les principes du droit romain, parfaitement libre. Il était une personne; il jouissait de la religion, du mariage, de la puissance paternelle, du droit de propriété. Son champ était à lui, puisqu'on ne pouvait ni le lui enlever, ni augmenter la rente qu'il payait à son copropriétaire qui était son seigneur. Dans la société chrétienne, il occupait le dernier échelon du vasselage; mais son droit n'était pas de nature différente des autres droits féodaux. Tout seigneur avait sa cour judiciaire dans laquelle siégeaient ses vassaux. Le *Coutumier général* (t. 1er, p. 158) constate que le seigneur foncier a sa cour, ses plaids, où sont forcés d'assister à tour de rôle ses censitaires, les paysans qui tiennent de lui leurs héritages. Faute de vaquer au service des plaids, les héritages peuvent être saisis. Les baillis étaient les procureurs d'office de la juridiction, exerçant les poursuites, convoquant et présidant le jury. C'était l'application du principe même de la féodalité. Chaque tenure était grevée de la double obligation de servir le seigneur dans ses plaids et à la guerre. En s'abstenant de rendre la justice et en se faisant remplacer par des baillis, les nobles manquaient à leurs fonctions ; et, dans la rigueur du droit, leurs fiefs auraient dû être confisqués par le seigneur suzerain, c'est-à-dire par le Roi.

Ceux qui parlent de l'oppression féodale ignorent sans doute ces choses. Les historiens les passent sous silence ; mais les vieilles chartes reparaissent à la lumière, et mille renseignements jettent un jour nouveau sur l'histoire. Nous lisons dans une brochure intitulée : *la France devant l'Europe*, publiée récemment en Belgique (p. 33) :

« Les Flandres, florissantes dès le xie siècle, avaient de bonne heure anticipé sur les principes de 89. A l'assemblée des états d'Oudenarde, on stipulait le droit pour les paysans d'être renvoyés d'une accusation du moment où douze de leurs pairs auraient reconnu leur innocence. Il y a des chartes municipales qui datent du même temps, milieu du xie siècle, et ces chartes encore ne firent que confirmer le droit coutumier. »

Ainsi, toutes les classes de la société, même les plus infimes, avaient leur autonomie ; et le jugement par les pairs exprimait cette autonomie. Égalité des hommes dans la hiérarchie, par la jouissance du même droit, voilà l'idéal de la société chrétienne. Les artisans, dans chaque ville, avaient une autonomie encore plus étendue, et les corporations constituaient une des forces les plus conservatrices de la société. Les légistes altèrent cette physionomie du monde chrétien, et dès l'époque de saint Louis, ils favorisent avec ardeur l'invasion du droit byzantin ; ils introduisent des mots et des classifications qui rappellent le paganisme ; leur langage équivoque ferait croire qu'il y a des esclaves ; ils tendent à rétablir les droits de l'ancien propriétaire d'hommes. Ils ont sous les yeux la société chrétienne ; mais cette société leur déplaît, ils rèvent un autre idéal. Tout en étant chrétiens, ils inclinent à la modifier dans un sens païen, parce qu'ils ont été élevés dans les doctrines païennes du droit. Ils n'ont donc pas prêté leur appui à l'autonomie des classes inférieures. Ils ont même affaibli cette autonomie, en proclamant le pouvoir absolu. Ils ont prétendu que les corporations étaient un octroi royal, révocable à la volonté du souverain. Quant aux classes supérieures, le système imaginé pour les asservir a été tout aussi habile. Il n'y avait pas de propriétaires indépendants dans le Bas-Empire; mais il y avait une noblesse de cour, des titres et des décorations. On était, à la nomination du prince, noble, illustre, très-illustre, etc.; on avait des priviléges, des préséances, des costumes particuliers, tout l'appareil de la puissance sans la puissance. L'anoblissement vint bouleverser toute la hiérarchie sociale; au lieu de titres réels, on eut des titres imaginaires; au lieu de fiefs en nature, des fiefs *en l'air*, comme on disait. On fut duc, marquis ou comte, sans avoir ni duché, ni marquisat, ni comté. Ces nouveaux seigneurs étaient naturellement très-fiers ou très-souples, suivant qu'ils regardaient en bas ou en haut; et l'évolution juridique constate une classification des hommes analogue à celle des libres et des esclaves à Rome. Il y eut la noblesse et la roture, les nobles et les vilains : idée subversive du régime féodal et du droit de propriété; idée révolutionnaire, divisant les hommes en deux parts, sans communication et sans lien possible, et posant en ennemis, par la distinction du droit, ceux que la Providence destinait à vivre unis. A Rome, les plébéiens et les patriciens formèrent deux races divisées par le droit, et qui n'avaient entre elles d'autres relations que celles d'une guerre d'extermination, guerre bientôt suivie des guerres serviles, car les esclaves voulurent à leur tour être maîtres.

Ces divisions contribuèrent au renversement de la monarchie française. La royauté, cessant de s'appuyer sur le droit de propriété, fut sans force contre les factions et contre ses propres entraînements. La noblesse française n'était pas riche; elle s'était ruinée au service de l'État, en remplissant ses obligations militaires. Elle ne remplissait plus ses obligations judiciaires. Les fiefs étaient détruits, morcelés. L'indivision des fiefs, attaquée dès le XIIIᵉ siècle, ne résistait plus au XVᵉ. Le *Coutumier général* ne garde pas l'ombre du droit de substitution, et dans toutes les coutumes le partage des biens nobles est de droit commun. On sent que les légistes ont devancé leur époque, qu'ils ont forcé les faits contemporains à se ranger dans un cadre tracé à l'avance. Ce qui remplaçait l'indivision des fiefs, c'est le droit d'aînesse. Il se réduit toujours en un préciput insignifiant pour l'aîné. Le résultat de cette politique devait être une noblesse nombreuse, pauvre, sans influence ; et par conséquent le droit de propriété se trouvait sans représentant dans l'État, exposé à toutes les entreprises des légistes. L'explication de notre histoire est là, et aussi l'explication de la Révolution française. Jusqu'au XIIIᵉ siècle, l'Europe chrétienne vit sous la loi de l'indivisibilité du fief. L'Angleterre et la France sont alors deux sœurs semblables, marchant côte à côte ; la ligne du parallélisme fléchit un peu du côté de la France, et au bout de quelques siècles les deux nations ne se reconnaissent plus. Mais c'est la France qui avait porté ses lois en Angleterre, en Chypre, à Jérusalem, en Sicile, à Constantinople. Toutes les institutions de ces royaumes catholiques sont identiques, et c'est dans les monuments qui nous en restent qu'il faut étudier notre ancien droit coutumier. Nos monuments français sont rares : la haine et la mauvaise foi les ont laissés périr ; les idées qu'ils rappelaient ont subi leur défaite jusqu'au bout. Le parti vainqueur les a, autant qu'il a pu, couvertes du voile de l'obscurité et de l'oubli. Nous savons comment le testament de saint Louis a été, dès l'origine, falsifié par la main des légistes. Plus tard, ces mêmes légistes détruisirent tous les actes de la Ligue, constatés dans les registres publics. Ils effaçaient jusqu'au souvenir de l'ancien droit. La rédaction des Coutumes, au XVᵉ siècle, avait précisément cet objet en vue. Tout ce qu'elle ne recueillait pas, elle le supprimait par cela même. Elle imposait à l'avenir un droit en quelque sorte nouveau.

Ainsi Justinien espéra par son Digeste rendre inutiles les travaux des jurisconsultes qui l'avaient précédé; et il ne s'est pas trompé. Son indigeste compilation a survécu aux œuvres des jurisconsultes romains. Malgré tout, rien n'est plus certain que la coutume de l'indivisibilité du fief, et la France en offre de nombreux exemples; en voici un qui nous est fourni par le *Coutumier général* lui-même (t. IV, p. 289); c'est une ordonnance du comte Geffroy, promulguant une décision des états de Bretagne de 1185.

« Comme en Bretagne, par le partage des seigneuries entre frères, l'État du pays recevait un notable préjudice, je Jeffroy, fils du roi Henri, duc de Bretagne, comte de Richemont, désirant pourvoir à l'utilité du pays, et inclinant à la requête des prélats et de tous les barons de Bretagne, j'ai, par leur avis, fait cette ordonnance, et disposé qu'à l'avenir il ne sera fait aucun partage de baronnies, ou chevaleries, ou fiefs de chevalier; mais l'aîné aura la seigneurie en entier, et les aînés feront provision à leurs puînés, et leur fourniront honorablement, à leur pouvoir, ce qui leur est nécessaire. » (*Coutumier général*, t. IV, p. 289.)

Cette pièce est suivie d'une rédaction de la coutume de Bretagne en 1539, où il n'est plus question de l'indivisibilité des fiefs, et d'une rédaction de 1580, encore plus démocratique que la première. Ces perpétuelles mutations de fiefs ont énervé le droit de propriété et introduit dans notre société l'esprit d'instabilité qui lui a été si funeste. La féodalité, et on peut le dire, tout le système du gouvernement libre, de l'autonomie sociale, repose sur le droit de propriété envisagé comme la source des droits politiques. Ce droit, consolidé et enraciné par le temps, assure aux droits politiques leur indestructibilité. Qu'est-ce qu'un droit qui n'a pas de sanction, et qui n'est pas revêtu d'une force capable de le protéger? Le droit de propriété s'est maintenu indépendant en Angleterre. Houard, jurisconsulte normand, qui a étudié dans les lois anglo-saxonnes les origines de la coutume de Normandie, reconnaît que la grande Charte anglaise de 1215 est entière-

ment conforme aux anciennes coutumes de France. Les barons anglais n'étaient que des propriétaires jaloux de leurs
droits. Il n'y a pas autre chose dans la féodalité; et elle ne
comporte d'autre inégalité que celle de l'inféodation. Le degré
de l'inféodation marque l'étendue du droit de propriété et le
rang de chacun. Le Roi a le royaume tout entier en fief, et il
préside le Conseil suprême de la nation. Au-dessous de lui,
ducs, comtes, ont en fief leurs duchés ou comtés, et président
les assises où se rend la justice et où se débattent les affaires
particulières aux duchés ou comtés. Au dernier degré de l'inféodation est le colon héréditaire, qui, dans sa manse et dans
son enclos de quelques arpents, est son seigneur et maître.
Toutes les classes de la société se pénètrent mutuellement;
elles participent de concert à l'œuvre commune. Le Roi est
le chef, mais il concourt avec ses barons aux mesures générales. Le seigneur est le premier de son village, mais il concourt pour l'ordre public avec les hommes de son fief, ses
censitaires, ses hommes cottiers, etc. Dans ce système, il n'est
pas besoin d'hommes de loi; tout se règle en famille; les
hommes du lieu décident; chacun relève de ses pairs. C'est
bien là l'égalité (pairie, égalité). L'égalité était réalisée,
puisque chacun ne recevait pas de loi d'un supérieur. Cette
simplicité d'allures, cette absence de rouages et de mécanisme, offusquaient les légistes. Leur talent demandait à être
employé. Cette autonomie universelle rendait inutile leur spécialité. Où il n'y avait ni pouvoir législatif ni lois, juges, avocats et procureurs étaient de trop. Les légistes persuadèrent
d'abord aux rois qu'ils avaient seuls le pouvoir législatif, et
les rois rendirent des ordonnances; puis il fallut des juges
pour les appliquer et des avocats pour les embrouiller. Du
morcellement des héritages naquit l'immense classe des
hommes de loi, qui fleurit plus particulièrement chez nous,
et qui, en aucun autre pays, n'a pu atteindre le degré d'influence et de considération dont elle jouit en France depuis
saint Louis.

30 juin 1860.

18

IV

Nos lois actuelles sont une suite de nos coutumes ; non de nos vraies coutumes, mais de nos coutumes codifiées, arrangées par les légistes. Tel qu'il est, cependant, notre droit coutumier mérite une honorable mention. Il est imprégné d'esprit chrétien. Tout ce qui concerne la famille y était l'objet d'une prédilection particulière. La dignité et les droits de la femme y étaient entourés de nombreuses garanties. C'est ce que M. Sauzet a démontré dans son excellent ouvrage : *Rome devant l'Europe*. Toutes les coutumes, sans exception, consacraient le douaire de la femme. Nous lisons dans les *Coutumes des Germains* de Tacite, que la femme, au lieu d'apporter une dot à son mari, en recevait une de lui. C'était le monde romain renversé. Cette constitution de dot avait son effet par le douaire accordé à la femme survivante. Pendant le mariage, tous les revenus sont à la disposition du mari ; mais il fallait qu'à la mort du mari la femme ne tombât pas du rang qu'elle avait occupé ; il ne fallait pas non plus qu'elle fût à la merci de ses enfants. La coutume lui donnait dans les biens de la succession une part d'usufruit en rapport avec l'ancienne position du mari. Mais nos lois modernes ont hâte de jeter les biens dans la circulation. Le douaire suppose le principe de la conservation des biens dans les familles. Ce principe ôté, la femme est sacrifiée aux prétendues exigences du crédit.

Malgré toutes les brèches faites à l'ordre social, la société était chrétienne ; elle l'était dans ses mœurs, dans ses institutions. La guerre au principe chrétien se renfermait dans certaines limites qu'elle n'avait même pas la prétention de franchir. Les édits frappent les congrégations religieuses : mais Daguesseau n'osait aller jusqu'au bout de ses principes, et l'unité d'une législation écrite est encore une utopie.

La distinction entre pays de droit écrit et pays de droit

coutumier est plus apparente que réelle. Si le droit romain était invoqué dans les juridictions du Midi, c'est comme suppléant de la coutume. Jamais les principes du droit romain n'ont passé dans le Midi ; il est même à remarquer que c'est surtout dans le Midi que s'est conservé le droit d'aînesse, et que c'est là encore que le père dispose plus fréquemment de la quotité disponible en faveur de son aîné. Tous les municipes du Midi avaient appliqué le droit romain avant de devenir chrétiens ; ils le pratiquaient même sous le christianisme, modifié, il est vrai, par les exigences et les dogmes de la nouvelle religion. Il n'y avait de changé que l'esprit antichrétien du droit romain ; ce qui concerne les différents contrats, mille applications de détail entraient dans la coutume. Loin de périr à la chute de l'Empire, les municipes romains se fortifièrent, prirent une existence plus indépendante ; les pouvoirs qui fonctionnaient sous la direction de l'Empereur, continuèrent à fonctionner, en puisant leur inspiration dans la localité même. Les conseillers municipaux des Romains se transforment en Scabins qui interprètent la coutume, au lieu de juger sur la formule du préteur. Ces juridictions municipales ont été abolies au xvie siècle par l'édit de Moulins. M. de Savigny, dans son *Histoire du droit romain au moyen âge,* constate que les Francs ont conservé l'organisation municipale des Romains. Pourquoi l'auraient-il renversée ? Elle se prêtait par elle-même au dévelpppement du principe social, au gouvernement du pays par le pays. Il y a donc beaucoup à rabattre du bruit qu'on a fait de l'émancipation des communes sous Louis le Gros : révolution sans doute mal connue. Les chartes communales ne sont que la constatation de droits remontant aux municipes romains. La vie municipale n'a jamais cessé de battre. On voit aussi que la domination des Francs n'a jeté aucune perturbation dans ce pays, mais y a apporté l'ordre et la consolidation des droits. La conquête de Clovis fut le triomphe de la Gaule elle-même sur Rome, le triomphe de sa religion et de son indépendance locale. Francs et Gaulois avaient déjà la communauté du sang ;

la religion n'en fit qu'un peuple. Les Francs apportèrent avec eux l'organisation territoriale, le principe des fiefs, que les Romains, du reste, appliquaient en partie, par le système des bénéfices militaires conférés aux Barbares, à charge de défendre l'empire. Les Gallo-Romains gardèrent leurs municipalités; car les Romains n'avaient organisé dans les Gaules que des municipalités. C'est ainsi que se conservèrent les vestiges du droit romain qui n'étaient pas en opposition avec la foi chrétienne.

M. de Savigny dit que les ecclésiastiques ont toujours suivi le droit romain : son assertion n'est que faiblement vraie. Le droit romain que suivaient les ecclésiastiques n'est pas celui qui a fait irruption au milieu du XIIe siècle, sous le patronage des empereurs, et qui est le précurseur de la Réforme et du despotisme moderne. Ce droit, flétri par saint Bernard, a subi les censures des Papes et s'est développé contre l'Église et malgré l'Église. Les ecclésiastiques, comme tous les autres ordres de citoyens, suivaient la loi afférente à leur ordre. C'était le droit canon. Ce droit particulier s'est naturellement formé à Rome, centre de la catholicité ; il s'est constitué par les décisions des Papes et des Conciles. Tout ce que l'ancien droit romain avait d'applicable à la société civile est resté. Pourquoi l'Église aurait-elle changé des coutumes inoffensives? Son esprit conservateur ne pouvait manquer d'accueillir ces débris du monde païen, purgés de tout élément socialiste et césarien. Il était tout simple que les ecclésiastiques, dont l'action s'étendait sur le monde entier, et qui, par leurs fonctions, étaient en relation avec des gens de tout pays, eussent un droit fixe. C'est le droit canon qui avait absorbé le droit romain, ou du moins cette partie du droit qui ne répugnait pas à la raison chrétienne. M. de Savigny a eu le tort d'en laisser entendre davantage.

Les idées justes et saines prédominent dans les coutumes, le sentiment de la conservation y est marqué. Le respect de la famille les caractérise ; elles sont plus sociales que nos lois modernes; dans la mesure où elles protégeaient la conservation des biens et des familles, elles garantissaient la sécurité de l'État. A un point de vue plus élevé, elles constituaient la liberté générale du pays ; elles nécessitaient une participation du pays à ses propres affaires. Les hommes du lieu rendaient encore la justice dans certaines occasions; il y avait là un germe. Les corporations s'administraient; le jury, le *self government* fonctionnait dans mille circonstances, non à titre de loi, mais en vertu de traditions qui s'affaçaient malheureusement chaque jour.

Les mots, en changeant de signification, nous induisent à porter des jugements téméraires. Il est incontestable que l'ancienne société se servait quelquefois de mots mal sonnants. Qui n'a frémi à l'idée des *serfs taillables et corvéables à merci?* Pasquier nous apprend que cela signifie que la redevance du paysan ne peut être modifiée sans l'assentiment de prud'hommes. Le droit romain a légué aux légistes une foule de mots qui ont égaré l'histoire. L'empereur romain avait un *pouvoir absolu :* c'était là toute une théorie complète et parfaitement déduite ; elle tenait aux antécédents d'une civilisation étrangère, unique. Les légistes transportent l'expression dans la société chrétienne, où elle n'a pas de sens. Ils ont infecté la langue pour des siècles. Ouvrez le *Traité des seigneuries* de Loyseau. Le légiste n'hésite pas à octroyer au roi de France la *puissance absolue.* Mais il ajoute que cette puissance absolue est *limitée :* 1° par la loi de Dieu ; 2° par la loi naturelle ; 3° par les lois fondamentales de l'État. Voilà un absolutisme qui n'est pas très-dangereux ; et depuis 1789, nous avons eu beaucoup de pouvoirs *libéraux* que les lois sus-mentionnées n'ont guère gênés. Il faut percer la croûte des terminologies officielles pour saisir la réalité des choses, et cette réalité est chrétienne, malgré toutes les déviations qu'on y peut signaler. Louis XIV, qui s'intitulait roi absolu, reconnaissait plus de limites à sa volonté que n'en ont jamais reconnu à la leur les rois, tribuns, assemblées ou dictateurs modernes.

Il y avait plus d'autonomie dans l'ancienne France que dans la nouvelle ; il y avait plus de pouvoirs indépendants et relevant d'eux - mêmes. Ce droit coutumier, dont les inconvénients ont été signalés après 1789, n'en présentait pas quand il était en vigueur. Et, à tout prendre, il formait un très-vaste système de *self government*. C'est dans les assemblées générales de chaque province et localité, en présence des trois états, que les coutumes ont été discutées et rédigées. Ce pouvoir législatif, qui est aujourd'hui l'apanage d'un si petit nombre d'hommes, paraissait alors appartenir à tous. Et la loi n'émanait pas de la spéculation de quelques-uns, mais de l'expérience de tous. C'était la sagesse paternelle que les fils recueillaient et qu'ils s'engageaient à suivre. Ils partaient de ce principe, que l'homme doit, non pas créer, mais observer le droit. Si le droit réside dans la raison, c'est dans la raison manifestée par l'expérience plutôt que dans la raison d'un penseur solitaire. Chez les Hébreux, le même mot signifiait le droit et la coutume. La liberté politique consiste en ce qu'un peuple fait sa volonté, et la volonté d'un peuple c'est sa tradition. L'unité morale des coutumes n'a pas été remplacée par l'unité purement matérielle d'une loi uniforme; leur diversité, appropriée aux diversités de mœurs et de caractère, donnait au droit une vie intime et l'individualisait en quelque sorte dans les habitants de chaque localité. Moralement et intellectuellement, on savait la coutume par cœur, parce qu'on avait vécu avec elle. Le droit est maintenant une étude spéciale, une profession ; la masse des Français en est naturellement exclue.

La vie publique est un accessoire de la vie privée ; la politique découle de l'organisation de la famille. Si nous nous reportons aux origines, nous voyons en effet que les principes de la vie publique sont analogues à ceux qui régissent la famille. L'État, lui aussi, a sa coutume ; et cette coutume a pour interprète un grand jury national composé des principaux de l'État. Chacun étant jugé par ses pairs, il était juste que les affaires les plus importantes, les affaires d'État, fussent jugées par les hommes les plus importants. Tous les grands propriétaires de l'Angleterre siégent dans le Parlement ; la loi électorale y a toujours eu pour but de maintenir la prépondérance des propriétaires fonciers, la propriété représentant la puissance personnelle de l'homme. Nos élections démocratiques de 1789 n'ont appelé que des avocats à nous représenter, et depuis lors le régime représentatif s'est exercé à rebours chez nous, n'appelant au Parlement que des fonctionnaires, des gens besogneux ou des intrigants. Le régime de *self government* n'est possible que si les affaires sont remises aux mains d'hommes au-dessus des préoccupations de la vie privée; d'où la nécessité des substitutions territoriales, qui inféodent un homme, dès sa naissance, aux affaires publiques; d'où la constitution de la Chambre des lords. Sous nos deux premières races, les assemblées générales étaient formées dans le même esprit; que ces assemblées fussent nombreuses, périodiques, nécessaires, c'est ce qu'il serait difficile de nier; nos historiens les mentionnent à peine. Cela tient à plusieurs causes : d'abord à ce qu'ils ignorent le droit féodal, ensuite à ce que les chroniqueurs attachés à la fortune royale ont écarté des souvenirs importuns. Néanmoins, on peut reconstruire cette histoire. M. Rathery, dans son livre *des États généraux de France*, a reproduit tous les documents qui attestent la perpétuité des assemblées; et il est loin d'avoir épuisé la matière.

Aux origines de tous les peuples modernes, nous trouvons le régime des assemblées ; toutes les institutions modernes étaient en action dans la tribu germanique décrite par Tacite. Elles se sont développées dans leur propre sens, pour s'étendre et pour s'affermir, non pour se modifier. Les premières assemblées des Francs avaient même le pouvoir judiciaire, comme aujourd'hui la Chambre des lords en Angleterre. On compte sous Pépin huit placites généraux. Charlemagne ne manque jamais à convoquer l'assemblée générale. Hincmar, son historien, dit que c'était l'usage d'en tenir deux chaque année. Enfin M. Rathery en constate trente-quatre pendant le règne de Charlemagne, qui dura quarante-cinq ans. En même temps les assemblées provinciales s'organisaient sous la surveillance des *Missi dominici*. Louis le Pieux dit, dans une charte de 817, « qu'il a réuni au mois de juin l'assemblée, suivant la coutume. » C'est dans une de ces assemblées que Hugues Capet a été élu et que Charles a été déclaré indigne du trône. C'est encore dans une de ces assemblées que Hugues Capet fit reconnaître pour son successeur et couronner son fils Robert. Il disait : *Regali potentia in nullo abuti volentes, omnia negotia reipublicæ in consultatione et sententia fidelium nostrorum deposuimus.* (*Recueil des Historiens de France*, t. X.) Nous empruntons ces renseignements à M. Rathery. Il ne nous apprend rien sur les XI° et XII° siècles ; mais il n'est guère probable qu'une révolution ait anéanti l'ancienne coutume des assemblées. De nouvelles recherches, tant en France qu'à l'étranger, nous amèneront sans doute à en ressaisir la trace. M. Rathery en mentionne à peine une dizaine sous saint Louis. Cependant le droit était encore tout entier et la tradition vivante, car on lit dans la grande Chronique de Mathieu Pâris, à propos de saint Louis : *Consilium optimatum suorum quod non potest aliquis regum subterfugere.* (Édition de Londres, p. 1110.)

De ces assemblées sont sorties un grand nombre d'ordonnances célèbres. Plusieurs ordonnances de Philippe-Auguste, beaucoup de saint Louis, portent cette mention : « De l'avis de nos barons. » Ou cette autre : « De l'avis et consentement des archevêques, évêques, comtes, barons et chevaliers du royaume de France. » On pourrait citer dix ordonnances de ce genre.

On voit dans Mathieu Pâris que les barons anglais appuyaient la prétention de n'être jugés que par leurs pairs sur ce qui se pratiquait en France. L'évêque de Winchester, principal ministre de Henri III, leur répondit que l'autorité du roi d'Angleterre était bien plus étendue que celle du roi de France. Modifiées par Philippe le Bel, les assemblées de la nation perdirent leur caractère indépendant et cessèrent de participer au gouvernement régulier du royaume ; mais le principe du vote de l'impôt était resté debout. De 1302 à 1359, on compte quinze tenues d'états généraux. Depuis les états de 1359, dit Mezeray, il n'y eut plus en France de véritables états généraux. De 1367 à 1439, quinze tenues d'états. Sous Louis XI, peu d'états généraux, mais quarante-sept assemblées de notables. Enfin ces assemblées deviennent de plus en plus rares, et, de 1626 à 1787, on n'en entend plus parler. Croirons-nous que ces assemblées ne valaient pas celles du XIXᵉ siècle? Avaient-elles moins de patriotisme et de lumières, moins de respect pour les deniers publics? Nous ont-elles coûté des bouleversements sociaux? Si elles n'ont pas remédié aux malheurs des temps, elles ne les ont pas aggravés.

La liberté politique n'a donc pas attendu pour naître le millésime de 1789; elle a régné dans un temps où il n'était pas question de progrès et où l'on ne prétendait pas inventer à chaque instant des constitutions nouvelles. Cette liberté baptisée par l'Église ne convient pas à nos démocrates, qui réclament uniquement la liberté de n'être pas catholiques. Mais, quelque mépris qu'affectent pour l'ancienne France les publicistes libéraux, il leur faudra reconnaître qu'elle a été l'institutrice de toute l'Europe en fait de liberté. On parle en ce moment de liberté sicilienne, de constitution sicilienne. Est-ce que le Normand Roger, au milieu du XIᵉ siècle, n'a pas transporté en Sicile la constitution française, qui y a duré jusqu'en 1812? Et le Parlement sicilien se composait de trois cent trente-huit membres du clergé, de la noblesse et des villes. Ces constitutions n'étaient pas délibérées; c'étaient des coutumes gardées par la conscience de tous, et qui résistaient d'autant mieux à la discussion qu'elles n'étaient pas le fruit de la discussion et qu'elles ne pouvaient périr qu'avec les principes sociaux qui leur servaient de base. Les classes populaires s'y attachaient plus fermement que les grands; les siècles n'épuisent pas la popularité des coutumes, ils y ajoutent. Les lois écrites vieillissent vite, nous en savons quelque chose. La durée et la popularité des institutions nées du catholicisme s'expliquent par la façon dont le catholicisme s'est établi. Il s'est adressé aux individus; il a d'abord converti les petits et les humbles , et puis il est monté dans la hiérarchie et a atteint jusqu'au trône impérial. Toutes les autres doctrines au contraire descendent des hauts rangs sur le peuple; le philosophe se sépare du vulgaire dans l'antiquité comme dans les temps modernes, il est l'élite de l'humanité. Les sectes religieuses commencent par les princes au XVI° siècle; toutes les hérésies sont établies par le bras séculier; en Angleterre, en Allemagne, en Suède, en Norwége, en Russie, ce sont les princes qui imposent la Réforme à leurs peuples. La violence et la fourberie président à ces transformations. Les peuples catholiques seuls ont cédé à l'ascendant de la vérité; ils se sont naturellement trouvés en possession des institutions les plus favorables au maintien et au développement de la vérité. Ces institutions n'ont pas de dates; comme elles répondent à la conscience chrétienne , elles sont en exercice le jour où la conscience chrétienne est libre. Ainsi l'Europe a été couverte des mêmes institutions, institutions éminemment populaires. Le protestantisme a pu les détourner de leur esprit primitif partout où il a triomphé; il n'a pas songé à les remplacer. Le catholicisme seul a été fécond et populaire; et si notre société, fatiguée de tant d'agitations, aspire à la paix dans la liberté, elle ne la trouvera que dans le retour aux influences catholiques qui ont fait l'ancienne France; nous sommes encore les fils de nos pères, puisque nous avons conservé la religion qui a été le premier élément de leur grandeur morale et la base de ce *self government* qu'ils ont pratiqué pendant tant de siècles, et dont notre droit coutumier gardait encore une vive empreinte avant 1789.

10 juillet 1860.

V

Le système législatif dans l'antiquité et dans les temps modernes découle de l'hypothèse d'une communauté primitive, ou rentre dans la communauté idéale. Ce système destructif

de toute liberté dépouille l'homme de ses facultés et le transforme en pur automate. La personnalité, l'activité libre, disparaissent pour laisser place à l'abstraction. Les jurisconsultes
romains ont pesé les actions humaines; ils en ont fixé le sens
et la valeur juridique avec tant d'art et de subtilité, que les
générations de légistes en ont été confondues d'admiration.
Leibniz a signalé ce caractère géométrique du droit romain;
il eût été digne de lui d'examiner si la moralité et la justice
étaient du ressort de la géométrie. Il en résulte que chaque
fait juridique ayant des conséquences propres, nécessaires, et
portant en soi toute la raison de ses développements, devenait
étranger à l'homme qui l'avait produit. Dès lors, à quoi bon
un interrogatoire public, des plaidoiries, des confrontations
de témoins? La question de droit n'était plus qu'un problème
de logique; elle devait arriver devant le juge, étudiée en elle-
même, élucidée par la science. Donc, procédures écrites et
secrètes. L'accusé était évincé du procès dans lequel il s'agissait de sa vie, de ses intérêts, de son honneur! Les légistes
de nos parlements étaient arrivés à matérialiser la conviction;
telles circonstances déterminées entraînaient de droit la conviction; il y avait des quarts de preuve, des trois quarts de
preuve. La décision du juge dépendait de signes précis, extérieurs : sa conscience était étouffée par le formalisme légal.
Sur son siége, il n'avait pas plus de conscience que le mathé-
maticien devant son tableau. Au criminel, la preuve complète était l'aveu de l'accusé; et l'on ne voyait rien de plus
simple que l'ancienne torture des Romains. Quand l'accusé,
innocent ou coupable, avait avoué, vaincu par la douleur, le
juge convaincu n'avait plus besoin de preuve, et son jugement était infaillible.

La justice est-elle une question de science qui se débat au-
dessus de la foule et accessible aux seuls esprits qui en ont
sondé les mystères? Les Romains l'ont cru, et tous les légistes
le proclament depuis six siècles. Les légistes français, imitateurs serviles de Rome et de Bysance, ont entouré la science
du droit d'un tel amas de chicanes et de formalités, que l'i-

magination en est effrayée. Il fallait saisir la pensée intime de l'homme et l'apprécier sans faire appel à l'homme lui-même et à la conscience du juge. Cet élément intérieur qui est tout l'homme étant écarté, restaient les preuves matérielles, les raisonnements abstraits. Comment emprisonner dans d'invariables formules la volonté humaine, si changeante, si mobile? Le législateur l'a tenté. Il a pénétré dans le domaine de la pensée et de la vie privée. Il a dit aux hommes: Vous vous marierez, vous vendrez, vous emprunterez, vous testerez de telle façon. Maître des volontés, le législateur les pousse, les retient. Il est en possession de la science et il s'estime infaillible. Si le droit est une science comme l'algèbre, nul doute que les hommes ne doivent le respecter. Il y a cependant cette différence qu'ils ne sont pas forcés d'apprendre l'algèbre, tandis qu'ils subissent inexorablement le droit, dont ressortent toutes leurs transactions et tous leurs intérêts.

La liberté est incompatible avec le droit romain. Déclarer que le législateur pensera, voudra, agira pour chacun de nous, n'est-ce pas, en réalité, nous mettre hors l'humanité? L'homme n'est-il plus une créature faite à l'image de Dieu? A-t-il été créé pour être à nouveau pétri et façonné de main d'homme? Dieu a respecté la liberté du peuple hébreu; en lui donnant le Décalogue, il ne lui interdit que le mal, l'abandonnant, pour le reste, à son inspiration naturelle. Les législateurs vont plus loin; ils réglementent la volonté et la conscience. Si l'homme est libre, il produit des actes marqués au caractère de la moralité, il manifeste une volonté obligatoire quant aux hommes et aux choses qui sont sous sa dépendance. Est-ce que les conventions entre particuliers ne sont pas des lois? Nous avons le pouvoir de nous obliger, et aussi le pouvoir d'apprécier l'étendue de nos obligations. Le pouvoir judiciaire est en chaque homme. La justice est donc avant tout une question de conscience. Si tous les hommes, quels que soient leur science et leur rang, doivent être honnêtes et de bonne foi, ils ont besoin d'une lumière intérieure et en quelque sorte naturelle : c'est la notion de justice. C'est en vertu de cette notion que l'homme contracte avec ses semblables, qu'il établit « loi sur soi-même, » comme disait un ancien jurisconsulte. Cette loi volontaire, condensée par le temps, forme la coutume. La coutume est le patrimoine de tous, des forts et des faibles, des ignorants et des savants; elle se grave en nous dès la naissance, et devient partie intégrante de notre être. C'est le lien social le plus doux, la législation la plus libre, puisqu'elle est née du concours des volontés. Elle n'est pas une invention de l'homme; elle est le fruit du temps et de la vie. Les peuples la suivent sans contrainte, tandis que la loi écrite, véritable tyrannie, n'agit que par la force.

La liberté des peuples est fondée sur la coutume, et le peuple est lui-même l'interprète de la coutume : il est à la fois législateur et juge. Si ce n'est pas être libre, nous ne savons pas ce qu'on entend par le mot de liberté. L'institution du jury, depuis les Hébreux jusqu'à nous, représente le témoignage de la conscience. Ce n'est pas l'homme de loi qui prononce au nom de la science, c'est l'homme de bonne foi qui prononce au nom de la conscience. Ici l'homme lui-même comparaît; il est en présence de ses accusateurs et de ses juges. Sa personne sera jugée et sa culpabilité ou son innocence reconnue. Ce ne sont pas ses actions abstractivement prises qui seront l'objet d'un examen scientifique. Au XIVe siècle, les légistes triomphent, et la simplicité des formes judiciaires est remplacée par le dédale des procédures. Alors naissent les parlements, l'ordre des avocats et le ministère public. L'appel s'était déjà introduit dès le XIIIe siècle. La France se calquait sur le Bas-Empire. Le droit coutumier et le droit romain ont lutté jusqu'en 1789, le premier falsifié, dénaturé par le second. L'ordonnance de Moulins de 1566 a aboli les restes des anciennes franchises judiciaires, en retirant la connaissance des affaires civiles aux maires, consuls et capitouls. Dijon, au moyen âge, avait un quartier réservé aux juifs. Et voici comment la coutume les traitait : « Les juifs ou juives coupables de quelques crimes ne seront bannis ou autrement punis par les officiers du prince qu'en suite d'un jugement rendu par deux maîtres de la loi et quatre autres juifs. » (Courtépée, *Description du duché de Bourgogne*, t. I, p. 446, édition de 1847.) Il nous semble que les juifs étaient plus libres qu'aujourd'hui.

La coutume agit par voie de consolidation; à l'encontre de la loi, elle maintient, conserve, améliore. L'esprit de famille est son asile inviolable; elle aime la perpétuité dans les familles, et elle consacre l'union de tous les membres de la famille sous l'autorité paternelle. La famille est une unité sociale qui n'est pas même brisée par la mort d'un des époux. Le droit coutumier est favorable à l'indissolubilité du mariage. Les écrivains latins racontent avec étonnement que les cinq premiers siècles de Rome ont ignoré le divorce; c'est qu'en effet les mariages de l'aristocratie sabine étaient religieux; la femme entrait dans la famille de son mari par des rites solennels; les ancêtres de son mari, les dieux domestiques devenaient ses ancêtres, et elle les adorait. Ce culte des ancêtres se retrouve en Chine. A Rome, le culte des Lares, des dieux Mânes constituait l'organisation religieuse de la famille. Une ingénieuse fiction attribuait à la femme la qualité de fille de son mari pour qu'elle pût participer au culte des ancêtres. L'austérité des mœurs avait sa racine dans le sentiment religieux. Quand la démocratie latine eut rompu toutes les digues, les mariages libres régnèrent seuls, et en moins de deux cents ans l'ombre même du mariage avait disparu.

Le patrimoine, cette condition extérieure de la famille, ce gage de perpétuité, était mis en lambeaux par le droit civil. Le préteur imaginait mille moyens d'annuler les testaments, pour amener l'égalité de partage entre les enfants, égalité déjà consignée dans la loi des Douze-Tables. Livrée à elle-même, laissée à sa liberté naturelle, la famille tend à la stabilité. Tous les pays de droit coutumier étaient renommés pour l'excellence de leurs mœurs, pour le respect qui entourait tous les sentiments de famille. La famille est une société divine, l'immixtion du législateur lui est fatale ; qu'a-t-elle besoin de lois, de décrets et d'ordonnances pour vivre et prospérer ? La loi de son développement n'est pas au pouvoir des hommes ; le législateur ne met la main sur la famille que pour lui ôter le caractère de perpétuité. Et, en effet, l'indissolubilité est contraire au rationalisme du droit. Mais le mariage n'est pas, comme la vente ou l'échange, un contrat purement humain : c'est un contrat à la fois divin et humain. Telle était la tradition du genre humain ; les premiers siècles de Rome en gardaient la trace dans les mariages par confarréation. Les empereurs de Bysance se sont emparés de la législation sur le mariage ; ils se sont attribué l'étrange prérogative de légitimer les bâtards : Louis XIV s'est appuyé sur l'autorité du droit romain pour légitimer les siens. Le prince se mettait par là, non-seulement au-dessus des lois, mais au-dessus de la nature elle-même.

Le législateur s'imagine créer l'ordre social ; il croit l'avoir créé, à l'origine, par le système de la communauté ; aussi, le système législatif est-il généralement empreint de communisme. Otez le mariage et la propriété, que reste-t-il, sinon le communisme ? Les législateurs ont voulu régler le droit de propriété, et ils l'ont amoindri ou dénaturé. La coutume favorise le droit de propriété, elle lui permet de se développer librement. Le temps dévore tout ce qui est de la main des hommes ; il accroît et fortifie tout ce qui est divin et naturel dans l'ordre social. Ce grand destructeur devient alors un grand conservateur. Que de nobles et généreuses institutions ont grandi par le seul cours des années, et n'ont commencé à dépérir que lorsque la main insolente de l'homme a voulu corriger l'œuvre du temps et de l'expérience ! Aujourd'hui la classe ouvrière a ses flatteurs, à cause des élections. Sa condition est plus précaire, plus difficile qu'elle ne l'a jamais été : un trait de plume a effacé toutes ces garanties d'indépendance, toute cette organisation du travail et de l'industrie dont les dernières traces subsistaient encore en 1789. Le peuple résista ; il sentit qu'il était atteint dans la dignité et la sécurité de sa vie. Un Turgot, cette tête dure, étroite, put flétrir dans des édits officiels toute la classe industrielle et la frapper de mort sans même l'entendre. La philosophie avait découvert de grands vices dans le régime des corporations. Le grotesque abbé de Saint-Pierre avait supputé le temps que l'ouvrier perdait en fêtes et en festins. Les fêtes de l'Église étaient nombreuses; la corporation avait ses solennités particulières, des repas de corps fréquents. Enfin, le travail de nuit était prohibé. Le susdit abbé supprimait tout cela : les pensionnés de Catherine II et de Frédéric II criaient contre l'oppression de l'ancien régime. Ils trouvaient le peuple trop réglé, trop heureux, trop attaché à sa vieille foi, trop peu enclin aux nouveautés philosophiques et politiques. Maintenant, vu le progrès des lumières, il est reçu dans la secte des économistes que les travaux forcés constituent le bonheur de l'ouvrier, que l'ouvrier doit travailler le plus longtemps possible et aux moindres frais possibles. C'est l'idéal de la science moderne; l'antiquité ménageait davantage l'esclave.

Les coutumes chrétiennes avaient ennobli le travail en appelant l'ouvrier aux plus grands honneurs, à la plus haute considération. Fils libre et dévoué de l'Église, il participait à la liberté des enfants de Dieu. Il était souverain : dans la sphère de ses droits et de ses intérêts, il ne relevait que de lui, ne connaissait d'autre autorité que la sienne. La corporation, société vivante, que nul n'avait créée, que nul ne pouvait détruire, se gouvernait et s'administrait. Elle avait droit de justice sur ses membres. L'ouvrier n'était soumis qu'au jugement de ses pairs, ce qui est véritablement la liberté. Racine, dans sa Correspondance, s'étonne d'avoir vu siéger à Uzès des ouvriers cardeurs en robes rouges. La corporation était une société; elle avait ses trois ordres, maîtres, compagnons, apprentis; en quoi elle ne ressemblait pas à nos associations d'ouvriers fondées sur l'égalité. Mais ces associations n'ont ni principes de gouvernement intérieur, ni juridiction. En dehors de suggestions étrangères, la classe des ouvriers comprendrait que l'association, pour être vivante

comme la famille, pour former un tout organique, a besoin
d'une hiérarchie qui se recrute elle-même. Malgré tant de
journaux pervers et menteurs, l'ouvrier tend instinctivement
à la corporation. Il n'en sait pas exactement les conditions. Il
tâtonne, il hésite ; les préjugés républicains offusquent son
esprit. Et cependant il y a eu dans les sociétés chrétiennes une
démocratie qui était une bonne et loyale chose, parce qu'elle
reposait sur des principes de religion, de famille, de fraternité professionnelle. Cette démocratie des arts et métiers était
le gouvernement du peuple par le peuple, le gouvernement
des classes laborieuses par elles-mêmes. Depuis, le peuple a
été convié au gouvernement de l'État ; il a perdu son autonomie, et il n'a plus été que le comparse des intrigants et des
ambitieux. Est-ce que le peuple gouverne, juge, administre
quelque part ? Il est gouverné, jugé, administré par des gens
d'une autre classe, séparés de lui par l'instruction, par les
habitudes, par les intérêts. Ni l'industrie, ni le commerce,
ne décident chez nous les affaires de l'industrie et du commerce : elles sont remises aux mains de la finance, de la philosophie, de la littérature, de l'économie politique.

La population rurale a été surtout maltraitée par le système législatif. Les lois sur la propriété foncière émanent de
la classe la plus hostile à la propriété foncière. Les légistes
n'avaient qu'un but, bouleverser les exploitations agricoles,
désassocier les intérêts ruraux, transformer la campagne en
une mine inépuisable de procès. Notre agriculture a succombé à cette épreuve. Il faut voir dans l'appauvrissement de
la France en 1789 une des causes de la Révolution. La richesse
rurale ne demande qu'à s'accroître ; elle suit une progression
naturelle, si elle n'est pas à chaque instant arrêtée par des
droits fiscaux et par des dissensions de famille. Sous l'empire
des coutumes, le peuple, de simple possesseur qu'il était,
est devenu propriétaire du sol. Le temps lui a donné l'hérédité et la perpétuité. Les historiens cherchent à quelle
date précise les bénéfices, les fiefs, ont cessé d'être révocables.
Il n'y a pas de date précise : quand le pouvoir échappa des

mains des empereurs, ces législateurs à outrance, les peuples
respirèrent; les lois naturelles de l'ordre social prirent leur
essor; le temps fit son œuvre, il consolida les possessions;
la propriété naquit. Les légistes ont voulu déshonorer la population rurale en lui appliquant les qualifications de vilains,
de serfs, de mainmortables, empruntées au droit romain,
marque de la servitude à laquelle ils essayaient de ramener
le peuple. Au iii° siècle, les empereurs romains furent obligés de recevoir en Gaule des populations germaines; ils leur
assignèrent dans différentes parties de la Gaule des terres qui
furent divisées entre les chefs et les soldats, sous la charge
du cens et du service militaire. C'étaient les bénéfices militaires, appelés fiefs plus tard, parce qu'ils reposaient sur la
fidélité, sur le serment réciproque du suzerain et du vassal
(*feudalitas*, *fidelitas*). Le colon rural était bien et dûment
propriétaire : la coutume avait tellement consolidé sa propriété, qu'il ne pouvait par caprice s'en dépouiller ou en dépouiller sa famille; la terre indivisible était liée à la famille.
Le père de famille, administrateur commun, transmettait
son autorité, substituée de mâle en mâle. Les légistes du
xvi° siècle, dont l'ignorance et la mauvaise foi ont été constatées par M. Troplong lui-même, ont méconnu et outragé ces
institutions qui assuraient la paix de la classe laborieuse, et
qui, au fond, ne sont que cette loi salique dont on a tant parlé
et qu'on a si peu comprise. Cette loi, commune à toute la
nation, protégeait le cultivateur au même titre que le prince.
Les prétendus serfs, vilains et mainmortables étaient soumis
à la même loi que le roi de France. Pas plus que lui ils ne
pouvaient vendre, aliéner, partager leur fief : les légistes ont
sottement remarqué qu'ils ne disposaient pas de leurs fiefs
par testament, comme si la substitution était dans les biens
du mourant, comme si le roi de France disposait de sa couronne par testament!

Dans sa préface des *Ordonnances* des rois de France, Laurière dit : « Il y avait en France un droit fort singulier à l'é-
gard des fiefs, c'est qu'ils communiquaient leur franchise ou

leur noblesse aux roturiers qui les possédaient, et que ces roturiers y faisaient leur demeure, au lieu que les nobles perdaient les priviléges de leur franchise et étaient démenés comme roturiers tant qu'ils demeuraient sur leurs héritages tenus en censive : cet ancien droit nous est attesté par des Fontaines, dans son *Conseil à un ami.* » Laurière, en cette circonstance, est mal servi par son érudition. La distinction entre nobles et roturiers a été inventée par les légistes pour répondre à l'antique classification des hommes en libres et en esclaves. Sous le régime féodal et coutumier, la hiérarchie des terres figurait la hiérarchie des fonctions, et la juridiction, personnelle en droit romain, était territoriale ; elle découlait de la propriété.

Au XIVe siècle, cet ordre de choses s'est profondément altéré. Cette territorialité de la juridiction a été combattue par les légistes, au nom du droit bysantin : des propriétaires, la juridiction a passé aux légistes. Les droits seigneuriaux n'étaient que des droits de propriété ; la seigneurie était répandue dans toutes les classes de la population : le paysan était seigneur de sa cabane et de ses quelques arpents de terre. Dès le Xe siècle, l'hérédité et la propriété des manses villageois étaient constituées. Ces institutions, application universelle de la loi salique, ont décliné dès le XIIIe siècle. Philippe de Beaumanoir et Pierre des Fontaines sont des légistes bysantins ; ils n'ont déjà plus le sens des institutions de leur pays. La loi salique consacre l'indivisibilité des patrimoines et n'a aucun trait à la succession de la couronne. Il est plaisant que les légistes en aient conclu que les patrimoines seraient divisibles à l'infini, et que la couronne serait transmissible par le droit de primogéniture. L'expérience a cependant démontré que s'il est un fief que les femmes puissent convenablement tenir, c'est le fief de la couronne. Le privilége de la famille royale devait être le droit commun de toutes les familles du royaume. Mais les légistes qui ne trouvaient pas dans la loi salique ce qui y était, savaient y trouver ce qui n'y était pas.

Les légistes ont renversé la Constitution française, en transportant chez nous les maximes et les procédés du droit romain et de l'administration byzantine; ils ont conçu et établi un édifice judiciaire immense, auquel assurément aucun peuple n'a rien à comparer. Le droit de justice, qui appartenait à tous, fut résumé dans la personne du prince, pour être exercé par les délégués de sa puissance, par les agents de sa volonté. L'initiative privée fut confisquée par le prince. La procédure secrète remplaça le débat oral et public qui était en usage dans toutes les cours de la féodalité. Et l'individu fut évincé de tout droit sur lui-même. Les principes de notre ancienne procédure sont dans le Code théodosien. Pour éviter aux parties l'ennui et la dépense de venir à Constantinople soutenir leur appel devant l'Empereur, il était établi que le juge inférieur instruirait l'affaire et transmettrait aux princes les dires des parties et ses propres observations. L'appel était ensuite jugé sur pièces en Conseil-d'État (*consistorium*), et la décision prenait la forme d'un rescrit impérial. Notre Conseil-d'État ne procède pas autrement. Si l'on veut consulter le *Traité des Actions* de M. Bonjean, on trouvera sur l'organisation judiciaire de l'empire byzantin les renseignements les plus précis. Dioclétien avait effacé les derniers vestiges du jury, en attribuant au magistrat la décision du fait comme du droit. Dès lors s'établit une hiérarchie judiciaire embrassant tous les lieux, toutes les personnes, tous les intérêts et remontant en appel suprême à l'Empereur, dont elle tirait son origine, et qui lui assignait un traitement fixe. Autrefois, le magistrat et le juré rendaient gratuitement la justice. Louis IX s'entoura, comme les empereurs de Bysance, de légistes, qui attiraient les causes à eux, jugeaient les appels, étendaient la juridiction royale. En un quart de siècle ce fut le parlement de Philippe le Bel. Le saint roi était trop honnête pour prévoir à quels excès ces obscurs légistes devaient bientôt se porter contre la religion et l'ordre social; il ne tint pas suffisamment compte des anathèmes du Saint-Siége. Après lui, des rois qui n'avaient pas ses scrupules se servirent de ces légistes, instruments à tout faire, ca-

pables non-seulement d'accomplir le mal, mais de le justifier. Par des causes étrangères au bysantinisme et qui tenaient au caractère national, la magistrature française conquit
plus que l'inamovibilité ; elle rendit la justice plus que gratuitement, elle la rendit à ses frais, car les épices qu'elle
recevait étaient loin d'équivaloir au revenu qu'elle mettait
dans l'achat de ses charges. Elle fut admirée de toute l'Europe pour son indépendance et son désintéressement. Les institutions bysantines n'ont pu dénaturer notre caractère.

La liberté française fut éteinte et ruinée par le résultat de
cette savante organisation. Dans les temps modernes, nous
avons essayé d'un gouvernement parlementaire : on a voulu
conférer des droits politiques à une partie de la nation. Ces
tentatives ne pouvaient réussir. Comment des hommes qui
n'ont aucune liberté dans la vie privée, pour le maniement de
leurs droits et intérêts personnels, auraient-ils l'indépendance
et l'expérience nécessaires aux affaires publiques ? N'est-il pas
étrange de confier la direction de l'État à des hommes que la
loi réduit en enfance, et qui sont les humbles pupilles de
l'administration pour tous les actes de leur vie privée. Aussi,
qu'est-il arrivé? Ils ont culbuté la France très-innocem-
ment à trois ou quatre reprises. Le droit coutumier laisse
aux hommes la part principale dans leurs affaires; il les
investit d'une vraie souveraineté. Ils se gouvernent et s'administrent. Par-dessus tout, ils ont la juridiction : ils ont
tous les droits naturels que leur a enlevés l'absurde hypothèse
de la communauté primitive, hypothèse suivant laquelle les
hommes, en se réunissant en société, auraient délégué un
droit sur leurs biens et sur leur vie à l'un d'eux ou à cet être
moral qui est l'État, la communauté. Il nous semble que ce
n'eût pas été la peine de se mettre en société pour perdre tous
ses droits. L'homme en société n'a perdu aucun de ses droits ;
c'est la société qui lui permet de les exercer tous. La société
est un état naturel, et quand elle n'est pas contrecarrée par
les systèmes violents des hommes, elle produit ses fruits naturels. Le droit coutumier n'est que la marche naturelle des

choses : l'Église l'a toujours respecté ; elle a toujours conseillé aux princes de protéger les droits, franchises et libertés de leurs sujets : le Bullaire romain est plein de ces admirables remontrances des Papes. Saint Paul (Ep. I aux Corinth., ch. vi) recommande aux chrétiens de ne pas porter leurs procès au jugement des infidèles, mais de choisir des arbitres chrétiens. Le jury, le jugement par les pairs est en germe dans ce chapitre de saint Paul.

Ce libre gouvernement de soi-même a été consacré par le droit coutumier de tous les peuples. Le jury a existé jusque dans l'ancienne Russie, et il n'a été aboli qu'au xviiᵉ siècle. C'est à partir du xvᵉ siècle que les castes s'établissent en Russie : Catherine II a réduit en servage les populations de la Petite-Russie, qui avaient toujours été libres. Les czars sont les fils de Bysance, ils ont perfectionné le système byzantin : la Russie n'a ni jury, ni magistrature independante : toute la procédure y est écrite et occulte.

Le droit chrétien n'a été que la coutume chrétienne. L'Église catholique, que M. Guizot nous peint comme amie de l'absolutisme, songe si peu à gêner la liberté des peuples, qu'elle ne leur impose ni lois ni règlements politiques. Les Francs laissaient chacun suivre sa loi d'origine ; une partie de la loi romaine devint ainsi une coutume pour les Gallo-Romains. Rien de moins tracassier, de moins légiférant que la société chrétienne : appuyée sur des principes fixes, la conscience y est à l'aise. La conscience, cette force active et vivante, sera-t-elle exclue de l'ordre social ? Ne lui sera-t-il pas permis d'apporter sa pierre à l'édifice ? Elle est biffée du droit césarien. César est tout, et tout est à César : tel est le dogme des légistes. L'individu a pour règle de sa vie César lui-même, dont l'opinion est sujette à changement ; il ne sait pas le soir sous quelle loi il se réveillera le matin. Il se tranquillise avec l'axiome du droit : Est juste ce qui plaît à César, est injuste ce qui lui déplaît. La société chrétienne est vivante ; elle vit dans chacune de ses parties essentielles, dans la religion, dans la famille, dans le droit de propriété, choses qui ne sont pas de main d'homme. Par la propriété, la famille s'incorpore le territoire et prend un caractère politique ; car la propriété est le signe de l'indépendance et par conséquent du droit politique. Quand le législateur a voulu régler les sentiments de famille, la dévolution des biens, les relations civiles, il a usurpé la tâche particulière qui incombait à chacun des membres de la société. Il s'est fait juge universel en attirant à lui le pouvoir judiciaire dispersé dans les individus et qui répondait aux besoins de l'ordre et de la sécurité publique. Les honnêtes gens composant la société en grande majorité, suffisent à se protéger contre les atteintes directes portées aux individus et aux familles. La séve des institutions a été tarie quand, à cet organisme qui se développait et se défendait tout seul, a succédé un pur mécanisme mû par une main étrangère. L'État, c'est-à-dire le pouvoir central, eut tous les droits et toutes les forces ; mais la société dépérit. Le mécanisme bysantin fut substitué aux coutumes chrétiennes et produisit son effet ; il jeta sur la nation un certain éclat de lettres, d'arts, de luxe, d'agitation, et finalement l'exténua. Le législateur vise à la gloriole ; il ne travaille même que pour cela. Il est possible que les guerres de Louis XIV nous aient plus coûté qu'elles ne nous ont rapporté ; elles n'en ont pas moins illustré Louis XIV. Les architectes, les généraux, les grands dissipateurs de la richesse sociale sont les favorisés de l'histoire et de la poésie. Le père de famille n'a qu'une ambition, perpétuer son nom, et en le perpétuant, agrandir, conserver ses biens, les transmettre intacts et augmentés ; voilà ce qu'il se propose. La politique inspirée par des pères de famille serait une politique de conservation sociale et d'épargne ; elle aurait la réalité de la puissance au lieu d'en avoir les apparences et le bruit : le sol, enrichi à chaque génération, formerait une richesse inépuisable.

On reproche à la coutume des bizarreries, des inégalités, des lacunes. Les mêmes reproches conviennent à la nature humaine et ne l'empêchent pas d'être une. Il faut saisir l'unité sous la variété ; d'ailleurs, toute unité vivante et libre ne peut se manifester que par la variété de ses développements. La loi qui les exprime ne saurait avoir une rigidité mathématique. Il est singulier qu'à une heure fixe on dise à la dignité, à la conscience, à la liberté humaine : Ceci est le droit, et cela n'est plus le droit. Quoi ! subitement, sans troubles, le mal est devenu le bien, et le bien est devenu le mal ! Nous pourrions prouver que nos coutumes étaient moins incohérentes que nos lois civiles si vantées. Si la société est le produit d'une convention entre les hommes, le système législatif doit toujours fonctionner ; il est l'agent social par excellence. Si la société est l'œuvre du temps et de l'expérience, comme l'avouent maintenant presque tous les publicistes, il faut admettre qu'elle est d'autant plus parfaite que la main d'homme s'y montre moins. La société n'est qu'une coutume, et les faits sociaux sont des coutumes particulières. Pour avoir une idée du droit coutumier, étudiez-le ailleurs que dans les rédactions falsifiées des légistes ou dans leurs grotesques commentaires. Il se tient fièrement debout en Angleterre ; ses débris couvrent encore le reste de l'ancienne Europe catholique. Et quand même, pour ce qui regarde la France, nous nous arrêterions à la date du XIXᵉ siècle, nous y trouverions un sujet de comparaison qui ne serait pas à l'avantage du progrès moderne en législation. Ce que le législateur n'a jamais pu obtenir, le droit coutumier l'a obtenu sans efforts; il a créé la paix sociale en donnant aux intérêts une base fixe, en conservant les biens et les familles. Si la société a un autre but en ce monde, si elle a pour unique mission de gouverner l'homme, de l'administrer, de le réglementer sous toutes les formes, en vue d'un perfectionnement indéfini, le régime législatif est le régime permanent de l'humanité. Nous ne serons donc à bout de lois et de législations que lorsque nous toucherons au terme de la perfection ! Hélas ! il n'y a pas de terme ; le perfectionnement ne s'arrête pas, le progrès est incessant. Nous marchons sans savoir où nous allons.

12 novembre 1862.

DROIT CHRÉTIEN.

I

Sixte-Quint et Henri IV, tel est le titre du livre de M. Segretain : c'est l'étude historique la plus convaincante et la plus catholique. Le droit de l'Église, la vérité des principes sociaux, n'ont pas encore été exposés avec cette vigueur de déduction. Y a-t-il donc quelque chose à apprendre sur Henri IV? Oui, il y a tout à apprendre. Le long et lourd travail de M. Poirson sur le même sujet a complétement altéré le sens des événements. Pour résoudre le problème qui se débattait alors, il fallait la science du droit public et de la théologie, et jusqu'ici les historiens n'ont obéi qu'à leur fantaisie. Avant le xvıᵉ siècle, la chrétienté était constituée, et la France aussi était constituée. Il est impossible de juger les hommes de ce temps sans connaître le droit chrétien, les principes de cette république chrétienne dont chaque État était un membre distinct. Les écrivains, même catholiques, ont biaisé sur la doctrine. M. Segretain a osé dire la vérité tout entière.

Nous assistons aux dernières conséquences de la Réforme : ce qui se passe sous nos yeux n'est que le prolongement des principes qu'elle a posés. Suivez la marche de l'histoire. Le christianisme, après trois siècles de persécutions, triomphe avec Constantin. On cherche maintenant à nier, à atténuer la persécution, à présenter le christianisme comme un fait aussi humain que possible. A en croire certains historiens, l'Empire romain aurait été une société tolérante pour toutes les religions. Et cependant les Romains ne se sont trouvés en contact qu'avec trois religions étrangères : le druidisme, le judaïsme, le christianisme. Ils ont exterminé les deux premiers et épuisé leurs fureurs sur le dernier. Le Panthéon n'était ouvert qu'à un seul culte, l'idolâtrie, qu'à une seule doctrine, le panthéisme. Quelle contradiction n'eût-ce pas été d'introduire parmi tous ces dieux le Dieu un? Les empereurs devenaient dieux à leur mort; ils étaient adorés en cette qualité. Leur haine du nom chrétien n'était que trop logique; elle les transportait d'une rage *divine* contre le nouveau culte. Cette rage formait le fond de la société romaine; elle n'appartenait pas au caractère des empereurs, qui ont tous professé l'athéisme ou le scepticisme le plus parfait. Mais ils représentaient une société panthéistique. Au glaive temporel se joignait dans leurs mains le glaive spirituel, car ils continuaient la personne du préteur; législateurs et légistes, ils étaient la loi vivante. La conception juridique de l'ancien monde, c'est le césarisme, forme politique du panthéisme; et c'est le droit romain qui en a conservé les principes à travers les âges.

La lutte de la Bible et du *Corpus juris*, les deux livres qui ont été le plus lus, le plus commentés, constitue l'histoire de l'Europe chrétienne. Nous voyons le droit romain se redresser partout à mesure que s'affaiblit l'influence de l'Église. Il pénètre dans le cœur des princes par ces paroles du grand docteur en panthéisme : Vous serez comme des dieux! La Papauté combat Frédéric II : elle résiste au droit romain; mais il s'insinue par les écoles et les universités, par l'esprit d'astuce et de servilité qui le met à la solde et à la disposition des princes. Par la Renaissance, le panthéisme, le paganisme, font irruption en Europe; et bientôt les théories du droit civil sont en honneur et s'imposent aux nations. La Réforme n'est qu'une évolution dans le même sens. La littérature païenne et l'art païen menaient au droit païen et au césarisme par des sentiers fleuris.

La moitié de l'Europe se détache de l'Église. Une grande vérité ressort du livre de M. Segretain : tous les peuples ont repoussé la Réforme ; ils l'ont repoussée avec ardeur et persévérance. Le sang des martyrs a inondé l'Europe, comme aux jours de l'Empire romain. C'est la volonté des princes, alléchés par les biens d'église et nourris des doctrines des légistes, qui courbe les peuples sous le joug après une longue résistance. Le christianisme était venu par les petits, par les humbles, il avait péniblement gravi la hiérarchie sociale. Tertullien, parlant en jurisconsulte, se demandait si l'Empereur pouvait être chrétien. Il entendait par là l'empereur romain. Et, de fait, les Constantin et les Théodose, grands empereurs chrétiens, ne fondent pas la royauté chrétienne, l'empire chrétien. Ce sont des individus, non des dynasties. C'est sur le tronc de la royauté barbare qu'a été entée la greffe chrétienne. Elle a produit la souveraineté chrétienne, dont les débris achèvent de disparaître.

Les rois ont rejeté le joug du Christ ; ils ont écarté de dessus leurs têtes la main paternelle du Souverain-Pontife, cette main dont les bénédictions rendaient la royauté sacrée. Lancés sur la pente opposée, ils tombent dans le césarisme. Il faut, bon gré, mal gré, qu'après avoir suivi le flot variable des révolutions, ils arrivent à reconnaître un maître, le jeu absolu de la force réduisant nécessairement toutes les forces à une force unique, par l'absorption successive des plus faibles dans les plus grandes. Voilà ce qu'ils ont gagné à se déclarer indépendants de Dieu et de son Église. La dépendance religieuse affermissait leur puissance, garantissait leur autorité, ôtait ce que le commandement humain a de dur et d'insolent. Les maximes de 1682 ont miné la royauté française. Le droit chrétien rattachait toutes les couronnes au trône de Pierre ; de là cette dignité en quelque sorte sacerdotale dont était investi le roi chrétien. On a essayé, par des

explications équivoques et en plaidant les circonstances atténuantes, d'enlever toute sa signification au pouvoir politique
des papes au moyen âge. C'était, disait-on, le consentement
des peuples qui leur conférait ces pouvoirs. Rien de moins
exact. L'autorité politique des papes découlait de leur autorité
spirituelle. L'homme, en tant que chrétien, est soumis à
l'Église; c'est ce qu'on admet encore aujourd'hui. Les sociétés, en tant que chrétiennes, étaient soumises à l'Église.
On ne comprend plus cela maintenant. Mais, alors, on ne
concevait qu'une société chrétienne, grande famille distincte
parmi les nations, ayant le Pape pour père spirituel.

Les relations de fidélité et de dévouement au Saint-Siége
entraient dans le droit public des nations. Le Père avait donc
le droit de veiller sur les mœurs, sur les doctrines, sur tout
ce qui pouvait favoriser ou entraver le développement chrétien. Le Roi, de son côté, devait une obéissance filiale au
Chef de l'Église; par le devoir de sa charge, il était tenu
de procurer le triomphe du christianisme : il coopérait dans
ce but avec le Vicaire de Jésus-Christ. Par le sacre, les rois
devenaient des rois chrétiens, et promettaient à l'Église
fidélité et assistance. La formule du sacre des rois de France
est connue. Nous lisons dans un ouvrage d'une haute portée,
Restauration de la Science politique, par Ch.-Louis de
Haller, t. II, p. 451, la formule du serment de l'empereur
d'Allemagne. L'archevêque consécrateur lui adressait, non
pas au nom du peuple, mais au nom de Dieu et de l'Église
chrétienne, les questions suivantes :

*Vis sanctam fidem catholicam et apostolicam tenere et
operibus justis servare?*

*Vis sanctis ecclesiis ecclesiarumque ministris fidelis esse
tutor ac defensor?*

*Vis regnum a Deo tibi concessùm secundum justitiam
regere et efficaciter defendere?*

*Vis jura regni et imperii, bona ejusdem injuste dispersa
recuperare et conservare et fideliter in usus regni et imperii
dispensare?*

Vis pauperum et divitum, viduarum et orphanorum æquus esse judex ac pius defensor?

Vis sanctissimo in Christo patri et domino, romano pontifici et sanctæ romanæ ecclesiæ subjectionem debitam et fidem reverenter exhibere?

A toutes ces questions, l'Empereur répondait : *Volo.* Nous nous trompons fort, ou une telle Constitution valait bien nos Constitutions modernes. Le César porté au pouvoir par l'insurrection offrait-il aux peuples la même garantie d'un bon gouvernement? Ce respect de tous les droits, cette mansuétude dans la puissance ont captivé les peuples et laissé dans leurs cœurs des souvenirs que l'effort persistant des sophistes n'a pas encore éteints. La Révolution a rayé de son programme le Dieu de la Bible et de l'Évangile, pour lui substituer des abstractions creuses ou des dieux de convention.

La religion philanthropique, surmontée de l'Être suprême de Robespierre, a noyé la France dans le sang. L'idolâtrie qu'un gouvernement intronisait par le fer et par le feu dura un instant dans notre pays : c'était sous le règne de la philosophie, au siècle qui s'était fastueusement intitulé le siècle des lumières. Les saints avaient été remplacés dans les hommages et les prières des hommes par des fruits, des fleurs, des légumes, des objets de jardinage. Il est à noter que le peuple n'adora pas les oignons et les poireaux ; cet honneur était réservé aux savants, aux lettrés, aux administrateurs publics, seuls adeptes de la déesse Raison. Le panthéisme révolutionnaire essayait ainsi de se populariser. La République française, calquée sur la République romaine, courait au-devant de l'idolâtrie. N'est-ce pas un étrange spectacle et bien digne de nous édifier sur la valeur de la raison humaine? Si, franchissant la distance, nous arrivons à la révolution italienne, que trouvons-nous? Les mêmes idées, la même inspiration. Le culte idolâtrique n'est pas encore promulgué ; mais le panthéisme est en plein exercice ; il circule dans les manifestes de M. Mazzini, dans les proclamations de M. Garibaldi, dans les discours de M. de Cavour, dans toutes les feuilles démocratiques. Le christianisme rencontre toujours le grand ennemi. Césarisme, Renaissance, Réforme, Révolution française, Révolution italienne, ne sont qu'une seule et même chose sous des noms divers.

Chacune de ces étapes est marquée ; la brèche est ouverte par le droit romain au treizième siècle, et la conscience des peuples est altérée. Au quinzième siècle, leur intelligence est irrémédiablement gâtée par la Renaissance. La conséquence, c'est que la Réforme éclate. Plus tard, le protestantisme s'établit ; les États catholiques sont eux-mêmes atteints. La Révolution française, en effaçant tous les vestiges du droit chrétien, arrache les peuples catholiques au Saint-Siége. L'Italie seule reprend la tradition du droit chrétien : quelques principautés chrétiennes, quoique mal assises et mal ordonnées, entourent la souveraineté trois fois sainte du Vicaire de Jésus-Christ. Elle s'abritera quelques années derrière ce faible rempart. Mais l'Italie est imprégnée de paganisme et de droit romain ; les germes du césarisme, ravivés par la Révolution française, entrenus et nourris dans les sociétés secrètes, s'étendent sur la Péninsule. Une nouvelle explosion révolutionnaire réduit le Pape aux murs de Rome. Et Rome n'est déjà plus à lui. La Révolution exige l'abdication de Pie IX.

Les politiques rêvent de transformer la papauté en institution philanthropique, en bureau de bienfaisance. Le Pape aura une liste civile de dix millions, de vingt millions, et il répandra des aumônes ! Le malheur est que le monde n'a pas besoin d'aumônes, mais de vérité. Notre-Seigneur était roi, roi des Juifs comme fils de David ; et comme fils d'Adam, roi du monde par droit de primogéniture. Qu'importe que le peuple juif l'acclame ou le répudie ? Son droit en est-il moins certain ? Le Vicaire de Jésus-Christ est roi, roi spirituel du monde, roi temporel pour tout ce qui touche à sa subsistance et à son indépendance. Il était roi dans les catacombes ; Louis XVI était roi dans dans sa prison, et plus roi sur l'échafaud de la place de la *Concorde*, qu'à Versailles ou aux Tuileries. Le Pape ne peut-il être un simple particulier ? Illusion puérile ! Dieu peut-il être un simple particulier ? Ni le peuple, ni les Évêques, ni les Cardinaux ne font le Pape ; le Pape n'est le Vicaire ni du peuple, ni des Évêques, ni des Cardinaux. Il est le Vicaire du Christ ; sa puissance lui vient d'en haut ; il en est investi par un miracle de la Toute-Puissance. Dieu lui-même, osons le dire, ne pourrait soustraire son Vicaire aux conditions essentielles à son mandat divin. L'indépendance du pouvoir spirituel est attestée par l'indépendance d'un pouvoir temporel. Et cette royauté terrestre met seul le Pape en communication avec les rois de la terre et avec les nations chrétiennes.

Le trône ou la persécution et le martyre : il ne paraît pas que les papes, depuis saint Pierre, aient eu d'autre alternative. Vous avez la prétention de ne pas persécuter le Pape ! Vous le mettez à Rome, bien logé et bien renté, à côté de Victor-Emmanuel ! La paix n'est pas possible. Si vous supposez Victor-Emmanuel chrétien, il rendra Rome au Pape, et il n'y a plus de question. Un roi hérétique ou païen sera nécessairement persécuteur ; il en a toujours été ainsi, et la logique ne saurait mentir. Si le Pape a de grandes richesses, il s'en servira contre le pouvoir qui opprime l'Église, et ce pouvoir les lui retirera. Il agira par son action personnelle, il rappellera son devoir au peuple chrétien, et il sera taxé de sédition. Il faudra le condamner, l'emprisonner. Nous sommes immédiatement sous les empereurs romains : il n'y a que l'hypocrisie de plus. Le Pape est le roi des États de l'Église : s'il les perd, c'est un roi proscrit et détrôné, et, par connexion, c'est un pape persécuté. Aucune combinaison de la prudence humaine ne changera ce résultat. Les persécuteurs s'affublent de noms pompeux ; ils ne parlent que progrès, civilisation et liberté ; mais ceux sur qui porte la persécution en sentent le poids. La plus grande persécution, après la peine de mort, c'est la confiscation. Cette persécution n'a pas cessé depuis un siècle. Dans quels pays subsistent les biens de l'Église ? Le droit de la propriété dérive de la souveraineté ; il garantissait l'indépendance des églises particulières et des institutions catholiques. La philosophie moderne veut prendre l'Église non plus par la violence avouée, mais par la famine, qui est la plus inique de toutes les violences. Toutes les propriétés particulières de l'Église ont succombé sous la perfidie et la cupidité. L'ennemi était hier aux portes de Rome ; et aujourd'hui la souveraineté temporelle des papes, ce type vénéré de l'indépendance sacerdotale, est menacée. Les événements ne se sont pas détournés de leur route ; la dépossession totale de l'Église est en train de s'accomplir.

Quel intérêt n'y a-t-il pas à remonter au nœud des questions qui, désormais, sont du domaine de la force plus que de la discussion ? M. Segretain les étudie au moment suprême où les principes sont posés. Et pour tout homme intelligent, c'est là l'étude véritablement importante. L'esprit ne se laisse pas étourdir par le fracas des événements et interroge les causes. La Réforme a été vaincue en France. Que serions-nous si elle avait triomphé ? Une annexe de l'Angleterre, un peuple sans nom ! Cette triste maison de Valois, race de beaux esprits, poëtes et orateurs, renaissance du Bas-Empire, penchait vers l'hérésie. C'est le peuple qui s'inquiète, s'irrite, prend les armes ; la bourgeoisie des villes et les corporations de métiers déploient une invincible énergie. La connivence de la royauté, l'aide de l'étranger, soutenaient, encourageaient les sectaires. On n'a jamais su le nombre exact des protestants. Un renseignement puisé à une source contemporaine permet de croire qu'il était considérable, beaucoup plus considérable que de nos jours. Dans un *Dialogue sur les causes des misères de la France*, Guy Coquille prête ces paroles à un *catholique zélé* : « La cause des catholiques est juste ; ils sont en nombre plus grand au quadruple que ne sont ceux du parti contraire, etc. » (Tome Ier, p. 259.) Ils ne sont pas huit cent mille aujourd'hui, et ils tiennent en échec trente-quatre millions de catholiques. C'est à cause d'eux ou à leur occasion que la France a perdu sa religion d'État, qu'elle a cessé d'être une nation catholique, qu'elle a subi une législation athée. On peut affirmer que s'il y avait en France un quart de protestants, nous n'aurions que des administrations protestantes, tant l'instinct d'envahissement est naturel à la secte. Toute la richesse publique serait entre leurs mains, et la population catholique végéterait comme en Irlande. La Ligue a sauvé la nationalité française; la *patrie* et la *religion* étaient indissolublement unies. Le protestantisme était l'ennemi de la foi et de l'ordre social. Son action équivalait à celle des socialistes actuels. Et il n'y a pas plus à s'étonner du degré de réprobation qu'il excita, qu'il n'y a à s'étonner des ruines et des désastres qu'il accumula sur la France.

L'hypocrisie est le caractère général de la Réforme; les catholiques du temps ne s'y sont pas trompés. Bossuet dit de Cromwell : « hypocrite raffiné autant qu'habile politique.» On a essayé de renverser ce jugement, qui est la vérité même. M. Carlyle, en Angleterre, nous a présenté un Cromwell fanatique, convaincu; et il n'a manqué pour cela ni de lettres privées, ni de documents de toute sorte. Tous les puritains en ont autant à leur service pour plaider leur bonne foi. La bonne foi dans l'erreur et dans le crime est déjà un phénomène assez difficile à comprendre. Il y a maintenant des protestants de bonne foi. Le livre de *Sixte-Quint et Henri IV* explique pourquoi, aux débuts de la Réforme, aucun des meneurs n'a été ni pu être de bonne foi. Les peuples étaient catholiques et ne voulaient pas changer de religion. On les trompe avec impudence, on invente une Église primitive, etc. Luther, si scandalisé de la cour de Rome, épouse une religieuse et permet la polygamie aux princes allemands. Les mœurs d'Henri VIII étaient au même niveau. Si les princes et les grands seigneurs réformés avaient perdu leur pouvoir ou leurs richesses, on pourrait arguer de leur sincérité. Mais la Réforme leur procurait de belles confiscations. Le jargon religieux était exigé pour séduire le peuple; les manifestes des réformés sont farcis de citations de la Bible et de l'Évangile. Le monde était catholique, il fallait ces apparences. Robespierre et les Jacobins ne parlaient qu'humanité; et, supposant que le peuple avait besoin d'une religion, ils lui en créèrent une. Toutes les feuilles démocratiques de l'Europe ne sont-elles pas remplies de protestations en faveur du *pouvoir spirituel* du Pape? Sous tous ces masques le mensonge se reconnaît. Et Cromwell croyait autant à la Bible que M. Mazzini et ses amis croient au Dieu qu'ils célèbrent de temps à autre dans leurs proclamations boursouflées. Entendez-les; ils ne demandent qu'à respecter le pouvoir spirituel. C'est un mot d'ordre. Leurs prédécesseurs se prétendaient plus catholiques que le Pape en prenant les biens du clergé. De nouveaux docteurs en théologie nous déclarent que le Pape confond le spirituel et le temporel, et ils le prouvent en volant les États de l'Église. Ils sont obligés d'afficher une espèce de christianisme, quoiqu'ils ne croient absolument à rien, et que le fond de leur doctrine ne soit qu'athéisme ou panthéisme. Le grand historien des sectes protestantes a donné leur signalement indélébile : « hypocrites raffinés. » Les actes de tous les chefs de la Réforme sont marqués à ce caractère.

Le rôle d'Henri IV n'est pas flatté dans l'ouvrage de M. Segretain. La duplicité du Béarnais est demeurée célèbre. C'est un homme moderne. Beaucoup d'esprit, peu de scrupules : son bagage se compose d'expédients et non de principes. Sixte-Quint est l'homme du droit chrétien. Il veut sauver la société chrétienne, tandis qu'Henri IV ne veut que gagner une couronne. Cette figure est fièrement exprimée ; sur elle roule l'unité de l'action. Le livre de notre ami est une étude historique, plus qu'une histoire proprement dite ; et les négociations diplomatiques y occupent une large place. La Papauté y apparaît dans sa grandeur protectrice. Le moment est solennel ; l'influence de la Papauté va baisser, des doctrines ineptes régneront, les rois s'enfermeront dans leur égoïsme, les peuples dans leurs frontières ; Rome ne sera plus qu'un point isolé, en butte aux tracasseries, prélude des violences extrêmes qui doivent l'assaillir dans les siècles suivants. La prévoyance politique de Sixte-Quint se retrouvera dans Innocent XI, dans Pie VI, dans Pie IX ; mais le monde y répondra de moins en moins, et la décadence des peuples chrétiens s'achèvera.

En se réconciliant avec le Saint-Siége, Henri IV tint mal ses promesses. L'édit de Nantes donnait au protestantisme une nationalité à part. Il rouvrait la plaie à peine fermée, et laissait inutile le sang versé pour la défense de la foi. A cette époque, aucun pays protestant n'accordait la liberté au culte catholique. Ce fut donc une trahison envers l'Église et envers la France. Les conséquences n'ont pas tardé à se manifester. Et jusqu'au siége de la Rochelle par Richelieu, les écrits et les journaux du temps nous offrent les preuves multipliées d'un complot qui se développait sous l'instigation et avec le secours de l'étranger, pour renverser le catholicisme en France. Les protestants s'étaient divisé la France; leur organisation occulte s'étendait sur tout le territoire. On trouve dans le *Mercure de France* la trace des plans élaborés dans leurs conciliabules, après la prise de la Rochelle. Privés de l'autonomie politique, ils gardaient leurs relations avec l'Angleterre; là était leur affection; ils servaient en France de point d'appui à l'Angleterre, ils étaient son avant-garde. C'est dans ces circonstances que, cédant au vœu public, Louis XIV révoqua l'édit de Nantes.

Que cette mesure ait été efficace, il n'est pas permis d'en douter, et cela est démontré par la haine même qu'elle inspire à nos philosophes et libres penseurs. Louis XIV rentrait dans le droit public de la France. Les têtes du parti émigrèrent; le reste se convertit ou à peu près, et au bout de quelque temps le protestantisme n'exista plus que pour mémoire. La royauté était aussi forte pour réprimer le schisme que pour le susciter. Quand on voit l'Espagne se préserver entièrement de l'hérésie par la volonté de ses souverains, on reste convaincu que les rois ont eu partout la puissance de sauvegarder la foi de leurs peuples. L'histoire moderne est pleine d'exemples de peuples inclinant à la volonté des souverains en matière de religion. La révocation de l'édit de Nantes n'a pas créé d'ennemis à la France, et elle ne nous a enlevé qu'un nombre insignifiant d'habitants. Si vous en comptez cent mille, ce sera beaucoup, et en réalité ce n'est rien. On a prétendu que

notre industrie en avait reçu un coup mortel. L'appauvrissement de la France est dû à d'autres causes, aux guerres con-
tinuelles qui ont ruiné la noblesse, à l'affaiblissement de la
propriété ecclésiastique. Les capitaux protestants s'exerçaient
sur l'industrie ; fondées sur l'observance de la religion catholique, les corporations d'arts et métiers repoussaient les protestants. Les protestants n'étant pas astreints aux principes
d'humanité, de modération, de bonne foi, exigés par les statuts des métiers, faisaient par leurs capitaux, par le jeu de
l'usure, par le mépris des fêtes catholiques, une concurrence
désastreuse aux travailleurs catholiques. Ils désorganisaient
l'industrie française. Une grave question d'intérêt se joignait
ainsi à l'antipathie religieuse, et corroborait la haine des
classes laborieuses contre le protestantisme.

Ce point de vue a échappé aux historiens. La plupart même
ont été conduits à faire dater de la révocation de l'édit de
Nantes la puissance industrielle de l'Angleterre. L'Angleterre
était depuis longtemps dans la voie du progrès industriel. Ses
institutions économiques n'avaient pas changé ; et sa suprématie commerciale et industrielle était incontestable bien avant
l'année 1685. La *Correspondance diplomatique de Bertrand
de Salignac de La Mothe Fénelon*, publiée en 1838, nous
fournit, t. Ier, p. 70, un renseignement précieux. Notre ambassadeur auprès d'Élisabeth écrivait à Charles IX, le 28 décembre 1568. Il expose au roi et à la reine un projet que
l'ambassadeur d'Espagne lui a communiqué pour amener en
Angleterre le triomphe des intérêts catholiques :

« Si Vos Majestés très-chrétienne et catholique vous accor-
dez de remontrer vivement à cette reine (Élisabeth) une con-
jointe résolution d'interdire à ses sujets tout trafic et commerce en France, Flandres et Espagne, s'ils ne reviennent à la
religion catholique et à l'obéissance de l'Église romaine, ladite
Dame sera contrainte d'y réduire elle et son royaume, d'autant
que tous les deniers de son État sont pris sur les entrées et
issues des marchandises de ce royaume, et le principal revenu
des seigneurs et gentilshommes est en choses qui se trans-

portent dehors, et celui du peuple en manufactures et trafics, quoi cessant, sera impossible à ses sujets de se maintenir : dont estant les catholiques encore en plus grand nombre dans le pays que les autres, ils contraindront par la force de cette nécessité tout le royaume de retourner à la religion catholique... »

Nous ne savons si le projet eût réussi. Nous ne tirons de ce document qu'une seule conclusion, c'est que l'Angleterre était en 1568 ce qu'elle est en 1861. L'identité des situations est complète. Alors, comme aujourd'hui, l'Angleterre vit sur le continent; elle remue, intrigue, s'ouvre des débouchés. Elle s'alimente des discordes des autres nations. Effrayé de cette prépondérance, un ambassadeur d'Espagne imagine le blocus continental, que Napoléon, au commencement de ce siècle, a cru inventer, et qu'il n'a qu'imparfaitement mis à exécution. C'est par là que l'Angleterre est vulnérable. Si au XVIᵉ siècle la France et l'Espagne s'étaient donné la main, le mercantilisme anglais eût succombé en emportant la grandeur future de l'Angleterre. La révolution du XVIᵉ siècle hâta cette grandeur, et la révolution du XVIIIᵉ l'a élevée à son comble.

Le blocus continental sera la grande représaille des rois contre l'Angleterre. Il était plus facile en 1568 qu'en 1812, et il l'est plus aujourd'hui qu'en 1812. L'industrie est en effet suffisamment développée dans tous les États de l'Europe. En 1568 la question religieuse dominait tout; elle illuminait tout. L'Angleterre était encore catholique dans les masses de sa population. Les catholiques anglais n'avaient pas été vaincus par le nombre, mais par le manque d'organisation et d'unité; ils n'ont pas agi sous l'impulsion absolue de la foi et de la conscience. Les catholiques français, au contraire, prirent l'initiative de la résistance en dehors du gouvernement, et restèrent unis, dans toute l'étendue du royaume, par une admirable conformité de doctrines et d'efforts. Par là ils vainquirent l'hérésie et forcèrent l'assentiment de la royauté.

Dans toute cette histoire, les historiens prodiguent le mot de persécution. Il n'y a que la vérité de persécutée. Les catholiques seuls ont été persécutés par les protestants, parce qu'ils ont été attaqués sans droit, avec une fureur inouïe. Les malheurs amenés par leur résistance ne leur sont pas imputables. Une autre vérité qui ressort du travail de M. Segretain, c'est que les idées ne sont pas irrésistibles, comme les sophistes modernes se plaisent à le dire. Par elles-mêmes, elles n'iraient pas loin ; elles s'avancent sous la protection du glaive. C'est par la guerre et par l'extermination que la Réforme et la Révolution ont implanté leurs principes. Le glaive est efficace contre l'idée ; témoin l'Espagne, qui n'a pas voulu recevoir l'hérésie dans son sein, et qui ne l'a pas reçue. Le christianisme n'a pas subi cette loi ; il a grandi dans les persécutions, signe d'une assistance toute divine, miracle qu'on voudrait effacer aujourd'hui, mais qui a frappé tous les anciens apologistes.

M. Segretain appelle la lutte de Sixte-Quint et d'Henri IV « la crise organique de la société chrétienne. » Son livre présente l'analyse de ce grand fait et en détermine toute la portée. Notre siècle croit sérieusement avoir inventé l'histoire. Cette prétention est aussi ridicule que bien d'autres. La postérité placera très-bas les œuvres historiques de notre époque ; les plus célèbres ne sont que des romans ou des systèmes de philosophie. Il leur manque le sentiment sincère, profond, des temps écoulés ; et ce sentiment, c'est le catholicisme professé dans toute l'amplitude de ses dogmes, de sa morale, de sa politique sociale. Ces qualités si rares de science et de compétence, M. Segretain les a réunies à un degré éminent. Son livre est catholique dans toute la force du terme ; il ouvre une carrière inépuisable d'apologie historique. Bien des catholiques ont écrit l'histoire, en reculant devant l'expression complète et hardie de la vérité. M. Segretain fait revivre, par une déduction sévère, l'esprit des temps catholiques. C'est là le mérite et l'admirable originalité de son travail. Quant au talent de l'écrivain, ce n'est pas à nous de le louer ; nos lecteurs ont été souvent à même de l'apprécier.

19 février 1861.

II

Aucune nation n'est plus riche que la France en souvenirs et en matériaux historiques. Malheureusement nos historiens, placés à un point de vue étroit et exclusif, n'interrogeaient le passé que pour en tirer des réponses favorables à leurs systèmes et à leurs préjugés. Un écrivain qui, au XVIIe siècle, avait émis des doutes sur la conquête des Gaules par Clovis, fut menacé de la Bastille. On croyait alors que c'eût été diminuer l'autorité royale que de ne pas retrouver dans nos premiers rois l'image même de Louis XIV. La royauté, par le rôle prépondérant qu'elle a joué, a absorbé toute l'attention des historiens. Et peut-être n'était-il permis de bien apprécier tous les éléments de notre vie nationale qu'après la chute de notre royauté. Comme, en toute chose il faut considérer la fin, c'est par les résultats que nous devons juger les institutions politiques; quand toutes nos institutions auront été étudiées, notre histoire générale prendra un caractère définitif de vérité. Les histoires particulières de chaque province concourront puissamment à ce but. La vie politique, autrefois répandue et diversifiée sur toute la surface du pays, s'est concentrée et uniformisée. Notre histoire moderne se passe à Paris; notre ancienne histoire est plus compliquée. Si nous savions la lire, que de trésors de sagesse et de patriotisme n'y rencontrerions-nous pas ! Aussi c'est avec une vive sympathie que nous accueillons les travaux destinés à faire revivre ces titres de gloire si longtemps oubliés ou méconnus. M. Charles de Ribbe a voulu nous retracer les derniers jours de la Provence et de la Constitution provençale dans son *Étude sur Pascalis.*

La Provence était un pays d'États. Elle avait ses lois, ses institutions, ses libertés publiques. Le roi n'avait juridiction sur elle qu'en sa qualité de comte de Provence, et dans la limite du contrat d'annexion. Charles III, comte de Provence, avait institué par testament pour ses héritiers Louis XI et ses successeurs, sous la condition de respecter les usages et l'administration de la Provence. Les États de Provence ratifièrent en 1486 le testament de Charles III et se donnèrent à Charles VIII, qui jura de défendre leurs libertés. La royauté ne tint qu'imparfaitement sa parole. Les États de Provence furent suspendus en 1639 ; néanmoins la constitution provençale subsista dans ses principales parties. Les impôts n'étaient perçus que lorsqu'ils avaient été consentis ; ils ne frappaient pas les particuliers, mais le corps entier du pays. Chaque municipalité administrait ses affaires. La base de la constitution était dans les communautés, au nombre de six cent quatre-vingts. Les vigueries étaient un corps intermédiaire entre les communautés et les États ; il y en avait vingt-deux ; les maires, premiers consuls de chaque communauté, formaient le conseil de viguerie. Les États étaient le grand-conseil de la province ; ils se composaient des trois ordres. Les chefs de viguerie, joints aux députés de quelques communautés et aux députés de viguerie, représentaient le tiers aux États. Les États, convoqués par lettres patentes du roi, délibéraient en commun et non séparément ; l'archevêque d'Aix en était le président-né. Les consuls d'Aix, qui, en qualité de procureurs-nés du pays, avaient pour chef l'archevêque, exécutaient leurs décisions. Celui qui avait la plus grande part dans l'administration prenait le nom d'assesseur ; il était choisi parmi les membres les plus distingués du barreau.

Cette constitution assurait la paix et le bien-être de la province à peu de frais ; elle appelait aux services publics les hommes qui avaient dans le pays leur influence et leurs intérêts. Les impôts, répartis suivant les facultés de chacun et d'après le mode le plus approprié aux circonstances et aux localités, sont moins lourds pour les peuples. Ces administrations connaissaient le pays dans ses moindres détails ; elles étudiaient sur les lieux les questions d'agriculture et d'industrie qui concernaient la province ; elles pouvaient appliquer un plan d'ensemble par une suite non interrompue de générations qui se succédaient dans les mêmes idées et à qui profitait l'expérience. Nous avons ôté à l'homme ses traditions, ses mœurs, tous les liens qui le rattachaient à la patrie. Aux noms glorieux de nos provinces, nous avons substitué des divisions mathématiques qui ne disent rien à l'âme; les intérêts généraux en ont été gravement atteints. Le pouvoir central a la main partout, mais la lumière lui manque pour tout voir. Les statisticiens constatent les ravages opérés en Provence par le déboisement depuis une cinquantaine d'années. La Provence, partagée entre quatre ou cinq départements, a perdu cette unité morale et matérielle qui faisait sa force et sa sécurité. Comment saurait-on dans les bureaux parisiens les conditions hygiéniques qui conviennent à la Provence? Et comment des départements sans traditions, isolés les uns des autres, chargés de frais d'administration, suffiraient-ils à des entreprises de longue haleine qui exigent une économie, une unité et une persévérance de vues dont sont incapables des administrations changeantes et dispendieuses?

La grande difficulté des finances, c'est l'assiette équitable de l'impôt; les États provinciaux l'obtenaient autant que possible par leur connaissance approfondie des intérêts locaux. Mais ces anciennes franchises avaient des résultats politiques d'une haute importance; tous les citoyens prenaient part à l'administration du pays dans la limite tracée à la corporation à laquelle ils appartenaient. Chaque groupe d'intérêts avait son action déterminée; le jugement de chacun se trouvait renfermé dans la sphère de ses observations habituelles; cette administration de tous par tous intéressait les citoyens à la chose publique. Racine, voyageant en Languedoc, où existait un régime analogue à celui de la Provence, écrivait à un de ses amis : « C'est une belle chose de voir le compère cardeur et le menuisier gaillard avec la robe rouge, comme un président, donner des arrêts et aller les premiers à l'offrande ; vous ne voyez pas cela à Paris. » (*Lettre à l'abbé Le Vasseur. Uzès, le 24 novembre* 1661.) Les rangs sociaux sont aujourd'hui confondus; l'égalité luit pour tout le monde; mais aussi les cardeurs et les menuisiers ne rendent plus d'arrêts! L'a-

mour de la royauté vivait dans ces pays d'États bien plus énergiquement que dans les provinces administrées par les délégués de la couronne.

Un tel régime est éminemment favorable à toutes les facultés de l'esprit humain, qu'il développe dans les sens les plus
variés, et toujours sous un contrôle incessant qui les redresse
si elles faiblissent, les corrige si elles défaillent. L'égalité, qui
remet tous les pouvoirs en toutes les mains ou en une seule
main, nous rejette bien loin de cette société hiérarchisée et
libre. La liberté politique n'est que la somme des priviléges
dont jouit chaque classe de la nation; la démocratie n'a pas
de raison d'être dans un pays où les plus humbles citoyens
ont leurs priviléges. La société se maintient par le balance-
ment de ses forces obligées de se respecter ; les conflits étaient
rares et se terminaient le plus souvent par des compromis.
Quand tout est à tous et que chacun se dispute la même influence, la lutte surgit aisément; elle est en quelque sorte naturelle; des corps qui n'ont pas les mêmes attributions sont
beaucoup moins disposés à empiéter les uns sur les autres. Et
pourquoi empiéter? Les corps se distinguent par leur esprit
de conservation. Si le parlement de Paris a empiété sur le
clergé et sur la noblesse, c'est que la royauté avait désarmé
les deux premiers ordres de l'État; rien de semblable ne s'est
passé en Provence.

Les pays d'États ont produit une foule d'hommes éminents.
Leur réputation n'a pas toujours franchi leur province; mais
leurs actes témoignent de leur sollicitude éclairée pour le
bien public. M. de Ribbe nous expose la vie de Pascalis; il y
en a eu en Provence d'aussi illustres et même de plus illustres. Qui cependant pourrait douter du mérite de Pascalis?
En lui, l'homme d'État est aussi recommandable que le jurisconsulte. Portalis, le légiste le plus éminent qui concourut
à la rédaction du Code civil, appartenait à cette génération
de grands avocats dont la Provence garde un fier souvenir.
En 1786, quand le roi Louis XVI invita les États de Provence à se constituer en assemblée provinciale, les prin-

cipes de la constitution provençale conservaient leur influence sur l'esprit des populations. Nous avons peine à concevoir ces assemblées du clergé, de la noblesse et du tiers délibérant en commun. Autrefois, cela paraissait tout simple, et les hommes les plus indépendants par caractère et les plus versés dans la politique s'en rendaient parfaitement compte. Pascalis ne tarit pas en éloges sur la constitution provençale. Les publicistes du tiers acceptaient ces distinctions d'ordres et d'États; ils y voyaient la garantie de la liberté. Mounier, dont les idées ne sont pas suspectes, écrivait en 1790 dans ses *Réflexions politiques sur les circonstances* : « La confusion des États dans une monarchie jette nécessairement dans l'anarchie ou le despotisme; là où les rangs ont toujours été marqués on ne peut les confondre sans un grand désordre... Si on efface la distinction que procure la noblesse, c'est, sur-le-champ, la donner à la richesse; les écus remplaceront les titres; toutes les places du royaume se trouveront remplies par les enfants des usuriers et des agioteurs; il n'y aura plus de gens d'importance que les Midas. Malheureusement l'argent n'a eu déjà en France que trop d'influence; si on y joint la considération, tout sera perdu, parce que ceux qui en seront alors investis auront encore dans leurs mains les moyens de corruption; c'est ce qu'on voit dans les États républicains, où la fortune élève, en dépit des lois, une classe privilégiée. »

Pour des hommes d'État de province ce n'est pas trop mal raisonner. A la même époque, la France était gouvernée par des philosophes qui n'auraient pas été capables d'être maires de village. Les institutions françaises s'étant altérées avec le temps, il devenait nécessaire de les réparer. Le mouvement de réforme qui se prononçait était tout monarchique; des fautes innombrables le précipitèrent dans un sens tout opposé. Il est inutile en ce moment de signaler les contradictions de Louis XVI. Si tout ce qu'il a tenté a échoué, tout n'était pas faux dans le principe. L'institution des assemblées provinciales, décrétée par ordonnance du 12 juillet 1778, aurait pu sauver la monarchie si Louis XVI s'en était tenu là, s'il n'eût pas abordé d'autres questions avant que la question provinciale fût elle-même résolue. Et encore, l'application de l'ordonnance demandait-elle une grande circonspection. Néanmoins, les résultats partiels qu'elle a donnés sont satisfaisants. Les procès-verbaux de ces assemblées sont un témoignage durable des sentiments d'ordre et de modération qui animaient alors la France. Le type de ces assemblées était dans la constitution de Provence; elles devaient se réunir tous les deux ans; elles étaient formées des trois ordres, la noblesse et le clergé en nombre égal de représentants, le tiers état en ayant à lui seul autant que la noblesse et le clergé. L'assemblée répartissait les impositions et en faisait la levée; elle dirigeait la confection des chemins et autres travaux d'utilité publique. Dans l'intervalle de ses sessions, un bureau d'administration nommé par elle exécutait ses décisions. Nos conseils généraux ont beaucoup emprunté à ces ordonnances de Louis XVI sur l'organisation provinciale; il n'était pas possible de mieux représenter la société. Aujourd'hui, la classe moyenne seule arrive dans les conseils électifs; elle y apporte son esprit étroit, exclusif, jaloux. Et, même avec de bonnes intentions, elle est infiniment au-dessous de sa tâche, car elle ne représente qu'un intérêt, et l'intérêt le moins social; elle est par excellence l'élément mobile de la société, et n'a que des intérêts instables, viagers, personnels. Nos anciens publicistes le comprenaient bien; ils savaient que la société est un agrégat moral dont la religion est le lien le plus puissant; aussi n'entrait-il pas dans leur pensée que la religion n'eût pas sa place dans tous les conseils du pays; après le clergé venait la noblesse. Le mot de Cicéron, *cedant arma togæ*, n'était pas plus vrai alors que du temps de Cicéron. Chez tous les peuples chrétiens, l'élément militaire a joui de grands honneurs. Et, en effet, si la force par elle-même n'a rien de respectable, mise au service du droit, elle est le plus noble exercice des facultés humaines. C'est à elle de défendre la société. La noblesse représente en outre l'indépendance personnelle : à ce titre, elle est une des libertés publiques. Le tiers état représentait l'industrie, le commerce, les municipalités. Il ne se plaignait pas de sa position, car la plus grande part de l'administration lui était dévolue ; nous avons vu que l'homme le plus important de l'administration en Provence était toujours un avocat et presque toujours un homme étranger à la noblesse.

Ces essais d'institutions provinciales furent mal accueillis dans les pays d'États ; ces pays étant tout constitués, n'avaient besoin que d'être laissés à eux-mêmes. Ils se sentaient blessés dans leurs affections ; ces plans uniformes d'administration froissaient leurs usages les plus chers. La Provence lutta contre des changements inopportuns à sa constitution. Pascalis fut un des principaux organes de cette lutte légale et pacifique ; les édits furent retirés, et la Provence en manifesta une joie universelle. Mais on touchait aux États généraux. L'esprit public s'altérait ; la Provence, travaillée par les factions, subissait à son tour le contre-coup des événements. M. de Ribbe décrit les dissensions intérieures qui ont marqué sa chute et qui ont précédé ou suivi l'élection des députés de Provence aux États généraux ; ces députés auraient dû être régulièrement élus par les États, mais les États n'avaient pu se reconstituer. Pascalis refusa un mandat émané d'assemblées qui n'avaient plus le caractère provençal. Les efforts de quelques députés provençaux en faveur de l'intégrité de la Provence furent vains. L'Assemblée constituante, suivant l'expression d'un député, coupa la France comme un morceau de drap, en quatre-vingt-une pièces, pour en faire quatre-vingt-un départements. Pascalis périt avec la constitution provençale ; dans les émeutes qui ensanglantèrent la Provence en 1790, il fut pendu à un réverbère et décapité. La Révolution mit fin à toutes ces libertés pour lesquelles avaient battu tant de nobles cœurs, et dont la défaite a été scellée par le sang de tant de généreux citoyens. Nous sommes loin de ces illustres exemples de liberté politique. Mais si la Révolution n'a aboli ni l'histoire, ni la conscience, elle les a un instant étouffées sous son triomphe. Pour

elle, comme pour les institutions antérieures, est venue l'é-
preuve du temps et de l'expérience. Le livre de M. de Ribbe
nous fournit une des pièces de ce grand procès social. La liberté est-elle ancienne ou est-elle nouvelle en France? On
peut en juger maintenant. Pourquoi cette liberté a-t-elle été
réelle, efficace, tandis que la liberté moderne n'a jamais été
qu'un leurre? C'est qu'elle était réglée et contenue, non par
des lois, mais par des mœurs et des traditions; c'est qu'elle
se plaçait sous l'égide de la religion. L'Assemblée constituante,
dont les décrets nous ont fait plus de mal que les folies de la
Convention et les fureurs du Comité de salut public, a effacé
tous les vestiges de notre existence nationale; elle a sacrifié la
France à l'idole de l'égalité. Mais ce sera bientôt une vérité
vulgaire que l'égalité politique telle qu'elle a été rêvée par
l'Assemblée constituante et telle qu'elle est encore entendue
par l'école libérale, est incompatible avec la liberté.

26 avril 1854.

III

Nous avons quelquefois entretenu nos lecteurs de divers
travaux sur la Provence, dont les antiques institutions offrent
un champ si vaste à l'étude. Un avocat d'Aix, M. de Séranon,
nous donne aujourd'hui un travail sur les *villes consulaires
et les républiques de Provence au moyen âge*. Il embrasse
le douzième siècle et la première moitié du treizième. Tout
ce qui touche à l'origine des communes a peine à se dégager
de l'obscurité ; nous n'avons guère d'autres guides que les
hypothèses des historiens. Le régime municipal n'a jamais
cessé d'exister dans nos contrées ; l'histoire s'attachera désormais à en suivre les traces au milieu des vicissitudes plus
éclatantes de la politique générale. La Gaule est rapidement
devenue romaine, et les Romains ne connaissaient qu'une
forme d'administration et de gouvernement, qui est la cité.
Toute la Gaule était partagée en cités, et ces cités affectées à

chacun des peuples qui la composaient étaient une imitation de la constitution de Rome. Les historiens distinguent les communes jurées du nord de la France, et les villes consulaires du Midi. Ces villes consulaires élisaient, en souvenir de Rome, des consuls investis de l'universalité des pouvoirs publics. Les communes jurées étaient, dit M. Augustin Thierry, « des municipalités organisées par associations et par assurance mutuelle des citoyens, sous la foi du serment. » De nombreux travaux ont constaté la persistance, dans le midi de la Gaule, du régime municipal romain. Les villes du Nord n'ont pas été l'objet des mêmes investigations, et l'on admet généralement qu'elles se sont émancipées au douzième siècle. Mais, est-il probable qu'elles soient restées jusque-là sans franchises ni libertés? Elles ont dû avoir, du ve au xiie siècle, une administration quelconque, fondée sur des usages et nullement livrée à l'arbitraire. La critique historique nous fera un jour pénétrer dans ces obscurités. On suppose à tort que la féodalité a été funeste à la liberté municipale, et c'est une erreur dont ne se défend pas assez M. de Séranon. Aucune preuve réellement importante ne vient appuyer un tel sentiment. Auprès de chaque cité soumise à son empire, Rome avait un magistrat chargé de la représenter; la féodalité n'agit pas autrement, et Charlemagne déléguait, sous le nom de comtes, des officiers qui remplaçaient, dans les cités, ces magistrats du pouvoir central.

Un mot résume toute la féodalité: l'hérédité. Elle manquait aux nations classiques, sans cesse soulevées par le ferment de toutes les violences et de toutes les ambitions. C'est elle qui a restauré l'humanité épuisée, et lui infusant un sang nouveau, c'est-à-dire un esprit d'ordre et de paix inconnu à l'antiquité. Les fonctions politiques obéirent à ce mouvement social qui ramenait tout à l'hérédité, et au bout d'un temps qu'il est impossible de déterminer au juste, elles se trouvèrent incorporées à la famille comme un *fideicommis* transmissible de génération en génération. Les libertés locales eurent-elles à perdre à un pareil changement? Il semble que non. Exercée par des agents révocables, l'autorité politique devait être dure et tracassière ; patrimoine de famille, elle prenait un caractère de douceur ; elle s'attachait aux intérêts locaux, qui étaient les siens propres, et dont son ambition ne dépassait pas la limite. Soutenu par son maître, l'agent impérial ne craignait rien ; le seigneur féodal comptait avec ses vassaux ; il y avait entre eux et lui un pacte de protection et de fidélité que nul ne rompait impunément. Le jury assurait aux populations la première de toutes les libertés, et il est difficile de croire que des peuples habitués à exercer une des plus hautes prérogatives du pouvoir, le droit de justice, n'aient pas possédé cette préroragative moindre qui consiste dans l'administration des intérêts locaux. Il n'est pas étonnant que nous soyons si mal renseignés sur les origines des communes, quand la révolution française est encore chez nous l'objet des explications les plus contradictoires. La patience et surtout l'esprit d'impartialité peuvent seuls débrouiller le chaos de notre histoire tant ancienne que moderne.

Les communes du Nord, on l'a remarqué, restèrent plus fidèles au régime féodal que celles du Midi. Elles ne tendaient pas à l'isolement. Avec un rare bon sens, elles comprirent que l'isolement susciterait entre elles des jalousies et des haines mortelles, tandis que le libre développement de la paix et de la liberté intérieure leur serait garanti par leur union à un pouvoir central en qui résidait la suzeraineté. Au xiie siècle, nous trouvons au nord de la France une civilisation originale et puissante, dont les *Assises de Jérusalem* nous offrent un spécimen, bien que leur rédaction soit d'une date postérieure à la prise de Jérusalem par Godefroi de Bouillon. L'armée des Croisés transporta en Orient la constitution féodale. Et nous avons déjà eu occasion d'observer que la constitution actuelle de l'Angleterre remonte à la même époque. Mais la France ne fut pas entièrement couverte par le réseau féodal, et c'est dans le Midi que se manifestèrent les résistances. M. de Séranon nous a retracé les viscissitudes de ces villes de Provence qui marchaient à un républicanisme pur et qui, au XIIIᵉ siècle, furent ramenées par la force au giron féodal. Nous voudrions avoir le sens de ces événements. Pourquoi cette lutte du Nord et du Midi? pourquoi les villes du midi de la Gaule aspirent-elles à une indépendance absolue? Les historiens nous disent que le Midi était plus civilisé que le Nord; nous ne saurions admettre cette prétendue supériorité du Midi : par son esprit républicain, il rétrogradait non plus au temps de la Rome impériale, mais au temps de l'ancienne Grèce, où chaque ville était une république, et où le morcellement des intérêts réduisait la nation grecque à une anarchie qui préludait à une inévitable servitude. La religion joua un rôle décisif dans la guerre des Albigeois. Sous cette tendance à l'autonomie qui caractérise les villes du Midi, ne se cache-t-il pas un levain de révolte contre l'autorité religieuse et comme un avant-goût de la renaissance païenne qui devait éclater dans la seconde moitié du XVᵉ siècle? Nous émettons des doutes que de plus habiles éclairciront. Il n'y a pas d'effets sans causes; et le sentiment de la liberté nous semble insuffisant à motiver le mouvement séparatiste du Midi, par la raison qu'alors la liberté ne manquait nulle part.

L'auteur ne nous paraît pas envisager la féodalité sous son vrai jour quand il dit : « Avec elle point de sénat, point d'assemblée publique; et en définitive, sous son influence, l'élément social avait été complétement absorbé par l'élément individuel. » Tous les documents réfutent cette assertion ; ce que nous nommons aujourd'hui le *self government* est l'essence même de la féodalité. Vous le voyez établi partout où ont subsisté les institutions féodales; il domine encore en Angleterre, le seul pays qui les ait gardées. Le reproche de tout réduire à l'individualité, bien qu'il ait été mis en avant par tous les publicistes depuis cinquante ans, n'est pas plus exact. Et ce reproche est singulier dans la bouche de l'historien des républiques de Provence, puisque ces républiques brisaient le lien social en détachant des fragments de l'unité féodale. La nationalité la plus forte n'est-elle pas la nation anglaise, formée de pièces et de morceaux ? Il est naturel que les peuples s'attachent au gouvernement qui leur assure le plus libre, le plus complet développement de leurs instincts et de leurs facultés. Une étude approfondie du système féodal doit précéder tous les travaux qui ont pour objet le moyen âge ; et la plupart des érudits n'en ont qu'une notion très-confuse. Aussi leur est-il impossible de s'orienter au milieu du dédale des faits et des institutions. La vérité viendrait au-devant de nous, si nous nous débarrassions de nos préjugés. Nous croyons toujours avoir affaire avec des hommes et des temps barbares ; nous avons l'air d'ignorer que l'esprit humain n'a rien produit de plus puissant que la scolastique en philosophie, que l'architecture chrétienne dans le domaine des beaux-arts, et qu'en politique, le moyen âge se distingue par la fondation d'une demi-douzaine d'empires, ce qui vaut bien les livres et brochures politiques produits en d'autres temps.

Les villes consulaires du Midi calquent leurs institutions sur les républiques italiennes, en les mélangeant de souvenirs peut-être plus précis d'antiquité. Le défaut de ces petites républiques, c'est la perpétuelle instabilité du pouvoir ; elles étaient destinées à une existence éphémère et brillante. Celles qui ont donné une part plus large au principe d'hérédité et au sentiment de la conservation sociale, ont mené une vie plus longue et plus heureuse. Néanmoins, les libertés municipales ne disparurent pas du Midi, et la Provence est restée célèbre par sa constitution, qui, sans porter atteinte à l'unité de la France, consacrait les libertés locales les plus étendues. Ces libertés sont d'ancienne date ; elles se montrent dans leur plus grand éclat et même dans leur exagération sous le régime républicain dont elles ont joui un instant.

18 février 1858.

IV

Nous avons montré par des témoignages certains de quelle prospérité la Provence avait joui sous son ancienne constitution. Ce n'était pas une exception. La supériorité des pays d'États sur les pays directement administrés par la Couronne éclate à chaque page de l'histoire. Aucune province n'est plus célèbre que le Languedoc par les souvenirs de bonne administration qu'il a laissés. Nous ne regarderons jamais comme inutile de rappeler ces vieilles traditions qui encore aujourd'hui peuvent si bien nous servir d'exemple. M. le baron Trouvé, préfet du département de l'Aude sous la Restauration, a publié en 1818 un précis historique sur les États du Languedoc. Le Languedoc était une de nos plus grandes provinces : il renfermait deux mille huit cents communautés. L'autorité provinciale par excellence, celle qui soutenait toutes les autres et donnait la vie à l'ensemble du corps politique, c'était l'assemblée des États. Elle se composait de vingt-trois prélats, de vingt-trois barons et de soixante-huit députés des villes et diocèses représentant le tiers état. Convoquée par ordre du roi pour une session de quarante jours, elle était présidée par l'archevêque de Narbonne. Il y avait là tous les éléments d'une discussion libre et éclairée. Et la série des procès-verbaux des États atteste avec quelle sollicitude et quelle fermeté les représentants de la province défendaient les droits et les libertés de tous. Le pouvoir royal vécut presque toujours en bonne intelligence avec ces États de Languedoc, et il faut dire à son honneur qu'il sut les respecter. Comment un égal amour du bien n'aurait-il pas étouffé de légères dissidences entre des hommes animés des mêmes vues et des mêmes intentions ? Le Languedoc fut un des pays les plus attachés à la royauté ; ses institutions, en quelque sorte républicaines, avaient fortifié en lui, loin de l'amortir, le sentiment d'affection et de reconnaissance que les Français portaient à leurs rois. N'est-ce pas le roi qui leur permettait de vivre sous leurs coutumes séculaires ? Aussi dans l'amour pour le roi se confondait l'amour plus particulier du sol natal et des libertés garanties par la royauté. Nous nous expliquons par là pourquoi nos rois étaient plus populaires dans les pays d'États, où leur autorité était moins étendue, que dans les pays d'élection, où elle ne rencontrait pas d'obstacle. Les hommes les plus éclairés siégeaient aux États provinciaux ; et si la dignité des assemblées se fonde sur l'indépendance personnelle de leurs membres, les États du Languedoc doivent être placés au niveau des plus illustres assemblées. Quoique restreinte à un cadre limité, leur sagesse n'en a pas moins brillé d'un vif éclat. Leur constitution complète remonte au treizième siècle ; elle a duré cinq à six cents ans. Et c'est assurément la preuve la plus authentique qu'elle s'appuyait sur les intérêts les plus vrais et répondait aux instincts les plus légitimes des populations.

Les attributions des États étaient nombreuses. Elles embrassaient les arts, les sciences, les lettres, l'agriculture, les fabriques, l'impôt. L'impôt était perçu par les agents des États. La partie de l'impôt qui revenait au roi pour le service du pouvoir central, s'élevait, sous le nom de deniers royaux, à environ 13 millions de livres. Il y avait, en outre, les impôts indirects ; la charge était lourde sans doute, mais les États n'y pouvaient rien. Les deniers provinciaux, destinés aux dépenses de l'administration provinciale, ne montaient qu'à un peu plus de 1,600,000 livres. Notez que le Languedoc a été divisé en cinq ou six départements, et que nous avons peu de départements dont le budget annuel soit inférieur à 1 million de francs. Cette économie d'administration est frappante, et le secret n'en est pas difficile à trouver ; le pays était administré par des hommes du pays ; l'honneur suppléait aux appointements. La permanence de l'administration permettait d'imprimer à tous les travaux d'utilité générale cette unité de direction sans laquelle les fonds publics sont si rapidement gaspillés. Nous en savons quelque chose en ces temps de changement et d'incertitude. Et c'est dans nos départements modernes surtout qu'on s'est aperçu de la difficulté pour un administrateur de suivre les projets commencés par un autre, par la raison toute simple que l'on n'exécute bien que ce que l'on a soi-même conçu. Un autre avantage du régime provincial, c'est que les travaux étaient ordonnés par ceux qui devaient les payer. Ils étaient donc nécessairement circonscrits dans les limites du possible et de l'utile ; on ne jette pas son argent par la fenêtre, mais on y jette volontiers celui des autres. Le contribuable payait alors comme aujourd'hui, seulement il déterminait et surveillait l'emploi de ses fonds. Il agissait par lui-même et jouait un rôle actif. Il n'en est plus ainsi. Le contribuable n'est plus, en sa qualité de contribuable, administrateur de sa cité ou de sa province. La centralisation a tout envahi : elle a créé l'antagonisme des intérêts. Les États du Languedoc avaient la direction de tous les ouvrages de la province ; ils faisaient des règlements sur le tracé des routes et leur entretien, nommaient des inspecteurs, etc. Ils avaient établi un cadastre détaillé de la propriété foncière. Le pouvoir exécutif des États était entre les mains de trois syndics généraux. Les États élisaient encore deux greffiers et un trésorier général. C'était, on le voit, bien peu compliqué. Une indemnité de 2,000 livres était allouée à chacun de ces syndics généraux. On comprenait, dans ces provinces éloignées, ce que la royauté ne comprenait déjà plus. On savait que le luxe avilit l'autorité plus qu'il ne la sert, et que la principale récompense des hommes investis du pouvoir est dans la considération publique.

Nous avons perdu ces habitudes généreuses qui aidaient à l'administration du pays et la rendaient si douce et si paternelle. Les charges gratuites ont disparu et l'administration a exigé d'énormes dépenses d'écritures et de personnel. Et cependant les formes mêmes de notre administration sont empruntées aux traditions des pays d'États. Encore aujourd'hui, nos conseils généraux rappellent, par la division de leurs travaux, l'ordre qu'observaient les États dans l'examen des questions qui leur étaient soumises. Nos conseils d'arrondissement eux-mêmes, dont la mission se borne à répartir les fonds votés en conseil général, avaient leurs analogues dans les pays d'États. Le Languedoc était partagé en vingt-quatre diocèses ou administrations. L'assemblée diocésaine, composée du clergé, de la noblesse et du tiers état, répartissait les fonds alloués par les États ; elle ne formait pas une corporation ; elle était considérée comme une délégation des États. Ce réseau d'assemblées entourait tous les intérêts d'une protection efficace. La liberté publique naissait ainsi du concours de tous les ordres de l'État ; elle s'appuyait sur le clergé, sur la noblesse, sur les corporations, sur les villes et les communautés, c'est-à-dire sur tout ce qui était constitué. Il est permis d'affirmer que l'élément religieux a empêché ces institutions de se corrompre et leur a assuré cette vitalité puissante que les œuvres modernes ne connaissent pas. Le clergé était à la tête de toutes les institutions politiques du royaume ; c'était la conséquence et la continuation de ce grand fait historique, que les évêques avaient fondé le royaume de France. La France était fidèle à elle-même en admettant dans ses conseils la religion qui avait veillé sur son berceau. Le peuple franc recevait sa constitution quand il courbait la tête avec Clovis sous le baptême chrétien. Sa foi religieuse était sa constitution. L'esprit théocratique dominait chez les deux premières races. Et, s'il s'est affaibli depuis lors, il ne s'est jamais effacé. Nos mœurs et nos traditions en ont retenu de notables vestiges. La religion est toujours restée le premier intérêt de l'État, et le clergé le premier conseiller de la Couronne. La présence du clergé dans les assemblées élevait les discussions. Les surprises, les cabales, les intrigues, si dangereuses dans des assemblées neuves et inexpérimentées, étaient sans force dans ces assemblées traditionnelles. Rien n'y était possible contre le bien général et contre la sûreté de l'État. La liberté ne risquait pas d'y dégénérer en licence. Et c'est une preuve que les peuples chrétiens sont plus capables de liberté que les autres peuples. L'antiquité ne maintenait l'ordre qu'en imposant l'esclavage à la plus grande partie de l'espèce humaine. Mais, sous la loi chrétienne, les classes populaires, quelque dénuées qu'elles soient d'instruction, ont en elles-mêmes, par la foi qu'elles professent, un principe d'ordre et de conservation éminemment favorable à la société politique. Ces nobles institutions ont été brisées dans un moment de fureur. Quelques milliers de fous se sont mis à légiférer avec acharnement pour nous réformer de fond en comble. Et malgré tant de destructions, et tant de sophismes pour les légitimer, si la France conserve encore des principes d'ordre et de stabilité, c'est qu'elle n'a pas entièrement rompu avec son passé; c'est qu'elle a sauvé quelque chose de son antique héritage. Plus elle se rapprochera de ses institutions historiques et naturelles, plus elle retrouvera la paix et la sécurité, et plus elle ressaisira les éléments de sa véritable gloire et de sa véritable puissance.

22 août 1854.

V

Une de nos anciennes provinces, le Rouergue, est devenue, par suite des vicissitudes des temps, le département de l'Aveyron. La nouvelle circonscription a conservé à peu près les anciennes limites. L'histoire du Rouergue offre donc un intérêt d'autant plus curieux qu'elle se rapporte à une individualité politique encore existante, du moins physiquement. Les *Études historiques* de M. de Gaujal, dont le premier volume vient de paraître, nous donneront occasion de rétablir les vérités si souvent méconnues, et qui touchent à l'honneur de la France. C'est un recueil de documents; l'auteur les a rassemblés et interprétés avec zèle et sagacité. Comme magistrat, il connaissait à fond les antécédents judiciaires, les coutumes de sa province, et malgré quelques restes de préjugés philosophiques, il apprécie sainement les institutions. Nous trouvons dans son livre les chartes afférentes à vingt-quatre localités du Rouergue; elles datent des xie, xiie et xiiie siècles. Sans les décrire en détail, il convient cependant d'en indiquer l'esprit. Ces chartes sont consenties ou octroyées par des seigneurs; mais on doit supposer qu'elles sont moins attributives de droits nouveaux que confirmatives de droits anciens. Le mouvement d'où est sortie la grande charte d'Angleterre se reproduisait en petit dans tous les ordres de la hiérarchie sociale. Les chartes affermissent, précisent les coutumes; elles leur donnent une sanction plus énergique. On s'entend plus à prononcer le nom de la liberté qu'à se mettre d'accord sur les conditions qu'elle exige. La liberté politique, le *self government*, n'est que le droit pour les citoyens de s'administrer et de se juger. Le jury en est la plus haute expression. Ce qui ne veut pas dire qu'il puisse être appliqué partout et sans préparation. Il faut des conditions particulières d'indépendance pour que tout citoyen soit apte à s'occuper activement de la chose publique. Le jury suppose une société riche où l'aisance générale permet à la plupart des citoyens de vaquer aux travaux de la justice et de l'administration sans recevoir un salaire.

Les franchises accordées aux habitants de la ville de Saint-Antonin, aujourd'hui simple chef-lieu de canton, dans le milieu du xiie siècle, de 1140 à 1144, consacrent le droit des prud'hommes de la ville de juger tous les différends. La charte de Milau, de 1187, donne aux consuls issus du suffrage populaire le droit d'administrer la ville, de percevoir les impôts. « Vous ne prendrez, dit la charte aux consuls, ni pour vous, ni pour vos collègues, gages ni salaires, grands ou petits, pendant la durée de votre consulat. » Toutes ces chartes mentionnent ou supposent le jugement par les pairs; c'est là un principe universel. Partout l'administration appartient aux consuls élus par les habitants; et il ne faudrait pas croire que ces consuls fussent aussi resserrés dans leurs attributions que les maires et adjoints de ce temps-ci. En général, tout ce qui tient à l'administration dépend de leur libre initiative; les chemins, les foires et marchés, les propriétés communales, sont réglés par eux. Ils ont l'inspection du four banal, des poids et mesures, de la viande, du pain, du poisson. Ils veillent à la salubrité publique et opèrent la répartition de l'impôt entre leurs concitoyens. La division du travail n'était pas pratiquée comme aujourd'hui; aussi n'avait-on pas besoin de cette multitude de fonctionnaires dont il paraît que la civilisation issue des principes de 89 ne peut se passer. Montesquieu a accrédité une idée assez bizarre, c'est que la liberté coûte cher. Elle est au contraire, et on vient de le voir, à très-bon marché. Ce qui coûte beaucoup, c'est le régime de la centralisation, parce qu'il est obligé de payer ses agents, tandis que l'autre système les paye uniquement en honneurs et en considération.

En général, les consuls se renouvelaient tous les ans dans les vingt-quatre communautés du Rouergue ; la vie politique se maintenait donc dans tous les rangs de la société ; il n'y avait pas d'interruption. La vie privée et la vie publique s'identifiaient, parce qu'il n'y avait d'autre loi que la coutume. Et qui pouvait interpréter et appliquer la coutume, sinon les habitants du pays? Aucun étranger, aucun fonctionnaire royal n'eût rempli le même office. Ce respect de la coutume était si profond, que toutes les chartes renfermaient une clause spéciale pour confirmer les droits, franchises et libertés antérieurs. Cette spontanéité du droit s'affaiblit et disparut sous l'action croissante du pouvoir central. Mais cette action s'exerça surtout sur les grands intérêts de la société politique ; elle passa souvent à côté et au-dessus de ces mille coutumes locales qui subsistèrent jusqu'à la fin du xviiie siècle. Il résulte du travail de M. de Gaujal, et c'est l'opinion qu'il manifeste : 1° que les libertés publiques, en Rouergue, comme dans le reste de la France, ne sont pas récentes, mais datent des xiie, xiiie et xive siècles ; 2° que les populations étaient jalouses et soigneuses de les accroître ; 3° que nos meilleurs rois se firent un devoir de les augmenter, soit pour reconnaître les services à eux rendus par les peuples, soit pour s'assurer leur gratitude ; 4° que les rois absolus, au contraire, ne concédèrent ni ne confirmèrent aucun privilége. Ainsi, dans le tableau chronologique des franchises et libertés du Rouergue, on ne trouve aucun acte de Louis XI. Il n'y en a qu'un de Louis XIV, âgé de cinq ans, et de Louis XV, ayant le même âge. La civilisation française a donc dévié à partir

du XIVe siècle ; certains principes sont parvenus à leur développement, tandis que d'autres ont été étouffés dans leurs
germes ou arrêtés dans leur essor. L'équilibre a été rompu.
La royauté s'est aperçue plus tard que tout n'avait pas été
bénéfice dans la victoire trop complète qu'elle a remportée
sur l'élément coutumier. Il est vrai, et c'est là son excuse,
qu'elle obéissait plutôt à une tendance instinctive qu'à une
volonté réfléchie.

Du gouvernement des communautés nous nous élevons au
gouvernement de la province. Là nous sommes en présence
des États provinciaux ; c'est en quelque sorte une institution
naturelle, comme le régime des communautés ; elle n'a été
créée par personne, et n'a pas de date précise. Le midi de la
France était accoutumé aux assemblées politiques. M. de Gaujal fait remarquer que les Romains, par l'*Assemblée des sept
provinces*, les Visigoths, maîtres de Narbonne jusqu'en 759,
par leurs conciles, avaient laissé dans le Midi le souvenir et
l'exemple de réunions périodiques de députés s'occupant des
intérêts des peuples. Aux IXe, X^e et XIe siècles, il y eut des
plaids nombreux. Les États se composaient de trois ordres;
ils avaient la faculté d'accorder des subsides et de les répartir.
L'administration des finances était entre leurs mains. La création des généralités et des intendances porta un coup mortel
aux États provinciaux. Quelques provinces échappèrent à ces
empiétements et conservèrent leur vieil esprit d'indépendance.
Et quand les mauvais jours furent venus pour la monarchie,
elles fournirent à la royauté ses derniers, ses plus fidèles défenseurs ; et aujourd'hui encore, c'est dans ces provinces que
les doctrines monarchiques ont gardé le plus de partisans.

Les Francs, on le sait, entrèrent dans les Gaules, appelés
par la population gauloise et pour remplacer les Romains,
qui n'étaient plus en mesure de protéger l'empire par la force
de leurs armes. Ils respectèrent les habitudes des peuples, les
laissant se juger par leurs propres lois ; ce qui indique que la
justice était rendue par les pairs. Plus tard, la population se
mêla, la fusion entre les races fut complète ; et la loi, de

personnelle qu'elle était, devint territoriale. Montesquieu
s'exprime mal quand il dit que « les seigneurs eurent le droit
de rendre la justice dans leur fief. » Ce n'était pas un droit,
c'était un devoir positif, déterminé par la loi féodale et formant le lien entre le seigneur et le vassal. De son côté, le vassal était tenu d'assister le seigneur, et comme soldat et comme
juge, à la guerre et aux plaids. La décadence du régime féodal amena d'autres maximes. Sous l'influence des légistes, la
justice, qui était la coutume, c'est-à-dire l'expression de la
conscience publique, parut une émanation de la royauté.
Toute la hiérarchie subissait cette révolution. Les seigneurs
confisquèrent à leur tour, sur leurs vassaux immédiats, la
justice que le Roi avait confisquée sur eux. D'un devoir ils se
firent un droit, et tirèrent des bénéfices d'une institution qui
était primitivement une charge pour eux, et qui n'avait en
vue que le bien commun. Les justices seigneuriales sont l'intermédiaire qui relie l'ancien système à l'omnipotence royale.
La population avait cessé de concourir à l'exécution de la loi.
Ce n'est pas que ces justices patrimoniales fussent mauvaises
en soi ; mais elles ne remplissaient pas le but politique du
jury ; elles n'appartenaient plus à cet ensemble de libertés
publiques qui associent les peuples à leur gouvernement.

L'auteur, qui ne néglige aucun document, et qui expose
avec tant de soin la statistique détaillée du Rouergue, n'ap-
profondit pas toutes les questions qui ressortent de son sujet.
Il se contente quelquefois de les indiquer. Il y a une classe de
personnes sur laquelle les renseignements n'abondent pas ;
c'est celle que l'on désigne ordinairement sous la dénomination de serfs. Les faits qui la concernent n'ont pas frappé les
historiens. Quelle était leur condition juridique ? M. de Gaujal
range dans une même catégorie les serfs, les affranchis, les
mainmortables, les hommes de corvée ; il les met, sans plus
ample explication, sous l'entière dépendance de leur seigneur,
et déclare qu'ils « étaient jugés par son préposé, dont l'autorité était à peu près illimitée. » Nous aurions désiré plus de
précision. Est-ce que serfs et affranchis sont synonymes ?

Qu'est-ce qu'une autorité *à peu près* illimitée? Le serf ne
pouvait être expulsé de son domaine. Il y avait donc entre lui
et le seigneur un lien de droit? Il fallait une autorité pour
juger les différends entre le serf et le seigneur? Le serf n'é-
tait-il pas le dernier échelon de la hiérarchie féodale? Plusieurs
jurisconsultes, M. Troplong entre autres, nous ont montré la
famille serve formant une association perpétuelle, indépendante, de colons héréditaires, astreints envers le seigneur à
des rendements fixes, dont la nature et la quotité ne pouvaient être modifiées que par consentement mutuel. Pour les
roturiers, l'auteur est plus explicite. Les roturiers étaient
jugés par un tribunal que présidait, à la place du seigneur,
son représentant, assisté d'hommes de fief, prud'hommes;
le seigneur en assurait l'exécution. Qu'est-ce qu'un roturier?
en quoi diffère-t-il du mainmortable, du serf, etc.? Les roturiers avaient leurs assises. N'est-il pas présumable que les
autres habitants de la campagne avaient aussi les leurs, en
admettant que l'expression de roturier ne renferme pas les
gens qualifiés de serfs, corvéables, etc.? L'attention est portée
sur ce point douteux; on arrivera certainement à l'éclaircir.
Les renseignements ne manqueront pas quand on se donnera
la peine de les chercher. L'arbitraire, qui est de l'essence du
droit romain, n'entre pas dans l'esprit de la féodalité. Rappe-
lons-nous cette observation d'Étienne Pasquier sur les mots
dont on abuse tant contre l'ancien régime : *serfs taillables et
corvéables à merci*. Pasquier nous apprend qu'il doit être entendu que les tailles et les corvées étaient réglées raisonna-
blement chaque année et avec l'assistance de prud'hommes.
L'idée du jugement par les pairs et de l'association de l'inférieur au supérieur pour la reddition de la justice et pour l'administration, est essentielle à la féodalité. Le fief ne vit et ne
se développe que par la coopération du vassal et du seigneur;
les services sociaux sont hiérarchisés, de façon cependant
qu'ils se pénètrent réciproquement, au lieu d'être organisés en
castes distinctes. Cet état de choses a changé; mais la vérité
n'a pas perdu ses droits, et le devoir de l'historien est de les

faire valoir. La publication, commencée sous les auspices du conseil général de l'Aveyron, est à son premier volume. Nous n'avons sous les yeux qu'une faible partie des richesses amassées par M. de Gaujal. L'ouvrage, par son intérêt tout spécial, sera un titre d'honneur pour le département de l'Aveyron, en même temps qu'à un point de vue plus général, il nous aidera, par les documents et les dissertations qu'il contiendra, à bien saisir l'ensemble et le principe de nos anciennes institutions.

25 janvier 1859.

VI

Dans l'ouvrage de M. Ernest Semichon, *la Paix et la Trève de Dieu*, sont éclaircies les questions les plus importantes qui touchent à l'histoire des XIe et XIIe siècles. Ces temps ne sont obscurs pour nous que par l'absence d'histoires bien faites; si on les étudie avec sincérité et persévérance, on s'étonne du jour qui se répand sur les hommes et sur les choses. Les événements, ramenés à leurs vraies causes, s'expliquent; c'est une vive jouissance pour le lecteur d'en saisir le fil, et d'assister en quelque sorte à la formation de la société française. Gibbon a dit que les Évêques avaient construit le royaume de France comme les abeilles construisent une ruche. Cette vérité devient palpable dans l'ouvrage de M. Semichon; nous voyons les ouvriers et les matériaux, et l'édifice s'élève sous nos yeux. Nous connaissions vaguement l'institution qu'on appelle la *Trève de Dieu*. L'Église s'interposait au milieu des luttes sociales; elle les ajournait, les calmait, et finalement substituait à la force et à la violence les idées d'ordre et justice. C'était vrai en bloc, mais le tableau manquait de précision. Dans quelles limites s'est exercée l'action de l'Église? Quelle mesure de résistance a-t-elle rencontrée dans la société féodale? L'auteur, croyons-nous, ne répond pas suffisamment à ces questions. Il prend pour point de départ l'anarchie féodale dont véritablement les historiens ont abusé. Nous autres Français, nous sommes familiarisés avec l'anarchie; nous avons eu maintes fois la triste occasion de l'observer dans ses phases les plus diverses. Nous sommes à l'étude depuis quatre-vingts ans; et à moins d'avoir la tête bien dure, nous avons dû nous instruire à cette école de l'expérience.

Un pays est en anarchie (le sens même du mot l'indique) quand il ne sait où est le pouvoir et à qui appartient l'autorité: C'est incontestablement la situation où s'est trouvée la France, de 1789 à 1799.

Cette anarchie est rare dans l'histoire et ne doit pas être confondue avec les guerres civiles qui ont quelquefois déchiré les États sans mettre en question le principe même de la souveraineté. L'anarchie est mortelle aux nations; il n'est pas permis de croire qu'elle soit compatible avec leur prospérité et leur grandeur. Si donc la France, pendant tout le cours du moyen âge, a grandi en influence et en éclat, il faut admettre qu'elle a été servie par ses institutions. Ce n'est pas une petite querelle. Pourquoi le moyen âge est-il en butte à tant d'accusations? Où est l'intérêt de ces discussions rétrospectives? Ah! il s'agit pour nous de défendre l'Église, qu'on nous montre complice de la grossièreté, de l'ignorance et de la barbarie. Le débat historique enveloppe des conclusions d'une immense gravité. La science et la civilisation ne seraient donc possibles qu'en dehors du catholicisme, car au dire des libres penseurs, nous les voyons poindre au moment où décline l'autorité de l'Église; et depuis le XIIIe siècle, on appelle progrès le mouvement qui se manifeste en hostilité avec les idées et les traditions chrétiennes. A *priori*, nous sommes choqués de voir injurier un pays et une époque catholiques, et nous nous demandons par quel étrange hasard une religion si parfaite aurait engendré une société si imparfaite. Sans doute l'analogie est éloignée, mais elle est réelle, et nous estimons les malheurs d'une société non chrétienne bien plus déplorables que ceux qui ont pu assaillir nos vieilles sociétés chrétiennes, quelque tribut qu'elles aient d'ailleurs payé à l'infirmité de la nature humaine.

Les historiens l'oublient ; malgré les vicissitudes auxquelles la société était en proie, la foi vivait dans les âmes ; elle y rétablissait promptement l'équilibre troublé par les violences et les passions. Le désordre était plutôt à la surface qu'au fond. Les pouvoirs étaient respectés, et la preuve en est qu'aucun n'a été renversé ni même sérieusement menacé. L'influence de l'Église était universellement acceptée ; les rois mouraient tranquillement dans leur lit ; la hiérarchie féodale ne rencontrait pas d'opposition. M. Semichon admet dans une certaine mesure que l'Église a lutté contre la féodalité, et cependant cette conclusion ne ressort d'aucun des textes qu'il a cités ; pourquoi l'Église, qui est l'amie de tous les gouvernements qui la laissent accomplir sa mission, aurait-elle combattu le gouvernement qui lui a été le plus favorable ? L'hostilité de la royauté contre la féodalité, jusqu'à saint Louis du moins, ne nous paraît pas mieux démontrée. Il ne faut pas juger du droit public d'alors par les légistes qui, pleins des maximes du droit romain, dénaturaient à plaisir, et souvent sans le vouloir, le sens des institutions féodales. C'est ainsi que de bons esprits se sont fourvoyés en transportant les idées modernes dans l'étude du passé.

Le fait qui a le plus attiré l'attention est celui des guerres privées. Tacite nous apprend que chez les Germains, chacun se faisait justice à soi-même ; la partie lésée se constituait juge et exerçait des représailles proportionnées au délit. Ce système de la *vendetta* substitué à une justice impartiale est encore en usage dans quelques pays. Le duel est un des restes de ces vieilles coutumes. Et qui ne sait en quelle faveur il a été en France au dix-septième siècle et jusqu'à nos jours ? Et cela ne nous empêche pas de nous croire le peuple le plus civilisé de la terre. Nous avons même considéré le duel comme un raffinement de la civilisation. Les duels ont résisté aux édits de Louis XIII. L'Église, au moyen âge, a plus heureusement tenté d'abolir ces combats et ces *vendetta* qui, sous le nom de guerres privées, mettaient en danger la paix publique. Ce n'est pas que tous les Français fussent armés les uns contre les autres; aucun document ne le suppose; les guerres privées étaient une cause d'agitation sans être une cause de ruine pour l'État; elles n'avaient et ne pouvaient avoir que des effets restreints et isolés. Tenaient-elles à l'essence de la féodalité? Non, car elles sont antérieures à l'établissement du régime féodal. Ce qui tenait à l'essence de la féodalité, c'est le jugement par les pairs; et dès le v⁰ siècle il était pratiqué dans la plus grande partie de la France. Or, le jury n'est que la régularisation du droit de justice privée. Il représente les membres de la société, en tant que ceux-ci sont aptes à rendre et à exécuter des jugements pour leur compte personnel. Seulement, le jury est impartial, car il est formé en dehors des parents et amis de l'offenseur et de l'offensé. Le jury n'a pas été « trouvé dans les bois, » suivant l'expression de Montesquieu; il est le développement et la consécration du droit de justice appartenant à chaque individu, d'après les coutumes germaines. Les guerres privées ne ressortaient donc nullement du principe féodal. Elles le contrecarraient, puisqu'elles anéantissaient l'ordre hiérarchique qui le constituait et les garanties qui en découlaient. Il est vraisemblable que l'Église et les chefs de la féodalité étaient d'accord pour réprimer la coutume des guerres privées et la remplacer par une justice plus en harmonie avec les développements de l'ordre social.

En écartant toute exagération, nous nous trouvons en présence d'un désordre réel et pour l'extirpation duquel ce ne sera pas trop de la toute-puissance de l'Église. La trève de Dieu s'établit dès les premières années du xi⁰ siècle. La paix de Dieu et la trève de Dieu sont deux institutions différentes. Les églises, les clercs, les religieux, les monastères, les enfants, les pèlerins, les femmes, les laboureurs, les instruments de travail étaient, d'après la loi des conciles, dans la *paix* perpétuelle; la *trève* ne s'appliquait qu'aux possesseurs de fiefs. L'Église, sans méconnaître leur droit de se faire réciproquement la guerre, s'efforçait de le renfermer dans les plus étroites limites. Aucune décision générale ne fut prise. C'est par des pactes particuliers, consentis sous l'autorité des Évêques, que la trève de Dieu se propagea. Les villes, les paroisses formaient, sous la même autorité, des unions, des associations pour maintenir et défendre la paix de Dieu. Là est l'origine de la commune ; la commune, fondée sur le serment et sur l'identité des intérêts religieux et civils, est une création de l'Église. M. Semichon en fournit une foule de preuves : il renverse par tous les témoignages contemporains les hypothèses de l'école moderne qui a salué dans l'avénement des communes le triomphe d'une pensée irréligieuse. Les libertés municipales sont écloses sous le souffle de l'Église ; il reviendra un grand honneur à M. Semichon d'avoir mis cette vérité en évidence. La commune, ainsi que la royauté, est fille de l'Église. Une question se présente : la commune est-elle le fruit d'un mouvement antisocial ? Beaucoup d'historiens sont prêts à l'affirmer, mais rien ne corrobore leur opinion. L'idée d'association est familière au moyen âge ; tous les droits, tous les intérêts y prennent la forme de l'association. L'indépendance communale n'était pas incompatible avec la suzeraineté d'un seigneur ; cette suzeraineté se bornait à une sorte de domaine éminent et à certains droits lucratifs qu'il était facile de racheter. Il s'en est suivi quelques luttes locales, et c'était tout naturel. L'erreur a été de leur attribuer un caractère général, abstrait, quand elles reposaient uniquement sur une discussion d'intérêts positifs et déterminés. Les communes ont fleuri sous la féodalité pendant trois siècles ; leur existence postérieure a été moins libre, moins brillante ; elles étaient donc dans le milieu le plus favorable à leur grandeur. Ce prétendu antagonisme entre la commune et la féodalité disparaît complétement, puisqu'elles ont vécu si longtemps côte à côte et pendant que la féodalité était dans toute sa force. Sans doute, d'anciens municipes romains avaient conservé des traditions administratives et une existence quasi républicaine ; la masse de nos communes ne remonte pas si haut ; elles ont une origine toute chrétienne, elles descendent de ces confréries religieuses établies au onzième siècle par l'Église, pour le maintien de la paix de Dieu.

Une institution qui jusqu'ici semblait tenir de la fable plus que de la réalité, en recevra une lumière inattendue ; c'est la chevalerie. On a écrit d'immenses volumes sans dissiper l'obscurité qui la couvre ; on a raconté les prouesses des chevaliers en prose et en vers. La nature de l'institution nous échappait. Nous allons la voir fonctionner, avec l'aide de M. Semichon. La chevalerie est la consécration religieuse d'un homme à la défense de l'Église et des faibles ; c'est une application plus spéciale à la classe noble, du principe que les conciles étendaient à toutes les classes de la société, en les associant pour une protection commune. C'est d'abord le clergé qui conférait l'ordre de la chevalerie ; il voulait humaniser le droit de guerre en le soumettant à des règles sévères. D'un autre côté, les unions pour la paix se constituaient civilement par l'organisation d'une police intérieure et d'une force défensive ; elles levaient des impôts. Des gentilshommes se mettaient à leur solde pour faire exécuter les décrets des conciles. La chevalerie formait ainsi une espèce de ministère public chargé de poursuivre les crimes et délits. L'Église pourvoyait à tout ; elle prenait les générations à leur naissance pour les préparer à l'ordre social. Avant M. Lakanal, elle avait songé à l'instruction du peuple ; lisez le canon XVIII du concile général de 1199 : « Comme l'Église de Dieu est la providence de ceux qui ont besoin de la nourriture de l'âme, aussi bien que de ceux qui manquent des secours du corps, pour que les pauvres, dont les parents sont sans ressources, aient la possibilité d'apprendre la lecture et de s'instruire, nous ordonnons que dans chaque église cathédrale on assigne un bénéfice convenable à un maître chargé d'instruire les clercs et les pauvres écoliers.... que l'on rétablisse cette institution dans les monastères et les églises où elle a existé anciennement ; que *nul n'exige de rétribution pour l'enseignement.* Celui qui vend l'instruction et qui veut ainsi arrêter les progrès de l'Église n'est pas digne d'obtenir des bénéfices dans l'Église de Dieu. » On n'était donc pas si ignorant en 1179 !

Quant à la liberté politique, elle est aussi étendue que possible ; dans chaque localité, dans chaque association ou confrérie régnait ce qu'on a appelé le *self government*. Le livre de M. Semichon abonde en preuves à cet égard. La co-existence de tous les éléments sociaux reposait sur l'unité d'une foi commune et sur un ensemble de principes uni-versellement acceptés ; le lien social, pour être invisible, n'en était pas moins fort. C'est ainsi qu'aujourd'hui, en Angleterre, on ne voit nulle part l'action du Gouvernement ; et cependant la société anglaise est puissante. Quand les Anglais se vantent de n'avoir pas de gouvernement, ils sont presque dans le vrai. Telle était la situation de la France aux xie et xiie siècles ; on n'y aperçoit pas la main d'un pouvoir central, absolu, procédant à la moderne, par des lois générales et abstraites. L'ordre social s'y conserve par la coutume, cet indestructible ciment des sociétés. A mesure que la coutume s'affaiblit, il devient nécessaire de fortifier le pouvoir central en augmentant ses moyens d'action ; et si l'on n'y prend garde, le despotisme a bientôt absorbé toutes les libertés. Les sociétés chrétiennes n'exigeaient pas cet immense déploie-ment de force matérielle pour se protéger à l'intérieur ; plus libres de leurs mouvements, elles n'avaient pas besoin de la régularité de notre mécanisme administratif. La Révolution française a brisé toute initiative individuelle ou particulière, et aligné au cordeau les sentiments et les idées des généra-tions qu'elle a élevées. Nous avons couvert de nos mépris tout ce qui s'écarte de l'idéal de 89. Quelques érudits protestent contre ces injustes dédains et réhabilitent une civilisation qui, pour être loin de nous et étrangère à nos mœurs actuelles, n'en tient pas moins une place glorieuse dans l'humanité par les dévouements qu'elle a suscités, par les institutions qu'elle a fondées, par les libertés dont elle dotait les peuples chrétiens.

5 juillet 1857.

VII

Une école très-nombreuse et très-influente ne jure que par les institutions anglaises; ses adeptes tant anciens que nouveaux n'ont à la bouche que l'éloge de l'étranger et le dénigrement de leur pays. Et ce n'est pas d'aujourd'hui que cet esprit anti-français se produit. Il éclate à partir de la renaissance païenne des xve et xvie siècles. Alors, toute notre antiquité nationale est bafouée; des idées nouvelles en religion, en politique, en philosophie, en jurisprudence, en architecture, etc., se font jour et s'imposent aux peuples ébahis. Une teinte de paganisme se répandra sur toute la littérature française. Le siècle de Louis XIV rompt avec le passé. Ainsi notre grandeur ne s'élevait pas sur le respect des mœurs et des traditions. Aujourd'hui la plupart des écrivains posent en fait que nous étions plus ou moins esclaves avant l'année 1789; des royalistes nous apprennent que c'est Louis XVI qui a inauguré chez nous l'ère de la liberté. Il faut dire que nous avons inventé la doctrine du progrès, en vertu de laquelle le passé a toujours tort et le présent toujours raison. Notre instabilité politique, et même notre inaptitude politique, n'a pas d'autre cause que ce mépris de la tradition. Heureux les peuples qui comprennent cette parole de l'Écriture : « Honore ton père et ta mère, afin de vivre longtemps sur la terre. » Elle se vérifie aussi dans le peuple anglais, à qui ses institutions, fondées sur la coutume, assurent une prépondérance si marquée sur les autres peuples. Ses orateurs et ses hommes d'État y seraient mal venus de fulminer contre l'ignorance et la stupidité de leurs ancêtres; ils s'honorent de la vieille Angleterre. C'est dans ce sentiment qu'ils ont préservé leur pays de l'invasion du droit romain et de la domination des légistes. Ils ont encore plus horreur de notre Code civil que la nature n'a horreur du vide.

La liberté anglaise n'est que l'ensemble des coutumes féo-

dales fortifiées par le temps. Il est singulier que d'anciens libéraux, fort ennemis de la féodalité, nous vantent aujour-
d'hui la liberté anglaise. L'Angleterre n'est qu'un vieil édifice
catholique habité par des protestants. Toute la catholicité a
connu et pratiqué pendant des siècles ces institutions de *self
government* qu'on nous donne pour l'apanage exclusif des
races protestantes. Et M. de Rémusat prétend aussi (*Revue
des Deux-Mondes*) que le protestantisme est plus favorable à
la liberté politique que le catholicisme ; c'est pour cela qu'il
regrette que la France ne soit pas protestante. Et tous ces
hommes politiques en sont là ! Leurs dissertations sur la liberté reviennent à ceci : Ah ! si nous étions protestants ! Ils
veulent pousser la France dans le schisme, et c'est justement
ce qu'elle ne veut pas. En vain tant d'économistes, de philosophes, d'historiens, de publicistes lui rabâchent le bonheur
de l'Angleterre, elle est imperturbable dans sa foi. Ils en sont
désespérés. Ils ont, disent-ils, renouvelé en France les études
historiques ; et ils ne se sont pas aperçus que le jury ou le
jugement par les pairs était de droit commun dans toute
l'Europe catholique jusqu'au xive siècle. Ils ne savent pas
que les souverains ne décidaient rien sans l'assentiment des
États-Généraux, Diètes, Cortès, Parlements, etc. Quant à l'administration, elle appartenait tout entière aux administrés,
comme l'attestent des milliers de chartes et de constitutions.
Ouvrez les *Assises de Jérusalem,* et vous trouverez en action
tout le système du gouvernement anglais, Chambre haute,
Chambre basse, jury, etc. Et Godefroid de Bouillon et ses
compagnons n'avaient pas inventé ce gouvernement ; ils
avaient simplement transplanté en Palestine les mœurs et les
usages de l'Europe catholique.

Sous le nom de communes, les villes jouissaient d'une
constitution républicaine. Il n'y a pas de fait mieux avéré ;
M. Augustin Thierry en a recueilli les preuves par centaines
dans ses documents sur l'histoire du Tiers-État. L'histoire de
la commune de Montpellier, par M. Germain, nous montre
ce qu'était l'existence d'une cité catholique au moyen âge.

Le suffrage universel s'y exerçait dans des conditions de sagesse et de prévoyance dont on a perdu le secret. Le catholicisme est l'âme de la cité. Tous les magistrats juraient sur l'Évangile de demeurer toujours fidèles à l'Église et de protéger en tout et partout le catholicisme. Besançon formait une république analogue. Montpellier était divisé en sept quartiers. Chaque quartier nommait cinq électeurs; sur ces trente-cinq électeurs le sort en désignait sept, qui, joints aux douze consuls sortants, choisissaient les douze nouveaux consuls. Besançon se partageait également en sept quartiers élisant tous les ans, le jour de la Saint-Jean, quatre notables. Ces vingt-huit notables, formant le conseil d'administration, choisissaient quatorze prud'hommes chargés de toutes les affaires d'administration et de police. Mais les prud'hommes instruisaient les affaires criminelles avec le concours des vingt-huit notables. C'est bien là le régime représentatif; c'est l'élection, non pas aveugle et brutale, mais corrigée, épurée, soustraite à l'intrigue et aux passions qui en faussent la sincérité. Le suffrage est universel à sa base; mais les citoyens sont en corporations, ils appartiennent à des groupes d'idées et d'intérêts parfaitement organisés. Il n'y a pas à craindre qu'ils se lancent dans les utopies. Ce n'est pas tout; si l'instinct populaire est consulté, il ne dominera pas exclusivement; les chefs de la cité seront choisis au suffrage à deux degrés, par un petit nombre d'électeurs intelligents et responsables. Encore une fois, ce ne sont pas là des exceptions, et c'est au XVIᵉ siècle que tombent ou s'affaiblissent ces libertés.

Loyseau établit ainsi les attributions du roi de France: 1° faire les lois; 2° avoir le dernier ressort en justice; 3° nommer les magistrats; 4° faire la paix et la guerre; 5° battre monnaie. Nous sommes déjà loin de l'antique liberté. Le légiste est l'ennemi-né des coutumes; son idéal, c'est le roi législateur, à l'instar des empereurs romains: *Quidquid principi placuit, legis habet vigorem.* Loyseau va jusqu'à dire: « Au roi seul appartient faire lois absolues et immuables. » Quelle folie ! Comme si les lois fabriquées de main d'homme ne portaient pas en elles le germe d'une nécessaire caducité ! L'homme peut abroger les lois qu'il fait ; celles qu'il n'a pas faites, il ne peut que les violer. Le droit écrit varie perpétuellement ; le régime des lois et ordonnances mène à l'instabilité, car la tentation de les changer est trop forte pour que le législateur n'y succombe pas. La coutume est la loi vivante et non décrétée d'un peuple, et comme elle est l'œuvre de tous, elle ne peut être abrogée que par tous ; née de l'usage, elle périt par le non-usage. Le pouvoir législatif, tel qu'il était constitué dans les républiques païennes, et tel qu'il fleurit aujourd'hui, suppose l'homme soumis à la volonté de ses semblables. Par la coutume transmise de génération en génération, l'homme est son propre législateur, il ne subit que sa propre loi. Les pays libres ont des coutumes. C'est à la suite de la Réforme que le droit byzantin a supplanté les coutumes presque partout. La manie législative en provient, et la prépondérance des légistes, et la nécessité de volontés étrangères pour le règlement de tous les intérêts, puisque le droit dépend désormais d'une science spéciale, et non plus de la conscience publique manifestée par le témoignage des sages et des prudents.

Pour M. de Rémusat, la liberté britannique date du XVII⁰ siècle. Quoi ! cette époque sanglante serait une ère de liberté ! C'est alors que les catholiques ont été proscrits ; nous avons reçu les épaves du catholicisme anglais ; des régiments irlandais ont passé au service de France afin de conserver intacte leur foi religieuse. Les Mac-Donald, les Mac-Mahon et tant d'autres sont les fils de cette race fidèle. Aucune question politique n'était engagée dans l'accession du prince d'Orange au trône d'Angleterre. Tous les Mémoires du temps nous attestent qu'il n'y avait qu'une question protestante en la forme, et une question de spoliation au fond. Les protestants avaient ravi les biens des catholiques, et, pour plus de sécurité, exigeaient l'extermination des catholiques. Les Stuarts tendaient à la liberté de conscience ; c'est par là qu'ils ont irrité le parti protestant. Guillaume III est venu et a été accueilli en haine de la liberté de conscience. La révolution de 1789 a aussi pris les biens du clergé et de la noblesse. Mais les révolutionnaires de 1688 ne touchèrent pas aux lois constitutives de la propriété, ils se contentèrent d'en profiter. Leurs imitateurs de 1789, plus sophistes encore que cupides, rasèrent l'édifice social pour le rebâtir à neuf. L'Angleterre a donc gardé des propriétaires fonciers, tandis que la Révolution française a aboli le droit de propriété. M. de Rémusat avoue que les gentilshommes campagnards sont la force conservatrice de l'Angleterre. Est-ce qu'il n'y avait pas de propriétaires avant la Réforme? Au xv⁵ siècle, le chancelier Fortescue, *De laudibus legum Angliæ,* dans ses dialogues devenus célèbres, exalte son pays, qu'il compare à l'ancienne Rome et qu'il trouve plus libre qu'elle, parce que toute la nation anglaise concourt à la confection des lois. Ces institutions, la Réforme ne les a pas changées; il est absurde de prétendre qu'elle les a créées. Elle y a introduit sa dureté, son exclusivisme, son mépris des classes populaires.

L'Église était toute-puissante, et elle n'a ni combattu ni étouffé ces libertés : elle vivait avec elles en bonne intelligence. Les Souverains-Pontifes en étaient les protecteurs naturels. Les documents historiques, qui mentionnent la constante sollicitude de l'Église en faveur des libertés publiques, sont innombrables, et ils ne devraient pas être inconnus à M. de Rémusat. Un autre écrivain de la *Revue des Deux-Mondes,* M. Renan, a mieux saisi le caractère de la féodalité; il y voit le principe même des gouvernements libres. Mais la guerre qu'il a étourdiment déclarée au catholicisme le rend injuste et lui ôte la vue nette des choses. Sa conclusion, c'est que le catholicisme est incompatible avec la liberté. La première raison qu'il en donne, c'est que le Pape agit au nom d'un principe de centralisation universelle. La vérité est absolue. Et nos pères ne voulaient pas vivre en dehors de cette vérité. Ils étaient libres parce qu'ils concouraient librement au bien, à l'ordre, à la paix chrétienne. Leurs institutions n'étaient pas une arène où venaient se choquer toutes les doctrines. Tout était rigoureusement catholique; l'hérésie était hors la loi. Les corporations d'arts et métiers se sont maintenues catholiques; elles ont décliné à partir de la Réforme; c'est l'économie politique protestante qui les a tuées. Fondées sur la fraternité chrétienne, véritables confréries, elles n'ont pu soutenir la concurrence des capitaux; la main-d'œuvre a cédé au capital. Aujourd'hui les ouvriers ne se gouvernent plus, et ne s'administrent plus. La corporation formait une union de cœur et d'esprit; ses membres étaient réellement frères en Jésus-Christ. Effacez le principe religieux, et vous n'aurez plus que l'association industrielle de nos jours, association précaire, sans autre but que le gain, et dont tous les membres se jalousent et se tiennent en suspicion.

La dissidence des convictions religieuses détruit l'action commune et l'harmonie. L'intérêt divise les hommes; la religion seule les rapproche; le gouvernement politique de la cité reposait de même sur la religion catholique; tout était soumis à la discussion, sauf le dogme, c'est-à-dire sauf la société elle-même. C'est la condition de toute discussion politique utile et sérieuse. La discussion suppose un terrain commun, les mêmes principes, une même logique. On n'a jamais discuté à Rome la légitimité de la république romaine; on ne discutait pas non plus la légitimité de la république chrétienne. C'était le fondement de tout, l'*aliquid inconcussum*, sans quoi il n'y avait plus qu'à s'entr'égorger. L'Angleterre a fait tous ses efforts pour rester dans l'orthodoxie protestante; il y a à peine trente ans qu'elle a reconnu l'existence des catholiques. Ainsi tout gouvernement se soustrait à la discussion. L'État protestant d'Angleterre ne permettait pas de le discuter; il s'affirmait comme seul vrai, seul possible, seul légitime. La société catholique, s'appuyant uniquement sur un dogme spirituel, laissait un champ plus vaste à la discussion; tout ce qui était politique, temporel, y était soumis; dans la société protestante, les dogmes conservés et l'État, en tant qu'il est uni aux dogmes, y échappent. Le domaine

de la discussion libre est restreint à certains intérêts politiques
renfermés dans le cercle de la constitution protestante.

Pour justifier son paradoxe, M. Renan déclare que « le catholicisme, en accoutumant l'homme à se démettre sur autrui d'une foule de soins, tels que l'éducation des enfants, la
charité publique, la direction de sa propre conscience, offre
en général de graves dangers pour la liberté. » La faiblesse
de cette explication est un excellent argument pour nous.
Est-ce que les protestants ne font pas élever leurs enfants
dans des colléges protestants, comme les catholiques dans des
maisons catholiques? Est-ce que chaque catholique n'exerce
pas la charité comme il veut? L'objection est même incompréhensible, tant elle est futile. Le trait final mérite seul
d'être relevé. La confession prive l'homme de la libre disposition de lui-même. Et cependant, pendant dix siècles, la confession a été plus en usage qu'aujourd'hui, et la liberté politique y était, de l'aveu de M. Renan, générale. M. Renan oublie ce qu'est la confession. Une voie large, droite, commune
à tous, où tout le monde passe et doit passer, est ouverte au
catholique; quand il s'en écarte, le prêtre l'y ramène. Il n'y
a pas d'autre direction. Le prêtre n'inculque pas des idées
particulières à son pénitent; il parle au nom de Dieu, au nom
d'une religion bien connue et à laquelle il ne peut rien changer. Chez les protestants, l'influence du ministre est toute
personnelle, c'est en son nom qu'il parle; il débite les vérités
qu'il a découvertes, et s'il rencontre des gens crédules, le
voilà populaire. Que devient la liberté des ignorants et des
faibles? elle est sacrifiée. Il s'agit ici de la liberté politique;
or, en dehors de sa foi qu'il professe du reste librement, le
catholique est le maître de ses actions, il n'obéit qu'à l'impulsion de sa volonté. Il y a eu des royaumes et des républiques catholiques, et dans ces royaumes et ces républiques,
la plus grande variété d'institutions. L'uniformité n'est pas
inhérente au catholicisme; l'histoire en est la preuve toujours
vivante. Il accepte tous les développements légitimes de la
pensée humaine. Le catholique est d'autant moins gêné dans

ses concessions, qu'il marche sur un terrain plus ferme; les assises de l'édifice sont solides, elles supporteront toutes les fantaisies de l'artiste. L'unité s'épanouissant en mille détails harmonieux, n'est-ce pas l'image de nos cathédrales gothiques et des constitutions du moyen âge? La liberté n'était si grande que parce que l'homme était assuré de sa voie. Qu'avait-il à redouter? il ne craignait que Dieu et l'Église. Le protestant compte avec les pouvoirs humains, il leur abandonne une partie de sa conscience. Le catholique se la réserve tout entière. Aussi est-il éminemment apte à toutes les libertés politiques.

C'est sous Philippe le Bel que la liberté politique commence à déchoir par l'influence des légistes qui introduisent dans l'État les principes du despotisme administratif. Pendant deux siècles, la France humiliée, annulée, se traîne de catastrophes en catastrophes. Une crise sociale éclate au XVIᵉ siècle. La Réforme triomphe dans une partie de l'Europe et sévit cruellement en France. La lâcheté, la connivence des princes, lui prêtent main-forte. Combien s'en est-il fallu que la France ne devînt protestante? Dieu suscita la maison de Guise, et la France entière se rallia autour d'elle. L'hérésie fut vaincue. Le parti catholique fut longtemps maître de la situation; ses plans, ses projets se produisirent au grand jour. Les États de la Ligue, en 1593, montrent la pensée de la France catholique. Un historien moderne, un allemand, un protestant, Ranke, caractérise ainsi le but de la Ligue :

« Les États-Généraux devaient se réunir à des intervalles réguliers; ils exerceraient dans toute leur étendue le pouvoir législatif, ils statueraient sur les finances; le Roi ne pourrait faire aucune levée de troupes sans le consentement des États; quand ils se rassembleront, il ne paraîtra qu'après qu'ils auront rendu leurs décrets, et il sera tenu non-seulement de les confirmer, mais encore de les jurer articles par articles. »

« Les idées catholiques exclusives exerçaient une action exclusive dans la constitution; on interdisait au Roi, sous peine de déchéance, tout rapport direct ou indirect avec les puissances non catholiques et surtout avec les Ottomans; sur la demande des États, il devrait se mettre à la tête de la Croisade contre les uns et les autres; les gentilshommes le serviraient à leurs frais, ils ne conservaient leurs priviléges qu'à ce prix. Il semblait que l'Église fût l'unique fondement de tout droit politique... »

« Cependant les anciennes idées municipales s'ouvraient une plus vaste carrière; les villes ne voulaient recevoir ni garnisons royales ni gouverneurs dans leurs murs, elles percevaient les impôts et en faisaient emploi; elles organisaient des tribunaux populaires. » (*Histoire de France pendant les XVIe et XVIIe siècle*, par Ranke, traduction de Porchat, tom. II, p. 160.)

On n'a rien inventé de mieux que le programme de la Ligue. La constitution anglaise n'est pas plus explicite. Les États-Généraux auraient eu, dès lors, tous les droits que le Parlement anglais prétend avoir conquis en 1688. Ce qui distingue les États de la Ligue, c'est qu'ils sont exclusivement catholiques. Le Parlement anglais a une couleur protestante, parce qu'il régit un peuple protestant; nos États-Généraux auraient eu, par la même raison, une couleur catholique. Il est naturel que le gouvernement *représente* le pays, qu'il en ait les sentiments, les passions. Quelle n'est donc pas la folie de ceux qui essayent encore de nous donner un gouvernement protestant! Ils s'imaginent imiter l'Angleterre, et ils agissent au rebours de l'Angleterre elle-même. Ne nous étonnons pas que les catholiques du xvie siècle aient repris la tradition des âges précédents. Les protestants, par la nature de leur croyance, confondent le spirituel et le temporel; ils ne vivent que par l'appui des princes; et comme ils ont été soutenus par les rois, ils ont étayé le despotisme le plus qu'ils ont pu. Les catholiques, admettant le dogme de la distinction du temporel et du spirituel, sont plus indépendants vis-à-vis de la puissance temporelle; ils connaissent la limite de son autorité, parce qu'ils savent qu'il vaut mieux obéir à Dieu qu'aux hommes. On ne les a jamais vus et on ne les verra jamais tomber dans la servilité dont l'Angleterre a donné l'exemple sous Henri VIII et Élisabeth.

Dans son plan de gouvernement pour le duc de Bourgogne, Fénelon reste fidèle à ces traditions catholiques. Il réclame des États provinciaux pour chaque province et la périodicité des États-Généraux, à qui est réservé le vote de l'impôt. Fénelon insiste sur la nécessité de conserver la noblesse par la perpétuité des majorats. Les publicistes protestants allaient jusqu'à la république, les publicistes catholiques se renferment dans l'ordre monarchique. Cette monarchie chrétienne, divine quant à son origine, limitée dans son action, ils la respectent profondément; et ce n'est jamais par les institutions qui l'accompagnent qu'elle a été renversée. C'est dans les anciens pays d'États que l'affection monarchique s'est le mieux maintenue. Deux courants se rencontrent et se mêlent dans notre histoire : le courant de la liberté vraie et le courant de la liberté fausse. M. Louis Blanc a rattaché la Révolution française au calvinisme, et il a eu raison. L'Assemblée constituante était peuplée de calvinistes ou jansénistes. Les mots de départements, districts, arrondissements, etc., sont empruntés aux délibérations des calvinistes du XVIe siècle. On lit dans l'*Abrégé de l'Histoire de Nismes* de Ménard, continuée par P. L. Baragnon : « Au milieu des guerres religieuses, un auteur né en Dauphiné, dans un ouvrage imprimé à Genève en 1582, proposait, *pour régénérer la France, la sécularisation des biens du clergé, la déportation, le maximum, le mariage des prêtres, la fonte des cloches, la garde nationale, la réunion de la Belgique, du comtat d'Avignon, du Milanais*, etc. » (Tome 1er, préface, 1831.) A trois cents ans de date, tout cela s'est réalisé. Les Jacobins ne sont que des plagiaires. Ainsi, le libéralisme moderne, qui s'inspire de la Révolution française, remonte par ses origines au protestantisme. Sa haine de l'Église romaine n'a plus besoin d'explication.

De ce paradoxe, que le catholicisme est ennemi de la liberté, on a été conduit à cet autre, que les États protestants sont supérieurs aux États catholiques. Et ce sont des écrivains français qui ont été les exécuteurs des hautes œuvres de la pensée protestante. Le ridicule de cette prétention est évident; car, au fond, il ne s'agit que d'une comparaison entre la France et l'Angleterre; mais l'Angleterre est le monde entier pour nos anglomanes. Et quand la France serait écrasée par l'Angleterre, qu'est-ce que cela prouverait contre le catholicisme? La Réforme n'entre pour rien dans la grandeur britannique. Aux débuts de notre révolution, M. Pitt abordait la Chambre des Communes par ces paroles triomphantes: « Je félicite d'avance mon pays des hautes destinées auxqulles vient de l'appeler la révolution de France. » En protégeant l'Europe contre la Révolution française, l'Angleterre s'est ouvert une vaste carrière d'honneur et de prépondérance. Et aujourd'hui l'Angleterre, alliée de la Révolution, à la fois redoutée et méprisée de l'Europe, est saisie de crainte et attend tous les jours un débarquement de l'armée française. Hommage peut-être immérité! Ce qu'il y a de certain, c'est que nos victoires l'empêchent de dormir. De quel secours lui sera sa réforme? Faut-il discuter cette niaiserie que les journaux nous débitent sur tous les tons, que la Réforme est la mère du commerce et de l'industrie? Est-ce que la Suède, le Danemarck, la Norwége, aussi protestants que l'Angleterre, ont plus de commerce ou d'industrie que tel autre État catholique de même étendue que nous pourrions citer? Est-ce que Venise, Gênes, n'étaient pas autrefois tout aussi commerçantes que l'Angleterre, quoiqu'elles fussent incontestablement catholiques? C'est un parti pris; la mauvaise foi en impose à l'ignorance, et il devient difficile de ramener le public de son erreur. Ne nous vante-t-on pas sans cesse la prospérité de l'Angleterre? Et par un habile tour d'escamotage, on oublie de mettre en regard de cette prospérité réelle la masse des misères qui l'atténuent. Ah! c'est que le paupérisme est le fils légitime de la Réforme, et qu'il dévore l'Angleterre.

A entendre les sophistes de nos jours, on dirait que le *self government* est un produit de la Réforme. Et cependant une multitude de textes nous apprennent que la politique des rois francs laissait à chaque peuple de la Gaule le droit de suivre ses coutumes et de n'être jugé que par elles. Ainsi, le droit de s'administrer librement et de n'être jugé que par des magistrats électifs ou un jury national, était solennellement reconnu à toute la population. Le régime municipal et le jury ont, en France et dans le reste de l'Europe, précédé de deux siècles la Réforme. Les municipes romains périssaient sous les exactions du fisc; les curiales responsables des impôts étaient asservis à leur charge; et le Code théodosien est plein de textes pour les ramener de force à la Curie quand ils se sont échappés. Salvien nous fournit là-dessus les renseignements les plus intimes. A la fin de l'Empire romain, les municipes n'existaient que de nom et comme machines fiscales. Le régime municipal a repris vigueur sous les Barbares; les populations n'étant plus pressurées par le fisc, ont respiré. Ce résultat est dû à la politique catholique. Les Barbares venaient, appelés par les vœux des peuples soumis à l'Empire. Les chrétiens assistaient aux invasions avec impartialité; les malheurs des Romains les touchent médiocrement. Les conquérants, de leur côté, se rattachent à la population chrétienne par la communauté d'origine. Ils dirigent uniquement leurs coups contre Rome. Un historien contemporain, Paul Orose, raconte la prise de Rome par Alaric, et nous expose *quomodo Roma per Gothos irrupta fuerit, deprœdata et incensa, solis christianis tutis et liberis.* (*Histoire universelle*, 7e liv., ch. 3.) Convertis au christianisme, les Barbares, que rien ne séparait plus des peuples romanisés, trouvèrent tout simple de leur laisser l'entière franchise de leurs usages; or, le christianisme était alors tout-puissant.

Si la Réforme a fondé la liberté, pourquoi Luther a-t-il publié un livre *de Servo arbitrio*, et pourquoi Calvin se montre-t-il aussi fataliste que Mahomet? Le libre examen n'a jamais été respecté par le protestantisme, témoin la persécution sourde qu'il continue à exercer sur les catholiques. N'en déplaise aux publicistes protestants, la France n'a pas donné sa démission : et quand ils l'accuseraient mille fois d'être esclave, elle ne se soucierait pas d'échanger sa liberté actuelle contre celle qu'ils préconisent. Ils n'injurient la France que parce qu'elle est catholique : c'est à cause de cela qu'elle est en butte à leurs insultes, quoique le plus souvent ils vivent de son budget. Quant aux Anglais, ils sont hors d'état d'apprécier les mœurs des nations étrangères ; leur outrecuidance, leur mépris de la vérité, les aveuglent. Ils nourrissent contre les autres nations cet *hostile odium* que Tacite reprochait aux Juifs de son temps. Nous ne les empêchons pas d'exalter leur liberté ; mais nous leur dirons que leurs institutions sont antérieures à la Réforme et que la Réforme les a rendues dures et oppressives, de douces et chrétiennes qu'elles étaient quand le souffle catholique les animait. Quelle liberté la Réforme a-t-elle apportée à l'Irlande ? Et le peuple condamné au travail servile des mines doit-il sa misère au catholicisme ? Les deux tiers de l'Angleterre ont été évincés de la sécurité sociale par un petit nombre de protestants qui se sont arrogé tous les droits en s'emparant de toutes les terres autrefois possédées par des catholiques.

En ce moment, la ligue démocratico-protestante dresse toutes ses batteries contre l'Église et les peuples catholiques. La valetaille russe nous prêche la liberté avec une aisance qu'envieraient les rédacteurs du *Siècle*. La liberté européenne est menacée au nom même de la liberté ; et en France l'opinion des classes lettrées faussée ou pervertie incline à une séparation totale de l'Église et de l'État. C'est sur l'athéisme politique qu'on rêve d'élever la liberté. Les pays protestants n'ont conservé les anciennes institutions que parce qu'ils n'ont pas entièrement rompu avec le catholicisme ; ils en ont gardé ce qui touche le plus à l'intérêt social, l'union de l'Église et de l'État. L'Église y soutient l'État et l'État y soutient l'Église. La religion est là ce qu'elle était dans l'ancienne Rome, une annexe de la politique. Aucun État n'a été fondé que la religion ne lui servît de base, vérité de tous les temps, chez les chrétiens comme chez les païens. Les États protestants, vantés par nos publicistes et nos philosophes, en sentent la nécessité et ils s'y cramponnent d'une adhésion ardente. Certes, personne ne suppose qu'il y ait beaucoup de *croyants protestants* dans la Chambre des Lords et dans la chambre des Communes. Lord Palmerston et lord Derby pensent aussi librement que M. Havin ; mais ils savent, ce que ne sait pas M. Havin, que la plus mauvaise des religions vaut mieux que l'athéisme. Et, quoique au point de vue du dogme et de la pratique individuelle, le protestantisme ne soit qu'une religion nominale, il vit politiquement par le repos de dimanche, par les propriétés ecclésiastiques, et par l'attestation officielle que la nation anglaise croit au Dieu des chrétiens. Les doctrinaires et les libéraux se sont dit : « Protestantisons la France. » Mais ce n'est pas aisé, et c'était remplacer un problème par un autre plus difficile. On ne change pas la religion par des décrets et des articles de journaux ; ce n'est pas ainsi qu'elle a été changée en Angleterre, en Suède, etc. Il faut noyer un pays dans le sang et exercer de vastes spoliations. La Révolution y a échoué. Un État athée ou purement rationnel ne pouvant subsister, force est aux peuples catholiques de donner le catholicisme pour base à la liberté. Et cela signifie seulement que l'État s'attache aux dogmes catholiques comme bases de l'ordre social.

Le protestant n'est pas tenu de croire, puisqu'il *proteste*, et que sa protestation n'a d'autre limite que son caprice. Aussi le pharisaïsme protestant sacrifie tout à l'apparence : ses formes si libérales cachent une servitude réelle. Dans un pays catholique, si la liberté n'est pas garantie par le droit public, elle l'est par les mœurs, et par un sentiment d'égalité chrétienne qui met à la puissance souveraine des bornes plus sûres que nos chartes et nos constitutions modernes. La France de Louis XIV était plus libre que l'Angleterre de Guillaume III. Nos historiens voient partout la lutte du despotisme et de la liberté ; ils seraient dans le vrai s'ils y voyaient, pour l'époque moderne, la lutte du protestantisme et du catholicisme. La gloire de Louis XIV, c'est de l'avoir compris. Les derniers échos de la grande politique catholique expirent sous son règne. Il est inique de nier la liberté parce que ses éléments complets ne se rencontrent pas toujours. Le régime municipal a persisté en France jusqu'en 1789, ainsi que de beaux restes de libertés provinciales, judiciaires, etc. L'absence d'États-Généraux réguliers nous a seule jetés dans les expériences révolutionnaires. La maison de Bourbon qui occupait les trônes du midi de l'Europe fut assurément la moins despotique de toutes les maisons royales. On pilerait tous les Bourbons dans un mortier, disait Louis XVIII, qu'on n'en ferait pas sortir un grain de despotisme. Une politique inspirée par une fausse idée de grandeur et par le souvenir des troubles du seizième siècle, a mis les princes de cette race en garde contre les traditions nationales et leur a suggéré la pensée d'un gouvernement de plus en plus personnel. La Fronde remua toute la France sans y semer un seul principe de liberté. Il n'y est pas question de libertés politiques. Le cardinal de Retz voulait être premier ministre ; le prince de Condé n'avait pas l'étoffe d'un usurpateur, et ne savait ce qu'il voulait. Le peuple s'est reposé de ces turbulences sans but, de ces guerres civiles sans dignité, dans le calme majesté du règne de Louis XIV.

Il n'y a pas de rapport nécessaire entre la politique de la maison de Bourbon et le catholicisme. Réduite à son expression la plus simple, l'objection de nos adversaires est celle-ci : Voilà deux ou trois cents ans qu'il n'y a plus d'États-Généraux en Espagne, en France, en Italie, pays catholiques. A cela nous répondons que la représentation nationale a existé pendant dix siècles dans ces pays et dans le reste de l'Europe alors catholique. La prescription est en notre faveur. Si le catholicisme est ennemi de la liberté, pourquoi l'a-t-il protégée si longtemps quand il était tout-puissant ; et comment, aujourd'hui qu'il n'a presque plus d'influence politique, serait-il responsable de l'amoindrissement de la liberté ? Les principes politiques de la Réforme ont envahi les pays catholiques ; ils ont malheureusement séduit les souverains en leur offrant la perspective d'un accroissement de pouvoir, et en facilitant leur désir de s'immiscer dans les choses spirituelles. La décadence est venue de là. L'harmonie rompue entre le spirituel et le temporel, les États catholiques se sont arrêtés, affaiblis, tandis que les États protestants, fermes sur la confusion des deux pouvoirs, se sont rapidement développés. Les pays catholiques ignorent la confusion des pouvoirs ; l'Église consacre l'union des deux pouvoirs dans l'indépendance. La liberté sincère et vraie n'est possible qu'avec le catholicisme ; le régime de la discussion illimitée conduit à l'anéantissement total, puisqu'on peut nier la raison elle-même et l'ordre social. C'est le dogme qui soutient la discussion et la rend fructueuse. La discussion doit aboutir à une conclusion, et la conclusion suppose des principes communs dont elle est tirée ; on a raisonné dans tout le cours du moyen âge infiniment plus qu'on ne raisonne aujourd'hui. La liberté de conscience et de pensée a substitué l'observation individuelle au raisonnement. Plus de motifs généraux de crédibilité ; chacun ne relevant que de soi-même, n'a plus besoin d'avoir raison, c'est-à-dire de croire sur des motifs légitimes et reconnus ; il consulte sa raison à lui, son sens intime, et il n'a pas à se justifier à son propre tribunal, où il serait juge et partie.

La discussion et, par conséquent, la liberté sont de l'essence du catholicisme ; mais c'est la liberté de concourir à un but commun. La liberté révolutionnaire ou absolue n'est que la lutte des idées contradictoires, lutte qui engendre un choc stérile. La liberté chrétienne supposant les principes sociaux, n'ouvre la discussion que sur les moyens pratiques de les réaliser. On peut s'entendre quand on ne diffère que du plus au moins. Nos assemblées révolutionnaires se lancent d'abord à la recherche des droits de l'homme et disparaissent avant de les avoir trouvés ou appliqués. Les anciennes assemblées catholiques administraient, jugeaient, en un mot, gouvernaient ; elles ne dogmatisaient, ni ne professaient. La liberté est un fait, une action, non une théorie. On déclame sur les droits de l'homme quand on est sans droits. L'homme libre participe sans emphase aux affaires publiques. Aux époques catholiques, chacun avait sur soi droit d'administration et de justice, ce qui est la liberté politique dans sa plus large extension. Chacun ayant une connaissance approfondie de sa foi et, partant, des principes sociaux, était apte à en déduire les conséquences et à en surveiller l'application. Voilà pour l'administration. Quant à la justice, il y avait une conscience publique; et cela est vrai à la lettre, puisqu'il y avait une masse totale d'hommes ayant même religion, même morale, mêmes principes sociaux. La conscience publique n'est que l'unanimité des sentiments; elle a disparu de nos sociétés livrées au doute et à l'individualisme. Elle a été remplacée par l'*opinion publique*. L'opinion! ce qui est extérieur, changeant, la surface des choses, la mobilité des appréciations! La conscience! ce qui est immuable, profond, universel! Tout est dans ces deux mots. Qu'est-ce que le jury? L'attestation de la conscience publique représentée par douze citoyens; d'où l'unanimité encore exigée en Angleterre. Institution naturelle et répandue autrefois à tous les degrés de la hiérarchie sociale; restreinte et mal comprise de nos jours, parce qu'elle n'est plus l'écho de la conscience gouvernée par les dogmes, mais de l'opinion vague, flottante. Aussi notre jury se décide-t-il à la majorité des voix : les opinions ne sont-elles pas libres? Mais la conscience n'est pas la liberté de l'opinion, c'est l'asservissement de la pensée et du jugement au devoir et à la vérité. La conscience est une chaîne qui nous lie. C'est le seul frein capable de suppléer à la force brutale. A son ombre et sous sa protection fleuriront toutes les libertés politiques. La conscience est un fruit du catholicisme.

Laissons les journalistes anglais et russes protester. Leurs calomnies et leurs injures contre la France et le catholicisme ne nous surprennent pas; mais c'est un malheur et une honte qu'un si grand nombre d'écrivains français s'y associent, et que tant d'autres dont le devoir serait de parler, ne fût-ce que par patriotisme, gardent un lâche silence.

7 septembre 1839.

VIII

L'histoire du droit explique les révolutions sociales ; car le droit, disaient les anciens jurisconsultes, c'est la vie. La famille, la propriété, la religion, forment l'ordre social par leurs rapports ; l'altération de ces rapports détermine dans l'État ces maladies qu'on appelle bouleversements, réformes, etc. Il était donc légitime de suivre toute l'évolution juridique pour avoir la raison des événements comtemporains. Ce n'est pas seulement la France qui s'enivre à la source du droit romain ; toutes les nations européennes y boivent tour à tour ; elles succombent aujourd'hui à l'état de langueur que leur a légué Bysance. Le droit bysantin a énervé les monarchies chrétiennes, en exaltant l'orgueil des princes, en effaçant les conditions chrétiennes du pouvoir. Justinien est le législateur moderne ; l'Angleterre exceptée, il règne par ses lois sur tous les anciens pays d'obédience romaine. Nous avons vu récemment les avocats de Naples invoquer les constitutions impériales. Ces princes italiens si aisément renversés ne vivaient-ils pas sous le droit romain ? Depuis 1796, ils n'ont fait aucun effort pour revenir aux coutumes chrétiennes. La constitution des principautés et des républiques chrétiennes en Italie amortissait la force de la Révolution. Les désastres éprouvés par le Saint-Siége devaient naturellement rendre la prépondérance à l'élément gibelin, au principe païen, au système de l'unité. Cette unité est un instant réalisée par Napoléon, descendant de race gibeline, héritier des empereurs allemands du xiie siècle aussi bien que des Césars, et qui prenait possession de l'Italie « par droit de conquête et par droit de naissance. » Le césarisme ne réussit que s'il est exercé en grand, par un monarque universel ; de petits princes y sont impuissants et ridicules. La tentative de Napoléon n'a manqué que par une circonstance fortuite, par l'expédition de Russie, qui ne rentrait pas essentiellement dans son système, car la

Russie a le césarisme, qui est le czarisme, mots qui ne diffèrent pas plus que les idées qu'ils expriment. Les analogies sautent aux yeux ; il est évident que le czar est souverain pontife, qu'il est propriétaire de son empire, qu'il est la loi vivante, et que la noblesse russe n'est que nominale. L'héritage de Bysance a passé aux peuples slaves comme aux peuples de l'Occident. L'alliance entre la Russie et la Révolution ne serait donc pas imprévue. Le rêve des deux empires d'Orient et d'Occident n'est pas irréalisable. Les deux empires, par l'unité de vues et de principes, n'en seraient bientôt qu'un, les empereurs ne paraissant être que les gérants d'une chose commune et indivise. Par le principe juridique de l'indivision, le monde romain avait plusieurs empereurs sans que l'unité de l'empire en fût brisée.

Tout récemment, un journal rappelait que Constantin avait le titre de *Pontifex maximus* ; dans son zèle ignorant, il s'imaginait même que Constantin était le souverain pontife des chrétiens, tandis que le titre ne regardait que les païens. Ce journal et mille autres journaux caressent l'idée de voir les empereurs modernes souverains pontifes. C'est une idée fixe. Napoléon y a échoué, quoiqu'il s'y fût pris adroitement et qu'il eût le prestige de la force et l'ascendant irrésistible du succès. Combien de fois n'a-t-il pas regretté de ne pas commander aux âmes, et ne s'est-il pas indigné contre la fatalité qui les soustrayait à son empire? Les révolutionnaires italiens nourrissent le projet de déclarer souverain pontife le roi d'Italie ; leur seul embarras, c'est de tromper les peuples : ils attendaient beaucoup de M. de Cavour ; mais le pauvre homme est resté en chemin. C'est par les doctrines des légistes qu'on organisera la papauté laïque. Cette tradition est essentielle au droit romain. La royauté primitive de Rome, cette royauté patriarcale, d'où est sorti, par voie d'antagonisme, tout le mouvement juridique, joignait au pouvoir politique le pouvoir religieux. Virgile, si curieux des antiquités, le constate :

Rex Ancus, rex idem hominum Phœbique sacerdos.

L'oligarchie se partage ensuite les fonctions de la royauté aristocratique; le titre de souverain pontife demeure, en même temps que la religion cesse d'être une affaire de conscience et de tradition, pour devenir une affaire de police, un règlement d'administration publique. Les empereurs revendiquent l'héritage avec empressement, et s'en arment contre le christianisme. Le *Pontifex maximus* païen et le *Pontifex maximus* chrétien sont aux prises pendant trois siècles : le premier toujours victorieux, le second toujours immolé. Après quoi, Constantin arbore la croix, et il n'y a plus qu'un seul *Pontifex maximus*. Celui-là est de droit divin; il triomphe par le martyre. Les Italiens qui songent à lui donner un rival, savent qu'ils recommenceront la guerre des premiers siècles, guerre d'extermination qui a usé les empereurs romains et la Révolution française, et qui usera la Révolution italienne et les autres révolutions, jusqu'à la fin du monde.

Les legistes prétendent que l'Italie est restée soumise au droit romain depuis la chute de l'Empire; que le droit romain y a été le droit commun, le droit canonique étant partout l'exception et ne venant qu'en supplément. L'assertion n'est qu'à moitié vraie. Il est arrivé en Italie ce qui est arrivé en France; les légistes ont insinué le droit romain peu à peu, affaiblissant par mille interprétations les coutumes chrétiennes, présentant d'abord leur science sous son aspect le plus favorable et le moins dangereux. D'autant plus que la procédure du droit n'avait pas dû changer en même temps que les principes du droit. C'est à ces débris de droit que s'attachèrent les légistes pour reconstruire le corps entier de la jurisprudence bysantine, en empiétant, malgré les Papes, sur le fond du droit, en faisant prévaloir dans les universités et dans les tribunaux la maxime que le droit romain était le droit commun et la raison écrite. Cette maxime se propagea plus lentement en Allemagne, où la féodalité avait jeté de profondes racines; elle parvint cependant à y étouffer l'esprit national, en dénaturant graduellement l'autorité et le caractère des coutumes. C'est cette cause, ancienne et nouvelle, qui a arrêté l'Allemagne dans son développement historique et qui l'expose à une prochaine révolution. La réforme que les princes y ont opérée aux XVIe et XVIIe siècles s'était entée sur les principes du droit romain. Le désir d'être tout-puissant et de s'emparer des biens ecclésiastiques avait guidé les princes. La France, par une politique machiavélique et toute païenne, dont elle sent aujourd'hui les effets, seconda ce mouvement. La victoire de la Réforme a amené l'érection de la Prusse, et par suite la constitution contradictoire de l'Allemagne, qui nous offre un mélange d'anciennes formules et de droit nouveau.

Qu'est-ce que le couronnement du roi de Prusse? Que signifie le couronnement des rois à une époque où le peuple seul est souverain? En d'autres temps, ce symbole répondait aux plus hautes réalités de l'histoire et aux sentiments les plus populaires. La distinction des pouvoirs était un dogme social. Le pouvoir temporel venait de Dieu; et comme il ne s'exerçait pas seulement sur des hommes, mais sur des chrétiens, il demandait à l'Église une consécration religieuse, et les rois étaient dits les oints du Seigneur. Le Roi croyait à l'origine divine de son pouvoir; et cette croyance efficace se traduisait en acte. Il pliait le genou devant l'Église, et recevait la couronne des mains du prêtre, représentant de Dieu. La cérémonie du sacre unissait les deux pouvoirs dans une alliance indissoluble. Les écrivains qui y voient l'humiliation de la royauté méconnaissent les conditions du pouvoir chrétien et la dignité de l'homme. Le roi s'humilie devant Dieu; cette humiliation constate le caractère divin de son autorité. Le sacre garantissait les libertés des peuples : le prêtre consécrateur interrogeait le Roi, et le Roi jurait de protéger l'Église et de défendre les droits de ses peuples. Au sacre de Charles X, à Reims, certaines clauses du formulaire, relatives aux droits des peuples, furent *prudemment* omises; les institutions chrétiennes ayant disparu, le sacre perdait une partie de sa signification politique. Le sacre paraît même singulier dans le système gallican, car il symbolise la suprématie du spirituel sur le temporel. On a beaucoup disserté là-dessus.

Les rois se sont débattus contre la suprématie du Pontife romain avec autant de raison que des fils qui récuseraient l'autorité paternelle. Cette autorité papale ou paternelle relevait les princes et assurait la paix des empires en y intéressant la conscience même des sujets. En rejetant la souveraineté de Dieu, les princes se sont heurtés à la souveraineté du peuple. Avant d'arriver là, ils essayèrent de leur propre souveraineté. Dans le système gallican, le Roi ne reconnaît en effet d'autre souverain que lui-même; et il se fait sacrer par un Évêque son sujet. Quel est le droit d'un Évêque sur la France? Il est nul évidemment, l'autorité de l'Évêque étant limitée à son diocèse. Le Roi est-il tenu à la subordination vis-à-vis d'un Évêque? Non encore. La cérémonie du sacre était d'ailleurs considérée par les légistes comme purement énonciative de droits, elle ne changeait ni n'ajoutait rien au droit royal. Dès lors, à quoi bon? Dans la monarchie chrétienne, le Roi ne voit au-dessus de lui que Dieu, et par conséquent son Vicaire, à qui le pouvoir a été donné sur toute la terre; c'est donc par le Pape ou par ses délégués qu'il recevait l'onction sainte. La juridiction du Pape, qui s'étend au monde entier, embrasse tous les royaumes. Rien n'était fictif dans le droit chrétien. Le Roi tenait sa couronne de Dieu; cela signifiait en droit que le Roi était le vassal de Dieu et tenu envers lui à l'obéissance et à la fidélité.

La fameuse question du pouvoir des Papes sur les rois est bien simple; elle se réduit à savoir si les rois sont ou non catholiques, car s'ils sont catholiques, la raison nous dit qu'ils ont en cette qualité des devoirs envers Dieu et envers son Vicaire ici-bas. Ce pouvoir des papes, quoique très-direct, ne portait aucune atteinte à l'indépendance des couronnes, puisqu'il rentrait dans la juridiction religieuse. C'est en souvenir de ces antiques traditions qu'a eu lieu le couronnement du roi Guillaume. Ce roi est certainement un archéologue distingué, et la cérémonie où il a figuré en première ligne a eu toute la couleur locale possible. Néanmoins, rien ne révèle mieux l'état de trouble et de confusion où la Réforme a jeté les esprits en Allemagne. En Angleterre et sur le continent, les journaux ont trouvé mauvais que le roi de Prusse invoquât le droit divin ; ils ont curieusement cherché ce qu'il pouvait y avoir de divin dans la maison des Hohenzollern et dans la façon dont s'était formé le royaume de Prusse. La religion est placée entre l'homme et Dieu pour établir la communication des choses divines et humaines. Elle imprimait au droit le caractère divin par la sanction qu'elle y ajoute. La Réforme a détruit ce caractère du droit en supprimant la religion ; et elle supprime la religion, parce qu'elle supprime le sacerdoce, par lequel seul la religion est vivante. Dès lors plus d'intermédiaire entre l'homme et Dieu. L'homme atteint directement Dieu par sa pensée et se pose lui-même en dieu. C'est en vertu d'un droit philosophique que le roi de Prusse se déclare roi de droit divin. Aucun de ses coreligionnaires n'avait mission pour le sacrer ou le couronner ; tous les protestants sont égaux, et nul n'a, de droit divin, autorité sur un autre.

Dans cette conjoncture, le Roi a pris lui-même la couronne et l'a mise sur sa tête : il s'est couronné de ses propres mains. C'est ce qu'il appelle recevoir sa couronne des mains de Dieu. Napoléon aussi se couronna lui-même à Notre-Dame, en 1804 ; ne comprenant pas plus le symbolisme catholique que le catholicisme, entouré d'individus à qui il craignait de déplaire, il crut qu'il s'abaisserait en recevant la couronne des mains d'un autre, et il intervertit les rôles en annulant l'action du Pontife. Le couronnement est un contrat entre Dieu et le Roi : et les deux volontés qui forment le contrat doivent être distinctement exprimées. Il est évident que celui qui se couronne lui-même n'ajoute rien à sa personnalité et ne change pas la nature de son droit. Le couronnement est une cérémonie essentiellement bilatérale. Ainsi les pays protestants ont pu conserver les formules d'un droit dont ils ont depuis longtemps perdu l'essence et la réalité. Le rationalisme gagne chaque jour du terrain en Allemagne ; nous touchons au moment où les peuples ne voudront plus reconnaître d'autre Dieu qu'eux-mêmes ; ce qui simplifierait le droit divin.

Mazzini a déjà lancé le mot d'ordre : Dieu et le peuple. Le peuple n'a pas besoin d'avoir raison pour valider ses actes, dit J.-J. Rousseau. Pourquoi ne s'appliquerait-il pas la maxime du Digeste : *Quidquid principi placuit, legis habet vigorem?* N'est-il pas le peuple souverain, le *populus imperator*, dont parle Tacite? C'est le peuple qui commence à se remuer en Allemagne et à secouer les langes de la Confédération germanique. Il rêve la grande unité ; et pour l'accomplir, il tourne les yeux sur le roi de Prusse, *roi par la grâce de Dieu.* Avant de passer chef de la révolution italienne, Victor-Emmanuel était aussi, à ses débuts, un roi par la grâce de Dieu.

Nous avons attribué à l'influence du droit romain le mouvement rationaliste et démocratique de l'Allemagne. Pour qui aura suivi depuis deux siècles le travail intérieur des esprits et étudié les monuments de la jurisprudence, notre assertion n'aura rien que de vraisemblable. Malgré quelques protestations, le droit romain a paru, de l'autre côté du Rhin, la raison écrite. Tous les travaux de l'érudition, tant en France qu'à l'étranger, ont eu pour but de glorifier Rome païenne. Voici ce que nous lisons dans le *Premier avertissement* de Bossuet aux protestants : « Je ne sais s'il y eut jamais dans un grand empire un gouvernement plus sage et plus modéré qu'a été celui des Romains dans les provinces. » Et certes, à un certain point de vue, ce jugement de Bossuet n'est pas exagéré : si l'on admet l'idéal des Pandectes, il faut avouer qu'il a été réalisé par les Romains. Les admirateurs du mécanisme administratif ne verront rien de plus complet. Si Bossuet avait approfondi la théorie de la monarchie chrétienne ; si, au lieu de croire sur parole que le droit romain est la raison écrite, il avait pénétré l'esprit de nos coutumes, il aurait sans doute porté un autre jugement.

Le système féodal, qui n'était plus compris au temps de Bossuet, se résume en ce principe : que le gouvernement découle de la propriété. Le système byzantin part de ce principe : que le gouvernement est dans la volonté du prince. C'est entre ces deux systèmes qu'ont oscillé les peuples européens, se rapprochant de l'un ou de l'autre, les mêlant en proportions diverses. Autant qu'il est permis d'en juger par les apparences, nous allons assister au triomphe général du système byzantin. Le droit romain a été l'agent de cette longue évolution historique, qui ramène les principes et les idées de la Rome païenne sur les débris de la Rome chrétienne. La Réforme du xvi° siècle fut, avant tout, une guerre sociale, une guerre à la propriété, et dans tous les pays les biens des catholiques en ont fait les frais. Elle produisit ce double résultat de détacher du catholicisme une partie de l'Europe et de paralyser la partie demeurée fidèle. Le principe byzantin se glissa dans les pays catholiques ; vaincue dans l'ordre religieux, la Réforme y persistait dans l'ordre purement civil et politique. Les peuples catholiques, en garde contre les hérésies, l'étaient moins contre les ruses des légistes ; et les gouvernements purent dévier, sans trop choquer les instincts populaires. L'Espagne et le Portugal, ces deux nations si catholiques, étaient envahis par le droit romain ; dans les écoles, dans les livres, autour des princes, on ne parlait que droit romain. Quand on lit les grands traités de législation de Suarez, de Molina et de tant d'autres, on est tout étonné de la place qu'y occupent les doctrines du droit romain. C'est à grand' peine si les dispositions du droit national et coutumier y sont respectées ; les auteurs inclinent toujours à donner force au droit romain ; ils n'en rejettent que ce qui est formellement hérétique, comme le divorce, etc. Ils écartent obstinément cette grande loi de l'histoire qui veut qu'un peuple produise son droit par le libre exercice de sa raison et de sa conscience dans les actes multipliés de la vie civile.

Nous affirmons qu'il y a eu un droit chrétien, parce qu'il y a eu des peuples chrétiens. Pourquoi les jurisconsultes catholiques n'ont-ils pas dégagé le droit chrétien ? pourquoi n'en ont-ils pas précisé les principes et déterminé les applications ? Ils auraient dirigé les rois, éclairé les peuples. La plupart des traités de droit, tant en Espagne où ils sont écrits par des religieux, qu'en France où ils sont écrits par des protestants, contiennent les théories des jurisconsultes romains sur l'esclavage. Et c'était une portion notable du droit romain. Grâce à l'enseignement public, la théorie de l'esclavage était devenue une espèce de principe de droit public ; la tendance des légistes et des tribunaux était de l'appliquer autant que possible. La torture, renaissant au xvi° siècle, nous vient directement des légistes et du droit romain ; par une suite d'interprétations subtiles, on arrivait à soumettre les hommes à la procédure servile ; on considérait les prévenus et les accusés comme des esclaves. Il fallait bien diviser les hommes en libres et en esclaves, puisque les jurisconsultes romains nous assurent que cette division est fondamentale ! A quoi auraient servi tant de textes des Instituts, du Digeste et des Constitutions impériales, si la procédure chrétienne du jury avait continué d'être en usage ? Au xvi° siècle, l'esclavage reparaît avec tous les caractères de l'esclavage païen, non en Europe, il est vrai, mais en Amérique, où il est importé par les armes de l'Espagne. Nous sommes loin d'accuser les conquérants espagnols ; ils ont obéi aux idées de leur temps ; les rois et les gouvernements y étaient façonnés depuis cent cinquante ans. L'occasion était trop belle pour être manquée. L'Église se présenta pour diminuer et consoler cette plaie de l'esclavage : les hommes politiques, les érudits ne s'en inquiétaient pas, ils pensaient au commerce et à l'industrie ; ils calculaient le bénéfice des conquêtes, et se réjouissaient de la renaissance de la civilisation !

29 octobre 1861.

IX

Le socialisme romain ou byzantin nie le droit de propriété, puisqu'il attribue la propriété à l'État, au prince. La féodalité, qui est le système contraire, attribue la principauté à la propriété. Et c'est sur ce fondement qu'elle établit les relations sociales. « Les possesseurs de biens-fonds, dit Boling-

broke, sont les vrais propriétaires de notre vaisseau politique ;
les rentiers, comme tels, n'y sont que des passagers. » (*Réflexions politiques sur l'état de l'Angleterre.*) Les princes,
à l'origine, ne sont-ils pas des propriétaires indépendants?
Les institutions reposaient sur le droit de propriété. C'est à
titre de propriétaires que les vassaux devaient le service militaire et le service judiciaire, depuis le dernier degré de la
hiérarchie sociale jusqu'au premier. La propriété était une
fonction sociale, tandis qu'aujourd'hui la fonction est détachée de la propriété et s'exerce à titre de rémunération et de
service payé.

L'ancienne coutume de Normandie renferme les lois fondamentales de la monarchie française ; c'est là qu'il faut les
chercher. Il n'est même pas nécessaire de remonter si haut,
puisque la coutume de Normandie est descendue en Angleterre avec Guillaume le Conquérant. On n'a qu'à consulter à
cet égard les travaux du jurisconsulte normand Houard. Il y
a d'autres témoignages que celui de Houard. Le continuateur des *Ordonnances* s'exprime ainsi dans son éloge de
Laurière : « Il s'appliqua particulièrement à l'étude des lois
d'Angleterre, parce qu'elles ont beaucoup de conformité avec
les anciennes coutumes de la France, qui furent portées dans
ce pays par Guillaume le Conquérant, et qui s'y sont conservées presque sans altération. » Un fait aussi éclatant que la
conquête d'Angleterre s'est passé dans le même siècle, c'est
la conquête de la Terre-Sainte par les Croisés. Les *Assises de
Jérusalem* ne sont que la coutume française, coutume non
écrite en France, et qu'une heureuse nécessité forçait de rédiger pour échapper à la diversité des interprétations. En Angleterre, la coutume française se précisa et se retrempa par
une application plus vive et plus violente. C'étaient là des
constitutions chrétiennes ; il ne s'y mêlait aucun souvenir de
droit romain. Comment M. Guizot, dans un récent ouvrage
sur l'*Église et la Société chrétienne*, a-t-il pu reprocher à la
Papauté de s'être alliée au pouvoir absolu? Toute l'histoire
proteste contre cette inculpation. Le droit romain ne rencontre

que les Papes pour adversaires. L'Église n'intervient dans les mille circonstances de la vie politique des peuples que pour consacrer les serments sans cesse prêtés par les rois et les magistrats de défendre les libertés et les coutumes nationales. Toutes les chartes l'attestent : les actes de la Papauté sont dans le même sens.

C'est malgré les Papes et contre eux que s'accomplit la révolution du XVIᵉ siècle ; et elle s'accomplit par les princes, à l'aide des doctrines du droit romain, prêchées par les légistes, ces infatigables ennemis de la Papauté. En France, la Papauté s'associait aux efforts de la Ligue, qui prenait son point d'appui dans les anciens principes de liberté politique et municipale. L'historien allemand Ranke n'hésite pas à le reconnaître en reproduisant les plans de gouvernement que devait appliquer la maison de Guise, si elle eût été appelée au trône. Où sont ces rois absolus avec qui la Papauté a contracté alliance ? Les rois de France et d'Espagne sont les seuls à qui s'adresse cette qualification de rois absolus dont les historiens sont si prodigues quand il s'agit de princes catholiques, et dont ils sont si avares quand il s'agit de princes protestants. L'Europe protestante ou schismatique est-elle étrangère à l'absolutisme ? Qui oserait comparer, pour la douceur et la liberté des relations sociales, la Suède, le Danemark, la Russie, la Prusse, à la France du XVIIᵉ et du XVIIIᵉ siècle ? Ah ! depuis 1789 la France a pu apprendre ce que c'était que le pouvoir absolu ! N'y a-t-il pas quelque grossièreté à jeter la qualification d'absolus à ces rois débonnaires dont l'absolutisme théorique s'arrêtait devant le moindre obstacle, et qui se sont, par philanthropie, jetés dans le gouffre des révolutions, en y entraînant leurs peuples ? Ils espéraient, par ce sacrifice, sauver leurs peuples, que ce sacrifice perdait. La majesté royale vient-elle à disparaître par quelque attentat, dit Shakespeare dans *Hamlet*, à la place qu'elle occupait il se forme un abîme, et tout ce qui l'environne s'y précipite. Quoi qu'il en soit, entre les Papes et les rois de France, il n'y eut jamais de solidarité ; il y eut même entre eux de graves dissentiments. Que prétend

M. Guizot? Les Papes devaient-ils rompre avec les rois de
France? Est-ce à l'instigation des Papes que les libertés françaises ont été diminuées? Nous en disons autant des rois
d'Espagne : si les anciennes libertés ont souffert en Espagne,
si même elles ont été étouffées, montrez-nous la main de la
Papauté, sans quoi vos accusations tombent d'elles-mêmes.
S'il plaît à un peuple d'avoir un roi absolu pour n'avoir pas
des assemblées absolues, les Papes le repousseront-ils du sein
de l'Église ou lui déclareront-ils la guerre? La vérité religieuse est au-dessus de ces disputes, et les Papes seraient en
butte à de bien autres récriminations s'ils avaient pris part
dans les querelles intérieures des États. Ils ont uniquement
soutenu la cause catholique. Jamais ils n'ont trahi aucun
droit, et si Pie IX ne confond pas les libertés publiques avec
les émeutes stupides fomentées par le carbonarisme et sou-
doyées par l'étranger, est-ce à M. Guizot à le lui reprocher?

Les modernes discutent beaucoup sur la liberté politique;
et, en effet, la liberté est comme la santé : on y pense surtout
quand on ne les a pas; elles existent par elles-mêmes, indépendamment des ordonnances soit du roi, soit du médecin. A
quelles conditions les obtient-on? Nous le dirons pour la liberté : elle a sa base et sa règle dans le droit de propriété.
L'indépendance politique n'est que l'indépendance de la propriété foncière. Or, les Papes ont été les grands défenseurs du
droit de propriété en Europe : ils ont lutté contre les princes
pour en assurer l'inviolabilité. Qui a protégé la liberté de
l'Italie au moyen âge? Les Papes. Il paraît que c'est un crime.
Et l'unité, telle qu'elle est maintenant conçue, est juste le
contraire de la liberté. Pie IX est guelfe, comme ses prédécesseurs. Il est le champion de l'indépendance italienne contre la
politique impériale, dont le carbonarisme se porte héritier.

Il est étrange, au premier abord, que les peuples soient
précipités dans la servitude au nom de la liberté. En y réfléchissant, cependant, on voit que la liberté est un appât très-
séduisant. De nos jours, on en a trouvé un plus séduisant
encore : c'est l'égalité. La liberté, comme système d'hypocri-

sie, a fait son temps. L'égalité aura la vie plus dure et servira mieux les desseins de la secte cosmopolite, car elle a des racines plus profondes dans le cœur envieux de l'homme. Rome païenne a organisé contre les peuples une vaste conspiration d'égalité qui les a mis sous un joug uniforme. Elle les a courbés sous son droit civil, sous son droit d'égalité, en abolissant tous les sacerdoces et toutes les aristocraties. C'est par les mêmes armes que la Révolution française a propagé son droit civil.

Ce droit révolutionnaire, ce droit nouveau étend sa domination sur toute l'Europe. Il a pénétré en Suède, en Danemark, en Hongrie, en Bohême et en Pologne, et s'il semble s'arrêter aux frontières de la Russie, c'est qu'il était en Russie depuis longtemps. Dès le IXe siècle, la Russie est conquise par le byzantinisme; c'est de Bysance qu'elle reçoit sa religion et sa *civilisation*. Ces germes ont fructifié; et au XVIe siècle l'absolutisme y était constitué. Qu'il y ait eu une lutte intérieure, c'est incontestable. Les populations slaves avaient primitivement la même organisation que les populations germaines ou gauloises. Il y avait des États indépendants, une république florissante à Novogorod. Il n'est même pas inutile de remarquer combien le caractère de ruse et de férocité dont est empreinte la politique russe rappelle la politique byzantine. Le Czar, comme les empereurs de Bysance, est le chef de la religion et le maître du culte; rien ne limite sa volonté: la noblesse est devant lui comme si elle n'était pas, puisqu'un mot de sa bouche peut la réduire au néant. La Russie est le prolongement du Bas-Empire, et elle se trouve de plain-pied avec le reste de l'Europe, parce que l'Europe, de révolutions en révolutions, est descendue à son niveau. Les czars appliquent le principe de nos démocrates; ils persécutent la vraie religion, ils l'ont toujours persécutée, à l'exemple des césars de Bysance et de Rome. Ils développent l'égalité absolue, et il n'est pas démontré que la prétendue émancipation des serfs ne soit pas un moyen de mobiliser toute la population sous leur main puissante.

Les deux cités ont leur centre à Rome; tout le travail de l'histoire y aboutit. Les peuples anciens, après avoir plus ou moins brillé, ont pour mission de s'abattre sous l'aigle romaine, afin de former l'empire universel de la force. C'est la cité des hommes qui reconnaît pour chefs les empereurs romains. Mais le dogme de l'unité de Dieu est confié à un peuple qui doit le garder au milieu du panthéisme des nations. Ce peuple de Dieu, cette cité de Dieu, après l'Incarnation, se transforme en l'Église catholique ; et Pierre, chef de cet empire universel de la grâce, vient en établir le siége dans la Rome des Césars. Les deux cités vivent côte à côte : la Rome papale et la Rome impériale. La lutte des deux cités se continue à travers le monde moderne. Le césarisme s'est brisé en mille morceaux, laissant sur chacun d'eux son empreinte. Et les rois, quoique chrétiens, se sont crus les héritiers de César. L'histoire n'est que le récit de cette lutte interminable, qui est la lutte du droit contre la force, de la liberté contre l'égalité et l'esprit de servitude, et qui acquiert un degré d'intensité dont toutes les imaginations sont effrayées.

Dans un mémoire communiqué à l'empereur Alexandre et répandu en très-petit nombre d'exemplaires, un écrivain russe caractérisait les partis en France par leurs origines historiques. Le parti communiste, socialiste, égalitaire, impérial, c'est, disait-il, le vieux parti gaulois ; l'orléanisme représente l'influence romaine, les municipalités, la bourgeoisie ; les légitimistes s'inspirent du féodalisme germain. Ce jugement hardi ne manque pas de certaines apparences. Il pèche cependant par la base. Les influences de race rentrent dans le fatalisme, et ne sauraient être acceptées d'une façon aussi absolue. Les Gaulois, les Germains et les Romains étaient les mêmes hommes, et en remontant dans le passé on les trouve identiques les uns aux autres. La diversité des doctrines sociales a pu seule imprimer à chaque peuple un développement particulier. Pendant douze siècles, les Gaulois, qui sont de même race que les Germains, ont pratiqué le régime féodal ; et les traces du régime féodal sont encore énergiquement accentuées dans la loi des Douze-Tables, qui était d'abord la loi des Dix-Tables, souvenir des Dix-Tables de Moïse. Le communisme gaulois est de création romaine, puisque la propriété du sol provincial était confisquée au profit du peuple romain, qui ne laissait aux peuples vaincus que des possessions révocables. Rome a fondé un grand nombre de municipalités ; mais ces municipalités manquaient de vie ; leur organisation leur était donnée d'en haut, sur le modèle de Rome ; quelques-unes ont grandi et ont prospéré au moyen âge, sous l'influence d'autres principes que ceux de la Rome impériale ou républicaine. L'écrivain russe se méprend sur le rôle et sur l'action de la bourgeoisie ; il ne saisit même pas le sens du mot. La Révolution de 1789 a supprimé toutes les bourgeoisies. Il y avait alors des bourgs, des villes incorporées, des cités. Dans l'antiquité, on était citoyen de telle ou telle cité, on n'était pas citoyen du monde, ni citoyen de l'Italie, de l'Espagne, etc. On était bourgeois de tel ou tel bourg, de telle ou telle corporation municipale. Il eût été souverainement ridicule de qualifier un Suisse de bourgeois suisse : il était bourgeois de Berne, de Bâle, etc. Encore aujourd'hui, en Allemagne et en Angleterre, des villes décernent des brevets de bourgeoisie. Le roi de Prusse peut être bourgeois de Bade. La seule condition, c'est que la ville forme une municipalité indépendante ; qu'elle ne dépende, pour son administration, d'aucun roi, d'aucun ministre, d'aucun préfet, d'aucun sous-préfet. Il faut qu'elle soit une vraie corporation.

La France n'a plus de corporations municipales, de bourgeoisies. La ville incorporée s'appelait commune, mot admirable qui peint la fraternité chrétienne, et qui n'a pas disparu, comme la chose qu'il exprime. Nous avons conservé des villes, des agglomérations d'habitants. Ces villes n'ont aucun droit spécial, aucun *privilége*. Elles sont toutes administrées de la même façon. C'est du Gouvernement que part l'impulsion morale et matérielle. Les villes ne se distinguent entre elles que par le nombre de leurs habitants. Cette absence de personnalité exclut toute idée de bourgeoisie. Nous ne sommes pas plus bourgeois d'une ville que d'une autre, puisque nous exerçons les mêmes droits sur toute l'étendue du territoire français. Y a-t-il même une classe moyenne et une classe supérieure? Nous sommes tentés de croire que tous les Français sont de la même classe, de la basse classe. Est-ce qu'ils ne sont pas politiquement égaux? La fortune n'est pas assez permanente pour établir des distinctions. Les petites fortunes ne durent qu'un instant, et l'influence des grandes est nulle. L'orléanisme est né de la Révolution; il ne s'appuie sur aucun des souvenirs qui l'ont précédé. Il ne représente pas la classe moyenne, qui n'est qu'une simple dénomination. Il a été l'organe de certaines idées et de certains intérêts : des idées de rationalisme et de philosophisme qu'avaient sucées les gens de lettres avant, pendant et depuis la Révolution, et des intérêts des professions dites libérales, qui aspiraient au gouvernement de l'État et à la direction de la société. L'orléanisme n'est qu'une variante de la Révolution; il en exprime une des phases, et par là même il est transitoire de sa nature. Avant d'arriver à la dictature perpétuelle, sa forme définitive, la Révolution romaine a essayé des triumvirs; elle avait auparavant essayé, et jusqu'à satiété, de dictateurs annuels. La Révolution française, un peu abattue par les guerres de l'Empire, respira sous la Restauration. La Charte de Louis XVIII, en effet, sanctionnait les spoliations révolutionnaires et confisquait à nouveau les biens des propriétaires, dont elle arrêtait les réclamations, quoique les questions de propriété fussent de droit privé et au-dessus du pouvoir royal. Lorsque la Révolution eut repris assez de forces, elle se débarrassa de la Restauration. Avec Louis-Philippe, elle marcha plus librement, et, quand elle voulut prendre le mors aux dents, elle désarçonna son timide conducteur. Dans la voie où elle est lancée et avec l'élan qui l'emporte, ce n'est pas la main de l'orléanisme qui la domptera ou l'assouplira.

Les questions de race sont désormais insignifiantes pour la politique. Par la rapidité des communications et par la diffusion des mêmes doctrines, tous les peuples de l'Europe se sont intellectuellement amalgamés et confondus. C'est d'après la logique et l'influence des idées que nous devons juger la situation générale de l'Europe. Or, l'idée qui renverse les trônes et agite les peuples, est l'idée de l'unité absolue. Les nationalités dont nous entendons si souvent les noms retentir ne sont que des étapes vers la grande unité. Qu'est-ce qu'une nationalité qui ne diffère par rien d'une autre nationalité? Ces nationalités, fondées sur l'égalité de droits et sur le rationalisme des idées, ne sont et ne seront que des divisions administratives de la grande unité. Il ne leur manque, pour exister, que la personnalité et la vie. Victor-Emmanuel couvre l'Italie de préfets et de sous-préfets; c'est donc l'administration impériale qu'il restaure. Les empereurs romains mettaient des préfets partout; il y avait un préfet des Gaules. Les Gaules en ont maintenant quatre-vingt-six : voyez si elles ne sont pas en progrès! Ne l'oublions pas, les mots sont des idées, et les mêmes mots expriment les mêmes idées. Ce n'est pas sans raison que la Révolution française a pris le bonnet rouge, le bonnet phrygien, le bonnet des esclaves. Son instinct ne l'a pas trompée; le bonnet rouge, c'est l'égalité des hommes dans la servitude, non plus dans la servitude privée, mais dans la servitude publique, dans la servitude du prince ou de l'État resté le seul maître et l'héritier de tous les maîtres antérieurs. Les jacobins convertis à l'Empire se sont montrés plus souples que les anciens courtisans à talons rouges.

Ainsi le droit nouveau, le règne de la force, s'annonce dans le monde entier. C'est la Rome impériale qui ressuscite au sein de la Rome chrétienne. Si la question est entre la liberté et la servitude, on sait où est le défenseur de la liberté. Les doctrines du césarisme, contre lesquelles s'élève seule en Europe la protestation du Souverain-Pontife, gagnent de toutes parts; l'Angleterre est envahie; son Parlement a entendu l'éloge des Cavour et des Garibaldi. Ses journaux, tout récemment, se sont félicités de la circulaire qui frappait la Société de Saint-Vincent-de-Paul. Les catholiques sont toujours trop libres! C'est là le grand argument, et tout est légitime contre eux. La liberté avait des défenseurs officiels ; par un revirement significatif, les tribuns du peuple ont abdiqué entre les mains de César, et ont appris aux peuples ce que valait la liberté révolutionnaire. Une douzaine de Brutus et de Cassius jettent feu et flammes contre les manifestations les plus légitimes de la liberté et les œuvres les plus populaires de la charité catholique. La liberté n'est-elle donc que le droit d'opprimer ses semblables? Manuel a été secrétaire de Fouché. Le général Foy, qui avait passé sa vie dans l'obéissance passive et le mutisme des camps, déclamait contre la tyrannie de la Restauration. On a vu les journalistes qui avaient manié les ciseaux de la censure impériale se transformer en défenseurs intrépides de la liberté de la presse. Qu'on juge de la sincérité du libéralisme ! Il déteste plus l'Église catholique qu'il ne hait le despotisme. Les peuples savent aussi ce que leur coûte cette liberté qu'on leur inculque à coups de révolutions. Éclairés désormais, ils iront, à leur choix, au césarisme ou à la papauté.

30 octobre 1861.

DROIT DE PROPRIÉTÉ.

I

La doctrine qui fait remonter à l'État le droit de propriété, n'est pas aussi étrangère à notre législation qu'on serait tenté de le croire au premier abord; les admirateurs de nos Codes peuvent facilement s'en convaincre. Le droit romain, surtout en ce qui touche la propriété, revit dans notre droit civil. L'abolition graduelle des coutumes, entreprise sous l'influence combinée des légistes et de la royauté, devait aboutir au triomphe de l'absolutisme et à la négation du droit de propriété. A Rome, l'État seul est investi du droit de propriété; le citoyen romain n'est qu'un membre de la congrégation politique. Elle seule a le droit de propriété. Ce communisme primitif a laissé des traces nombreuses dans l'archaïsme du droit. En dehors de la cité souveraine, il n'y avait que des droits inférieurs et subordonnés. Ainsi les provinces ne jouissaient pas du droit de propriété; le peuple romain s'attribuait le domaine éminent, la propriété légale de tous les pays conquis. Il n'abandonnait les biens aux habitants qu'à titre précaire. Les habitants n'étaient que de simples possesseurs. Tel est le droit dont les jurisconsultes romains ont déduit les conséquences avec précision. César, le représentant juridique du peuple romain, était donc investi de la propriété totale du monde soumis. Cette confiscation universelle avait pour but d'affaiblir les nations subjuguées, en éteignant en elles tout sentiment de personnalité. Ce système réussit à merveille; et quand Rome, après des siècles d'une lutte acharnée, s'affaissa sous le poids des Barbares, les provinces restèrent sans force et incapables de se gouverner. Une civilisation brillante, une administration perfectionnée, ne les sauvèrent pas. Ces avantages, en effet, ne remplacent pas, au jour des grandes luttes, les énergiques instincts d'une nationalité indépendante. La Gaule se releva avec les Francs, qui mirent à son service une épée vaillante et dévouée, et devinrent bientôt avec les Gaulois un seul peuple. De cette mêlée de Gallo-Romains et de Francs naquit, sous l'action de l'Église catholique, la France féodale.

La féodalité est la glorification du droit de propriété; elle fait découler de la propriété tous les droits politiques. La hiérarchie des terres correspondait à la hiérarchie des fonctions; la terre rémunérait la fonction. La royauté était le plus grand des fiefs, mais elle était de même nature que les autres fiefs, et se transmettait comme eux, de mâle en mâle et par ordre de primogéniture. Les anciennes *possessions* étaient aussi transformées en fiefs incommutables et perpétuels. Par suite de ce changement dans l'organisation du droit de propriété, la justice n'eut plus le caractère autocratique qu'elle tirait du droit romain. Les empereurs romains étaient les législateurs suprêmes du monde; leur volonté avait force de loi, *quidquid principi placuit, legis habet vigorem.* A cette justice émanée de l'arbitraire impérial succéda une justice territoriale basée sur la coutume. Les peuples s'affranchissaient de la loi romaine pour ne relever que d'eux-mêmes, de leurs mœurs, de leurs traditions. César perdait ses attributions de législateur et de juge. Tel était le caractère modéré de la royauté féodale. Du principe que la loi était territoriale, ressortait cette conséquence que les hommes de chaque coutume, de chaque localité, étaient les seuls interprètes du droit.

Cet état de choses a été battu en brèche par deux prétentions soutenues avec succès par les légistes. La première, c'est que les fiefs étaient une usurpation sur le domaine royal; la seconde, c'est que « toute justice émane du Roi. » La royauté française, par une ambition fatale, s'enivra de ces doctrines funestes et démolit de ses propres mains l'édifice dont elle était le couronnement. Une fois les assises de la société ébranlées, le faîte ne tarda pas à se renverser. En haine de l'Église et de la féodalité, les légistes nous ont ramenés sous la servitude romaine. Le droit romain, dans son application aux provinces, était un code de servitude; il étouffait sous sa froide logique tous les germes spontanés de développement chez les nations vaincues. Les légistes se mirent de bonne heure à invoquer contre les coutumes la puissance royale; à la longue, ils replacèrent la France sous le régime des ordonnances et du bon plaisir. Leur triomphe a fait de la France la terre privilégiée de la chicane et de la procédure. Mais leur action a surtout été mortelle aux libertés publiques; ils ont entièrement sacrifié à leurs préjugés païens le droit de propriété. Presque tout le sol français était constitué en fiefs; si les fiefs remontaient à l'autorité royale, il s'ensuivait que le droit de propriété était une concession de la royauté. Louis XIV professait cette théorie avec autant de netteté que les socialistes les plus avancés de nos jours. « Tous les biens de nos sujets sont à nous, » écrivait-il dans ses instructions à son petit-fils. Les restes de la féodalité disparaissent en 1789. La théorie de l'État propriétaire du sol national va se dégager des discussions et des événements avec une rapidité remarquable. En vertu de ce principe, les biens du clergé et de la noblesse sont déclarés biens de l'État : la spoliation prend les airs d'une revendication. Arrivons au Code civil. « La propriété, dit l'article 544, est le droit de jouir et disposer des choses de la manière la plus absolue, pourvu qu'on n'en fasse pas un usage prohibé par les lois ou par les règlements. » Assurément tout cela est fort étrange. Qu'est-ce qu'une propriété *absolue* soumise aux lois et règlements qu'il plaira à un législateur quelconque d'imaginer? Les rédacteurs du Code étaient incapables de s'élever à une notion claire des principes de la législation. Ils rappelaient la définition de Robespierre, qui ne voyait dans la propriété que le droit, pour chaque citoyen, de jouir de la portion de biens qui lui était garantie par la loi. Aujourd'hui encore la propriété collective a besoin, pour naître, d'une autorisation préalable ; et le législateur se croirait en droit de la dissoudre après l'avoir autorisée. L'État considère donc le droit de propriété comme une délégation, puisqu'il le donne et le retire à son gré.

La loi des successions et des donations nous offre un exemple frappant de l'influence de cette idée, qu'au-dessus de la propriété individuelle réside le droit supérieur de l'État. Les substitutions sont prohibées par le Code civil. Pourquoi, si je suis le maître absolu de ma chose, ne puis-je en disposer d'une manière absolue? suis-je un simple usufruitier? n'ai-je qu'un droit viager, borné à mon existence terrestre? Le testament est sacré chez tous les peuples, parce que, malgré la mort, il est l'expression d'une volonté toujours vivante. Les dernières volontés supposent l'immortalité de l'âme. De quel droit limiter l'effet de notre dernière volonté sur les choses qui sont à nous? L'Angleterre n'a jamais connu le droit romain ; elle laisse toute liberté au droit de propriété. Il est permis en Angleterre de disposer de sa chose à perpétuité, au moyen des substitutions. Voilà le droit dans sa complète autonomie. Le Code civil ne nous attribue sur les choses qu'une espèce d'usufruit. Il n'y a pas jusqu'à l'exagération de notre impôt foncier qui ne semble attester une sorte de copropriété de le part de l'État. Il est environ du cinquième du revenu ; c'est à peu près l'impôt prélevé autrefois par le fisc romain dans les provinces. Que dirons-nous des biens des communes ou des établissements publics dont quelques administrateurs prétendent que l'État a le droit d'ordonner la vente? N'est-ce pas encore là un appel au droit primordial de propriété qui appartiendrait à l'État? Le Code ne s'explique pas dogmatiquement ; mais il est impossible de ne pas voir dans la série de ses dispositions relatives au droit de propriété une inspiration du droit romain, par opposition au droit coutumier, dont la Révolution a effacé les derniers vestiges.

Jamais ce droit universel de propriété n'a été reconnu à la royauté française ; néanmoins il y avait parmi les légistes et les courtisans une tendance à le lui reconnaître. C'était la théorie romaine ; et le droit civil étouffait peu à peu l'esprit du droit coutumier. A partir du xviiᵉ siècle, nos rois se sont posés en empereurs romains. La chute graduelle de toutes les institutions féodales favorisait leurs prétentions. Quand Louis XIV, par la régale, s'attribuait les revenus des bénéfices vacants, il n'avait d'autre titre que ce droit primitif de propriété dont il se croyait investi sur tous les biens de ses sujets. Le Pape Innocent XI défendit contre le Roi les principes du droit de propriété avec une vigueur et une prévoyance dignes d'admiration.

C'est aussi en vertu du droit césarien que fut introduite en France la maxime : Toute justice émane du Roi. Le peuple romain imposait des lois au monde ; de lui seul émanait la justice qui régissait les provinces ; cette prérogative, il la tenait de l'autorité la plus respectée et la plus incontestable ici-bas, de la force et de la victoire unies à une constante habileté. La féodalité n'admettait pas cette justice née de l'arbitraire, de la science ou de la volonté d'un homme. Cette justice nie l'indépendance propre de chaque société. Le droit coutumier n'avait pas ce caractère abstrait, philosophique, de la loi romaine. Il était l'expression des mœurs sociales et de la conscience publique ; il se développait avec le peuple dont il était la tradition vivante et progressive. La société s'administrait : elle appliquait, non ce droit scientifique dont les légistes sont les interprètes, mais un droit fondé sur la coutume et l'équité ; et chacun concourant à former la tradition, était le juge naturel des crimes et des délits. Telle est l'origine du jury ou jugement par les pairs. L'Angleterre, la seule société féodale qui subsiste, a conservé ses Coutumes et le jury. Dès Philippe le Bel, les rois de France s'entendent dire que toute justice émane du Roi. La Charte libérale de 1830 porte en toutes lettres, article 48 : Toute justice émane du Roi. Assurément, le législateur de 1830 ne se comprenait pas ; ce texte jurait avec l'invention des trois pouvoirs ; mais il indique la persistance de l'idée autocratique dans la royauté. Aux rois législateurs ont succédé des assemblées législatives ; le principe était le même. Seulement, nos rois avaient modérément légiféré, et dans de rares occasions. Sous les assemblées, nous avons eu un déluge de lois. Du moment qu'un peu d'encre et de papier suffisait pour faire des lois, on en a fait jusqu'à épuisement. Il était difficile que ces lois fussent écrites, comme notre ancienne Constitution, « ès-cœurs des Français. » Ecrivez-donc le *Bulletin des Lois* ès-cœurs de trente-six millions de Français! La coutume était littéralement écrite dans le souvenir des peuples. Nous avons été obligés d'établir une maxime très-bizarre pour remédier à l'inconvénient d'une loi ignorée de la généralité des citoyens ; nous avons déclaré que « nul n'est censé ignorer la loi. » Autrefois, nul n'ignorait la loi ; la coutume n'était pas une lettre morte : elle était réellement vivante ; on n'aurait pu la contester sans soulever toute une population.

Le Code civil est, comme le droit romain, une législation scientifique ; il n'a rien de particulier à la France. Ses rédacteurs s'imaginaient que l'Europe s'empresserait de l'imiter. Jusqu'à présent, leur attente a été trompée. Les souverains n'y répugneraient pas, s'ils ne craignaient l'opposition de leurs sujets. Un peuple qui n'aura pas été révolutionné jusqu'à la moelle n'acceptera jamais cette législation dissolvante. Et cependant le Code civil a introduit l'ordre dans le chaos révolutionnaire ; il a permis à la France, fatiguée de tant de luttes sanglantes, de trouver un repos nécessaire : il opérait une fusion entre l'ancien régime, pris à un certain point de vue, et le régime nouveau qui datait plus spécialement de 89. Le Code civil a été une transaction bien plus qu'une innovation ; il a consacré, en les agrandissant et en les généralisant, les principes du droit écrit ; il s'inspire de la Rome des Césars ; il a pour ancêtres toute la longue suite des légistes qui, pendant cinq siècles, se sont montrés en France les soutiens de l'absolutisme royal. L'œil se repose avec plaisir sur cette législation si bien coordonnée et d'un format si commode ; mais en étudiant la filiation des idées qui ont présidé à sa rédaction, on se prend à regretter que nous ayons choisi le type de nos lois dans la législation des peuples asservis.

30 juillet 1855.

II

Le droit de propriété individuelle est généralement reconnu ; mais ce même droit, s'il s'applique indivisément à plusieurs personnes, rencontre des adversaires. De là cette opinion que les corporations ne peuvent posséder, et que leurs biens appartiennent à l'État. Cette restriction du droit de propriété est surtout populaire dans le monde des légistes. La raison, cependant, nous indique que le droit de propriété est inviolable, quel que soit le propriétaire. Et, en effet, vous admettez que l'individu devient propriétaire, en vertu d'un droit inhérent à sa personne, et non en vertu d'une permission qui puisse lui être retirée. La propriété indivise découle du droit qu'a chaque particulier de disposer de son bien. Le droit n'est pas postérieur à l'établissement du pouvoir politique, puisque la mission du pouvoir est de le protéger. Toutes les nations nous présentent des exemples de corporations religieuses propriétaires. Et ce droit de propriété n'a été contesté nulle part avec autant d'acharnement qu'en France. Cette doctrine, qui ferait de l'État le propriétaire universel, n'est pas d'hier ; elle a des antécédents. Une tradition non interrompue la rattache au droit romain. Un courant de socialisme traverse toute notre histoire ; l'origine en est dans la domination romaine. Voici les expressions de Gaïus : *In solo provinciali dominium populi romani est vel Cæsaris ; nos autem possessiones tantum et usumfructum habere videmur.* Ces possessions, ces bénéfices, étaient révocables dans le principe ; leur irrévocabilité de fait, leur transmission héréditaire, a constitué la féodalité. L'Église est entrée dans cet ordre de choses par ses biens temporels ; elle est devenue propriétaire en même temps que tout le monde et de la même façon.

Le droit de propriété individuelle ne vient pas de la loi civile ; sans cela nous tomberions dans le socialisme. Le droit de propriété d'une association naturelle n'en vient pas davantage. Si l'association n'a pas été fondée par la loi, elle puise en elle-même son droit de propriété. Les villes, les familles existent indépendamment de la loi ; leur droit de propriété précède les législations et les lois civiles. Le droit de propriété est le droit de vivre ; et les villes et les familles ont ce droit, aussi bien que les individus. L'Église catholique, la plus parfaite des sociétés, en serait-elle privée ? Tous les peuples ont reconnu son droit ; c'est un droit naturel par excellence. Les légistes français, sans oser l'attaquer de front, ont essayé de le limiter par des voies détournées et par une persécution sourde. Sans attribuer à l'État la propriété des biens de l'Église, ils ont insinué à nos rois la pensée de mettre l'Église hors la loi, en lui interdisant d'acquérir à l'avenir, sans l'autorisation de l'État. L'avocat général Denis Talon, dans son livre *De l'autorité des Rois*, accorde au souverain le droit de disposer des revenus de l'Église dans certaines circonstances ; mais il recule devant la question de propriété. Quelques publicistes ont prétendu que l'Église n'était qu'un simple administrateur. Qu'ils lisent ces paroles de Denis Talon :

« Les édits qui vont à l'aliénation des fonds de l'Église ne peuvent être faits sans la puissance spirituelle, parce que l'Église étant propriétaire incommutable de ses biens, il ne serait pas juste qu'elle fût de pire condition que les autres propriétaires, dont on ne peut aliéner les biens que de leur propre consentement. Et de là vient que quand il fut question d'aliéner les biens de l'Église sous le prince Carloman, cela ne se fit que par un concile où le légat du Pape était présent. »

Malgré l'influence délétère du droit romain, le droit de propriété s'était conservé dans sa notion fondamentale jusqu'en 1789. Mais il faut avouer qu'il était battu en brèche par les parlements et les légistes. La Renaissance et la Réforme ont rouvert la carrière du socialisme gréco-romain. Imbus des principes du protestantisme, les légistes, même quand ils gardaient une apparence catholique, subordonnaient l'Église à l'État. Leur idéal était la confusion des deux puissances dans un monarque laïque : ils faisaient le roi propriétaire des biens de l'Église comme chef religieux. Denis Talon attribue au Roi des droits sur l'Église en qualité de magistrat politique et en qualité de protecteur de l'Église gallicane. Il semble, au contraire, que cette double qualité imposait au Roi le devoir d'assurer à sa protégée la jouissance la plus complète possible de ses biens. Notre avocat général raisonne autrement, car il soutient « que la qualité de magistrat politique comprend éminemment cette seigneurie directe et souveraine de toutes les terres du royaume. » Et plus loin : « En qualité de magistrat politique, le Roi est souverain de tous les biens temporels de son royaume. » Admirons nos rois d'avoir résisté à ces élans d'un servilisme enthousiaste et d'avoir conservé le sentiment chrétien du pouvoir. S'ils avaient voulu prendre tous les biens de leurs sujets, ils n'auraient pas manqué d'apologistes. Ce Denis Talon, si fort sur le Digeste, oubliait que l'ancienne coutume française n'accordait au Roi que le droit de percevoir des impôts, du consentement des contribuables. Patience ! les légistes auront leur jour. En 1789, ils composent en majorité nos prétendus États-Généraux. A peine installés, ils déclarent que le sol appatient à l'État et que les particuliers n'en ont qu'une jouissance temporaire et révocable. C'est le sens de tous les décrets de l'Assemblée constituante. Et quel respect pouvait inspirer le droit de propriété à cette tourbe de légistes qui ne trouvaient leur subsistance que dans la ruine des familles et les dissensions domestiques? Chargés d'administrer la France, ils la mettent d'abord en liquidation ; ils n'eurent jamais ni si belle affaire, ni si beaux honoraires. L'expropriation de la noblesse et du clergé au nom de l'État fut un magnifique pillage.

De simples spoliations accomplies par la cupidité ne méri-

teraient pas d'attirer notre attention ; mais il y a ici une
doctrine qui a joué et joue encore un grand rôle. Le socialisme
remonte à l'antiquité. Les petites républiques de la Grèce le
pratiquent avec plus ou moins de succès, c'est-à-dire avec
plus ou moins de bouleversements. Rome l'étend sur le monde
entier. Il se formule magistralement dans le droit romain,
d'où il passe dans le droit bysantin. Nous sommes fiers d'être
les héritiers de Rome païenne ; nous nous vantons de continuer le Bas-Empire !

Les Romains ont excellé en deux choses, la guerre et le
droit. Ils ont dompté les peuples par la force, et les ont re-
tenus sous le joug par leur droit, le plus habile instrument
de despotisme que le monde ait connu, et qui devait survivre
à l'empire dont il est la plus parfaite expression. La renaissance du droit romain au moyen âge arracha un cri de joie
aux légistes et fournit des armes aux empereurs d'Allemagne
en lutte contre le Saint-Siége. Dès le XIIIe siècle, Roger Bacon
signalait le danger que courait la société chrétienne. Un œil
clairvoyant ne pouvait s'y tromper ; une influence hostile à
l'Église commençait à se développer. Ce que les légistes allaient
attaquer, c'était l'indépendance de l'Église, assurée par des
possessions territoriales. Assurément, l'Église eût été indépendante sans propriétés foncières ; aussi, en donnant au
souverain le domaine de tout le territoire national, les légistes
songeaient-ils avant tout à l'investir de l'autorité spirituelle.
La Réforme réalisa cet idéal. La question du droit de propriété embrasse l'ordre social tout entier, et suivant la solution qu'elle reçoit, elle marque de son empreinte les autres
institutions politiques. A Rome, dans l'origine, le père seul
a une individualité ; sa femme lui appartient ; ses enfants sont
sa propriété, il les vend, les émancipe, les tue au besoin. Les
chefs de famille forment l'État, et à ce point de vue, leur individualité si forte disparaît et s'absorbe dans cet être qui
s'appelle l'État. C'est l'État qui est propriétaire. La propriété
privée ne parvient pas à se dégager de ce communisme. Le
droit de propriété est la corollaire de la liberté individuelle ;

il naît le jour où des peuples qui n'ont pas la notion abstraite de l'État, et qui ont au suprême degré le sentiment de la personnalité, viennent s'installer au milieu des ruines de l'Empire romain. Alors tout change : le pouvoir royal et la propriété privée, l'ordre politique et l'ordre civil arrivent à l'hérédité. En un mot, les possessions et les bénéfices font place au droit de propriété.

La protestation des légistes nous ramenait à l'idée antique du législateur créant la société et la conservant à force de lois et de décrets. Elle refuse à la société cette vie propre, intime, naturelle, dont le pouvoir politique est lui-même une manifestation. Au droit immuable elle substitue une loi émanée de la volonté humaine. C'est le principe de Rousseau et de tous les utopistes ; il inspire nos révolutions modernes. Il rend instables toutes les familles et toutes les propriétés, que le système corporatif tendait perpétuellement à affermir. Les corporations sont sorties de l'arbre social comme des fleurs et des fruits naturels ; religieuses ou civiles, elles couvrent la France avant que saint Louis songe à recueillir les règlements qui les concernent. La société roule sur ces trois termes : la famille, la corporation, l'État. Les légistes éliminent la famille et la corporation, pour ne laisser en présence que l'individu et l'État. Si du moins ils avaient consolidé les États ! Les plus chancelants sont ceux où la loi règne seule et où le droit a perdu son inviolabilité. La chute de la monarchie française, en 1789, excite un douloureux étonnement. Quoi ! cette France si éclatante par les lumières de l'esprit, si puissante par ses armes, s'abat tout à coup, sans qu'on sache pourquoi, devant des embarras et des ennemis ridicules ! La monarchie avait brisé ses étais et ses contre-forts. Louis XVI parlait en roi absolu, et sa faiblesse égalait l'idée qu'il se faisait de son droit. Il voulait réformer, régénérer la France, à l'instar des anciens législateurs, et il nous lançait dans une carrière de révolutions analogues à celles dont les républiques de l'antiquité ont été le théâtre. C'est dans la volonté humaine substituée à la volonté divine, et dans la loi substituée au droit, qu'est l'origine de ces étranges et douloureuses vicissitudes. Et comment ne pas croire que la débilité de la propriété foncière et l'instabilité du droit de propriété chez nous, n'y soient pas pour beaucoup ?

30 mars 1858.

III

Le *National* s'accorde avec nous quand il affirme que le décret du 2 novembre 1789, qui attribue à l'Assemblée constituante la disposition des biens du clergé, est « le principe même, l'âme, l'esprit, l'essence de la Révolution. » Cet aveu donne une idée de la moralité de la Révolution. Les adeptes de la Révolution y voient des doctrines toujours vraies, toujours applicables. Le *National* s'appuie de l'autorité de Mirabeau ; il cite avec complaisance ce mot fameux : « Vous ne pouvez être que mendiants, ou voleurs, ou salariés. » C'est la négation absolue du droit de propriété. Les rentiers et les propriétaires n'étant pas dans la première catégorie, sont évidemment dans la deuxième ou dans la troisième. Nous supposons que le *National* ne les considère pas encore comme de véritables voleurs. Reste la dernière dénomination. Ce sont donc des salariés. Personne ne se méprend sur la portée de cette expression ; le dictionnaire de l'Académie la définit conformément à la notion générale : « *salaire*, payement, récompense pour travail ou pour service. » Le salaire exclut toute idée de propriété ; le propriétaire a des *revenus ;* il distribue des *salaires* à ses ouvriers ; le rentier touche ses *arrérages.* Le langage ni la conscience ne confondent des choses si dissemblables. Dans la pensée du *National*, le sol appartient à l'État, non pas seulement par droit de suzeraineté, de domaine éminent, mais par droit de domaine utile, de propriétaire ayant le droit de jouir par lui-même. C'est la théorie communiste. L'homme alors n'est plus le maître de sa chose, il n'a plus en lui-même son droit de propriété, il n'aura plus à la bouche cette maxime triomphante qui a abrité pendant des siècles le droit de propriété : *Possideo quia possideo*. Il n'est plus propriétaire ; il n'est pas même fermier, car le fermier est plus que le salarié, il a un certain droit de propriété, un *jus ad rem*, dont les conditions de son bail déterminent les limites.

Cette doctrine légitime toutes les dépossessions qui plairont à l'Etat. C'est ainsi que, pour justifier le droit des peuples à renverser leurs gouvernements, on s'est servi de l'hypothèse d'un contrat passé primitivement entre le peuple et son gouvernement. Les docteurs de la démocratie professent que le peuple, étant la raison même, n'a pas besoin d'avoir raison pour valider ses actes ; tous les pouvoirs qu'il abat sont justement abattus. Si l'État, qui résume le peuple et parle en son nom, est propriétaire du sol, nul doute qu'il puisse le changer de mains, l'assujettir à d'autres modes de culture, choisir d'autres ouvriers pour le féconder. L'école socialiste ne recule pas devant ces conséquences. Jusqu'à présent l'État, dans l'intérêt commun, a partagé le sol entre divers ouvriers appelés propriétaires, à qui, pour leur peine et comme salaire, il a attribué les produits du sol. Aujourd'hui, éclairé par l'expérience, il substitue dans ses domaines la culture indivise à la culture morcelée. Ces raisonnements se déguisent à la tribune ; un jour, et ce jour n'est pas éloigné, ils y apparaîtront avec éclat ; par les livres, les journaux et les histoires, ils ont fait leur chemin depuis longtemps dans les masses populaires.

Mirabeau n'admettait pas le droit de propriété individuelle. La phrase rapportée par le *National* n'était pas chez lui une boutade, mais un système arrêté : rien de plus explicite que son discours contre le droit de tester, lu après sa mort, par Talleyrand, à l'Assemblée constituante ; c'était son testament à lui et l'expression de sa dernière volonté. « Il n'est, dit-il, aucune partie du sol, aucune production spontanée de la terre qu'un homme ait pu s'approprier à l'exclusion d'un autre homme..... C'est sur la culture et son produit que l'homme peut avoir un privilége ; dès le moment qu'il a recueilli le

fruit de son travail, le fonds sur lequel il a déployé son industrie retourne au domaine général et redevient commun à tous
les hommes. » Voilà les arguments qui ont spolié le clergé
en 1789. Y en a-t-il un seul qui ne s'applique à merveille à
la propriété actuelle? Si l'État a le droit de nationaliser tous
les biens des particuliers, qui nous assure qu'il n'usera jamais
de son droit? Et ce droit reconnu n'est-il pas une menace
permanente de ruine pour tous les rentiers et tous les propriétaires? La bourgeoisie n'est pas dans des conditions plus
favorables que le clergé. Cherchons dans le *National* du
30 avril, où la question est traitée, pourquoi le clergé n'était
pas vraiment propriétaire en 1789 :

« Il n'existe et il ne peut exister que deux sortes de propriétés, la propriété publique et la propriété particulière. Il y
a là deux droits fondés sur la nature des choses, l'un limitant
et réglant l'autre sans pouvoir l'anéantir; deux droits éternels
et irréductibles, dont les objets varient, dont l'essence ne
varie pas.

« Entre ces deux droits, IL N'Y A RIEN. »

Où le *National* a-t-il vu cela, et comment concilie-t-il
cette propriété particulière avec l'idée que le propriétaire est
un mendiant, un voleur ou un salarié? Sur quels objets porte
la propriété publique, et par quoi se distingue-t-elle de la
propriété privée? Ces deux droits sont-ils en lutte? et dans ce
cas, quelle est pour un simple particulier la valeur de son
droit de propriété?

« L'individu, continue le *National*, a le droit de propriété
pendant sa vie et le prolonge après sa mort en transmettant
l'objet de sa propriété à autrui dans la limite imposée par les
lois de l'État ; l'État, le grand être collectif, *nécessaire* et toujours vivant, formé de toutes les générations passées, présentes
et futures, possède le droit de propriété à perpétuité. »

Ce commentaire indique assez que ce prétendu droit « éternel et irréductible » accordé aux particuliers est une pure
illusion. On nous garantit notre propriété pendant notre vie;
mais il ne s'agit pas de cela. Le droit de propriété ne consiste

pas à jouir de ce qu'on a amassé par son travail ou son industrie. Sa signification sociale, la seule qui nous intéresse, est
dans le droit de jouir et de disposer du bien que nous n'avons
pas gagné ; elle est dans l'héritage transmis de génération en
génération. Aucune loi n'a créé l'hérédité ; elle est antérieure
à toutes les lois, parce qu'elle est la condition normale de la
société. La loi écrite ne constitue pas le droit, elle le constate.
Quelle serait la sécurité des individus, si l'erreur ou le caprice
d'un moment pouvait changer les lois intimes de la propriété
et de la famille? Les rédacteurs du Code civil n'ont pas inventé
l'hérédité ; ils n'en ont pas arbitrairement fixé la limite, et si
elle ne dépasse pas le douzième degré, c'est qu'au delà, dans
la presque unanimité des cas, il n'y a plus d'héritiers. Les
tentatives réitérées de ces derniers temps pour la restriction
du droit d'hérédité reposent sur le principe que l'État est le
maître du sol. Arrêter l'hérédité au cinquième ou au sixième
degré, c'est prendre le droit de l'arrêter au troisième, au second ; en un mot, c'est supprimer l'hérédité.

Le droit de propriété n'est pas une conception législative,
mais un fait historique et traditionnel. Or, chez tous les peuples, l'État a eu quelques propriétés en meubles et en immeubles ; mais jamais on n'a vu dans cette circonstance un
droit « éternel et irréductible. » Les corporations diverses
sont-elles aptes à posséder? Il n'y a qu'à lire l'histoire. L'ancienne France n'en était pas réduite à cet élément unique du
monde moderne, l'*individu;* elle était essentiellement composée de *corporations* industrielles, civiles, politiques, religieuses, qui toutes étaient propriétaires. Pendant des siècles,
aucune objection ne s'est élevée contre ce droit, contre cette
aptitude naturelle à la possession. L'Église catholique était
propriétaire. Tous les écrivains, tous les jurisconsultes, tous
les documents l'attestent. Le Code civil déclare que nul n'est
tenu de rester dans l'indivision ; par là, la propriété est forcément individualisée. Mais c'est une doctrine nouvelle et dont
les résultats sont loin d'être aussi favorables à la propriété
qu'on pourrait le croire au premier abord. Que les conditions

du droit de propriété aient été profondément modifiées, nous ne le nions pas ; nous n'examinons pas en ce moment si c'est un progrès ou une décadence. Mais est-il logique et raisonnable de décider une question de droit ancien d'après les principes nouveaux introduits dans notre Code civil ? Est-il sérieux d'inventer une théorie de la propriété et de la transporter dans l'histoire pour juger les faits et les événements accomplis sous d'autres lois et dans d'autres conditions ? C'est cependant toute la tactique et tout l'argument du *National*. L'être collectif, la personne morale aujourd'hui déshéritée et annihilée, avait-il autrefois le droit de propriété ? Entre le *National* et nous, toute la question est là. L'Église était propriétaire en vertu des lois et des coutumes du temps. Le reproche d'usurpation est puéril : qu'est-ce qu'une usurpation qui se perpétue, des siècles durant, sans protestation ; et qu'est-ce qu'une protestation qui naît juste au moment où l'on a besoin d'un prétexte pour mettre la main sur les biens de l'Église ?

Par une contradiction bizarre, le *National* admet pour la commune le droit de propriété, parce que la commune est un élément *perpétuel* et *nécessaire* de la société politique. On croyait autrefois que la religion catholique était un élément perpétuel et nécessaire de la société française. Que le *National* s'indigne de cette superstition, s'il le veut, il n'en est pas moins vrai que c'est là un fait irrécusable. Qu'il établisse alors les différences entre la propriété collective et la propriété privée, telles qu'elles résultent de l'ancien droit. N'est-il pas étrange qu'on imagine en 1851 la législation qui a dû régir le dix-huitième siècle ? Nous savons maintenant que la propriété collective, force et ciment de toutes les associations, garantie de tous les droits et de tous les intérêts, n'a été renversée que parce qu'elle formait un obstacle multiple aux projets des révolutionnaires. La violence n'a jamais manqué de sophismes pour légitimer ses succès. Cette idée que l'État est, en principe et en droit, le maître de toutes les propriétés, a servi à la destruction de la société religieuse, nobi-

liaire et royale d'avant 1789. Elle se renouvelle aujourd'hui.
Les spoliations passées, on le pense bien, sont hors de cause ;
mais les principes sont immuables. Ce qui était vrai est encore vrai. Nous souhaitons aux bourgeois, détenteurs d'immeubles et de capitaux mobiliers, une destinée meilleure que
celle de la noblesse et du clergé de 1789. La situation est la
même : c'est la guerre de celui qui n'a pas contre celui qui a.
Mais, en vérité, si la bourgeoisie française était convaincue
que la Révolution s'est légitimement emparée des biens du
clergé, elle justifierait contre elle-même toutes les entreprises
du socialisme.

1ᵉʳ mai 1851.

IV

Le *Siècle*, qui, comme on le sait, ne tient nullement aux
biens de ce monde, ne veut pas reconnaître à l'Église le droit
de propriété. Il y a plus ; il prétend que l'Église n'a jamais
été propriétaire, et il nous convie à une discussion approfondie à ce sujet. Nous avons cent fois traité cette question avec
lui, et toujours avec le même succès ; le *Siècle* a fait la sourde
oreille. Nous avons peine à prendre au sérieux les arguments
qu'il emprunte à saint Jean Chrysostome, à saint Jérôme et
aux Conciles, etc. Ces arguments s'appliquant à la propriété
privée, il s'ensuivrait que tous les propriétaires catholiques
seraient sans titre. Les pieuses dissertations de M. Jourdan
sont hors de propos ; les questions de propriété se tranchent
par des raisons tirées du droit civil. Mirabeau et Sieyès ont
développé franchement les théories que déguise M. Jourdan.
Ils ont admis que la nation était propriétaire du sol, et que
la propriété privée était une délégation toujours révocable.
Mirabeau disait brutalement : Je ne connais que deux manières
de vivre, voleur ou salarié. Il rangeait les propriétaires parmi
les salariés. Il était bien honnête, car son contemporain Bris-
sot proclamait que « la propriété, c'est le vol. » M. Proudhon

a mis à profit la maxime du maître; il se l'est appropriée.
M. Jourdan adore le Dieu-État, dont le culte était inconnu
avant 1789. Alors le droit de propriété existait pour tout le
monde, sauf pour le Roi; les villes, les villages, les corporations, les particuliers étaient propriétaires, non en vertu d'une
concession de l'État, mais en vertu de la possession transmise
et continuée de génération en génération. M. Jourdan n'a
jamais vu aucune de ces concessions de l'État; si en diverses
circonstances l'État a *donné* à l'Église, il y a donation, et la
donation est irrévocable. Le *Siècle* affirme que les biens de
l'Église appartenaient juridiquement aux pauvres. Voilà donc
les pauvres transformés en corporation et possédant régulièrement d'immenses richesses ! Il est singulier que personne,
y compris les pauvres, ne s'en soit aperçu. Les pauvres rece-
vaient humblement l'aumône, et c'est leur propre bien qu'on
leur distribuait ! D'ailleurs, si les biens eussent appartenu aux
pauvres, l'Assemblée constituante n'eût pas eu plus de droit
de s'en emparer. Mais, répond le *Siècle*, l'État est le tuteur
des pauvres; c'est une nouvelle découverte, et l'acte de tutelle n'a pas encore passé sous nos yeux. En tout cas, l'État
aurait forfait à tous ses devoirs en dissipant les biens de son
pupille. Nous renvoyons M. Jourdan au Code civil. L'État
n'est ni le tuteur des citoyens, ni le propriétaire du sol; nous
n'avons vu cela dans aucune charte, dans aucune constitution,
dans aucun document public ou privé. L'Église a été propriétaire au même titre que les autres classes de citoyens. On ne
peut nier son droit sans saper les fondements du droit de
propriété et sans bouleverser la langue française, qui a consacré pendant des siècles l'expression de « biens de l'Église. »
Le *Siècle* ne parviendra pas à nous faire croire que le mot
« propriétaire » signifie : qui n'est pas propriétaire.

Le *Siècle* n'admet le droit de propriété qu'avec de graves
restrictions; or, qu'est-ce qu'un droit qui varie au gré de
l'arbitraire? Le droit d'association est également nié par le
Siècle. Ainsi, ce libéral anéantit sans sourciller toute liberté
civile et politique. Quelle liberté le *Siècle* a-t-il jamais défen-

due? Il s'amuse à protéger les protestants, que personne n'attaque et qui forment en France une infime minorité, puisque toutes les sectes dissidentes n'ont pas 700,000 adhérents sur une population de 36 millions d'âmes. La liberté de 35 millions de catholiques est le moindre des soucis du *Siècle*, et nous ne l'avons jamais vu voler à leur secours. Son idéal serait-il une servitude démocratique et sociale? Peut-être. Jean-Jacques Rousseau, dans son *Contrat social*, se demande si la servitude n'est pas nécessaire pour maintenir la liberté, et il répond : peut-être. Les démocrates américains sont plus affirmatifs que le maître; et tandis que la Russie émancipe ses serfs, la république modèle essaye, par tous les moyens, d'augmenter le nombre des États à esclaves. La coïncidence est curieuse et vaut la peine d'être signalée. Quoi! M. Jourdan deviendrait un jour propriétaire d'esclaves! pourquoi pas? M. Soulé, qui était en France aussi démocrate que lui, possède des esclaves à la Louisiane, et il est maintenant aux États-Unis le plus illustre défenseur de l'institution de l'esclavage. Quoique théophilanthrope, M. Jourdan serait, croyons-nous, un maître sévère, mais juste, qui laisserait à ses esclaves le *décadi* pour se reposer. Le *Siècle* criera à la calomnie et nous montrera ses colonnes pleines d'invocations à la liberté; oui, et c'est le plaisant de l'affaire. S'attribuer la tyrannie au nom de la liberté, n'est-ce pas bien jouer son jeu? C'est en cela que le libéralisme excelle. Et ceux mêmes qui ne partagent pas ses préjugés ont adopté son langage; il n'est pas rare d'entendre d'excellentes gens nous dire que la liberté française est née en 1789 ou en 1814. Nous avons donc été un peuple d'esclaves pendant quatorze cents ans! Et le peuple n'en a jamais rien su! Il a vécu dans la douce persuasion qu'il était le peuple le plus libre de la terre! Sa honte a été révélée par les grands patriotes de la Révolution. Voilà des hommes tolérants! Leurs successeurs sont dignes d'eux; ils s'adjugent toutes les licences possibles en accusant les autres d'intolérance. Le *Siècle* émet, d'un air patelin, des doutes sur la sincérité dont les catholiques belges ou piémontais pratiqueront le régime parlementaire. Or, les catholiques ont toujours respecté le droit des majorités ; on ne les voit pas construire des barricades ou tenter des émeutes. Les amis du *Siècle* ont fait leurs preuves ; ils se sont constitués les apologistes de toutes les révolutions. Et la crise politique de la Belgique leur a donné l'occasion d'étaler leurs doctrines, parmi lesquelles ne figurait pas le respect des majorités. Les libéraux ne sont pas partisans du *self government*. Ajoutons qu'ils n'aiment pas plus le régime parlementaire, car ils n'acceptent pas l'autorité légale des majorités, qui est tout le régime parlementaire. Quand nous les interrogeons à cet égard, ils nous déclarent naïvement qu'ils n'obéissent qu'à l'opinion publique. Le *Journal des Débats* s'est mis, à la suite du *Siècle*, à chanter le règne de l'opinion. Et ils nous ont déclaré que l'opinion était le libéralisme et que les libéraux étaient toujours censés avoir l'opinion en leur faveur. S'ils parlent ou s'ils écrivent, ils sont les représentants de l'opinion. Et malheur au parti qui leur résiste ! il sera livré aux fureurs populaires : l'histoire contemporaine nous l'apprend. L'émeute est la conclusion des discussions où le parti libéral est en minorité ; la rue lui fournit un appoint victorieux. Qui a, plus que le parti libéral, étouffé la discussion quand la discussion lui a été contraire ? Nous n'avons pas besoin d'exemples ; on n'a pas eu le temps d'oublier ceux de France et de Belgique.

Il reste démontré que le *Siècle* n'admet le droit de propriété que sous des réserves qui l'annulent, et que pour lui la liberté politique consiste dans la domination du libéralisme. Nous arrêterons-nous à cette idée, « que l'Église ne peut posséder ? » Le *Siècle* ne comprend même pas sa proposition ; la possession est un fait visible, éclatant comme le soleil, et l'Église a possédé au vu et su de tout le monde. Il nous cite, à tort, il est vrai, saint Paul, saint Jérôme, saint Jean Chrysostome ; mais quand l'Église n'aurait pas été propriétaire il y a quinze cents ans, s'ensuit-il qu'elle ne l'était pas devenue en 1789 ? Constantin a donné des biens à l'Église, l'État a pu les re-

prendre ; tel est le raisonnement du *Siècle !* D'abord, si Constantin les a donnés, il n'avait plus le droit de les reprendre.
Ensuite, l'Assemblée constituante n'était nullement le successeur de Constantin. Le Sultan lui-même ne se regarde
pas comme le successeur de Constantin. Nous rappelons à
M. Jourdan la maxime : Donner et retenir ne vaut. S'il y a eu
donation , il y a transfert de propriété et par conséquent in-
commutabilité du droit. Le *Siècle* commet une immense
erreur de fait ; il s'imagine qu'il y a eu *une* donation faite à
l'Église ; or, il y a eu cinquante mille, cent mille, etc., donations, réglées chacune par les termes du droit commun. Il y
a, en outre, les biens que l'Église a acquis à titre onéreux.
Comment expliquer qu'ils aient pu être légitimement ravis ?
Si le *Siècle* veut poursuivre avec nous cette discussion , il est
obligé de poser pour point de départ le droit de propriété.
Il ne s'y refusera certes pas. A la lumière du Code civil, nous
chercherons comment s'acquiert, se conserve et se perd le
droit de propriété. Ces idées premières nous mèneront à la
législation d'avant 1789 et nous aideront à l'interpréter en
connaissance de cause. Nous prévoyons les faux-fuyants du
Siècle ; mais le public apprendra avec plaisir son dernier mot
sur la question de la propriété. Est-ce l'État qui est le grand
propriétaire, et sommes-nous ses humbles fermiers quand
nous cultivons les champs que nous croyons à nous en vertu
de certaines dispositions que nous croyons rencontrer dans
notre législation ? Ce débat a plus qu'un intérêt historique.
Au ·fond , il importe peu à présent que l'Église ait eu des
biens ou qu'elle n'en ait pas eu ; le *Siècle* ne s'attacherait pas
à une simple question d'histoire avec tant de ténacité. Ce qui
est engagé dans le débat, c'est le droit de propriété, la plus
solide des libertés, la plus précieuse des garanties politiques
et la seule efficace. Nous souhaitons que le droit de propriété
obtienne grâce auprès des libéraux du *Siècle ;* hélas ! nous ne
l'espérons guère.

4 janvier 1858.

V

Un journal de finances trouve tout simple de nier la propriété des hôpitaux et hospices. C'est, dit-il, un non-sens que le droit de propriété pour qui ne peut pas en disposer. Est-ce que les mineurs et les femmes mariées ne jouissent pas du droit de propriété, bien qu'ils n'aient pas la faculté de disposer de leurs biens? On prétend que le revenu seul importe. Et depuis quand la propriété est-elle étrangère à son revenu? elle en est la meilleure garantie. Ajoutons que la propriété n'est exposée à aucune chance de perte, tandis que toute créance est aléatoire. Il serait insensé de ne pas tenir compte de ces différences. Nos façons de raisonner sont quelquefois dangereuses. Nous parlons des biens des pauvres; et cependant les pauvres n'ont pas un patrimoine commun. Il n'y a que des établissements spéciaux, séparés, sans lien entre eux, formant chacun une œuvre distincte. Pour examiner leurs charges et leurs revenus, il faudrait une statistique faite par les administrations locales et par les conseils municipaux. Que d'hospices auxquels la circulaire ministérielle ne serait même pas applicable, tant ils sont dans des conditions visiblement préférables à celles que leur offrirait la rente!

Les adversaires des biens d'hospices et d'hôpitaux partent de ce principe erroné, que les propriétés collectives et perpétuelles sont un danger pour la société. C'est le principe posé par le chancelier Daguesseau dans sa fameuse ordonnance de 1749. Un journal, d'ailleurs hostile à la vente des biens des hospices, a vanté la mesure et la modération de cette ordonnance, qu'il jugeait sans doute sur la bonne mine de son auteur. Il n'a pas vu que cette ordonnance, rendue en haine de la propriété religieuse, fournit aux ennemis de la propriété des hospices leur seul argument économique. Eh bien! est-ce par son agriculture ou par ses finances que la France brille depuis un siècle ? Il est fâcheux que nous en soyons réduits à n'apprécier la propriété foncière que par son rendement fiscal ; elle n'a jamais été envisagée par nos hommes d'État qu'au point de vue de l'impôt. Les mutations enrichissent le Trésor : il n'y aurait pas grand mal, si c'était le résultat d'une plus-value réelle. Il n'en est pas ainsi ; en sorte que la richesse de l'État se compose de l'appauvrissement général. Il semble que l'enregistrement soit une machine de production et non de perception. C'est sur l'agriculture que pèsent la plupart des impôts ; et les droits de mutation sont les plus onéreux. Ce n'est qu'en France qu'on a pu imaginer de faire payer un impôt de mutation aux biens qui n'éprouvent pas de mutation ! et le tout pour la glorification de l'égalité. Il s'agit maintenant de rendre effectives ces mutations fictives ingénieusement inventées par l'esprit fiscal. Les ressources qui en résulteraient pour l'État sont insignifiantes et ne compensent pas l'inconvénient d'un nouveau morcellement.

Les bénéfices de cette opération seront plus que douteux. Pour tout ce qui concerne les choses de l'agriculture, on est, à Paris, d'une ignorance privilégiée ; on y juge comme si tout ressemblait aux fermes de la Beauce et de la Brie. Les pays de culture morcelée et de petits capitaux sont loin de cette prospérité. Les vicissitudes de la propriété foncière diffèrent donc suivant les lieux et les cultures. Dans une partie notable de la France, le prix des biens a baissé de moitié en 1848 et ne s'est pas relevé. C'est ce que plusieurs exemples qui nous ont été signalés constatent pour la Bourgogne. Un labourage dont on offrait 24,000 francs au propriétaire avant 1848 ne trouve maintenant d'acquéreur qu'à 12,000 fr. Dans un village de notre connaissance, des biens estimés 60,000 fr. ont été vendus 27,000 fr. Dans un autre, une estimation d'environ 80,000 fr. est tombée à 40,000 fr. Admettons que ce phénomène ne soit pas partout aussi marqué, et qu'en certaines contrées la valeur des biens ait follement monté par la concurrence des paysans, toujours est-il que la dépréciation des propriétés foncières est générale. L'espérance de vendre les biens des hospices sur le taux de 2 0/0 paraît chimérique. On nous écrit d'Alsace que des pourparlers d'achat ont déjà été rompus, en prévision de la mise en vente de biens d'hospices. Ah ! disent les futurs acheteurs, ce bien-là nous reviendra à meilleur marché. A ce point de vue même, l'operation serait mauvaise pour beaucoup d'établissements. Comment limiter la production du sol ? En présence des perturbations monétaires dont nous sommes témoins, il est facile de préjuger celles qui se produiront dans l'avenir. C'est la propriété foncière qui en profite seule, car ses produits, nécessaires en tout temps, se prêtent à une hausse continue.

Nous avons donné sur l'hospice de Nevers des chiffres qui nous étaient envoyés par un habitant de Nevers ; d'autres chiffres, plus détaillés, nous sont adressés par une personne également recommandable. La ferme d'Oulon, appartenant à l'hospice de Nevers, a rapporté 8,400 fr. de 1805 à 1814 ; 10,000 fr. de 1814 à 1823 ; 11,050 fr. de 1823 à 1831 ; 14,000 fr. de 1831 à 1839 ; 17,200 fr. de 1839 à 1853. Le bail renouvelé en 1853 est de 17,600 fr. Ces chiffres modifient les premiers en ce sens que l'accroissement a eu lieu en 40 ans et non en 20 ans. L'hospice de Nevers a, en outre, des bois dont la valeur a grandi dans une plus forte proportion de 1805 à 1853. Enfin, ajoute notre correspondant, tout le monde dit que l'accroissement de la ferme d'Oulon ne fait que de commencer et que dans vingt ans elle rapportera 30,000 fr. Pour avoir une idée de ces accroissements d'une culture perfectionnée, on n'a qu'à lire l'ouvrage de M. Léonce de Lavergne sur l'agriculture en Angleterre. L'auteur, devenu académicien, semble se ranger aujourd'hui sous la bannière du morcellement, mais son livre proteste contre lui. En France, du moins, l'agriculture est en enfance ; en se développant, elle élèvera la valeur du sol à un point qu'il est impossible de préciser, et dont ce que nous avons vu ne peut donner qu'une faible idée.

Les biens des hospices produisent d'aussi bons revenus que ceux des particuliers ; un peu plus de liberté laissée aux localités leur assurerait encore une meilleure administration. Conserver les biens en nature et les améliorer, passer des baux et percevoir les fruits, c'est ce que le Code civil entend par administration. La vente est l'acte d'un propriétaire et non d'un administrateur, et nous avons prouvé qu'elle était fatale aux pauvres et qu'elle alarme les plus respectables intérêts. Le *Siècle* nous allègue la loi napolitaine, qui, dit-il, a autorisé la vente des biens des hospices à la condition que le prix en serait placé en rentes sur l'État. Les renseignements que nous fournit le *Siècle* ne sont pas très-concluants, et il n'en saisit pas la portée. Si nous avions sous les yeux les textes qu'il invoque, nous les discuterions. Ce que le *Siècle* nous en apprend suffit pour nous éclairer. Le gouvernement napolitain a autorisé la vente des immeubles appartenant aux hôpitaux et bureaux de bienfaisance ; ce sont les expressions du *Siècle*. Il en était ainsi chez nous avant la circulaire ministérielle. Les biens des hospices n'étaient que trop aliénables, puisque depuis une trentaine d'années il en a été vendu pour plus de soixante millions. De ce que les hospices sont autorisés à vendre, il ne s'ensuit pas qu'ils vendent réellement ; autre chose est de lever la prohibition de vente à laquelle ils étaient soumis, autre chose de les pousser et de les forcer à vendre. Il n'y a aucune analogie. Une autre disposition de la loi napolitaine a autorisé les particuliers débiteurs envers les corporations religieuses de redevances et de rentes foncières, à s'en libérer par un consolidation de revenu pareil en rente 5 0/0 sur l'État au profit desdites corporations. S'il en est ainsi, c'est un empiétement de l'État, une intrusion violente dans les rapports privés d'individus à individus ; c'est une atteinte au droit de propriété ; elle est aussi blâmable dans le royaume des Deux-Siciles qu'en France. Ne cherchons pas un argument en dehors de la France ; tous les éléments de discussion sont dans l'appréciation de faits connus de tous et d'une vérification facile. A-t-on répondu à cette observation si simple, que les biens des hospices, subitement mis en vente, participeraient à l'avilissement de la propriété foncière ? A-t-on nié le rapide accroissement de la rente foncière et la diminution progressive des rentes en argent ?

Les préfets préparent l'exécution de la circulaire ministérielle ; les commissions administratives des hospices et les conseils municipaux seront invités à s'expliquer. On saura, dans tous les départements, quelle est la quantité des biens à vendre et dans quelles circonstances la vente se présentera. Le préfet de Saône-et-Loire porte à 10 millions les biens des hospices dans son département. Nous ne doutons pas que les commissions des hospices ne fassent leur devoir ; elles indiqueront les différentes natures de propriétés, leurs revenus et charges. Nous saurons la valeur réelle de ces biens et le genre d'acheteurs qui seront attirés par le bon marché. En tout cas, l'État n'y a aucun intérêt. Si son désir s'accomplit, les établissements de bienfaisance n'auront plus de propriétés, mais il n'aura pas allégé son budget d'un centime. Les cinq cents millions espérés d'une vente totale ne seront pas réalisés ; quand on ne vendrait que pour cinquante ou soixante millions en une année, ce serait un antécédent déplorable et quant à son principe et quant à ses conséquences. Il tarirait pour l'avenir la source de la charité privée ; il frapperait d'une dépréciation indéfinie tous les immeubles par la perspective d'une mise en vente toujours prochaine de biens dont on veut absolument se défaire. L'enquête, en se prolongeant et en se généralisant, apportera de nouvelles lumières au gouvernement ; nous espérons qu'elle modifiera sa pensée sur l'aliénation des biens des hospices.

9 juin 1858.

VI

Le Corps-Législatif est saisi d'un projet de loi qui attribue au maréchal Pélissier une rente de 100,000 fr. incessible et insaisissable, transmissible de mâle en mâle par ordre de primogéniture. Tout le monde applaudira à la pensée qui a dicté ce projet. La France aime à récompenser dignement les grandes actions militaires. Un avantage purement personnel fait au Maréchal aurait manqué le but ; il fallait que la récompense eût un caractère social et perpétuel. C'est le premier majorat créé par le gouvernement actuel. L'opinion publique l'accueillera avec faveur, et cependant c'est une dérogation aux principes de notre Code civil. L'empereur Napoléon avait donné une extension considérable au système des majorats. À mesure qu'il s'éloignait des idées étroites qui avaient présidé à la confection du Code civil, il se rattachait aux principes d'ordre que la Révolution croyait avoir à jamais abolis. Le décret qui organise les majorats est du 1er mars 1808. Le Prince archichancelier, en le présentant au Sénat, disait dans son exposé des motifs que les distinctions sont de l'essence de la monarchie et qu'elles ne blessent pas l'égalité, puisque tous les citoyens peuvent y atteindre. Cet argument, répété en 1857, n'est vrai qu'en partie. Les distinctions sont de tous les pays et de tous les régimes politiques. Il ne s'ensuit nullement que ceux qui en jouissent soient les égaux de ceux qui en sont privés. D'ailleurs, quels services auront rendus les enfants du maréchal Pélissier ? Que de détours pour ne pas reconnaître l'inégalité naturelle des hommes ! L'égalité rêvée par les philosophes ne se trouve pas même dans l'état sauvage. Ce mot d'égalité nous est échappé dans notre fièvre révolutionnaire, et il est resté dans la langue sans avoir un sens très-clair. Les hommes sages hésitent à l'employer. Une épaulette de sous-lieutenant proteste contre l'égalité ; ce qu'on veut, c'est que les distinctions ne soient accordées qu'au mérite. Là-dessus nous sommes d'accord, et certes il en a toujours été ainsi, car nous n'avons lu dans aucune loi ni dans aucune charte que les titres et les honneurs appartiendraient exclusivement à ceux qui ne les mériteraient pas. Les sociétés ont des récompenses pour tous les mérites ; il n'y a que les sociétés démocratiques où le mérite ait de la peine à percer et où il soit le plus souvent écarté par l'intrigue. L'égalité, au lieu de se développer contre la société par la prétention de tous à tout, se régularise dans une noblesse organisée pour la conservation sociale. Sans corps de noblesse, l'État incline à l'anarchie ou au despotisme. La noblesse a de tout temps été considérée comme l'appui le plus solide des trônes. Les ennemis des trônes le savent bien : en frappant la noblesse française, ils n'ont pas seulement renversé le trône de Louis XVI, ils ont rendu impossible, autant qu'il était en eux, l'établissement de tout pouvoir monarchique en France.

Le décret de 1808 n'a pas seulement en vue de récompenser les services rendus à l'empire, mais de reconstituer le corps de la noblesse. Tous les titres qu'il crée correspondent à des dotations. Un titre nu est un hochet politique. La noblesse n'est utile que si elle est composée d'hommes ayant le loisir et le devoir de se consacrer aux affaires publiques. C'est dans l'indépendance personnelle de chacun de ses membres que le souverain puise la confiance qu'elle mettra toujours l'intérêt de l'État au-dessus de tout. Une noblesse ruinée est une pépinière de factieux ; elle est tout au moins un embarras pour l'État et pour elle-même. Aussi la faute de nos anciens rois, qui ont laissé la noblesse s'appauvrir et se déconsidérer, a-t-elle été cruellement expiée. Le principe féodal revit un peu modifié dans le décret de 1808. Les titres étaient autrefois territoriaux. Napoléon les fonde, en attendant mieux, sur la finance. Ce qui est plus important, c'est qu'il joint les titres à certaines fonctions publiques. Il voulait donc une noblesse effective, faisant partie du gouvernemnnt, remplissant les principales charges de l'État. Ses fonctions n'étaient cependant pas héréditaires ; mais les titres de noblesse n'étaient transmissibles par ordre de primogéniture que si les titulaires avaient constitué une dotation déterminée en biens fonciers ou en rentes sur l'État. Ces dotations incessibles et insaisissables suivaient en tout la loi féodale. Les fils aînés des grands dignitaires sont de droit *ducs de l'empire* s'ils ont un majorat de 200,000 francs de revenus. (Art 2 du décret.) Les ministres, sénateurs, conseillers d'État, archevêques, obtiennent le titre de *comtes*, et ce titre passe aux fils aînés jouissant de 30,000 livres de rente, dont un tiers est affecté au titre de comte : les archevêques ont la faculté de créer le majorat pour un de leurs neveux. (Art 4.) Les présidents des colléges électoraux de département, les premiers présidents et procureurs généraux des Cours, les évêques, les 37 maires qui assistent au couronnement de l'Empereur, portent le titre de *barons*, en justifiant de 15,000 livres de rente, dont un tiers affecté à la dotation du titre transmissible de mâle en mâle ; les évêques le font passer, dans les mêmes conditions, sur la tête d'un de leurs neveux. (Art. 8.) Enfin les membres de la Légion d'honneur prennent le titre de *chevaliers* et le transmettent en y attachant un majorat de 3,000 livres de rente. (Art. 11.) La hiérarchie féodale est complète. Dès 1806, Napoléon avait exprimé sa pensée au Sénat dans l'exposé des motifs du décret du 30 mars 1806, qui érigeait douze fiefs de l'Empire. On y lit ces remarquables paroles : « Vous remarquerez dans plusieurs dispositions qui vous seront communiquées, que nous ne nous sommes pas uniquement abandonné aux sentiments affectueux dont nous étions pénétré et au bonheur de faire du bien à ceux qui nous ont si bien servi. Nous avons été principalement guidé par la grande pensée de consolider l'ordre social et notre trône, qui en est le fondement et la base, et de donner des centres de correspondance et d'appui à ce grand empire ; elle se rattache à nos pensées les plus chères, à celle à laquelle nous avons donné notre vie entière : la grandeur et la prospérité de nos peuples. »

Ainsi, la nouvelle noblesse devra servir d'appui au nouvel Empire ; elle doit en former les arcs-boutants. L'Empereur entre en plein dans son sujet, il ne recule pas devant les termes les plus impopulaires. Article 3 du décret de 1806 : « Nous avons érigé et érigeons en duchés grands-fiefs de notre Empire les provinces ci-après désignées : 1° la Dalmatie ; 2° l'Istrie ; 3° le Frioul, etc. L'article 5 attache à ces grands-fiefs le quinzième du revenu du royaume d'Italie et promet d'y ajouter trente millions de biens nationaux. D'autres décrets ont institué des grands-fiefs. Si maintenant nous jetons un regard sur l'ensemble de la politique impériale, nous y voyons la tentative de renouveler l'organisation féodale et l'empire de Charlemagne. Le décret qui appele Joseph à la couronne de Naples déclare que ce royaume « fait partie du grand Empire. » L'Empereur étendait sa puissance sur tout l'Occident ; au-dessous de lui et relevant de lui, des rois administrant chaque nation en particulier, des grands-fiefs établis dans tous les États ; une hiérarchie de ducs, de comtes, de barons, de chevaliers, tel est le vaste système qui fut sur le point d'être réalisé quelques années après la Révolution française. Sans nous arrêter aux mille causes qui ont entravé la pensée impériale et que nous n'avons pas à décrire, nous nous bornons à cette seule réflexion : c'est que Napoléon avait compris la nécessité d'une noblesse. C'était le correctif et la contre-partie du Code civil, qui n'avait pas été fait pour une société monarchique. Mais la pensée politique du chef de l'Empire échoua, tandis que les principes déposés dans le Code civil ont exercé leur action sans interruption ni obstacle. La démocratie a seule dominé, et en l'absence de tout élément conservateur, elle nous a livrés à une agitation et à des discordes sans fin. On compare souvent la démocratie à un fleuve irrésistible ; il faut des rives à ce fleuve, et il les trouve dans les institutions conservatrices. Elles seules peuvent le maintenir et le diriger, sans quoi il n'est plus maître de son cours et déborde sur le pays. Où sont chez nous les éléments de perpétuité ? Comment assurer une longue durée à une nation exclusivement démocratique ? Napoléon a tenté de résoudre le problème. Il ne l'a pas résolu autrement que les fondateurs d'empires et les chefs de peuples qui l'avaient précédé. Il a cherché, lui aussi, cette combinaison de monarchie, d'aristocratie et de démocratie, qui est l'idéal du gouvernement parfait. La noblesse, les majorats, les substitutions ! tout cela est méprisé de notre époque, avide de commerce et d'industrie. Et cependant les hommes expérimentés sentent qu'il n'y a pas de sécurité sociale en dehors de ces éléments conservateurs. Mais ils se disent que les majorats et les substitutions sont impopulaires, qu'aucun gouvernement n'est de force à les imposer au peuple. Ils se trompent beaucoup, et l'exemple de Napoléon est là pour le prouver. Les idées et les intérêts révolutionaires étaient plus puissants en 1808 qu'en 1857, et l'opinion elle-même, sous l'ascendant de la volonté impériale, était favorable à cette création de titres et de dotations où elle voyait des gages d'avenir.

Pourquoi refuser à l'homme l'innocente satisfaction de disposer de son bien à sa volonté? Pourquoi enlever aux citoyens la faculté d'imiter leur gouvernement? Ne semble-t-il pas, au contraire, que les actes de notre gouvernement devraient nous être proposés pour modèles? Comment les substitutions sont-elles légitimes dans un cas, et illégitimes dans un autre? Il n'y a d'explication que dans la doctrine révolutionnaire qui subordonne à l'État le droit de propriété. La Révolution avait supprimé le droit de propriété; quoique rédigé dans un temps plus calme, le Code civil l'a soumis à une réglementation minutieuse, excessive; l'article 1048 ne permet la substitution qu'aux pères et mères, et encore pour un seul degré. Le législateur, dans le chapitre consacré à ces sortes de substitutions, n'a pas même prononcé le mot de substitution; la sainte horreur du mot propre lui a suggéré une périphrase. C'est précisément pour l'homme sans enfants que le droit de substitution serait une douce chose; il pourrait se choisir un successeur, un héritier en qui il perpétuerait son nom, ses travaux, son influence. Il ne croirait pas mourir tout entier, laissant après lui un continuateur de son œuvre. Ces liens multipliés rattachent les jeunes générations à la génération qui les précède. Les substitutions ne transmettent pas seulement l'héritage matériel, cette unique préoccupation de nos codes, elles transmettent le patrimoine moral de l'expérience et de la tradition. Les Anglais ont tout dit quand ils ont dit la *vieille Angleterre* : nous autres Français, nous sommes toujours *jeune France*. C'est que la société anglaise est dans toutes ses parties, tant au moral qu'au physique, un vaste ensemble de substitutions ; tandis qu'en France, la jeunesse des écoles donne tous les quinze ans le ton à la politique. Nos lois civiles, pleines d'un respect superstitieux pour la jeunesse, se méfient de l'âge mûr ; elles redoutent la prévoyance des pères plus que les illusions des fils. De là une instabilité dont les familles privées ne sont pas plus exemptes que l'État. Napoléon avait certainement prévu ce danger quand il cherchait pour son trône des points de correspondance et d'appui, et établissait une noblesse et des majorats. Nous avons vu qu'il accordait à un très-grand nombre de citoyens le droit de substitution. Ce qu'il osait, en 1808, contre les idées révolutionnaires, serait-il aujourd'hui une impossibilité et une folie ? Personne ne le pensera. L'opinion publique est loin de repousser le majorat projeté pour le maréchal Pélissier ; ajoutons que si ce majorat consistait en biens-fonds, elle ne s'en scandaliserait ni ne s'en étonnerait. Il y a une connexité naturelle entre les idées de substitution et de propriété foncière. Quand la Chambre des Communes voulut honorer Nelson, elle chargea quelques-uns de ses membres d'acheter une propriété territoriale qui pût lui être donnée au nom de son pays. Dans toute l'Angleterre, alors, aucune terre n'était à vendre ; la Chambre des Communes fut forcée d'attendre une occasion, et Nelson mourut sans avoir joui du vœu de ses concitoyens. Une bonne partie du sol français est aux enchères. Si le Corps-Législatif jugeait convenable de transformer en substitution territoriale le majorat dont il est question dans le projet de loi, il réussirait mieux que la Chambre des Communes : cent terres pour une brigueraient l'honneur de la substitution, et le maréchal Pélissier serait plus heureux que Nelson.

24 février 1857.

DROIT DE TESTER.

I

Notre littérature juridique n'est pas riche : nous avons en
grand nombre des juges, des avocats, des avoués, des professeurs; nous avons peu de jurisconsultes. En général, tout se
réduit devant la justice à une compulsion d'arrêts. Les livres
de droit, visant à une utilité immédiate, sont dépassés, le lendemain de leur apparition, par le mouvement de la jurisprudence, et les derniers sont toujours les mieux venus. Les
exceptions sont rares. Les travaux de M. Troplong le placent
hors rang et se distinguent par un éclat inaccoutumé de style.
L'histoire et la philosophie peuvent seules féconder les études
juridiques, en expliquant la raison des lois. Il serait intéressant de soumettre à une discussion approfondie les principes
de M. Troplong, en les suivant dans les détails de leurs applications aux espèces juridiques. Son *Traité des donations et
des testaments* nous offre l'occasion de nous livrer à ce genre
de recherches sur un des points les plus importants de la
science. Nous nous occupons uniquement de la préface, où
est condensée toute la partie philosophique du sujet. Les testaments jouent un grand rôle dans la vie civile et politique
des peuples. Le droit de tester est-il absolu? A quelle limite
s'arrête-t-il? Questions pleines de difficultés et qui en supposent beaucoup d'autres résolues. Interrogeons l'histoire

avec M. le président Troplong. La loi de Moïse est la plus étonnante législation, et sans doute la plus naturelle, puisqu'elle émane directement de Dieu et a élevé la Judée à la plus haute prospérité agricole. Elle laissait une faible place au testament, car elle réglait tout en vue de conserver la propriété des familles; la terre était inaliénable; elle était au Seigneur; l'homme n'en avait que l'usufruit, et s'il en avait disposé, le jubilé rétablissait l'égalité primitive du partage entre les familles.

M. Troplong, croyons-nous, a mal entendu quelques dispositions du Lévitique. « Moïse, dit-il, voulut qu'à l'époque du jubilé chacun pût rentrer, au moyen d'un rachat, dans la propriété des terres qu'il avait aliénées. » A l'année jubilaire, le retour des biens à la famille primitive était de droit et sans aucune indemnité : *Anno jubilæi redient omnes ad possessiones suas.* (Lévitiq., ch. 25, v. 13.) Le verset 16 indique la nature du contrat en vertu duquel un Hébreu se dessaisissait de sa *possession. Quando plures anni remanserint post jubilæum, tanto crescet et pretium : et quanto minus temporis numeraveris, tanto minoris et emptio constabit : tempus enim frugum vendet tibi.* Ainsi la vente des fonds de terre emportait seulement l'idée d'une vente d'usufruit jusqu'à l'année jubilaire. Voici dans quelles conditions s'exerçait la faculté de rachat. Le législateur ne permettait qu'à regret l'aliénation; il savait qu'elle menait à la destruction des familles et au relâchement du lien politique. Le verset 24 du même chapitre du Lévitique attache à toute aliénation de terre la faculté du rachat : *Cuncta regio possessionis vestræ sub redemptionis conditione vendetur.* Si un malheur imprévu ou un faux calcul entraînait un Juif à se défaire de son patrimoine, le législateur venait à son secours en lui donnant les moyens de revenir sur un marché onéreux. Le vendeur était favorisé; et nul doute que la fréquence de la clause de rachat, sous nos anciennes lois, ne découle de cet esprit de la législation hébraïque. Aujourd'hui, c'est chose simple de vendre la maison paternelle, et il n'y aura bientôt plus de champs héréditaires. Moïse avait établi la propriété foncière pour être la sécurité de la famille et le gage de son indépendance. Le droit de rachat existait donc au profit du vendeur et de ses parents, s'ils voulaient reprendre la terre avant l'année du jubilé. C'est ce que décident les versets 26, 27 et 28 du chapitre 25 du Lévitique. Ces dispositions sont étrangères à la rentrée en possession qui a lieu au jubilé. De la loi de conservation des patrimoines ressortaient comme conséquences le droit d'aînesse et l'exclusion des filles, quand un enfant mâle se trouvait héritier.

Le testament ne devait guère être plus en usage dans la monarchie égyptienne, où la population tout entière était immobilisée dans une situation qui se transmettait de père en fils jusqu'à la dernière génération. Les institutions de l'Égypte ont des analogies, au point de vue agricole, avec les institutions de la Judée. Il est certain qu'elles ont répandu un immense bien-être sur un sol couvert par un peuple innombrable. Le mouvement de la personnalité humaine n'y était pas libre, dit M. Troplong; et cependant il écrit plus bas : « L'immobilité était le fond des institutions de l'Égypte, avec une assez vigoureuse activité dans le domaine des sciences, des arts et du travail industriel. » La Grèce mérite-t-elle un éloge plus magnifique? et pourquoi ne pas avouer que les peuples de l'Orient, qui ont été les instituteurs de la Grèce et en qui la Grèce a su voir la supériorité des lumières, ont joui de cette personnalité, de cette liberté que les anciens ne leur ont jamais déniée et que leur refusent les publicistes modernes? Notre jugement est faussé sur ce point, parce que nous ne sommes habitués à considérer l'antiquité que sous son côté polythéiste et démocratique. Plus légers que les Grecs eux-mêmes, c'est à peine si nous accordons quelque attention aux empires où ont fleuri les principes de la religion et de la monarchie. La Grèce charme M. Troplong, qui ne se dissimule pas cependant ce qu'il y avait de puéril et de tyrannique dans ses législations éphémères. « On y voit, dit-il, d'après Aristote, l'État maître de l'éducation, réprimant par

des lois les cris et les pleurs des enfants, réglant la nourriture, le régime, les promenades de la femme grosse, etc. » Il
y a de grandes nations qui ressemblent à la Grèce; nous
avons lu des ordonnances sur les salles d'asile, sur les pen-
sum, etc.

Dans les successions, à Athènes, les filles étaient exclues
par les enfants mâles, qui ne leur devaient qu'une dot. L'intérêt conservateur de la famille, que nous retrouverons dans
d'autres législations, repoussait l'égalité des partages. Platon
ne voit dans le testament qu'un acte arbitraire et capricieux.
A Rome, le droit successoral touche intimement à la politique. L'État intervenait dans le testament. La liberté de tester semble plus entière sous le droit féodal. Mais c'est une
question de savoir si les faits allégués par M. Troplong sont
des exceptions, des violences au droit, ou doivent être pris
pour la règle. La féodalité reposait sur l'hérédité des fiefs; la
société se composait de substitutions perpétuelles. Comment
un possesseur de fief aurait-il pu changer l'ordre de succession sans porter atteinte à la loi primitive des inféodations?
Est-ce que le Roi, qui tenait la couronne en fief, pouvait se
choisir un successeur par testament? Le droit de toutes les
familles était analogue. Mais les légistes et la royauté ont attaqué de bonne heure l'inaliénabilité des fiefs; l'aliénation des
fiefs a été permise et encouragée sous les plus futiles prétextes.
La noblesse féodale remplissait son devoir en versant à flots
son sang dans les guerres de la chrétienté; mais elle oubliait
la loi fondamentale de son institution quand elle aliénait des
domaines substitués aux générations futures. Et le pouvoir
central qui ratifiait cet excès de zèle manquait de prévoyance
politique.

Le sort des serfs au moyen âge a excité la commisération
des historiens modernes, tous ennemis de l'ancienne société
et fort ignorants du droit féodal. M. Troplong examine les
choses de plus près; il comprend la nature juridique du servage. Ainsi, il constate que le serf jouissait du mariage, de la
paternité légitime, des droits de famille et de certains droits

de propriété, etc. Cela suffit pour établir une différence radicale entre le serf et l'esclave. L'esclave n'avait pas la personnalité humaine; il était en dehors de la religion, de la cité,
de la famille, ayant juste le rang et les droits d'une bête de
somme. C'est encore aujourd'hui le droit en vigueur chez les
républicains des États-Unis. Le serf était *libre*, dans le sens
juridique du mot; aucun jurisconsulte romain ne lui aurait
refusé cette qualité. Les modernes sont trompés par l'expression *servus*, qui à Rome désignait l'esclave. Mais il ne faut
pas oublier que la civilisation romaine ne subsista pas aussi
longtemps que la langue classique de Rome. Cette langue,
parlée par tous les gens éclairés, n'était jamais parvenue à se
rendre populaire; elle ne répondait qu'imparfaitement aux
changements que le christianisme avait opérés dans l'ordre
social. Elle n'avait point de mot pour ce que nous appelons
le *servage;* les légistes ne manquèrent pas de recourir aux
anciens termes du droit. Les parties contractantes s'entendaient assurément. Mais il est évident que les mots *servus,*
servitus, étaient des anachronismes. Les esclaves n'ont pas
été transformés en serfs par les conquérants germains. L'esclavage païen avait presque entièrement cessé au cinquième
siècle; aussi dans les différentes classes de la société s'étaient
établis des liens d'un tout autre caractère et qui se résument,
quant aux populations rurales, dans un colonage plus ou
moins assujettissant. Les règles de ce colonage constituent le
droit féodal par rapport aux serfs.

M. Troplong tient pour les principes de 1789; et, en lui,
le libéralisme fait tort à la rectitude du jurisconsulte, car il
persiste à appliquer au servage la qualification de servitude
ou d'esclavage : « En même temps que l'esclavage était devenu
plus général, dit-il, il était devenu plus doux. » La science
n'en parle pas ainsi; qu'importe que l'esclavage soit ou ne
soit pas doux? La bonté d'âme du maître ne change pas la
nature de son droit. L'auteur reconnaît que les serfs vivaient
sur des terres à eux concédées par les seigneurs, les églises
ou les monastères. » En retour, ajoute-t-il, des prestations

foncières étaient imposées aux terres en signe de dépendance, et des redevances personnelles étaient perçues sur le serf comme témoignage de son assujettissement. » Quoi de plus simple? C'est encore ce qui se passe aujourd'hui: des terres sont louées ou concédées moyennant des prestations foncières, et nul ne songe à s'en alarmer. Les redevances personnelles ressortent souvent des contrats, et elles sont dans l'intérêt des deux parties; elles étaient alors un équivalent du bénéfice que produisait la culture au colon ou fermier. Ce n'était pas un *témoignage d'assujettissement*. Est-ce que les prestations ou redevances fournies aux propriétaires par les fermiers actuels seraient par hasard un témoignage d'assujettissement? Suivant notre publiciste: « Une des marques les plus caractéristiques de cette servitude de corps, c'était l'impossibilité de tester. » Une logique rigoureuse n'a pas présidé à ce raisonnement. Les enfants qui n'ont pas le droit de tester sont-ils esclaves pour cela? Il y a plus: la pensée est obscure. De quoi le serf aurait-il disposé? Il remplissait l'office d'un colon; le fonds n'était pas à lui; il ne l'aurait transmis, vendu ou divisé que contrairement aux principes les plus certains du droit. Il disposait de ses meubles, de ce qui était à lui, suivant la coutume du lieu. Les fermiers de nos jours s'avisent-ils de donner par testament les terres qui leur sont confiées? Il y a ici un malentendu dans lequel tombent fréquemment les historiens à qui sont étrangères les matières du droit féodal. A cet égard, les coutumes devaient varier. En tout cas, le droit du seigneur était déterminé par les conditions primitives de la concession ou de l'inféodation. Et d'ailleurs, la confiscation ne pouvait être arbitraire et elle n'avait rien de commun avec l'esclavage. M. Troplong admet ce correctif à sa proposition. « Il passa en usage de laisser les enfants jouir des biens de leur auteur décédé, à la condition qu'ils vivraient en communauté tacite, perpétuelle et de père en fils. » Or, on sait que la coutume avait force de loi. Si les biens se transmettaient par une dévolution aussi naturelle, le testament était inutile. La famille serve formait une association, un corps moral dont les membres étaient solidaires. M. Dupin a décrit une de ces communautés restées dans le Morvan comme un échantillon des vieux âges ; il a constaté l'esprit d'ordre et d'épargne qui conservait ainsi les plus humbles familles sous la subordination du pouvoir paternel. De ce que le testament n'était pas en honneur dans l'ancienne France, ne concluons pas à une infirmité démentie par l'histoire. Essayons plutôt de nous rendre compte des principes qui, avant et après la Révolution, ont dirigé notre législation.

Les enthousiastes disent que le Code civil a créé la liberté privée et l'égalité civile. Ce sont là de malheureuses expressions ; elles rentrent dans l'idéologie mise à la mode par le dix-huitième siècle. Le peuple français avait-il eu besoin du régime de la Terreur pour être mis en possession de la « liberté privée, » ou bien le Code a-t-il aboli la peine de l'emprisonnement ? L'*égalité* est un mot emprunté à la langue maçonnique ; il devrait être banni des discussions sérieuses. Et qu'est-ce qu'une liberté civile ou incivile ? Le coupable et l'innocent sont-ils égaux devant la loi ? M. Troplong nous affirme que « la France est passionnée pour la liberté civile. » Nous avons bien de la peine à comprendre ce que c'est que la *liberté*, et une *liberté civile !* Le raisonnement se ressent de ces abstractions vides de sens. « Le mouvement de 89, dit l'Auteur, qui, en toutes choses, jeta la liberté à pleines mains, émancipa les terres ; c'est alors que le Code Napoléon put s'élever pour constituer, dans la mesure dictée par la prudence, la souveraineté du citoyen français sur lui-même et sur sa propriété, et, par suite, la souveraineté de sa volonté pour disposer de ses biens. » Chacune de ces paroles exigerait un commentaire spécial. L'*émancipation de la terre, le citoyen français acquérant la souveraineté de lui-même*, sont assurément des choses extraordinaires. M. Troplong connaît à fond le titre des hypothèques, puisqu'il l'a commenté en quatre volumes ; qu'il consulte le registre des hypothèques, il y puisera de précieux renseignements sur l'émancipation des terres. Constatons seulement que, pour lui, a liberté de tester est l'expression adéquate de la souveraineté du citoyen français. Nous le citons : « La propriété étant la légitime conquête de la liberté de l'homme sur la matière, et le testament étant la plus énergique expression de la liberté du propriétaire, il s'ensuit que tant est la liberté civile dans un État, tant y est le testament. » Eh bien! M. Troplong est dans une grande illusion, et il n'est pas difficile de lui montrer que le droit de tester est très-limité en France.

Nous respectons le droit de tester; notre société ne saurait s'en passer; et loin de chercher à le restreindre, nous sommes disposés à lui donner toute la latitude possible. Nous accepterions volontiers comme principe de notre droit la maxime de la loi des Douze-Tables, qui consacre la liberté absolue du père de famille sur sa chose. Le testament est fondé sur la nature, puisque notre âme est immortelle. C'est ce qu'exprime Leibniz : « *Testamenta vero meo jure nullius essent momenti nisi anima esset immortalis, sed quia mortui adhuc vivunt, ideo manent domini rerum; quos vero heredes reliquerunt, concipiendi sunt ut procuratores in rem suam.* (*Nova methodus discendæ docendæque jurisprudentiæ.*) Ainsi, d'après Leibniz, les morts vivent effectivement; ils demeurent toujours maîtres de leurs biens, de sorte que les héritiers qu'ils laissent doivent être regardés simplement comme des procureurs chargés de leurs affaires. Le Code civil a-t-il appliqué la doctrine de ce grand jurisconsulte? Nous allons surprendre M. Troplong; mais il nous semble que le Code nous refuse presque la faculté de tester. A quoi se réduit notre pouvoir sur nos biens, à notre mort? à les abandonner à Pierre ou à Paul, et non pas à en retenir la direction. Nous avons le droit de nous dépouiller; c'est un droit dont le législateur est prodigue depuis la Révolution; et chacun s'empresse d'en user. Me serait-il permis d'imposer à mon héritier des conditions conservatrices de mon bien? nullement : si mon héritier l'hypothèque, le découpe, le vend, c'est son affaire et je n'ai pas eu le droit de prévoir la destruction de ma chose. Si je lègue ma maison pour être démolie, je serai obéi ; si je la lègue pour être conservée à perpétuité, je suis arrêté par la loi. Les substitutions sont interdites; et cependant les substitutions ne sont-elles pas la seule traduction pratique de la pensée de Leibniz, que M. le président Troplong invoquait tout à l'heure ? Le Code ne prolonge l'effet de notre volonté que quelques instants après notre vie ; il n'ose regarder en face notre immortalité.

La propriété qui nous est garantie par nos lois est essentiellement viagère ; elle a les principaux caractères de l'usufruit, car elle s'éteint avec nous et nous ne pouvons la transmettre sous aucune condition perpétuelle ou de longue durée. Ce droit de tester, tout absolu qu'il paraît, est donc réduit à de faibles proportions. Ce qui importe à l'homme qui va mourir, c'est de laisser de lui un souvenir ineffaçable dans une utile ou glorieuse fondation ; mais la perpétuité est bannie de nos mœurs et de nos institutions. Quel est le droit du père de famille sur son patrimoine? La loi assure à chacun de ses enfants une part égale et déterminée ; la portion dont il lui est permis de disposer est insignifiante. Et l'on parle de la liberté de tester ! Ici nous concevons la pensée du législateur; il a considéré les enfants comme copropriétaires du patrimoine domestique ; idée fausse qui brise l'autorité paternelle et condamne la famille à une instabilité sans fin. Mais à défaut d'enfants, ne serons-nous pas libres de léguer nos biens à qui nous voudrons et comme nous voudrons? A qui nous voudrons, oui; et c'est tout. Il nous est impossible de donner à notre legs une destination que le légataire soit obligé de respecter, puisque le Code n'autorise pas le propriétaire à user des substitutions. Et cela, quand même il n'aurait ni enfants ni parents au degré successible : si nous sommes entraînés par un sentiment naturel à maintenir l'intégrité de notre patrimoine ou de notre exploitation rurale, le législateur nous force à un morcellement qui nous répugne. Le droit de tester est absolu en Angleterre, dont toutes les institutions sont l'opposé de la démocratie. Le citoyen peut y espérer revivre dans ses successeurs, car ceux-ci sont obligés de respecter sa volonté. Notre Code enlève au droit de tester sa plus sublime prérogative, quand il lui ôte les longues perspectives de l'avenir ; il dépouille le mourant de toute influence sur sa postérité et efface tout esprit de tradition dans les familles. Il atteint la famille elle-même. La plus légitime ambition de l'homme, c'est de créer une famille ; et au point de vue politique et social, la propriété foncière est le complément de la famille, dont elle assure l'indépendance.

La liberté de tester n'est donc pas plus grande aujourd'hui qu'autrefois. Le législateur français s'est défié des instincts conservateurs de l'homme ; il enferme le testateur dans un cercle de prescriptions jalouses ; il fond en quelque sorte sur le moribond pour disperser son héritage. Nous sommes libres... d'obéir à la loi. Notre volonté n'est valable que si elle est conforme au désir du législateur. Il ne nous octroie qu'à regret le droit de tester, car son but a été l'égalité pour les hommes et le morcellement pour les terres. Et cet ordre de choses ne saurait être modifié par les actes de dernière volonté, puisqu'ils ne s'exercent que dans la limite tracée par le législateur. Ceux qui voient dans l'année 1789 l'ère d'une civilisation nouvelle, s'imagineront volontiers que tout ce qui a suivi cette fatidique époque est marqué au coin d'une originalité profonde ; mais ces prétentions s'évanouissent quand l'analyse dégonfle les mots sonores dont la Révolution s'est servie pour tromper les peuples et justifier ses excès et ses doctrines.

12 novembre 1855.

II

La loi française est-elle favorable à la richesse publique ? Protége-t-elle cette triple manifestation du capital social qui se fait par l'agriculture, l'industrie et le commerce ? Le paganisme était ennemi de la richesse ; il la détruisait systé-

matiquement. Non qu'il manquât en cela d'intelligence ;
mais il n'avait pas besoin de la richesse ; réduisant l'humanité
à un petit nombre de maîtres et d'heureux, il ne songeait
pas à l'immense quantité d'hommes condamnés à la servitude, ou plutôt il n'y songeait que pour resserrer sur eux le
frein de la misère. L'homme libre ne connaissait d'autre occupation que la guerre et la littérature. Un souverain mépris s'attachait aux travaux productifs, réservés à la classe
servile. L'homme libre était nourri par ses esclaves ou par
la communauté politique ; s'il n'avait pas d'esclaves. Les
empereurs s'inquiétaient avant tout de nourrir le peuple
romain. L'agriculture, le commerce, l'industrie, étaient
honnis. L'usure et l'agiotage sur l'impôt régnaient seuls. La
richesse eût élevé, affranchi la classe pauvre. Ce système avait
épuisé le monde. La richesse sociale naquit avec le triomphe
de l'Église catholique. L'Église ordonne la modération dans
les jouissances, elle prêche l'économie aux grands, et elle
porte toute sa sollicitude sur les petits, qui sont, eux aussi, les
enfants de Dieu ; elle a créé l'agriculture par ses monastères,
et l'industrie par les corporations d'arts et métiers. Le droit
romain est étranger à l'agriculture et à l'industrie ; il proscrit
les associations, il annule le droit de propriété. A partir du
xiiie siècle, nos parlements font une guerre acharnée à l'indivisibilité des patrimoines et aux corporations. En 89, les
principes du droit romain dominent ; qui ne sait que les lois
révolutionnaires ont exterminé le capital et poursuivi comme
aristocrates le commerce et l'industrie ?

Le législateur de 1804 était certainement convaincu que
les trois plus grands dangers de l'ordre social résidaient dans
l'agriculture, l'industrie et le commerce. Son but économique est l'égalité des fortunes. C'est sur le communisme et
sur l'égalité des fortunes que sont fondées les républiques
anciennes. L'instabilité des fortunes y était si grande, qu'elles
ne restaient jamais dans les familles : les partages forcés, le
droit de confiscation, les ramenaient sans cesse au niveau
commun. De cette tendance à l'égalité des biens et de l'im-

27

possibilité d'y arriver, résultait une anarchie perpétuelle.
L'égalité des biens ressort du principe de la communauté. Et
il ne faut pas s'étonner qu'elle ait été caressée par les légistes
de 1789. Ils l'ont appliquée sinon à la société générale, du
moins à la famille, persuadés qu'à la longue les partages
successifs produiraient l'égalité. Cette idée d'égalité est éminemment destructive du capital : elle arrête les entreprises,
tient les intérêts en suspens. La famille, au lieu d'agir, s'im-
mobilise dans l'attente. La loi déclare les enfants copropriétaires ; ils ont en perspective la licitation du patrimoine et la
mort de leurs parents. Comment le père élèvera-t-il ses
enfants ? Destinera-t-il un de ses fils à l'agriculture ? C'est
impossible ; il faudra vendre la ferme, en partager le prix.
Transmettra-t-il son usine à son fils ? Même difficulté : tous
les fils ont droit sur l'usine ; à la mort du père, ils se jettent
dessus, la liquident, la partagent. Un jeune homme riche
entrera-t-il dans le commerce ? Cela ne s'est pas encore vu.
Le commerce exige un travail pénible, persévérant. Dans cette
occurrence, le père de famille, à qui il est interdit de disposer
de ses biens, emploiera ses enfants à la littérature jusqu'à
l'âge de vingt ans. Les études classiques occuperont les loisirs
de la jeunesse ; l'État invite gracieusement toute la population enfantine à entrer dans ses colléges. Les Athéniens aussi
passaient leur vie dans la littérature, les arts, les jeux, les
théâtres. Remarquons cependant qu'ils étaient au nombre de
vingt mille et qu'ils avaient leurs repas assurés, tandis que
nos Français se comptent par millions et n'ont pas d'esclaves
chargés de les nourrir. A vingt ans on choisit une profession
libérale ou on se place en qualité de bureaucrate ; tous travaux improductifs, et c'est à quoi s'adonne la fleur de la population.

Le fils de famille compte sur l'héritage paternel, et, en
attendant, se ménage une existence paisible dans les fonctions
publiques. Tout est parfaitement organisé pour la consommation de la richesse ; mais la production est abandonnée au
hasard, laissée aux mains les plus pauvres et les plus igno-

rantes. Pourquoi l'homme riche refuse-t-il d'entrer dans l'agriculture? Parce qu'il sait que le domaine qu'il aura créé avec beaucoup de peine et de dépenses, sera détruit, vendu à vil prix. Toute entreprise industrielle ou commerciale aboutit à la liquidation. Tout est viager ; voilà le caractère du droit moderne. La prévision est interdite à l'homme ; son œuvre ne dure pas plus que lui. Le capital en voie de formation est perpétuellement rejeté dans la consommation. C'est avec le temps seul qu'une exploitation peut grandir, et c'est une suite de générations qui doivent s'y appliquer. L'individu arrive vite au terme de sa course. S'il n'a pas un héritier qui continue son œuvre, tout se disperse, s'anéantit, et c'est à recommencer. Le sentiment de la famille est absent de nos conceptions législatives : le législateur n'a pas en vue l'unité, la perpétuité de la famille ; il ne pense qu'aux individus qui la composent, et il tourne leurs regards vers le bien à partager, c'est-à-dire qu'il les familiarise avec cette idée, que l'agglomération des intérêts et des affections est contre nature. Il faut des dynasties d'agriculteurs, d'industriels et de commerçants, parce que l'autorité, transmise de père en fils, s'accroît à chaque mutation et acquiert un prestige nouveau. Cela est vrai dans l'ordre civil et industriel tout autant que dans l'ordre politique.

L'hérédité est le fait productif par excellence ; elle accumule la richesse, l'autorité, l'expérience. Les anciens ne pouvaient la connaître, et chez les Grecs le mot *dynastie* n'exprimait que la force, la puissance. Il a été détourné de son sens et appliqué par la société chrétienne, qui a rangé sous ce nom la série des successions s'accomplissant suivant la loi de la filiation. Le pouvoir qui représente le peuple souverain est éminemment changeant et répugne à toute hérédité ; le pouvoir qui représente Dieu aspire à la perpétuité, et il la trouve dans l'hérédité. Les monarchies héréditaires de l'Europe chrétienne expriment cette tendance. Ce principe de l'hérédité des professions ne devait pas s'arrêter à la royauté, qui est la première des professions ; il descendait dans la société et pénétrait les faits de la vie privée. Par les corporations d'arts et métiers, il atteignait la classe ouvrière ; par le droit de tester, il embrassait la propriété foncière, l'industrie et le commerce. L'homme se désignait un héritier qui continuait sa fortune, ses affaires, sa personne. Cet antique droit se conserve en Angleterre, où la royauté, la pairie, la propriété foncière, les grands établissements de commerce et d'industrie, se transmettent par une loi uniforme. Ce qui n'empêche pas la liberté des professions. Le principe de l'hérédité multiplie la production, en permettant au capital de s'accroître indéfiniment.

Subjuguée par les principes du droit romain et par les souvenirs de l'antiquité païenne, la France n'estime que les arts fastueux et improductifs. La centralisation pèse de tout son poids sur les intérêts matériels et les écrase. Aujourd'hui, nous entendons dire que la centralisation est une fatalité de notre caractère national. Rien de plus contraire à l'histoire. L'idée moderne de la centralisation surgit avec Philippe le Bel d'une façon équivoque, cauteleuse ; elle s'appuie sur une législation étrangère, sur le droit romain. Malgré le rôle des légistes, elle était si peu avancée au xvi⁰ siècle, que ce fut sur les corporations municipales que s'appuya la Ligue. L'effort de l'hérésie se brisa contre cette organisation spontanée de la France catholique. La centralisation a marché sans que la France fût jamais consultée ; elle s'est insinuée par des usurpations insensibles, tant elle choquait l'instinct national et le caractère de franchise qu'on se plaît à nous reconnaître. La Révolution est venue, et elle a tué un million de Français pour établir la centralisation. Cette centralisation, preuve trop certaine de la résistance du peuple français, s'imposa par la force gouvernementale, comme l'hérésie s'était imposée dans différents États de l'Europe. La centralisation est un legs de la société païenne, une forme du communisme antique. Elle n'est pas née de nos mœurs, de nos traditions ; ce n'est pas un fruit de notre sol. Les Canadiens, bien que Français, s'administrent et se gouvernent librement. Séparés de la

France, ils ont échappé aux entraves accablantes de la centralisation.

Notre agriculture, notre commerce et notre industrie sont réglementés par l'État ; la production et la distribution de la richesse sont législativement déterminées. La richesse est sacrifiée à l'utopie de l'égalité des biens, utopie qui n'a d'autre résultat que d'arrêter la formation du capital. L'individu ne peut qu'ébaucher une entreprise ; il ne risquera rien s'il n'entrevoit qu'un bénéfice lointain et qui ne sera pas pour lui, ni pour ses enfants. La perpétuité des biens dans les familles est le fond de la situation économique de l'Angleterre ; elle y est aussi puissante que chez les anciens Hébreux et dans toute l'Europe féodale ; c'est sur cette perpétuité que s'élèvent l'agriculture, l'industrie et le commerce anglais. Le législateur français, en haine de l'ancienne France, a placé son idéal dans l'incessante mutation des propriétaires et des propriétés. Tout se résume en deux mots : conservation ou liquidation des héritages. Détestons l'ancien régime, soit ! Ce n'est pas une raison pour nous ruiner. Les intérêts matériels sont de tous les régimes. Malheureusement, les principes de 89 sont en vogue, et ils sont absolument incompatibles avec les progrès de l'agriculture, du commerce et de l'industrie. L'égalité des biens est une idée pitoyable. Dès lors, il faut laisser la liberté de l'homme s'exercer et la production suivre sa pente naturelle. Est-ce que le père de famille n'est pas meilleur juge de l'aptitude de ses enfants que l'État ? Qu'il ait la faculté de disposer de leur sort ; il les dirigera immédiatement vers la carrière qu'il leur destine. En se faisant père de famille universel, l'État assume une lourde responsabilité, car il empêche les pères de famille véritables de remplir leur mission. Nous voyons en Angleterre la classe riche se précipiter dans les carrières productives de l'agriculture, de l'industrie et du commerce ; en France, la classe riche est attirée par les professions libérales et surtout par les fonctions publiques. Elle travaille improductivement et laisse à la classe pauvre le soin de pourvoir aux intérêts matériels. Et ces conséquences sont forcées ; elles sont l'œuvre du législateur, qui, se croyant à Sparte, nous a enchaînés à la volonté de l'État. Cette erreur dure depuis soixante-dix ans.

Restituons l'agriculture, le commerce et l'industrie à l'autorité individuelle. Que celui qui a fait sa fortune ait le droit d'en disposer. N'écartons pas obstinément le principe de la famille, source de grandeur morale et de prospérité pour les peuples : rendons a l'autorité paternelle le droit de tester. Le droit de tester est entravé par la prohibition des substitutions. Le législateur borne à notre existence l'effet de notre volonté ; dans sa pensée, l'homme n'est qu'un usufruitier, et la famille qu'une association de biens qui se dissout par la mort des époux. Ce n'est pas l'augmentation et la perpétuité du capital que le législateur désire, c'est sa dispersion. Le droit romain et le droit féodal marquent ici leur empreinte en traits ineffaçables. Le Romain vit de la guerre et partage la succession comme une proie. Le système féodal, fondé sur la propriété et la famille, conserve les biens. On invoque à satiété le principe de la liberté contre le droit de substitution. En quoi est-il violé ? La liberté du testateur est garantie, puisqu'elle s'étend jusque sur un avenir lointain. S'agit-il de la liberté des appelés à la substitution ? Leur liberté est entière, à moins qu'ils ne prétendent au droit de disposer de ce qui ne leur appartient pas. Que chacun dispose du bien qu'il a acquis, c'est de droit strict ; mais qu'il respecte les conditions sous lesquelles le bien lui arrive gratuitement. On n'a jamais dit que les rois fussent esclaves parce que leur couronne était une substitution au lieu d'être une propriété. Les enfants d'un substitué savent que la substitution ne se trouve pas dans les biens de leur père et qu'ils n'y ont jamais eu aucun droit, soit de leur chef, soit du chef de leur père. Ils ne sont privés de rien, l'avantage qui revient à l'un d'eux émanant de l'auteur de la substitution, qui ne leur devait rien et ne voulait rien leur donner. La substitution ne viole même pas notre loi successorale, elle ne détruit pas l'égalité des partages dans les successions. Celui qui n'a ni enfants ni ascendants, peut disposer de tout son bien. La substitution qu'il fait n'ôte rien à personne ; elle est un pur bénéfice pour celui qui en est l'objet. Si le testateur prescrit un certain mode de jouissance, il restreint son bienfait, il ne l'annule pas. En tout cas, c'est à prendre ou à laisser, et nul n'est forcé d'accepter une substitution. Ce qui vous est concédé par la substitution, c'est une jouissance ; vous mort, votre jouissance s'éteint. Le second appelé vient en vertu du titre primitif ; il ne doit rien à son prédécesseur en jouissance.

La substitution respecte la liberté, mais elle restreint la circulation des biens et empêche la multiplicité des ventes, partages, liquidations. Qui paye les frais de ces mutations ? La propriété elle-même. A combien montent-ils ? Certainement, dans l'espace d'un siècle, ils égalent la valeur de la propriété. Le système contraire, le système de l'immobilisation du sol, eût donc doublé la richesse de la propriété foncière, puisque le propriétaire, toujours plus riche, eût appliqué à la terre un capital de plus en plus abondant. Et ce qui est vrai de la terre est, à plus forte raison, vrai de toute maison de commerce ou d'industrie. Le capital social, passant de main en main, est sans cesse écumé par l'agiotage, les frais de justice et l'impôt. Est-ce que l'État a intérêt à ce que la propriété soit plutôt entre les mains de l'un que de l'autre ? Le législateur français suppose que l'État a intérêt à ce que la propriété ne soit entre les mains de personne, ou plutôt à ce qu'elle touche toutes les mains, sans se reposer dans aucune. La perception de l'impôt le préoccupe uniquement. Le plus clair du revenu s'en va à l'État, et la production s'affaisse faute de capital. Le principe de la circulation des biens n'est qu'une forme de l'égalité des fortunes ; il est évident qu'on peut imaginer une circulation tellement rapide que chacun y participe également. C'est l'idéal poursuivi par le législateur ; il ne l'atteindra pas, et lui-même reculerait devant l'énoncé de son principe. La circulation des biens n'indique que la pauvreté ou l'incapacité du propriétaire ; on ne vend son bien qui si l'on y est forcé. Quel profit la société retirera-t-elle d'une culture indigente? Et comment nos chétives maisons de commerce et d'industrie nées d'hier lutteront-elles contre ces dynasties de commerçants qui, en Angleterre, représentent une notoriété, un crédit et un capital illimités? Pierre qui roule n'amasse pas de mousse, c'est un dicton populaire. Et il est étrange que le législateur ait trouvé le mouvement perpétuel que les mathématiciens renoncent depuis longtemps à chercher.

Le seul pays offert en modèle pour son agriculture, son commerce et son industrie, est précisément le seul qui ait maintenu toutes les institutions féodales, par la liberté du père de famille ou du propriétaire. C'est sur la consolidation des fortunes privées que s'élève l'édifice économique de l'Angleterre. Les Anglais ne diffèrent de nous que par ce seul point, le droit absolu de tester. La Constitution anglaise n'est que ce principe organisé. Les économistes ont débité mille impertinences sur la différence des races. Les Anglais et les Français ont eu, jusqu'au xiii° siècle, mêmes lois, mêmes mœurs, mêmes institutions. La divergence a commencé alors par la prépondérance du droit romain en France. Nos voisins sont restés féodaux, et nous sommes devenus césariens. La constitution anglaise est l'ancienne coutume de Normandie, qui était elle-même la constitution générale de la France, constitution dont les vestiges auraient presque disparu, si elle ne s'était conservée en Angleterre et dans les *Assises du royaume de Jérusalem*. La fraternité des Anglais et des Français est aussi incontestable que leur inimitié réciproque. Et il est puéril de recourir à une distinction imaginaire de races pour expliquer un développement historique dont les institutions actuelles des deux peuples rendent un compte suffisant.

10 janvier 1863.

III

Ce qu'il importe d'établir, c'est que la richesse est produite par les institutions. La liberté de tester consacre la royauté du père de famille. La propriétaire indépendant se substitue un propriétaire indépendant ; et tous les propriétaires indépendants gouvernent et administrent directement ou par représentation. Si la classe dirigeante est riche, elle n'a jamais intérêt à bouleverser l'État : pauvre, elle le troublera par d'incessantes séditions. Une noblesse riche, bien assise sur ses possessions territoriales, ne se serait pas jetée avec ardeur dans la Révolution française. Maintenir les fortunes dans les familles, c'est couper la racine des révolutions et assurer à l'État une pépinière de serviteurs dévoués et désintéressés. Jamais des propriétaires, des industriels et des commerçants n'ont fait de révolutions ; ils savent trop ce qu'il en coûte. Des avocats, des hommes de lettres, des philosophes, ne tiennent au monde réel que par la fantaisie ou le raisonnement ; le propriétaire y est incorporé. Qui créera cette classe de propriétaires, d'industriels et de commerçants nécessaires à l'État? le droit de tester : ce droit naturellement conservateur, tend à perpétuer les familles, à agglomérer les intérêts. Le droit de tester est de droit public, dit Papinien : *Testamenti factio non privati sed publici juris est.* (*Dig.*, liv. xxviii, tit. 1er, § 3.) Ainsi, ce n'est pas la volonté du citoyen, c'est la loi qui opérait la dévolution des biens; ce droit de tester, qui existait à l'origine, s'est trouvé, dès la loi des Douze-Tables, resserré, amoindri, et finalement confisqué par le Préteur, qui imagina différents moyens ou prétextes d'annuler les volontés dernières, quand elles ne cadraient pas avec l'idéal de l'égalité des partages. C'est ce qu'on a appelé l'équité prétorienne, et ce que nous appelons plutôt l'égalité prétorienne (*æquitas*). Les légistes ont prétendu que le droit romain, ayant régné dans le midi de la France, y avait protégé la faculté de tester, et que de là venait que le père de famille y usait, plus que dans le Nord, du droit de disposer de son bien. Encore aujourd'hui, le père de famille, dans le Midi, dispose en faveur de l'aîné de toute la quotité disponible. Rien de semblable ne se voit dans les autres contrées de la France.

Cette antique coutume du droit d'aînesse est toute féodale, elle a passé directement du droit hébraïque à nos aïeux. Le droit romain y est complétement étranger. Le droit romain n'a pas plus régné au midi qu'au nord; il ne faut pas prendre pour l'essence du droit les formalités, la procédure, qui, dans beaucoup de circonstances, demeuraient comme coutumes. Le droit romain, en tant que législation vivante, a disparu avec les empereurs, en qui il était incarné. Les jurisconsultes romains font sonner bien haut l'autorité paternelle chez le peuple romain, et déclarent fastueusement que chez aucun peuple elle n'a été aussi grande. Rien n'est plus faux : ce droit de vie et de mort du père sur ses enfants n'est que le droit patriarcal, le droit du patriarche, roi de sa grande famille, investi du droit de répression. A l'époque où écrivaient les grands jurisconsultes, au IIIe siècle, le droit patriarcal ne vivait plus que dans les souvenirs. Les mariages solennels, qui seuls lui donnaient naissance, étaient depuis longtemps tombés dans l'oubli. Les mariages libres ou concubinages étaient seuls en vigueur, et on sait qu'ils n'engendraient pas l'autorité paternelle. Sur quoi aurait reposé l'autorité paternelle ? Les enfants, les parents éloignés eux-mêmes, pouvaient attaquer le testament par la plainte *de inofficioso testamento*. Et le fondement de cette plainte, c'est que le testateur n'avait pas agi en bon parent ! Quiconque était omis ou déshérité avait droit de se plaindre, et, malgré le testateur, une égalité de partage analogue à celle qui se pratique chez nous avait toujours lieu. Par une de ces ruses familières au génie romain, et dont fourmille le droit romain, on supposait que le testateur n'avait pas été sain d'esprit, *non sanæ mentis*. Et le jurisconsulte Marcian déclare naïvement que cela ne veut pas dire que le testateur fût en démence ou furieux, mais seulement qu'il avait agi contre le devoir d'un père. (*Dig.*, liv. v, tit. ii, § 2.) Notre Code civil traduit la formule latine : « Pour faire une donation entre vifs ou un testament, il faut être sain d'esprit. » (Code civil, art. 901.) Étonnante conception ! Quoi, il faut être sain d'esprit pour faire un testament ! Les autres actions juridiques n'exigent donc pas cette sanité d'esprit ! La pensée du législateur, nous nous plaisons à le reconnaître, n'a pas été suivie par les tribunaux. Ce qu'il voulait, le voici : il voulait que le testament pût toujours être cassé, sous un prétexte ou sous un autre ; et il indiquait ce motif vague, général, qu'il puisait dans le droit romain, *non sanæ mentis*. Cette mauvaise foi répugne à la justice française, et aujourd'hui rien de plus grotesque que l'article 901 du Code civil.

Ainsi, le droit romain anéantissait le droit de tester ; il ne le reconnaissait en principe que pour l'annuler en fait par un système de fraudes légales. Jamais la France n'a accepté un pareil droit ; jamais aucune décision d'États généraux ou provinciaux ne l'a sanctionné ; il nous est venu par les légistes qui l'ont proclamé la raison écrite. Créés par la royauté, les parlements l'ont appliqué avec ardeur et persévérance. Le socialisme du droit a pénétré dans nos mœurs et a dissous nos institutions. Mais il est bon de constater qu'il s'est introduit frauduleusement chez nous, et qu'il a toujours été une science occulte, inaccessible au libre esprit français. Nous avons subi une loi étrangère, la loi de la conquête romaine, qui reparaissait après que l'élément franc se fut épuisé. Ce droit, conséquent avec lui-même, aboutissait au césarisme par le morcellement des héritages et la destruction de la famille. Quand les légistes se sont posés en défenseurs du droit de tester et de l'autorité paternelle, ils ont manqué de sincérité. Le droit de tester est absolu dans deux pays seulement, l'Angleterre et les États-Unis, et là le droit romain n'a aucune influence ; s'il a pénétré en Angleterre avec Papinien, il a été étouffé de bonne heure sous l'élément féodal.

Le droit de tester résulte de la personnalité et du droit de propriété. Or, la personne et la propriété sont absorbées à Rome par l'État, par la république (*res publica*); elles se confondent dans le communisme légal. Le droit de tester est moderne, chrétien. Il est né dans les sociétés nouvelles formées des débris de l'Empire romain, et où, sous l'action du christianisme, la famille et la propriété s'étaient relevées. L'antiquité gréco-romaine reposait sur le panthéisme; au panthéisme religieux, à l'idolâtrie, correspondait le stoïcisme, qui n'est que le panthéisme philosophique. Le communisme du droit n'est que la même doctrine pratiquée et réduite en actes juridiques. Il faut avouer que les anciens savaient raisonner; et rien n'est mieux lié que ce vaste ensemble d'institutions et de doctrines fondées sur le rationalisme, et qui s'est finalement résumé dans ce nom, César. Mais que dire des modernes qui, nés dans le christianisme, nourris des plus purs enseignements et promus à la plus haute liberté, ont emprunté au paganisme ses dogmes serviles et corrupteurs? Ce qui est certain, c'est que l'esprit de famille s'en va, qu'aucun individu n'en porte l'empreinte. En représentant par cent les influences qui s'exercent sur l'enfant, on peut affirmer que la famille compte pour dix et l'État pour quatre-vingt-dix. Le droit de propriété, affaibli, exténué, n'a plus de valeur. Ces deux forces sociales ont besoin d'être ravivées : tout le monde en convient; un coup d'œil de compassion sur la société, et puis on n'y pense plus. Il n'y a que le cri des intérêts matériels qui puisse réveiller les endormis. Les considérations religieuses, philosophiques, juridiques, risquent de n'être pas écoutées. Nous sommes en pleine économie politique; que l'intérêt matériel attire au moins notre attention.

Est-ce l'État qui produit, ou est-ce l'individu? Jusqu'ici, nous avons vu l'État consommer, toujours consommer. Tous les services publics sont des dépenses. L'individu seul se livre à un travail productif; c'est sur lui qu'est prélevé l'impôt. N'est-il pas juste, dès lors, que l'État n'empêche pas l'individu de travailler, ou, ce qui est la même chose, ne décourage pas le producteur en lui ôtant le fruit de son travail? Et n'est-ce pas le lui ôter que d'en disposer sans son aveu ou contre son gré? Notre plus forte passion, la passion par laquelle nous tenons le plus à l'ordre social, c'est celle de nous survivre à nous-mêmes. Par le droit de tester, nous étendons notre prévoyance sur l'avenir, sur ceux qui nous sont chers; nous continuons véritablement à vivre, puisque notre volonté, qui est la meilleure part de nous-mêmes, subsiste et atteste notre immortalité. Nous aimons la perpétuité de notre nom. Mais cette perpétuité ne serait qu'un leurre et une humiliation si nous ne pouvions pas assurer à notre nom certaines conditions d'honorabilité et de splendeur. Propriétaires, industriels ou commerçants, c'est là notre ambition la plus légitime ; nous travaillons dans ce but, si une loi jalouse n'entrave pas nos efforts. Par le droit de tester, transmis à chaque généra-tion, le capital augmente. A quoi bon lutter, si tout finit après nous, et si notre fortune, péniblement amassée, doit se disperser, rentrer dans la circulation générale? Le continua-teur de notre personne, où est-il? Dans les coutumes qui ont précédé le droit romain, le père de famille se choisissait un héritier, un homme qui continuait sa personne. *Hæres susti-net personam defuncti*. L'héritier était unique, comme dans notre ancien droit féodal. L'unité de l'héritier entraînait l'u-nité de l'héritage, l'indivisibilité du patrimoine. Les légistes surent déjouer l'institution d'héritier en multipliant les héri-tiers, en refusant effet à la volonté du testateur, en substituant l'État au père de famille pour la distribution des biens. Le com-munisme, qui s'est si habilement glissé dans nos sociétés, ne date donc pas d'hier ; il a son histoire, presque aussi longue que celle de l'humanité; il éclate chaque jour dans le mou-vement républicain dont l'Europe est le théâtre. Il se heurte à un reste d'habitudes chrétiennes, il inspire un vague ins-tinct de terreur, mais nulle part il ne sent une doctrine capable de lui résister. Le réseau des doctrines sociales est usé; c'est à peine si quelques mailles tiennent encore. La force organisée, les armées permanentes, protégent seules les peuples. Grâces en soient rendues aux souverains qui ont refusé de se démettre du glaive, leur dernière ressource, la dernière ressource des peuples civilisés et corrompus. Mais cette ressource est précaire; et il semble que les hommes doivent ambitionner d'autres libertés que celles qui leur sont garanties par la force militaire.

Les sophistes disent aux rois : Vos finances sont en mauvais état; il vous faut de l'argent, économisez sur votre effectif de guerre. Nous disons aux souverains : Si vos finances vont mal, vous êtes menacés d'une révolution, gardez votre armée. Ce conseil donné pour la sécurité des rois et des peuples, la grande question demeure : N'y a-t-il pas un droit individuel qui se distingue de l'État sans en être l'ennemi? On invoque la liberté sur tous les tons; malheureusement cette liberté n'est que le droit de combattre l'État et même de le renverser. Sous la Restauration et sous le gouvernement de Juillet, la liberté de la presse, la liberté électorale, la liberté de la tribune, ont été essentiellement anarchiques. Le résultat l'a prouvé. Les libéraux veulent diriger l'État; la liberté ne consiste pas à gouverner les autres, parce que, dans ce cas, les autres se trouvent privés de liberté. De là un malentendu immense et qui n'est pas près de finir. Le droit de l'individu n'est pas de gouverner ses semblables, mais de se gouverner soi-même. Ce gouvernement de soi-même, aucun libéral ne le réclame. En revanche, les libéraux, comme s'ils étaient d'une pâte supérieure au vulgaire, ne parlent que d'administrer, gouverner, légiférer, réformer. Comment s'étonner qu'un gouvernement qui n'a pas l'intention de mourir supprime une opposition devenue une arme de guerre? Il est dans son droit en faisant subir à l'opposition le traitement qu'elle lui prépare. Cherchons des libertés qui ne soient pas hostiles aux gouvernements, afin que les gouvernements les accueillent ou du moins ne les combattent pas. Le droit de tester ne sort pas du cadre de l'individualité; il ne porte pas atteinte à l'État. Commencez par le restaurer, ensuite vous vous mêlerez de participer à l'administration générale de votre pays. N'est-il pas étrange que des hommes qui n'ont pas le gouvernement de soi-même s'ingèrent de gouverner leurs concitoyens? D'où leur viendrait cette aptitude? Leur aptitude, on la connaît, c'est l'aptitude à tout bouleverser. Pourquoi? L'individu, la famille, la commune, la province, groupes naturels de droits et d'intérêts, renferment les racines des libertés politiques. Le droit de tester rétablit dans son intégrité notre autonomie; en l'exerçant, nous deviendrons aptes à administrer, à gouverner notre commune, notre province; nous serons en mesure de soutenir l'État par nos conseils et notre action. Nos ci-devant orateurs ne rêvent que tribune. Et sur quoi porte la tribune anglaise? Sur le droit de propriété. Et la propriété foncière, industrielle, commerciale de l'Angleterre, sur quoi porte-t-elle? Sur le droit absolu de tester. Prenez le chemin le plus long si vous voulez arriver : rendez à la famille son prestige; ranimez l'autorité paternelle par le droit de tester; ensuite vous aborderez la tribune, s'il y a lieu. Vous vous occuperez de la fortune publique quand votre fortune sera assurée.

Le gouvernement libre suppose l'inégalité des conditions, inégalité, d'ailleurs, libre, volontaire, fondée en nature. Cette hiérarchie sociale est détruite; elle ne se reforme qu'accidentellement par les fortunes rapides. La fortune assise et transmise a seule une influence utile; se confondant avec l'ordre social, elle inspire à celui qui en jouit un esprit de conservation qui est la vraie lumière de la politique. Le désintéressement garantit seul l'indépendance d'un conseil. C'est ainsi que les fortunes privées servent l'État; elles ne se délabrent pas sans que l'État fléchisse; elles en sont les arcs-boutants. C'est à l'individu et à la famille que doit être laissé le soin du capital social. Sous le stimulant des sentiments de famille, le capital tend à s'accroître. La richesse est une condition de la liberté; elle remplace chez les peuples chrétiens l'esclavage, qui seul assurait dans l'antiquité la liberté collective des citoyens. Le citoyen antique était condamné à la pauvreté. Riche, il était un danger pour l'État par l'achat des suffrages. Il n'avait rien en propre et ne dévorait que la substance publique. Pas plus à Rome que dans la Grèce, l'histoire ne signale de fortunes héréditaires. Ce n'est pas par une niaise simplicité que les anciens vantaient la pauvreté. La pauvreté individuelle était de l'essence de leur gouvernement, fondé sur le principe de la communauté. Ces républiques ont péri par l'inégalité, quand des citoyens sont devenus plus puissants que les lois; elles se sont fondues dans le césarisme, qui a continué le système de l'égalité des hommes et des fortunes par l'absorption totale de l'humanité dans César. César seul était riche; les individus n'avaient que des possessions transitoires, sujettes à confiscation. De quoi aurait disposé le citoyen romain? Les testaments ne valaient que s'il plaisait à l'Empereur de les confirmer. Le droit de disposer de son vivant était ainsi rendu illusoire. Une donation pouvait toujours être attaquée sans raison, sans motif: le donateur n'était pas sain d'esprit, *non sanœ mentis!* L'article 901 du Code civil, qui a emprunté cette doctrine au droit romain, permettrait à nos tribunaux d'infirmer toutes les donations aussi bien que tous les testaments. Le testament n'est qu'une donation. Pourquoi la donation aurait-elle échappé à la haine du législateur? Elle est un acte de liberté, de propriété; il fallait que le droit de disposer de sa chose fût poursuivi dans toutes ses manifestations.

Les peuples modernes ne peuvent supporter ces entraves; ils n'ont ni l'esclavage, ni l'égalité des biens, qui n'est qu'une pauvreté commune, réglementaire. Ils ne vivent pas dans le communisme; ils connaissent la liberté individuelle, par conséquent l'inégalité des rangs et de fortune. S'ils avaient le choix, ils ne demanderaient certes pas à retourner au paganisme. L'Europe est atteinte d'un grand malheur; ses lois, depuis six siècles, vont à contre-sens. Sous l'influence du droit romain, elle a énervé, affaibli et enfin détruit sa constitution chrétienne, en développant l'idée païenne de l'État sur la ruine des individus, des familles, des corporations. La pauvreté, mère des révolutions, a remplacé un système économique qui reposait sur la perpétuité et l'agglomération du capital. L'agriculture se débat dans ses comices pour retrouver sa loi et sa direction ; les classes ouvrières essayent de s'unir, de s'organiser, mais les corporations étaient aussi des confréries. Les associations ouvrières sont contrecarrées par les législations des divers pays de l'Europe. C'est encore là un legs de la civilisation romaine. Sous l'Empire romain, les corporations, *collegia*, étaient établies par les empereurs ; toute association non autorisée constituait un crime. Dans notre moyen âge, c'est de l'initiative individuelle que sont sorties les corporations d'arts et métiers. Relevons l'initiative privée au nom de la fortune publique et des intérêts matériels compromis ; dégageons de ses liens le droit de propriété, proclamons le droit de tester : affranchissons-nous du droit byzantin et reprenons notre tradition nationale, si nous voulons que ce siècle si agité retrouve un peu de paix avant la fin de sa course.

11 janvier 1863.

L'USURE.

I

L'étude approfondie publiée sur *Moïse et les lois fondamentales des sociétés*, par M. Tripard, avocat à Besançon, attire naturellement notre attention. Quel sujet plus digne d'occuper le jurisconsulte, l'économiste, le publiciste, l'homme d'État? Des trois grands peuples de l'antiquité, le peuple hébreu est celui que la critique moderne a le plus maltraité. La Grèce brille par ses arts et sa littérature, Rome par son esprit politique et guerrier, la Judée par sa grandeur morale et religieuse. Les nations païennes restent barbares par les mœurs et les institutions, lors même qu'elles s'élèvent au plus haut degré de la splendeur matérielle. L'impuissance de l'homme à *se civiliser* n'a jamais été plus visible. La Grèce n'a pas pu sortir du bourbier de corruption et d'anarchie où nous la trouvons plongée aux débuts de son histoire, à l'époque de l'invasion médique. A peine Rome apparaît-elle au seuil de l'histoire, qu'elle nous saisit par le spectacle d'une décadence morale qui ne s'arrête plus et se développe avec ses conquêtes. Les arts et la littérature, privés de la notion de Dieu, sont sans action sur le cœur de l'homme. Israël est le peuple de Dieu, il est façonné de sa main. Ses passions ont souvent secoué ce joug tout divin, mais l'empreinte de la loi a été si forte sur son âme, que de si longues et si cruelles vicissitudes ne l'ont pas effacée. Cette loi était sa patrie bien plus que le sol qu'il habitait. Il n'y a avait pas d'autre progrès pour lui que la fidélité à la loi. Point de pouvoir législatif : Dieu seul est législateur ; sa loi ne demande que l'obéissance et n'a pas besoin d'amendements ; et comme elle était la nourriture quotidienne du peuple, elle était devenue une coutume invétérée. Les républiques païennes, formées de citoyens législateurs, se débattent sous une avalanche de lois; les partis n'y arrivent au pouvoir que pour décréter et imposer des lois. Rien de fixe dans la constitution de l'État, de la famille, de la propriété. Ces souvenirs classiques, ravivés par la Renaissance, ont ramené parmi nous la manie législative. C'est à cette époque que le droit coutumier, vaincu par les légistes et par la royauté, est entré dans sa période définitive d'affaiblissement et de ruine. Tous les Hébreux concouraient à l'exécution de la loi ; c'est en cela qu'ils participaient au gouvernement de leur pays. Ils pratiquaient ce que nous appelons aujourd'hui le *self government*.

Nous sommes frappés de l'étrangeté de certaines institutions. La propriété juive a le droit de nous occuper. La terre appartient au Seigneur ; Dieu seul est propriétaire; l'homme n'est qu'un usufruitier. De ce principe découle une féodalité divine d'un genre particulier. Les Hébreux sont cependant plus qu'usufruitiers, car leur usufruit est perpétuel ; Dieu est leur seigneur suzerain.

Le système féodal remonte en Égypte à Joseph ; il y est plus solidement établi qu'il ne le fut jamais en Europe. M. Tripard le critique à un point de vue politique et comme régime d'asservissement. Ce régime, en d'autres temps, a semblé synonyme de liberté individuelle et d'indépendance politique. Il a permis à l'Égypte de s'élever, dans la carrière de l'agriculture, au premier rang des nations, et de nourrir vingt-cinq millions d'habitants. S'il n'a pas empêché l'avilissement de l'Égypte, il ne l'a pas produit. Le panthéisme, voilà la plaie incurable du peuple égyptien et la cause de ses vices, de ses superstitions, de sa lâcheté, de sa servitude. Il enlevait toute énergie à son esprit et à sa volonté, et le prédisposait à subir tous les jougs.

Chez les Hébreux, chaque famille, sauf la tribu sacerdotale, a son usufruit, qu'elle ne peut aliéner que jusqu'à l'année du jubilé, qui la remet en possession de son patrimoine. Le retrait lignager est une des applications empruntées par notre ancien droit au droit mosaïque. Cette faculté donnée à la famille du vendeur de rentrer dans l'héritage aliéné en indemnisant l'acquéreur, fortifiait l'esprit de famille en favorisant la conservation des patrimoines. La famille juive, comme nos familles féodales, tenait au sol par des racines indestructibles : le malheur des temps pouvait relâcher ce lien mystérieux, non le briser. Exilée de son patrimoine par sa faute ou par un contrat onéreux, elle aspirait à y rentrer ; elle voyait devant elle l'année de la délivrance. Le père appauvri léguait cette espérance à ses enfants. La terre est constituée en vue de la famille et de sa perpétuité ; c'est le principe de notre vieux droit féodal. La terre était inaliénable. *Coloni mei estis*, dit le Seigneur. Le Juif n'est qu'un colon, un fermier. Son droit au bail est perpétuel ; aussi ne peut-il pas s'en dépouiller. Il y a, en effet, contradiction à ce qu'un droit perpétuel cesse par la simple volonté du titulaire. Cependant le fermier aura la faculté de céder son droit au bail jusqu'à l'année du jubilé. Il n'y a pas d'aliénation du fonds ; il n'y a de cédé que le droit de percevoir chaque année les fruits du domaine. L'année jubilaire était une nécessité du système mosaïque, car il fallait que cette cession de droits fût temporaire. Au reste, aucun intérêt n'était lésé ; il n'y avait pas de solution de continuité. Tous les engagements, tous les contrats se fondaient sur les délais restant à courir. Cette grande année sabbatique était consacrée au repos, à l'étude de la loi, à la prière. Un peuple tout entier entrait en retraite pour méditer sur sa destinée, sur ses devoirs envers Dieu. Il se retrempait aux sources vives de sa nationalité et se retrouvait plus affermi dans sa loi. Le jubilé arrêtait, autant que possible, la décadence naturelle des institutions et des mœurs, en imprimant au corps social une secousse conservatrice qui le ramenait à la stricte observance des coutumes nationales. Les Juifs, ayant une loi parfaite, devaient la suivre et non la perfectionner ; ils s'attachaient à imiter les ancêtres ; et comme ils ont, plus qu'aucun autre peuple, observé le précepte : Honore ton père et ta mère, ils ont vécu longtemps sur la terre, et leur race n'est pas près de s'éteindre.

Leur économie politique dénote toute la prévoyance du législateur. Le bétail était leur principale richesse, et jusque dans la vie sédentaire, ils gardaient les nobles habitudes de la vie patriarcale. Si l'on nous disait : pendant un an l'industrie et le commerce chômeront en France, et le sol sera laissé en jachère, nous augurerions la famine universelle et la destruction de la société. Cette expérience, les Juifs la renouvelaient tous les sept ans. Tacite constate cette étrange coutume par ces ignorantes paroles : *Blandiente inertia, septimum quoque annum ignaviæ datum* (Hist.). Nous autres modernes, qui ne vivons que par le labeur incessant de chaque jour et de chaque heure, nous nous demandons quelles richesses devait posséder une société capable de se livrer, dans la totalité de ses membres, à un tel loisir. Que de capital perdu, va s'écrier un économiste ! Les Juifs étaient riches ; ils avaient la richesse qui exige le moins de peine et de travail, celle des troupeaux et des pâturages ; l'année sabbatique n'empêchait pas la production du bétail ni des fruits naturels. L'agriculture seule s'en ressentait, et les petites cultures et les travaux industriels. On en était quitte pour amasser les provisions de l'année sabbatique. La terre cultivée a besoin de repos ; et il est fort douteux que sept années de culture dans nos États européens rapportent autant que six années dans les champs de la Palestine autrefois soumis au repos septennal. Le repos hebdomadaire couronne ce système. Toute cette économie politique est fondée sur le repos, et aujourd'hui nous n'entendons parler que de travail. N'est-ce pas l'esclavage qui s'est substitué à la liberté ?

Notre auteur préfère à la constitution de la propriété par

Moïse, le principe de propriété individuelle consacré par nos codes. Mais la liberté qu'il réclame pour le propriétaire dépouille la famille, et en réalité, c'est la famille que Moïse rend propriétaire. Notre société besogneuse et affairée court de contrats en contrats, de transactions en transactions. La société juive, plus assurée dans sa richesse, plus calme dans sa force, échappait à ce va-et-vient, à cet enchevêtrement d'intérêts qui exige un luxe de lois préventives et toute une armée d'hommes de loi.

L'histoire intérieure de Rome n'est, jusqu'à la fin de la République, qu'une querelle entre les débiteurs et les créanciers. Rien de semblable en Judée; non-seulement l'usure y est proscrite, la dette légitime elle-même y est frappée de suspicion; elle est prescrite par l'année sabbatique, c'est-à-dire par un laps de temps inférieur à sept ans. Notre Code civil a des prescriptions de trente ans, de dix ans, de cinq ans, d'un an, de six mois. La dette était considérée comme un prêt, et le prêt est, dans son essence, un acte de bienfaisance; il était donc conforme à tous les principes de restreindre l'obligation du débiteur. Toutes les nations ont un arsenal de lois pour protéger le créancier. Moïse est l'ami du pauvre, du débiteur, il le couvre de la sollicitude, de la tendresse de la loi. M. Tripard ne se dissimule pas que c'est là « une grave atteinte au crédit; » nous le croyons aussi. Moïse n'avait pas les mêmes idées sur le crédit que nos inventeurs du crédit foncier et du crédit mobilier. Il le supprime purement et simplement. Admirons la profondeur de son génie économique. Le crédit n'est que la facilité d'emprunter, et l'emprunt suppose une situation difficile, embarrassée. Telle ne pouvait être dans les prévisions du législateur la condition permanente des familles hébraïques. Il considérait le prêt comme une œuvre de bienfaisance et de fraternité. La monnaie ne servant qu'aux petites transactions était peu nombreuse; elle n'avait pas de placement dans les banques privées ou dans les fonds publics. D'où la conséquence que la gratuité du prêt entre particuliers n'occasionnait pas une perte sensible au

créancier ; son argent ne lui aurait rien rapporté. Moïse
n'admet pas plus d'égalité entre le prêteur et l'emprunteur
qu'entre l'oppresseur et l'opprimé. Toute sa doctrine est renfermée dans le verset 6, ch. xv, du Deutéronome : *Fœnerabis
gentibus multis, et ipse a nullo accipies mutuum. Dominaberis nationibus plurimis, et tui nemo dominabitur.* Ce
qui s'est passé à Rome entre les patriciens et les plébéiens, ce
qui se passe en ce moment dans les différents pays de l'Europe,
semble avoir été présent à l'esprit de Moïse, tant il décrit
avec exactitude les résultats sociaux de l'usure.

Ce qui est vrai d'une vérité générale et absolue, c'est que
le prêteur s'enrichit et que l'emprunteur se ruine. Les Juifs
prêteront à l'étranger, parce que l'étranger, c'est l'ennemi,
et que ses dépouilles sont au plus fort ou au plus habile.
L'usure ne règne pas au sein du peuple élu, car elle nourrit
les haines, détruit les patrimoines, rompt l'égalité, trouble
l'État. En cela, du moins, les Juifs demeurent fidèles à la loi
mosaïque ; ils prêtent à l'étranger, aux nations au milieu
desquelles ils séjournent. Depuis la ruine de Jérusalem, ils
n'ont plus de patrie, et ils exercent l'usure par représailles.
Ils n'empruntent jamais ; ils ne possèdent pas de terres. Les
chrétiens seuls connaissent, à leurs dépens, l'hypothèque et
l'expropriation. Les Juifs savent qu'il ne faut pas emprunter,
a nullo accipies mutuum. Prêtez à usure et vous dominerez.
Ce précepte, ils ne le suivent que trop, et nous en éprouvons
l'efficacité. Israël réunit ses capitaux et il a la haute main
dans le monde. L'usure dissout la propriété foncière, l'agriculture, la force des États. *Dominaberis nationibus plurimis :*
les Juifs ont voulu jouir de tous les droits politiques et civils,
et ils en jouissent, aux applaudissements de tous les journaux
de l'Europe. La seule aristocratie qui fasse encore quelque figure, l'aristocratie britannique, s'est inclinée devant eux et
leur a ouvert le Parlement. Ils traitent d'égal à égal avec les
souverains qui ont la bonté de *croire au crédit.* Que les
souverains ne lisent-ils le *Pentateuque,* au lieu de lire les
économistes !

La raison économique qui inderdit le prêt à intérêt est exprimée par Moïse. Celui qui a prêté du vin, de l'huile, du blé, n'en peut pas exiger plus qu'il n'en a donné. Ces objets, qui se consomment par l'usage, ne sont pas susceptibles de loyer ; ils périssent au moment même où l'on s'en sert. On jouit d'une maison, d'un cheval ; il y a là un loyer possible. Un sac de blé, une somme d'argent, échappent à toute espèce de location ; quel plaisir ou quel profit aurait-on à les garder chez soi ? Une maison, un cheval, sont productifs d'une utilité appréciable en argent ; c'est ce que les jurisconsultes appellent les *fruits civils* ; or, cette production, ces fruits s'ajoutent au capital ; et il est naturel que celui qui a joui du capital, maison ou cheval, rende la maison ou le cheval, plus un prix pour les fruits civils récoltés, c'est-à-dire pour l'utilité qu'il a retirée de la location. Aristote l'a bien vu, et quand il affirme la stérilité de l'argent, il constate un fait absolument vrai, et il coupe court à tous les sophismes de l'usure. D'après l'article 1905 de notre Code civil : « Il est permis de stipuler des intérêts pour simple prêt, soit d'argent, soit de denrées ou autre choses mobilières. » Moïse part d'un autre principe, mais, comme le législateur français, il range l'argent parmi les choses fongibles ou qui se consomment par l'usage. *Pecuniam tuam non dabis ei (fratri tuo) ad usuram, et frugum superabundantiam non exiges. (Lev.,* ch. XXV, v. 37.) Nous n'accusons pas les rédacteurs du Code civil d'avoir songé au Lévitique. La coïncidence est frappante ; dans l'un et l'autre cas, il s'agit du prêt de choses fongibles, argent et denrées. L'argent, à cause de son importance et de l'habitude de l'usure, est spécialement mentionné. Mais quelle différence dans la conclusion ! Vous ne recevrez que ce que vous avez prêté, dit le législateur juif ; rien de plus. Et pourquoi ? Les économistes modernes nous l'apprennent. C'est que l'usure ou l'excédant du capital est un prix de location. Le loyer de l'argent est un terme usuel ! c'est ce qu'on a imaginé de mieux pour légitimer l'usure ; on a renversé toute la doctrine de nos anciens jurisconsultes ; et au lieu de considérer l'argent comme une chose qui se consomme par l'usage, et qui, par conséquent, ne peut être rapportée à son propriétaire primitif, on a supposé qu'il gardait son identité dans les mains de l'emprunteur ! Le louage d'une chose produit un loyer ou un prix équivalent à l'avantage dont se prive le propriétaire. Est-ce que le capitaliste qui a prêté 100,000 fr. continue d'être propriétaire de ces 100,000 fr. ? Non, ils ont cessé complétement de lui appartenir ; l'emprunteur en est le propriétaire, et il ne doit de loyer à personne, puisqu'on ne paye de loyer que pour l'usage de la chose d'autrui. La doctrine de Moïse s'appuie sur les principes les plus certains du droit et de l'économie politique : elle a, pendant les longs siècles chrétiens, servi de base à la jurisprudence. Mais les peuples se sont affranchis du Saint-Siége et ont brisé l'unité religieuse, et l'usure a ressaisi son empire. Le peuple chrétien, devenu le peuple élu, après la prédication de la loi de grâce, a été scindé par la Réforme en nations étrangères les unes aux autres ; alors, étranger à sa propre loi, il est retombé sous le joug de l'usure.

Nous avons vu Moïse le plus grand des économistes, nous allons le voir le plus grand des jurisconsultes. Le Décalogue renferme tout le droit, et si nous le comparons aux législations informes de la Grèce et de Rome, nous en apprécierons la grandeur. Les législateurs ont foisonné dans le monde païen et dans le monde moderne. Moïse ne se prévaut pas de son génie et de sa supériorité sur ses concitoyens. Ce n'est pas lui qui décrète et légifère. Il n'est qu'un instrument : sa parole est l'écho d'une parole plus haute. Jéhovah seul est souverain ; le droit n'émane pas de la volonté de l'homme, mais de la volonté de Dieu promulguée aux hommes pour être la règle de leurs actions. Nous renvoyons à la belle analyse de M. Tripard. Tout ce qui touche à l'organisation politique des Hébreux, à l'administration civile et judiciaire, est parfaitement traité dans son livre. Toutes les fonctions relèvent du peuple par l'élection. La liberté règne en Israël ; et c'est à tort qu'on applique, par suite d'une vieille habitude, la denomination d'*esclave* au serviteur de la famille hébraïque. Ce mot, d'origine romaine et d'une valeur juridique déterminée, est un contre-sens en Judée, où le serviteur n'est assujetti qu'à des engagements temporaires et compatibles avec tous les droits de famille et de religion. L'esclave grec ou romain était exclu de la famille, de la religion, de l'humanité. Aux yeux des jurisconsultes, il avait rang de *chose !* Et tel est encore aujourd'hui le sort de l'esclave dans cette Amérique aimée de nos libres penseurs.

La civilisation hébraïque est plus près de nous que la civilisation païenne, dont nos jeunes années ont été saturées ; il serait facile, l'histoire à la main, de signaler ses nombreuses analogies avec nos sociétés chrétiennes. Dans l'ordre moral, philosophique, politique, économique, tous les principes conservateurs remontent à l'antiquité juive, comme, dans le même ordre d'idées, les principes destructeurs découlent de l'antiquité païenne. Ce parallèle nous entraînerait trop loin. La Renaissance a rompu l'équilibre intellectuel de l'Europe. L'étude exclusive des littératures classiques a abaissé l'esprit humain et l'a, en quelque sorte, ramené à son enfance. Il s'est remis à balbutier ; au lieu de continuer sa marche dans les voies de la philosophie chrétienne, illustrée par tant de beaux génies, il est revenu au naturalisme ancien et au panthéisme indécis de Platon. En politique, il avait devant lui le merveilleux spectacle des États chrétiens où tous les droits avaient leur garantie, où la conscience publique atteignait à une élévation morale inconnue de l'antiquité ; il a tourné le dos à l'avenir et il a regardé le passé. Les jurisconsultes et les publicistes du xvi° siècle sont enivrés de paganisme et de républicanisme. Cette influence aurait étouffé notre littérature au berceau, si la séve chrétienne, ravivée par la lutte, n'eût enfanté les chefs-d'œuvre de notre langue. Dans l'antiquité, l'élégance de la forme voile la pauvreté du fond ; le cœur était gâté, et c'est du cœur et non de l'esprit que viennent les grandes lumières. Les Grecs, tout ingénieux et brillants qu'ils sont, restent donc confinés dans un cercle d'idées fausses ou mesquines ; les Romains, leurs disciples, ne dépassent pas cet étroit horizon. Platon est un dialecticien achevé ; Aristote analyse les lois de l'entendement avec une rigueur et une puissance de déduction qu'on n'a pas égalées. Par leurs doctrines religieuses, philosophiques, morales, politiques, ils sont inférieurs au plus humble des Hébreux de leur temps.

Les anciens sont des artistes, et ils ne peuvent nous communiquer ce goût, cette délicatesse qui nous initierait au charme de leur style ; en revanche, ils nous initient aisément à leurs pensées, et c'est par là que leur influence serait dangereuse, si le contre-poids de l'élément chrétien venait à manquer ou à être diminué. Aujourd'hui, l'élément chrétien est profondément miné. Une jeune école de critiques remet tout en question, et s'arme contre lui des arguments de Voltaire et de Strauss. L'ouvrage de M. Tripard est pour la vérité un précieux renfort ; il éclaire d'un jour tout nouveau cette antiquité hébraïque que nos savants laissent si volontiers dans l'ombre. Il restitue au peuple de Dieu sa prééminence sur les nations idolâtres les plus célèbres. C'est à la fois l'histoire et le commentaire de la législation mosaïque. Notre génération, éprouvée par tant de vicissitudes et rassasiée de systèmes, a besoin de puiser à ces sources d'où jaillit la parole de Dieu. L'étude de la société hébraïque nous met en présence de la philosophie la plus haute, de la morale la plus pure, de l'économie politique la plus certaine ; elle augmente la somme de nos connaissances en rectifiant nos idées. Le travail de M. Tripard comble une importante lacune ; et nous ne pouvons mieux exprimer notre estime qu'en disant que, depuis les *Lettres de quelques Juifs*, de l'abbé Guénée, il n'a rien été publié de plus solide et de plus concluant sur le peuple de Dieu.

16 octobre 1858.

II

Exposer l'influence du christianisme sur la civilisation, marquer son action spéciale sur tous les faits de l'ordre social et politique, c'est une tâche immense : M. l'abbé Laviron l'a remplie avec érudition dans son livre *le Christianisme jugé par ses œuvres*. Entrant dans les développements historiques les plus étendus, il a confronté le droit public ancien avec le droit public inauguré par le christianisme. L'antiquité païenne ne connaît d'autre loi que la force; elle fausse les sentiments les plus naturels et soumet les hommes à une tyrannie inflexible. L'auteur explique l'intervention de l'Église dans les affaires temporelles; il montre comment elle a été obligée de participer aux administrations provinciales et municipales du moyen âge. Il mentionne les institutions qu'elle a créées ou inspirées pour réprimer le désordre, modérer l'exercice du pouvoir et faire régner la paix et la justice parmi les hommes. Peut-être n'a-t-il pas suffisamment résisté aux influences du libéralisme moderne? Quelquefois aussi il exagère les mérites du clergé en laissant entendre qu'il a été la seule classe instruite du moyen âge, et que le reste des chrétiens était alors plongé dans l'ignorance. Certes, la supériorité du clergé sur les autres classes de citoyens est réelle; elle est évidente dans tous les temps. Convenons aussi qu'il existe parmi les membres d'une société un certain équilibre de forces intellectuelles et morales, une diffusion générale de lumières qui ne permettrait pas à une classe d'accaparer toute la somme d'intelligence dont la société se trouve pourvue. Si le clergé catholique avait été aussi supérieur à ses contemporains qu'on affecte quelquefois de le dire, il eût presque été déplacé et n'eût pas exercé une aussi puissante influence. On ne réfléchit pas assez que les populations ont dû connaître et comprendre la doctrine catholique, pour y rendre conformes leurs actes, leurs lois, leurs institutions. Et cela exige assuré-

ment un grand esprit politique. Deux choses, en effet, sont à
considérer pour les nations chrétiennes : la vérité en elle-
même, et l'application sociale de cette vérité. Plus la société
se rapproche de l'idéal, plus elle a le droit de se croire parfaite. Ce n'étaient donc pas de médiocres politiques que ces
hommes qui avaient une politique chrétienne, et qui en maintenaient les principes au milieu de tant de luttes et de vicissitudes. L'œil de saint Louis embrassait la chrétienté tout
entière; Louis XIV n'envisageait que l'intérêt spécial de la
France. Même à ne regarder que les résultats, on peut voir
combien la politique du saint roi a été plus habile et plus féconde. D'ailleurs, les idées municipales ont fleuri pendant le
cours du moyen âge; et elles n'ont pu subsister que parce
que les peuples avaient une grande habitude de la vie publique et des devoirs qu'elle impose. Le dernier échevin de
la plus humble de nos municipalités jusqu'en 1789 avait plus
d'idées politiques et administratives qu'il n'en est jamais entré
dans la tête des Mirabeau, des Siéyès et des Turgot. Quelle
haute sagesse n'a pas présidé à l'établissement de l'empire
français de Jérusalem et de Constantinople! L'erreur sur ce
point vient de ce que l'usage de l'écriture et de la lecture n'é-
tant pas alors aussi répandu que de nos jours, on s'imagine
que les hommes étaient ignorants. Aujourd'hui, tout le
monde sait lire et écrire, et l'ignorance est universelle sur
les questions les plus fondamentales de l'ordre social.

Les pages consacrées à la féodalité par M. l'abbé Laviron
exigeraient quelques observations. Nous aimons mieux nous
attacher à un sujet d'une grande importance, et qui a laissé
des traces profondes dans l'histoire, le prêt à intérêt. L'usure
a été un des fléaux de la société romaine; arme terrible aux
mains du patriciat, elle servait à courber la plèbe sous le
joug; l'intérêt dépassait si rapidement le capital, que le
moindre prêt était un avant-coureur de la ruine; et la ruine,
c'était l'esclavage, c'est-à-dire une condition à peu près équi-
valente à la peine de mort chez les modernes. Aucun peuple
n'a égalé le peuple romain en cruauté et en cupidité. Faut-il

s'étonner que les premiers Pères de l'Église aient tonné contre l'usure? Leurs anathèmes sont reproduits par M. l'abbé Laviron ; mais les Pères n'ont pas seulement condamné l'usure, ils en ont discuté le principe. La jurisprudence et la législation, en cela fidèles aux inspirations de l'Église, ont fourni, jusqu'à la Révolution française, un ensemble complet d'arguments et de dispositions légales pour appliquer le principe prohibitif de l'usure. Pourquoi le louage d'une certaine somme d'argent ne serait-il pas payé comme le louage d'un champ, d'un cheval, d'une maison? Le louage suppose l'usage d'une chose par un autre que le propriétaire, et le prix du louage représente l'utilité que procure la chose louée. Quand je loge dans la maison d'autrui, je reçois un avantage de chaque jour et facilement appréciable. Locataire ou fermier d'un champ, je tire tous les ans de ce champ une quantité de produits qui m'indemnise et au delà du prix de location. Enfin, le cheval que j'emprunte me rend un service déterminé. Or, l'*usure* vient de l'*usage*. Comment donc *user* de l'argent, dans le sens juridique du mot? Ici l'usage absorbe la propriété ; l'argent est de ces choses qui se détruisent par l'usage, et qui par conséquent ne sont pas susceptibles de location. Au point de vue économique, l'argent est improductif ; il n'y a donc pas de raison pour qu'il soit par lui-même et en vertu du prêt, une source de bénéfices. Les théologiens et les jurisconsultes s'appuyaient sur d'incontestables principes. Domat, Pothier, Daguesseau, auxquels on ne saurait comparer les légistes modernes pour la force de la dialectique ou pour l'étendue et la variété des connaissances, ont commenté dans de savants travaux les lois sur l'usure et ont résolu toutes les difficultés qu'elles présentaient. L'Église et la loi marchaient d'accord.

Les révolutions ont détruit cet accord et suscité d'autres opinions parmi les publicistes et les hommes d'État. Mais il est bon de remonter à l'origine de la prohibition du prêt à intérêt. M. l'abbé Laviron reconnaît que le législateur juif se proposait d'empêcher la ruine des petits propriétaires et d'équilibrer les fortunes entre les familles des douze tribus. Ce n'était pas un simple sentiment de charité que Moïse voulait inculquer aux Hébreux. Les Hébreux s'adonnaient uniquement à la vie pastorale et à l'agriculture; ils avaient, dans leurs relations privées, rarement besoin d'argent; la propriété était stable et se maintenait dans les familles; ils ne connaissaient pas les spéculations de banque ou de bourse. La monnaie servait simplement à l'échange et non à la spéculation. Plus tard, dans d'autres sociétés moins bien organisées, il fallut faire la part de la spéculation, et nous verrons que les théologiens avaient pourvu à ce qu'aucune entreprise sérieuse n'eût à souffrir de la loi chrétienne sur l'intérêt de l'argent. Cette loi éminemment politique se liait à la loi du jubilé, qui avait pour but de conserver les biens et les familles, et qui renfermait dans d'étroites limites les changements et les vicissitudes inséparables des choses humaines. Et, à ce propos, nous devons nous étonner que la loi du jubilé soit qualifiée « de violation flagrante du droit de propriété. » Pour peu qu'on y réfléchisse, on se convaincra que cette accusation a été portée à la légère. Le jubilé ne faisait tort à personne, car tous les engagements se mesuraient sur le laps de temps qui les séparait de l'année sabbatique ou de l'année jubilaire. On ne vendait pas la propriété d'un champ; on en cédait seulement l'usufruit jusqu'à l'année jubilaire. Le droit de propriété était soumis à un régime de substitution que les conventions particulières pouvaient momentanément modifier.

L'Église est restée fidèle à la tradition mosaïque; et on lui reproche d'avoir arrêté, au moyen âge et jusqu'à la Révolution française, le mouvement industriel et commercial. M. l'abbé Laviron, qui n'est pas loin de le croire, avoue cependant que les contrats du change, d'assurance, de constitution de rente, la rente viagère, les monts-de-piété, les sociétés en commandite, sont nés aux xvᵉ et xvιᵉ siècles. Le commerce et l'industrie avaient donc tout le loisir de se développer, et ils se sont développés. Le droit maritime et commercial était déjà perfectionné à cette époque, et les siècles suivants n'y ont preque rien changé. Venise et d'autres républiques de l'Italie avaient atteint le plus haut degré de prospérité commerciale; les Flandres regorgeaient de richesses. Il ne paraît donc pas qu'aucune entreprise véritablement utile ait été étouffée par les lois de l'Église sur le prêt. C'est qu'en effet, si l'argent ne produit rien par lui-même, il sert souvent à la production. D'où la conséquence que sa part dans les bénéfices est légitime. Le capitaliste n'était pas alors un prêteur, c'était un associé. Ainsi il n'y avait nulle raison pour que l'argent se refusât aux entreprises qui le sollicitaient. Ce n'est qu'au XVI⁰ siècle que les principes chrétiens furent renversés par la Réforme. Calvin et Dumoulin écrivent en faveur de l'usure. L'usure, cette plaie du paganisme, renaît sous les auspices de la Renaissance et de la Réforme; et elle a régulièrement passé dans la législation en 1789. Néanmoins, en limitant le taux de l'intérêt, le législateur s'est montré fidèle aux anciens principes. Les économistes ne comprennent pas cette limitation. Est-ce que le prix d'un loyer n'est pas, en général, laissé à l'arbitraire des parties contractantes? Mais le législateur n'était pas sûr que l'argent fût susceptible de loyer, et par un motif d'humanité, il a limité le taux de l'intérêt. On s'imagine aujourd'hui que les combinaisons financières et les spéculations sont un élément de la richesse publique, et cela est vrai si l'argent est de sa nature productif. Les doctrines modernes sont tout à l'avantage des capitalistes qui, sans travail et sans risques, peuvent décupler et centupler leur fortune. La classe des capitalistes, autrefois réprimée, s'est redressée sous la Révolution, dont elle a habilement secondé les progrès. Cette considération explique bien des choses dans le passé et dans le présent. L'usure est la fille de la Révolution et les capitaux mobiliers ont une tendance révolutionnaire.

Le catholicisme ne pouvait pas favoriser la liberté illimitée et la puissance de l'argent. Ce qu'il aime à protéger, c'est la stabilité dans la propriété foncière, c'est la fortune acquise par le travail productif. Il répugne aux moyens de s'enrichir tirés du jeu et de la spéculation. Ces déplacements de richesses manquent de moralité. La propriété foncière impose une responsabilité réelle ; elle concourt à la consolidation de l'ordre. L'argent passant de main en main pour la spéculation, est un agent de dissolution ; il engloutit les fortunes privées et livre à tous les hasards les intérêts des familles : l'instabilité dans l'État n'est qu'une suite de l'instabilité dans les fortunes privées. Rien n'est plus conforme à l'esprit de nos démocraties agitées que la liberté de l'usure, parce que rien n'est plus fatal à la paix des familles et à la conservation des patrimoines. Le Piémont a décrété la liberté de l'usure ; jouit-il d'une prospérité financière et d'un bien-être matériel dignes d'envie? Les révolutionnaires voient juste et loin ; ils ne se trompent pas sur leurs moyens d'action. L'Église aussi voit juste et loin ; sa sagesse n'est jamais en défaut. En vain l'a-t-on invitée à retirer ses lois et ses décrets ; elle sourit de l'ignorance des nouveaux savants, et se contente de tolérer le prêt au taux légal. Sans être pour rien dans le changement d'idées qui s'est opéré, elle ne souffrirait pas que ses enfants en fussent exclusivement les victimes. Elle laisse dormir une loi que les circonstances ne permettent plus d'appliquer dans son intégrité. Mais sa tolérance même consacre les vérités qu'elle a proclamées ; et ces vérités s'appuient sur les principes du droit et sur une saine économie politique.

En étendant ses recherches sur toutes les parties du droit civil, M. l'abbé Laviron a été conduit, à l'exemple de M. Troplong, à attribuer au catholicisme le mouvement juridique qui s'est concentré dans la législation justinienne. Il voit surtout dans la loi byzantine des successions un progrès accompli par les idées chrétiennes. Nous craignons que le côté politique et économique de la loi des successions n'ait échappé à notre auteur. Les vastes compilations législatives de Justinien donnent l'idée d'une société en dissolution, et qui, à beaucoup d'égards, ressemble à la nôtre par le morcellement des intérêts et par la concentration du pouvoir. L'égalité de

partage dans les successions y règne souverainement et en
est le trait le plus distinctif. Nous sommes loin de prétendre
que l'égalité des partages soit opposée au christianisme ; le
christianisme ne repousse aucun système de succession ; car
il ne repousse *a priori* aucun système de gouvernement, et
le droit successoral tient à la nature même du gouvernement.
Le christianisme rend les hommes égaux devant Dieu, mais
en laissant subsister dans la société civile le principe de la
hiérarchie et de la subordination. Tout son enseignement
l'atteste ; il n'a jamais été permis d'en induire l'abolition de
toutes les supériorités politiques. L'argument de l'égalité n'a
donc aucune valeur. Il est facile de dire : Pourquoi tous les
enfants ne seraient-ils pas égaux ? On répond immédiatement :
Puisque tous les hommes sont égaux, pourquoi ne seraient-ils
pas également partagés des biens de la fortune ? Le danger des
argumentations trop faciles est de ne rien prouver. L'Église,
qui s'accommode de l'égalité des partages, s'est accommodée
du régime contraire pendant des siècles. Proclamer aujour-
d'hui que l'égalité de partage est dans son esprit, c'est affirmer
que les sociétés chrétiennes ont longtemps erré, c'est reprocher à l'Église une connivence coupable. L'Église ne se confond pas avec les pouvoirs humains ; son vœu le plus cher est
de s'unir à eux, ou plutôt qu'ils s'unissent à elle. Elle aime
les démocraties, quand elles sont chrétiennes, sans avoir une
préférence marquée pour cette sorte de gouvernement. C'est
aller au delà de la vérité et compromettre l'Église que de lui
supposer une tendresse exclusive pour la démocratie et l'égalité des partages. La politique a ses exigences ; les problèmes
qu'elle soulève ne sont pas toujours du ressort de l'Église,
qui, alors, en abandonne la solution à la sagesse des hommes
et aux circonstances. L'Église est la mère de tous les chrétiens ; il ne lui convient pas de se mettre à la suite des partis
dans la mêlée des opinions humaines. Il nous a semblé que
M. l'abbé Laviron lui ôtait de son impartialité, et lui donnait
une couleur démocratique trop prononcée.

25 août 1857.

III

Plusieurs journaux réclament la liberté de l'usure, et jettent feu et flamme contre la loi du 3 septembre 1807, qui a limité le taux de l'intérêt. Le principe de l'usure est une des conquêtes de 1789 ; les économistes et publicistes révolutionnaires y tiennent beaucoup, et ils espèrent secouer le joug de la loi de 1807. Ils n'ont jamais tant parlé d'or, d'argent, de crédit, de banques, etc. Ils ont même torturé la langue française et les expressions les plus connues du droit pour leur faire dire le contraire de ce qu'elles signifient. Grâce à une ignorance naturelle chez les uns, simulée chez les autres, ils sont arrivés à leurs fins. De là cette locution si usitée, le *loyer de l'argent*. Et cependant il n'est pas besoin de longues études juridiques pour savoir que l'or et l'argent ne sont pas susceptibles de louage. Les objets qui se consomment par l'usage ne peuvent être loués, puisqu'ils ne peuvent être rendus en nature. Après cela, on nous a appris que l'*argent est une marchandise*. Supprimez donc tous les livres de jurisprudence ; car, de cette façon, la vente disparaît du nombre des contrats, et nous voilà, en vertu du progrès, ramenés au temps d'Homère, où l'échange seul était pratiqué. L'estampille du gouvernement sera désormais inutile sur les pièces de monnaie ; à chaque échange, on pèsera l'or et l'argent. Il n'y a pas de raison pour qu'on ne remette pas en vigueur la loi des Douze-Tables. Une fois lancés, les économistes ne s'arrêtent plus. L'or étant une marchandise, ils ont discuté sur la *valeur* de l'or. Que vaut une pièce de 5 francs ? Si elle vaut 6 francs, l'arithmétique est une mystification, et 2 n'égale pas 2. Jusqu'ici on se servait de la monnaie comme moyen d'échange et comme type immuable de la valeur. Les marchandises haussaient ou baissaient de prix, suivant qu'elles étaient payées avec plus ou moins d'or et d'argent. S'il n'y avait de danger que pour la langue française, nous laisserions à l'Académie française le soin de la défendre contre le jargon du jour. Mais les novateurs se moquent de ses arrêts, et n'en veulent qu'à nos bourses. Règle générale : toute altération de la langue cache une altération dans les idées, et menace les bonnes mœurs et les intérêts légitimes. Vous renversez les notions existantes sur le rôle et le caractère de la monnaie; pure question scientifique, direz-vous? Non, et vos vues ne tarderont pas à se déceler.

En effet, on prend le chemin le plus long, qui est souvent le plus sûr. Justifier l'usure, quand la langue et les idées sont encore saines, ce serait soulever contre soi le mépris public. On corrompt peu à peu la langue, on détourne les mots de leur acception vulgaire, et puis, quand les esprits se sont familiarisés avec cette nouvelle terminologie, on nous annonce que l'usure est la chose du monde la plus simple, la plus utile, la plus appropriée à la civilisation moderne. Dix-huit siècles de christianisme ont passé sur la France ; mais nos pères étaient si pauvres, si pauvres....., ils ont bien pu ignorer l'économie politique, la science de la richesse. Alors, la liberté de l'usure est, dans un État, un signe de prospérité? Précisément. C'est une vérité toute nouvelle ; elle fera son chemin pendant que les économistes gémiront sur les malheurs du peuple et que les financiers aviseront aux moyens de le décharger du fardeau de la propriété foncière. L'expropriation, qui marchait lentement sous le faix de la procédure, court d'un pas rapide, depuis qu'elle a été philanthropiquement dégagée d'une partie de ses entraves. Le sort de nos paysans dénués de crédit arrachait des larmes aux financiers : enfin, toutes les parcelles de terre ont été rendues accessibles à l'expropriation, et nos cinq millions de propriétaires fonciers ont été élevés à la dignité de débiteurs hypothécaires. C'est une occasion pour eux d'étudier sur le vif les institutions de crédit.

En ce moment on s'agite autour de la loi de 1807, et les docteurs du jour nous affirment que le législateur a outrepassé son droit en fixant un maximum au taux de l'intérêt. La monnaie est à la fois une chose privée et une chose publique. Le particulier s'en sert pour les échanges auxquels elle est destinée ; mais l'État a une surveillance sur la monnaie, il la garantit et il veille à ce qu'elle n'émigre pas, afin d'écarter les crises financières et de maintenir en prospérité le commerce et l'industrie par l'abondance des moyens d'échange. Ces vieilles doctrines sont tombées dans l'oubli ; nous ne nous en apercevons que trop. Il en reste néanmoins des vestiges qu'il est de l'honneur et de l'intérêt de la France de conserver. Il arrive pour l'argent ce qui est arrivé pour le blé. Quand le blé est rare, le gouvernement est obligé d'en prohiber l'exportation, malgré les théories des économistes. Si la quantité du numéraire diminue notablement, le commerce, l'industrie, la situation respective des créanciers et des débiteurs, en sont modifiés. Rien ne mérite plus d'attirer l'attention de l'État. Les économistes nous disent : Laissez l'or aller où il est le plus demandé ; il nous reviendra ensuite. C'était aussi leur raisonnement pour les céréales ; le gouvernement a compris qu'il valait mieux empêcher le peuple de mourir de faim, et il a retenu le blé français pour la France. Sans doute l'or et l'argent reviennent tôt ou tard ; mais à quelles conditions ? A la condition que nous aurons été ruinés et que la crise que nous aurons subie aura amené une dépréciation universelle. Jamais un gouvernement armé de nos lois et de nos précédents administratifs n'exposera son pays à ces folles expériences.

Le législateur a donc eu le droit de réglementer l'intérêt ; et, en cela, il n'a pas empiété sur le domaine privé. Le détenteur de la monnaie est libre d'acheter ce que bon lui semble ; s'il la prête, il est soumis aux lois qui, de tout temps, ont réglé ces sortes de prêts. La liberté des transactions sert de grand argument aux partisans de l'usure ; mais la lésion a toujours été un motif d'annuler les transactions, quand elle s'accomplit dans les circonstances déterminées par la loi. Tout engagement suppose une cause. Pourquoi celui qui a reçu cent francs en devra-t-il cent dix ? Évidemment parce qu'il a tiré des cent francs un avantage équivalant à dix francs.

Si le prêt ne lui a pas profité, veut-on qu'il soit déchargé de l'intérêt? De telles discussions seraient interminables et·sans issue, faute de moyens de contrôler les dires des parties. Le législateur tranche la difficulté par la fixation du taux de l'intérêt. Le débiteur ne rendra pas plus de cinq pour cent, quelque bénéfice qu'il ait fait; mais aussi il devra toujours les cinq pour cent, quand même il n'aurait retiré aucun bénéfice du prêt. Voilà le fondement rationnel de la limitation de l'intérêt. C'est un obstacle au crédit; nous en convenons; mais est-il utile qu'il y ait beaucoup de débiteurs? Hélas! il n'y en a que trop, et ce n'est pas au législateur à pousser les gens à se ruiner.

Les partisans de l'usure arguent de la loi qui permet à la Banque d'élever indéfiniment le taux de ses escomptes; c'est là une exception; et la Banque n'a cette faculté que pour en user dans des circonstances rares et pour un temps très-court. C'est ce qui a eu lieu. Quand la situation normale sera rétablie, la Banque reprendra le taux ordinaire de ses escomptes. Quoique la Banque soit devenue, par suite de la disparition des banques départementales, notre seul réservoir de capitaux mobiliers, nous ne craignons pas qu'elle abuse de son pouvoir. Nous en avons pour garants sa propre sagesse et la sagesse du gouvernement, intéressé à prévenir les crises financières. Les cas extraordinaires ne doivent pas être transformés en principes. Et à défaut de loi, une simple mesure gouvernementale aurait protégé l'encaisse de la Banque. Nous n'attachons pas une grande importance au mot de privilége, qu'on fait sonner assez haut à l'encontre de la Banque de France. La Banque a été créée pour servir le commerce; c'est là sa vraie et primitive destination. Et si elle atteint son but, c'est plutôt le commerce qui est privilégié qu'elle-même. On a proposé de laisser l'usure libre seulement entre commerçants, le maximum d'intérêt restant fixé au civil. Quelle serait la raison de cette anomalie? Pourquoi les commerçants auraient-ils seuls le privilége d'être rançonnés par les usuriers?

Avec notre système de centralisation et l'absence de con-

currence qui en résulte, les détenteurs de l'argent seraient en
mesure de s'entendre, de se coaliser et d'imposer au commerce un intérêt exorbitant. Il est plus que jamais nécessaire
de maintenir les lois tutélaires qui arrêtent l'envahissement de
l'usure. La puissance de l'argent est énorme, elle domine ou
subalternise toutes les autres influences. Une population tout
entière ne peut être laissée à la merci des capitalistes. Abroger
la loi de 1807, non pour abaisser, mais pour hausser le taux
de l'intérêt, ce serait créer un fâcheux contraste avec l'ancienne législation, qui a toujours tenu l'intérêt à des taux si
faibles. Qu'on remonte aux arrêts des parlements, on verra
que l'intérêt était moins élevé avant 1789 qu'aujourd'hui, et
cependant l'or et l'argent étaient moins abondants. Qu'au-
rions-nous donc gagné à augmenter notre numéraire, s'il
devenait de moins en moins accessible? Les mines d'or ne
devaient-elles pas produire la baisse de l'intérêt? La rareté du
numéraire est factice, et quand un gouvernement sage le
voudra, il s'arrangera toujours de façon à conserver le numéraire suffisant. Autrefois on n'était pas embarrassé pour si
peu. L'État frappe de la monnaie pour qu'elle circule à
l'intérieur et alimente le commerce et les transactions des
nationaux. Alors l'abondance abaissera le taux de l'intérêt,
et le maximum de la loi de 1807 ne sera même plus atteint.
La concurrence offrira l'argent aux meilleures conditions
possibles.

Ces principes sont incontestables, bien qu'ils ne soient plus
appliqués; mais on aperçoit l'inconvénient des fictions économiques qu'on y a substituées. Nous ne discutons pas le
projet qui consisterait à accorder à l'État la faculté de régler
tous les six mois l'intérêt de l'argent. Ce serait jeter l'instabilité et la confusion dans les transactions privées. Et puis, il
y a des lois qui sont plutôt de principe que de réglementation,
et auxquelles on ne touche pas sans un grand danger social.
Telle est la loi de 1807. Elle n'est pas arbitraire; la limite
qu'elle a établie lui était indiquée par une longue expérience.
Elle l'a posée sans crainte de l'avenir, parce qu'il était in-

vraisemblable que le cours naturel des choses amenât un
revirement favorable à l'usure. La masse du numéraire
existant ne pouvant que s'accroître, il est évident que la
chance était seulement pour un abaissement d'intérêt produit
par la découverte de nouvelles mines d'or ou d'argent. La
France n'est pas dans des conditions pires qu'en 1807, et il
ne s'est rien passé dans le monde qui ait rendu l'argent plus
rare. Quelles que soient les discussions provoquées par la loi
de 1807, il en sortira cette vérité, que l'usure est un mal en
soi, et surtout qu'elle est un signe de désorganisation politique. Nous demandons si nous en sommes là. Notre industrie et notre commerce n'ont d'autres appréhensions que
celles qui leur sont inspirées par les prétentions des libres
échangistes.

Une immense perturbation suivrait l'abolition de la loi de
1807. La moité de la propriété foncière est hypothécairement
engagée. Or, il est de notoriété-qu'en France, les engagements sont à court terme. Le jour où la liberté de l'intérêt
serait proclamée, tous les créanciers exigeraient leur rem-
boursement. Et ce n'est pas pour abaisser le taux de l'intérêt
qu'on attaque la loi de 1807 ; cette loi laisse toute liberté de
prêter au-dessous du taux légal. Il s'agit de relever le taux de
l'intérêt. Et la propriété foncière acceptera cette élévation, ou
il sera procédé à une expropriation générale. Elle est ruinée
dans les deux hypothèses. La créance hypothécaire se transformera en droit de propriété, car les capitalistes prêteurs
sont seuls en mesure d'acheter. Même si l'on adoptait la
demi-mesure de la liberté du prêt commercial, ce résultat se
produirait ; tout l'argent se rejetterait dans les prêts de commerce et abandonnerait la propriété foncière, mise dans
l'alternative d'accepter un taux usuraire ou de rembourser
sa dette. C'est un bouleversement universel ; il ne serait pas
plus révolutionnaire de décréter l'abolition des dettes que de
renverser la loi de 1807.

Cette loi a été votée dans des circonstances analogues à
celles où nous nous trouvons. Si nous ouvrons le *Moniteur*

du 5 septembre 1807, nous voyons qu'elle a été adoptée sur l'avis conforme du Tribunat, par 226 voix contre 23. L'orateur du Tribunat, M. Goupil-Préfcln, posait la question en ces termes : « Est-il nécessaire, ou du moins utile et bon, d'après l'expérience des maux que le projet de loi doit faire cesser, et pour rétablir sur ce point la morale publique, que la loi fixe le taux que ne pourra pas excéder l'intérêt conventionnel de l'argent ? » Telle est la question résolue affirmativement par le Corps-Législatif de 1807, au nom de la morale publique et de l'expérience.

Le décret du 11 avril 1793 avait abrogé toute la législation antérieure sur le prêt à intérêt, en déclarant expressément l'argent *marchandise*. Les économistes nous ramènent aux doctrines de 93. L'usure est le 93 de la propriété foncière. Et c'était à peu près l'opinion de M. Goupil-Préfcln.. « Il convient, disait-il, de faire cesser un abus qui devient un scandale, qui altère le crédit public et particulier, et qui ruine le commerce et l'agriculture, le propriétaire et l'artisan. » Qu'y a-t-il donc de changé depuis cinquante ans ? L'agiotage a ébranlé toutes les fortunes et a inondé le pays de titres fictifs de tout genre, lesquels, avec prime ou en perte, se sont négociés et ont passé de main en main. En 1807 la hausse de l'intérêt de l'argent provenait de la masse de papier-monnaie en circulation. La rapide dépréciation des assignats remettait l'argent en honneur. L'argent seul offrait une sûreté absolue et la faisait payer cher. La bande des usuriers s'abattait sur la société ; distraite un instant par la Terreur, elle s'apprêtait à regagner le terrain perdu, quand elle a rencontré l'infranchissable barrière de la loi de 1807. Cette loi fait partie de la morale publique. En vain invoque-t-on l'exemple de l'Angleterre et des États-Unis : si l'intérêt est à l'arbitrage des parties dans quelques pays, sans qu'il en résulte de graves inconvénients, il n'en est pas de même en France, où la division de la propriété, l'extension de la dette hypothécaire, la courte durée des prêts et des baux ont placé les intérêts de cinq millions de propriétaires sous l'abri de la loi de 1807.

Avec elle disparaîtraient les traditions les plus chères à la magistrature française et les plus précieuses garanties de l'ordre social et de la paix publique.

2 décembre 1857.

IV

Les journaux continuent à s'occuper de la question de l'usure. Le *Spectateur* se joint au *Pays* pour condamner la limitation du taux de l'intérêt. Nous ne reconnaissons pas le sens pratique dont ce journal a fait preuve quelquefois. Dans un pareil débat, il s'agit moins de théorie que d'expérience, et les doctrines équivoques et contestées de l'économie politique sont d'un faible poids. La situation financière des peuples qu'on nous donne en exemple ne nous encourage pas à les imiter. L'Angleterre, les États-Unis, la Prusse, Hambourg, etc., ont aboli les lois contre l'usure, et c'est précisément chez eux que la crise sévit. L'exagération du crédit devait aboutir à cette catastrophe qui était prévue. Emprunter, toujours emprunter, serait agréable s'il ne fallait pas rendre. La perfection des théories de crédit, c'est une série d'emprunts qui n'arrivent jamais à échéance. Laissons les autres peuples, et demandons-nous s'il est urgent pour la France de suivre leurs traces. L'argent prend son niveau, nous dit-on ; vous ne l'empêcherez pas d'aller où il espère le plus de profit. C'est une affirmation toute gratuite ; la monnaie n'est pas douée de cette mobilité infinie. Dans ces derniers temps seulement, et grâce à diverses circonstances, l'argent a usurpé une sorte de suzeraineté universelle ; il s'est affranchi de toutes les lois et restrictions qui réglaient la marche et l'emploi de la monnaie. Maintenant, sous prétexte d'égalité dans les transactions, il prétend à une autonomie complète. Il n'y a pas d'égalité entre le prêteur et l'emprunteur ; l'un prête parce qu'il le veut bien, l'autre emprunte parce qu'il y est contraint. Il faudrait ne pas connaître le

monde et les affaires pour s'imaginer que c'est de gaieté de
cœur et en vue de prochains bénéfices qu'on se soumet à la
triste servitude de la dette. En vain nous parle-t-on de rapports nécessaires entre l'offre et la demande ; ce rapport ne
serait exact que si l'argent était abondant et si les capitaux se
faisaient concurrence. Or, les fonds publics, les grandes entreprises industrielles absorbent l'argent disponible et laissent
le petit propriétaire à la merci de ses créanciers ou dans l'impossibilité de remplir ses engagements. La loi rétablit l'équilibre en donnant assistance au faible. Elle règle la limite de
l'intérêt. Le législateur tire son droit de la nature des choses,
et applique le principe de la protection pour tous. Les États-
Unis sont encore barbares ; là règne une certaine égalité,
puisque chacun n'y relève que de lui-même et de son révol-
ver. L'usure n'est pas à craindre dans un pays où la banque-
route est de droit commun. Pour une autre raison, il en est
de même en Angleterre ; le sol y appartient à une aristocratie
qui sait se défendre et qui tient les juifs à distance ; elle ne se
laissera pas exproprier par voie d'huissier. La France est
divisée entre cinq millions de propriétaires, qui ont bien de
la peine à vivre et qui sont sous le joug de l'hypothèque et
des gens de loi. Ouvrir carrière à l'usure, c'est achever la
ruine de toutes les fortunes, c'est soulever des mécontente-
ments et des haines qui mettraient en péril l'ordre social.

L'intervention du législateur est légitime ; supprimez-la,
et la jurisprudence tombe dans le chaos. Le débiteur refuse
de payer ; il est poursuivi par son créancier : il déclare au
tribunal qu'il a agi sous le coup de la nécessité. Empêcherez-
vous les tribunaux d'apprécier cette situation et de retrancher
les intérêts qui leur paraîtront exorbitants ? Le dol et la lésion
n'ont pas de signes précis ; ils éclatent dans l'ensemble de
circonstances soumises à l'arbitrage des tribunaux. Les personnes étrangères à la science du droit croient aisément que
la volonté des parties suffit pour constituer le droit. Cela n'est
vrai que si cette volonté s'exerce dans une mesure déterminée
de droit et de raison ; car le droit ne résulte pas de notre

volonté, mais de la conformité de notre volonté aux principes qui règlent nos actions. Si, dans la rédaction d'un contrat, nous oublions une formalité essentielle, le contrat est nul; ce n'est donc pas la volonté seule qui oblige. Méditez l'article 1131 du Code civil, qui résume toute une doctrine profonde : « L'obligation sans *cause* ne peut avoir aucun effet. » Qu'est-ce que la cause? C'est le motif de l'obligation, c'est ce pourquoi vous vous êtes obligé, c'est l'équivalent de votre obligation. Tous les commentateurs l'entendent ainsi. Pierre écrit sur un bout de papier qu'il payera à Paul 100,000 fr.; au jour de l'échéance, il refuse de payer, parce qu'il n'a rien reçu de Paul. L'obligation est annulée comme étant sans cause. Vous empruntez 100 fr. à 10 p. 100; le juge examinera si ce surplus de 10 p. 100 par an a une cause suffisante dans le prêt de 100 fr. Encore une fois, c'est le strict devoir des tribunaux. Le raisonnement des économistes pèche par un excès de simplicité, en plaçant au-dessus de tout la volonté des parties, quand il s'agit de fixer l'intérêt de l'argent. Il est trop évident que le taux de l'intérêt serait alors à la discrétion du prêteur.

Il est certain que le profit de l'argent est variable. Les économistes en concluent la condamnation du taux de l'intérêt; nous concluons, nous, à la fixation de l'intérêt par la législation. Sans cela, l'intérêt obéirait à sa tendance naturelle, qui est de monter. Est-il donc impossible de déterminer le profit normal de l'argent? Nous avons pour élément de comparaison les bénéfices de l'industrie et de la propriété foncière; l'une et l'autre seraient dépouillées par l'exagération du taux de l'intérêt; ou bien, elles seraient privées du secours de l'emprunt, s'il ne leur était pas permis de trouver dans leurs produits la compensation de la charge qu'il leur imposerait. Plus l'intérêt de l'argent se rapproche du revenu territorial, plus la situation est heureuse. La propriété foncière ne craint pas d'appeler le capital à son aide : c'est là le véritable crédit agricole, celui qui féconde la terre par des travaux d'amélioration, et non celui qui la ruine par des avances qu'elle est hors d'état de rembourser. A mesure que les relations sociales s'étendent et que l'industrie et le commerce se développent, l'intérêt de l'argent va en diminuant. En 1576, au milieu des guerres civiles déchaînées par la Réforme, Charles IX fixe l'intérêt au denier douze; en 1601, Henri IV le porte au denier seize; en 1634, sous Louis XIII, il est au denier dix-huit; enfin, en 1665, Louis XIV l'élève au denier vingt. Cette baisse progressive n'était sans doute pas sollicitée par les banquiers et les capitalistes du temps; elle est due à la sollicitude de la royauté, au soin vigilant avec lequel elle défendait la cause populaire. Elle obéissait, d'ailleurs, aux principes dont la magistrature se montrait la sévère gardienne et que l'Église ne cessait de proclamer. Louis XV essaya même, en 1724, le denier trente; mais, l'année suivante, il fut obligé de revenir à l'édit de 1665. En 1766, nouvelle tentative au denier vingt-cinq; quatre ans plus tard, en 1770, le 5 p. 100 est rétabli. Ces chiffres et ces dates sont éloquents. Nous marchons progressivement au 5 p. 100; quand nous l'avons atteint, impossible de le dépasser; nous y sommes ramenés par une sorte de nécessité.

L'expérience de deux siècles nous conduit au 5 p. 100 comme au maximum honnête, normal de l'intérêt de l'argent. La quantité des valeurs monétaires a-t-elle diminué? notre industrie et notre commerce ont-ils complétement disparu? la richesse publique s'est-elle engloutie dans quelque cataclysme? Non; et les adversaires de la loi de 1807 nous fournissent eux-mêmes des arguments. Tous les journaux ne nous apprennent-ils pas chaque matin que la fortune de la France a doublé, triplé, décuplé depuis cinquante ans? Admettons seulement qu'il y a un certain progrès dans l'industrie, le commerce et les valeurs métalliques. C'en est assez pour rendre incompréhensible l'élévation du taux de l'intérêt.

Pourquoi l'intérêt ne baisse-t-il pas? L'or manque partout, aux États-Unis, en Angleterre, en Allemagne, en Suède, en Danemark : les économistes annonçaient la vie à bon marché, à trop bon marché, par suite de l'avilissement des prix. C'est le renchérissement de toutes choses qui a eu lieu. Ils ne rêvaient que malheurs et désastres par une inondation de l'or. Et pendant qu'ils s'armaient de pied en cap pour repousser l'*invasion* de l'or californien, ils ont été surpris par une *évasion* de l'or français. Si tous leurs calculs ont été déjoués, c'est qu'ils étaient basés sur l'hypothèse. La loi qui réprime l'usure prend sa racine dans la réalité la plus vive ; elle n'est pas née d'un système plus ou moins habilement élaboré, mais d'abus intolérables.

C'est ce qui résulte des discussions du Tribunat et du conseil d'État en 1807. Il a été reconnu que le taux excessif de l'intérêt attaque la propriété dans ses fondements, corrompt les sources de l'industrie et du commerce, et ruine l'agriculture en amenant l'avilissement des fonds de terre. C'est à ces considérations urgentes qu'a cédé le législateur.

Sommes-nous en 1807 ou en 1857 ? Les arguments de 1807 s'appliquent à notre situation actuelle. Mêmes circonstances, analogie sinon même intensité de désordres. L'agiotage ébranlait toutes les fortunes ; la France, qui aspirait à la stabilité des intérêts, implorait contre l'usure le bras fort de Napoléon. Aujourd'hui un vent contraire nous pousse sur les écueils que nos devanciers ont évités. Un commentateur du Code civil, M. Duvergier, croit que la loi de 1807 est opposée à l'esprit du Code civil, et qu'alors le gouvernement de Napoléon cherchait en toutes choses à s'éloigner des idées de la Révolution, pour se rapprocher des formes de l'ancienne société.

Que l'Empire ait voulu s'approprier ce que l'ancien régime contenait de juste et de vraiment politique, il n'y a pas à s'en étonner ; mais comment expliquer que nous en soyons revenus aux idées révolutionnaires ? La secte des économistes, encouragée par l'État, a bouleversé toutes les notions politiques et administratives, et sous le verbiage de ses formules creuses, a glissé au sein de la société française le germe d'un socialisme d'autant plus dangereux, qu'il prend les noms populaires de crédit, d'industrie, de commerce, etc. Sommes-nous avilis à ce point, d'envier le sort des États-Unis et des autres peuples qui nous sont honteusement proposés pour modèles? L'agiotage n'est pas content de la part qui lui est faite, il s'indigne que la France ait résisté à la crise qui secoue l'Europe entière; et, comme le loup de la fable, il lui reproche d'avoir des lois qui ne la protégent pas; qu'elle biffe la loi de 1807, et une pluie d'or tombera sur elle. Le public écoute ces folies sans y attacher plus d'importance qu'aux autres curiosités qui défrayent la presse politique et financière. Si l'on n'y prend garde, on se trouvera tout à coup acculé aux plus tristes expédients. Le bruit que font les usuriers et leurs amis est le plus grand argument en faveur de leur cause. Il suffira peut-être pour égarer l'opinion. Si ces clameurs d'un jour pouvaient prévaloir contre la voix des siècles, la France encourrait une déchéance morale. Car si elle s'est relevée de sa révolution de 1789, c'est grâce aux principes de conservation sociale qu'elle a pu reconquérir sur l'anarchie. Toute la discussion de la loi de 1807 porte l'empreinte de ces graves considérations. C'est une loi de haute morale et d'ordre public. Plusieurs fois attaquée, elle s'est défendue toute seule, par la masse des intérêts qu'elle protége et par le souvenir des maux qu'elle est venue réparer. Les membres actuels de nos corps délibérants n'ont vu que des miniatures de révolutions. Leurs devanciers ont assisté à la plus grande leçon qu'il ait été donné aux hommes de recevoir; s'ils n'ont pas vaincu la Révolution sous toutes ses formes, ils ont réprimé quelques-uns de ses instincts les plus dangereux. Liberté de l'usure! C'est le premier cri qu'ait jeté la Révolution. L'usure a joui de toute sa liberté pendant dix-huit ans, de 1789 à 1807; c'est assez; ne renouvelons pas l'expérience.

15 décembre 1857.

V

Les partisans de l'usure n'opposent qu'une faible argumentation aux autorités décisives accumulées contre eux et aux conséquences en quelque sorte mathématiques qui rendent l'usure un fléau. Il serait bien étrange que le monde tout entier se fût trompé pendant cinq mille ans sur un fait d'expérience journalière. Le vol n'a pas été plus énergiquement condamné ; abolissez la conscience du genre humain, si vous ne voulez pas que l'usure soit un crime. Sans doute, la loi pénale a besoin de justification. Ce n'est pas seulement la religion qui proscrit l'usure, c'est aussi la politique. Les jurisconsultes chrétiens ont ajouté à ces considérations les considérations tirées du droit strict et de l'égalité qui doit régner dans les contrats. Ils avaient observé que l'argent, stérile de sa nature, ne pouvait produire intérêt que par sa conversion en fonds productifs ; et ils maintenaient l'intérêt à un taux qui le rapprochait de la valeur monétaire du produit annuel des fonds ruraux. L'emprunt commercial étant exposé à plus de risques que l'emprunt civil, il a paru juste de laisser plus de latitude au taux commercial. Cette législation a suffi jusqu'à présent. La quantité de la monnaie n'est pas moindre en 1857 qu'en 1807 ; si elle était moindre, il faudrait accuser l'impéritie de l'administration. Quoi donc ! allons-nous revenir à la balance du commerce ? Nous en sommes fâchés pour les économistes, mais du moment qu'ils n'ont trouvé aucun moyen de conserver la monnaie en France, force nous est de reprendre les vieux errements.

Il est incontestable que la monnaie est nécessaire, d'où il suit qu'il y a danger à ce qu'elle émigre du pays dont elle est destinée à alimenter le commerce intérieur. Quand la récolte des céréales est faible, l'exportation en est naturellement interdite. La monnaie est d'une utilité non moins grande, puisque sa disparition entraîne une profonde perturbation et affecte tous les intérêts individuels. Le libre échange efface le caractère de la monnaie; il ne voit dans l'or et l'argent qu'une marchandise soumise à la loi de l'offre et de la demande et variant de prix au gré des circonstances. L'Angleterre se débat aujourd'hui sous les conséquences de ce libre échange et de cette production indéfinie qui devaient lui assurer une prospérité sans exemple. Les théories de sir Robert Peel reçoivent un triste échec. C'est ce que lord Derby a tout récemment fait ressortir à la Chambre des Lords. Il s'agissait de la détresse des grands centres industriels : lord Derby a constaté que l'accroissement des exportations coïncidait avec une augmentation de misère de jour en jour plus écrasante, et que l'importation ayant été inférieure à l'exportation, l'Angleterre avait envoyé hors de chez elle 1,100 millions en numéraire. Telle est la cause qu'il assigne à la détresse commerciale de l'Angleterre. Il est donc d'une bonne politique de retenir les espèces d'or et d'argent autant que possible. L'équilibre entre la monnaie et les transactions arrête seul les crises financières. On le savait dans toute l'Europe avant que les économistes, soudainement illuminés, vinssent nous apprendre que la monnaie est une marchandise dont il est aisé de se passer. Ils ont été écoutés; l'industrie privée s'est exercée sur la monnaie pour la dénaturer, et la spéculation a pris pour base, non plus un capital réel, mais un crédit fondé sur de folles entreprises et sur des bénéfices imaginaires.

Quand la question de l'or commençait à agiter l'opinion, il était facile de prévoir que la monnaie d'argent gagnerait une prime à l'exportation. Un léger impôt sur le monnayage de l'or aurait empêché ou atténué ce résultat. Eût-il été légitime? La monnaie a un double caractère; celui qui la possède en jouit dans la mesure où elle est destinée à servir; mais l'État a sur la monnaie une sorte de suzeraineté; il la marque à son effigie, il la garantit. C'est qu'en effet la monnaie, outre son rôle privé, a un rôle public; la place qu'elle occupe dans l'économie de la richesse est d'une haute importance. Elle est l'intermédiaire indispensable des échanges, et détournée de son but, elle a une puissance capable de dissoudre les patrimoines, de ruiner les familles, de semer dans les États les germes de guerre sociale. Le gouvernement qui transforme en monnaie les lingots qu'on lui apporte agit dans un intérêt public; il confère à l'or et à l'argent une valeur qu'ils n'avaient pas; de marchandise qu'ils étaient, ils deviennent le type universel de la valeur, la mesure du prix de toutes les marchandises. Ces notions n'ont jamais été sérieusement contestées; à moins de supprimer la vente en ramenant tout à l'échange, il faut admettre une monnaie officielle. Lors donc que l'État consent à réduire les lingots en espèces métalliques, il peut, outre ses frais, exiger un droit proportionnel plus ou moins élevé; c'était le moyen le plus simple de ménager la transition à une quantité plus abondante de monnaie. Une autre mesure était indispensable; à quoi aurait servi l'abondance momentanée du numéraire, si d'habiles combinaisons avaient pu le soustraire au marché national? Le mouvement d'affaires et d'opérations imprimé par ce surcroît de numéraire aurait été tout à coup arrêté par une crise industrielle et commerciale.

Le gouvernement français fabriquerait donc de la monnaie pour les peuples étrangers! Ce résultat n'est pas admissible. Il y a une monnaie française, elle est dans la circulation au même titre que les autres propriétés, et par cette raison, elle n'échappe jamais entièrement au contrôle de l'État : et c'est souvent un devoir impérieux pour lui d'en prohiber l'exportation; il n'intervient pas pour cela dans les transactions privées, il maintient seulement les conditions générales au milieu desquelles elles se sont passées. Débiteurs et créanciers ont contracté dans la certitude de se procurer de l'argent avec plus ou moins de facilité. Que cette facilité vienne à disparaître, c'est une aggravation de charge pour les uns et pour les autres. Leur condition a été empirée sans faute de leur part. On ne niera pas qu'il appartienne à l'État de protéger la sécurité publique. Eh bien! la diminution de la

monnaie ébranle les intérêts les mieux assis, elle suspend
la production et jette les ouvriers sur le pavé. L'abondance
de la monnaie, c'est le bas prix des denrées, c'est l'intérêt
minime de l'argent, c'est le développement de l'industrie.
pourquoi ne l'a-t-on pas compris? Et comment supposer
que les hommes ont été frappés de cécité jusqu'au jour où
les économistes ont découvert que la monnaie n'était qu'une
marchandise? Au surplus, les événements ont prononcé;
l'application des théories économiques plonge périodiquement les États dans des crises lamentables; et le spectacle de
l'Europe et de l'Amérique n'est pas pour recommander dans
l'avenir les institutions de crédit illimité et le système de la
production indéfinie.

La France a été sauvée du péril parce qu'elle ne s'est pas
livrée à l'impulsion des économistes; elle y a gagné d'être
injuriée sur tous les tons par ces messieurs; elle était ignorante, arriérée; et, en attendant, elle jouit d'un calme refusé
aux autres nations. Depuis longtemps elle est la nation qui
garde le plus de numéraire; on lui a reproché cette habitude comme contraire à une saine économie politique. Et
maintenant l'inconvénient de l'extrême concentration de la
monnaie et de sa diffusion dans un petit nombre de mains
saute aux yeux. On prétend que la monnaie s'enfuit malgré
tous les obstacles. Cet argument a été répété à satiété,
quoique ce soit une allégation dénuée de preuves et contredite
par une pratique séculaire. Ces misères ne regardent pas
l'État; il pose la règle sans s'inquiéter des exceptions qu'elle
subit. Tous les coupables ne sont pas atteints par la justice;
s'ensuit-il que le Code pénal soit inutile? Ce qui est à redouter, ce n'est pas que quelques pièces de monnaie s'en aillent
à l'étranger dans la poche des voyageurs, ce sont ces grandes
opérations qui enlèvent des masses de capitaux vainement
réclamés par le travail national et séduits par les primes de
la spéculation. Ces opérations ont besoin de publicité; elles
se dénoncent elles-mêmes. Nous n'avons nul souci des difficultés d'application. Le Gouvernement ne manque pas d'a-

gents. D'ailleurs, cette surveillance n'est sensible que dans les rares moments de crise.

Tant que le va-et-vient des échanges n'a pas dérangé l'équilibre général, on a pu laisser dormir le principe de la balance du commerce. Mais la solidarité des capitaux s'étant formée par suite de circonstances que nous connaissons tous, c'est à chaque État à défendre son numéraire. Par ses traditions, par ses mœurs, la France renferme depuis longtemps une grande quantité de numéraire ; elle en a plus que toute autre nation européenne. Et nous avons vu qu'il lui en faut davantage, puisque chez elle les intérêts sont divisés, multipliés. Notre malheur, c'est d'emprunter nos réformes aux pays protestants. Depuis un demi-siècle on fait des efforts inouïs pour nous protestantiser. C'est ainsi qu'on essaye de naturaliser chez nous les formes de la constitution anglaise. Mais les crises industrielles ne sont pas en Angleterre un accident, un pur effet du hasard, elles appartiennent aux institutions industrielles. C'est le mauvais côté de la production à outrance, et dans les luttes de l'industrie, la part de morts et de blessés. Les Anglais ne s'émeuvent pas plus de leurs ouvriers sans ouvrage et mourant de faim qu'un général ne s'émeut de la perte de quelques soldats. Leur grandeur industrielle est à ce prix.

La France a-t-elle la même supériorité que sa rivale sur les champs de bataille de l'industrie? Non, elle n'est pas organisée pour cela, et nous ne nous en plaignons pas. Lors donc qu'on lui prêche la production illimitée, on lui inocule le régime anglais, moins ses mérites. Nous aurons beau nous hausser, nous n'atteindrons pas l'Angleterre ; nous aurons ses crises industrielles, sans la compensation de puissance que donne une industrie poussée à ses dernières limites et fondée sur l'exploitation de la classe ouvrière. Ce que nous appelons en France l'*économie politique*, c'est l'économie politique anglaise ; et cette science est le résumé théorique de la pratique anglaise. Il est bien étonnant que tant d'hommes politiques qui se sont succédé aux affaires et dans les conseils

du Gouvernement, n'aient pas su qu'il y a une économie politique française comme il y a une politique française. Si nous
nous arrêtions à ce sujet spécial, nous n'aurions pas de peine
à montrer que ces mêmes économistes imposent à la France
une politique anglaise. Ce qui est préconisé par l'immense
majorité des journaux français, c'est une politique qui, à l'intérieur et à l'extérieur, soit calquée sur la politique anglaise.
Certes, nous ne reprendrons pas aisément possession de nous-
mêmes ; la cause anglaise s'appuie sur une nuée de libéraux,
de philanthropes, de charlatans. Les idées françaises sont à
l'index en France. Ce phénomène s'explique par nos perpétuelles révolutions. Ce qui ne veut pas dire que les Français
soient anglais, c'est le peuple le moins anglais du monde ;
mais ses écrivains, ses académiciens, ses politiques, ses philosophes sont anglais de cœur.

Le temps est-il arrivé de revenir aux traditions françaises ?
Le désaccord entre l'ancienne politique officielle et le véritable
sentiment des masses a paru dans toutes les élections depuis
une dizaine d'années. La politique a un caractère plus français : la France ne confond plus sa destinée avec celle de
l'Angleterre. Mais les idées anglaises ne sont pas entièrement
vaincues, elles règnent dans le domaine de la spéculation ;
notre économie politique appliquée est encore à moitié française, tandis que nos économistes n'ont plus rien à perdre du
côté de la nationalité. La question qui s'agite en ce moment
est celle-ci : Serons-nous Anglais ou Français en économie
politique ? L'usure est une doctrine protestante ; son premier
apologiste a été Calvin. Le paupérisme aussi est protestant ;
c'est le fils de l'industrialisme protestant. A nos portes, la Belgique et la Hollande plient sous le faix du paupérisme. Si la
France avait étendu démesurément ses relations commerciales
et sa production industrielle, elle subirait le sort de l'Amérique et de l'Angleterre ; sa bonne fortune actuelle tient à son
peu de progrès dans cette carrière antipathique à son génie
et à ses antécédents. Le Gouvernement a une mission qui lui
est léguée par toute notre histoire : protéger et modérer l'in-

dustrie française. La protéger, pour qu'elle ne succombe pas devant la concurrence anglaise; la modérer, pour qu'elle ne s'avilisse pas par l'excès de la production, et ne se fasse pas à elle-même une concurrence désastreuse. Ces devoirs imposés au Gouvernement nécessitent le maintien de la loi de 1807. L'agriculture n'éprouve pas de crises; elle a d'autres misères : mais enfin elle se suffit à peu près, et bon an mal an elle vit de ses produits. A la cité agricole, comparez la cité ouvrière. La seconde ne produit pas sa nourriture, elle compte sur autrui pour vivre. Si ses produits sont refusés, c'est pour elle un déchirement cruel; c'est la ruine et la mort. Elle est perpétuellement sous le coup d'une crise qui lui rogne ou lui enlève ses moyens d'existence.

C'est involontairement que nous avons été entraînés dans cette voie; nous avons cédé à des préjugés plutôt qu'à des convictions raisonnées. L'abolition de la loi de 1807 nous pousserait violemment à la suite de l'Angleterre et à la seule imitation des vices de la société anglaise. Si l'on veut consulter à cet égard l'opinion publique, on n'a qu'à s'adresser à la magistrature. Répandue sur toute la surface du territoire, composée d'hommes indépendants par leurs fonctions mêmes, elle est en rapport avec toutes les classes de la société, elle connaît le fort et le faible de toutes les situations, car tous les intérêts comparaissent à sa barre. Qui, mieux qu'elle, est en mesure d'apprécier les résultats de la loi de 1807 et les conséquences de son abolition? Elle dira si cette répression de l'usure qu'elle poursuit avec un zèle qui ne s'est jamais démenti depuis tant de siècles, est désormais un anachronisme; son témoignage impartial jetterait une vive lumière sur la question. Lorsqu'il s'est agi de la réforme de notre régime hypothécaire, le Gouvernement a demandé l'avis des Cours royales. La collection de ces avis forme trois in-folios. Les économistes, ces avocats de la finance, insistaient pour que le crédit fût délivré de toutes ses entraves. Mais la plupart des Cours ont pensé qu'il y avait à considérer autre chose que la finance, et que la morale publique et les intérêts des familles avaient aussi leurs exigences. La loi de 1807 protége des intérêts plus compliqués et peut-être plus graves. Le législateur envisage les principes de haut, et souvent sans songer à percer l'obscurité qui en couvre l'application; la magistrature entre dans l'immensité des faits, elle les dissèque, les analyse avec précision, et saisit la vérité malgré les efforts de la cupidité et de la mauvaise foi pour la déguiser.

L'instruction relative à la loi de 1807 ne sera complète que si nous avons les observations de la magistrature. Un jurisconsulte très-versé dans la pratique des affaires et hostile à la loi de 1807, M. Duvergier, n'a pas cru qu'il fût possible de supprimer le maximum de l'intérêt purement et simplement. Dans son opinion, il n'y a pas égalité entre le prêteur et l'emprunteur, et la justice doit empêcher que l'un n'opprime l'autre. Voici ce qu'il propose dans son traité du *Prêt* : « L'intérêt conventionnel peut excéder l'intérêt légal ; néanmoins les juges pourront réduire l'intérêt conventionnel lorsqu'il sera excessif. Le taux de l'intérêt est excessif lorsqu'il s'élève au-dessus du cours ordinaire, en tenant compte du danger que court le prêteur de perdre son capital. » Ce projet ne tranche la question qu'à moitié, c'est à la magistrature qu'il transfère en réalité la fixation de l'intérêt conventionnel. Que penserait la magistrature des nouvelles fonctions qui lui seraient attribuées? Cette liberté de l'usure est donc bien dangereuse, puisque chacun de ses actes est frappé de suspicion ! Le rôle de la justice serait changé ; au lieu d'appliquer des lois fixes, elle examinerait les faits à la lueur de l'équité. C'est une révolution dans les principes de notre organisation judiciaire. Nous ne craignons pas d'affirmer que la magistrature, consultée, refuserait une telle extension de pouvoir. Sous le moindre prêt se cacherait un procès. La moralité des actions dépendrait ainsi de circonstances vagues, fugitives. Quel prêteur serait jamais assuré d'être dans le vrai, pour peu qu'il prêtât à plus de 5 pour cent? La magistrature elle-même marcherait à tâtons; qu'est-ce que le *cours ordinaire?* et n'y a-t-il pas des hausses factices? La loi a coupé court à ces in-

nombrables contestations ; elle a restitué aux faits leur signification morale. On sait ce que c'est que l'usure, et on ne le
saurait plus. Mais la prétérition de la loi aura-t-elle effacé les
maux qui découlent de l'usure ? Dans quelque système qu'on
se place, on est accablé sous le poids des embarras, des difficultés, et nous avons le ferme espoir que la loi de 1807
triomphera des attaques dont elle est l'objet.

18 décembre 1857.

VI

La France s'est préoccupée de religion au xviiᵉ siècle et de
philosophie au xviiiᵉ ; au xixᵉ, elle ne rêve qu'intérêts matériels et se précipite dans l'agiotage avec sa furie ordinaire.
Et ces trois manifestations ont un caractère d'universalité.
Le mouvement qu'elles provoquent n'est pas circonscrit dans
les limites d'un État, il embrasse l'Europe, le monde même.
La France, placée à la tête des intérêts catholiques, domine
au xviiᵉ siècle ; au xviiiᵉ, le sceptre passe à l'Angleterre.
L'agiotage suscite le règne d'une troisième nation. A travers
tant de révolutions qui ont ébranlé et déraciné les peuples
chrétiens, le peuple juif s'est glissé à la domination. Dispersé
quant aux individus, il a toujours formé une unité religieuse,
et aujourd'hui son unité financière n'est un secret pour personne. Il ne perd ni sa loi, ni sa nationalité, en s'attachant,
par la naturalisation, aux sociétés chrétiennes. Les juifs cu-
mulent deux cités. Qui a jamais entendu parler de leur dévouement à leur patrie adoptive ? Le mot de patriotisme, s'il
leur était appliqué, paraîtrait une plaisanterie. Dans les États
chrétiens, les lois restrictives de l'usure entravaient leur
action et les condamnaient à une situation subordonnée. Les
révolutions, en les égalant aux nationaux, ont assuré leur
supériorité, puisque, outre les avantages communs, ils ont le
lien de leur affiliation, la tradition de leurs haines et de leurs
espérances. Tacite les peint d'un trait : *Apud ipsos fides obs-*

tinata, misericordia in promptu; sed adversus omnes alios hostile odium. Leur puissance et leur isolement sont fondés sur ce double sentiment. On pourrait soutenir qu'ils n'ont pas les qualitiés requises pour acquérir la naturalisation parfaite ; car ils n'ont jamais abdiqué la nationalité de la race et de la religion qui les tient en dehors de la société chrétienne, quelque participation qu'ils aient d'ailleurs à ses droits et à ses priviléges. Ils n'étaient pas moins redoutables dans l'antiquité que de nos jours ; dispersés parmi les nations, ils formaient une vaste association reliée par l'intérêt et les mœurs, cimentée par la haine des autres peuples. Cicéron, plaidant pour Flaccus, et ayant à contredire des témoins juifs amenés d'Asie, s'émouvait du nombre et de la puissance des juifs qui remplissaient l'auditoire, et n'en parlait qu'avec crainte : *Scis quanta sit manus, quanta concordia, quantum valeat in concionibus. Summissa voce agam, tantum ut judices audiant. Neque enim desunt qui istos in me atque in optimum quemque incitent : quos ego, quo id facilius faciant, non adjuvabo. (Pro Flacco, § 27.)*

Napoléon songea, en 1806, à régulariser leur condition. Il n'était convaincu ni de l'utilité ni de la légitimité de l'usure. Un travail historique, inséré au *Moniteur* de 1806, constate que l'usure n'était plus simplement un *droit* pour les juifs vis-à-vis des étrangers, mais un *devoir* imposé par les lois mosaïques. C'est ce qu'indique cet extrait de Maimonide, leur plus célèbre docteur :

« Il est défendu de prêter à usure à son frère, quoique cela soit permis à l'égard du reste du genre humain. C'est même un précepte positif de pratiquer l'usure sur l'étranger ou gentil ; car il est écrit aussi : Tu prêteras à usure à l'étranger ou gentil ; il faut donc observer que le précepte, à cet égard, est affirmatif. Tel est le texte de la sainte loi. »

Cette interprétation devait amener une odieuse spoliation du faible et du pauvre, et arracher des plaintes aux populations opprimées. Aujourd'hui l'usure s'exerce en grand ; il ne s'agit plus de prêts minimes aux habitants des campagnes ;

la spéculation a de plus hautes visées. Au commencement de ce siècle, elle se livrait à l'usure vulgaire. L'usure, en effet, est la première liberté dont la Révolution nous ait dotés. Et ce phénomène se retrouve dans toutes les révolutions contemporaines. Les réformateurs ont l'habitude d'inaugurer le règne de la liberté par la liberté de l'usure. Les juifs alors, par devoir de conscience, pratiquent leur loi à la façon de Maimonide. Le rapport officiel déclare qu'il en était ainsi en 1806, et qu'il était temps d'y porter remède. Un décret très-âpre de Napoléon avait déjà flétri les fraudes de l'usure et suspendu l'action des tribunaux en faveur des malheureux débiteurs. Par le décret du 30 mai 1806, les principaux membres de la religion juive furent convoqués pour entendre les observations de commissaires désignés par l'Empereur. Ils accédèrent à tout ce qu'on voulut, ils répudièrent les principes de Maimonide, et invitèrent les juifs à se livrer aux arts utiles au lieu de pratiquer l'usure. On peut lire ces débats instructifs dans le *Moniteur* de 1806, page 733.

Les juifs sont-ils restés fidèles à leurs promesses ? Se sont-ils livrés aux arts et aux professions utiles ? Se sont-ils fondus dans les nations où ils reçoivent asile ? Ils se considèrent comme étrangers au milieu des nations, et leur solidarité est aussi vive que du temps de Tacite : *Apud ipsos fides obstinata.* Le talent de faire valoir l'argent par la spéculation est une forme perfectionnée de l'usure. Prêter son argent pour qu'il rapporte 8, 10, 12 0|0, c'est l'usure simple. Profiter de son argent pour obtenir un crédit dix, vingt, cent fois plus considérable que ce que l'on possède, et à l'aide de ce crédit, lancer des entreprises, ourdir des spéculations, organiser la hausse et la baisse, et toucher des primes avant la réalisation des bénéfices, c'est l'usure composée. L'usure n'est un délit et une injustice que parce que le prêteur prend part à un bénéfice imaginaire aux dépens de l'emprunteur. Les ventes d'actions industrielles ont souvent le même caractère. Par la haute spéculation, l'usure a mis à contribution les États et les souverains. Il a fallu masquer du nom d'intérêt général, de

crédit, de progrès, de richesse publique, cet immense agiotage. Pour tenir l'opinion et par l'opinion les gouvernements,
les juifs ont accaparé la presse ; ils ont levé en Europe toute
un conscription de journalistes, et ils se croient maîtres du
présent et de l'avenir. Il est certain qu'en cédant avec trop de
facilité à ces idées de crédit et de spéculation, les gouvernements ont donné hypothèque sur eux-mêmes.

La dénationalisation des intérêts a commencé en Europe ; et
devant ce cosmopolitisme qui gagne chaque jour du terrain, la
condition des souverains et des nations s'amoindrit. Ils ont les
mains liées par des engagements complexes, où mille intérêts étrangers se trouvent enveloppés. Le seul avantage qu'on
y voit, c'est que la guerre devient impossible entre souverains
associés à tant de titres. La Bourse veut la paix. Et qui règne
à la Bourse ? Quelques banquiers tiennent les fils qui meuvent
les fonds publics à Paris, à Londres, à Vienne, à Hambourg, etc.
Le mouvement d'oscillation obéit à une impulsion unique. Le
gouvernement français, par un nouveau mode d'emprunt,
s'est affranchi du joug des banquiers. Le succès a dépassé son
attente. Depuis lors, la Bourse est sur la défensive, et malgré
toutes les occasions de s'élever, la rente résiste à la hausse.
La Bourse est la grande puissance ; aussi est-il difficile d'en
réprimer les abus ; en régulariser, en moraliser les opérations, c'est presque une révolution. Il y a des lois contre
l'agiotage ; pourquoi ne sont-elles pas exécutées ? Telle est la
situation. Le gouvernement qui n'inspirerait plus confiance
à la Bourse perdrait son crédit, et le crédit n'est-il pas toute
la vie des sociétés modernes ? Les gouvernements ont beaucoup de besoins, beaucoup de dettes ; ils comptent sur le
crédit. Le présent ne leur appartient plus et ils donnent
l'avenir en gage. Or, un débiteur a beau être solvable, il n'est
jamais fier vis-à-vis de son créancier.

Par le système des emprunts, les gouvernements se mettent
en tutelle, ils aliènent leur libre arbitre. C'est pour cela que
l'école révolutionnaire pousse aux dépenses publiques et à
l'aggravation des impôts. L'embarras des finances est le piége

dont un gouvernement sort le plus difficilement quand il y est tombé. De bonnes finances auraient sauvé la monarchie française en 1789. Mais de bonnes finances supposent une bonne politique. Ou plutôt, les finances sont la politique elle-même, car elles font partie des voies et moyens d'exécution qui rentrent essentiellement dans la politique. Comment s'étonner que la race identifiée au maniement de l'argent acquière la prépondérance à mesure que se généralisent et s'universalisent les idées de crédit? Moïse a eu soin de nous avertir, il y a trois mille trois cents ans : le prêt, c'est la domination ; l'emprunt, c'est la servitude. Nous fermons l'oreille à ces divins préceptes de l'économie politique ; nous dédaignons les inspirations de l'antique sagessse. Et cependant le spectacle qui est sous nos yeux est bien propre à confondre notre orgueil. L'association des capitaux israélites tient la chrétienté en échec ; tous les journalistes libéraux, enrôlés sous la bannière juive, renient leur baptême et invitent l'Europe à judaïser. Ce qu'exige la conspiration des journaux, c'est que la nullité du baptême soit prononcée. Alors rien ne distinguera plus le chrétien du juif. Les insultes qui s'a-dressent à Rome, centre de la chrétienté, rajaillissent sur les nations chrétiennes, qui semblent insensibles. Hélas ! elles sont débitrices des juifs, et en sus des intérêts, le créancier leur impose silence. Néanmoins la toute-puissance des capitaux se brisera contre la conscience chrétienne. Les gouvernements eux-mêmes, éclairés sur les tendances et le but de cette conspiration antichrétienne, aviseront à secouer le joug de la finance, et ils le secoueront quand ils en auront le courage.

15 novembre 1858.

QUESTIONS DIVERSES.

1

L'ESCLAVAGE.

Le *Constitutionnel* a signalé l'étrange anomalie des États-Unis, qui conservent l'institution de l'esclavage malgré les grands principes de liberté qu'ils se plaisent à proclamer. Dans notre ingénuité française, il nous arrive souvent de tourner nos regards vers la démocratie américaine en disant : Quel dommage qu'elle ait des esclaves ! Le *Siècle* lui-même lui adresse de fraternelles exhortations sur son inconséquence. Mais les démocrates américains rient de leurs frères du continent, et l'esclavage fleurit de plus en plus aux États-Unis. Les noirs sont plus méprisés à New-York qu'à la Nouvelle-Orléans ; nous verrons si l'équivoque philanthropie des hommes du Nord luttera victorieusement contre l'instinct énergique de la cupidité chez les hommes du Sud. Cependant une nouvelle école de publicistes a décidé que la liberté ne régnait que dans les républiques en général, et dans les États-Unis en particulier. Nous ne la contredirons pas directement ; mais prenant la question à une autre point de vue, nous essayerons de démontrer que l'esclavage est une institution plus républicaine qu'on ne croit.

L'affinité de l'esclavage et de la république est historiquement prouvée. Le droit applicable aux esclaves a reçu toute

sa perfection sous la république romaine ; il est encore en
vigueur aux États-Unis. La religion, la famille et la propriété
constituent la société ; l'esclave, à Rome, était privé de ces
trois choses. L'esclave noir n'a ni le droit de se marier, ni le
droit de posséder ; sa personnalité n'est pas reconnue par la
loi ; il ne peut ni tester en justice ni rendre témoignage. En
un mot, il est réduit, en droit et en fait, à l'état de bête de
somme. C'est un crime de lui donner l'instruction religieuse.
Les démocrates américains prétendent que les noirs ont été
créés pour être esclaves. C'est le raisonnement d'Aristote. La
nature, disait-il, fait les hommes libres ou esclaves.

Dans les petites républiques de la Grèce, les trois quarts de
la population étaient esclaves ; et quoique l'esclavage y fût
adouci par les mœurs, il reposait sur les mêmes principes
qu'à Rome. Cette annihilation de la plus grande partie de
l'espèce humaine était inconnue parmi les nations orientales :
le fait qui nous y apparaît, c'est la division de la société en
castes ; mais les castes inférieures appartiennent à la société, et
si elles n'ont pas de droits politiques, elles jouissent de la
vie civile. La Bible n'offre pas de trace de la servitude telle
qu'elle existait dans le monde gréco-romain. Partout où
domine l'élément théocratique, le joug de l'homme sur
l'homme est singulièrement adouci ; une sorte de fraternité
religieuse unit les hommes entre eux et les place tous ensemble, les grands comme les petits, sous une autorité
divine. A Rome, et dans les États de la Grèce, la religion n'a
aucune influence ; elle se réduit pour le peuple à quelques
cérémonies et à des fables impertinentes. Les politiques se
renferment dans un élégant matérialisme. Moralement et re-
ligieusement, les Grecs étaient inférieurs aux Barbares. Le
christianisme a dissous l'institution de l'esclavage. Mais la
domination la plus intolérable est toujours celle qui est
exercée par les républiques : nous pouvons citer l'exemple de
Berne, de Venise, etc. Voyez l'Angleterre de nos jours ; elle
dépense cinq cents millions pour émanciper les nègres de ses
colonies ; mais nul ne songe à attribuer cette générosité à un

pur sentiment de confraternité, car l'Irlande gémit encore sous la loi de la spoliation et de la conquête. Cette lutte acharnée d'une race contre une autre race se termine par la disparition graduelle de la population catholique irlandaise. En quinze ans l'Irlande a perdu trois millions d'habitants par la famine et l'émigration. On sait comment l'Inde a été traitée par la compagnie de commerce qui l'a conquise. Ce n'est pas s'avancer beaucoup que d'affirmer qu'aucune monarchie européenne ne se serait prêtée à cette odieuse exploitation des vaincus. L'Angleterre doit une partie de sa grandeur industrielle au mépris qu'elle fait de l'humanité. Ses dix millions d'ouvriers attachés aux machines et condamnés aux travaux forcés de l'industrie, lui assurent, par le bas prix de la main-d'œuvre, la supériorité sur tous les marchés du monde.

Étudions le régime républicain en France et parlons sans métaphore. La Convention avait littéralement réduit la France à l'esclavage. Il résulte de ses lois et de ses décrets que tous les particuliers lui appartenaient corps et âme. Elle s'est attribué les hommes et les choses, et en a usé et abusé, non sans résistance, mais de la façon la plus absolue. Elle a réalisé l'idéal de l'esclavage romain en abolissant la religion, la famille, la propriété. Il ne restait aux soi-disant citoyens de l'époque que le droit d'obéir de bonne grâce aux réquisitions. Mais ils étaient seulement les esclaves de l'État; entre eux ils se tutoyaient.

Le système républicain est une forme imparfaite et rudimentaire de la société. Il s'appuie uniquement sur la force et sur la coalition de certains intérêts; il ne se relie à aucun dogme religieux. La royauté a un caractère religieux; elle inspire par elle-même affection et dévouement, et les peuples lui obéissent en conscience. Un roi règne sans pouvoir matériel apparent, et son trône est inébranlable. Telles étaient les anciennes monarchies chrétiennes. Les républiques naissent de la dissolution des monarchies; elles se fondent au milieu des discordes civiles, et retiennent dans leur gouvernement régulier quelque chose de cet esprit de violence et de lutte dont elles sont issues. Aussi la division des classes y est plus vive que dans les monarchies ; l'oppression y est plus dure, parce qu'elle est collective, irresponsable, sans appel possible. Les anciens avaient résolu le problème en enchaînant la majorité de l'espèce humaine et en limitant le nombre des citoyens. Les modernes n'ont pas à leur service ces méthodes expéditives. Mais un peu de ruse et d'habileté suffit pour ôter aux peuples la réalité du pouvoir, tout en leur en laissant les dehors. Aussi la condition des masses populaires est loin de s'améliorer dans les États républicains ou constitutionnels.

L'Angleterre n'offre-t-elle pas le spectacle d'un peuple où éclate l'inégalité la plus profonde ? La condition des masses y a empiré à mesure que le sentiment de la charité chrétienne qui vivifiait autrefois les institutions s'en est retiré. Le protestantisme et le mercantilisme ont tracé entre la classe pauvre et la classe riche une ligne de démarcation qui s'élargit de jour en jour. Et les réformes aggravent cette situation, car elles ont pour but de favoriser une politique fondée sur l'exagération de la production industrielle, et par conséquent sur l'abaissement des salaires. La grandeur de l'Angleterre repose sur le travail servile. Les États-Sud de la république américaine croient leur prospérité attachée à l'esclavage. La culture du coton exige le travail des nègres ; et c'est le coton qui fournit la plus grande partie de leur exportation. Comment s'imaginer que ces démocrates si peu scrupuleux consentiront à abolir l'esclavage, quand leur politique presque officielle est d'augmenter, même par la conquête, le nombre des États à esclaves ? Cette politique, qui a commencé par l'annexion du Texas, est en voie de progrès. Elle se continue par ces enterprises de flibustiers qui, favorisés par l'opinion, s'organisent sans obstacle et de l'aveu tacite du gouvernement américain.

6 décembre 1857.

II

CORPORATIONS INDUSTRIELLES.

Deux faits qui ne sont pas sans analogie, malgré de nombreuses différences, et qui jouent un rôle décisif en économie politique, se présentent à notre étude. Les anciennes corporations et les compagnies industrielles de nos jours offrent la solution du même problème. Étant donnée la faiblesse de chacun de nous en particulier, comment arriver à une protection efficace des droits et des intérêts des individus? par l'association, et seulement par l'association. Nous voyons aujourd'hui un mouvement général pour grouper les forces productives, concentrer les capitaux, et tout ramener à une direction d'ensemble. L'industrie et le commerce n'agissent plus que par association d'hommes et de capitaux. On essaye d'appliquer l'association à l'agriculture. Ainsi nous revenons, après un long circuit, à des principes condamnés dans un moment d'effervescence, et nécessaires au développement et à la conservation des sociétés. Mais l'association industrielle telle que nous l'entendons n'a que les apparences de la corporation; elle répond à d'autres besoins, à d'autres sentiments. La corporation est une association morale et religieuse : elle embrasse l'homme tout entier. Les femmes et les enfants étaient compris dans les anciennes communautés de laboureurs, et chacun y travaillait suivant ses forces. La famille est aussi une espèce de corporation qui tend à la perpétuité. Les corporations d'arts et métiers se partageaient le domaine industriel, et on sait qu'elles étaient fondées sur la profession de la foi catholique. La religion se mêlait à tous les événements de la corporation; elle en faisait une confrérie, c'est-à-dire une association de prières. La moralité et le bien-être des associés passaient avant tout. Aux yeux de ces gens arriérés, l'ouvrier était plutôt une âme immortelle qu'un capital accumulé. La corporation constituait une famille dont les membres étaient unis par le lien de l'affection et par des devoirs réciproques. La hiérarchie entretenait parmi eux la concorde. Il en résultait une production industrielle toujours suffisante, mais qui ne dépassait jamais le besoin du consommateur, parce qu'alors elle aurait avili les prix et porté atteinte à la sécurité du travailleur.

Tous les intérêts sociaux étaient incorporés. Ils avaient pour base la tradition et la perpétuité. Il n'en est plus ainsi chez nous; dans la pratique, nous en sommes au début du *contrat social;* nous nous assemblons, nous faisons des élections; mais à chaque élection tout est remis en question et le principe de l'individualisme reprend le dessus. On sent que l'association est purement accidentelle et temporaire. Tout au plus y a-t-il en commun certains intérêts matériels. Telle est la situation de nos villes. Peut-elle se comparer à ce qu'elle était autrefois, quand la commune formait un tout moral et matériel indivisible, régi par des lois et des coutumes invariables? La corporation est un organisme vivant qui se développe et se fortifie avec le temps. Son grand art, c'est de relier les volontés et les intérêts, en leur imposant une règle et en les renfermant dans leur spécialité. Supposez étendu à toute la France le régime des corporations, la tâche du gouvernement en serait simplifiée, en ce sens qu'au lieu d'avoir affaire à trente-six millions d'individus dont il lui est souvent impossible de prévoir les besoins et les caprices, il aurait devant lui des corps chargés de représenter les individus et à qui, naturellement, incomberait une grande autorité administrative. Là gît uniquement l'esprit conservateur des sociétés. On l'a déjà remarqué, et l'Angleterre n'est si fort attachée à ses traditions que parce que le système des corporations forme la base de son gouvernement et de son administration. Nos révolutionnaires comprennent cette vérité, quand ils vouent une haine implacable aux corporations.

Nous essayons vainement d'échapper à l'individualisme par l'association. Nos associations fondées sur le principe démocratique avortent; celles que l'esprit chrétien vivifie sont les seules qui s'affermissent et produisent d'heureux fruits. Laissons s'achever les expériences commencées, et l'on verra si l'ancienne corporation n'était pas la meilleure sauvegarde des intérêts même matériels. Aujourd'hui, la société par actions envahit tout; elle s'est emparée de l'industrie et du commerce; elle vise à la conquête de la propriété foncière. Comme elle n'a d'autre préoccupation que le lucre, elle court toutes les chances et devient un véritable jeu; ses chefs ont une responsabilité morale à peu près nulle; ils ne sont mus par aucun sentiment d'honneur ou d'affection. A certains égards, ils ont un autre intérêt que celui de la masse des actionnaires. Ils réaliseront d'immenses bénéfices dans la baisse ou dans la hausse des actions, qu'eux seuls sont en mesure d'exciter et même de diriger. Nous n'entreprendrons pas de mentionner le nombre de ces sociétés qui ont fini d'une manière désastreuse. Chacun sait qu'il en est bien peu qui aient eu pour résultat une production réelle, une utilité reconnue. Tout cet agiotage a englouti d'énormes capitaux et ébréché toutes les fortunes. C'est ainsi que les intérêts matériels se compromettent par la prétention de n'obéir qu'à leur propre impulsion; en rejetant le joug de la morale et de la religion, ils se privent des conditions de stabilité nécessaires au développement de la richesse. La société par actions ne prend que les capitaux. La corporation embrasse hommes et choses pour une durée indéfinie, d'où cette conséquence que, travaillant pour l'avenir, elle accroît sans cesse le fonds social; elle a le temps devant elle pour se livrer aux améliorations à longue échéance. Une association temporaire a hâte de jouir et elle sacrifie l'avenir au présent pour réaliser de plus beaux bénéfices, c'est-à-dire qu'elle diminue le fonds productif.

Appliqué à la propriété foncière, le système de l'association par actions n'aboutira à rien de sérieux. Certes, la carrière est libre, et, malgré les bienfaits de l'association chantés en vers et en prose, les propriétaires ne se sont pas encore hasardés à mettre leurs champs en commun pour arriver à une culture perfectionnée. C'est que la propriété foncière n'est pas seulement un instrument de production, elle est aussi une force morale. Qui a intérêt à semer pour récolter dans un siècle ? celui-là qui pense à ses successeurs plus qu'à lui-même. Le sentiment de la famille conservera les patrimoines et en accroîtra l'importance. Les doctrines économiques qui ont cours aujourd'hui entraînent la déperdition graduelle du capital, puisqu'elles nous poussent aux dépenses improductives d'un luxe inouï. Là où s'arrêtait l'impuissance individuelle, l'association s'est présentée et n'a pas mis de limites à ses prétentions. Quelques années d'un pareil régime ont épuisé la France. Et l'on cherche maintenant les moyens de raviver l'enthousiasme industriel ; les princes de la finance s'assemblent, se regardent sans rire et se communiquent leurs plans. Qu'en sortira-t-il ? S'il n'y a autour du tapis que des joueurs ruinés, vous ne parviendrez pas à rendre le jeu intéressant. Toutes les cupidités ont été excitées par des promesses extravagantes, et le système des sociétés par actions s'est décrié par ses excès. A quels signes désormais reconnaître les entreprises qui méritent confiance ? Il semble que notre civilisation ne comporte plus aucune institution stable ; et c'est surtout au point de vue économique que se révèle le danger de cette instabilité. La passif social monte chaque jour, car, chaque jour, on incline plus à la dépense et l'on s'écarte davantage de l'économie. Et cependant l'économie est la gardienne de l'actif social, et les corporations, dont il est facile de médire quand on en ignore le mécanisme et l'action, accumulaient le capital au lieu de le disperser. Elles concouraient à l'ordre public ; elles en étaient même une des principales assises. Depuis lors, la production industrielle suit une marche capricieuse, elle tombe de crise en crise, et ces crises deviennent une cause permanente de troubles politiques et sociaux.

17 avril 1858.

III

PROCÉDURE CIVILE.

La procédure civile ne paraît pas avoir des rapports bien intimes avec la philosophie. Cependant, un avocat d'Évreux vient de publier un livre sous le titre de : *Philosophie de la procédure civile.* Il est vrai que nous avons déjà la philosophie de la chimie, la philosophie de la physique, sans compter toutes les philosophies de l'histoire. Sous cette obscure et ambitieuse dénomination, il faut entendre une chose très-simple. L'auteur étudie la procédure dans ses principes et discute les différents systèmes de réformes auxquels elle a donné lieu : sujet neuf, car, jusqu'à présent, sauf une ou deux exceptions, la procédure civile ne sortait pas du domaine des praticiens. L'ouvrage que nous avons sous les yeux, hâtons-nous de le dire, n'a pas les allures de l'utopie ; il est sobre d'innovations et se rattache en général au Code de procédure actuel. C'est assez raisonnable. La procédure n'est pas arbitraire ; elle se lie à un ensemble de circonstances sociales ; il est impossible de l'isoler des autres institutions. Chaque peuple a sa procédure particulière. La France est le pays où les légistes ont établi leur empire ; elle est la terre classique de la chicane ; par le nombre de ses gens de loi, par la multiplicité de ses lois, arrêts et ordonnances, elle l'emporte sur les autres nations. A partir du xve siècle, l'élément légiste reçoit un accroissement prodigieux, il se retrempe dans la Renaissance et la Réforme. Cujas, Pithou, Dumoulin, Hotman, etc., lancent leurs in-folios dans la mêlée des opinions et impriment à la magistrature française ce caractère d'opposition janséniste et de républicanisme païen qu'elle a gardé jusqu'à sa chute. Le chancelier de l'Hospital parlait aux États dans le style des héros de Tite-Live. Aussi, ces temps abondent en projets de réformation de la justice ;

et naturellement chaque ordonnance est une pièce de plus dans l'arsenal des procureurs. Depuis le xiiie siècle, nous ne voyons qu'efforts redoublés pour améliorer l'administration de la justice ; et malgré cela, les plaintes et les abus vont en augmentant. Le renom de nos procureurs est répandu dans le monde entier. Un écrivain qui proposait une refonte totale des lois de procédure, Pétion de Villeneuve, « proclame que le seul moment où la justice fut simple, prompte et jamais coûteuse, se trouva en plein moyen âge, aux xiie et xiiie siècles. » Le principe féodal était que chacun fût jugé par ses pairs ; toutes les contestations se vidaient devant le jury ; nobles et roturiers étaient soumis à la même juridiction. Le seigneur féodal ou son délégué tenait les assises ; les frais de justice se réduisaient à peu de chose. La question d'équité et de bonne foi était prépondérante ; les subtilités du droit, source inépuisable de procès, se trouvaient naturellement écartées. L'appel n'existait pas. En effet, le jury ne comporte pas l'appel, il n'a pas de supérieur ; il statue sur des faits qui se sont passés sous ses yeux, sur des hommes dont les antécédents lui sont connus ; un juge plus éloigné n'aurait ni la même compétence, ni les mêmes lumières.

Mais s'il s'agit de théories et de textes, on conçoit une hiérarchie judiciaire qui ramène à l'unité la divergence des interprétations. Aux xiie et xiiie siècles, il n'y avait d'autres lois que la coutume ; et qui pouvait l'interpréter, sinon ceux en qui elle vivait et se perpétuait, c'est-à-dire les hommes du lieu ? L'appel, introduit par les légistes, coïncidait avec l'empire que reprenaient les textes du droit romain ; il atteignait la féodalité à l'endroit le plus sensible et déposait un germe de mort dans son sein. Une législation écrite nécessitait des avocats et des magistrats savants en droit romain. Il fallut bientôt adjoindre à ceux-ci les procureurs, les huissiers, etc., en un mot, toute une série de fonctionnaires. Et tout ce monde ne travaillait pas gratis ; il avait même intérêt à éterniser les procès, et il les éternisait. Voilà comment les frais de procédure ont rongé la France pendant cinq siècles. Aujourd'hui, la France nourrit une armée de deux cent mille légistes. Ajoutons immédiatement que cette armée est nécessaire ; elle répond à la situation générale du pays ; elle concorde avec les principes de notre droit civil. Le morcellement de la propriété foncière, l'instabilité de tous les intérêts, le mouvement incessant des hommes et des choses, exigent, de la part du législateur, une surveillance minutieuse et de tous les instants, afin de protéger tous les droits, à mesure qu'ils se transforment. Nous avons dix mille notaires, et ces dix mille notaires ne sont pas de trop pour suffire à l'immense variété des transactions. La propriété foncière est en circulation comme une monnaie courante. Les droits et les intérêts, condamnés à une mutation perpétuelle, engendrent mille difficultés qui appellent l'intervention de la justice.

Examinons maintenant quelques-unes des idées de l'auteur. La situation de nos juges de paix lui paraît médiocre, leur peu de fortune ne leur assurant pas l'indépendance, à défaut de l'inamovibilité qui leur manque. Il regrette que ces fonctions n'aient pas conservé leur caractère primitif et soient tombées dans les mains des praticiens ; il attribue une partie de ce résultat au morcellement de la propriété, qui a chassé des campagnes les gens aisés qui y exerçaient une utile influence. L'observation est juste, et nous tenons à la mentionner. Supposez les campagnes habitées par des hommes riches, vous aurez des juges de paix qui n'exigeront pas de traitement. C'est ainsi que l'Angleterre n'a que ses propriétaires pour juges de paix. Et ces juges, qui n'attendent pas d'avancement, ont la plus indispensable des qualités du juge, l'indépendance absolue. La justice patriarcale rêvée par l'Assemblée constituante a dû se retirer devant la justice formaliste et hiérarchique. Pour se dévouer à la société dans les fonctions publiques, une première condition à remplir, c'est d'avoir le moyen de vivre ; autrement, on a besoin d'un salaire et le dévouement est moins visible. Or, l'Assemblée constituante avait pris ses mesures pour dévaster les campagnes et ruiner les riches propriétaires. Sa maladroite imitation n'avait pas chance de succès. Ici se présente une grave observation. La gratuité de la justice est non-seulement possible, mais facile avec le système des grandes propriétés. Cette corrélation entre la propriété du sol et le droit de justice semblait autrefois de droit naturel. Les délits et contraventions soumis au jugement des pairs ressortaient des hommes du lieu, seuls aptes à les constater et à y appliquer le droit ; car la coutume régissait tous ceux qui se trouvaient dans sa circonscription territoriale. Par une conséquence légitime, le supérieur féodal était investi du droit ou plutôt du devoir de faire rendre la justice ; il convoquait le jury, le présidait, assurait l'exécution de sa sentence. A cet ensemble juridique, les légistes opposèrent la maxime : fief et justice n'ont rien de commun. C'est qu'ils faisaient découler le droit, non plus de la coutume, mais de la volonté royale ; ils attribuaient aux rois chrétiens l'omnipotence des empereurs romains. Ils furent largement récompensés. Et l'on ne s'étonne nullement de l'insistance qu'ils mirent à combattre la vénalité des offices. Notre auteur cite Loyseau, Estienne Pasquier, etc. Les légistes auraient préféré avoir leurs places pour rien, comme prix de leur zèle et de leur servilité. L'établissement de la vénalité coupait court à l'ambition et à la cupidité. La magistrature devenait indépendante vis-à-vis du pouvoir lui-même : c'est l'époque la plus honorable de la magistrature française. L'hérédité des charges judiciaires n'est pas en soi plus absurde que l'hérédité d'un sénat.

On a essayé de la flétrir sous le nom de vénalité des charges ; et certes il ne manque pas de gens qui s'imaginent que le droit de rendre la justice était aux enchères, à peu près comme le sont chez nous les concessions de chemins de fer ou de travaux publics. Quel avantage matériel les magistrats tiraient-ils de leurs charges ? Aucun. Ils servaient la société à leurs frais. Aucune magistrature ne fut plus désintéressée que nos anciens parlements. Devenues une propriété, les charges judiciaires atteignaient véritablement à l'indépen-

dance et à l'inamovibilité. La magistrature n'était influencée
ni par la crainte, ni par l'espérance. La facilité de l'avancement n'est-elle pas une légère atteinte au principe de l'inamovibilité? Les réclamations dont cette prétendue vénalité de
la justice a été l'objet n'accusent que la haine et la mauvaise
foi des novateurs et des esprits faux, qu'offusquait la stabilité
des institutions judiciaires. Hélas! l'histoire plie sous le faix
de l'ignorance et de la calomnie.

L'auteur du *Mémoire pour la Réformation de la Justice*
se prononce pour le rachat des charges des notaires, avoués,
greffiers, huissiers, agréés, etc. Il attribuerait à l'État la nomination de ces fonctionnaires, qui recevraient un traitement
fixe. C'est une grosse question, et elle n'est pas nouvelle. Ces
charges valent, dit-on, un milliard. Mais qu'est-ce qu'un milliard par le temps qui court? C'est beaucoup plus qu'une
opération financière, c'est l'achèvement d'une révolution déjà
commencée dans les mœurs. L'ordre civil tout entier se déplace et tend de plus en plus à s'absorber dans le gouvernement. Les officiers ministériels ne sont pas des sujets factieux.
Mais quoique nommés par le Gouvernement, ils ont dans leur
charge une espèce de propriété. C'est encore un obstacle à
l'uniformité qui s'étend sur toute la France : qu'on s'en dé-
barrasse au plus vite! Quand on réclame un traitement fixe
pour les notaires et les avoués, on oublie la nature de leurs
fonctions. Ce serait convenable, s'ils étaient simplement appelés à constater des faits officiels, comme des greffiers et des
receveurs d'enregistrement. Ils sont aussi et avant tout les
conseillers des parties. Tel procès, telle liquidation a exigé
de longs travaux. Dans le système proposé, la rémunération
serait nulle. Le notaire et l'avoué n'auraient plus de clients;
ils auraient affaire à des contribuables et non à des clients.
N'étant plus guidés par l'intérêt, on peut croire qu'ils ap-
porteraient dans leurs relations avec eux une régularité matérielle. Mais la diversité des affaires et la complication des
intérêts privés repoussent cette régularité mécanique; elles
échappent par mille côtés aux formulaires. Qu'on remédie

aux abus, s'il y en a; et quant à nous, nous sommes loin d'affirmer qu'il n'y en a pas. Qu'on n'ébranle pas les institutions elles-mêmes, sous prétexte de les améliorer. Les fonctionnaires salariés par le Gouvernement sont assez nombreux. Verrons-nous l'État régler les partages et les liquidations entre particuliers, rédiger tous leurs actes de vente, d'échange, de louage, etc.? Le Gouvernement a bon dos, nous le savons; néanmoins, le fardeau qu'il a sur les épaules nous semble plus que suffisant.

Malgré les raisons développées dans le livre de M. Bordeaux, livre utile à lire à cause des recherches et des documents qu'il renferme, nous persistons à croire qu'il y aurait de graves inconvénients à toucher à l'administration de la justice. Les améliorations irréfléchies cachent des piéges. Il n'y a pas jusqu'à l'augmentation des traitements qui ne nous paraisse un danger pour la magistrature. La modicité des traitements tempère les ambitions; elle écarte des rangs de la magistrature les gens besogneux et perpétue les traditions du désintéressement. La magistrature est-elle plus honorée quand elle est plus payée? Non : par tradition elle est indifférente à ces questions d'argent; ce sont les ambitieux du dehors qui réclament pour elle, et qui ne sont pas fâchés d'avoir en perspective des places bien rétribuées. La dignité de la magistrature en serait amoindrie.

Ces réformes, plus belles en théorie qu'en pratique, échappaient à la compétence de l'Académie des sciences morales et politiques, qui a couronné notre auteur. Les lois de la procédure sont en rapport avec les lois civiles, qui découlent elles-mêmes de l'organisation politique. Elles n'ont pas d'existence propre, et ne sont que la mise en œuvre des règles du droit. Elles ne pourraient subir de modifications sérieuses qu'autant qu'il s'en opérerait dans la société civile et politique. L'importance et la diversité des intérêts et des principes engagés dans ces questions de réforme imposent au législateur une sage réserve.

19 avril 1857.

IV

PUBLICITÉ JUDICIAIRE.

Le procès de la femme Lemoine, condamnée pour infanticide, a jeté un sinistre éclat; les journaux anglais en ont tiré contre nous des conclusions excessives. Nous n'avons pas besoin de dire qu'en fait de scandale, l'Angleterre en a à revendre. Il suffisait d'interdire la publicité des débats judiciaires pour qu'une partie du mal fût atténuée. Qui ne sait combien est fatal à la paix publique l'ébranlement des imaginations? Le législateur a prévu l'effet de pareils débats, en permettant de les tenir secrets. Et il faut s'étonner que des journaux français réclament d'une manière absolue l'extension d'une publicité que nos lois ont restreinte. L'utilité du scandale n'est pas admise en principe dans notre législation. Mais c'est à un autre point de vue qu'il convient de nous placer maintenant. La *Gazette des Tribunaux* nous apprend qu'une affaire semblable à celle qui vient d'occuper les assises de Tours s'engagera prochainement. Cette fréquence des infanticides et le peu d'horreur qu'en ressent le public, nous alarment.

L'infanticide, autrefois, était puni de mort. C'est que la malheureuse qui s'en rendait coupable rompait avec une foule de préjugés; elle avait toujours vu la religion pratiquée autour d'elle; toutes les institutions en portaient l'empreinte. Ni les spectacles, ni les journaux, ni les romans, n'avaient infiltré la corruption dans son âme. Sans une perversité inouïe, elle ne pouvait secouer le poids de tant de chaînes honorables qui la retenaient dans le devoir. Aujourd'hui, l'immoralité est comme donnée en exemple. L'action incessante du théâtre la propage dans tous les rangs de la population. L'art et la littérature n'ont pas d'autre inspiration que la passion honteuse dont les résultats sont si souvent du ressort des Cours d'assises. Comment les premières impressions de la foi résisteraient-elles à ces entraînements? La religion est bafouée! Mais, quand elle est bafouée, il y a toute une classe de la société qui est ramenée à l'esclavage. Qui protégera les femmes, quand la seule loi qui assure leur dignité est mise en oubli ou méprisée? On a discuté devant les académies de médecine la légitimité de l'avortement. De la doctrine de Malthus à l'infanticide, il n'y a qu'un pas. La civilisation grecque et romaine n'a jamais hésité sur cette question : elle comptait l'enfance pour rien, et autorisait le meurtre ou l'exposition des enfants, quand elle ne l'ordonnait pas. L'enfant n'était-il pas la propriété de son père? Les Turcs et les Chinois ont là-dessus la même morale qu'Athènes. Le christianisme a recueilli l'enfant, ce délaissé de l'ancien monde ; il l'a déclaré saint par le baptême, et cohéritier du royaume des cieux. La règle des mœurs suit la règle de la foi. Au xvıᵉ siècle, la liberté de penser augmente la liberté d'action, et la bâtardise s'étend ; saint Vincent de Paul enveloppe dans sa robe de prêtre ces fruits de la Réforme et du progrès. Il y aura des institutions pour nourrir et élever les enfants trouvés. La Révolution française va plus loin que la Réforme ; elle assimile tous les enfants, en effaçant l'institution surannée du mariage.

Qu'ils le veuillent ou qu'ils ne le veuillent pas, ceux qui sapent la foi poussent à l'infanticide. La débauche est incompatible avec le respect dû à l'enfance. Les membres de nos conseils généraux en savent long à cet égard. La statistique des enfants trouvés leur fait mesurer le degré de la moralité publique. A Paris, capitale de la civilisation et des lumières, le tiers des enfants naît en dehors des prescriptions légales. Que les journaux qui songent à réformer les États de l'Église se demandent s'il en est ainsi à Rome. Quelle digue oppose-t-on à ce débordement? La loi frappe quelques crimes isolés ; elle ne les atteint pas tous ; et surtout elle n'atteint pas la cause qui les multiplie.

Les femmes souffrent particulièrement de cette dépravation ; c'est sur elles que retombe tout le fardeau de crimes dont elles sont souvent les victimes encore plus que les complices. L'enfant naturel est à la charge de sa mère ; c'est à elle à pourvoir seule à l'entretien de ce témoin de sa honte. Et quelles ressources a-t-elle ? Ainsi, la misère née de la prostitution engendre à son tour la prostitution et perpétue au sein de la société des familles innommées. Notre ancien droit offrait un appui à la femme séduite ; et l'enfant naturel était aux frais du séducteur. La justice croyait à la femme désignant le père de son enfant. Non pas que le témoignage de la femme ne fût pas sujet à contrôle. On examinait les circonstances, on interrogeait les témoins ; la justice forçait le père naturel à indemniser la mère et à entretenir l'enfant. Ce frein de la loi arrêtait beaucoup de Don Juan. N'est-il pas juste que le dommage soit réparé par qui l'a causé ? C'est un principe élémentaire de droit. La loi protége un simple intérêt matériel qui n'a aucune importance sociale, et elle laisserait sans défense un intérêt qui touche à l'ordre social tout entier ! Un enfant mal élevé, c'est le germe d'un criminel, c'est l'hôte futur des prisons : la société s'en inquiète ; elle veut connaître ses moyens moraux et matériels d'existence. C'est pour les pères et mères un devoir absolu d'élever leurs enfants ; et ce devoir est consacré par la loi. Pourquoi la famille naturelle s'y soustrairait-elle ? Le législateur ne peut rien pour arracher le père et la mère naturels à leur ignominie ; il intervient, dans la mesure du possible, en faveur de l'enfant. Si la naissance irrégulière d'un enfant ne constitue pas un délit puni par le Code pénal, elle constitue du moins un quasi-délit qui engendre des obligations naturelles. La justice exige que le dommage soit partagé comme la faute elle-même, et que le père pourvoie à l'entretien de l'enfant. L'Angleterre, qui a conservé l'ancien droit, admet les demandes en reconnaissance de paternité. Elle valide les promesses de mariage, et celui qui les a faites, n'en est pas quitte à moins de bons dommages-intérêts.

Notre légiste Toullier était partisan de cette doctrine qui,

en effet, n'est pas contredite par le texte de nos lois. La jurisprudence a suppléé au silence des lois et privé la femme du
bénéfice de la logique judiciaire. Pourquoi ce grand principe
qui oblige à la réparation du dommage a-t-il fléchi? De vieux
avocats, blanchis dans les pratiques de la Révolution, ont
tout à coup pris des airs pudibonds et déclaré pleines de
scandale les recherches de paternité. Les travaux prépara-
toires de nos codes ne présentent pas d'autre raison du privilége de l'impunité accordé au père naturel. La France d'a-
vant 1789 était couverte de scandales, et elle ne s'en doutait
pas! Et en quoi la recherche de la paternité est-elle plus
scandaleuse que celle de la maternité? D'abord, le scandale
est dans la publicité, et avant 1789, il n'y avait pas de publicité judiciaire. Au commencement de ce siècle, les idées et
les sentiments révolutionnaires étaient encore puissants, et
nous soupçonnons nos vertueux jacobins d'avoir influencé le
législateur dans un intérêt personnel. La femme a été entièrement sacrifiée ; on était revenu aux mœurs d'Athènes et
de Rome. Cette iniquité ne soulève aucune objection ; mais
le jury en a conscience, car il répugne à appliquer dans
toute sa rigueur la peine de l'infanticide. Nous le concevons parfaitement. Si la malheureuse qui a tué son enfant
avait eu quelque appui dans le père naturel, aurait-elle
franchi cette dernière limite? Cet enfant est à son complice
aussi bien qu'à elle ; mais quoi! le séducteur a pu siéger au
nombre des jurés qui l'ont condamnée. C'est une violation
flagrante du principe de l'égalité devant la loi.

Qu'ont gagné les femmes à la grande émancipation de 89?
L'expérience nous montre qu'elles ont tout à perdre à l'é-
mancipation des hommes ; sans le vouloir, elles inspirent la
plupart des réformateurs. Luther se sépare de l'Église pour
se marier avec une religieuse ; une foule de petits princes
embrassent la Réforme pour changer de femmes. Henri VIII
crée, pour son usage particulier, le divorce par la hache, et
se passe la fantaisie d'une demi-douzaine de femmes successives. Il était libre, lui ; mais ses femmes ne l'étaient guère.

Telle est la proportion que rétablit le divorce entre l'homme et la femme ; il constitue une inégalité monstrueuse. Le mariage fait cesser l'inégalité de l'homme et de la femme, en confondant leurs deux existences, en en formant un tout qui est la famille chrétienne. Briser le lien du mariage, c'est tout ôter à la femme, c'est détruire l'œuvre du christianisme. Le droit donné à la femme de quitter son mari est dérisoire. Sous l'égalité révolutionnaire se cachait l'oppression de la femme ; cette égalité n'est que l'égalité du fort et du faible, c'est-à-dire un mensonge. L'égalité n'est réelle que si la protection de la loi ajoute à ce qui manque au faible. Certes, la moralité de nos lois est en défaut, puisqu'elles déchargent de toute responsabilité le premier auteur d'une faute, en la reportant tout entière sur son complice. De là vient que la vie de l'enfant naturel est si exposée, que le chiffre des infanticides s'accroît, que l'horreur diminue pour des crimes qui, autrefois, auraient fait bondir tout cœur honnête. De là l'indulgence presque nécessaire du jury ; elle contre-balance la partialité du législateur ; elle atteste aussi que le progrès des mœurs n'est pas en raison directe du progrès démocratique.

21 décembre 1859.

V

LOI DE 1838 SUR LES ALIÉNÉS.

§ 1

L'*Univers* remarquait, il y a quelque temps, que les cas d'aliénation mentale sont plus fréquents en Angleterre qu'en France. Le *Journal des Débats*, comme s'il eût été blessé dans son patriotisme, a répondu que ce n'était pas étonnant, attendu la prodigieuse activité d'esprit des Anglais. La folie serait donc un signe de supériorité ! Nous recevons une lettre

où cette question de la folie est présentée sous un jour assez
singulier, et où l'on accuse directement la société moderne
de faire des fous. L'auteur prétend que les moyens curatifs
employés dans les maisons d'aliénés ne sont propres qu'à
augmenter la folie. Il y a sans doute là de l'exagération. Mais
l'on se demande s'il est convenable de réunir les fous, de
mettre en contact les folies si diverses et si inégales qui affli-
gent l'humanité. Quelle raison un peu faible résisterait à un
tel spectacle et à de telles relations? L'homme sain ne tarde
pas à s'y troubler. Les médecins d'aliénés finissent eux-mêmes
par contracter quelque chose de l'étrangeté de leurs malades.
Au lieu de placer les fous dans de somptueux hospices, il
serait souvent plus utile de les laisser dans leurs familles. Et
s'il est nécessaire d'élever des hospices à la folie, ne pourrait-
on les confier à des ordres religieux? Ces plaies de la folie
sont les plus douloureuses et les plus délicates; la main rude
de la science les irrite et les envenime; il appartient à la religion de les adoucir. La folie est-elle une maladie qui soit
uniquement ou principalement du ressort de la médecine?
C'est sous l'action de causes morales qu'éclate ordinairement
la folie; elle ne cède qu'à une cause morale. Les soins matériels qu'elle exige sont l'accessoire d'un traitement moral.
Un directeur d'aliénés nous disait que pendant le service
divin, il n'avait jamais remarqué d'accès de folie. Comment
nier cette influence de la religion et des cérémonies religieuses sur les maladies qui tiennent au dérangement des facultés mentales?

La loi du 30 juin 1838 sur les aliénés a pour auteurs les
philanthropes. Ils ont visité, étudié l'Angleterre; ils y ont
vu la folie et les maisons de fous florissantes, et ils songèrent
à doter la France de semblables institutions. Il en résulta une
catégorie spéciale de fonctionnaires; l'État se chargeait de
guérir la folie : attribution toute nouvelle. A cette époque,
les charlatans n'étaient occupés que du sort des prisonniers,
des forçats, etc.; ils invitaient tous les jours le public à
s'apitoyer sur la condition des coquins. On parlait même de

supprimer la peine de mort, c'est-à-dire de la réserver aux honnêtes gens condamnés et exécutés par les scélérats. Ces derniers devenaient inviolables par privilége. Les livres, les brochures, les rapports académiques, pleuvaient en faveur des bagnes. Tant de travaux ne furent pas inutiles et conduisirent leurs auteurs à une foule de sinécures créées pour la circonstance. Les sinécures sont restées, mais les réformes ont eu du déchet. C'est ainsi que l'emprisonnement cellulaire, destiné à régénérer les condamnés, ne paraît plus une invention aussi philanthropique qu'il semblait d'abord. Toutes ces réformes avaient pour but de mettre l'autorité de l'État partout, en centralisant sous sa main tous les faits de la vie privée. N'a-t-on pas demandé pour les médecins le titre et le traitement de fonctionnaires publics? Ce fut donc un coup de génie de placer la folie dans les attributions du Gouvernement ; ce nouveau service a été organisé, et il fonctionne depuis vingt ans. Le Gouvernement a pu s'égarer d'autant plus facilement qu'il ne cédait pas à ses propres lumières, mais à l'impulsion des hommes spéciaux, heureux de mettre leurs systèmes sous le patronage de l'État et d'expérimenter aux frais des contribuables. Aujourd'hui, cette fièvre d'innovations et d'améliorations est bien tombée, quoiqu'on cherche à la raviver par tous les moyens. La confiance du pays n'y est plus ; il a appris par trop de déceptions ce que valaient les promesses de la philanthropie.

Nous sommes loin de croire que la loi du 30 juin 1838 ait produit tout le mal que nous signale notre correspondant. Du moins, a cet égard, nous n'avons pas de renseignements précis. C'est seulement au point de vue du droit que nous voulons examiner un instant la loi sur les aliénés. Respecte-t-elle la liberté individuelle? Les maisons de fous sont sous la direction de l'administration ; elles relèvent du ministre de l'intérieur et des préfets. La grave question qui se présente est celle-ci: Qui a le droit de faire enfermer un fou? La liberté individuelle étant sous la protection des tribunaux, il semble que nous n'en puissions être privés que par leur ordre.

Les tribunaux sont compétents pour prendre les mesures qui modifient notre capacité civile, dans le cas de démence, de prodigalité, etc. Alors, après appréciation des faits, ils prononcent l'interdiction, nomment un conseil judiciaire. L'insensé ou le prodigue est atteint dans sa faculté de contracter. La liberté d'aller et venir est une autre faculté, encore plus précieuse que celle de contracter. Comment admettre qu'elle ne soit pas, elle aussi, sous la protection de la justice ? Dira-t-on que l'appréciation de la folie n'est pas du ressort d'un tribunal ? Nous avons vu qu'elle était de son ressort. Il n'est pas défendu au juge de consulter des médecins ; les témoignages qu'il recueille sont pour l'éclairer. Il cherche à connaître les faits dont dépend sa décision juridique. Faut-il donc faire constater officiellement la folie en plein tribunal ? Ce n'est pas nécessaire ; une instruction secrète suffirait. L'autorité des magistrats a été écartée en grande partie ; et cependant elle est la plus sûre garantie d'impartialité et de bonne foi. A l'aide d'un certificat de médecin, on pourrait disposer de la liberté d'un homme. Si ce certificat a été surpris, si le médecin a des idées particulières sur la folie, la liberté individuelle courra grand risque. L'administration est un faible recours ; le ministre de l'intérieur n'examinera pas par lui-même tous les fous, et les préfets, assurément, ne s'en occuperont pas plus que lui. Ils se remettent de ce soin à des agents qui prennent ou ne prennent pas des renseignement, en sorte que la responsabilité s'éparpille et ne demeure sur personne. Par la nature même de leurs fonctions, les préfets sont étrangers au genre de sollicitude que leur impose la loi du 30 juin 1838.

Les magistrats vivent dans de tout autres préoccupations ; ils sont habitués à voir les hommes de près, et un à un ; ils n'agissent pas sur les masses. La justice, dans son application, est nécessairement individuelle, tandis que l'administration procède par des règlements généraux. Cette seule considération devrait déterminer le choix du législateur. Le magistrat intervient dans la loi sur les aliénés, mais il n'intervient que comme délégué de l'autorité administrative. Sa part d'action est trop restreinte pour être efficace ; et même cette position secondaire ne convient nullement au caractère de la magistrature. L'article 8 de la loi de 1838 investit les directeurs de maisons d'aliénés d'une véritable juridiction sur la liberté des citoyens. Que l'entrée dans la maison ait été volontaire ou forcée, le détenu n'en est pas moins à la disposition de préposés administratifs. Il y a là une anomalie. Sans parler de connivence criminelle, ne peut-il pas arriver qu'un détenu reste contre son gré ? Qui appréciera sa résistance ? Est-ce sa famille ? Sa famille n'a pas droit sur sa liberté, et les médecins et directeurs de maisons d'aliénés ne l'ont pas davantage. C'est ce que n'a pas compris le législateur de 1838. Si les abus sont possibles, il est à craindre qu'ils soient fréquents. Par une zèle mal entendu ou de parti pris, une famille jettera un de ses membres dans une maison d'aliénés ; quelques traits de bizarrerie suffiront pour qu'un médecin *aliéniste* y donne son adhésion. Et voilà une séquestration qui n'aura d'autre limite que l'arbitraire d'un directeur de fous. Un homme est emprisonné sans formalités, sans interrogatoire, sans défense, sans publicité, sans appel ; nous voulons que la bonne foi des agents de l'administration soit entière ; sont-ils à même d'étudier attentivement chacun des sujets qui leur sont amenés ? Non, ils les reçoivent passivement, sur le vu de certificats plus ou moins sincères. Les médecins ne délivrent-ils pas quelquefois des certificats de complaisance ? Rendons à la magistrature l'autorité que lui dénie la loi de 1838, et nous rentrerons dans les principes fondamentaux de notre droit. La magistrature, qui examine si nous sommes sains d'esprit pour la validité des actes civils, doit savoir si notre état mental exige notre détention dans une maison de santé. Que son autorisation soit nécessaire pour la séquestration de l'insensé ; qu'elle seule ait pouvoir pour la maintenir. Ces garanties importent au respect de la liberté individuelle. L'affaiblissement de la foi religieuse, l'exaltation de l'orgueil, les mécomptes des révolutions, augmentent le nombre des fous. Mais le législateur, en veillant sur ces infortunés, ne doit pas oublier d'autres intérêts également confiés à sa sollicitude. Il ne lui serait pas difficile de les concilier par une sage réforme de la loi du 30 juin 1838 sur les aliénés.

19 avril 1859.

§ 2

On nous annonce qu'une pétition doit déférer au Sénat, comme inconstitutionnelle, la loi de 1838 sur les aliénés. Nous avons reproduit, sur cette question, un *Mémoire* plein d'intérêt. L'*Opinion nationale*, dans ses numéros des 19 et 28 janvier, a publié deux lettres qui rappellent les principaux arguments du *Mémoire*, et insistent formellement sur les dangers de la loi. de 1838. Une réponse d'un médecin aliéniste, qui a paru dans l'*Opinion nationale* du 28 janvier, nous a paru ne rien rectifier, et laisse subsister, à la charge de la loi sur les aliénés, les accusations portées contre elle. La médecine et le droit sont deux choses distinctes. C'est au détriment du droit que les médecins ont envahi la législation, parce qu'ils étaient animés de cet esprit humanitaire ou matérialiste sous lequel tout pliait il y a trente ans. Alors, on inventait la prison cellulaire, genre de torture raffinée et bien digne de la philanthropie du siècle. Depuis, nous avons vu la *médecine légale* préconiser le système de l'avortement en pleine Académie, malgré la loi qui punit l'avortement comme un crime. La folie, cette excuse banale des avocats de Cours d'assises, fut presque érigée en dogme et couvrit tous les crimes. Le législateur a été entraîné ; il a cru à l'infaillibilité de la médecine, et, au nom de l'humanité, il a méconnu tous les principes de notre droit et introduit dans nos institutions la plus étrange des anomalies. Sur quoi est fondée la loi de 1838? Sur l'article 8, qui permet la séquestration du malade ou prétendu tel, à la simple vue d'un certificat de médecin.

Certes, le citoyen français a assez de moyens d'être incarcéré préventivement pour qu'il ne désire pas voir MM. les médecins investis, au nom de la science, d'une faculté qui est

conférée à la magistrature au nom de la sécurité publique.
Un homme est conduit, sous un prétexte ou sous un autre,
dans une maison de santé ; et puis tout d'un coup son com-
pagnon de voyage, qui s'est procuré on ne sait comment un
certificat de médecin, s'esquive, et voilà un homme incarcéré.
Est-il si difficile de surprendre un certificat ? On dit : Il n'y a
pas de plainte. Mais la plainte est impossible ; la plainte d'un
fou est par cela même frappée de stérilité. Au surplus, les
faits ont prononcé, et de la façon la plus authentique. Notre
législation, imitée de l'Angleterre, a passé en Italie. Et trois
circonstances solennelles, à quelques mois de distance,
viennent nous révéler le danger de ces séquestrations rapides
et arbitraires. Tout récemment, un tailleur de Versailles,
retiré des affaires, a été pendant un an enfermé dans une
maison de santé sur l'ordre de sa femme, qui désirait se consacrer à l'administration exclusive des biens de son mari. Le
mari a fini par s'échapper de sa prison thérapeutique ; il en
est résulté un procès dont les détails remplissent trois colonnes
de la *Gazette des Tribunaux*. Le tribunal a déclaré que le
mari avait toujours été sain d'esprit, et lui a rendu tout ce
qu'il pouvait lui rendre de ses biens. Il n'en a pas été davantage. Tout s'était accompli légalement. Il y avait eu un certificat régulier. Le *Moniteur universel* du 16 décembre dernier
contient un fait analogue, qui a eu lieu à Londres, et qui a
excité l'indignation des journaux anglais. La feuille officielle
s'associe à cette indignation. Enfin, il y a quinze jours, la
même aventure arrivait à un marquis italien, qui était enfermé, à Milan même, dans une maison de fous, et qui, en ce
moment, intente un procès à ses incarcérateurs. Les journaux, tant italiens que français, ont rapporté ce fait. Le premier venu peut donc être interné dans une maison de fous
par le premier venu, sur le certificat du premier médecin
venu. Cette violation de la liberté individuelle est d'autant
plus dangereuse que l'erreur est plus difficile à reconnaître.
Ce n'est pas au législateur à guérir les fous, mais c'est son
devoir strict de maintenir la liberté individuelle et de ne pas

remettre les lettres de cachet aux mains des médecins alié-
nistes, quand elles ont été formellement abolies par la loi. Si
un homme a besoin d'être enfermé pour cause de folie, c'est
la famille qu'il faut consulter, c'est la magistrature qui doit
interroger le malade et veiller sur lui, pour qu'on n'abuse pas
de sa faiblesse. Ces garanties sont nécessaires ; elles sont de
droit strict, puisque nul ne peut être détenu que suivant les
formes déterminées par la loi. Le législateur s'est trompé ; il
a voulu faire de la médecine, ce qui n'est pas son métier. Et,
ce qui n'était pas dans son intention, il a sacrifié la liberté individuelle, en oubliant que c'est à l'autorité judiciaire seule
à prononcer la détention d'un citoyen.

7 février 1863.

VI

PROPRIÉTÉ LITTÉRAIRE.

§ 1

Le *Moniteur* a publié un long exposé des motifs d'un
projet de loi sur ce qu'on est convenu d'appeler la propriété
littéraire. Il eût été plus simple de ne parler que des « droits
d'auteurs, » comme l'avaient fait les lois précédentes. Mais
les gens de lettres tiennent à la propriété littéraire. Il semble
qu'en s'élevant au rang de propriétaires, ils acquièrent une
haute dignité. Ils ont donc enrôlé sous leur bannière les avocats eux-mêmes. Les gens de lettres seront désormais désignés dans leurs passe-ports sous le titre de « propriétaires
littéraires. » D'un coup de plume, la France possède cent
mille propriétaires de plus. Pourvu que ces propriétaires ne
soient pas quelque jour menacés de l'impôt ! Gare à eux, s'ils
sont imposés au *prorata* de leur génie et sur leur propre déclaration ! Les avocats ont fini par payer patente. L'homme
de lettres est-il un propriétaire d'idées ? La langue française,
menée à grandes guides à travers toutes nos révolutions, a

déjà reçu tant d'accrocs qu'elle ne se reconnaît plus. Vous *publiez* un ouvrage, donc vous le rendez *public*. Auparavant, il vous était *propre;* par un acte de volonté, vous vous en dessaisissez; vous le livrez au *public* par la *publication*. Dès ce moment, il n'est plus à vous, il est dans le domaine public. Il n'est plus en votre pouvoir de le modifier. Le livre reste à votre charge ou à votre décharge à toujours. De quoi vous prétendez-vous propriétaire? Ce que vous demandez et ce qui vous est accordé, c'est un monopole, c'est le droit exclusif d'imprimer et de vendre votre ouvrage. Ce privilége est réservé aux auteurs pendant leur vie; et après leur mort, il reste cinquante ans dans les mains de leurs héritiers. Après quoi un droit de 5 0[0 sur le prix de vente devra être payé aux héritiers par tous ceux qui auraient la fantaisie d'éditer l'ouvrage. Tel est le projet de loi. Voilà une propriété qui prend fin d'une façon singulière.

Il a été question de rendre les droits d'auteurs aux héritiers des grands hommes; par un effet rétroactif, les livres tombés dans le domaine public seraient rentrés dans la possession des héritiers des auteurs morts depuis le commencement du monde. L'exposé des motifs nous apprend que ce système a été chaleureusement soutenu; la majorité de la commission n'a pas osé aller jusque-là. Le public ne sera pas exproprié. Le législateur s'efforce de constituer des rentes aux gens de lettres, et il tire à vue sur le public. Il a des littérateurs de notre temps une excellente opinion, et il compte que leur génie brillera éternellement. Quelle époque fut plus fertile en lois de toute sorte pour favoriser les gens de lettres? Les traités diplomatiques sont remplis de dispositions qui garantissent leurs intérêts. Les économistes ont rangé les littérateurs, les poëtes, les musiciens, etc., dans le classe des producteurs. Maintenant, les traités de commerce n'autorisent la circulation de la pensée qu'en déterminant les droits qu'elle percevra dans chaque État. C'est un peu le contraire du libre-échange. La douane intellectuelle remplace les anciennes lignes de douane. Les gens de lettres ayant admirablement soutenu les économistes dans la croisade libre-échangiste, il était naturel qu'ils en fussent récompensés par un privilége douanier. Les œuvres de l'intelligence ne circuleront qu'après avoir acquitté un droit à chaque frontière, puisque la loi moderne réserve à l'auteur seul le droit de traduire ses ouvrages. Combien de livres qui auraient été traduits et qui ne le seront pas, parce qu'il faudra la permission de l'auteur ou de ses héritiers! D'ailleurs, les droits des auteurs sont mal calculés dans le projet de loi. Le projet de loi ne concerne que les hommes de talent dont les ouvrages doivent vivre plus d'un demi-siècle. Eh bien! l'écueil de l'homme de talent, c'est précisément qu'il peut disposer de son droit d'une manière absolue : quand il est jeune, pauvre et qu'il s'ignore lui-même, il rencontre une habile éditeur qui lui achète son œuvre à perpétuité pour un prix modique. M. Thiers a vendu 20,000 fr. son *Histoire de la Révolution*, qui a rapporté un million à l'éditeur. On voit que la valeur marchande n'a rien de commun avec la valeur littéraire. Ce qu'il fallait, c'était garantir l'auteur contre son propre entraînement, en lui donnant un droit de rachat. Au fond, la loi n'envisage l'auteur que comme un commerçant, mais il ne mérite

Ni cet excès d'honneur, ni cette indignité.

C'est le plus mauvais commerçant et le plus facile à tromper. Et cela est si vrai que le législateur veut empêcher les éditeurs de s'enrichir aux dépens des auteurs. Dans sa pensée, l'utilité de la vente doit surtout être réservée à l'auteur. Mais ce but n'est nullement atteint par le projet de loi, qui jette de grands mots en l'air et entoure seulement le front des auteurs d'une auréole de propriétaires. Propriétaires littéraires! propriétaires pour rire!

16 avril 1863.

§ 2

Le projet de loi sur les ouvrages de littérature et d'art n'atteint pas son but, parce qu'il est conçu dans une forme vague, générale, étrangère à la situation spéciale des gens de lettres. Que restera-t-il des ouvrages un demi-siècle après la mort des auteurs ? L'auteur ne sera presque jamais l'éditeur de ses propres ouvrages ; c'est un droit qu'il déléguera ou vendra. L'auteur et l'éditeur sont donc en concurrence pour le partage des bénéfices. La perspective de l'immortalité est tout à l'avantage de l'éditeur, qui, lui, a des capitaux. L'auteur hésitera rarement devant une offre séduisante. On parle d'une façon légèrement ridicule de cette propriété littéraire, la plus personnelle, la plus sainte, la plus inviolable de toutes les propriétés ! Et cependant l'auteur pourra s'en dépouiller avant même l'âge de sa majorité. Y a-t-on bien réfléchi ? Un jeune homme de grand talent fait une mauvaise action, un livre immoral. Il lui est acheté et payé cher. Et puis, au bout de quelques années, le jeune homme, éclairé par l'expérience, regrette le livre qu'il a publié ; il déplore amèrement le mal dont il est chaque jour la cause et le complice. Il voudrait retirer son livre de la circulation. Mais c'est impossible, la célébrité même de l'auteur en active la propagation ; l'éditeur ne lâchera pas sa proie. Il ne permettra même pas à l'auteur de modifier, de corriger son livre ; et du vivant de l'auteur et malgré lui, et éternellement, ce livre corrompra les intelligences. En pénétrant dans la profondeur du droit, ne devons-nous pas demander si l'homme peut ainsi livrer sa pensée, sa conscience, sa personnalité ? N'est-il pas enchaîné, n'est-il pas devenu esclave, le jour où il a renoncé à tout droit sur sa propre pensée ? Un livre n'est-il donc qu'une marchandise ? S'il en est ainsi, c'est la plus triste et la plus misérable des marchandises, la moins digne de la protection du législateur. Et les écrivains feraient mieux de chercher quelque honnête métier pour vivre, que de s'adonner à l'industrie littéraire. La question d'honneur et de moralité subsiste ; elle est inhérente au sujet ; elle tient à l'essence même du droit qu'exerce l'homme en publiant sa pensée, et le législateur et les tribunaux sont obligés d'en tenir compte.

Nous osons émettre cette opinion, que l'homme ne peut porter atteinte à sa liberté, et que la condition par laquelle il s'interdit de corriger son œuvre, et déclare en accepter perpétuellement la responsabilité, est immorale, contraire aux principes mêmes du droit civil. Nous en tirons cette conclusion que l'auteur ne doit vendre qu'une édition. Il sait alors ce qu'il fait ; il connaît le degré de publicité qui accueillera ou pourra accueillir son œuvre ; il encourt une responsabilité prévue. Si plus tard il est toujours dans les mêmes idées, il publiera une seconde, une troisième édition. Son livre, c'est lui ; sa conscience et sa volonté ne risquent pas d'être froissées, puisqu'elles acquiescent à chaque renouvellement de publicité. La loi nous défend d'aliéner nos services pour la vie : elle ne reconnaît pas un tel contrat. L'esprit du droit civil ne repousse pas seulement l'atteinte à la liberté ; il repousse l'atteinte à la conscience. Un avocat ne pourrait valablement s'engager à plaider tous les procès de son client ; pourquoi ? C'est qu'il ne peut lier sa conscience. Il ne faut pas que l'écrivain soit attaché, malgré lui, à une œuvre qu'il repousse ; il faut que tous les moyens lui soient laissés pour réparer autant que possible le mal qu'il a causé. Il ne le réparera pas complétement. Mais si son honneur lui ordonne d'arrêter la divulgation d'une doctrine dangereuse, il ne peut s'ôter le droit de se refuser à une nouvelle édition. C'est une question de conscience ; et il n'a pas le droit d'engager pour un avenir indéfini sa conscience et sa liberté. Ces principes seuls sont conformes aux données les plus exactes du droit, à l'intérêt des écrivains, à la dignité des lettres.

17 avril 1863.

§ 3

Les gens de lettres sont dans une singulière illusion s'ils s'imaginent tirer grand profit de leur élévation au titre de commerçants. Ils n'y gagneront rien ; ils y perdront même la considération qui leur est accordée par la société moderne. S'ils se prétendent commerçants, qu'ils payent d'abord pa-

tente, qu'ils siégent au Tribunal de commerce. M. Alphonse
Karr a dit : « La propriété littéraire est une propriété. » Et
là-dessus tous les journaux se sont extasiés. On pourrait
aussi dire : La propriété qu'a l'aimant d'attirer le fer est une
propriété. M. Proudhon vilipende dans une brochure nouvelle les gens de lettres et la propriété littéraire. Pourquoi
intitule-t-il son volume : *Les Majorats littéraires ?* Qu'a de
commun le projet de loi avec le principe des majorats ? M.
Proudhon n'est pas seulement hostile aux majorats, il l'est à
la propriété elle-même, et quoiqu'il déclare par hypothèse
vouloir, en cette circonstance, respecter la propriété foncière,
son argumentation en est affaiblie. Il défend vivement la
dignité des lettres et ne ménage pas le charlatanisme littéraire de notre époque, ce qui lui met à dos une bonne portion de la démocratie. Nous vivons au milieu d'une grande
perturbation d'idées. C'est au moment où la propriété foncière
est à peine reconnue par les gens de lettres, qu'on crie le plus
en faveur de la propriété littéraire. Les gens de lettres ont-ils
défendu le droit de propriété, l'autorité paternelle, les principes sociaux ? Ils les ont constamment niés ou bafoués. Et,
maintenant, ils se posent en gens utiles et producteurs d'utilité ; ils veulent que leurs œuvres soient portées au compte
de la richesse nationale. Quel intérêt ont-ils à soutenir une
pareille doctrine ? Le bon sens public leur répond que s'ils
débitent de la marchandise, c'est la plus inutile qui soit au
monde. Est-ce que les peuples ont besoin de romans, de
tragédies, de comédies, etc. ? Le moindre laboureur ou artisan produit plus de richesse que n'importe quel illustre
écrivain.

Si l'écrivain ne s'élève pas au-dessus de la question d'utilité,
il tombe au-dessous. Personne ne trouve mauvais que les auteurs aient le monopole de leurs œuvres ; mais ce monopole,
ils ne l'ont pas naturellement, ils le tiennent des lois. Il y a
longtemps qu'on écrit, et c'est seulement depuis un siècle et
demi qu'on s'aperçoit que les auteurs peuvent tirer un bénéfice de leurs ouvrages. Ce qu'ils demandent à l'État, et ce

que l'État leur accorde, c'est un brevet d'invention. Écartez
le voile de l'amour-propre, et vous ne trouverez sous la prétendue propriété littéraire qu'un brevet d'invention. L'auteur
réclame le droit d'exploiter son livre en le multipliant par
la voie de l'impression, de la même façon que l'inventeur
d'une machine à tisser réclame le droit exclusif de vendre sa
machine. Il est impossible de rencontrer aucune différence
dans ces deux faits. C'est donc dans la législation relative aux
brevets d'invention qu'il fallait chercher les antécédents et les
analogies des droits à conférer aux auteurs. Or, si l'humanité
avait appliqué la loi des brevets d'invention, elle n'aurait
jamais pu marcher. Se figure-t-on quelqu'un ayant le monopole de la charrue? Leibniz est-il le propriétaire du calcul
infinitésimal! devra-t-il percevoir une taxe sur quiconque
emploiera ce calcul? Pour que l'inventeur se déclare propriétaire exclusif, il faut qu'il démontre qu'aucun homme
n'eût pu découvrir la même chose! Qu'il s'adresse à la générosité publique, il n'a pas de droit à exercer. L'appropriation
d'une idée est un contre-sens. C'est à la puissance publique à
déterminer la part que mérite l'inventeur. Cette part est
limitée par la liberté naturelle des autres hommes. Le législateur français a fait pour les inventeurs et auteurs plus
que n'exigeait l'intérêt général. Les lois ne doivent pas avoir
pour objet trois ou quatre individualités; et ce ne seront pas
même des individualités littéraires; quelques grosses maisons
de librairie sont seules en mesure de profiter des dispositions
du projet de loi. C'est toute ce que gagnera la société à cette
confusion de la littérature et du trafic. Quant à la république
des lettres, elle sera désormais présidée par Mercure, et non
plus par Apollon (vieux style).

20 avril 1863.

VII

L'HYPOTHÈQUE.

L'hypothèque occupe une grande place dans notre législation et dans notre vie civile. Elle alimente la moitié des procès. Presque tous les citoyens français sont légalement hypothéqués, en qualité de maris, de tuteurs, de comptables. On porte à 14 milliards le chiffre des hypothèques conventionnelles. Ainsi, toutes les fortunes sont obérées, tous les intérêts sont sous le coup d'une prochaine dissolution. Cette instabilité de l'ordre civil réagit sur l'agriculture, sur l'industrie, sur le commerce ; elle arrête les entreprises à long terme. Le développement de notre système hypothécaire date de la Révolution. Comme il attaque la propriété, il était naturel qu'il devînt une arme de guerre entre les mains des démolisseurs. Déjà, sous l'ancienne monarchie, les légistes avaient préparé les voies ; leur ardeur à affaiblir l'influence de la propriété les rattachait à la cause des créanciers. L'ancienne économie sociale était fondée sur la conservation des patrimoines ; la nouvelle, tendant à leur destruction, s'appuie sur l'usure et sur le crédit ; elle favorise les contrats qui dissipent les fortunes. L'hypothèque est un droit réel sur l'immeuble ; elle scinde et diminue le droit de propriété en attendant qu'elle l'efface. Avant la Révolution, le secret de l'hypothèque entravait les prêts, car un créancier n'était jamais sûr de venir en rang utile ; il craignait d'être primé par un créancier antérieur. Ce n'était le compte ni des financiers, ni des légistes. Daguesseau, dans un *Mémoire* contre le projet d'établissement de conservateurs des hypothèques, s'exprime ainsi : « On a toujours cru que rien n'était plus contraire au bien et à l'avantage de toutes les familles, que de faire trop connaître l'état et la situation de la fortune des particuliers. » Il ne se dissimulait pas le péril des créanciers

exposés à la mauvaise foi de leurs débiteurs, car il ajoutait :
« Il y a des maux qu'il faut laisser dans l'ordre politique
comme dans l'ordre naturel, parce que les remèdes seraient
plus fâcheux que les maux mêmes : c'est aux particuliers à
connaître ceux avec qui ils traitent, et à prendre des sûretés
nécessaires pour n'être pas trompés dans les engagements
qu'ils contractent : c'est porter trop loin la prévoyance de la
loi que de vouloir qu'elle prévienne tous les inconvenients
particuliers... Il n'y a que les usuriers qui pourront profiter
de cette nouvelle loi. » L'avenir a réalisé ces craintes ; et
certainement ce n'est pas aux propriétaires qu'a profité l'extension de l'hypothèque, puisque la plus pauvre agriculture,
qui est la nôtre, est aussi la plus hypothéquée.

En droit romain, et sous notre ancienne législation, l'hypothèque était occulte ; elle l'est encore en Angleterre. Et
cependant l'Angleterre est le pays du commerce et de l'industrie. C'est là que l'immobilisation du sol est une réalité.
L'agriculture y a son règne à part ; elle se soutient par elle-
même, donnant la vie à l'industrie et au commerce. Elle est
éminemment protégée. Qu'est-ce que le droit de substitution, sinon le bouclier le plus énergique donné à la propriété
foncière pour repousser l'hypothèque et le morcellement ?
C'est à l'agriculture à offrir le crédit, et non à le recevoir,
car elle produit la richesse. En France, les promoteurs de
crédit envisagent la question sous un autre point de vue ; ils
ne songent qu'aux bénéfices du capitaliste ; et pour eux,
la propriété foncière est une mine inépuisable livrée aux
hommes de loi, au fisc et aux capitalistes. C'est en effet de
ce côté que va son plus clair revenu. L'hypothèque, comme
l'usure, a pris son essor en 1789, et elle atteignit du premier
coup son apogée par les lois révolutionnaires. La loi du
9 messidor an III mobilisait le sol ; en prenant hypothèque
sur lui-même, chaque propriétaire découpait sa propriété en
simples titres transmissibles par la voie de l'endossement. On
fut obligé de revenir à des principes moins subversifs. Mais
la tendance a persisté, et des lois récentes ont singulièrement

abrégé les difficultés de l'expropriation. S'il y a des plaintes, elles sont suscitées par les embarras qu'éprouvent les créanciers à rentrer dans leurs fonds. L'idéal poursuivi, et qui sera bientôt réalisé, c'est une foudroyante exécution des engagements. L'hypothèque prépare la mobilisation du sol, car elle affaiblit le droit de propriété et le menace dans un avenir prochain. Les révolutions exécutent ces menaces, en jetant le discrédit sur la propriété foncière. Alors elle baisse de valeur et elle est cédée à vil prix.

Ces secousses violentes ne frappent pas seulement le revenu, le bien-être du propriétaire, c'est la propriété même qu'elles anéantissent. Le sol français est perpétuellement à vendre, et par conséquent soumis à toutes les fluctuations. Qui ne se rappelle les crises que les années 1830 et 1848 ont infligées à la propriété foncière ? C'est que le sol répond de tous les engagements. Bigot Préameneu disait, dans la discussion du titre des hypothèques au Conseil d'État : Il n'est presque aucune affaire, aucun événement de famille qui ne soit l'occasion d'une hypothèque. Le sol ne se libérera donc jamais ; il subira, sans paix ni trève, une incessante instabilité. Dévoré par l'hypothèque, qui, suivant le terme des légistes, *ejus ossibus adhæret ut lepra cuti*, il n'offre aucune consistance ; par les mille révolutions qui s'accomplissent à sa surface et dont les résultats sont consignés au bureau des hypothèques, il reflète toutes les dissensions des familles. Et au lieu d'être la base solide des institutions, il est un nouvel élément d'agitation. Telle est la conséquence que nous révèle l'application de notre système hypothécaire. Il serait instructif d'étudier les charges de la propriété foncière chez les différents peuples. On mesurerait par là le degré de stabilité sociale où ils sont parvenus. L'hypothèque est la grande servitude de la propriété française. Et c'est en 1789 que le sol a été, dit-on, affranchi ! C'est alors qu'a commencé son véritable asservissement, puisqu'il a été livré sans défense à toutes les entreprises du crédit et de l'usure. La publicité de l'hypothèque a été la première victoire remportée sur la propriété foncière. Déjà, en 1673, un édit conçu par Colbert établissait la publicité, mais il fut retiré l'année suivante, tant les mœurs y étaient encore mal préparées ! Il a fallu plus de deux siècles pour arriver à l'hypothèque sur soi-même et à la mobilisation du sol.

En France, nous sommes partis de ce principe, que le sol étant dans le commerce, il fallait détruire toute entrave à sa rapide circulation et nous rapprocher, autant que possible, de la mobilisation. L'Angleterre, obéissant à un autre instinct, tendait alors de toutes ses forces à la consolidation de la propriété foncière. Elle avait accompli sa tâche quand la Révolution française mit les deux systèmes aux prises. L'Angleterre lutta moins avec ses armées qu'avec ses richesses. Ce fut le fruit de sa politique intérieure et du développement qu'elle avait donné à son agriculture. Là où l'hypothèque est occulte, il est certain qu'elle n'est pas considérable. Comment les propriétaires anglais, si supérieurs aux autres classes de la population, seraient-ils à la discrétion des capitalistes? Ils ne connaissent donc pas cette source intarisssable d'embarras et de procès dans laquelle le propriétaire français s'enfonce de jour en jour davantage. Ainsi, le régime hypothécaire a grandi avec l'influence des légistes en France, et l'Angleterre n'y échappe que parce qu'elle a secoué depuis des siècles cette même influence. L'hypothèque s'ajoute au morcellement et elle l'aggrave; elle est un morcellement juridique aussi désastreux que l'autre, car elle porte sur l'ensemble de la propriété individuelle et la paralyse dans sa totalité. Le vrai maître de la terre, c'est le créancier hypothécaire; c'est pour lui que travaille le propriétaire nominal ; sa créance est assurée, il n'a ni perte à redouter ni impôts à payer. Et en temps de crise, il a toutes les chances de s'emparer de la terre à vil prix. Cette servitude du sol, cette instabilité du droit de propriété est le grand obstacle de notre agriculture. Le changement de propriétaires, leur pauvreté, la fréquence des liquidations par suite de mauvaises affaires ou de décès, ne permettent aucun plan général de culture et éloignent à tout

jamais la pensée d'améliorations sérieuses. Si le législateur a
voulu annihiler le propriétaire, il y est parvenu au delà de
tous ses désirs. Remarquons cependant qu'il en doit être
ainsi. Le système est lié dans toutes ses parties. L'enchevêtrement de droits et d'intérêts que provoque notre régime
hypothécaire est une des causes qui empêchent les familles
de s'affermir; il produit ou envenime des dissensions qui
vont se dénouer dans des arbitrages forcés ou devant les tribunaux. Et notre organisation judiciaire, plus développée que
celle d'aucun peuple, est une conséquence naturelle de cette
situation.

L'argument qu'on fait valoir en faveur de l'hypothèque,
c'est qu'elle porte le numéraire au secours de l'agriculture et
des spéculations civiles. Mais où sont les propriétés que d'heureux emprunts auraient améliorées? Non, on emprunte pour
payer des droits de mutation, ou parce qu'on est obéré. Les
emprunts, comme les expropriations, sont toujours forcés.
Les terres ne restent pas assez longtemps dans les mêmes
mains pour qu'il y ait intérêt à les améliorer; les familles ne
jouiraient pas du fruit de leurs peines, et la valeur vénale de
la terre n'en serait pas sensiblement augmentée. Quant aux
spéculations industrielles, elles ne sont pas du ressort des
propriétaires fonciers, ou s'ils s'en mêlent, c'est à leur très-
grand détriment. C'est la misère du propriétaire qui engendre
l'hypothèque. Ajoutez-y les partages de famille; car l'hypothèque est la garantie universelle. La terre cautionne tous les
engagements; elle semble ne pas avoir d'existence propre et
principale; elle est l'accessoire des transactions. Sur elle
pèsent toutes les charges de l'ordre social. C'est la même
situation que sous l'Empire romain. Les possesseurs obérés
n'ont pas soutenu l'Empire et l'ont laissé avec indifférence
s'écrouler. Dans nos crises sociales, nous nous sommes quelquefois réjouis de ce que le socialisme se brisait contre l'immensité des intérêts qui se rattachent au sol. Il y a certes là
un élément conservateur. Mais l'expérience a montré que les
propriétaires obérés n'étaient pas les agents les moins actifs

des troubles publics. Au surplus, un temps d'arrêt se manifeste dans les placements hypothécaires ; il y a tant d'autres
moyens de mieux placer son argent ! Cette ressource de l'emprunt, qui ne devait jamais manquer à la propriété foncière,
lui manque aujourd'hui, et, par contre, elle a baissé au
moins d'un quart de son prix. Un pareil fait est sans importance là où les biens, vrais patrimoines, sont incorporés aux
familles et ne sont pas à vendre. Mais en France, où le sol
est perpétuellement en vente, c'est une perte sèche pour le
propriétaire. Nos lois civiles reposent sur ce principe que le
contrat de vente est le beau idéal de l'ordre social. Plus il y a
de ventes, plus il y a de droits d'enregistrement, plus il
y a de commerce. Et l'on sait que les hommes d'État de ce
temps-ci professent pour le commerce un culte qui touche
à l'idolâtrie.

Nos Codes sont rédigés pour offrir toutes les garanties possibles à la vente ; ils supposent que la destination naturelle
de chaque parcelle de terre est d'être vendue. De là un luxe
inouï de précautions. La garantie hypothécaire atteint à
chaque instant ce résultat. D'autres peuples ont considéré
que la consolidation de la propriété foncière importait aux
familles. Excepté en France, cette idée est partout prédomi-
nante ; elle a régné chez nous jusqu'en 1789. Alors le système de la législation avait pour but d'assurer la transmission
héréditaire des biens. Le fisc n'était pas la raison suprême
des choses. La mobilisation du sol est en rapport avec notre
individualisme actuel. Et cependant le Code hypothécaire a
été trouvé trop conservateur ! Les légistes qui l'avaient autrefois défendu se sont laissé entamer par les économistes et
ont cru que réellement il n'était plus au niveau de la science.
La science économique, que M. Dupin se vantait d'ignorer, a
envahi le barreau et la jurisprudence ; les légistes y ont perdu
le peu de qualités solides qu'ils tenaient de leur ancienne
éducation, et ont abandonné les meilleurs principes de leur
art pour suivre les lueurs incertaines d'une prétendue science
qui n'a jamais été qu'un habile charlatanisme. Ce n'est pas

notre régime hypothécaire qui gêne le commerce et l'industrie, et ce n'est pas l'anéantissement de la propriété foncière
qui donnera l'essor à nos capitaux. La consolidation et non
la mobilisation du sol offre seule au commerce et à l'industrie un point d'appui inébranlable. La société se divise en
débiteurs et en créanciers, et on ne peut multiplier les uns
sans les autres. Ce qui était l'exception est devenu la règle ;
tous les individus sont dans les liens de la dette et de l'hypothèque. Les créanciers sont aussi nombreux que les débiteurs : or, au point de vue économique, les créanciers forment
assurément une classe improductive, et ils paralysent la production. Ce serait un beau problème à résoudre, que celui
de diminuer les dettes dans une nation, en liquidant et en
consolidant les intérêts. Les hommes d'État seront amenés à
l'étudier de près, afin de mettre un terme à l'instabilité des
intérêts privés. On ne songera plus à réformer dans un sens
socialiste notre code hypothécaire. Nous voyons se renouveler sous le nom de warrant foncier le système de la loi du
9 messidor an III ; c'est une vieille nouveauté, et il suffit de
la constater pour lui ôter tout son danger. Ce n'est pas à l'aide
de l'hypothèque que l'on remédiera aux maux causés par
l'hypothèque.

A l'idée d'hypothèque se rattache par un lien étroit l'idée
de crédit. Les gouvernements ont voulu suivre l'exemple des
propriétaires et engager l'avenir. Ils ont hypothéqué la fortune publique, obéissant d'abord à de tristes nécessités, se
laissant aller plus tard au désir d'innover. Les prétextes ne
manquent jamais. On a donc beaucoup dépensé pour les générations futures ; mais en réalité le plaisir était pour la
génération dépensière : la postérité n'y participe que par le
payement des rentes qui lui ont été léguées. Il semble que
nos vices ne nous aient pas offert un moyen assez facile de
nous ruiner, il nous a fallu procéder à notre ruine avec pré-
méditation et en vue de nous enrichir. La dette des États
est plus visible que celle des particuliers, et elle tend à s'accroître sans cesse. C'est par les crises financières que com-

mencent les révolutions. Comment ne pas craindre que le système persistant des emprunts ne finisse par arrêter la marche des États modernes? Le propriétaire qui hypothèque son champ diminue sa propriété; l'État qui s'endette diminue sa puissance : deux effets identiques provenant d'une seule et même cause; pour l'individu, comme pour la nation, c'est manger son capital. L'ancien droit public, qui interdisait le prêt à intérêt, empêchait les États d'emprunter à rentes perpétuelles. Évidemment, dans ce cas, le titre juridique du rentier repose sur la productivité prétendue de l'argent. Or, l'argent est stérile par lui-même, et il ne donne lieu à un bénéfice, à un intérêt, que par un emploi productif. Et malheureusement les emprunts publics sont, en général, destinés à des dépenses improductives, quoique souvent nécessaires. La doctrine théologique sur le crédit avait donc pour conséquence de sauvegarder le patrimoine des familles et des États, en laissant intactes les ressources qu'une génération devait transmettre à une autre. Ce caractère de substitution affranchissait la propriété, qui, toujours maîtresse d'elle-même, communiquait sa force à l'État; et l'État n'était pas agité de révolutions périodiques. L'accroissement des dettes publiques crée de graves dangers, s'il n'est pas suivi d'un excédant de production. Mais les États vivent malgré les secousses financières, parce qu'ils ne sont jamais à la merci de leurs créanciers. Il n'en est pas de même des familles. Avant 89, la noblesse était hypothéquée et à moitié gagnée aux innovations. Une bourgeoisie nouvelle s'élève sur ses ruines. Presque entièrement expropriée, elle ne subsiste aujourd'hui que pour mémoire et n'a plus que les fonctions publiques pour se sustenter. Est-ce assez? Non; le cultivateur lui-même est attaqué; ses parcelles hypothéquées lui deviennent onéreuses, et il songe à s'expatrier. Ainsi la question hypothécaire, impliquant la question du crédit, est de la plus haute importance pour les États; elle affecte tous les intérêts, tant publics que privés; elle touche à la paix intérieure et à la richesse nationale. Mais l'hypothèque n'est qu'un effet, et elle ne disparaîtra qu'à mesure que nous entrerons dans un système de consolidation de la propriété foncière.

8 juin 1859.

VIII

LA PRESCRIPTION.

Après avoir abordé la question des hypothèques dans ses rapports avec la politique et l'ordre social, nous nous arrêterons sur la prescription, sujet éminemment philosophique et qui embrasse les plus vastes perspectives du droit.

La prescription joue un grand rôle dans les choses humaines. Le temps n'est rien par lui-même ; simple conception de l'esprit, il n'a pas d'existence réelle. Et cependant il agit puissamment ; il détruit ou il fortifie les mœurs, les lois, les institutions. Le droit s'empare de ce fait et le consacre. Où en serait-on si la revendication était éternelle ? Mais, qu'on le remarque bien, ce n'est pas le temps qui opère par sa vertu propre, car la prescription peut être interrompue. C'est la possession paisible qui transforme le fait en droit. Ainsi le droit se perd par une présomption d'abandon ; et, d'un autre côté, celui qui en use sans trouble en devient, aux yeux du public, le représentant. Cette commune renommée est une véritable sanction du droit. La possession est un élément d'ordre et de durée. Le droit et le fait se marient dans l'harmonie sociale. La prescription légitime les intérêts, en effaçant peu à peu les vices qui les ont souillés à l'origine. La paix publique ne s'obtient qu'à ce prix : elle réside dans la stabilité des droits et des intérêts. Asseoir la vie civile sur des bases fixes, c'est, en définitive, affermir l'État et en assurer la durée. Certes, le droit est absolu ; mais l'application du droit varie ; elle rencontre des obstacles qu'elle est souvent obligée de tourner. En s'accomplissant dans des conditions déterminées, la prescription est une image aussi complète que possible du droit ; elle en a tous les caractères extérieurs. N'est-ce pas la coutume qui établit d'abord tous les droits et régularise toutes les situations? Elle a régi le monde pendant de longs siècles. Ce n'est que d'hier, en France seulement et dans les petits pays qui suivent notre exemple, qu'elle a été remplacée par des lois écrites et législativement promulguées. Nos lois respectent le principe de la prescription ; elles lui donnent la place qui lui est due, et cette partie de nos Codes échappe à de graves reproches.

Mais la prescription civile n'est qu'une partie détachée d'un plus vaste ensemble. Autrefois toutes les relations sociales étaient fondées sur la coutume. On ne connaissait ni ordonnances ni lois écrites; le droit n'était que la conscience publique exprimée par l'usage, par l'habitude. Aussi les peuples étaient fiers de leurs coutumes ; c'est par là qu'ils restaient identiques à eux-mêmes au milieu de toutes les vicissitudes. La stabilité sociale a disparu depuis que l'homme s'est proclamé législateur. Les anciens avaient remarqué que le grand nombre de lois est un signe de décadence : *Plurimæ leges, pessima respublica.* Les lois remplacent les mœurs; elles substituent au frein intérieur de la conscience une répression extérieure. Leur multiplicité est donc un signe de décadence. A quelle époque a été compulsé l'immense amas des lois romaines? Au vi[e] siècle, sous Justinien, en plein Bas-Empire. Quand la conscience publique ne se soutient plus par elle-même, elle a besoin que le Gouvernement lui vienne en aide par des textes et des décrets. Si les hommes ne puisent pas la raison de leurs actes dans une lumière intérieure qui leur est commune, il est nécessaire qu'ils soient avertis du dehors. L'idée de la codification germe en France au xve siècle. On commence à rédiger les coutumes par voie d'autorité. Puis viennent les ordonnances de nos rois, qui substituent aux coutumes une justice abstraite, absolue. De toutes parts on se mit à perfectionner la législation, comme si la législation était une œuvre d'art, un système d'enseignement. Notre

Bulletin des Lois, qui a plus de deux cents volumes, date de la Révolution. Depuis lors, nous avons eu des assemblées spécialement chargées de faire des lois, c'est-à-dire de décider le bien et le mal, le juste et l'injuste. Et les peuples, au milieu de tant d'instabilité législative, ont pu croire que le droit était une utopie et un vain mot.

L'usage est le maître le plus honorable, puisqu'il s'impose à nous avec l'assentiment des générations qui nous ont précédés. De quel droit le répudier? Sommes-nous plus habiles que nos pères? Les mœurs publiques sont constituées par la force et la durée des usages moraux; elles déclinent sous l'invasion législative et finissent par disparaître. N'est-ce pas ce qui arrive en France, où il n'y a pas de classe, de famille, qui ait sa tradition fixe? Au nom de l'idée philosophique, l'ordre social est perpétuellement remanié depuis le xvi° siècle. Alors le droit romain a supplanté les coutumes. Pour Doneau, Cujas, Duaren, Hotmann, Denis Godefroid, Dumoulin, tous protestants, sans compter la multitude des autres, le droit romain était devenu une théorie applicable à tous les faits particuliers. Ainsi le droit romain, considéré comme raison écrite, comme loi philosophique, prenait le pas sur la coutume nationale, et introduisait dans la société un dissolvant d'une incalculable portée. Le droit romain faisait la fortune des légistes qui conduisaient la réaction contre la vieille France, et inspiraient les ordonnances si vantées de nos rois. Les parlements absorbèrent peu à peu toutes les justices indépendantes, retirant aux citoyens le droit de se juger librement. Le roi est tout, dit Dumoulin. *In eo omnes thesauri dignitatum reconditi sunt et ab eo veluti a fonte omnes juridictiones procedunt sicut omnia flumina per meatus terræ fluunt et ad mare refluunt.* C'est là, en effet, le principe romain ou byzantin. Mais comment et en vertu de quelle autorité s'appliquait-il à la France? Loyseau va nous l'expliquer : « Cognoissant que les Romains ont été les plus braves politiques et les plus grands justiciers de toute la terre, nous avons, en France, reçu leurs lois pour droit commun. »

(*Traité du Déguerpissement.*) Et à quelle époque avons-nous reçu ces lois romaines? Il est singulier qu'il ait suffi d'une simple fiction pour bouleverser notre droit national. C'est ainsi qu'à Rome le pouvoir des empereurs était fondé sur une prétendue loi *Regia*, qui n'a jamais eu d'existence que dans la fertile imagination des légistes. Il fallait à ce pouvoir un fondement juridique, et l'on a supposé que le peuple romain avait transporté sa souveraineté au prince par la loi *Regia*. On voit que les légistes ne se gênent pas avec l'espèce humaine.

Deux écoles de jurisprudence se sont formées en Allemagne, et ont jeté quelque éclat dans le premier quart de ce siècle : l'école historique, à la tête de laquelle s'est placé M. de Savigny, et l'école philosophique, qui eut pour principal champion M. Thibaut. La première professait que le droit, végétation nationale, échappait à l'influence du législateur; la seconde, au contraire, inclinait à la codification. Ce qu'on ne sait pas assez, c'est que la doctrine du droit historique a été présentée dans toute sa force par Joseph de Maistre dans son *principe générateur* des sociétés politiques. Telle qu'elle a été reprise par M. de Savigny, cette doctrine revêt une teinte de fatalisme. On se demande si, en dehors de l'usage, il y a un droit absolu, des rapports nécessaires entre les actes humains et les notions de vérité morale et de justice. Catholique avant tout, Joseph de Maistre soumettait la coutume à la conscience chrétienne et à l'autorité divine, dont relève cette conscience. La coutume est l'expression même du sentiment du juste, tel qu'il vit et se développe chez un peuple. Il serait absurde de la croire arbitraire. N'étant pas née de conventions factices ou de délibérations passionnées, elle reflète la pensée commune et le fond d'idées déposées dans la conscience générale par l'éducation religieuse. Aussi les lois et les institutions ont-elles intérêt à rester écrites ès cœurs des peuples.

La possession longue et paisible renferme en soi une force de consolidation, une vraisemblance incontestable; c'est la chose jugée, *pro veritate habetur*. La prescription n'exerce pas seulement son empire en droit civil; elle étend son ombre protectrice sur les institutions politiques et sur les races royales. Qu'est-ce que la légitimité, sinon l'idée même de prescription appliquée aux trônes et aux dynasties? Le temps a donc cette puissance de créer des droits, d'éteindre des obligations. Et le temps n'est rien par lui-même. Ce n'est qu'une abstraction de l'esprit, la succession des existences. Mais nous l'avons vu, ce qui agit dans la prescription, ce n'est pas la durée brutale, c'est l'élément humain; et cette partie du droit qui se détermine par les volontés et les sentiments des hommes en est nécessairement influencée. Si vous avez laissé péricliter votre droit, n'est-ce pas un abandon tacite, dont la société ou les tiers sont autorisés à prendre acte? La société est une action, non une théorie. Et les droits qui dorment risquent de perdre leur utilité sociale et ne sont bientôt plus en harmonie avec le courant des choses. Ils se trouvent en désaccord avec les faits et les prétentions qui ont pu naître de leur abandon présumé. La bonne foi, la commune renommée, ont aussi leur place dans l'appréciation du droit. On sent quelle perturbation jetterait dans la société le subit anéantissement de droits et d'intérêts fondés depuis longtemps sur cette double base. La stabilité et la paix sont les biens que promet la prescription. Le législateur moderne n'a pu s'empêcher d'accueillir le principe de la prescription ; plût à Dieu qu'il eût considéré comme prescrites bien des institutions dont il entreprenait la réforme ! Le temps accroît en quelque sorte la vérité des choses qu'il sanctionne; en y ajoutant chaque jour l'adhésion libre et consciencieuse des hommes, il les entoure d'un respect qui augmente sans cesse. Et si la loi doit émaner de notre volonté, comme on le dit maintenant, le consentement prolongé qui se traduit en œuvres et en pratiques passera toujours pour le plus réel et le plus sincère.

C'est dans la politique que les effets du temps sont le plus visibles. Les changements qui s'y produisent violemment sont, en général, marqués au coin de l'iniquité. Si la prescription ne s'accomplit pas, la société sera en guerre contre elle-même. Voilà des siècles que l'Irlande se débat sous le joug de l'Angleterre. Il y a eu dans le monde beaucoup de conquêtes qui ont fini par rattacher les vaincus aux vainqueurs. Les vices de l'usurpation se sont affaiblis avec le temps, par un consentement tacite. L'Irlande offre un phénomène qui n'a point d'analogue, c'est la protestation quotidienne d'un peuple. La possession paisible a manqué à l'Angleterre ; et vainqueurs et vaincus sont, en Irlande, comme au lendemain des spoliations et des massacres d'Elisabeth et de Cromwell. Les haines se sont envenimées, parce que chaque jour l'orgueil du vainqueur s'appesantissait sur le vaincu. Le mépris, la misère absolue pour le catholique exproprié ; pour l'Anglais protestant, le bénéfice perpétuel de la confiscation, et l'héritage de représailles qu'elle traîne à sa suite. L'Irlande est le seul pays où la vengeance et la meurtre ne soient pas réprouvés par l'opinion. Lord Derby chasse de ses terres deux ou trois cents personnes qui refusent de lui désigner le meurtrier d'un de ses agents. Guerre sauvage de part et d'autre. Les deux peuples ne se sont pas mêlés. La supériorité de l'un n'a été ni assez douce ni assez bienfaisante pour se faire pardonner. L'autre le traite d'usurpateur. La prescription n'est pas venue légitimer les possessions ni effacer le droit de revendication. Si l'on veut des exemples tout contraires d'une rapide prescription politique, on n'a qu'à réfléchir à la facilité avec laquelle la France s'est assimilé l'Alsace, la Lorraine, la Franche-Comté.

La prescription est le fondement de l'ordre social dans la vie politique comme dans la vie civile ; elle soutient et consacre tout. Les intérêts mêmes qui reposent sur un titre légitime ont besoin d'elle. Tout est sujet à discussion ; les droits les plus certains peuvent être niés, et l'on sait que les plus mauvaises causes ne sont jamais sans arguments. La prescription, la coutume, ont cet avantage, qu'elles défient l'objection. L'adage du droit est : *Possideo quia possideo*. Les

racines de la société ont été mises à nu, et elles risquent de
se dessécher. On a toujours cru qu'il y avait dans la société
quelque fait divin, mystérieux, qu'il n'était pas bon de sonder.
Remonter à l'origine de tous les droits, c'est un jeu périlleux.
On peut reprocher aux politiques modernes de ne tenir aucun
compte de la nature humaine ; on dirait qu'à leurs yeux
l'homme est un pur esprit, tant ils le soumettent aux abstractions, aux formules de géométrie sociale. L'homme est
encore plus un être sensible qu'un être raisonnable ; les
masses obéissent à de grands sentiments, et non à de froids
calculs. Soit en mal, soit en bien, chez elles, le cœur emporte
la tête. Les lois qui leur arrivent, promulguées par ordonnance, publiées dans le *Moniteur*, les touchent faiblement ;
c'est une science occulte qu'elles ignorent ou dédaignent. Les
notions du juste ne s'impriment fortement dans les âmes
qu'accompagnées de signes matériels et sous un cortége d'habitudes et de traditions qui les rendent presque palpables.
La symbolique du droit a exercé un puissant empire : ces
formes sacramentelles et poétiques les gravaient dans les imaginations, et lui assuraient une vie réelle mêlée à la vie des
populations. La mémoire, frappée des cérémonies juridiques,
ne pouvait plus se détacher des idées qu'elles expriment. Le
législateur moderne a effacé le droit vivant, passé dans les
mœurs et les usages, et dont la connaissance se transmettait
par l'éducation de famille et par le témoignage des anciens.
Il a voulu remanier les vieilles lois, accommoder de vieux
textes à de nouvelles modes, sous prétexte d'abus ou de
lacunes, comme s'il ne suffisait pas de laisser la rouille de la
désuétude s'étendre sur les abus, et comme si le mouvement
même de la vie ne comblait pas chaque jour les lacunes du
droit traditionnel.

L'histoire du droit n'est plus que la nomenclature des lois
et décrets qui se succèdent sans interruption ; l'abondance des
lois a remplacé les mœurs ; c'est par des lois qu'on a prétendu guérir les vices de l'ordre social. La société chrétienne
s'est maintenue jusqu'au XVIe siècle. L'Europe se brise alors

en morceaux sous le choc des idées païennes ressuscitées. La manie législative et réformatrice s'empare du monde. Montaigne signale le danger de ces utopies. « Nous prenons, dit-il, un monde déjà fait et formé à certaines coutumes ; nous ne l'engendrons pas comme Pyrrha et comme Cadmus ; par quelque moyen que nous ayons loi de le redresser et renger de nouveau, nous ne pouvons guère le tordre de son accoutumé pli, que nous ne rompions tout. » (*Essais*, liv. III.) La France a plusieurs fois vérifié cette parole d'un si grand sens.

La discussion ébranle plus d'âmes qu'elle n'en affermit. Et si la religion reposait uniquement sur la raison, elle ne tiendrait pas longtemps. La société politique n'est pas une œuvre d'art et de raisonnement ; elle vit de traditions sucées avec le lait et passées dans le sang. En un mot, il y a, il doit y avoir des dogmes sociaux. Leur durée garantit celle du corps politique. Le système législatif frappe d'interdit la société, en remettant chaque jour tout en question, en proclamant un progrès indéfini. Les générations naissantes apprennent à mépriser la sagesse des ancêtres. Les derniers venus ne sont-ils pas toujours de plus en plus près de la perfection, but idéal de l'humanité ? C'est oublier que l'homme n'a pas été créé perfectible, mais parfait. Il n'a pas pour mission de chercher sans fin la vérité ; il est né pour la connaître et la pratiquer, et elle éclaire tout homme en ce monde, depuis l'Incarnation. Une société chrétienne renferme toutes les vérités nécessaires à son bonheur et à son développement. L'ordre politique en est imprégné et acquiert une consistance qui participe de l'immutabilité du dogme religieux. La foi sociale tarit quand tout est livré aux chances des scrutins et des discussions ; il n'y a plus que les gens instruits qui aient une certaine connaissance de la politique, et leurs opinions sont naturellement flottantes. La conscience des peuples ne se forme que par l'habitude ; et elle est un frein et un levier puissant. Le législateur moderne ne s'aperçoit pas que ses lois n'existent que sur le papier. Ce qui ne veut pas dire qu'elles ne sont pas obéies. L'obéissance devient aussi une habitude. Mais alors elle n'offre aucun appui solide au Gouvernement. Car le peuple n'est plus identifié à son gouvernement, comme dans les sociétés où le gouvernement n'est que la mise en exercice des sentiments et des traditions populaires. Un grand déploiement d'administration et de police est seul capable de suppléer à cette absence de mœurs publiques dont le poids tient tout l'ordre social en équilibre.

La suite des générations constitue une chaîne non interrompue. Leibnitz a dit : Le présent est gros de l'avenir, et chargé du passé. Le développement social s'opère sur un fond préexistant. L'école révolutionnaire supprime le mouvement pacifique, régulier, subordonné aux éléments d'ordre et de stabilité, pour ne laisser subsister qu'un principe absolu de changement. Elle déclare avec plus d'habileté que de bonne foi que les peuples ont le droit imprescriptible de choisir leurs gouvernements et leurs lois. Il est rare qu'on ose la contredire. Et cependant, quand a-t-on vu des peuples choisir leurs gouvernements ? L'idée de peuple entraîne l'idée de gouvernement, d'un certain ordre social ; sans quoi il n'y aurait qu'une collection, une cohue d'individus. Un peuple renverse quelques hommes, certaines parties de son gouvernement, il n'est pas en son pouvoir de rien rétablir. La France a-t-elle choisi M. Caussidière et M. de Lamartine ? Ces messieurs se sont choisis eux-mêmes. Le vote suit toujours la prise de possession. On ne choisit pas un gouvernement, par la raison toute simple qu'on ne choisit pas une chose que l'on a déjà. Il n'y a que dans Hérodote où l'on voit les Persans délibérer sur la forme de gouvernement qu'ils adopteront. Hérodote amusait les Grecs. Les choses se passent différemment. La question est toujours tranchée au moment où s'ouvre la discussion ; et le peuple adhère par instinct de conservation, et parce qu'il est dans sa nature de préférer un gouvernement quelconque à une société sans gouvernement, c'est-à-dire à une contradiction dans les termes.

Le peuple, dans ces circonstances, s'attache nécessairement

à l'élément gouvernemental qui s'offre à lui, comme un noyé qui saisit au hasard la première planche qui lui tombe sous la main. Le droit de choisir son gouvernement ressemble au droit qu'aurait un particulier de se décapiter afin de se placer une autre tête sur les épaules. Le droit de choisir des lois a beaucoup d'analogie avec le droit de choisir son gouvernement. En réalité, choisir sa loi, c'est accepter celle qui nous est imposée. La liberté politique ne consiste pas à suivre les lois qui nous plaisent, mais celles qui nous conviennent et qui sont déterminées par nos antécédents, nos mœurs et nos traditions. La société ne se borne pas à une seule génération et elle ne recommence pas à chaque instant. Les charlatans et les sophistes ont seul intérêt à persuader aux peuples de réformer, de détruire la société, sous prétexte d'en édifier une nouvelle, plus magnifique que l'ancienne. Ils oublient que le temps, selon l'expression de J. de Maistre, est le ministre de la Providence au département de ce monde, et que tout ce qui se fait sans lui est éphémère et vain. Il est humiliant pour nos savants et nos philosophes qu'une routine grossière soit souvent plus utile à l'humanité que leurs plus hautes conceptions !

On invente des religions, des philosophies, des sociétés, des lois ; voilà où nos contemporains en sont venus, après avoir détruit religion, philosophie, société et lois. Il cherchent ce qu'ils n'ont pas. Leur inquiétude atteste leur pénurie. Ils se trompent sur les moyens. Le temps ne respecte pas ce qu'il n'a pas contribué à fonder. Nous en appelons à la raison pure, nous repoussons l'expérience. C'est ainsi que la vie civile, atteinte dans ses éléments de conservation et de durée, est, comme la politique, en proie à une instabilité perpétuelle, à une *démangeaison d'innover sans fin*. La méthode cartésienne conduisait chaque individu à s'adorer. Quelle tradition pouvait résister à cette idolâtrie de soi-même ? La sagesse des siècles n'étant plus comptée pour rien, toutes les institutions ont dû passer au crible d'une nouvelle analyse. Cette vaste prescription, qui s'étendait sur le domaine intellectuel et

moral des générations, a été attaquée. Dans les faits et dans
les idées, elle a été violemment interrompue. Quelques-uns
de ses fragments sont restés dans notre droit. La prescription
civile est une des faces de cette immense question : elle n'en
renferme pas toute la grandeur ; mais par son origine et par
son principe, elle touche à tout un ordre de civilisation imposant. Encore aujourd'hui, elle abrite les plus précieux
intérêts et crée, dans une sphère restreinte, de nouveaux
éléments de paix et de stabilité. Et ce n'est pas sans raison
que nos vieux jurisconsultes l'ont appelée la patronne du
genre humain.

28 décembre 1860.

IX

LES BATARDS.

Un livre sur les *Bâtards célèbres* nous tombe sous la main.
L'auteur appartient à l'école de M. Émile de Girardin, qui a
orné son livre d'une préface apologétique. Il y a beaucoup à
dire sur l'action et sur l'influence des bâtards dans le monde.
Ils ont contre eux le préjugé de tous les temps, c'est-à-dire
le témoignage le plus authentique, le plus irrécusable. La ré-
pugnance qu'ils inspirent est en raison même des progrès de
l'ordre social, et elle éclate surtout dans les siècles chrétiens.
La Réforme, en cela comme en beaucoup de choses, émancipa l'espèce humaine ; elle allégea singulièrement le joug de
la morale. La plaie des enfants trouvés date de là. D'illustres
bâtards figurent dans l'histoire de cette époque ; les souverains ne craignirent pas de froisser la conscience publique en
élevant leurs bâtards à toutes les dignités ; Louis XIV voulut
faire fléchir pour eux la loi salique, et le parlement enregis-
tra un édit qui les déclarait légitimes et aptes à succéder à la
couronne. On sait ce que devint le testament du roi. Les
querelles des bâtards, ou à propos des bâtards, remplissent

les mémoires de Saint-Simon, qui disait : « Il n'y a pas de meilleur état en France que de n'en pas avoir et d'être bâtard. » La Révolution française, qui a supprimé le mariage, a, par cela même, supprimé la bâtardise. Une loi de la Convention, rendue sur le rapport de Cambacérès, assimile les enfants naturels aux enfants légitimes pour le partage de la succession de leurs pères ou mères. M. Émile de Girardin et son disciple nous proposent de revenir à ce système. C'est tout simplement l'abolition du mariage.

L'infamie qui pèse sur les bâtards est-elle imméritée? Laissons de côté les individus qui, quels qu'ils soient, s'attirent, par leur talent ou leur bonne conduite, l'estime publique, et voyons si le préjugé qui s'applique à la classe entière est fondé. Les bâtards troublent la famille; ils sont une protestation vivante contre les lois qui la constituent. Le malheur de leur naissance influe sur leur moral. Actifs, inquiets, remuants, ambitieux, ils sont mal à l'aise dans la société. Ils ont besoin de bouleversements qui mettent la société en harmonie avec leur situation. Dans l'ordre politique et dans l'ordre intellectuel, ce sont des éléments de sédition; ils ont grossi en masse les rangs de la Révolution. Dans la vie civile, les enfants naturels sont l'occasion de crimes nombreux. La statistique des infanticides ne va pas en diminuant. La législation actuelle laisse l'enfant naturel à la charge de sa mère; elle suit le principe que M. Émile de Girardin voudrait généraliser par la suppression de la paternité légale. Tous les enfants de France seraient déclarés enfants naturels! Notre ancien droit était, dans un certain sens, favorable aux enfants naturels, non qu'il affectât aucune sensiblerie pour eux; il ne suivait à leur égard que la règle d'une rigoureuse justice. En attribuant les enfants naturels à la mère seule, la loi qui interdit la recherche de la paternité les expose à un danger prochain, et leur ôte les ressources sur lesquelles ils devraient légitimement compter. Si un délit social est commis, n'est-il pas juste que les auteurs en soient également responsables? De quel droit affranchir de toute responsabilité le plus coupable, celui qui a été l'instigateur du crime? De quel droit aussi la laisser peser tout entière sur celle qui souvent a été plutôt victime que complice? Cette inégalité ne déplaît pas à nos philanthropes, d'ailleurs fort partisans de l'égalité. Les rédacteurs de nos lois, saisis de scrupules inattendus, effacèrent comme scandaleuse la recherche de la paternité. Jusque-là on avait cru que le scandale était dans le crime et non dans la répression. L'impunité est, en effet, une prime aux mauvaises mœurs. La crainte d'être poursuivi en reconnaissance d'enfant naturel arrêtait bien des scandales et servait au moins de frein à ceux qui n'auraient pas cédé à une morale plus élevée. L'Angleterre a conservé sur ce point l'ancienne coutume. Sans doute, au milieu de la dissolution des mœurs publiques, cette application du principe de responsabilité souffre des difficultés. Les tribunaux ne sont-ils pas armés d'un pouvoir discrétionnaire qui suffit à toutes les circonstances? Le législateur a mieux aimé trancher la question au profit des passions que de la résoudre équitablement.

A cette cause de démoralisation s'en joint une autre plus générale, née de l'ensemble de nos institutions et du courant même des idées modernes. Sauf Corneille et Racine, et quelques rares exceptions, le répertoire de notre théâtre sue le crime. Les personnages qui montent sur la scène aux applaudissements du public, et souvent aux frais de l'État, seraient, dans les conditions ordinaires de la vie, justiciables de la police correctionnelle ou des cours d'assises. Tout le théâtre roule sur l'adultère. Et nous n'avons pas besoin de faire remarquer combien cette prédication est plus efficace que l'exemple lui-même. Ajoutez-y tous les romans, ces machines puissantes de dépravation, et les journaux de tout format et de tout prix qui infiltrent le poison jusqu'aux dernières couches de la société. Le peuple, livré à un tel enseignement, voit se multiplier les enfants naturels et s'accroître dans son sein une classe de citoyens aussi dangereux par leur nombre que par leurs prétentions. Ils ont l'égalité des places et des honneurs; que leur manque-t-il? Ils exigent la consi-

34

dération publique et s'indignent de la flétrissure purement
morale qui les atteint. Il s'agit donc de les réhabiliter, et c'est
à quoi poussent M. Émile de Girardin et son disciple. Le préjugé est là. Il vit dans les masses populaires plus que dans
la classe lettrée. Quand, en 1848, M. Crémieux proposa le
divorce, ce sont les ouvriers de Paris qui murmurèrent le
plus haut. Nos savants, nos artistes, nos avocats, nos littérateurs se seraient résignés, le peuple s'effaroucha immédiatement. Ces préjugés retardent la Révolution ; elle en fait le
siége avec une patience, une habileté inouïe ; elle circon-
vient, elle fascine le peuple par tous les moyens ; s'il résiste,
elle provoque contre lui l'instruction obligatoire. Les gouvernements hésitent ou sont entraînés ; les préjugés populaires défendent encore l'ordre social.

Un peuple qui n'a plus de préjugés, c'est-à-dire de convictions supérieures à tout examen, ne s'appartient pas ; il est
la proie de tous les charlatans qui se disputent sa faveur. Du
moment où la raison seule doit présider aux choses humaines, il est évident que la masse des hommes inhabiles à
raisonner tombe dans tous les filets qui lui sont tendus par
les sophistes. Cet inconvénient n'était pas à craindre quand
les gouvernants n'avaient pas la prétention d'inspirer les
croyances sociales et se contentaient d'en être les humbles
serviteurs. Il faut aujourd'hui débarrasser les peuples de leurs
préjugés pour les assouplir aux idées nouvelles et aux nouvelles méthodes de gouvernement. Partout les peuples se
montrent plus réactionnaires que leurs souverains. C'est
qu'ils ont plus à perdre aux révolutions que leurs souverains ;
ceux-ci se tirent d'affaire en augmentant leur pouvoir, et les
peuples en sont quittes pour payer plus d'impôts et être un
peu moins libres qu'auparavant. Il y a dans les masses un
instinct de conservation qui résiste à bien des sophismes. On
s'en aperçoit aux époques de révolution ; sans cela, l'ordre social ne reprendrait jamais le dessus. S'il y a de tristes préjugés, ce sont ceux de tant de philosophes en insurrection
contre le sens commun. Quel préjugé, de supposer que l'hu-

manité se transformera du jour au lendemain, et que la
vieille morale a fait son temps! Quelques individus isolés,
sans autre intérêt que celui de leur vanité, ne parviendront
pas à changer le système du monde. Quand tous les bâtards lèveraient fièrement la tête, comme le leur conseille
M. Émile de Girardin, leur considération ne monterait pas
davantage. Certes, la société française est tolérante; le malheur de la naissance ne crée pour personne un obstacle légal.
Et en fait, les bâtards arrivent à tout ; notre temps n'a rien à
envier à celui de Saint-Simon. Mais la bâtardise est la contradiction même de la famille et des lois du mariage, de tout
ce qui constitue le patrimoine moral des générations chrétiennes. Elles ne veulent pas se le laisser arracher. Il y aurait
à entreprendre une utile statistique pour comparer le nombre
des enfants naturels dans les différents pays. On jugerait s'il a
quelque rapport avec les révolutions dont ces pays sont agi-
tés, et les peuples se classeraient mieux ainsi dans l'échelle
de la civilisation que par le chiffre de leurs exportations. La
grandeur véritable des nations se règle sur la moralité et non
sur la douane : *Justitia elevat gentes.* Les bâtards célèbres
ne modifieront pas l'opinion du genre humain.

13 mai 1859.

X

L'AVEU.

Un rédacteur de la *Gazette de Cologne*, appelé en justice,
a refusé de désigner le correspondant qui lui avait fourni
certains renseignements sur la marine militaire de la Prusse.
Il a été incarcéré pour ce fait. Il paraît qu'en vertu de nous
ne savons quelle disposition de notre Code pénal de 1806, les
magistrats de la Prusse rhénane se croient autorisés à détenir
un témoin jusqu'à ce qu'il ait déposé suivant la réquisition
de la justice. La *Gazette de Cologne* a, dit-on, demandé sur

ce point une consultation aux principaux avocats du barreau de Paris.

La question soulevée est des plus importantes. Sommes-nous tenus de répondre au juge qui nous interroge ? Assurément oui, en thèse générale. Mais, sommes-nous tenus de répondre toujours ? N'y a-t-il pas telle situation où notre conscience même nous interdit de répondre ? Royer-Collard disait à la Chambre des Députés : « Nous sommes de ceux qui ont fabriqué des passeports et rendu de faux témoignages pour sauver des vies innocentes. » Il se glorifiait de crimes et délits qualifiés par le Code pénal. C'est qu'il est des époques où il n'y a plus de droit ; chacun alors prend conseil de lui-même et oppose à la force la force et la ruse. Charlotte Corday a jugé et exécuté Marat ; action impolitique sans doute ; qui oserait dire que ce fut un crime ? Son jugement était aussi régulier que les jugements du Tribunal révolutionnaire. Le phénomène de la terreur ne s'est présenté qu'une fois depuis le christianisme. Suivant la parole de l'Écriture, *mutaverunt jus* ; on avait changé le droit, et Royer-Collard, pour rester fidèle au droit, violait toutes les lois.

L'autorité du magistrat était absolue à Rome. Dans les sociétés chrétiennes, et malgré l'influence des légistes, le christianisme limitait l'autorité des magistrats. L'empire de la loi divine était reconnu, et la distinction du for intérieur et du for extérieur protégeait le domaine de la conscience. Domat, Pothier, Daguesseau, s'inclinent en principe devant cette distinction. Elle était d'ordre public. La rejeter, c'eût été tomber dans l'absolutisme et nier la distinction des deux pouvoirs. Il y a donc la conscience ou le for intérieur, et la légalité ou le for extérieur. Encore aujourd'hui, ces distinctions sont invoquées ; et sans elles, la dignité et la liberté de l'homme ne seraient que de vains mots. Le magistrat ne peut demander compte de la confession au prêtre ; le médecin et l'avocat doivent garder les secrets qui leur sont confiés dans l'exercice de leur art.

Que la loi établisse une peine contre celui qui refuse de

déposer en justice, c'est tout simple, pourvu que la peine soit modérée. Notre loi moderne n'exige pas l'aveu du prévenu ; ce n'est pas à lui à s'accuser. L'ancienne procédure de nos parlements, imitée du droit romain, reposait au contraire sur l'aveu. L'aveu était la preuve complète, et les magistrats ne négligeaient rien pour se la procurer. Les autres témoignages ne venaient qu'en seconde ligne, à défaut de celui-là, et ils ne pouvaient jamais atteindre qu'à la plus haute vraisemblance. Cet esprit est resté dans notre code d'instruction criminelle : le juge essaye, par l'habileté de ses questions, d'arracher au prévenu un aveu volontaire ou involontaire. C'est qu'en effet le prévenu est comme la proie devant le chasseur ; il fuit, il se dérobe. Cette lutte intellectuelle était autrefois suivie d'une lutte tragique ; l'argumentation du juge devenait pressante ; la torture, ingénieusement appelée la *question*, parce qu'elle était une forme juridique de l'interrogatoire, donnait la preuve demandée. Évidemment, les légistes se croyaient une autorité absolue sur l'homme, sur sa raison, sur sa conscience ; ils exigeaient de lui qu'il s'accusât, qu'il se condamnât à mort ! Épouvantable contrefaçon de cette loi de miséricorde qui n'exige l'aveu de nos fautes que pour nous les pardonner ; aveu tout volontaire, car l'Église ne nous presse que par ses prières.

Nos lois n'exigent plus l'aveu de l'accusé ; s'il est ou paraît coupable, il est jugé et condamné, malgré toutes ses protestations. Comment le témoin, qui est innocent, serait-il dans une condition pire ? Comment son témoignage lui serait-il arraché de force ? Notre confrère de Cologne pourrait donc être incarcéré d'une façon préventive toute sa vie ! car cet emprisonnement n'est pas une peine encourue ; il est indéfini, et cessera à la volonté du témoin. Il n'est donc qu'un moyen extérieur de peser sur sa volonté ; et en cela, il est analogue à l'ancienne torture. Il n'y a même aucune raison pour que notre confrère ne soit pas mis à la torture, si la prison ne produit pas son effet. La torture est plus efficace que l'emprisonnement. Voilà donc un journaliste condamné à la prison perpétuelle parce qu'il est fidèle à sa parole et qu'il refuse de dénoncer un ami. La justice prussienne se déconsidère en se mettant ainsi en opposition avec la morale publique ; les errements dont elle s'autorise ne sont plus de notre temps.

2 juin 1863.

XI

AUTORITÉ PATERNELLE.

§ 1

Les défenseurs récents de l'autorité paternelle ont du malheur ; ils ont beau gémir sur l'enlèvement du jeune Mortara, ils ne parviennent pas à persuader au public qu'ils sont sincères et sérieux. Le plus naïf des lecteurs de journaux croirait plutôt à la transmutation des métaux qu'à cette subite métamorphose de MM. Alloury, Jourdan, Guéroult. La nature même de leurs arguments est suspecte ; en vrais disciples de l'école révolutionnaire, ils n'invoquent que des généralités sur lesquelles tout le monde est d'accord et sur l'application desquelles personne ne s'entend. Le droit naturel, la conscience publique, l'autorité paternelle, règnent à Rome aussi bien qu'à Paris ; nous ne connaissons aucune ville, aucun village qui se soit soustrait à leur empire. M. Alloury est descendu de ces hauteurs pour nous inviter à lire l'article 354 du Code pénal, sur l'enlèvement des mineurs ! Voilà où en est arrivé ce grave légiste ! Disons à sa décharge que l'argument avait déjà été effleuré par M. Louis Jourdan. Il n'y a pas de tribunal en France qui n'ait opéré un pareil enlèvement de mineur, et n'ait ôté à un père, pour cause d'incapacité ou d'immoralité, la direction de son enfant. Les Don Quichotte du *Siècle*, de la *Presse* et du *Journal des Débats* ont-ils pour cela enfourché Rossinante ? Ils sont restés paisibles. Si les parents du jeune Mortara étaient catholiques, qui songerait à cette affaire ? On y verrait un acte ordinaire de la justice ou de l'administration romaine. Ils sont juifs, privilége énorme par ce temps d'égalité ; la faction mazzinienne a attaché le grelot, et les feuilles libérales ont fait chorus. Il s'agit de savoir si les époux Mortara sont aptes à surveiller l'éducation de leur fils ; le brevet de capacité qui leur est décerné par les publicistes européens vaut tout autant à Rome qu'à Paris. Et un tribunal français ne s'effrayerait guère de tout ce vacarme, si on voulait lui imposer l'obligation de laisser la tutelle d'un fils à des parents qu'il en jugerait indignes. Mais Rome est le centre de la chrétienté et le Souverain-Pontife est hors la loi. Le *Siècle* insinue que nous devons profiter de ce que notre armée est dans Rome pour peser sur la détermination du Pape, et le *Journal des Débats* se défend mal d'espérer que nous saurons contraindre le gouvernement pontifical à rendre le jeune Mortara à ses parents.

L'opinion, un instant surprise par la clameur de toutes les feuilles dévouées à la maison de Jacob, commence à envisager la question sous son véritable point de vue. C'est une coalition contre Rome. C'est l'Église qui est attaquée. Si l'esprit de tolérance animait nos libéraux, ils trouveraient de quoi l'exercer. Le droit naturel a été assez souvent violé en Espagne, en Portugal, en Suisse, en Angleterre, en Belgique, en Russie, en Suède, en Piémont, etc., pour qu'ils aient pu se croire autorisés à en revendiquer les principes. Ont-ils ouvert la bouche ? Les catholiques sont grossièrement insultés en Portugal et en Angleterre ; ils ont été spoliés en Espagne, en Piémont, en Suisse ; en Belgique, ils ont été chassés du pouvoir par la violence ; en Russie, ils sont sous le glaive de la persécution, et ont à choisir entre l'apostasie et les supplices. Le libéralisme a-t-il élevé la voix ? Les partisans de la tolérance se sont tus, ou bien ils ont manifesté leur désapprobation d'une façon encore plus honteuse que la complicité de leur silence, tant elle était insignifiante en présence des actes les plus odieux.

Napoléon disait à un de ses ministres plénipotentiaires :

« Traitez avec le Pape comme s'il avait deux cent mille hommes à ses ordres. » Il paraît qu'on oublie cette sage prescription. Et certes, s'il avait deux cent mille hommes, il ne viendrait dans la pensée d'aucun journaliste qu'on pût réformer, par voie d'intimidation, les lois et coutumes des États de l'Église. Quelle idée se font-ils de l'honneur de la France, si sa protection doit subrepticement se tourner en un joug déguisé ? De quel ton mielleux ils énumèrent les services de la France envers la Papauté ! Quand la France se porte au secours de l'Église, elle exerce un privilége, le plus noble de tous, celui de fille aînée de l'Église. Elle reçoit plus qu'elle ne donne. Ces services marquent son rang et sa mission dans le monde ; ils renouent la chaîne de ses plus glorieuses traditions. Rome, à la rigueur, trouvera d'autres protecteurs. Où la France trouverait-elle une pareille occasion de manifester sa puissance politique et sa grandeur morale ?

Ce qui semble évident, c'est que la presse française abjure le catholicisme ; sa prétention de représenter le pays est dès lors ridicule. Elle ne représente que certains intérêts indifférents ou nuisibles au pays. Et l'on se tromperait à l'étranger si on la croyait l'écho de l'opinion publique. Grâce à Dieu, nous n'en sommes pas là. La statistique nous a révélé la faiblesse numérique de ces partis si bruyants, de ces minorités si entreprenantes. La majorité se repose avec calme sur la vigilance du gouvernement, mais elle est froissée dans ses sentiments les plus intimes par ces injures prodiguées à la cour de Rome. Tel est l'instinct de la France. Plusieurs catholiques s'en défient, et à moitié éblouis par les sophismes de l'impiété, gardent une réserve craintive. S'ils abordaient de front la discussion, ils se convaincraient aisément que l'affaire Mortara est un coup monté, et que le plus ou moins de justice de la décision papale n'entre pour rien dans la cause du mouvement révolutionnaire auquel nous assistons. Leur argumentation se réduit à ceci : Soyons tolérants pour être tolérés. Rome est la ville tolérante par excellence. Si les juifs étaient amenés de force au baptême, ce n'est pas un juif de huit ans qui occuperait l'imagination des publicistes, ce sont vingt, cent, mille juifs. Cette exception confirme la règle, elle indique un cas tout spécial. Rien n'autorise à généraliser un fait unique pour en tirer des conséquences arbitraires. C'est d'après la règle qu'il faut raisonner. Dans quelle contrée de l'Europe les catholiques jouissent-ils d'une complète tolérance? Ils sont quelquefois persécutés là où ils sont en majorité! Et puis, la tolérance a une limite. Les catholiques souffriront-ils que les protestants, juifs, philosophes, mécréants de toute sorte dictent leur volonté au Souverain-Pontife et prétendent changer les lois de l'Église? Jamais la prudence excessive et la pusillanimité des catholiques n'ont arrêté leurs adversaires. Qui a brisé le pacte conclu en Belgique entre les libéraux et les catholiques? En s'y montrant fidèle, le parti catholique a-t-il réussi à calmer l'arrogance et la haine du libéralisme? Les loges maçonniques lui ont-elles tenu compte de sa longanimité et de sa faiblesse?

L'Église use de son droit le plus simple, le plus naturel, en baptisant les enfants infidèles et en les élevant dans la foi après les avoir baptisés. Tel est le droit qu'elle revendique partout, et il n'y a que la violence qui l'empêche de l'exercer. Quelques catholiques supposent que la conduite de l'Église dans l'affaire Mortara pourrait donner lieu à des représailles de la part des cultes dissidents. Quelles représailles? Les cultes dissidents menaceraient-ils les catholiques de les baptiser une seconde fois? Les prétentions des divers cultes sont ce qu'elles sont, elles sont fixées par une interprétation séculaire, et, au point de vue rationnel où se placent les libéraux, elles constituent des droits. Plus zélés que les dissidents, les philosophes attribuent en bloc à toutes les religions le principe: « hors l'Église, point de salut. » Or, c'est un principe qui n'a jamais été professé par aucun culte dissident. Les protestants conviennent que le salut est possible dans l'Église catholique, et ils ne réclament d'autre droit, dans les pays non protestants, que celui de répandre leurs bibles. Les juifs n'ont jamais cherché à propager leur religion; ils la transmettent avec le sang : le judaïsme est renfermé dans la race juive. Les sectes dissidentes n'ont pas d'arguments à tirer de l'affaire Mortara pour restreindre la liberté des catholiques.

La *Presse*, au nom de l'athéisme de l'État, déclare abominable l'enlèvement du jeune Mortara ; il lui paraît inique d'enlever un enfant à ses parents pour l'instruire dans une religion que ses parents détestent. Cet exposé est plein d'inexactitude ; l'enfant n'a pas été arraché à ses parents pour être baptisé ; mais c'est parce qu'il était chrétien qu'il a été nécessaire de lui donner une éducation chrétienne. Ce qu'exigent les journaux, c'est que la liberté catholique soit entravée à Rome même. Cette guerre de plume contre le Chef de l'Église annonce une situation toute nouvelle. Il était facile de prévoir, il y a quinze ans, que le système de l'agiotage, favorisé par les circonstances et par les gouvernements, prendrait des proportions alarmantes pour la paix publique. On parlait déjà des *juifs rois de l'époque*. Les saint-simoniens avaient institué leur religion financière ; leur fusion avec le parti juif avait amené le règne du capital et du crédit. La presse européenne appartient aux juifs ; en France, les principaux organes de la publicité sont à leur disposition. En Autriche, ils sont propriétaires même des journaux catholiques : les ministres de Sa Majesté Apostolique ont préféré au zèle suspect des catholiques la fidélité bien connue de la maison de Juda. Les entreprises financières embrassant le monde entier, il fallait une publicité cosmopolite aux chefs du mouvement industriel. Ils ont acquis assez de journaux pour influencer l'opinion. Le crédit joue un grand rôle dans leurs opérations ; *credere, confier, croire*. Crédit est synonyme de crédulité. L'ancienne divergence des opinions et des intérêts aurait contrecarré les chefs de la haute finance européenne. Grâce à l'ingénieuse acquisition des journaux, l'opinion docile n'a plus qu'à s'incliner devant eux. Aujourd'hui, cette franc-maçonnerie judaïco-saint-simonienne dicte ses volontés. Les prophéties du temps de Vespasien semblent se réaliser : *Plurimis persuasio inerat antiquis sacerdotum litteris con-*

*tineri, eo ipso tempore fore ut valesceret Oriens, profectique
Judæa rerum potirentur.* (Tacite, *Hist.*, I 5.) Le célèbre
Herder a prédit que « les enfants d'Israël, qui forment partout un État dans l'État, viendraient à bout, par leur conduite
systématique et raisonnée, de réduire les chrétiens à n'être
plus que leurs esclaves. » Cette citation, empruntée à un
recueil qui a paru de 1801 à 1803 en Allemagne, a été re-
produite par M. de Bonald dans le *Mercure* de 1806. Ce
même M. de Bonald signalait dès lors une puissance qui
grandissait au milieu des troubles publics, et il ne craignait
pas de dire : « Les chrétiens peuvent être trompés par les
juifs, mais ne doivent pas être gouvernés par eux ; et cette
dépendance offense leur dignité, plus encore que la cupidité
des juifs ne lèse leurs intérêts. » (*Mercure* de février 1806.)
Nous abandonnons aux juifs les chemins de fer, les banques,
la Bourse, le commerce, etc., c'est bien le moins que nous
nous réservions notre religion, notre dignité, notre indépendance politique.

Les journaux n'ont prêché le cosmopolitisme que pour
établir au-dessus des souverains et des peuples cette puissance
des capitaux représentée par Israël. Les flottes et les armées
des États seraient à la disposition des directeurs du crédit moderne pour servir, en temps opportun, la hausse ou la baisse
de leurs actions. La diplomatie interviendrait pour eux. La
Presse et le *Siècle* donnent déjà des ordres à la diplomatie
française. Le *Siècle* va jusqu'à invoquer les décisions des congrégations romaines ! Laissons le Pape gouverner ses États, et
nous-mêmes ne nous laissons pas gouverner par les juifs. Ils
ont pu accaparer les journaux, étourdir l'opinion. La conscience publique, tout affadie qu'elle est, discerne les motifs
de cette coalition contre Rome et le Souverain-Pontife ; elle
s'inquiète de ces prétentions injurieuses à la France et à la
Papauté.

Les proportions que prend, dans une certaine presse européenne, l'affaire Mortara, indiquent assez où l'on veut frapper.
Cette doctrine du droit naturel, au nom duquel s'est fait tout

ce bruit, serait une condamnation directe de la législation et de l'indépendance des États. Si les souverains sont obligés d'obéir à un prétendu droit naturel prêché par les journalistes, ils ont cessé de régner ; ou, ce qui est pis, ils ne règnent plus que sous le bon plaisir de la finance. Ils n'ont qu'un intérêt, c'est de défendre les droits de la souveraineté. C'est aussi leur plus solide gloire et la meilleure garantie de la stabilité de leurs trônes.

27 octobre 1858.

§ 2

Le *Siècle* et quelques autres journaux affectent de revenir de temps en temps sur l'affaire Mortara. L'*Opinion nationale* a même tout récemment manifesté des craintes sérieuses pour la vie de ce jeune chrétien. M. de Cavour a promis ses bons offices pour le ramener au judaïsme. On ne serait pas fâché d'organiser pour cela une petite émeute. Les apôtres de la libre pensée n'auront pas de cesse qu'ils n'aient forcé cet enfant à abjurer. C'est encore là le droit nouveau. Cette fois, ils l'ont décoré du nom de droit naturel, et ils ont prétendu qu'un fils était toujours tenu de suivre la religion de son père. Les révolutionnaires de 1789 n'allaient pas aussi loin.

La *Déclaration des droits de l'homme et du citoyen* renferme tout un système de droit naturel. Le droit naturel était alors à la mode, et tout le monde voyait la nature à travers Jean-Jacques Rousseau. Nous ne serons pas indiscret, en prenant pour juge entre nos adversaires et nous, la *Constitution de 1791*. Elle est aussi peu catholique que possible, et nous avons la confiance qu'ils ne la désavoueront pas. La déclaration qui lui sert de préambule a seule quatre droits naturels imprescriptibles ; ces droits sont la liberté, la propriété, la sûreté et la résistance à l'oppression. Il n'est pas question de l'autorité paternelle. Au titre 1er, il est indiqué « que la constitution garantit comme droit naturel et civil la liberté à tout homme d'exercer le culte religieux auquel il est attaché. » Ce texte autorise la protection religieuse accordée au jeune Mortara. L'état de minorité n'empêche pas un enfant d'avoir des droits; c'est à son tuteur à les défendre, et s'il y manque, c'est à l'autorité publique. On n'ose pas prétendre que l'enfant n'est pas catholique, et on raisonne comme s'il ne l'était pas. Il a l'âge de raison, qui n'est pas l'âge de la majorité, quoi qu'en ait dit le *Journal des Débats*.

L'idée dominante de nos adversaires, c'est que le fils doit suivre la religion de son père. Or, rien de moins prouvé que cette proposition. Même avant sa majorité, l'enfant a le droit de penser autrement que son père. Un enfant catholique doit de toute nécessité être élevé catholiquement, si la liberté des cultes et le droit naturel ne sont pas des chimères. Tenir pour non avenue la profession religieuse de l'enfant, c'est violer le principe de droit naturel reconnu par la Constitution de 1791, constitution chère à la *Presse*, au *Siècle* et au *Journal des Débats*. Que le baptême ait été administré subrepticement, c'est une circonstance en dehors de la discussion. Car la question ne s'élève qu'au moment où l'enfant est en âge de raisonner et où, suivant la doctine de l'Église, il devient, dans une certaine mesure, responsable de ses actions. Dans les pays non catholiques, l'Église réclame pour siens les enfants baptisés; elle ne peut être repoussée au nom de la liberté des cultes. Il faut qu'on lui dise : Vous n'avez pas droit ici, vous n'êtes pas la véritable Église, et votre baptême n'est rien. On nous objecte que si l'Église fait les enfants catholiques par le baptême, les sectes dissidentes, les autres religions s'empareront, sous un prétexte analogue, des enfants catholiques, après les avoir décatholicisés. Ceux qui présentent cette objection ne se comprennent pas. Si l'enfant a l'âge de raison, son consentement à son baptême est nécessaire. S'il n'a pas l'âge de raison au moment de son baptême, ce qui est le cas du jeune Mortara, il n'a pas de consentement à donner, et le baptême opère sans son consentement. Le baptême efface le péché originel et remplit l'enfant d'une foi infuse qui le rend tout aussi catholique que les plus grands docteurs. Par où l'on voit que la religion catholique est la seule qu'il soit possible à un enfant de professer réellement. Les autres religions sont rationnelles et exigent le développement de l'intelligence. Un enfant de six mois qui n'a entendu parler ni de Mahomet, ni du Coran, est-il musulman? Il le deviendra en connaissant les préceptes de l'islamisme. Nous en disons autant des enfants juifs, puisque le judaïsme est maintenant une religion rationnelle. Le protestantisme implique le raisonnement et l'âge de raison. Un enfant de six mois ne proteste pas encore, ne fait pas encore d'opposition. Aussi, les enfants de tous les protestants, baptisés au nom du Père, du Fils, et du Saint-Esprit sont-ils catholiques; ils ne cessent de l'être que lorsque leur raison adhère aux doutes et aux protestations de leurs parents. Jusque-là, ils sont couverts par la grâce de leur baptême, l'acte a opéré efficacement; ils meurent en état de grâce, s'ils meurent avant l'âge de raison.

Il est donc impossible, logiquement et physiquement, d'arracher un enfant à l'Église. Le sceau du baptême est indélébile; aucune secte, aucune religion ne saurait avoir la prétention de l'effacer; il manquerait toujours le consentement de l'enfant. Et les sectes et les religions diverses s'adressent exclusivement à notre raison. On ne dit pas la foi protestante, la foi juive, la foi musulmane. On dit la foi catholique, parce que nous arrivons tous à l'Église, non-seulement par notre raison, mais par un sentiment surnaturel, don de Dieu, et qui est la foi. Ce don de Dieu n'a pas besoin du développement de notre raison, et il est renfermé dans le saint baptême. Comment l'enfant qui arrive à l'âge de raison serait-il soustrait à la foi catholique? La circoncision est une pratique juive, mais elle ne rend pas juif celui qui la subit. Les juifs, d'ailleurs, ne l'ont jamais prétendu. Les musulmans n'ont aucune cérémonie pour transformer cet enfant en musulman. Enfin, les protestants sont forcés de respecter le caractère catholique du baptême; ils n'ont aucun moyen de l'altérer. De leur propre aveu, les dissidents n'ont pas de

prise sur l'enfant; l'enfant leur échappe par son absolue incapacité. L'Église seule dit : Cet enfant est à moi. C'est pour
cela qu'elle est animée d'un ardent prosélytisme, et que, dans
les pays sauvages ou civilisés, elle cherche à conquérir par le
baptême des âmes pour le ciel. Les autres religions ne sont
pas si sûres d'elles-mêmes et ne prétendent à rien de semblable. Le droit naturel, tel que l'entendent les législateurs
de 1791, ne favoriserait donc pas nos partisans imprévus de
l'autorité paternelle. L'Église est souvent entravé dans l'exercice de ses droits; inconnue ou méconnue, elle rencontre
des haines de sectaires ou des oppositions de politiques. Tout
cela est indifférent à la question de droit. La déclaration des
droits de l'homme ne mentionne nullement l'autorité paternelle; la Constitution de 1791 efface purement et simplement de nos lois cette autorité autrefois si respectée et qui n'a
reçu que du Code civil un si faible commencement de restauration. Nous ne savons quelle serait, dans l'état de nature,
l'autorité du père sur ses enfants; nous n'avons jamais vu
d'hommes en cet état, et nous ne nous figurons pas l'homme
en dehors de lois religieuses, politiques, civiles. Ces lois sont
conformes à la nature, puisqu'elles sont établies partout,
et que là où elles ont été détournées de leur sens originel,
les peuples s'abrutissent et dépérissent. Suivant la définition
d'Aristote, l'homme est un être politique (*zóon politicon*);
il vit en société, et ses actes ne sont justiciables que des principes sociaux. Invoquer un droit antérieur et supérieur à la
société, c'est renoncer à la société et rentrer dans l'absurde
théorie du contrat social.

La discussion des droits naturels est sans issue, car elle ne
porte sur aucun document précis, sur aucun principe universellement avoué. Elle aboutirait plus aisément, si elle se
transformait en une discussion de devoirs naturels. Dans le
sens chrétien, le père a des devoirs envers ses enfants, bien
plus que des droits sur eux. Rome païenne donnait au père de
famille ses fils en toute propriété. Le christianisme a fait de
ce droit une mission de dévouement. Tout était changé. La

famille n'existait plus dans l'unique intérêt du père ; le père existait pour elle ; c'est à lui qu'était confié le soin de la guider et de la protéger. Notre législation maintient ce caractère de l'autorité paternelle ; les lois qui la concernent n'ont qu'un but, l'utilité du fils ; le père n'apparaît que comme tuteur et conseiller. C'est un principe que l'autorité paternelle ne s'exerce pas au détriment de l'enfant ; et toute difficulté, tout conflit doit se résoudre dans l'intérêt de celui qui ne peut pas se défendre. Quand de semblables débats se présentent devant nos tribunaux, c'est toujours l'intérêt de l'enfant qui décide la justice. L'enfant a droit à la protection sociale ; l'autocratie paternelle invoquée contre lui n'est plus dans notre droit public. C'est ce que n'auraient pas compris les ambassadeurs des nations chrétiennes à Rome, si, par une démarche collective, ils avaient demandé l'annulation des lois de l'Église sur les enfants baptisés. Il y a un droit que nous recommandons à la sollicitude des ambassadeurs, c'est le droit des gens dont ils sont les représentants, les interprètes et les juges. Le droit naturel n'est pas de leur compétence ; il appartient à la classe des abstractions et reste sous la juridiction des théologiens et des philosophes.

XII

DIFFAMATION.

§ 1

La Cour de cassation aura bientôt à se prononcer sur cette question : Est-il permis de diffamer les morts ? Il y a un mot de Voltaire : On doit des égards aux vivants, on ne doit aux morts que la vérité. Or, la diffamation n'est que la divulgation de vérités fâcheuses à l'honneur ou à la réputation de quelqu'un. C'est du moins le sens de la loi. Aussi elle a interdit, entre particuliers, la preuve des faits diffamatoires. Le diffamateur, qui peut être un parfait honnête homme, est nécessairement condamné. C'est une application du proverbe, que « toute vérité n'est pas bonne à dire. » On conçoit ici la prudence du législateur. Quel intérêt social y a-t-il à ce que la honte de Pierre ou de Paul soit criée sur les toits ? Quand il s'agit d'hommes publics, c'est tout différent. Alors la preuve est admise. L'homme public, en effet, ne s'appartient pas ; sa maison est de verre. Il faut qu'il soit prêt à répondre à toute heure. Pour lui, l'histoire commence de son vivant. Mais il est armé contre ses calomniateurs.

Les attaques en diffamation ou en calomnie, à part l'action publique, se réduisent en dommages-intérêts. Le tribunal apprécie le mal causé, et il alloue une indemnité au plaignant, si sa plainte est fondée. Telle est la loi bien simple sous laquelle nous avons en ce moment l'honneur de vivre. Devant la justice, la question se passe entre vivants. Comment les morts interviendraient-ils ? Par mandataire ? mais il faut un intérêt appréciable. Ce n'est pas au mort que seront alloués les dommages-intérêts, c'est à l'héritier. Dès lors, il faut que l'héritier ait été lésé. Nous rentrons ainsi dans la jurisprudence de la Cour de Paris, qui reconnaît à l'héritier le droit de venger la mémoire d'un parent décédé, quand l'insulte rejaillit sur lui. Il plaide moins la cause du mort que la sienne propre. C'est le droit commun. Le but poursuivi devant la Cour de Cassation est tout autre. Il s'agit de faire déclarer qu'à part l'intérêt spécial des héritiers, la mémoire des morts est juridiquement inviolable. Nous nous inscrivons contre cette doctrine ; rien dans nos lois ne la consacre, même de loin et par analogie. C'est un principe, que l'intérêt est la mesure de nos actions en justice : comment les morts seraient-ils sous la juridiction des tribunaux ? En Égypte, les rois subissaient un jugement avant d'être enfermés dans le tombeau de leurs pères. Veut-on restaurer cette institution, en l'étendant, par mesure démocratique, à toute la population ? Nous ne nous y opposons pas. Est-ce là ce que demande le *Constitutionnel ?* Aucune loi n'est possible. La loi ne réglemente pas le respect. La calomnie envers les morts

ne relève que de l'opinion. La justice a besoin d'un corps de
délit, d'un fait juridique. Est-il de la compétence d'un tribunal de décider que tel général a trahi ou n'a pas trahi, que
tel évêque a été orthodoxe ou hérétique, que tel écrivain a
observé les règles du goût ou ne les a pas observées, etc.?
Nous n'en finirions pas si nous voulions énumérer toutes les
circonstances où il sera possible de recourir à la justice.
Dans aucune législation on n'a imaginé ce que propose le
Constitutionnel ; et quelle responsabilité assumeraient les
juges! Sur quoi juger et en vertu de quels principes? Allons
jusqu'au bout de cette étrange doctrine. Si les tribunaux
doivent juger les appréciations historiques, il est nécessaire
qu'une loi précise les opinions qu'il sera permis de professer.
Quiconque s'en écartera tombera sous le coup de la loi. Met-
tra-t-on l'opinion publique en régie? Déjà des journaux libres
penseurs réclament une littérature d'État, une presse d'État,
chargée d'opiner à la place des citoyens qui seraient tentés
d'opiner de travers. Tout ira donc pour le mieux. Parler du
présent n'est pas sans danger. Restait l'histoire. Parlez convenablement, nous objecte d'un air pudibond le *Constitutionnel*. Et si je ne veux pas parler convenablement, c'est-à-
dire d'une façon qui convienne au *Constitutionnel!*

Nous avons assez de lois sur la diffamation, et tous les cas
y sont suffisamment prévus. Une loi nouvelle n'aurait aucune
chance de recevoir une application sérieuse, parce qu'elle
prêterait à un arbitraire incompatible avec les principes de
notre droit et avec nos mœurs judiciaires. On prétend, il est
vrai, que la Belgique est déjà entrée dans la voie qu'on nous
invite à suivre. Mais si cet exemple prouvait quelque chose,
l'exemple contraire de tous les autres peuples prouverait
encore plus. Nous cherchons vainement l'utilité d'une loi ;
c'est donc uniquement dans une pensée de haute convenance
qu'on invoquerait l'autorité du législateur. Le tribunal de
l'Inquisition est bien dépassé ; celui-ci, du moins, ne con-
damnait que les délits contre la foi. Toutes les opinions
restaient libres, et le champ de l'absurde était encore assez

vaste. Maintenant, la loi interviendrait dans des questions d'histoire ; personnifiant en elle la conscience publique, la raison publique, elle trancherait tous les différends, viderait toutes les querelles, même littéraires ! Nous sommes en progrès ! Il est d'un bon sentiment de respecter les morts, et d'une fort mauvaise législation de nous forcer à les respecter. La loi a bien assez des vivants, sans qu'elle se charge du soin de pourvoir à la réputation des morts. Il semblerait que nous inclinons vers un socialisme enfantin. Qu'on ait le droit de discuter les morts qui ont eu un caractère public ; ce sont les seules représailles que la postérité puisse exercer. Pendant leur vie, ils étaient protégés par leurs fonctions, par leur puissance ; et puis, ils n'avaient pas dit leur dernier mot. Sans doute, la mémoire des morts est sous la garde des familles, en ce sens que les fils doivent conserver le souvenir des vertus de leurs pères, nullement en ce sens qu'ils aient une action en justice pour s'en constituer les défenseurs. Eh quoi ! les morts qui n'auraient pas de descendants au degré déterminé par la loi, seraient-ils impunément livrés à l'insulte ? Ou nous nous trompons fort, ou nous serions amenés à créer un mistère public pour veiller sur la réputation des morts, considérés comme orphelins en cette circonstance.

Au surplus, nous avouons que la liberté de parler des morts n'est pas sans inconvénients. Il faut bien s'abonner à quelques inconvénients en ce monde. Le *Constitutionnel* retirera certainement son projet, quand il se sera convaincu que l'idée de soumettre les morts au jugement des tribunaux est imitée de l'ancienne Égypte.

15 mai 1860.

§ 2

Un arrêt de la Cour de Cassation déclare punissable la diffamation envers les morts ; les débats auxquels il a donné lieu ont été reproduits par la presse. Il s'en faut cependant que la jurisprudence soit fixée sur cette question. Il n'y a pas eu de débat contradictoire ; et les raisons contraires à la doc-

trine de l'arrêt n'ont été que faiblement exposées. Sans rentrer
complétement dans la discussion, nous indiquerons quelques-
unes de nos impressions sur les textes cités dans le rapport
de M. Plougoulm, et dans le réquisitoire de M. Dupin. Le
droit romain ayant été invoqué, nous avons dû ouvrir le
Digeste. Il nous a semblé que ses textes ne se prêtaient pas
aux récentes interprétations auxquelles il viennent d'être soumis. Les Romains n'entendaient pas comme nous la diffamation. Pour nous la diffamation est une appréciation méritée
ou imméritée qui flétrit le prochain. Tel est l'esprit de la loi
de 1819. Aussi admet-elle la preuve du fait diffamatoire
lorsqu'il s'agit d'un homme public ; alors elle juge la vérité
utile au public, et elle permet à chacun de la dire à ses périls
et risques. La vie privée reste seule murée ; il n'y a de condamné que le scandale inutile qui l'atteint. Et voilà plus
spécialement ce que nous appelons diffamation, puisque, du
moment que le diffamateur peut offrir la preuve, le fait qui
lui est reproché appartient plutôt à la calomnie qu'à la diffamation. La preuve était toujours ouverte au Romain : nous
sommes au Digeste, l. 47, t. 10 (*De injuriis et famosis
libellis.*) C'est là que le rapport et le réquisitoire ont puisé
leurs armes. Paul dit au § 18 : *Eum qui nocentem infa-
mavit, non esse bonum et æquum ob eam rem condemnari,
peccata enim nocentium nota esse et oportere et expedire.*
Attaquez tant que vous voudrez, vous n'avez rien à craindre
si vous dites la vérité. C'est l'opposé de la loi de 1819.

Il a été beaucoup argumenté du terme injure, *injuria*, et
nous en avons été étonnés. D'abord, il ne s'agit pas d'injure ;
l'injure et la diffamation sont deux choses différentes. Ensuite, le droit romain n'attache pas à l'*injure* le même sens
que nous. Nous lisons dans l'article 13 de la loi du 17 mai
1819 : « Toute expression outrageante, terme de mépris ou
invective, qui ne renferme l'imputation d'aucun fait, est une
injure. » Le mot *injuria* signifie un dommage causé injustement. C'est un terme générique embrassant plus spécialement
les cas de violence. La *fameuse loi Cornelia*, sur laquelle

s'est appuyé le réquisitoire, est ainsi rapportée au t. 10, l. 47
du Digeste : *Lex Cornelia de injuriis competit ei qui injuriarum agere volet ob eam rem quod se pulsatum, verbe-
ratumve domumve suam vi introitam esse dicat... apparet
igitur omnem injuriam quœ manu fiat lege Cornelia con-
tineri* C'est Ulpien qui s'exprime ainsi. Comment confondre
sa définition avec celle de l'article 13 de la loi de 1819 ? La
loi *Cornelia* n'accorde l'action en injure que contre les voies
de fait. Avoir été frappé ou blessé, avoir eu son domicile
envahi, c'était un titre à la protection de la loi *Cornelia* ; elle
ne s'occupe pas des injures verbales ou par écrit. Notre mot
injure est rendu dans la langue romaine par le mot *contu-
melia*. Faudra-t-il dire de la loi *Cornelia* comme de Catherine
de Médicis :

> Beaucoup en ont parlé, mais peu l'ont bien connue.

Quoi qu'il en soit, essayons de comprendre dans quelle
mesure l'action en injure passait aux héritiers en droit romain. Le rapport et le réquisitoire affirment qu'elle passait
sans difficulté à l'héritier. Quand l'injure est adressée au
défunt au milieu même des obsèques, ou que le cadavre est
insulté, l'action en injure est exercée par l'héritier. Pourquoi?
dit la loi : parce que c'est en quelque sorte à l'héritier que
l'injure est faite. Dans cette circonstance, l'injure a un caractère de violence, et elle porte surtout atteinte à la considération de l'héritier. Il est de l'intérêt de l'héritier, dit encore la loi, « de laver la réputation du défunt. » Oui ; mais
l'héritier intente une action en calomnie, et la preuve est admise contre lui. C'est une lutte où les deux adversaires s'attaquent à armes égales. L'un n'est pas condamné à l'avance
par l'impossibilité légale où il est de fournir des preuves. Une
loi de Valentinien et Valens, au Code, l. 9, t. 36, *De famosis
libellis*, veut que tout écrivain offre la preuve ce qu'il avance.
S'il le fait, dit la loi, il s'attire les louanges impériales ; sinon,
il encourt une peine capitale.
Le droit romain indique les circonstances précises où l'hé-

ritier a l'action en injure pour venger la mémoire d'un testateur ; c'est lorsque l'injure paraît rejaillir sur lui. C'est là
une exception, et le même livre du Digeste va nous le montrer : *Injuriarum actio neque heredi neque in heredem datur.*
(Ulpien, Digest., l. 47, t. 10, § 13.) Si le testateur a fait ou
subi une injure, il en résulte une action toute personnelle
pour ou contre lui, et elle s'éteint à sa mort. Notez que dans
ces belles lois, admirable Code de famille, il n'est jamais
question de père ni de fils ; il s'agit toujours de testateur et
d'héritier. Cet honneur paternel, ce patrimoine moral, qu'on
nous dépeint avec tant de chaleur comme le meilleur héritage
des fils, est totalement étranger aux jurisconsultes romains.
Les huit ou dix textes cités dans le rapport et dans le réquisitoire ne renferment que les mots de *testator* et d'*heredes.*

On s'est écrié : *Sustinet personam defuncti,* l'héritier continue la personne du défunt ; c'est très-vrai. Mais, encore une
fois, il ne s'agit pas du fils, qui, en sa qualité de fils, ne continue nullement la personne de son père. S'il la continue,
c'est comme héritier, eu égard aux biens et aux droits et
charges laissés dans la succession. C'était une honte pour un
citoyen romain de mourir sans héritier, et le testament était
un des grands actes de la vie civile. L'héritier avait donc
certains devoirs à remplir envers le défunt, et il les remplit
au moment même de l'adition d'hérédité ; car c'est alors
seulement qu'il peut intenter une action contre ceux qui
auraient troublé les funérailles du testateur : *Quotiens funeri
testatoris vel cadaveri fit injuria,* etc. Le mort enterré, il
n'y a plus d'action en injure au nom du défunt. Nous lisons
dans le Commentaire de Voët, sur le livre XLVII du Digeste :
« L'action en injure s'évanouit tant par la mort de celui qui
a fait l'injure que par la mort de celui qui l'a soufferte ; elle
n'appartient ni aux héritiers, ni contre les héritiers, à moins
qu'elle ne soit la suite d'un procès en injure déja commencé
par le testateur. » En effet, le procès commencé reste parmi
les droits et charges de la succession.

Il semble que le droit romain a donné lieu à de singulières

méprises, et nous ignorons comment il servirait de point de départ à une nouvelle jurisprudence française sur la diffamation. Rien, dans son texte ni dans son esprit, n'autorise les arguments qu'on en tire. Les Romains étaient étrangers à nos délicatesses sentimentales, à ces affections de famille qu'on fait sonner si haut. Et surtout, ils avaient d'autres idées que nous sur la diffamation. Ils ne tenaient pas beaucoup au respect des morts, parce qu'ils ne respectaient guère les vivants, ainsi qu'on peut s'en assurer par les nombreux plaidoyers de Cicéron.

L'arrêt rendu par la Cour de Cassation se fonde aussi sur des motifs tirés de nos lois françaises. « Attendu que le mot *personne*, employé dans l'article 13 de la loi de 1849, comprend les vivants et les morts, la loi ne distinguant pas..... » Nous croyons, au contraire, que l'on n'a jamais donné à l'âme la qualification de personne. Le R. P. Ventura traite précisément cette question dans un des récents numéros du *Croisé* :

« Dans l'homme, la personnalité résulte de l'union de l'âme avec le corps, et c'est le corps, animé par une forme intellective, ou tout l'homme qui est *personne*. En effet, on ne dit pas *les personnes humaines* ou *les hommes* qui sont au ciel, aux enfers ou au purgatoire, mais on dit : *les âmes des bienheureux, les âmes des damnés, les âmes du purgatoire.* Ce ne sera que lorsqu'elles auront repris leurs corps que toutes ces âmes redeviendront *personnes*, car ce n'est pas l'âme séparée du corps, mais l'âme unie au corps, ou tout l'homme, qui est *personne*. Cette remarque est de la plus haute importance dans l'intérêt du grand dogme de la résurrection des morts. »

L'arrêt s'appuie sur des analogies, mais elles sont trop lointaines ; et d'ailleurs l'extension d'une loi pénale par voie d'analogie est contraire à tous les principes de notre droit. Jusqu'à présent, du moins, on nous a enseigné que l'analogie avait cours dans l'ordre civil, parce qu'il faut bien décider les différends entre citoyens, et qu'à défaut de textes, on est obligé d'invoquer l'esprit de la loi. En droit pénal, il en est tout autrement : c'est un homme qui est accusé d'avoir violé une loi. La loi doit être précise. L'incertitude s'interprète toujours en faveur de l'accusé. C'est la jurisprudence la plus constante :

« Attendu, dit l'arrêt, que la mémoire des morts est expressément protégée par plusieurs dispositions de nos lois civile et pénale ; que l'article 727 du Code Napoléon frappe d'indignité les héritiers indifférents au meurtre de leur auteur ; que les articles 1046, 1047 du même Code, punissent les injures des légataires envers la mémoire du testateur ; que l'article 447 du Code d'instruction criminelle réhabilite, en certains cas, la mémoire du condamné ; qu'enfin l'article 360 du Code pénal punit toute violation d'une sépulture. »

Les articles 727 et 1046 sont une application d'un principe moral exprimé par un de nos tragiques :

Ah ! doit-on hériter de ceux qu'on assassine !

L'héritier ou légataire qui a tenté de donner la mort à son bienfaiteur, a exercé contre lui des sévices graves ou est resté indifférent au meurtre dont il a été victime, est dans une situation tellement contraire à ses devoirs les plus essentiels, qu'elle lui imprime un caractère d'indignité. Le respect des morts n'a rien à voir ici et leur mémoire n'est pas en jeu. Il s'agit uniquement d'indignité. Pour appréhender une succession, deux conditions sont nécessaires : 1° être appelé ; 2° n'être pas dans un cas d'indignité. L'indignité ou ingratitude autorise la demande en révocation des donations et des testaments.

Les donations et les testaments sont révocables pour cause d'ingratitude, aux termes des articles 955 et 1046 du Code civil. En droit français comme en droit romain, l'héritier est astreint à certains devoirs envers son auteur. Mais cela ne regarde pas les personnes étrangères au défunt. Elles ne sont tenues à rien vis-à-vis de lui. Ou, si elles sont tenues à quelque chose, ce sera en vertu de lois tout autres. L'enfant, dit notre loi, « doit honneur et respect à ses parents ; » pourrait-on en conclure que tout le monde doit même honneur et même respect aux parents de cet enfant? Il n'est pas permis d'étendre des lois exceptionnelles. L'enfant envers ses parents, l'héritier ou légataire envers son auteur, sont soumis à des devoirs spéciaux. C'est en y manquant qu'ils tombent sous le coup de lois de révocation.

Les analogies empruntées à la loi pénale s'évanouissent bien vite. Qu'est-ce que cette réhabilitation du condamné, qui nous est présentée comme émanant du respect dû à la mémoire des morts? D'après l'article 447 du Code d'instruction criminelle, un homme qui a été injustement condamné pour en avoir tué un autre, et dans la circonstance déterminée par l'article 444 du même Code, peut être réhabilité : « Un nouvel arrêt déchargera la mémoire du condamné de l'accusation qui avait été portée contre lui. » Nous ne saurions admettre que cette disposition de la loi soit inspirée par un principe plus général, qui serait le respect dû à la mémoire des morts. La justice répare, autant qu'il est en elle, une injustice qu'elle a commise ; elle la répare dans l'intérêt de la famille sur qui pèse la condamnation d'un de ses membres ; elle la répare surtout dans l'intérêt de la justice et de l'ordre judiciaire tout entier. Mentionnons enfin l'article 360 du Code pénal, sur la violation des sépultures. Le respect des tombeaux intéresse les vivants; et l'autorité publique protége les sépultures comme tout monument public. Rien de plus simple. On n'est pas obligé de remonter à un principe général dont il n'y a de vestiges ni dans la discussion de nos lois, ni dans la doctrine des auteurs, ni dans la jurisprudence, et qui surgit tout à coup, à la suite d'un débat particulier empreint de circonstances dramatiques.

L'arrêt ne tranche pas une question grave. La diffamation s'adresse aux personnes publiques ou aux personnes privées, d'après la loi de 1819. La preuve, admise dans le premier cas, n'est pas admise dans l'autre. Si vous assimilez les morts aux vivants, il est incontestable que, suivant leur qualité, ils seront ou non justiciables de la preuve.

L'histoire comparaîtra devant la justice officielle : situation dangereuse. Les morts privilégiés seront l'objet d'une espèce de culte. Vis-à-vis d'eux, chacun de nous aura les mêmes devoirs à remplir qu'un héritier ou légataire. Car ce sont les dispositions sur l'ingratitude des héritiers et légataires qui se trouveront étendues au reste des hommes, quoique ceux-ci n'aient rien recueilli par donation ou testament. D'après le droit romain et les articles précités de nos lois, l'héritier ne poursuit l'injure adressée à la mémoire de son auteur que contre ceux qui auraient reçu des bienfaits de cet auteur. Rendez communs tous les biens, et l'argument d'analogie sera parfait. Sinon, introduisez un droit nouveau. La jurisprudence actuelle se maintiendra difficilement : on sera tôt ou tard forcé de recourir à une loi, si l'on veut soustraire à la médisance la mémoire des morts.

Nous sommes effrayés de cette tendance à confondre la morale et le droit. Le législateur entoure d'une sanction rigoureuse certaines prescriptions de la morale, saisissables à l'action de la justice et plus particulièrement dommageables à l'ordre social. Voilà le droit pénal. Il laisse en dehors de lui une longue série de faits qui ressortent du tribunal de la conscience ou de l'opinion. Il serait tyrannique que le législateur s'en emparât, pour les soumettre à une réglementation publique. Cela ne s'est jamais vu. Justinien range parmi les préceptes généraux du droit l'*honeste vivere*. Mais on sait que les lois romaines dont se compose le Digeste n'ont pas une rédaction législative, et ne sont que des fragments découpés dans les œuvres des jurisconsultes. A aucune époque, un homme n'a été traduit en justice pour avoir manqué à l'*honeste vivere*, ni avant ni depuis Justinien. La loi n'atteint pas tous les actes coupables ; elle en abandonne une partie au mépris des honnêtes gens, parce qu'elle fixerait difficilement, ou avec un grand danger pour la liberté individuelle, des règles d'interprétation. L'arbitraire envahirait le domaine de la loi. C'est pourquoi les jugements historiques ont joui de l'immunité. S'ils sont calomnieux, la preuve con-

traire peut toujours être faite devant le public. Si les tribunaux se posent en organes de l'histoire et s'arrogent juridiction sur le passé, ils brisent la plume de l'historien et nous
ramènent sous la tyrannie des empereurs païens.

C'est probablement l'idéal du *Constitutionnel*. Ce journal
essaye de nous démontrer que nos anciennes lois protégeaient
la mémoire des morts, mais les preuves qu'il entasse sont
loin de produire la conviction; il cite les procès intentés au
cadavre, et, toutefois, il qualifie lui-même ces procès de barbares. Comment la mémoire des morts s'en trouvait-elle honorée? Il invoque encore un arrêt du conseil de 1743, « dis-
posant que ceux qui imprimeront ou vendront des livres ou
libelles contre l'honneur ou la réputation des familles, seront
punis suivant la rigueur des ordonnances. » Eh! sans doute;
c'est la calomnie ou la diffamation punie par la loi de 1819 :
elle atteint les vivants sous le couvert des morts. Il faut supposer, pour appliquer la nouvelle jurisprudence, qu'il n'y a
eu aucune intention de flétrir une famille vivante. Le débat
ne porte que sur la réputation du mort et abstraction faite de
sa famille survivante. Les textes allégués ne touchent pas à
la discussion. Pas plus en droit français qu'en droit byzantin,
on n'aperçoit de traces d'une loi qui soustrairait les morts à
l'appréciation même injuste des vivants. Qui voudra s'exposer à dire la vérité sur les morts, si ses intentions peuvent
être incriminées? La possibilité perpétuelle d'une attaque
en justice ne glacera-t-elle pas la volonté de l'historien? Y
a-t-il donc eu déchaînement contre la mémoire des morts,
qu'il faille recourir à de pareils remèdes? En vérité, le
remède serait pire que le mal. Si un innocent a été calomnié
après sa mort, ses héritiers ont la voie de la presse pour le
défendre.

Nous avions, par forme de plaisanterie, rappelé la coutume
égyptienne de juger les morts; le *Constitutionnel* nous la
propose très-sérieusement pour modèle. Si l'honneur est un
patrimoine, c'est assurément un patrimoine d'un genre particulier et qui est en dehors des lois qui concernent la pro-

priété. Il ne faudrait pas faire une révolution dans nos lois pour une figure de rhétorique; car un jour on viendrait soumettre ce patrimoine-là aux droits de mutation. C'est une conséquence à laquelle n'ont pas songé les légistes du *Constitutionnel*.

5 juin 1860.

XIII

ASSOCIATIONS RELIGIEUSES.

Le troisième volume du *Droit civil français* de Zachariæ embrasse les donations entre vifs, les testaments, les contrats et obligations. Il nous fournira l'occasion de quelques observations importantes, car les matières qu'il traite touchent par plusieurs points à nos droits et à nos intérêts les plus essentiels. Depuis plusieurs siècles on s'efforce de mettre l'Église catholique et tout ce qui s'y rattache hors du droit commun. Cette tendance, qui date de la Réforme et que les légistes ont soigneusement entretenue, éclate dans l'édit de 1749 rendu sous le chancelier Daguesseau, et qui enlevait à l'Église le droit d'acquérir. Quel est l'esprit de la loi moderne? L'article 902 du Code civil constate le droit général de donner et de recevoir. Il y a cependant des exceptions. Les corporations religieuses sont-elles dans l'exception? Voici ce que dit M. Zachariæ : « On peut considérer comme une exception absolue celle qui interdit à toute corporation non autorisée par l'État de profiter des dispositions à titre gratuit qui seraient faites à son profit. » Il s'appuie sur les articles 910 et 937. L'article 910 est ainsi conçu : « Les dispositions entre vifs ou par testament, au profit des hospices, des pauvres d'une commune ou d'établissements d'utilité publique, n'auront leur effet qu'autant qu'elles seront autorisées par une ordonnance royale. » L'article 937 n'est qu'une répétition de l'article 910. Il n'y a lieu à interprétation que sur ces mots : « établissements d'utilité publique. » Or, il ne saurait y avoir de doute, et l'on appelle « établissements d'utilité publique, » les établissements qui appartiennent aux communes ou à l'État. Les corporations religieuses ne rentrent dans aucune de ces catégories. D'un autre côté, elles n'ont rien de public; elles ne sont pas ouvertes, comme un café ou un théâtre, au premier venu. Il faut, pour s'agréger à une corporation, l'assentiment préalable des membres qui la composent. Et ces membres sont en France de simples particuliers. L'État est maintenant le tuteur des hospices et des communes, et l'on conçoit que ses pupilles ne puissent rien recevoir sans sa permission. Les citoyens, en tant qu'individus, échappent à cette tutelle. Cependant les annotateurs de Zachariæ déclarent que « ces corporations constituent des sociétés publiques par leur nature. » · Où est la preuve de cette assertion? On ne la trouve pas dans le dictionnaire de l'Académie; et toutes les significations du mot *public* répugnent à une corporation religieuse. Un jeu de mots sert de base à une argumentation qui entraîne les plus graves conséquences! C'est un exemple de la légèreté avec laquelle raisonnent la passion et l'esprit de système. Sur ce frêle fondement s'est élevé l'édifice d'une monstrueuse jurisprudence, hostile à toute une classe de citoyens, établissant une inégalité radicale parmi des hommes que le législateur considère comme égaux entre eux, sans acception de croyances ou d'habits.

Les exclusions sont de droit strict : elles exigent du législateur une mention spéciale; et il suffit de savoir lire pour s'apercevoir que l'article 910 ne parle pas des corporations religieuses. Et pourquoi en aurait-il parlé? La loi ne reconnaissait plus les corporations religieuses et leur refusait sa protection; elle les tenait pour non avenues. Les corporations religieuses formaient autrefois des personnes civiles, et la loi civile avait à s'en occuper. En 1802, cette personnalité civile a disparu; ces corporations n'ont plus qu'un caractère religieux, elles sont étrangères à la loi civile. Pour rester fidèles à l'esprit du Code civil, la doctrine et la jurisprudence ne de-

vraient jamais prononcer le mot de « corporation religieuse, »
car elles n'existent pas civilement. Et nulle part le Code n'a
dit que quiconque professait telle ou telle opinion, ou mènerait tel ou tel genre de vie, serait privé de ses droits civils.
Les annotateurs sont tombés dans les plus singuliers raisonnements; une de leurs notes porte : « C'est comme une règle
de droit public que les corporations, et surtout les corporations religieuses, n'ont d'existence *légale* en France qu'autant
qu'elles sont autorisées par le *Gouvernement.* » Cela signifie
que les corporations reconnues par le Gouvernement sont
reconnues par le Gouvernement! Ce texte prêterait à de nombreux commentaires. Avant 1789, le Gouvernement n'avait
pas à reconnaître ou à ne pas reconnaître la religion et ce qui
se rattachait à la religion. Il ne se croyait pas supérieur ou
antérieur à la religion; il avait d'autres prétentions. L'existence civile des corporations a été de droit pendant dix siècles;
on ne s'imaginait pas alors que tous les droits découlent de
la volonté des gouvernements; cette honteuse doctrine a pris
naissance au XVI° siècle et s'est développée sans relâche dans
notre pays. Les légistes ont mis toutes sortes d'entraves au
droit de propriété; et c'est ainsi que la propriété religieuse a
reçu de graves atteintes. Au XVI° siècle, les légistes avaient
fait consacrer le principe que l'Église n'a de droits civils que
ceux qu'il plaît à l'État de lui conférer. Comme si le droit relevait de l'arbitraire des princes! Néanmoins les princes reconnaissaient encore des droits à l'Église; mais persuadés
que ces droits étaient une concession royale, ils conclurent
qu'ils pouvaient les retirer, et l'édit de 1749 lançait l'interdit
sur toute une classe de la population.

L'époque contemporaine s'ouvre sous d'autres auspices.
L'Église subit une longue persécution; mais le Code civil
n'établit à son égard aucune entrave spéciale; il n'affecte
qu'une profonde indifférence. Il en résultait pour l'Église
quelques avantages à côté de grands inconvénients. Les préjugés des légistes, encore plus que les passions révolutionnaires, empêchèrent l'Église de profiter de ce triste avantage.

L'inégalité devant la loi reparaissait avec un raffinement de plus, et s'affublait des noms nouveaux d'égalité, de liberté, de progrès, etc. Les rédacteurs du Code ont dédaigné de nommer les congrégations religieuses ; c'est un bénéfice que nos légistes prennent à tâche de leur enlever, quand ils vont, pour perpétuer l'œuvre révolutionnaire, puiser des arguments jusque dans l'ancien régime, afin de suppléer au silence du législateur. Le Code civil est muet sur les congrégations religieuses. Il fallait en tirer la conséquence qu'il ne leur attribuait aucun droit civil, qu'elles étaient à ses yeux non existantes. Les légistes ont prétendu qu'elles n'existaient pas quant au lien religieux, et que leur dissolution était de droit. Qu'est-ce qu'une congrégation religieuse non reconnue ? Ce n'est rien, civilement parlant. En Belgique, les corporations religieuses jouissent de la plus grande liberté, sans être reconnues ; elles ne peuvent acquérir, tester en justice, etc. La loi ne voit en elles que des individus soumis au droit commun. Vingt individus arrivent à Paris, c'est leur droit. Ils se logent dans une maison, c'est leur droit ; ils vivent ensemble, c'est encore leur droit ; ils se lèvent et se couchent à des heures réglées, c'est toujours leur droit. Dites à un avocat que ces individus portent une soutane au lieu d'un paletot, et à l'instant cet avocat sera convaincu que ce n'est plus leur droit. Il ressuscitera les corporations abolies, afin de priver ces individus de leurs droits civils ; il leur refusera le droit d'acquérir, de posséder, etc. A part l'odieux, c'est une des manies les plus bizarres. Les annotateurs citent vingt arrêts qui établissent cette doctrine étrangère au Code civil, que « les dons et legs faits à des individus faisant partie d'une corporation non autorisée peuvent facilement être présumés faits à des personnes interposées, et doivent, dans ce cas, être annulés, comme faits en réalité au profit de la corporation. » Cette décision s'autorise de l'article 911, dont voici les termes : « Seront réputées personnes interposées, les père et mère, les enfants et descendants, et l'époux de la personne incapable. » Tout l'effet des lois serait anéanti si toute personne pouvait être considérée comme personne interposée. Le Code prend un soin extrême de déterminer les personnes qui, dans des circonstances données, ne lui paraissent pas des contractants sérieux. Il ne mentionne pas les membres des congrégations religieuses ; par quel tour de force les a-t-on rangés dans une exclusion qui ne les concerne pas ? Toutes les règles de l'interprétation ont été violées.

La position d'une corporation non autorisée sera donc plus favorable que celle d'une corporation autorisée, objectent les annotateurs. L'objection tombe à faux ; elle est contradictoire, puisque les corporations non reconnues ne peuvent recevoir. Dans ce système, tantôt la corporation existe, et tantôt elle n'existe pas. Vous donnez à une congrégation, votre don est nul. La corporation n'existe pas, vous dit le légiste avec bonheur ; les morts n'ont rien à recevoir. C'est très-vrai. Vous donnez à un simple individu, alors le légiste ressuscite la corporation, et vous montre dans cet individu un représentant de la corporation qui était morte il n'y a qu'un instant. Il est pénible d'avoir à constater une telle absence de bonne foi. Heureusement, la jurisprudence varie : elle démolira elle-même l'échafaudage arbitraire qu'elle a construit, à mesure que le sentiment de l'équité, et surtout de l'égalité devant loi, se sera étendu. Il n'est pas juste de dépouiller les prêtres catholiques de leurs droits civils, en haine des prérogatives que leur ont autrefois méritées leurs services. Dans le système de notre législation, un Dominicain est un homme qui porte une robe blanche : sa position civile ne diffère pas de celle d'un homme en blouse ou en habit. Mais les Dominicains sont en certain nombre ; ils forment une congrégation ! Pas plus que les avocats et les médecins. Qu'ils aient des idées communes, des sentiments communs, cela ne prouve rien. La congrégation n'est ici qu'un lien spirituel. Ce sera, si vous le voulez, une religion particulière, une secte particulière. Mais les religions et les sectes sont libres en France, et n'engendrent aucune espèce d'incapacité civile ou politique. La Belgique, les États-Unis, respectent cette liberté du prêtre, du croyant.

La France seule a vu dans son sein une secte hargneuse imposer ses rancunes aux tribunaux. La loi surnage au milieu de ces interprétations sophistiques. Le Code civil n'a pas prononcé un mot, un seul mot, qui frappe de proscription les membres des corporations religieuses non reconnues par le Gouvernement. La jurisprudence, si attentive à suivre le mouvement des mœurs et des intérêts, n'aura pas de peine à rendre à la loi toute sa vigueur. Ceux qui se sont livrés à l'étude du droit savent que le silence de la loi est souvent très-expressif. Le législateur parle quand il se tait. Tout ce qui est exclusion et exception doit être nommé; c'est un des principes fondamentaux de notre droit et de toute législation. La loi protége les membres des corporations religieuses au même titre que les autres citoyens.

9 mai 1857.

XIV

REMPLOIS.

Le Corps-Législatif est saisi d'un projet de loi qui modifie notre législation sur les remplois, en autorisant à placer en rentes sur l'État les sommes qui, provenant de la vente de certains immeubles, doivent être employées à l'achat d'autres immeubles. La question ne s'élève que dans le cas où un mari a vendu les propres de sa femme; la loi ne permet pas que le prix tombe dans la communauté, parce que le mari, qui aura la moitié de la communauté, recevrait un avantage contraire aux termes du contrat de mariage. Le remploi est la substitution d'un immeuble à un autre; c'est le remplacement par un autre immeuble de l'immeuble vendu par le mari ou par la femme. Le Code civil, fidèle à son esprit général et à sa logique rigoureuse, ne fait ici que maintenir les conventions matrimoniales; à ses yeux, la distinction des meubles et des immeubles est radicale; pour lui, la principale, la plus solide richesse est encore la terre. Ces principes si simples ont été sapés par une prétendue économie politique. On tend aujourd'hui à la mobilisation du sol; elle est même singulièrement avancée par les lois qui, dans l'intérêt des financiers, ont supprimé les entraves à l'expropriation. Pour avoir le monde renversé, il faut joindre à la mobilisation des immeubles l'immobilisation des meubles. C'est ce qui arrive; les rentes déclarées meubles par l'article 529 du Code civil changeront de caractère. Les économistes et les financiers battent en brèche le Code civil qui, dans cette conjoncture, n'a que l'*Univers* pour défenseur. Et pour détourner de la terre le capital dont elle a besoin, on choisit le moment où la propriété foncière, avilie depuis dix ans, succombe sous le poids des charges. Tout se précipite vers ce qu'on appelle les valeurs mobilières ; on essaye imprudemment de grossir ce courant qui emporte tout, et contre lequel la propriété foncière ne lutte même plus.

Et pourquoi un tel changement dans les principes de notre législation? Un seul motif est présenté, c'est celui de soutenir la rente et de la porter à un taux plus élevé. Mais la situation de la rente française est bonne : elle est au-dessus du pair, et assurément moins à plaindre que l'agriculture. Nous entendons dire : il faut atteindre au niveau de la rente anglaise. En Angleterre, où il y a moitié moins d'or et d'argent qu'en France, l'intérêt, en le jugeant par la rente, est à un peu plus de 3 p. 100. Cela tient à l'abondance des capitaux, à l'immensité des produits industriels et agricoles. La richesse anglaise repose sur l'agriculture; elle a pris cet immense développement à la fin du dernier siècle, sous l'administration de M. Pitt. Ce grand ministre comprit qu'il ne résisterait à la Révolution française que par une création de richesse capable de soudoyer les armées européennes. L'Angleterre payait à ses alliés des subsides en nature, des approvisionnements de toute sorte : vêtements, harnachements, armes, vivres, choses dont le sol fournissait la matière première. Le système des banques agricoles, la concentration des propriétés, donnèrent

à l'agriculture une impulsion inouïe; l'industrie, qui en travaillait les produits, reçut un accroissement analogue. Pour
solder tous ces travaux, tous ces produits, la dette publique
fut augmentée et devint un placement général; à l'intérieur
on se servit de papier-monnaie, l'or et l'argent ayant disparu
de l'Angleterre, et le peu qu'on en avait étant toujours réex-
pédié sur le continent. Mais ce papier-monnaie, ces rentes,
représentaient une valeur effective, réelle, surajoutée au fonds
producteur et à la richesse publique de l'Angleterre. Le papier-monnaie de nos révolutionnaires ne représentait que des
pillages, des destructions de valeurs; il servait à la destruction de la France, tandis que le papier anglais servait à la réé-
dification de l'Angleterre. Et la raison économique en est que
les Jacobins français créaient simplement des signes de richesse; chez les Anglais, la réalité accompagnait le signe.
Depuis lors, l'industrie et le commerce anglais ont continué
à grandir; la politique leur a ouvert des débouchés et leur assure encore une prépondérance incontestée.

Cette richesse industrielle et commerciale ne peut se caser
que dans la rente. En effet, la propriété territoriale n'est pas
à l'encan en Angleterre. Les propriétaires fonciers n'y craignent pas l'expropriation. Leur puissance et leur honneur
sont intéressés à ce qu'ils gardent l'héritage qui leur a été
transmis et qu'ils transmettront dans les mêmes conditions.
Le sol est immobilisé; il échappe à l'agiotage et à ce mouvement régulier qui, par l'impôt et les droits de mutation,
fait, en vingt-cinq ans, passer la valeur du sol français dans
les mains de l'État. La rente est le seul asile offert aux fortunes acquises dans l'industrie et le commerce; les établissements publics, les corporations, qui ont une partie de leur
avoir en rentes, ne s'inquiètent jamais de la hausse ou de la
baisse, puisqu'ils ne vendent pas. La fixité et l'élévation de la
rente anglaise tiennent à ces causes. Toutes les économies du
Royaume-Uni se jettent dans la rente, faute de mieux, et
parce que le capital mobilier ne pourrait entamer la propriété foncière par voie d'achat ou d'hypothèque. En France,

la rente et le capital sont en guerre ; la propriété y est grevée
d'hypothèques et la triste ressource de l'emprunt lui est
maintenant fermée. La spéculation attire les capitaux vers les
entreprises industrielles et les jeux de Bourse. L'Angleterre
n'alimente pas sa rente en sacrifiant la propriété, et ce serait
l'imiter à contre-sens que d'élever la rente aux dépens de la
propriété. Les variations de la rente française ne viennent pas
de ventes sérieuses, mais de l'agiotage ; ce sont les ventes fictives qui en altèrent le véritable cours. L'*Univers* a démontré par des discussions techniques cette tendance de l'agiotage
à comprimer de plus en plus la rente. Personne n'a répondu et ne pouvait répondre à des arguments pris dans la
nature même des choses. N'est-il pas étrange que le Gouvernement cherche des acheteurs sérieux pour la rente ? Il n'y
en aura pas d'autres quand la Bourse sera rentrée dans l'ordre
et même dans la légalité. C'est une tâche difficile, dit-on ;
c'est au contraire très-simple. Ce qui est difficile, c'est de résister à l'oligarchie financière qui gouverne la Bourse et qui
de là prélève un impôt si lourd sur le pays. Par l'agiotage, la
finance se dévore elle-même ; l'agriculture et l'industrie honnêtes en ont été les premières victimes ; et puis, enfin, le
crédit se trouve paralysé et la rente a peine à monter.

Otez le jeu, et les fluctuations des cours n'auront qu'une
importance secondaire, outre qu'elles seront rares et faibles.
Voilà le remède que réclame la rente, si on la juge malade et
si on lui souhaite une plus haute prospérité. Réformer le
Code civil pour plaire à la Bourse est une mauvaise politique,
parce que le Code civil est moins révolutionnaire que la
Bourse, et qu'il renferme encore, dans une certaine mesure,
quelques principes conservateurs des familles et des patrimoines. Il se montre conservateur en ce qui concerne la
femme ; il garantit autant qu'il le peut ses droits contre les
dilapidations de son mari. Ces garanties tomberont une à une
devant les exigences de la finance. Nous en avons signalé de
graves exemples ; la jurisprudence s'est laissé influencer, et
les droits de la femme et des enfants ont dû céder au crédit.

Cette action de la finance sur l'ordre civil se développe chaque
jour; elle pénètre toutes les parties de notre législation qui y
étaient restées étrangères : toutes les barrières s'écroulent
sous un prétexte ou sous un autre. Le législateur est cependant tenu à une grande réserve, et, en sacrifiant tout à un
seul principe, il risque de déranger l'équilibre social. Qui oserait dire que le Code civil pèche par un excès du principe
conservateur? Nous savons les changements qu'a amenés un
demi-siècle dans les préoccupations et les intérêts de notre
pays. La Bourse, la rente, le crédit, les chemins de fer, etc.,
y ont la première place; et certainement les prévisions des
auteurs de nos codes ont été dépassées. Mais il est probable
qu'une réaction se fera sentir; elle a même déjà commencé.
Nous regretterons alors de nous être élancés à la suite de
l'Angleterre dans une carrière inconnue et pour laquelle
nous n'étions pas suffisamment préparés. Constituées sur des
bases différentes, la France et l'Angleterre se contredisent en
tout; ce qui n'empêche pas la bonne entente, à la condition
que chacune suive son propre instinct et n'impose pas à
l'autre ses institutions. Les Anglais ne méritent de nous
servir d'exemple que par leur fidélité à leurs institutions;
francisons davantage les nôtres et rejetons l'alliage étranger,
si nous voulons égaler nos voisins. Pour en venir là, il n'est
pas nécessaire de grands efforts, il suffit de nous dépouiller
de l'esprit de dénigrement que la secte des économistes nous
a inspiré contre la France.

11 avril 1859.

XV

REPRISES DE LA FEMME.

La Cour de Cassation vient de décider une question qui,
pour appartenir au droit civil, n'en touche pas moins aux
plus graves intérêts de l'ordre politique. Ce n'est pas une

discussion juridique que nous avons l'intention d'engager ici ; il nous importe seulement de constater la valeur morale des doctrines qui ont été invoquées de part et d'autre. Il s'agit de savoir si la femme qui a renoncé à la communauté exerce ses reprises en qualité de simple créancière et vient au marc le franc avec les autres créanciers du mari. La jurisprudence a varié, tantôt reconnaissant, tantôt amoindrissant les droits de la femme. M. Dupin, dans son réquisitoire du 13 janvier, a entraîné la Cour de cassation à sacrifier les droits de la femme. L'opinion qu'il a soutenue est loin de rallier tous les suffrages ; elle a notamment contre elle M. le premier président Troplong, qui, dans son ouvrage *Du Contrat de mariage*, a établi que les droits de la femme ressortaient des textes et de l'esprit du Code civil. Le législateur a voulu protéger la femme, il lui a donné toutes les garanties que comportait notre état social. Le mari administre la communauté en maître absolu ; mais la femme est libre d'accepter ou de répudier la communauté. Dans ce dernier cas, elle s'en tient à ses reprises et à ses prélèvements. Ces termes sont ceux du législateur. Il s'ensuit que la femme n'est pas une simple créancière. Elle *reprend* une chose qui lui appartenait, qui était en dépôt, sur laquelle personne n'a pu avoir droit ; elle n'a pas cessé d'en être propriétaire. Quant à ses immeubles, elle les reprend sans aucune difficulté. S'il lui est dû une récompense en argent pour le prix d'immeubles qui auraient été aliénés et dont il n'y aurait pas eu remploi, elle est payée par droit de prélèvement (1433 du Code civ.). Et ce prélèvement s'exerce avant celui du mari. La femme renonçante est étrangère à la communauté (1492) ; mais ses droits se spécialisent ; de propriétaire indivise d'un tout, elle apparaît comme propriétaire d'objets déterminés (1493). Elle reprend : 1° ses immeubles ; 2° le prix de ses immeubles aliénés ; 3° les indemnités qui peuvent lui être dues par la communauté. La loi ne dit pas qu'elle a droit aux indemnités, etc.; car alors elle ne serait plus qu'une créancière. Elle les *reprend*, donc elles sont à elle à titre de propriété. Les dettes de la communauté sont exclusivement à la charge du mari (1484). Si la femme a fait inventaire, elle n'est tenue des dettes de la communauté que jusqu'à concurrence de son bénéfice (1483). Il est impossible qu'elle éprouve aucune perte, pour peu qu'elle suive les conseils du législateur. La communauté est tellement affectée aux reprises de la femme, que, d'après l'article 1472, la femme ne peut attaquer les biens du mari qu'après avoir épuisé ceux de la communauté. L'hypothèque légale des femmes sur les biens de leurs maris date du jour du mariage. Or, par sa renonciation, la femme a rendu son mari seul propriétaire de la communauté; le mari est censé en avoir toujours été l'unique propriétaire. Le prélèvement de la femme constitue-t-il un privilége vis-à-vis des créanciers de la communauté? Au nom de qui se présentent les créanciers? Au nom du mari, puisque la femme n'est plus pour rien dans la communauté. Ils exercent les droits de leur débiteur. Or, l'article 1471 met les prélèvements de la femme avant ceux du mari. Les créanciers arrivent donc après la femme; ils ont contracté en prévision de ses droits clairement énoncés.

Le législateur, ayant réduit la femme à l'incapacité, a dû la protéger outre mesure; il a fait taire en sa faveur les règles ordinaires pour lui assigner un droit tout spécial né de sa situation exceptionnelle. Pouvait-il la traiter comme simple associée de son mari? Mais c'est une associée involontaire; son rôle a été aussi passif que celui du mineur; sa condition est même moins avantageuse, car le tuteur administre les biens du mineur sans pouvoir en disposer, tandis que le mari est le maître absolu de la communauté. Sera-t-elle considérée comme une simple créancière de son mari? Mais quelle créancière que celle qui n'a pu librement prêter! Où est ce contrat d'égal à égal qui constitue le prêt? Les créanciers du mari ont connu les ressources de leur débiteur et les charges éventuelles qui grevaient ses biens par suite de l'hypothèque légale et des prélèvements de la femme. Ils ont agi dans la plénitude de leur liberté, sous des chances plus ou moins heureuses, et on leur assimilerait la femme qui a eu les mains liées ! Cette façon d'établir l'égalité rompt toute espèce d'égalité. La femme serait-elle punie d'une impuissance qui est l'ouvrage du législateur lui-même ? Non, le législateur a entouré d'une protection efficace la femme mariée. Le but principal des lois civiles n'est-il pas de protéger les incapables ? N'est-ce pas sur les femmes et sur les enfants que se portera de préférence la sollicitude du législateur ? Les intérêts qu'embrasse la famille sont les plus précieux, parce que ce sont des intérêts d'ordre et de conservation ; il y en a assez d'autres qui surgissent du mouvement incessant des affaires et de l'instabilité générale à laquelle notre société est en proie dans les moindres détails de la vie civile. Le Code, rendons-lui cette justice, n'a pas entièrement lâché la bride aux instincts destructeurs ; modération qui pèse à ces intérêts impatients de toute restriction et qui s'alimentent de la dissolution sociale. Le monde a marché depuis 1802 ; l'honneur des familles, l'avenir des enfants, la conservation des patrimoines, sont devenus de vains mots ; c'est le crédit qui est l'idole du jour. Vendre, acheter, spéculer, c'est l'unique gloire de nos contemporains. L'usure bientôt réclamera sa place au soleil ; des publicistes en renom nous la présentent comme une vertu calomniée, digne désormais de nos hommages. La magistrature résiste à ce flot envahissant des spéculations éhontées ; elle y oppose les principes de haute morale dont les Domat, les Daguesseau, les Pothier, ont été les interprètes, et qui ont laissé leur empreinte sur nos lois. Le cercle de l'interprétation judiciaire est vaste ; des intérêts qui, il y a un demi-siècle, occupaient une faible place dans notre société, se sont développés et exercent une influence prépondérante : tout leur est livré si les dernières barrières de la loi sont enlevées. La Cour de Cassation avait consacré par une série d'arrêts la doctrine contraire. Le texte de la loi et la pensée du législateur ont-ils été respectés ? La loi ne donne pas à la femme le titre de créancière ; dans son langage, la femme reprend ou prélève. Ainsi l'arrêt fait violence au texte de la loi.

Le système du législateur est facile à concevoir. La femme a une hypothèque générale sur les biens de son mari, première garantie lors de la dissolution de la communauté, mais qui disparaît si le mari ne laisse pas d'immeubles. Le législateur en ajoute une autre qui en est le complément naturel et nécessaire. Quoi donc! la femme resterait sans garantie à défaut d'immeubles de son mari, et elle serait sans droits sur les meubles de sa succession! La loi n'aurait rempli que la moitié de sa tâche si, dans cette circonstance, elle avait abandonné la femme. Elle vient à son secours et lui dit: S'il n'y a que des meubles, vous reprenez, vous prélevez. On reprend, à titre de propriété; on prélève, en vertu d'un droit antérieur; et ici le droit remonte au mariage. C'est de ce moment que la femme, en vue des pertes auxquelles elle est exposée par la gestion de son mari, est investie de garanties éventuelles qui se réalisent à la dissolution de la communauté. Elle a recours contre tous les biens, meubles ou immeubles; il y aurait inconséquence à lui retirer la garantie des meubles. Le Code indique la pensée du législateur plutôt qu'il ne l'exprime formellement. Mais les principes dirigeants de la matière guident l'interprétation judiciaire; il suffit que le texte de la loi ne répugne pas au droit de propriété de la femme, puisque ce droit, éminemment favorable par les intérêts qu'il garantit, rentre dans l'ordre d'idées qui a inspiré le législateur du Code civil. La famille se dissout; elle succombe aux causes de ruine qui l'assaillent du dedans et du dehors. Le patrimoine des familles est follement engagé dans la spéculation. Le travail honnête et constant est remplacé par les jeux de l'agiotage; la famille, cette arche sainte, est ballottée au milieu de tous les périls, et les quelques ancres qui la retiennent encore seraient imprudemment coupées! Ces vicissitudes de l'industrie, nous les comprenons pour l'homme qui les brave tout seul, et qui, par son habileté ou son obstination, se relèvera de la mauvaise fortune. Y associer la femme et les enfants, êtres passifs, c'est leur arracher la sécurité, c'est entraver l'éducation de la famille. Quelle

éducation convient à des enfants dont le sort est incertain? Il
faut à la famille un long avenir et une grande stabilité de
fortune. C'est la meilleure condition de son développement.
Par ce qui se passe dans le monde entier, nous savons quelle
est la solidité des espérances fondées sur le commerce et l'industrie. Défendez, même contre les illusions des chefs de famille, le patrimoine des femmes et des enfants.

Que la femme accepte ou répudie la communauté, elle est
également indemne. Dans ce fait, étrange au premier abord,
éclate la volonté du législateur. La loi ne permet pas que
l'ignorance de la femme ou ses bons sentiments lui soient
funestes, et elle pourvoit à ce que l'acceptation et la ré-
pudiation aient le même effet pour elle. Pour quiconque
étudie les lois dans leur esprit général, il n'y a pas de
preuve plus convaincante. Le législateur poursuit en quelque
sorte la femme de sa protection; il trouve moyen de lui
assurer les mêmes droits dans des circonstances contradictoires. Toutes les analogies ramènent donc sous l'empire de
cette protection spéciale les reprises de la femme renonçante
à la communauté.

Tout l'ensemble de ces principes, de ces lois, de ces induc-
tions, a rencontré dans M. Dupin un adversaire triomphant.
Son réquisitoire brille plus par l'érudition que par le raisonnement. Son principal argument est tiré de l'ancienne
législation, qui, selon lui, assimilait la femme aux autres
créanciers de la communauté. Il est un peu tard pour arborer le drapeau de la coutume de Paris. L'ancien droit n'était
pas unanime; et, au fond, l'argument est de mince valeur.
Nos coutumes étaient éminemment favorables à l'esprit de
famille; est-il étonnant que, lui accordant tant de garanties,
elles lui en aient refusé une spéciale, celle précisément dont
arguë M. le procureur général? M. Dupin invoque surtout
l'autorité maritale et les droits des tiers. L'autorité maritale
n'a rien à voir ici; si elle était blessée parce que la femme
exerce un prélèvement sur les biens meubles du mari, elle le
serait aussi par l'hypothèque légale qui lui donne recours

contre ses biens immeubles ; elle le serait plus encore par le régime dotal. Le mari a régné pendant le mariage, il a gouverné en roi absolu les biens de la communauté. La femme ne lui succède pas dans le gouvernement ; et comme compensation à sa nullité antérieure, la loi lui restitue tous ses droits, qui ont sommeillé sous la gestion de son mari. Cette gestion, à laquelle elle n'a pas participé, ne lui impose pas d'obligations ; elle en dégage autant qu'il est possible son intérêt personnel. Les tiers ont traité avec le mari, connaissant sa responsabilité à l'égard de sa femme. Ils n'ont pu être trompés, sachant que la femme passe avant tous créanciers postérieurs au mariage. Les prélèvements de la femme sont prévus. Ils s'opèrent avant ceux du mari ; c'est la loi qui le proclame. Comment donc les créanciers du mari auraient-ils droit sur les biens qu'elle retire de la communauté ? Les créanciers n'ont pour gage que les biens de leur débiteur ; tous les biens de leur débiteur leur sont affectés. Quant aux biens indivis, ils ne sont aux créanciers que dans la mesure déterminée par le partage. Le partage consommé, le mari est censé n'avoir jamais eu aucun droit sur le lot qui lui échappe. Le partage est déclaratif et non attributif de droits. Les reprises de la femme opérées, les biens restants ont toujours appartenu au mari ; ces biens seuls sont le gage des créanciers du mari. La femme, ayant toujours été propriétaire de ce qu'elle reprend et ne s'étant pas engagée envers les créanciers de son mari, n'est pas tenue de contribuer aux dettes de la communauté. Qu'y a-t-il de plus clair ? Des considérations oratoires sur l'autorité maritale et les droits des tiers envisagés *in abstracto*, peuvent-ils infirmer ces conséquences logiques des principes les plus certains du droit ?

M. Dupin distingue l'action en payement qui appartient à la femme pour le prix de ses propres aliénés et ses reprises en nature. Les reprises supposent la propriété ; l'action en payement n'est qu'une créance ordinaire. L'article 1493 condamne cette distinction. Il applique à ces deux cas l'expression « la femme renonçante a droit de reprendre » 1° ses

immeubles existants en nature ; 2° le prix de ses immeubles
aliénés. Ces subtilités sont étrangères au législateur. Le réquisitoire de M. Dupin est conçu sous l'influence de cette idée,
que le crédit moderne ne s'arrange pas des droits de la
femme. C'est aussi ce qu'on disait quand on a tenté une réforme radicale de notre régime hypothécaire. Il fallait sacrifier la famille à la finance. Le législateur a reculé. Tout
démocratique qu'il est, le Code civil inspire des méfiances à
nos capitalistes. Cette protection dont il couvre la femme et
la famille les inquiète et les irrite. Le législateur regarde
les choses de plus haut. Ce n'est pas d'aujourd'hui qu'il a
laissé tomber cette grande parole, *interest reipublicæ dotes
mulierum salvas esse.* Qu'y a-t-il de changé? La fièvre de
l'agiotage qui a ébranlé et compromis tous les intérêts dif-
fère-t-elle beaucoup, quant à ses effets, de ce luxe effréné
qui, dans les derniers temps de la république romaine, en-
gloutissait toutes les fortunes privées? Ces chocs de la vie
civile rejaillissent sur l'État ; ils lui communiquent l'instabilité qui dévore les intérêts particuliers. La paix des familles
est aussi la paix de l'État. Une sage politique s'attache à protéger ces droits de la famille qui sont méconnus par tous les
politiques révolutionnaires. La jurisprudence achève l'œuvre
du législateur en s'adaptant aux faits et aux intérêts de chaque
jour. La loi est immobile, parce qu'elle habite la région des
idées ; la jurisprudence est mobile et perfectible, parce qu'elle
est mêlée à la vie commune et aux intérêts particuliers. La
magistrature voit à nu toutes les plaies sociales. Les débats,
les ruines des familles s'étalent sous son regard impartial ;
elle assiste à cette dissolution graduelle. La cupidité dont
les ravages ont été tant de fois signalés se montre sous son
vrai jour, ennemie des familles qu'elle appauvrit sous prétexte de les enrichir rapidement. Le public se souvient de
quelques fortunes scandaleuses et non de l'immense quantité
de petites fortunes qui ont servi à les édifier. La magistrature
lutte contre le torrent ; par la jurisprudence elle plie les faits
sous les principes de la loi et proportionne la défense à l'at-

taque. Le récent arrêt rendu par la Cour de cassation sur le réquisitoire de M. Dupin est-il conforme à une saine interprétation de la loi? N'a-t-il pas laissé fléchir les principes devant des considérations secondaires? Placée entre son premier président et son procureur général, la Cour a pu hésiter. Une pareille question est loin d'être tranchée sans retour; elle reviendra sans doute, et nous aimons à croire qu'un nouvel examen ramènera la Cour de Cassation à son ancienne jurisprudence.

29 janvier 1858.

LA MONARCHIE UNIVERSELLE.

I

Un écrivain de la *Revue des Deux-Mondes* essaye de nous apprendre d'où nous vient l'*idée de la monarchie universelle;* et, pour nous préparer aux nouveautés qu'il nous annonce, il intitule son travail : *Perspectives sur le temps présent.* Allons au fond des choses. Il semble donc à M. Émile Montégut que l'idée de la monarchie universelle est essentiellement catholique romaine. Voilà le Czar plus orthodoxe qu'il ne le croit. La raison qu'allègue M. Montégut, c'est que les peuples catholiques ont seuls visé à la monarchie universelle. Les deux exemples qu'il cite se réduisent à ceux de l'Espagne sous Charles-Quint et de la France sous Louis XIV. Quand le fait serait vrai, il serait d'une singulière logique d'en reporter l'inspiration au catholicisme et à la cour de Rome. Charles-Quint et Louis XIV sont loin d'avoir toujours vécu en bonne intelligence avec la Papauté. Le premier se trouva, non de propos délibéré, mais par suite des événements, à la tête d'un immense empire dont il soutint le fardeau avec gloire. Philippe II, son fils, n'eut d'autre ambition que de défendre l'Église partout mise en péril. Il est contraire à toute notion historique de dire que les guerres religieuses du xvi⁰ siècle n'ont été qu'un moyen de réaliser cette domination universelle. Ce ne sont pas les catholiques qui ont commencé la guerre; et s'ils se sont unis dans une lutte qui intéressait la catholicité tout entière, ils ont imité leurs adversaires. Est-ce que l'Angleterre et les autres États protestants n'intervenaient pas en France au profit de la Réforme? Quant à Louis XIV, l'assertion de M. Montégut est dénuée même d'apparence. Louis XIV n'a ambitionné que la prépondérance en Europe; ses guerres n'ont pas eu d'autre but; et, en somme, le résultat de sa politique s'est borné à l'acquisition de quelques provinces. Rien ne révèle en lui cette pensée de domination universelle que lui prête si gratuitement M. Montégut. Un seul homme, dans ces derniers temps, a pu la concevoir, c'est l'empereur Napoléon; et elle ne lui est venue que par degrés, au fur et à mesure des événements. En tout cas, le sentiment catholique n'était pour rien dans la conception du conquérant. Le peuple romain a eu seul la pensée de conquérir le monde.

Cette question de la monarchie universelle n'est pas étrangère à notre époque. L'*Assemblée constituante* de 1789, en décrétant les *droits de l'homme*, en rendant des lois *universelles*, ouvrait les voies à une monarchie universelle. Les socialistes, héritiers de la Constituante, en proclamant la suppression des nationalités et la solidarité du genre humain, proclament par cela même un gouvernement unique ou une monarchie universelle. Cette monarchie est fille du panthéisme moderne; elle en est la formule politique. Si l'humanité est un être vivant et réel, et si elle est le tout dont chaque homme est une partie, il est de toute évidence qu'elle a besoin d'une loi et d'une autorité qui embrassent tous les hommes. C'est la conséquence du dogme panthéistique; l'école socialiste en masse y adhère. Cette théorie de la monarchie universelle s'est produite avec éclat au moyen âge; et l'Église s'est prononcée. La monarchie universelle était impliquée dans la lutte du sacerdoce et de l'empire. Nous n'avons à examiner que le côté doctrinal de cette lutte. Un avocat s'est présenté pour les empereurs et pour la monarchie universelle, c'est Dante, dans son livre *De Monarchia*. Dante a-t-il obéi à un intérêt chrétien, en lançant ce manifeste? Une brève analyse nous le dira.

Il examine d'abord cette question : la monarchie est-elle nécessaire au monde? et il la résout affirmativement. Il invoque des raisons théologiques : l'homme a été créé à l'image de Dieu ; et comme Dieu est un, l'humanité ressemblera à Dieu, en s'unissant en un seul, qui est le prince. Dieu gouverne le monde par un seul mouvement : il faut de même aux choses humaines un seul mouvement et un seul moteur. Dante passe de là aux arguments purement politiques. La paix est le souverain bien des peuples ; or, la pluralité des princes expose les peuples à une foule de conflits, car aucun prince n'a juridiction sur un autre. Un supérieur est nécessaire pour maintenir l'ordre. L'unité est la forme absolue du bien, et le genre humain est une harmonie. *Omnis concordia dependet ab unitate quæ est in voluntatibus. Genus humanum optime se habens est quædam concordia; nam sicut unus homo optime se habens, et quantum ad animam et quantum ad corpus, est concordia quædam, et similiter domus, civitas et regnum : sic totum genus humanum. Ergo totum genus humanum optime se habens, ab unitate quæ est in voluntatibus, dependet. Sed hoc esse non potest, nisi sit voluntas una, domina et regulatrix aliarum in unum… nec una ista potest esse, nisi sit princeps unus omnium, cujus voluntas domina et regulatrix aliarum omnium esse possit.* Cette profession d'absolutisme ne manque pas de vigueur. Dante saute par-dessus les nationalités : comme nos socialistes les plus hardis, il n'admet qu'une seule société sur la terre. Il insiste sur cette idée, il la retourne en tous sens : *Cum ergo duplex ordo reperiatur in rebus, ordo scilicet partium inter se, et ordo partium ad aliquod unum quod non est pars, sic ordo partium exercitus inter se, et ordo earum ad ducem… humana universitas est quoddam totum ad diversas partes, et est quædam pars ad quoddam totum.* Ainsi, le genre humain est comparé à une armée rangée en bataille. Le célèbre gibelin dévoilait trop la politique impériale. Et l'on comprend que cet appel à une servitude universelle n'ait pas rencontré d'écho. La Papauté refusa cette paix que lui apportaient les empereurs; elle préféra sa liberté et la liberté de l'Italie à ce joug renouvelé du paganisme. Sous cette querelle se cachait une formidable résurrection de l'esprit païen.

Dante, après avoir montré la nécessité de la monarchie, pose cette question : le peuple romain a-t-il eu de droit l'empire? Si le peuple romain a établi dans le monde le gouvernement légitime par excellence, il n'y a plus qu'à le continuer, et les prétentions des empereurs ont un fondement juridique. Hegel a soutenu que Dieu s'incarnait dans certains peuples, et qu'aux diverses époques de l'histoire, un peuple providentiel résumait l'action et la volonté divine. Suivant ce fameux philosophe, les Juifs, les Grecs, les Romains, auraient été successivement en possession de la Divinité. Du temps que M. Hegel professait à l'université de Berlin, le peuple prussien était le peuple-dieu. Cette théorie n'est qu'un reflet de celle de Dante qui transforme le peuple-roi en peuple-dieu. *Romanus populus ad imperandum ordinatus fuit a natura;* tel est son point de départ, et il ajoute avec Aristote, que non-seulement les particuliers, mais les peuples naissent les uns pour commander, les autres pour obéir. Aussi, il conclut du fait au droit : *Ergo, romanus populus subjiciendo sibi orbem, de jure ad imperium venit... Ille igitur populus qui cunctis athletizantibus pro imperio mundi prævaluit, de divino judicio prævaluit.* La lutte était ouverte, le jugement de Dieu a prononcé; seul, le peuple romain a mesuré toute la carrière; *hic non modo primus, quin et solus qui attigit metam certaminis.* Sous une autre forme de raisonnement, il considère comme autant de duels toutes les guerres du peuple romain, et il leur applique la loi des duels telle que l'entendait le moyen âge, où le résultat du duel était un jugement de Dieu qui décidait de la justice de la cause : *Si justitia in bello succumbere nequit, nonne de jure acquiritur quod per duellum acquiritur?* M. Cousin n'a-t-il pas dit que la victoire était toujours juste? Nous traduisons le passage par lequel Dante essaye de marquer les desseins de Dieu sur le peuple romain :

« Si l'empire romain n'a pas été un empire de droit, le péché d'Adam n'a pu être puni dans le Christ. Nous avons tous péché en Adam. Par un seul homme le péché est entré dans le monde, et par le péché la mort. Si la mort du Christ n'avait pas satisfait pour le péché, nous serions encore les fils de la colère, notre nature restant dépravée. Il n'en est pas ainsi, car, dit l'Apôtre, nous devons être les fils adoptifs de Dieu par Jésus-Christ en qui nous avons le salut et la rémission des péchés. Le Christ a subi la punition. Il faut savoir maintenant que la punition n'est pas simplement une peine infligée à l'auteur du mal; elle implique de la part de celui qui l'inflige une juridiction légitime. Aussi, si la peine n'émane pas de juge ordinaire, ce n'est plus une punition, c'est plutôt une injustice. Si donc le Christ n'avait pas souffert sous un juge légitime, il n'aurait pas été puni. Or, le juge légitime devait avoir juridiction sur le genre humain tout entier, puisque le genre humain tout entier était puni dans la chair du Christ portant toutes nos douleurs. Et Tibère César, dont Pilate était le vicaire, n'aurait pas eu juridiction sur le genre humain, si l'empire romain n'eût pas été de droit. C'est pourquoi Hérode, sans savoir ce qu'il faisait, et Caïphe, par un décret de la Providence, remirent le Christ à Pilate pour être jugé. Hérode, en effet, ne tenait pas la place de Tibère sous l'enseigne des légions ou du Sénat : élevé par Tibère à une royauté particulière, il gouvernait au nom du royaume qui lui était confié. Que ceux donc qui se disent les fils de l'Église cessent d'attaquer l'empire romain, puisqu'ils voient l'Époux de l'Église, le Christ, lui rendre hommage au commencement et à la fin de sa vie terrestre. »

L'Empire romain est donc un empire *de jure*. Historien, jurisconsulte et théologien, Dante se place sous la triple autorité de l'histoire, de la théologie et du droit. Il invoque les grands souvenirs qui saisissent l'imagination; il se plaît à

nous décrire la grandeur de ce peuple romain qui n'a eu
l'empire que parce qu'il était le plus digne de l'avoir. Il est
ivre d'enthousiasme. Versé dans l'étude du droit, il sait que
les empereurs romains sont la personnification du peuple
romain dont ils exercent la souveraineté et remplissent le
mandat. Il est subjugué par cette majesté du peuple romain
vivante dans la personne des empereurs. Détournant les paroles de l'Écriture, il voit les peuples frémir sous le joug
romain, essayant vainement de le briser, et il plaint les peuples et les rois, *in hoc uno concordantes ut adversentur domino suo et uncto suo romano principi*. Les empereurs
romains devenus les oints du Seigneur! Et Dante est fatale-
ment amené à cette conclusion par l'idée qu'il s'est formée
du peuple romain. Il a matérialisé le droit dans le fait en
se proclamant le plus fervent adorateur de la force et du
succès. *Necesse est finem cujusque juris bonum commune
esse... quod si ad utilitatem eorum qui sub lege, leges di-
rectæ non sunt, leges nomine solo sunt, re autem leges
esse non possunt. Patet igitur quod quicumque bonum reipublicæ intendit, finem juris intendit.* C'est la doctrine
stoïcienne et républicaine de l'antiquité. Dante confond le
droit avec l'utilité, et déclare justes et utiles tous les résultats
de la victoire remportée par le peuple romain. Écoutez-le;
il est impossible de mieux falsifier l'histoire : « Le peuple romain a tendu au bien général de l'humanité; ses actions nous
le montrent exempt de cette cupidité qui a toujours été en
horreur à la république : en établissant la paix universelle et
cette liberté si chère aux hommes, ce peuple saint, pieux et
glorieux, semble avoir négligé ses propres intérêts, pour ne
s'occuper que du salut du genre humain. » *Populus ille
sanctus, pius et gloriosus, propria commoda neglexisse
videtur ut publica pro salute humani generis procuraret.*
Le peuple romain remplissait une mission providentielle;
mais cette mission temporelle n'avait aucun des caractères
que Dante lui attribue. En tout cas, elle finissait à la venue de
Notre-Seigneur. Par une audace inouïe, Dante transporte au

peuple romain la qualité de peuple de Dieu ; il fait de l'institution romaine l'institution définitive et voulue de Dieu pour
l'humanité. *Non dubium est quin natura locum et gentem
disposuerit in mundo ad universaliter principandum.* L'admiration fanatique de l'antiquité a égaré Gioberti sur la même
pente. L'habitude de vivre dans les souvenirs de la Grèce et
de Rome lui faisait prendre en pitié les peuples régénérés par
le christianisme ; il en était arrivé à un véritable paganisme
politique.

La dernière partie de l'opuscule de Dante a trait aux rapports du sacerdoce et de l'empire. La souveraineté spirituelle
et la souveraineté politique, embrassant également le monde,
se touchaient par tous les points. Dante professe que les deux
pouvoirs descendent directement de Dieu. *Cum ista regimina
sint hominum directiva in quosdam fines, si homo stetis-
set in statu innocentiæ, in quo a Deo factus est, talibus di-
rectivis non indiguisset. Sunt ergo hujus modi regimina re-
media contra infirmitatem peccati.* L'empire vient directement de Dieu, dit Dante, car il ne vient ni de l'Église ni du
vicaire de Jésus-Christ, puisqu'il les a précédés. L'homme,
étant un mélange, un composé de deux natures, a une double
fin spirituelle et temporelle. *Duos igitur fines Providentia
illa inerrarrabilis homini proposuit intendendos, beatitudinem scilicet hujus vitæ, quæ in operatione propriæ vir-
tutis consistit, et per terrestrem paradisum figuratur, et
beatitudinem vitæ æternæ quæ consistit in fruitione divini
aspectus : ad quam virtus propria ascendere non potest, nisi
lumine divino adjuta, quæ per paradisum cœlestem intel-
ligi datur. Ad has quidem beatitudines, velut ad diversas
conclusiones, per diversa media venire oportet... propter
quod opus fuit homini duplici directivo secundum duplicem
finem ; scilicet summo pontifice, qui secundum revelata,
humanum genus produceret ad vitam æternam ; et impe-
ratore qui secundum philosophica documenta, genus humanum ad temporalem felicitatem dirigeret.* Cette félicité
réside dans la paix universelle que le prince romain peut seul

donner. Et s'il en est ainsi, et si Dieu nous destine à un double bonheur, à un bonheur terrestre et à un bonheur céleste, le prince romain est l'élu de Dieu, au même titre et dans les mêmes conditions que le Souverain-Pontife : *Solus eligit Deus, solus ipse confirmat. Ex quo haberi potest ulterius quod nec isti qui nunc nec alii cujuscumque modi dicti sunt electores, sic dicendi sunt : quia potius denunciatores divinæ prudentiæ sunt habendi. Unde fit quod aliquando patiantur dissidium, quibus denunciandi dignitas est indulta, vel quia omnes, vel quia quidam eorum, nebula cupiditatis obtenebrati, divinæ dispensationis faciem non discernunt. Sic ergo patet quod auctoritas temporalis monarchiæ, sine ullo medio de fonte universalis auctoritatis descendit. Qui quidem fons in arce suæ simplicitatis unitus, in multiplices alveos influit, ex abundantia bonitatis divinæ...* Cette doctrine de l'absolutisme est pleine de grandeur : elle respire une haine farouche contre tout esprit d'indépendance et de liberté. Saint Paul nous apprend que le pouvoir a une origine divine ; il abandonne à notre conscience les questions de personnes. Dante place ce pouvoir dans un homme qui représente directement Dieu, et cet homme c'est l'empereur romain, hors l'empire duquel il n'y a pour la société ni paix, ni bonheur, ni salut.

L'Église, par sa constitution même, et par la possession du patrimoine de saint Pierre, proteste contre cet empire universel. Ses possessions sont la garantie de toute nationalité indépendante. Et il est à remarquer que le patrimoine de saint Pierre n'a été violé que par ceux qui prétendaient à un pouvoir illimité. De nos jours encore, les ennemis du pouvoir temporel du Pape sont les ennemis de la papauté et les soutiens du pouvoir absolu. L'Église défend avec une infatigable constance sa souveraineté temporelle, qui n'est pas seulement le gage de son indépendance, mais la garantie de la liberté dans le monde chrétien. Outre ses théories païennes, le *de Monarchia* tombait par ce côté sous les censures de l'Église. Il a été mis à l'index. Dante, en effet, supprimait le patrimoine de saint Pierre, et rien n'est plus logique que son raisonnement. *Auctoritas principis non est principis nisi ad usum, quia nullus princeps seipsum auctorizare potest. Recipere autem potest atque dimittere, sed alium creare non potest, quia creatio principis ex principe non dependet.* L'empereur n'est pas le propriétaire du pouvoir, il en est le dépositaire, l'usufruitier ; il ne lui appartient pas de modifier le titre en vertu duquel il règne. Si donc Constantin a cédé aux papes le siége de Rome, il a agi sans droit ; la donation est nulle. En scindant l'empire, il a été contre le droit impérial ; car l'office de l'empereur est de tenir le genre humain sous la domination d'un seul. Il n'y a pas à repliquer : si le monde est à un seul, la papauté n'a plus de patrimoine. Ceux qui savent quelque chose de l'Église ne s'étonneront pas qu'elle ait combattu toutes les tentatives de monarchie universelle ; ils trouveront étrange qu'on accuse le catholicisme et la papauté de les avoir fomentées.

18 juillet 1854.

II

M. Thiers a consacré sa vie à nous raconter l'histoire de la *Révolution* et de l'*Empire*. Son dernier ouvrage, le plus considérable, est aussi celui qui atteste le plus de maturité chez l'écrivain : il n'a négligé ni ses soins ni ses recherches pendant vingt ans. Nous n'avions pas encore d'histoire contemporaine écrite sur documents et mémoires authentiques. La vaste compilation de M. Thiers a le mérite de la sincérité ; elle met en évidence les intentions vraies des personnages. Nous ne voulons pas l'étudier en détail. Tout le côté militaire est de peu d'importance pour nous. Douze ou quinze volumes de descriptions de batailles, c'est beaucoup trop pour ceux qui demandent seulement à l'histoire de les instruire sur les causes et les conséquences des événements ; et pour les hommes de métier, M. Thiers ne remplacera jamais les écrivains originaux. Un autre défaut fort grave, c'est l'incompétence de l'auteur en tout ce qui concerne la religion et la morale. Son ignorance est si naturelle qu'il ne s'en doute pas ; mais sa bonne foi lui fait souvent rendre justice à qui de droit, et elle ne lui voile pas les monstrueuses iniquités qui ont accablé Pie VII. Enfin, le style est absent : l'improvisation de l'orateur se reconnaît à chaque page. Malgré cela, il y a de belles pages où M. Thiers résume les conversations de Napoléon et d'autres personnages ; la vérité alors éclate en traits de feu, et on pénètre dans les profondeurs de l'histoire. M. Thiers, qui est le moins charlatan des hommes, se plaît à ces analyses, en indiquant toujours qu'il n'est qu'un simple rapporteur. Cependant, il se permet quelquefois des réflexions générales et sentencieuses ; il faut dire qu'il n'y est pas heureux, et que la vulgarité du fond le dispute seule à l'emphase de la forme. De ce genre sont les réflexions, d'ailleurs fort honnêtes, qu'il élève sans cesse contre l'ambition de Napoléon. Oui, sans doute, Napoléon aurait dû vivre en paix, se contenter de la ligne du Rhin, gouverner en roi constitutionnel, comme Louis-Philippe ; cela eût été assez raisonnable et dans les goûts de M. Thiers. Un simple sous-lieutenant qui devient roi de France, c'est bien assez. M. Thiers se serait contenté à moins ; aussi traite-il son héros d'insensé : il ne comprend rien à cette folie des conquêtes qui a été aussi fatale à la France qu'à l'Europe ; et en déclarant l'homme politique fou dans Napoléon, il ne consent à admirer en lui que le génie de la guerre.

Nous écartons tout ce bruit de batailles pour n'envisager que le côté politique et social de la grande figure impériale. Le but unique, constant, absolu de Napoléon a été de dominer le monde en réunissant tous les peuples sous un seul maître ; en un mot, il voulait restaurer l'Empire romain, rétablir la monarchie universelle. Un instant il fut près de réussir ; ce ne sont pas les princes qui lui firent obstacle ; Charles IV et Ferdinand VII se remettaient honteusement dans ses mains, eux et la couronne d'Espagne ; la Prusse avait

disparu ; l'Autriche n'était plus qu'une ombre ; Alexandre
était séduit. La campagne précipitée de 1812 a renversé tout
cet échafaudage. Deux peuples ont brisé la monarchie universelle ; la tactique et le génie n'ont rien pu contre l'Espagne
et l'Allemagne soulevées. Dans ces grandes vicissitudes, Napoléon n'a qu'une pensée, ressaisir l'empire du monde ;
jamais l'idée ne lui vient de restreindre son ambition. En
vain lui offre-t-on la France, il n'en veut à aucun prix. Et il
ressort des documents amassés par son historien que les négociations de paix n'étaient pour lui que des moyens de tuer
le temps. Réduit à quelques milliers d'hommes, il est indomptable. Au retour de l'île d'Elbe, il change de langage ;
il se convertit au libéralisme. Mais il n'y a que M. Thiers qui
croie à la sincérité de cette conversion. L'Europe tout entière,
convaincue que Napoléon portait la monarchie universelle
dans sa tête, lui jura une guerre à mort.

L'idée de la monarchie universelle n'a pas péri avec l'Empire romain ; les légistes l'ont perpétuée. Le droit romain,
introduit dans les monarchies chrétiennes, lui a créé un
corps de doctrines qu'elle cherche à réaliser à travers les révolutions modernes. Les princes, à moitié chrétiens, à moitié
païens, l'ont caressée. La folie des Hohenstauffen s'en empare. Dante écrit au xive siècle son pamphlet *de Monarchia.*
Le césarisme coule à pleins bords dans toutes les législations.
Au xvie siècle, Charles-Quint semble s'approcher de la monarchie universelle. N'oublions pas que toutes les écoles de droit
retentissaient de cet axiome, que l'empereur est le maître
absolu de toute la terre. La théorie s'efforçait de passer dans
les faits. Au xviie siècle, l'idée de la monarchie universelle
trouble encore les esprits. Un Anglais, attaché à la cause de
Charles Ier et admirateur du droit romain, Arthur Duck,
publie un livre sur les progrès du droit romain dans les différentes principautés chrétiennes de l'Europe. Et il se croit
obligé de constater que les rois d'Italie, d'Espagne, de France,
d'Angleterre, de Suède, de Danemark, etc., etc., ne reconnaissent pas la suprématie des empereurs : il réfute la doc-

trine contraire exposée par les légistes césariens, tant ce nom d'empereur, divinisé par le droit, exerçait de fascination, alors même qu'aucune réalité n'y répondait.

Quand Louis XIV, préparé par Henri IV et Richelieu, se montre, il effraye immédiatement l'Europe. Les doctrines des légistes sont répandues partout, mais en France plus qu'ailleurs. La royauté y est tout imprégnée de césarisme. L'idée de la monarchie universelle est dans l'air, et l'on craint que, débarrassée des guerres civiles, la France ne se jette sur l'Europe pour l'asservir. Ce qu'il y a de certain, c'est que dès le début du règne, l'Europe est contre nous ; l'Espagne, l'Angleterre, l'Empire, la Hollande, sont en quelque sorte ligués par une crainte commune. Les publicistes étrangers accusent Louis XIV de viser à la monarchie universelle. C'est le grief qu'invoque Leibniz pour unir les princes allemands dans le sentiment de l'indépendance nationale. Il reproche à la politique de la France d'être ennemie de l'Église catholique et de la souveraineté pontificale ; il lui reproche, en second lieu, d'être démocratique et de tendre ainsi à la monarchie universelle par l'abaissement de l'Église et des principes conservateurs de l'ordre social. L'Église, en effet, est la protestation vivante contre le césarisme ; fondée sur la distinction des pouvoirs, elle résiste jusqu'à la mort à l'absorption du spirituel par le temporel, qui sert de base à la monarchie universelle. Les légistes, par système, refusent à l'Église le droit de souveraineté et de propriété. Il est facile de se rendre compte des témoignages inattendus d'estime et de confraternité qui ont été donnés au Souverain-Pontife par les princes protestants ou schismatiques de l'Europe en 1814. Pour écarter le danger de la monarchie universelle, il fallait d'abord rétablir les papes dans leur autorité séculaire. L'insistance de Napoléon à détruire le pouvoir temporel du Saint-Siége dictait leur conduite aux souverains. Ils s'affermirent en affermissant le Pape ; et ils seront tous menacés le jour où le Pape, dépouillé de tout, aura quitté Rome ; ils sont déjà inquiets depuis qu'une partie des États-Pontificaux a été ravie. L'Europe sent instinctivement qu'aujourd'hui, comme il y a un demi-siècle, la chute du pouvoir temporel de la Papauté serait suivie d'une ère de révolutions et de conquêtes.

Le panslavisme est une tendance à la monarchie universelle ; et l'idée de panlatinisme que nous entendons émettre étourdiment autour de nous va au même but. L'Angleterre est la seule nation chez qui la théorie de la monarchie universelle ne se soit pas développée ; l'Espagne, la France, l'Italie, l'Allemagne, la Russie, ont affiché leurs prétentions ; l'Angleterre s'est renfermée chez elle. L'Angleterre a seule repoussé le droit romain ; elle est restée fidèle à ses coutumes et à l'esprit féodal. Cela explique la nécessité où elle est de combattre le césarisme moderne, dont le triomphe serait son arrêt de mort. Elle a puissamment aidé à la chute de Napoléon ; et alors elle se montrait le peuple le plus papiste de l'Europe, elle recevait nos prêtres émigrés, et offrait ses secours au pape Pie VII. Nul doute que si le Souverain-Pontife eût été libre, il eût cherché un asile en Angleterre. Tout récemment, la diplomatie s'est émue de l'intention manifestée par le gouvernement anglais d'accueillir Pie IX, s'il était exilé de ses États. Rien n'est moins étonnant : les Anglais sont hostiles à la Papauté par ignorance, mais ils veulent conserver un fonds de christianisme ; et quand ce fonds est attaqué, ils oublient leurs préventions, surtout s'ils y ont un intérêt évident. Ils ont mieux aimé s'exposer à la propagande catholique de nos prêtres que de laisser le champ libre à la Révolution française. Dès ce moment sont tombées bien des barrières ; le catholicisme a repris racine dans cette île si obstinément rebelle. La présence de Pie IX en achèverait la pacifique conquête. La vie des papes est une vie de lutte. Un triste spectacle frappe nos regards : les pays catholiques s'affaiblissent ; l'Autriche n'a pu garder les Romagnes ; la France n'ose pas arracher les Marches et l'Ombrie au Piémont. Pourquoi le Pape, chassé de Rome, trahi par les peuples catholiques, ne se retirerait-il pas au milieu de protestants respectueux ? Les journaux démocratiques comprennent-ils

maintenant que la France ne peut permettre à Victor-Emmanuel de s'installer au Capitole ?

L'idée césarienne couve depuis des siècles en Italie : dès
le douzième, les légistes lombards acclament Frédéric II.
Et de Frédéric II à Mazzini, en passant par Dante, l'idée
n'a pas perdu de sa vigueur. Pendant que Napoléon était à
l'île d'Elbe, des conspirations s'ourdissaient en Italie pour le
rappeler sur le sol italien. N'était-il pas Italien de famille ?
Rien n'empêchait de rattacher sa généalogie à celle de ces
races latines qui ont soumis le monde ancien, et qui n'ont
fourni qu'un grand nom à l'histoire, Jules César. Que de
traits de ressemblance ! L'orgueil italien s'exaltait aisément à
ces souvenirs et à ces espérances. Mais à Napoléon, comme à
César, il fallait des Gaulois et non des Italiens pour instruments ; Napoléon dédaigna les offres des Italiens, et avec raison, préférant tenter la fortune en France. Il échoua devant
la haine conjurée de l'Europe.

Pourquoi Napoléon ne s'est-il pas fait roi de France ? Ses
généraux ne demandaient que cela ; il leur aurait assuré des
dotations territoriales, des traitements, des honneurs, une
existence paisible. A ce prix, l'Europe entière le reconnaissait
et s'alliait à lui. Il ne paraît pas qu'il se soit jamais arrêté à
cette pensée. Il était taillé à l'antique : on a dit de lui : « C'est
un homme de Plutarque. » Sa physionomie, son génie, son
caractère, sont de l'ancienne Rome, et tout naturellement
appropriés à la révolution païenne du xviiiᵉ siècle. Le *Moniteur* de 1804 publia le programme du sacre, et le lendemain
de la cérémonie, il annonça un compte rendu qui n'a jamais
paru. C'est que le programme concerté avec l'autorité religieuse fut brusquement modifié par Napoléon lui-même, qui
se couronna de ses propres mains, et changea le caractère
d'une cérémonie purement religieuse où la suprématie appartenait au Souverain-Pontife.

Son éducation le prédestinait au rôle qu'il a joué ; et les
débuts démocratiques de sa carrière sont une analogie de
plus. Il embrasse avec ardeur le parti de la Révolution et

s'attache d'abord aux Jacobins. Jusqu'au dix-huit brumaire, il reste l'appui le plus ferme de la Révolution. Quelques lettres de lui sont signées : *Brutus Buonaparte*. Vous le voyez, de Brutus à César il n'y a que la main. César, lui aussi, a commencé par servir sous Catilina. Destitué par la réaction après le 9 thermidor, Bonaparte est rappelé pour le 13 vendémiaire, où il foudroie les sections sur les marches de Saint-Roch et sauve la Convention. Il poussait au coup d'État de fructidor, prêt à le soutenir de son épée si c'eût été nécessaire. La Révolution ne pouvait vivre avec lui ni sans lui. Il résumait en lui les instincts et les passions de cette société violente qui cherchait un frein. L'Europe chrétienne, la France du passé, avec leurs traditions, lui étaient étrangères. Il méprisait ces antiques royautés, si modérées dans leurs désirs, si limitées dans leur action. Il n'était pas un roi, il était César. Cette tentative de monarchie universelle qui a été si près de réussir, et qui entrait si profondément dans l'esprit des légistes, des littérateurs, des poëtes, ne saurait être arguée de folie. Elle répondait au caractère d'universalité de la Révolution française, qu'elle transformait et réprimait à la fois. De grands malheurs sont tombés sur le monde, car le principe de la monarchie universelle a laissé dans toutes les contrées de l'Europe des traces qui sont autant de ferments d'agitation. Quel peuple n'a pas à redouter la monarchie universelle? La nationalité française s'y abîmerait la première. Le principe de nationalité est battu en brèche par le cosmopolitisme des intérêts, des sentiments et des doctrines. Le saint-simonisme, qui a exercé tant de ravages dans l'Europe contemporaine, inspire la pensée du siècle, dirige la banque et la littérature. De toutes parts éclate l'idée que tous les peuples ne doivent former qu'un seul peuple ; la solidarité commence à lier les nations. Nous en voyons les effets dans la détresse industrielle qui affecte la France et l'Angleterre, par suite de la guerre des États-Unis. Tôt ou tard, la monarchie universelle surgira de ce cosmopolitisme ; elle en est la conclusion logique. Ne réclame-t-on pas l'uniformité des

législations? L'éducation commune de tous les enfants européens n'est-elle pas en projet? N'y a-t-il pas cent systèmes de
langue universelle, en attendant que toutes les langues se
confondent en un seul jargon? Les poëtes romains célébraient
« la majesté de la paix romaine, » la Révolution n'avait à la
bouche que la fraternité des hommes!

La monarchie universelle n'est donc pas un rêve, puisqu'elle n'est que l'idéal politique du paganisme, et que le
paganisme n'est jamais mort. Il s'est réveillé avec Luther,
il a fait irruption avec la Révolution française. La Révolution italienne est fille de la Révolution française; elle en
professe toutes les maximes : elle s'empare des États de
l'Église, et abolit autant qu'il est en elle le souverain-pon-
tificat. Elle a aussi le génie des conquêtes, qui est chez
elle l'instinct de la propagande. Elle a déjà jeté les yeux
sur la Grèce, la Turquie, la Hongrie, sur tous les pays
que remue l'esprit nouveau. Des communications occultes
tiennent uni le faisceau révolutionnaire dans toute l'Europe.
L'élan révolutionnaire de l'Italie est comprimé par des circonstances accidentelles : il obéira à sa loi d'impulsion quand
l'obstacle aura cessé. Personne n'en doute, et aucun diplo-
mate n'oserait affirmer le contraire.

Un des symptômes du cosmopolitisme qui nous enveloppe,
c'est cet appel incessant à la conciliation dont nous sommes
étourdis. Il semble qu'il n'y ait plus rien de fixe et que le bien
et le mal ne soient que des types changeants et variables, qui,
par la dégradation successive des teintes, arrivent nécessairement à se confondre. Une opinion vague, générale, embrassant tout, tend à se substituer à la guerre de doctrines
qui règne depuis le commencement du monde. C'est là précisément le panthéisme. L'Allemagne en a donné la formule
par la philosophie de Hégel. Suivant cette philosophie, *rien
n'est, tout devient.* Parménide avait dit avant Hégel : *Tout
s'écoule, rien ne demeure.* Qui ne reconnaît la doctrine moderne du progrès? Un de nos adversaires ne nous demandait
qu'une chose, c'était de ne pas nier le progrès. Si la vérité

progresse, elle n'existe pas ; ôtez-lui son caractère immuable, elle n'est plus qu'un produit de notre imagination. Avec le progrès, rien n'est terminé ni ne se terminera, la société n'est qu'une ébauche perpétuellement remaniée, la vie humaine une toile de Pénélope. Quand Hégel affirme l'identité des contraires, il exprime d'une manière pédante cette vieille idée des sophistes, qu'il n'y a ni vrai ni faux. Telle est la morale du panthéisme : elle est le support du césarisme à toutes les époques. Ne nous étonnons pas de la facilité avec laquelle tous les despotismes modernes se sont établis après la Renaissance et la Réforme. En essayant, par un euphémisme nouveau, de mettre d'accord le bien et le mal, les sophistes préparent un gouvernement qui met tous les hommes d'accord en leur imposant le même joug. Le panthéisme moderne ne diffère pas essentiellement du stoïcisme ; en se consolidant, il enfantera sa monarchie universelle, comme son devancier a enfanté la sienne. Ce résultat est immanquable, à moins que le sens chrétien ne se ranime en Europe et ne retienne les peuples dans la sphère du vieux droit et de la vieille logique. La monarchie universelle ne rencontre qu'une barrière, l'Église romaine, qui répète aujourd'hui ce mot que les Césars ont entendu si souvent, *non possumus*. Ceci choque les amateurs du progrès. C'est la distinction du bien et du mal, du vrai et du faux, invinciblement affirmée.

Le progrès est le mouvement perpétuel. La démocratie ne le réalise pas, parce que les forces de l'humanité n'y suffiraient pas ; après quelques oscillations, toute démocratie aspire au repos, et elle le trouve dans le despotisme. Mais tant qu'elle n'a pas épuisé sa fureur d'expansion, elle est indomptable. Napoléon s'est fait le représentant de la démocratie, qu'il a modérée, contenue. Dans le *Moniteur* du 19 janvier, M. Nisard explique que l'aristocratie européenne et surtout l'aristocratie anglaise ont forcé Napoléon à une guerre sans fin. L'histoire ne parle pas ainsi. L'aristocratie se défend comme elle peut contre la démocratie, elle ne l'attaque jamais ; la démocratie, au contraire, attaque nécessairement l'aristocratie et la dissout après une résistance plus ou moins prolongée. En Espagne, il n'y avait pas d'aristocratie, ou elle abandonnait la cause populaire et se résignait très-volontiers à un roi de la main de Napoléon. Le peuple seul a lutté contre l'étranger. En Allemagne, le mouvement est sorti de la jeunesse des écoles et des classes populaires. L'Angleterre a aidé, il est vrai; elle se serait tenue à l'écart, que les événements eussent marché du même pas. Elle n'a pas ajouté cent mille hommes à la coalition. Si Napoléon eût ajourné ses expéditions d'Espagne et de Russie, il conservait pour ses desseins huit cent mille hommes de ses meilleures troupes. L'asservissement de l'Europe centrale était consommé. Combien de temps? nul ne le sait. La mort du conquérant eût ouvert une série de guerres sanglantes pour le partage de la succession, et déchiré le grand empire comme celui de Charlemagne. Napoléon avait dans le génie plus d'éclat que César, mais moins d'équilibre et de bon sens : disproportionné à son temps, il voyait les hommes de trop haut pour entendre leurs conseils. César avait en face de lui et autour de lui des hommes puissants, sur lesquels il s'efforçait d'agir par la persuasion. Napoléon méprisait souverainement les hommes, en quoi il n'avait guère tort, car ils s'offraient à lui sous un triste aspect; il les interrogeait par curiosité ou pour s'instruire, non pour compter avec eux. Ne relevant que de lui-même et de sa volonté, il s'impatientait de ne pas dominer les âmes et les consciences, et regrettait de n'être pas adoré à la façon d'Alexandre. Il n'a pas eu le temps d'arriver à l'apothéose. S'il eût triomphé, la philosophie lui aurait décerné les honneurs divins. N'avons-nous pas vu les saint-simoniens diviniser l'humanité?

Les tentatives de monarchie universelle ont coïncidé avec un vaste déploiement de paganisme; elles en ont été la conséquence. Au xvi⁰ siècle, l'élément païen déborde sur l'Europe, et la monarchie de Charles-Quint menace de devenir universelle. Au xvii⁰ siècle, le contre-coup du paganisme moderne se fait sentir en France dans les lois, les arts, la littérature, et l'Europe se ligue contre les plans de monarchie universelle qu'elle attribuait à Louis XIV. Enfin, la Révolution française ramène le paganisme en grande pompe, et en quelques années, la monarchie napoléonienne s'étend sur toute l'Europe. Est-il donc insensé de croire à la monarchie universelle, dont la possibilité se révèle par tant de symptômes dans le passé et dans le présent? Le rationalisme et le naturalisme, de plus en plus envahissants, ne sont, sous des noms divers, que le paganisme ou le panthéisme ancien. Les sociétés se sécularisent, et en se dépouillant de la force religieuse, elles perdent toute force de résistance et d'opposition au principe destructeur. La religion est un ciment universel ; elle se retire des sociétés politiques et elle est remplacée par la Franc-Maçonnerie.

En 1763, le parlement de Paris décrétait d'extermination les Jésuites, comme ennemis du trône et de l'autel ; et c'est alors que la Maçonnerie installait ses loges, d'où devaient sortir les Mirabeau, les Sieyès, les Talleyrand, tous les adeptes de la Révolution. Le Calendrier maçonnique de Berlin pour 1863 constate que plus de 4,000 loges maçonniques ressortissant de 68 grandes loges, sont répandues sur toute la terre. Les pays protestants sont littéralement inondés par la Maçonnerie. Les États-Unis ont, à eux seuls, 38 grandes loges. Partout où les Anglais mettent le pied, ils instituent l'Ordre maçonnique ; leurs trois grandes loges de Londres, d'Edimbourg et de Dublin ont plus de 1,600 succursales. L'Allemagne a 10 grandes loges et 350 succursales. La France a deux grandes loges : le Grand-Orient, avec ses 171 succursales, et le Suprême-Conseil, qui en compte 50. Or, qu'y a-t-il au fond des loges, sous la niaise philanthropie dont elles se parent? Il y a une prétendue religion naturelle, le naturalisme, le panthéisme, la fraternité des hommes, le cosmopolitisme social. Tous les gouvernements sont ainsi minés, et il est trop évident que la solidarité des nations, établie par la rapidité des communications et l'identité des intérêts, amènera tôt ou tard un empire universel. L'idéal de l'Empire romain était dans les doctrines du stoïcisme avant d'être réalisé par Jules César.

Les conquérants sont des missionnaires armés. Napoléon n'est pas un simple homme de guerre ; son action s'étend bien au delà du cercle des opérations militaires ; c'est un Mahomet propageant par l'épée le principe moderne de l'égalité et de l'unité politique. Les Romains avaient assis le même principe sur la ruine de toutes les sociétés antiques. Et qu'on ne s'y trompe pas, l'humanité n'a pas éprouvé une extrême violence ; fatiguée des démagogues, elle incline toujours au pouvoir absolu d'un seul ; Tacite l'a remarqué pour l'ancien monde, et nous, Français, nous ne le démentirons pas pour le monde moderne. C'est une loi historique qui confirme l'analogie morale entre la démagogie et la tyrannie, et qui nous permet de nous moins étonner, quand les démagogues, par un brusque revirement, se transforment en suppôts de pouvoir absolu. M. Thiers reproche naïvement à Napoléon d'avoir voulu conquérir le monde. Napoléon peut lui répondre qu'il préfère sa tentative à la possession paisible d'un royaume de deux cent cinquante lieues de long sur deux cents de large. Il y a entre le héros et l'historien la même distance qu'entre Alexandre et Parménion ; ils ne se comprennent pas. Les héros ont tort, et ils se moquent des objections. Alexandre, dans Quinte-Curce, dit aux envoyés Scythes : *Non me metior vitæ spatio sed gloriæ !* Dès 1812, Napoléon sentait la lassitude autour de lui, il la lisait dans les regards de ses maréchaux et de ses généraux, qui n'osaient lui parler. Enhardis par les revers, ils lui dirent plus tard, et quand il n'était plus temps : Sire, reposons-nous, nous avons assez bataillé. Et par les péripéties de sa chute, il ajouta à cette gloire dont il était affamé et dont il a été rassasié. Aujourd'hui, la philosophie, le commerce, l'industrie, la politique, reprennent son œuvre inachevée, et se mettent à régénérer l'espèce humaine en fusionnant les nationalités par la fusion des mœurs, des lois et des intérêts. L'idée et l'épée se suppléent merveilleusement dans cette œuvre de palingénésie sociale.

Napoléon voulait régénérer les peuples de la vieille Europe en leur insufflant le dogme de l'égalité. Il viendra un temps où les peuples, démoralisés par les sophistes, iront au-devant du joug qu'ils ont rejeté. N'accusons pas l'ambition de César; il y a eu quarante empereurs égorgés, et l'Empire n'a pas été ébranlé un instant. César ou un autre : seulement, pour les grandes manifestations de l'histoire, la Providence envoie des hommes extraordinaires comme elles. Les peuples acclamaient les Césars toujours sans réserve. Quelquefois les soldats prenaient de force un homme blotti dans un coin, effrayé, demandant grâce; ils l'affublaient de la pourpre et le montraient à leurs camarades, et toute la terre s'inclinait devant le nouveau César. Les doctrines du paganisme n'avaient pas d'autre issue que le césarisme. Il y a un argument : les modernes sont plus éclairés que les anciens ! le contraire saute aux yeux; car en rejetant le christianisme, les modernes descendent plus bas que les anciens. La religion païenne était moins grotesque que la Théophilanthropie, le culte de la Raison et la Maçonnerie. Les peuples n'ont pas à redouter un conquérant; il ne viendra que s'ils l'appellent et le rendent nécessaire. Philippe mort, les Athéniens se seraient hâtés d'en créer un autre par leurs dissensions, selon le mot de Démosthènes, quand même Alexandre n'eût pas été là. La France perdrait plus qu'un autre peuple à la monarchie universelle. La monarchie universelle éteint les grands peuples, efface les grandes traditions, réduit tout à un niveau bas et vil, car l'égalité n'est possible que par l'abaissement de toutes les âmes. Le césarisme s'appuyait sur la Gaule et l'a littéralement épuisée, broyée. Incapables d'aucune initiative, instruments convaincus et passifs du communisme impérial, les Gaulois s'élevaient à tous les honneurs et à tous les profits de la servitude; ils remplissaient les légions, les administrations, le Sénat.

Avant 1789, la France était la première nation de l'Europe; les autres lui cédaient officiellement le pas. La Russie a démesurément grandi en influence depuis le jour où, provoquée par la Révolution française, elle s'est engagée dans les affaires intérieures de l'Europe. La Prusse, un instant effacée de la carte, est devenue une puissance formidable en 1815. L'Angleterre, qui n'était qu'un point, a pris une extension qui s'accroît d'heure en heure. C'est que les peuples n'ont pu combattre la Révolution qu'en s'appuyant sur des principes d'ordre, toujours favorables à la grandeur des empires. Pour repousser la monarchie universelle, ils se sont rangés avec plus d'energie autour des dynasties nationales. Mais les principes qui les ont soutenus tombent ; le patriotisme semble un anachronisme. Et cependant, c'est encore là qu'est la force du présent, l'espérance de l'avenir. Ce sentiment jaloux, analogue au sentiment exclusif de la famille, est plus digne de nous que ce sentiment vague, indéterminé, qui n'embrasse toute l'humanité que pour soustraire l'homme aux obligations étroites qui naissent de la famille et de la patrie. Le paganisme a détruit les familles et les nations ; le christianisme les a arrachées au communisme de l'Empire romain et leur a assuré une vie propre, en même temps qu'il rendait aux hommes le ressort de la conscience. Toutes les familles unies dans la nation, qui est une grande famille ; toutes les nations unies dans la personne du Souverain-Pontife, père de tous les souverains et chef de la république chrétienne, tel fut l'idéal de la politique chrétienne, appliqué partiellement, entrevu plutôt que réalisé, et dont l'histoire atteste la grandeur et la salutaire influence. L'Église catholique est la mère des nations (même des nations protestantes) et la gardienne du patriotisme. En luttant trois siècles contre l'Empire romain et quinze siècles contre les réformes religieuses et les différentes révolutions, elle a maintenu intact le dépôt de la liberté humaine et des nationalités, que le retour des doctrines païennes compromet à jamais. La monarchie universelle est une idée païenne. Le socialisme, qui s'arme de la fraternité des hommes, parodie l'Évangile : la religion, la nation, la famille, constituent trois fraternités d'un genre différent et qui, chacune, nous imposent des devoirs spéciaux. La fraternité en Jésus-Christ n'altère ni la fidélité à la patrie, ni le dévouement à la famille ; elle les consacre tout particulièrement, tandis que la fraternité inaugurée par la Révolution confond et supprime tous ces devoirs dans le communisme universel. Les nations protestantes ont tendu la main au Vicaire de Jésus-Christ, en effroi de la monarchie universelle qui avait mêlé les peuples européens et brisé tous les trônes. Quand la Révolution présentera les mêmes circonstances d'universalité, nous verrons encore les nations protestantes se serrer autour de la Chaire de Pierre pour sauver les restes de leur christianisme, et sauver le principe de nationalité, nié par la Révolution aussi bien que par la monarchie universelle.

18 mai 1863.

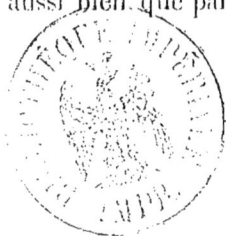

FIN.

TABLE DES MATIÈRES.

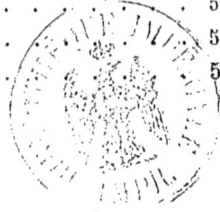

PARIS, IMPRIMERIE DIVRY ET Cie,

Rue Notre-Dame des Champs, 49.

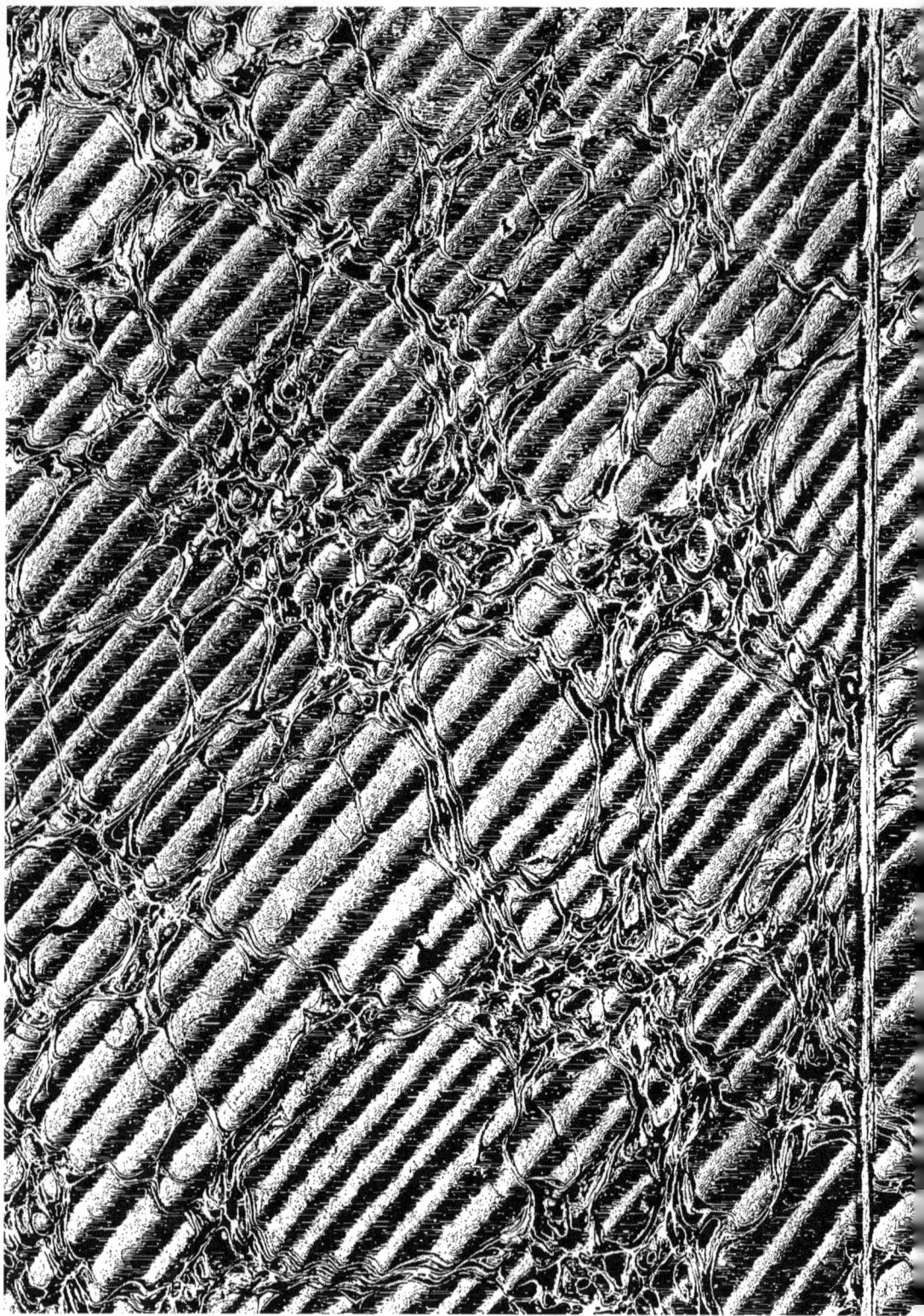

www.ingramcontent.com/pod-product-compliance
Lightning Source LLC
Chambersburg PA
CBHW060833220326
41599CB00017B/2310